最新国际反恐法律文件汇编

中华人民共和国外交部条约法律司 审定

段洁龙　徐　宏 主　编
王宗来　马新民 副主编

中国民主法制出版社
2016年·北京

图书在版编目（CIP）数据

最新国际反恐法律文件汇编/段洁龙，徐宏主编.
—北京：中国民主法制出版社，2016.6
ISBN 978-7-5162-1203-5

Ⅰ.①最…　Ⅱ.①段…　②徐…　Ⅲ.①反恐怖活动—
法规—汇编—世界　Ⅳ.①D912.109

中国版本图书馆 CIP 数据核字（2016）第 119699 号

图书出品人：刘海涛
出 版 统 筹：赵卜慧
责 任 编 辑：庞从容　程王刚

书 名/ 最新国际反恐法律文件汇编
作者/ 段洁龙　徐　宏　主　编
　　　　王宗来　马新民　副主编

出版·发行/ 中国民主法制出版社
地址/ 北京市丰台区玉林里 7 号（100069）
电话/（010）63292534　63057714（发行部）　63055259（总编室）
传真/（010）63056975　63292520
http：//www.npcpub.com
E-mail：flxs2011@163.com
经销/ 新华书店
开本/ 16 开　710 毫米×1000 毫米
印张/ 38.25　**字数/** 684 千字
版本/ 2016 年 11 月第 1 版　2016 年 11 月第 1 次印刷
印刷/ 三河市航远印刷有限公司

书号/ ISBN 978-7-5162-1203-5
定价/ 88.00 元
出版声明/ 版权所有，侵权必究。

增订版前言

　　《国际反恐法律文件汇编》出版已经七年了。七年来，国际反恐形势依然复杂严峻，这给国际安全与稳定带来新的威胁，也促使国际社会进一步加强国际反恐合作。为此，联合国系统以及区域组织陆续出台了许多新的国际反恐法律文件。这些文件在一定程度上扩大了对恐怖活动的定罪范围和国家行使管辖权的依据，增加了大量防范和打击恐怖活动犯罪的司法协助措施等规定，为国际反恐合作提供了更具指导性和操作性的法律依据。

　　鉴此，我们在保持本书第一版结构和体例的基础上，对其中所载联合国系统条约、联大和安理会决议、区域性条约以及其他条约相关条款等各部分均进行了内容更新和增补，使之更为全面翔实，并更名为《最新国际反恐法律文件汇编》，希望能继续为相关实务部门的同事及国内专家学者提供参考借鉴。

　　参与此次再版内容的编辑、校对和审核工作的为外交部条约法律司司长徐宏、副司长马新民及工作人员胡镔、申钦民、周武、潘昆、李鹏宇、张鹏、纪小雪、曾思琪、徐驰等。由于水平有限加之时间仓促，书中有不妥之处，恳请读者批评指正。

编　者
2016 年 5 月

原版前言

国际恐怖主义是当前国际和平与安全所面临的一大挑战,需要国际社会集体应对。通过建立和完善国际反恐法律体系,加强国家在防止和惩治恐怖主义行为方面的国际合作,是重要、现实和有效的手段,已成为国际反恐合作的优先领域。2000 年《联合国千年宣言》、2005年《世界首脑会议成果文件》以及 2006 年联合国大会通过的《全球反恐战略》,都呼吁各国尽快加入和执行现有反恐国际公约,加紧缔结打击恐怖主义的全面公约。国际社会从制定国际反恐公约、健全国内立法等方面加强了打击国际恐怖主义的合作。联合国大会和安理会在全球协同反恐方面的作用更加突出。同时,很多区域性国际组织也根据本地区的反恐形势,制定了区域反恐条约。

自 20 世纪 40 年代以来,经过半个多世纪的努力,国际反恐法律文件已为数不菲并渐成体系,主要包括四类:(1)联合国系统国际反恐条约;(2)区域性反恐条约;(3)联合国大会和安理会的宣言或决议;(4)涉及战争或武装冲突期间反恐的国际条约及其他反恐国际公约。

联合国系统各机构主持制定的反恐国际条约及其修订共有 16 项,涵盖反对劫机、保护海上航行安全、保护大陆架固定平台、保护核材料、禁止使用可塑性炸药、保护应受国际保护人员、反对劫持人质、制止恐怖主义爆炸、制止资助恐怖主义行为和制止核恐怖主义行为等多个领域。截至 2007 年 11 月,我国已参加了 11 项反恐公约,已签署了《制止核恐怖主义行为国际公约》。

在区域性国际反恐条约方面,美洲国家组织、非洲联盟、阿拉伯国家联盟、欧盟、东盟等几乎每一个大的地区性国际组织都订立了专门的反恐公约。上海合作组织成员国也于 2001 年缔结了《打击恐怖主义、分裂主义和极端主义上海公约》,中国是该公约的缔约国。

上述联合国系统和区域性的国际反恐条约及其修订大体涉及两方面内容:一是要求缔约国将有关恐怖主义行为规定为犯罪,并根据有关公约和国内法行使刑事管辖权;二是规定缔约国应就惩治有关公约规定的犯罪进行国际合作,包括引渡、刑事司法协助、被判刑人移管、刑事诉讼移管以及执法合作等。

作为外交领域的法律工作者,我们注意到国内法律实务部门和教学科研单位对反恐法律问题的关注,也认识到编辑一部全面、翔实的国际反恐法律文件集的重要性和必要性。为此,我们搜集和整理了联合国及其他国际组织有关文件,经认真翻译和校对,编辑了这本《国际反恐法律文件汇编》,希望能够为相关实务部门的同事及国内专家学者从事有关工作和研究提供有益参考和借鉴。

参与本书编辑、翻译、校对和审核工作的外交部条约法律司专家及工作人员有:段洁龙、王宗来、马新民、李永胜、齐大海、王晓琳、马福威、满安婷、申钦民、王晨、周尤、陈爱琴、苏俊杰、石玉丰、胡巧、刘颖、李炳卓等。

由于编译者水平有限,加之时间仓促,书中恐有不当之处,请广大读者原谅并指正,以便我们今后修订和完善。

编　者

2009 年 1 月

目　录

第一部分　联合国系统国际反恐条约

第二部分　联合国大会宣言或决议

第三部分　联合国安理会预防和打击恐怖主义的有关决议

第四部分　区域性国际反恐条约

第五部分　其他相关条约、相关条文

联合国系统国际反恐条约

关于在航空器内的犯罪和犯有某些其他行为的公约

（本公约于 1963 年 9 月 14 日订于东京,1969 年 12 月 14 日生效。1978 年 11 月 14 日中华人民共和国政府向国际民航组织秘书长交存加入书,同时声明台湾当局盗用中国名义对该公约的签字和批准是非法的、无效的。我国对公约第二十四条第一款持有保留。本公约于 1979 年 2 月 12 日对我国生效）

本公约缔约国协议如下:

第一章　公约的范围

第一条

1. 本公约适用于:

甲、违反刑法的罪行;

乙、危害或能危害航空器或其所载人员或财产的安全、或危害航空器上的良好秩序和纪律的行为,无论是否构成犯罪行为。

2. 除第三章规定者外,本公约适用于在缔约一国登记的航空器内的犯罪或犯有行为的人,无论该航空器是在飞行中,在公海上,或在不属于任何国家领土的其他地区上。

3. 在本公约中,航空器从其开动马力起飞到着陆冲程完毕这一时间,都应被认为是在飞行中。

4. 本公约不适用于供军事、海关或警察用的航空器。

第二条

在不妨害第四条规定的条件下,以及除非出于航空器及其所载人员或财产的安全需要外,本公约的任何规定均不得被解释为准许或要求对政治性刑法或对以种族或宗教歧视为基础的刑法的犯罪,采取某种措施。

第二章　管　辖　权

第三条

1. 航空器登记国有权对在该航空器内的犯罪和所犯行为行使管辖权。

2. 缔约国应采取必要的措施,对在该国登记的航空器内的犯罪和行为,规定其作为登记国的管辖权。

3. 本公约不排斥根据本国法行使刑事管辖权。

第四条

非登记国的缔约国除下列情况外,不得对飞行中的航空器进行干预以对航空器内的犯罪行使其刑事管辖权。

甲、该犯罪行为在该国领土上发生后果；

乙、犯人或受害人为该国国民或在该国有永久居所；

丙、该犯罪行为危及该国的安全；

丁、该犯罪行为违反该国现行的有关航空器飞行或驾驶的规定或规则；

戊、该国必须行使管辖权，以确保该国根据某项多边国际协定，遵守其所承担的义务。

第三章　机长的权力

第五条

1. 除航空器前一起飞地点或预定的下一降落地点不在登记国领土上，或航空器继续飞往非登记国领空，而罪犯仍在航空器内的情况外，本章规定不适用于航空器在登记国领空、公海上空或不属于任何国家领土的其他地区上空飞行时，在航空器内所发生或行将发生的犯罪和行为。

2. 虽然有第一条第 3 款的规定，在本章中，航空器从装载结束、机舱外部各门关闭时开始直至打开任一机舱门以便卸载时为止的任何时候，应被认为是在飞行中。航空器强迫降落时，本章规定对在航空器上发生的犯罪和行为仍继续适用，直至一国主管当局接管该航空器及其所载人员和财产时为止。

第六条

1. 机长在有理由认为某人在航空器上已犯或行将犯第一条第 1 款所指的罪行或行为时，可对此人采取合理的措施，包括必要的管束措施，以便：

甲、保证航空器、所载人员或财产的安全；

乙、维持机上的良好秩序和纪律；

丙、根据本章的规定将此人交付主管当局或使他离开航空器。

2. 机长可以要求或授权机组其他成员给予协助，并可以请求或授权但不能强求旅客给予协助，来管束他有权管束的任何人。任何机组成员或旅客在他有理由认为必须立即采取此项行动以保证航空器或所载人员或财产的安全时，未经授权，同样可以采取合理的预防措施。

第七条

1. 按照第六条规定对一人所采取的管束措施，除下列情形外，不得在航空器降落后以外的任何地点继续执行：

甲、此降落地点是在一非缔约国的领土上，而该国当局不准许此人离开航空器，或者已经按照第六条第 1 款丙项对此人采取了措施，以便将此人移交主管当局；

乙、航空器强迫降落，而机长不能将此人移交给主管当局；

丙、此人同意在继续受管束下被运往更远的地方。

2. 机长应尽快并在可能时，在载有按第六条规定受管束措施的人的航空器在一国领土上降落前,将该航空器载有一个受管束措施的人的事实及其理由,通知该国当局。

第八条

1. 机长在有理由认为某人在航空器内已犯或行将犯第一条第 1 款乙项所指的行为时,可在航空器降落的任何国家的领土上使该人离开航空器,如果这项措施就第六条第 1 款甲项或乙项所指出的目的来说是必要的。

2. 机长按照本条规定使一人在某国领土内离开航空器时,应将此离开航空器的事实和理由报告该国当局。

第九条

1. 如机长有理由认为,任何人在航空器内犯了他认为按照航空器登记国刑法是严重的罪行时,他可将该人移交给航空器降落地任何缔约国的主管当局。

2. 机长按照上款规定,拟将航空器内的一人移交给缔约国时,应尽快,并在可能时,在载有该人的航空器降落于该国领土前,将他要移交此人的意图和理由通知该国当局。

3. 机长依照本条规定,将嫌疑犯移交当局时,应将其按航空器登记国法律合法地占有的证据和情报提供该当局。

第十条

对于根据本公约所采取的措施,无论航空器机长、机组其他成员、旅客、航空器所有人或经营人,或本次飞行是为他而进行的人,在因遭受这些措施而提起的诉讼中,概不负责。

第四章 非法劫持航空器

第十一条

1. 如航空器内某人非法地用暴力或暴力威胁对飞行中的航空器进行了干扰、劫持或非法控制,或行将犯此类行为时,缔约国应采取一切适当措施,恢复或维护合法机长对航空器的控制。

2. 在前款情况下,航空器降落地的任何缔约国应允许其旅客和机组成员继续其旅行,并将航空器和所载货物交还给合法的占有人。

第五章 国家的权力和义务

第十二条

缔约各国应允许在另一缔约国登记的航空器的机长按照第八条第 1 款的规定使任何人离开航空器。

第十三条

1. 缔约各国应接受航空器机长按照第九条第 1 款的规定移交给它的人。

2. 如果缔约各国在认为情况需要时,应即采取拘留或其他措施以保证被怀疑为曾犯了第十一条第 1 款所指的行为的人以及被移交给它的人仍在境内。采取拘留和其他措施必须符合该国法律规定,而且只有在为了进行刑事追诉或引渡罪犯程序所必要的期间内,才可维持这些措施。

3. 对根据前款予以拘留的人在其立即与其本国最近的合格代表进行联

系时,应予以协助。

4. 任何缔约国,在接受按照第九条第 1 款的规定移交给它的人时,或发生第十一条第 1 款所指的行为后航空器在其领土上降落时,应立即进行初步调查,以弄清事实。

5. 当一缔约国按照本条规定将一人拘留时,应立即将拘留该人和必须对其进行拘留的情况通知航空器登记国和被拘留人的本国,如果认为适当,并通知其他有关国家。按照本条第 4 款规定进行初步调查的国家,应迅速将调查的结论通知上述各国,并说明它是否意欲行使管辖权。

第十四条

1. 按照第八条第 1 款规定离开航空器的人,或依照第九条第 1 款规定被移交的人,或在犯了第十一条第 1 款所指的行为后离开航空器的人,当其不能或不愿意继续旅行,而航空器降落国又拒绝接受他时,如此人不是该国的国民或在该国无永久住所,该国可以将该人送返到他的本国去,或到此人有永久住所的国家去,或到此人开始空中旅行的国家去。

2. 无论是离开航空器、移交、或第十三条第 2 款规定的拘留或其他措施,以及当事人的遣返,就缔约国关于人员入境或许可入境的法律而言,均不应视为是允许进入该缔约国的领土。本公约的规定应不影响缔约国关于驱逐人的法律。

第十五条

1. 在不影响第十四条的条件下,

按照第八条第 1 款的规定离开航空器,或按照第九条第 1 款的规定被移交,或在犯了第十一条第 1 款所指的行为后离开航空器的任何人,在他意欲继续其旅行时,得尽速前往其选择的目的地,除非航空器降落国法律为了刑事追诉或引渡而需要他留在境内。

2. 在不影响缔约国关于入境、许可入境、引渡或驱逐人的法律的条件下,缔约国对于按照第八条第 1 款的规定在其领土内离开航空器的人,或按照第九条第 1 款的规定所移交的人,或离开航空器而被怀疑为曾犯了第十一条第 1 款所指的行为的人,在对他的保护和安全方面,应予以不低于在类似情况下给予其本国国民的待遇。

第六章 其他规定

第十六条

1. 在一缔约国登记的航空器内的犯罪,在引渡问题上,应被认为不仅是发生在发生地点,而且也是发生在航空器登记国领土上。

2. 在不影响前款规定的情况下,本公约中的任何规定不应当被解释为规定引渡的义务。

第十七条

在对航空器内的犯罪采取调查或逮捕的措施时,或以其他任何方式行使管辖权时,各缔约国应适当考虑航空器的安全和其他利益,并应避免对航空器、旅客、机组和货物造成不必要的延误。

第十八条

如缔约各国建立航空运输联营组织，或国际经营机构，而其所使用的航空器未向任何一国登记时，这些缔约国应根据具体情况，指定其中一国，作为本公约所指的登记国，并将这一指定通知国际民用航空组织，由该组织通知本公约的所有缔约国。

第七章　最后条款

第十九条

本公约在按第二十一条规定生效之日前，对联合国成员或某一专门机构的成员国的任何国家开放，听任签字。

第二十条

1. 本公约应经签字国依照其宪法程序予以批准。

2. 批准书应交存国际民用航空组织。

第二十一条

1. 本公约在十二个签字国交存批准书并于第十二份批准书交存后的第九十天起即在这些国家之间生效。对以后批准本公约的每一个国家，本公约应在其交存批准书后的第九十天起生效。

2. 本公约一经生效，应由国际民用航空组织向联合国秘书长登记。

第二十二条

1. 本公约生效后，凡联合国成员

国或某一专门机构的成员国都可加入。

2. 一国加入时应向国际民用航空组织交存加入书，并于交存加入书后的第九十天起生效。

第二十三条

1. 任何缔约国都可通知国际民用航空组织而退出本公约。

2. 退出应于国际民用航空组织接到退出通知之日起六个月后生效。

第二十四条

1. 如缔约国之间对本公约的解释或引用发生争端而不能以谈判解决时，经其中一方的要求，应交付仲裁。如果在要求仲裁之日起六个月内，当事国对仲裁的组织不能达成协议时，任何一方可按照国际法院规约提出申请书，将争端提交国际法院。

2. 每个国家在签字、批准或加入本公约时，可以声明该国不受前款规定的约束，其他缔约国对任何作出这种保留的缔约国，不受前款规定的约束。

3. 按照前款规定作出保留的任何缔约国，可以在任何时候通知国际民用航空组织撤销这一保留。

第二十五条

除第二十四条规定的情况外，对本公约不得作任何保留。

第二十六条

国际民用航空组织应将下列事项通知联合国或某一专门机构的所有成员国：

1. 对本公约的任何签字和签字

日期；

2. 任何批准书或加入书的交存和交存日期；

3. 本公约按照第二十一条第 1 款规定的生效日期；

4. 收到退出通知和收到的日期；

5. 收到根据第二十四条所作的任何声明或通知和收到的日期。

下列签字的全权代表，经正式授权，在本公约上签字为证。

本公约于 1963 年 9 月 14 日在东京签订，正本一式三份，每份都用英文、法文和西班牙文写成。

本公约应存于国际民用航空组织，并在该组织按照第十九条开放，听任签字，该组织应将核正无误的公约副本送交联合国或任何专门机构的所有成员国。

关于修订《关于在航空器内的犯罪和犯有某些其他行为的公约》的议定书

本议定书各缔约国，

注意到各国对航空器上可能危及航空器安全或机上人员或财产安全或危及机上良好秩序和纪律的不循规行为的严重程度和频繁次数的升级表示关切；

认识到许多国家意欲互相协助遏止不循规行为和恢复航空器上良好秩序和纪律；

相信为了应对这些关切，需要通过修订1963年9月14日在东京签订的《关于在航空器内的犯罪和犯有某些其他行为的公约》的条款：

协议如下：

第一条

本议定书修订1963年9月14日在东京签订的《关于在航空器内的犯罪和犯有某些其他行为的公约》（以下称为"公约"）。

第二条

应用以下内容取代公约第一条第三款：

"第一条

三、为本公约的目的：

（一）一架航空器在完成登机后其所有外部舱门均已关闭时起，直至其任一此种舱门为下机目的开启时止，其间的任何时候均被视为在飞行中；在航空器迫降时，直至主管当局接管对该航空器及其所载人员和财产的责任时止，航空器应当被视为仍在飞行；和

（二）当经营人所在国与登记国不是同一国家时，公约第四条、第五条和第十三条中所用'登记国'一词应被视为经营人所在国。"

第三条

应用以下内容取代公约第二条：

"第二条

在不妨害第四条规定的条件下，以及除非出于航空器及其所载人员或财产的安全需要外，本公约的任何规定均不得被解释为准许或要求对触犯政治性刑法的犯罪或对触犯基于种族、宗教、国籍、族裔、政治见解或性别等任何理由进行歧视的刑法的犯罪，采取某种措施。"

第四条

应用以下内容取代公约第三条：

"第三条

一、航空器登记国有权对机上犯下的罪行或行为行使管辖权。

一之二、下列国家也有权对机上犯下的罪行和行为行使管辖权：

（一）作为降落地国，某项犯罪或行为是在该国领土内降落的航空器上所犯，且嫌犯仍在机上；和

（二）作为经营人所在国，某项犯罪或行为是在不带机组租给承租人的航空器上所犯，该承租人的主要营业地在该国，或者假如该承租人没有此种营业地，其永久居所在该国。

二、各缔约国应采取必要措施，作为登记国对在该国登记的航空器上犯下的罪行确立其管辖权。

二之二、各缔约国还应采取必要措施，对以下情况下在航空器上犯下的罪行确立其管辖权：

（一）作为降落地国，当有以下情况时：

1. 某项犯罪是在其前一起飞地点或下一个预备降落地点在其领土内的航空器上所犯，而随后航空器在其领土内降落且嫌犯仍在机上；和

2. 航空器或机上人员或财产的安全或机上的良好秩序和纪律受到危害。

（二）作为经营人所在国，某项犯罪是在不带机组租给承租人的航空器上所犯，该承租人的主要营业地在该国，或者假如该承租人没有此种营业地，其永久居所在该国。

二之三、在作为降落地国行使其管辖权时，国家应考虑相关的犯罪是否构成经营人所在国的犯罪。

三、本公约不排斥根据本国法律行使刑事管辖权。"

第五条

在公约中应加入以下内容，作为第三条之二：

"**第三条之二**

如果根据第三条行使管辖权的缔约国被告知或获悉一个或多个其他缔约国正在对相同的犯罪或行为进行调查、起诉或司法程序，该缔约国应酌情与其他缔约国进行协商，以期协调其行动。本条中的义务不影响第十三条中缔约国的义务。"

第六条

应删除公约第五条第二款。

第七条

应用下列内容替代公约第六条：

"**第六条**

一、机长在有理由认为某人在航空器上已经犯下或行将犯下第一条第一款所指罪行或行为时，可对此人采取合理的措施，包括必要的管束措施，以便：

（一）保护航空器或机内人员或财产的安全；或

（二）维持机上的良好秩序和纪律；或

（三）使他能够根据本章的规定，将此人移交主管当局或使此人离开航空器。

二、机长可以要求或授权机组其他成员提供协助，并可以请求或授权但不能强求机上安保员或旅客给予协助，来管束他有权管束的人。任何机组成员或旅客在有理由认为必须

立即采取这种行动以保护航空器或所载人员或财产的安全时，在未经授权的情况下，也可采取合理的预防措施。

三、依照相关缔约国之间双边或多边协定或安排部署的机上安保员，在有理由认为必须立即采取行动保护航空器或所载人员的安全，防止非法干扰行为，以及如果该协定或安排允许采取行动防止犯下严重罪行时，可在未经授权的情况下，采取合理的预防措施。

四、本公约中的任何规定均不得被视为缔约国有义务制定机上安保员方案，或同意授权外国机上安保员在其领土行动的双边或多边协定或安排。"

第八条

应用以下内容取代公约第九条：

"第九条

一、如机长有理由认为，任何人在航空器内犯了他认为是严重的罪行时，他可将该人移交给航空器在其领土内降落的任何缔约国的主管当局。

二、机长按照上款规定，拟将航空器内的某人移交给缔约国时，应尽快、并在可能时在载有该人的航空器降落于该国领土前，将他要移交此人的意图和理由通知该国当局。

三、机长依照本条规定，将嫌疑犯移交当局时，应将其合法持有的证据和信息提供给该当局。"

第九条

应用以下内容取代公约第十条；

"第十条

对于根据本公约所采取的行动，无论是航空器机长、任何其他机组成员、任何旅客、任何机上安保员、航空器所有人或经营人、或本次飞行是为他而进行的人，在因对此人采取这些行动而受到的待遇提起的诉讼中，概不负责。"

第十条

在公约中应加入以下内容，作为第十五条之二：

"第十五条之二

一、鼓励各缔约国采取必要措施，对在航空器上犯下第一条第一款所指罪行或行为的人启动适当刑事、行政或任何其他形式的程序，特别是：

（一）对机组成员实施人身攻击或威胁实施此种攻击；或

（二）拒绝遵守机长或以机长名义为保护航空器或机上人员或财产的安全之目的发出的合法指令。

二、本公约的任何规定不影响各缔约国为惩处机上所犯不循规和扰乱性行为而在其本国立法制定或维持适当措施的权利。"

第十一条

应用以下内容取代公约第十六条第一款：

"第十六条

一、为在各缔约国之间引渡的目的，在航空器上所犯罪行均应被视为不仅是发生在其所发生的地点，而且也发生在根据第三条第二款和第二款之二要求确立其管辖权的缔约国领土内。"

第十二条

应用以下内容取代公约第十七条：

"**第十七条**

一、在对航空器内的犯罪采取调查或逮捕的措施时，或以其他任何方式行使管辖权时，各缔约国应适当考虑空中航行的安全和其他利益，并应避免对航空器、旅客、机组或货物造成不必要的延误。

二、各缔约国在根据本公约履行其义务或者行使准许的自行裁量权时，应根据国际法下各国的义务和责任行事。在此方丽，各缔约国应考虑适当程序和公平待遇原则。"

第十三条

在公约中应加入以下内容，作为第十八条之二：

"**第十八条之二**

本公约中任何规定不排除根据本国法律向分别根据第八条或第九条被移交或下机的某人要求补偿所产生的任何损失的权利。"

第十四条

作为本议定书附件以阿拉伯文、中文和俄文写成的公约文本连同英文、法文和西班牙文的公约文本共六种文本，同等作准。

第十五条

在本议定书缔约国之间，公约和本议定书应作为一个单一文书一并理解和解释，并应称为经 2014 年蒙特利尔议定书修订的《东京公约》。

第十六条

本议定书于 2014 年 4 月 4 日在蒙特利尔向参加 2014 年 3 月 26 日至 4 月 4 日在蒙特利尔举行的国际航空法会议的国家开放签字。2014 年 4 月 4 日之后，本议定书应当在国际民用航空组织总部所在地蒙特利尔向所有国家开放签字，直至议定书依照第十八条生效。

第十七条

一、本议定书须经签署国批准、接受或核准。批准书、接受书或核准书应当交存于国际民用航空组织秘书长，该秘书长被指定为保存人。

二、任何未按照本条第一款批准、接受或核准本议定书的国家，可随时加入本议定书。加入书应当交存于保存人。

三、任何不是公约缔约国的国家对本议定书的批准、接受、核准或加入即是对经 2014 年蒙特利尔议定书修订的《东京公约》的批准、接受、核准或加入。

第十八条

一、本议定书自第二十二份批准书、接受书、核准书或加入书交存于保存人之日后第二个月的第一天生效。

二、对于在第二十二份批准书、接受书、核准书或加入书交存之后批准、接受、核准或加入本议定书的每一个国家，本议定书应当自其批准书、接受书、核准书或加入书交存之日后第二个月的第一天生效。

三、本议定书一经生效，应当由保存人向联合国登记。

第十九条

一、任何缔约国可书面通知保存人退出本议定书。

二、退出应当于保存人收到通知之日一年后生效。

第二十条

保存人应当向本议定书的所有签署国和缔约国迅速通报每项签署的日期，每一批准书、接受书、核准书或加入书交存的日期，本议定书生效的日期以及其他有关信息。

下列全权代表经正式授权，在本议定书上签字，以昭信守。

本议定书于二〇一四年四月四日在蒙特利尔签订，用中文、阿拉伯文、英文、法文、俄文和西班牙文写成，六种文本同等作准，经会议主席授权，由会议秘书处在此后九十天内对各种文本相互间的一致性予以验证后，此种作准即行生效。本议定书应交存国际民用航空组织，经认证的议定书副本应当由保存人分送本议定书的全体缔约国。

制止非法劫持航空器公约

（本公约于 1970 年 12 月 16 日订于海牙,1971 年 10 月 14 日生效。1980 年 9 月 10 日中华人民共和国政府向美国政府交存加入书,同时声明:对本公约第十二条第一款持有保留;台湾当局用中国名义对该公约的签署和批准是非法和无效的。该公约于 1980 年 10 月 10 日对我国生效）

前　言

本公约各缔约国,

考虑到非法劫持或控制飞行中的航空器的行为危及人身和财产的安全,严重影响航班的经营,并损害世界人民对民用航空安全的信任;

考虑到发生这些行为是令人严重关切的事情;

考虑到为了防止这类行为,迫切需要规定适当的措施以惩罚罪犯。

协议如下:

第一条

凡在飞行中的航空器内的任何人:

（甲）用暴力或用暴力威胁,或用任何其他恐吓方式,非法劫持或控制该航空器,或企图从事任何这种行为,或

（乙）是从事或企图从事任何这种行为的人的同犯,即是犯有罪行（以下称为"罪行"）。

第二条

各缔约国承允对上述罪行给予严厉惩罚。

第三条

一、在本公约中,航空器从装载完毕、机舱外部各门均已关闭时起,直至打开任一机舱门以便卸载时为止,应被认为是在飞行中。航空器强迫降落时,在主管当局接管对该航空器及其所载人员和财产的责任前,应被认为仍在飞行中。

二、本公约不适用于供军事、海关或警察用的航空器。

三、本公约仅适用于在其内发生罪行的航空器的起飞地点或实际降落地点是在该航空器登记国领土以外,不论该航空器是从事国际飞行或国内飞行。

四、对于第五条所指的情况,如在其内发生罪行的航空器的起飞地点或实际降落地点是在同一个国家的领土内,而这一国家又是该条所指国家之

一,则本公约不适用。

五、尽管有本条第三、第四款的规定,如罪犯或被指称的罪犯在该航空器登记国以外的一国领土内被发现,则不论该航空器的起飞地点或实际降落地点在何处,均应适用第六、七、八条和第十条。

第四条

一、在下列情况下,各缔约国应采取必要措施,对罪行和对被指称的罪犯对旅客或机组所犯的同该罪行有关的任何其他暴力行为,实施管辖权:

(甲)罪行是在该国登记的航空器内发生的;

(乙)在其内发生罪行的航空器在该国降落时被指称的罪犯仍在该航空器内;

(丙)罪行是在租来时不带机组的航空器内发生的,而承租人的主要营业地,或如承租人没有这种营业地,则其永久居所,是在该国。

二、当被指称的罪犯在缔约国领土内,而该国未按第八条的规定将此人引渡给本条第一款所指的任一国家时,该缔约国应同样采取必要措施,对这种罪行实施管辖权。

三、本公约不排斥根据本国法行使任何刑事管辖权。

第五条

如缔约各国成立航空运输联营组织或国际经营机构,而其使用的航空器需进行联合登记或国际登记时,则这些缔约国应通过适当方法在它们之间为每一航空器指定一个国家,该国

为本公约的目的,应行使管辖权并具有登记国的性质,并应将此项指定通知国际民用航空组织,由该组织将上述通知转告本公约所有缔约国。

第六条

一、罪犯或被指称的罪犯所在的任一缔约国在判明情况有此需要时,应将该人拘留或采取其他措施以保证该人留在境内。这种拘留和其他措施应符合该国的法律规定,但是只有在为了提出刑事诉讼或引渡程序所必要的期间内,才可继续保持这些措施。

二、该国应立即对事实进行初步调查。

三、对根据本条第一款予以拘留的任何人应向其提供协助,以便其立即与其本国最近的合格代表联系。

四、当一国根据本条规定将某人拘留时,它应将拘留该人和应予拘留的情况立即通知航空器登记国、第四条第一款(丙)项所指国家和被拘留人的国籍所属国,如果认为适当,并通知其他有关国家。按照本条第二款规定进行初步调查的国家,应尽速将调查结果通知上述各国,并说明它是否意欲行使管辖权。

第七条

在其境内发现被指称的罪犯的缔约国,如不将此人引渡,则不论罪行是否在其境内发生,应无例外地将此案件提交其主管当局以便起诉。该当局应按照本国法律以对待任何严重性质的普通罪行案件的同样方式作出决定。

第八条

一、前述罪行应看作是包括在缔约各国间现有引渡条约中的一种可引渡的罪行。缔约各国承允将此种罪行作为一种可引渡的罪行列入它们之间将要缔结的每一项引渡条约中。

二、如一缔约国规定只有在订有引渡条约的条件下才可以引渡，而当该缔约国接到未与其订有引渡条约的另一缔约国的引渡要求时，可以自行决定认为本公约是对该罪行进行引渡的法律根据。引渡应遵照被要求国法律规定的其他条件。

三、缔约各国如没有规定只有在订有引渡条约时才可引渡，则在遵照被要求国法律规定的条件下，承认上述罪行是它们之间可引渡的罪行。

四、为在缔约各国间的引渡的目的，罪行应看作不仅是发生在所发生的地点，而且也是发生在根据第四条第一款要求实施其管辖权的国家领土上。

第九条

一、当第一条（甲）款所指的任何行为已经发生或行将发生时，缔约各国应采取一切适当措施以恢复或维护合法机长对航空器的控制。

二、在前款情况下，航空器或其旅客或机组所在的任何缔约国应对旅客和机组继续其旅行尽速提供方便，并应将航空器和所载货物不迟延地交还给合法的所有人。

第十条

一、缔约各国对第四条所指罪行

和其他行为提出的刑事诉讼，应相互给予最大程度的协助。在任何情况下，都应适用被要求国的法律。

二、本条第一款的规定，不应影响因任何其他双边或多边条约在刑事问题上全部地或部分地规定或将规定的相互协助而承担的义务。

第十一条

各缔约国应遵照其本国法尽快地向国际民用航空组织理事会就下列各项报告它所掌握的任何有关情况：

（甲）犯罪的情况；

（乙）根据第九条采取的行动；

（丙）对罪犯或被指称的罪犯所采取的措施，特别是任何引渡程序或其他法律程序的结果。

第十二条

一、如两个或几个缔约国之间对本公约的解释或适用发生争端而不能以谈判解决时，经其中一方的要求，应交付仲裁。如果在要求仲裁之日起六个月内，当事国对仲裁的组成不能达成协议，任何一方可按照国际法院规约，要求将争端提交国际法院。

二、每个国家在签字、批准或加入本公约时，可以声明该国不受前款规定的约束。其他缔约国对于任何作出这种保留的缔约国，也不受前款规定的约束。

三、按照前款规定作出保留的任何缔约国，可以在任何时候通知保存国政府撤销这一保留。

第十三条

一、本公约于 1970 年 12 月 16 日在海牙开放,听任 1970 年 12 月 1 日到 16 日在海牙举行的国际航空法会议(以下称为海牙会议)的参加国签字。1970 年 12 月 31 日后,本公约将在莫斯科、伦敦和华盛顿向所有国家开放签字。在本公约根据本条第三款开始生效前未在本公约上签字的任何国家,可在任何时候加入本公约。

二、本公约须经签字国批准。批准书和加入书应交存苏维埃社会主义共和国联盟、大不列颠及北爱尔兰联合王国以及美利坚合众国政府,这些政府被指定为保存国政府。

三、本公约应于参加海牙会议的在本公约上签字的十个国家交存批准书后三十天生效。

四、对其他国家,本公约应于本条第三款规定生效之日,或在它们交存批准书或加入书后三十天生效,以两者中较晚的一个日期为准。

五、保存国政府应迅速将每一签字日期、每一批准书或加入书交存日期、本公约开始生效日期以及其他通知事项通知所有签字国和加入国。

六、本公约一经生效,应由保存国政府根据联合国宪章第一百零二条和国际民用航空公约(1944 年,芝加哥)第八十三条进行登记。

第十四条

一、任何缔约国可以书面通知保存国政府退出本公约。

二、退出应于保存国政府接到通知之日起六个月后生效。

下列签字的全权代表,经各自政府正式授权在本公约上签字,以资证明。

1970 年 12 月 16 日订于海牙,正本一式三份,每份都用英文、法文、俄文和西班牙文四种有效文本写成。

《制止非法劫持航空器公约》的补充议定书

（本议定书于 2010 年 9 月 10 日在北京签订，目前尚未生效。中国于同日签署该公约，尚未批准）

本议定书各当事国，

深为关切全世界针对民用航空的非法行为的升级；

认识到针对民用航空的新型威胁需要各国采取新的协调一致的努力和合作政策；相信为了更好地应对这些威胁，需要通过各项条款补充 1970 年 12 月 16 日在海牙签订的《制止非法劫持航空器公约》，以便制止劫持或控制航空器的非法行为和加强公约的效用。

协议如下：

第一条

本议定书补充 1970 年 12 月 16 日在海牙签订的《制止非法劫持航空器公约》（以下称为"公约"）；

第二条

公约第一条应以下文取代：

"第一条

一、任何人如果以武力或以武力威胁、或以胁迫、或以任何其他恐吓方式，或以任何技术手段，非法地和故意地劫持或控制使用中的航空器，即构成犯罪。

二、当情况显示做出的威胁可信时，任何人如果做出以下行为，则亦构成犯罪：

（一）威胁实施本条第一款中所列的罪行；或

（二）非法和故意地使任何人收到这种威胁。

三、任何人如果做出以下行为，则亦构成犯罪：

（一）企图实施本条第一款中所列的罪行；或

（二）组织或指挥他人实施本条第一款、第二款或第三款（一）项中所列的一项罪行；或

（三）作为共犯参与本条第一款、第二款或第三款（一）项中所列的一项罪行；或

（四）非法和故意地协助他人逃避调查、起诉或惩罚，且明知此人犯有构成本条第一款、第二款、第三款（一）项、第三款（二）项或第三款（三）项中所列的一项罪行的行为，或此人因此项罪行被执法当局通缉以提起刑事起诉或因此项罪行已经被判刑。

四、各当事国也应当将故意实施下述两者之一或两者确定为罪行,而不论是否已实际实施或企图实施本条第一款或第二款中所列的任何罪行:

(一)与一个或多个人商定实施本条第一款或第二款中所列的一项罪行;如本国法律有此规定,则须涉及参与者之一为促进该项协定而采取的行为;或

(二)以任何其他方式协助以共同目的行事的一伙人实施本条第一款或第二款中所列的一项或多项罪行,而且此种协助应当:

1. 用于旨在促进该团伙的一般犯罪活动或目的,而此种活动或目的涉及实施本条第一款或第二款中所列的一项罪行;或

2. 用于明知该团伙实施本条第一款或第二款中所列的一项罪行的意图。”

第三条

公约第二条应以下文取代:

“第二条

各当事国承诺对第一条所列的罪行给予严厉惩罚。”

第四条

增添下文作为公约第二条之二:

“第二条之二

一、各当事国可根据其本国法律原则采取必要措施,对于设在其领土内或根据其法律设立的法律实体,如果负责管理或控制该法律实体的人以该身份实施第一条所列的罪行,得以追究该法律实体的责任。这种责任可

以是刑事、民事或行政责任。

二、承担这些责任不影响实施罪行的个人的刑事责任。

三、如果一个当事国采取必要措施按照本条第一款追究一个法律实体的责任,该当事国应当努力确保适用的刑事、民事或行政制裁具有有效性、相称性和劝阻性。这种制裁可包括罚款。”

第五条

一、公约第三条第一款应以下文取代:

“第三条

一、为本公约的目的,从地面人员或机组人员为某一特定飞行而对航空器进行飞行前的准备时起,直至降落后二十四小时止,该航空器被视为是在使用中。在航空器遭迫降时,直至主管当局接管对该航空器及其所载人员和财产的责任时止,航空器应当被视为仍在飞行中。”

二、在公约第三条第三款中,“注册”应改为“登记”。

三、在公约第三条第四款中,“所述的”应改为“所列的”。

四、公约第三条第五款应以下文取代:

“五、尽管有本条第三款和第四款的规定,如罪犯或被指控的罪犯在航空器登记国以外的一国领土内被发现,则不论该航空器的起飞地点或实际降落地点在何处,第六条、第七条、第七条之二、第八条、第八条之二、第八条之三和第十条均应当

适用。"

第六条

增添下文作为公约第三条之二：

"第三条之二

一、本公约中的任何规定均不应当影响国际法规定的国家和个人的其他权利、义务和责任，特别是《联合国宪章》《国际民用航空公约》以及国际人道法的宗旨和原则。

二、武装冲突中武装部队的活动，按照国际人道法所理解的意义，由国际人道法予以规范的，不受本公约规范；一国军事部队为执行公务而进行的活动，由国际法其他规则予以规范的，亦不受本公约规范。

三、本条第二款的规定不得被解释为容许非法行为或使其合法化，或使其逃避根据其他法律提出的起诉。"

第七条

公约第四条应以下文取代：

"第四条

一、各当事国应当采取必要措施，以就下列情况而对第一条所列的罪行及被指控的罪犯对旅客或机组人员所实施与该罪行有关的其他暴力行为，确立其管辖权：

（一）罪行是在该国领土内实施的；

（二）罪行是针对在该国登记的航空器或在该航空器内实施的；

（三）在其内实施罪行的航空器在该国领土内降落时被指控的罪犯仍在该航空器内的；

（四）罪行是针对租来时不带机组人员的航空器或是在该航空器内实施的，而承租人的主要营业地在该国，或如承租人没有此种营业地但其永久居所是在该国的；

（五）罪行是由该国国民实施的。

二、各当事国也可就下列情况而对任何此种罪行确立其管辖权：

（一）罪行是针对该国国民实施的；

（二）罪行是由其惯常居所在该国领土内的无国籍人实施的。

三、如果被指控的罪犯在某一当事国领土内，而该当事国不依据第八条将其引渡给依照本条适用的条款对第一条所列的罪行已确立管辖权的任何当事国，该当事国也应当采取必要措施，确立其对第一条所列罪行的管辖权。

四、本公约不排除根据本国法律行使的任何刑事管辖权。"

第八条

公约第五条应以下文取代：

"第五条

如各当事国成立联合的航空运输运营组织或国际运营机构，而其使用的航空器需要进行联合登记或国际登记时，则这些当事国应当通过适当方法为每一航空器在它们之中指定一个国家，而该国为本公约的目的，应当行使管辖权并具有登记国的性质，并应当将此项指定通知国际民用航空组织秘书长，他应当将上述通知转告本公约所有当事国。"

第九条

公约第六条第四款应以下文取代：

"第六条

四、当一当事国根据本条将某人拘留时，应当立即将该人被拘留的事实和应予拘留的情况通知根据第四条第一款已确立管辖权和根据第四条第二款已确立管辖权并已通知保存人的当事国，并在认为适当时，立即通知任何其他有关国家。进行本条第二款所述的初步调查的当事国应当迅速将调查结果通知上述当事国，并应当表明是否有意行使管辖权。"

第十条

增添下文作为公约第七条之二：

"第七条之二

应当保证依据本公约被拘留、被采取任何其他措施或正被起诉的任何人获得公平待遇，包括享有符合该人在其领土内的国家的法律和包括国际人权法在内的适用的国际法规定的所有权利和保障。"

第十一条

公约第八条应以下文取代：

"第八条

一、第一条所列的罪行应当被当作是包括在各当事国间现有引渡条约中的可引渡的罪行。各当事国承诺将此种罪行作为可引渡的罪行列入它们之间将要缔结的每一项引渡条约中。

二、如一当事国规定只有在订有引渡条约的条件下才可以引渡，而当该当事国接到未与其订有引渡条约的另一当事国的引渡要求时，可以自行决定认为本公约是对第一条所列的罪行进行引渡的法律根据。引渡应当遵照被请求国法律规定的其他条件。

三、各当事国如没有规定只有在订有引渡条约下才可引渡，则在遵照被请求国法律规定的条件下，应当承认第一条所列的罪行是它们之间可引渡的罪行。

四、为在各当事国之间引渡的目的，每一项罪行均应当被视为不仅是在所发生的地点实施的，而且也发生在根据第四条第一款（二）、（三）、（四）和（五）项要求确立其管辖权和根据第四条第二款已确立其管辖权的当事国领土内。

五、为在各当事国之间引渡的目的，第一条第四款（一）和（二）项所列的每项罪行应当等同对待。"

第十二条

增添下文作为公约第八条之二：

"第八条之二

为引渡或司法互助的目的，第一条中所列的任何罪行均不应当被视为政治罪或与政治罪有关的罪行或政治动机引起的罪行。因此，对于此种罪行提出的引渡或司法互助请求，不得只以其涉及政治罪或与政治罪行有关的罪行或政治动机引起的罪行为由而加以拒绝。"

第十三条

增添下文作为公约第八条之三：

"第八条之三

如果被请求的当事国有实质理由认为，请求为第一条所列的罪行进行引渡或请求为此种罪行进行司法互助的目的，是因某人的种族、宗教、国籍、族裔、政见或性别而对该人进行起诉或惩罚，或认为接受这一请求将使该人的情况因任何上述原因受到损害，则本公约的任何规定均不应当被解释为规定该国有引渡或提供司法互助的义务。"

第十四条

公约第九条第一款应以下文取代：

"第九条

一、当第一条第一款中所列的任何行为已经发生或行将发生时，各当事国应当采取一切适当措施以恢复合法机长对航空器的控制或维护机长对航空器的控制。"

第十五条

公约第十条第一款应以下文取代：

"第十条

一、各当事国对第一条所列的罪行和第四条所列的其他行为所提出的刑事诉讼应当相互给予最大程度的协助。在所有情况下，都应当适用被请求国的法律。"

第十六条

增添下文作为公约第十条之二：

"第十条之二

任何当事国如有理由相信第一条中所列的一项罪行将要发生时，应当遵照其本国法律向其认为是第四条第

一款和第二款中所列的国家的当事国提供其所掌握的任何有关情况。"

第十七条

一、公约内所有提及"缔约国"之处均应改为"当事国"。

二、公约内所有提及"他"和"他的"之处均应分别改为"该人"和"该人的"。

第十八条

作为本议定书附件以阿拉伯文和中文写成的公约文本连同英文、法文、俄文和西班牙文的公约文本共六种文本，同等作准。

第十九条

在本议定书当事国之间，公约和本议定书应作为一个单一文书一并理解和解释，并称为经 2010 年北京议定书修正的《海牙公约》。

第二十条

本议定书于 2010 年 9 月 10 日在北京向参加 2010 年 8 月 30 日至 9 月 10 日在北京举行的关于航空保安的外交会议的国家开放签字。2010 年 9 月 27 日之后，本议定书应当在国际民用航空组织总部所在地蒙特利尔向所有国家开放签字，直至议定书依照第二十三条生效。

第二十一条

一、本议定书须经批准、接受或核准。批准书、接受书或核准书应当交存于国际民用航空组织秘书长，该秘书长被指定为保存人。

二、任何不是公约当事国的国家对本议定书的批准、接受或核准，都等

于是对经 2010 年北京议定书修正的《海牙公约》的批准、接受或核准。

三、任何未按照本条第一款批准、接受或核准本议定书的国家，可随时加入本议定书。加入书应当交存于保存人。

第二十二条

一经批准、接受、核准或加入本议定书，每一当事国：

（一）应当将按照经 2010 年北京议定书修正的《海牙公约》第四条第二款的规定根据其本国法律确立的管辖权通知保存人，并将任何改变立即通知保存人；和

（二）可宣布该国将按照其刑法关于家庭免责的原则适用经 2010 年北京议定书修正的《海牙公约》第一条第三款（四）项的规定。

第二十三条

一、本议定书自第二十二份批准书、接受书、核准书或加入书交存于保存人之日后第二个月的第一天生效。

二、对于在第二十二份批准书、接受书、核准书或加入书交存之后批准、接受、核准或加入本议定书的每一个国家，本议定书应当自其批准书、接受书、核准书或加入书交存之日后第二个月的第一天生效。

三、本议定书一经生效，应当由保存人向联合国登记。

第二十四条

一、任何当事国可书面通知保存人退出本议定书。

二、退出应当于保存人收到通知之日一年后生效。

第二十五条

保存人应当向本议定书的所有当事国和本议定书的所有签署国或加入国迅速通报每项签署的日期，每一批准书、接受书、核准书或加入书交存的日期，本议定书生效的日期，以及其他有关信息。

下列全权代表经正式授权，在本议定书上签字，以昭信守。

本议定书于二○一○年九月十日在北京签订，用中文、阿拉伯文、英文、法文、俄文和西班牙文写成，六种文本同等作准。经会议主席授权，由会议秘书处在此后九十天内对各种文本相互间的一致性予以验证后，此种作准即行生效。本议定书应当继续保存在国际民用航空组织的档案内，核正无误的议定书副本应当由保存人分送本议定书的全体缔约国。

关于制止危害民用航空安全的
非法行为的公约

（本公约于 1971 年 9 月 23 日订于蒙特利尔，1973 年 1 月 26 日生效。1980 年 9 月 10 日中华人民共和国政府向美国政府交存加入书，同时声明：对公约第十四条第一款持有保留；台湾当局盗用中国名义对该公约的签署和批准是非法和无效的。本公约于 1980 年 10 月 10 日对我国生效）

本公约各缔约国，

考虑到危害民用航空安全的非法行为危及人身和财产的安全，严重影响航班的经营，并损害世界人民对民用航空安全的信任；

考虑到发生这些行为是令人严重关切的事情；

考虑到为了防止这类行为，迫切需要规定适当的措施以惩罚罪犯。

协议如下：

第一条

一、任何人如果非法地和故意地从事下列行为，即是犯有罪行：

（甲）对飞行中的航空器内的人从事暴力行为，如该行为将会危及该航空器的安全；或

（乙）破坏使用中的航空器或对该航空器造成损坏，使其不能飞行或将会危及其飞行安全；或

（丙）用任何方法在使用中的航空器内放置或使别人放置一种将会破坏该航空器或对其造成损坏使其不能飞行或对其造成损坏而将会危及其飞行安全的装置或物质；或

（丁）破坏或损坏航行设备或妨碍其工作，如任何此种行为将会危及飞行中航空器的安全；或

（戊）传送他明知是虚假的情报，从而危及飞行中的航空器的安全。

二、任何人如果他从事下列行为，也是犯有罪行：

（甲）企图犯本条第一款所指的任何罪行；或

（乙）是犯有或企图犯任何此种罪行的人的同犯。

第二条

在本公约中：

（甲）航空器从装载完毕、机舱外部各门均已关闭时起，直至打开任一机舱门以便卸载时为止，应被认为是在飞行中；航空器强迫降落时，在主管当局接管对该航空器及其所载人员和

· 24 ·

财产的责任前,应被认为仍在飞行中。

（乙）从地面人员或机组为某一特定飞行而对航空器进行飞行前的准备时起,直到降落后二十四小时止,该航空器应被认为是在使用中;在任何情况下,使用的期间应包括本条甲款所规定的航空器是在飞行中的整个时间。

第三条

各缔约国承允对第一条所指的罪行给予严厉惩罚。

第四条

一、本公约不适用于供军事、海关或警察用的航空器。

二、在第一条第一款（甲）、（乙）、（丙）和（戊）各项所指情况下,不论航空器是从事国际飞行或国内飞行,本公约均应适用,只要:

（甲）航空器的实际或预定起飞或降落地点是在该航空器登记国领土以外;或

（乙）罪行是在该航空器登记国以外的一国领土内发生的。

三、尽管有本条第二款的规定,在第一条第一款（甲）、（乙）、（丙）和（戊）项所指情况下,如罪犯或被指称的罪犯是在该航空器登记国以外的一国领土内被发现,则本公约也应适用。

四、关于第九条所指的各国,在第一条第一款（甲）、（乙）、（丙）和（戊）项所指的情况下,如本条第二款（甲）项所指地点处于同一国家的领土内,而这一国家又是第九条所指国家之一,则本公约不应适用,除非罪行是在

该国以外的一国领土内发生或罪犯或被指称的罪犯是在该国以外的一国领土内被发现。

五、在第一条第一款（丁）项所指的情况下,只有在航行设备是用于国际航行时,本公约才适用。

六、本条第二、三、四和五款的规定,也适用于第一条第二款所指的情况。

第五条

一、在下列情况下,各缔约国应采取必要措施,对罪行实施管辖权:

（甲）罪行是在该国领土内发生的;

（乙）罪行是针对在该国登记的航空器,或在该航空器内发生的;

（丙）在其内发生犯罪行为的航空器在该国降落时被指称的罪犯仍在航空器内;

（丁）罪行是针对租来时不带机组的航空器,或是在该航空器内发生的,而承租人的主要营业地,或如承租人没有这种营业地,则其永久居所,是在该国。

二、当被指称的罪犯在缔约国领土内,而该国未按第八条的规定将此人引渡给本条第一款所指的任一国家时,该缔约国应同样采取必要措施,对第一条第一款（甲）、（乙）和（丙）项所指的罪行,以及对第一条第二款所列与这些款项有关的罪行实施管辖权。

三、本公约不排斥根据本国法行使任何刑事管辖权。

第六条

一、罪犯或被指称的罪犯所在的任一缔约国在判明情况有此需要时,应将该人拘留或采取其他措施以保证该人留在境内。这种拘留和其他措施应符合该国的法律规定,但是只有在为了提出刑事诉讼或引渡程序所必要的期间内,才可继续保持这些措施。

二、该国应立即对事实进行初步调查。

三、对根据本条第一款予以拘留的任何人,应向其提供协助,以便其立即与其本国最近的合格代表联系。

四、当一国根据本条规定将某人拘留时,它应将拘留该人和应予拘留的情况立即通知第五条第一款所指国家和被拘留人的国籍所属国,如果认为适当,并通知其他有关国家。按照本条第二款规定进行初步调查的国家,应尽速将调查结果通知上述各国,并说明它是否意欲行使管辖权。

第七条

在其境内发现被指称的罪犯的缔约国,如不将此人引渡,则不论罪行是否在其境内发生,应无例外地将此案件提交其主管当局以便起诉。该当局应按照本国法律,以对待任何严重性质的普通罪行案件的同样方式作出决定。

第八条

一、前述罪行应看作是包括在缔约各国间现有引渡条约中的一种可引渡的罪行。缔约各国承允将此种罪行作为一种可引渡的罪行列入它们之间将要缔结的每一项引渡条约中。

二、如一缔约国规定只有在订有引渡条约的条件下才可以引渡,而当该缔约国接到未与其订有引渡条约的另一缔约国的引渡要求时,可以自行决定认为本公约是对该罪行进行引渡的法律根据。引渡应遵照被要求国法律规定的其他条件。

三、缔约各国如没有规定只有在订有引渡条约下才可引渡,则在遵照被要求国法律规定的条件下,应承认上述罪行是它们之间可引渡的罪行。

四、为在缔约各国之间引渡的目的,每一罪行应看作不仅是发生在所发生的地点、而且也是发生在根据第五条第一款(乙)、(丙)和(丁)项要求实施其管辖权的国家领土上。

第九条

如缔约各国成立航空运输联营组织或国际经营机构,而其使用的航空器需要进行联合登记或国际登记时,则这些缔约国应通过适当方法在它们之间为每一航空器指定一个国家,该国为本公约的目的,应行使管辖权并具有登记国的性质,并应将此项指定通知国际民用航空组织,由该组织将上述通知转告本公约所有缔约国。

第十条

一、缔约各国应根据国际法和本国法,努力采取一切可能的措施,以防止发生第一条所指的罪行。

二、当由于发生了第一条所指的一种罪行,使飞行延误或中断,航空器、旅客或机组所在的任何缔约国应对旅客和机组继续其旅行尽速提供方便，并应将航空器和所载货物不迟延地交还给合法的所有人。

第十一条

一、缔约各国对上述罪行所提出的刑事诉讼，应相互给予最大程度的协助。在任何情况下，都应适用被要求国的法律。

二、本条第一款的规定，不应影响因任何其他双边或多边条约在刑事问题上全部地或部分地规定或将规定相互协助而承担的义务。

第十二条

任何缔约国如有理由相信将要发生第一条所指的罪行之一时，应遵照其本国法向其认为是第五条第一款所指的国家，提供其所掌握的任何有关情况。

第十三条

每一缔约国应遵照其本国法尽快地向国际民用航空组织理事会就下列各项报告它所掌握的任何有关情况：

（甲）犯罪的情况；

（乙）根据第十条第二款采取的行动；

（丙）对罪犯或被称的罪犯所采取的措施，特别是任何引渡程序或其他法律程序的结果。

第十四条

一、如两个或几个缔约国之间对本公约的解释或适用发生争端而不能以谈判解决时，经其中一方的要求，应交付仲裁。如果在要求仲裁之日起六个月内，当事国对仲裁的组成不能达成协议，任何一方可按照国际法院规约，要求将争端提交国际法院。

二、每个国家在签字、批准或加入本公约时，可以声明该国不受前款规定的约束。其他缔约国对于任何作出这种保留的缔约国，也不受前款规定的约束。

三、按照前款规定作出保留的任何缔约国，可以在任何时候通知保存国政府撤销这一保留。

第十五条

一、本公约于1971年9月23日在蒙特利尔开放，听任1971年9月8日到23日在蒙特利尔举行的国际航空法会议（以下称为蒙特利尔会议）的参加国签字。1971年10月10日后，本公约将在莫斯科、伦敦和华盛顿向所有国家开放签字。在本公约根据本条第三款开始生效前未在本公约上签字的任何国家，可在任何时候加入本公约。

二、本公约须经签字国批准。批准书和加入书应交存苏维埃社会主义共和国联盟、大不列颠及北爱尔兰联合王国以及美利坚合众国政府，这些政府被指定为保存国政府。

三、本公约应于参加蒙特利尔会议在本公约上签字的十个国家交存批准书后三十天生效。

四、对其他国家，本公约应于本条第三款规定生效之日，或在它们交存批准书或加入书后三十天生效，以两者中较晚的一个日期为准。

五、保存国政府应迅速将每一签字日期、每一批准书或加入书交存日期、本公约开始生效日期以及其他通知事项通知所有签字国和加入国。

六、本公约一经生效,应由保存国政府根据联合国宪章第一百零二条和国际民用航空公约(1944 年,芝加哥)第八十三条进行登记。

第十六条

一、任何缔约国可以书面通知保存国政府退出本公约。

二、退出应于保存国政府接到通知之日起六个月后生效。

下列签字的全权代表,经各自政府正式授权在本公约上签字,以资证明。

1971 年 9 月 23 日订于蒙特利尔,正本一式三份,每份都用英文、法文、俄文和西班牙文四种有效文本写成。

关于防止和惩处侵害应受国际保护人员包括外交代表的罪行的公约

（本公约于 1973 年 12 月 14 日订于纽约，1977 年 2 月 20 日生效。中华人民共和国于 1987 年 8 月 5 日交存加入书，同时声明对公约第十三条第一款予以保留。本公约于 1987 年 9 月 4 日对我国生效）

本公约缔约国，

念及联合国宪章关于维持国际和平和促进各国间友好关系及合作的宗旨和原则，

认为侵害外交代表和其他应受国际保护人员的罪行危害到这些人员的安全，构成对各国间合作所必要的正常国际关系的维持的严重威胁，

相信这些罪行的发生是国际社会严重关心的问题，

深信制定防止和惩处这些罪行的适当和有效措施实有迫切需要，

兹议定条款如下：

第一条

为本公约的目的：

1."应受国际保护人员"是指：

（a）一国元首、包括依关系国宪法行使国家元首职责的一个集体机构的任何成员、或政府首长、或外交部长，当他在外国境内时，以及他的随行家属；

（b）在侵害其本人或其办公用馆舍、私人寓所或其交通工具的罪行发生的时间或地点，按照国际法应受特别保护，以免其人身、自由或尊严受到任何攻击的一国的任何代表或官员或政府间性质的国际组织的任何官员或其他代理人，以及与其构成同一户口的家属。

2."嫌疑犯"是指有充分证据可以初步断定为犯有或参与第二条所列举的一项或数项罪行的人。

第二条

1. 每一缔约国应将下列罪行定为其国内法上的罪行，即故意：

（a）对应受国际保护人员进行谋杀、绑架、或其他侵害其人身或自由的行为；

（b）对应受国际保护人员的公用馆舍、私人寓所或交通工具进行暴力攻击，因而可能危及其人身或自由；

（c）威胁进行任何这类攻击；

（d）进行任何这类攻击未遂；

（e）参与任何这类攻击为从犯。

2. 每一缔约国应按照这类罪行的

严重性处以适当的惩罚。

3. 本条第 1 款及第 2 款并不在任何方面减除缔约国依据国际法采取一切适当措施,以防止应受国际保护人员的人身、自由或尊严受其他侵害的义务。

第三条

1. 每一缔约国应采取必要措施,以确定其在下列情况下对第二条第 1 款所列举的罪行的管辖权:

(a)所犯罪行发生在本国领土之内或在本国登记的船只或飞机上时;

(b)嫌疑犯是本国国民时;

(c)所犯罪行是对因代表本国执行第一条所规定的职务而享有应受国际保护地位的人员所犯时。

2. 每一缔约国应同样采取必要措施,于嫌疑犯在本国领土内而本国不依第八条规定将该犯引渡至本条第 1 款所指明的国家时,对这些罪行确定其管辖权。

3. 本公约并不排除依照国内法行使的刑事管辖权。

第四条

各缔约国应特别以下列方式进行合作,以防止第二条所列举的罪行:

(a)采取一切切实可行的措施,以防止在各该国领土内策划在其领土以内或以外实施这些罪行;

(b)交换情报,并协调为防止这些罪行发生而采取的适当行政或其他措施。

第五条

1. 境内发生第二条所列举的任何

罪行的缔约国如有理由相信嫌疑犯已逃离其领土,应将有关所发生罪行的一切事实及可以获得的一切关于嫌疑犯身份的情报,直接或经由联合国秘书长送达所有其他有关国家。

2. 遇有对应受国际保护人员发生第二条所列举的任何罪行时,拥有关于受害人和犯罪情况的情报的任何缔约国应设法按照其国内法所规定的条件,充分和迅速地将此种情报递送该受害人代表执行职务的缔约国。

第六条

1. 嫌疑犯所在地的缔约国确信情况有此需要时,应采取其国内法所规定的适当措施保证嫌疑犯留在其领土内,以便进行起诉或引渡。这种措施应该立即直接或经由联合国秘书长通知:

(a)犯罪地国家;

(b)嫌疑犯隶籍的一国或数国,如为无国籍人士时,其永久居住地国;

(c)有关的应受国际保护人员隶籍的一国或数国,或其代表执行职务的国家;

(d)所有其他有关国家;

(e)有关的应受国际保护人员充任官员或代理人的国际组织。

2. 对任何人员采取本条第 1 款规定的措施时,此种人员有权:

(a)立即与其隶籍国,或有权保护其权利的其他国家,或如为无国籍人时经其请求而愿意保护其权利的国家距离最近的适当代表取得联络;

(b)并由该国代表前往探视。

第七条

缔约国于嫌疑犯在其领土内时，如不予以引渡，则应毫无例外，并不得不当稽延，将案件交付主管当局，以便依照本国法律规定的程序提起刑事诉讼。

第八条

1. 在各缔约国之间的任何现行引渡条约未将第二条所列举的罪行列为应该引渡的罪的范围内，这些罪行应视为属于应该引渡的罪。缔约国承允将来彼此间所订的每一引渡条约中都将这些罪行列为应该引渡的罪。

2. 以订有条约为引渡条件的缔约国从未与该缔约国订立引渡条约的另一缔约国接到引渡要求时，如果决定引渡，得视本公约为对这些罪行进行引渡的法律根据。引渡须依照被要求国法律所规定的程序和其他条件办理。

3. 不以订有条约为引渡条件的缔约国应承认这些罪行为彼此间应该引渡的罪，但须依照被要求国法律所规定的程序和其他条件办理。

4. 为便于各缔约国之间进行引渡起见，每一罪行应视为不但发生于实际犯罪地点，而且发生于依照第三条第1款规定必须确定其管辖权的国家的领土内。

第九条

任何人因第二条所列举的任何罪行而被提起诉讼时，应保证他在诉讼的一切阶段中受到公平待遇。

第十条

1. 各缔约国应就为第二条所列举的罪行提起的刑事诉讼彼此提供最大限度的协助，包括供给缔约国所有而为诉讼所必需的一切证据。

2. 本条第1款的规定不影响任何其他条约所载关于互相提供司法协助的义务。

第十一条

对嫌疑犯提起刑事诉讼的缔约国应将诉讼的最后结果送达联合国秘书长。联合国秘书长应将这项资料转送其他缔约国。

第十二条

本公约各项规定不影响本公约制定之日业已生效的庇护条约在那些条约缔约国间的施行；但本公约一缔约国不得对并非那些庇护条约缔约国的本公约另一缔约国援引那些条约。

第十三条

1. 两个以上缔约国间在本公约的解释或适用上所发生的任何争端，如未经以谈判方式解决，经缔约国一方要求，应交付仲裁。如果自要求仲裁之日起6个月内当事各方不能就仲裁的组成达成协议，任何一方得依照国际法院规约提出请求，将争端提交国际法院处理。

2. 各缔约国于签署或批准本公约或加入本公约时，得宣布不受本条第1款的拘束。对于提出这项保留的任何缔约国，其他缔约国亦不受本条第1款的拘束。

3. 依照本条第2款的规定提出这项保留的任何缔约国，得向联合国秘书长发出通知，随时撤回这项保留。

第十四条

本公约应听由所有国家于 1974 年 12 月 31 日以前在纽约联合国总部签署。

第十五条

本公约须经批准。批准书应送交联合国秘书长保管。

第十六条

本公约应听由任何国家随时加入。加入书应送交联合国秘书长保管。

第十七条

1. 本公约于第 22 份批准书或加入书送交联合国秘书长保管后第 30 天发生效力。

2. 对于在第 22 份批准书或加入书交存后批准或加入本公约的国家，本公约应于该国批准书或加入书交存后第 30 天发生效力。

第十八条

1. 任何缔约国均可以书面通知联合国秘书长退出本公约。

2. 退约应于联合国秘书长接到通知之日起 6 个月后发生效力。

第十九条

联合国秘书长尤应将下列事项通知所有国家：

（a）依照第十四条对本公约的签署，依照第十五条和第十六条交存批准书或加入书，以及依照第十八条所作的通知；

（b）依照第十七条本公约发生效力的日期。

第二十条

本公约正本应送交联合国秘书长保管，其中文、英文、法文、俄文及西班牙文各本同一作准，联合国秘书长应将本公约正式副本送至所有国家。

为此，下列代表，各秉本国政府正式授予的权力，谨签字于 1973 年 12 月 14 日在纽约听由各国签署的本公约，以昭信守。

反对劫持人质国际公约

（本公约于 1979 年 12 月 17 日订于纽约，1983 年 6 月 3 日生效。1992 年 12 月 28 日中华人民共和国第七届全国人民代表大会常务委员会第二十九次会议决定加入本公约，同时声明对公约第十六条第一款予以保留。本公约于 1993 年 1 月 26 日对我国生效）

本公约各缔约国，

铭记着《联合国宪章》中有关维持国际和平与安全及促进各国间友好关系与合作的宗旨及原则，

特别认识到人人享有《世界人权宣言》和《公民权利和政治权利国际公约》所规定的生命、自由和人身安全的权利，

重申《联合国宪章》和《关于各国依联合国宪章建立友好关系和合作的国际法原则宣言》以及大会其他有关决议所阐明的各国人民的平等权利和自决原则，

考虑到劫持人质是引起国际社会严重关切的罪行，按照本公约的规定，对任何犯劫持人质罪行者必须予以起诉或引渡，

深信迫切需要在各国之间发展国际合作，制订和采取有效措施，以防止作为国际恐怖主义的表现的一切劫持人质行为，并对犯有此项罪行者予以起诉和惩罚，

已达成协议如下：

第一条

1. 任何人如劫持或扣押并以杀死、伤害或继续扣押另一个人（以下称"人质"）为威胁，以强迫第三方，即某个国家、某个国际政府间组织、某个自然人或法人或某一群人，作或不作某种行为，作为释放人质的明示或暗示条件，即为犯本公约意义范围内的劫持人质罪行。

2. 任何人（a）图谋劫持人质，或（b）与实行或图谋劫持人质者同谋而参与其事，也同样犯有本公约意义下的罪行。

第二条

每一缔约国应按照第一条所称罪行的严重性处以适当的惩罚。

第三条

1. 罪犯在其领土内劫持人质的缔约国，应采取它认为适当的一切措施，以期缓和人质的处境，特别是设法使人质获得释放，并于人质获释后，如有必要，便利人质离开。

2. 如缔约国已将罪犯因劫持人质而获得的物品收管,该缔约国应尽快将该物品归还人质本人或第一条所称第三方,或归还其适当当局。

第四条

各缔约国应合作防止第一条所称罪行,特别是:

(a)采取一切实际可行的措施,以防止为在其领土内外进行此等犯罪行为而在其领土内所作的准备,包括禁止鼓励、煽动、筹划或参与劫持人质行为的个人、团体和组织在其领土内从事非法活动的措施。

(b)交换情报并协同采取行政和其他适当措施,以防止此等罪行的发生。

第五条

1. 每一缔约国应采取必要的措施来确立该国对第一条所称任何罪行的管辖权,如果犯罪行为是:

(a)发生在该国领土内或在该国登记的船只或飞机上;

(b)该国任何一个国民所犯的罪行,或经常居住于其领土内的无国籍人(如该国认为恰当时)所犯的罪行;

(c)为了强迫该国作或不作某种行为;

(d)以该国国民为人质,而该国认为适当时。

2. 每一缔约国于嫌疑犯在本国领土内,而不将该嫌疑犯引渡至本条第1款所指的任何国家时,也应采取必要措施,对第一条所称的罪行确立其管辖权。

3. 本公约不排除按照国内法行使的任何刑事管辖权。

第六条

1. 任何缔约国,如嫌疑犯在其领土内,当判明情况有此需要时,应按照该国法律,在进行刑事诉讼或引渡程序所需要的时间内扣留该人或采取其他措施,以保证其留在该国境内。该缔约国应立即进行初步调查,以查明事实。

2. 本条第1款所指的扣留或其他措施,应立即直接通知或经由联合国秘书长通知:

(a)犯罪地国家;

(b)被强迫或被图谋强迫的国家;

(c)被强迫或被图谋强迫的自然人或法人为该国国民的国家;

(d)人质为该国国民的国家,或人质在该国领土内经常居住的国家;

(e)嫌疑犯为该国国民的国家,如为无国籍人时,嫌疑犯在该国领土内经常居住的国家;

(f)被强迫或被图谋强迫的国际政府间组织;

(g)其他任何有关国家。

3. 凡依本条第1款被采取措施的任何人有权:

(a)毫不迟延地与最近的本国或有权与其建立联系的国家的适当代表取得联系,如为无国籍人时,则与其经常居住地国家的适当代表取得联系;

(b)受到上述国家代表的探视。

4. 本条第3款所指权利的行使,

应符合嫌疑犯所在国的法律规章,但以这些法律规章能充分实现本条第3款给予这种权利的原定目的为限。

5. 本条第3款和第4款的规定不得妨碍依第五条第1款(b)项规定有管辖权的任何缔约国邀请红十字国际委员会与嫌疑犯建立联系和前往探视的权利。

6. 进行本条第1款所规定的初步调查的国家,应尽速将调查结果通知本条第2款所指的国家或组织,并说明它是否有意行使管辖权。

第七条

对嫌疑犯提起公诉的缔约国,应按照其法律将诉讼的最后结果通知联合国秘书长。联合国秘书长应将此项资料转送其他有关国家和有关国际政府间组织。

第八条

1. 领土内发现嫌疑犯的缔约国,如不将该人引渡,应毫无例外地而且不论罪行是否在其领土内发生,通过该国法律规定的程序,将案件送交该国主管机关,以便提起公诉。此等机关应按该国法律处理任何普通严重罪行案件的方式作出判决。

2. 任何人因第一条所称任何罪行而被起诉时,应保证他在诉讼的所有阶段受到公平待遇,包括享有他所在地国家法律规定的一切权利和保障。

第九条

1. 依照本公约提出引渡某一嫌疑犯的要求不得予以同意,如果收到此项要求的缔约国有充分理由相信:

(a)以第一条所称罪行为理由而提出引渡要求,但目的在于因某一人的种族、宗教、国籍、民族根源或政治见解而予以起诉或惩罚;或

(b)该人的处境可能因以下理由而受损害:

(一)本款(a)项所述的任何理由,或

(二)有权行使保护权利的国家的适当机关无法与其联系。

2. 关于本公约所述的罪行,凡在适用于缔约国间的所有引渡条约和办法中与本公约不相容的各项规定,在各缔约国之间均被修改。

第十条

1. 第一条所称各项罪行,均应视为缔约国间现有任何引渡条约已经列为可以引渡的罪行。各缔约国承诺在以后彼此间缔结的所有引渡条约中将此种罪行列为可以引渡的罪行。

2. 以订有条约为引渡条件的缔约国,如收到尚未与该缔约国订立引渡条约的另一缔约国的引渡要求,被请求国得自行决定将本公约视为就第一条所称罪行进行引渡的法律根据。引渡应依照被请求国法律所规定的其他条件进行。

3. 不以订有条约为引渡条件的各缔约国应承认第一条所称罪行为彼此之间可以引渡的罪行,但须符合被请求国法律所规定的条件。

4. 为了缔约国间引渡的目的,第一条所称罪行应视为不仅发生在实际发生地,而且也发生在按照第五条第1

款的规定须确立其管辖权的国家的领土内。

第十一条

1. 各缔约国对就第一条所称罪行提起的刑事诉讼应互相给予最大限度的协助，包括提供它们掌握的为诉讼程序所需的一切证据。

2. 本条第 1 款的规定不应影响任何其他条约中关于互相提供司法协助的义务。

第十二条

在关于保护战争受害者的 1949 年日内瓦各项公约或这些公约的附加议定书可以适用于某一劫持人质行为，并且本公约缔约国受各该项公约约束，有责任起诉或交出劫持人质者的情况下，本公约不适用于 1949 年日内瓦各项公约及其议定书中所称的武装冲突中所进行的劫持人质行为，包括 1977 年第一号附加议定书第一条第 4 款所提到的武装冲突——即各国人民为行使《联合国宪章》和《关于各国依联合国宪章建立友好关系和合作的国际法原则宣言》所阐明的自决权利而进行的反抗殖民统治和外国占领以及反抗种族主义政权的武装冲突。

第十三条

如果罪行仅发生在一个国家内，而人质和嫌疑犯都是该国国民，且嫌疑犯也是在该国领土内被发现的，本公约即不适用。

第十四条

本公约任何规定均不得解释为可以违背《联合国宪章》，侵害一国的领土完整或政治独立。

第十五条

本公约的条款不应影响本公约通过之日已经生效的各项庇护条约在各该条约缔约国间的适用；但本公约缔约国不得对并非此等庇护条约缔约国的本公约另一缔约国援用此等庇护条约。

第十六条

1. 两个或两个以上的缔约国之间关于本公约的解释或适用方面的任何争端，如不能谈判解决，经缔约国一方要求，应交付仲裁。如果自要求仲裁之日起 6 个月内，当事各方不能就仲裁的组织达成协议，任何一方得依照《国际法院规约》提出请求，将争端提交国际法院审理。

2. 每一国家在签署或批准本公约或加入本公约时，得声明该国不受本条第 1 款的约束。其他缔约国对于作出这项保留的任何缔约国，也不受本条第 1 款的约束。

3. 依照本条第 2 款的规定作出保留的任何缔约国，得随时通知联合国秘书长撤回该项保留。

第十七条

1. 本公约在 1980 年 12 月 31 日以前在纽约联合国总部开放给所有国家签字。

2. 本公约须经批准。批准书应交存联合国秘书长。

3. 本公约开放给任何国家加入。加入书应交存联合国秘书长。

第十八条

1. 本公约应自第 22 份批准书或

加入书交存联合国秘书长之后第30天开始生效。

2. 对于在第22份批准书或加入书交存后批准或加入本公约的每一国家,本公约应在该国交存其批准书或加入书后第30天对该国开始生效。

第十九条

1. 任何缔约国得用书面通知联合国秘书长退出本公约。

2. 在联合国秘书长接到通知之日起1年后,退出即行生效。

第二十条

本公约原本应交存联合国秘书长,其阿拉伯文、中文、英文、法文、俄文和西班牙文各文本具有同等效力。联合国秘书长应将本公约的正式副本分送所有国家。

本公约于1979年12月18日在纽约开放签字,下列签署人经各自政府正式授权,在本公约上签字,以昭信守。

核材料实物保护公约

（该公约 1980 年 3 月 3 日于维也纳和纽约同时开放签署，并于 1987 年 2 月 8 日生效。1988 年 12 月 2 日中华人民共和国政府向国际原子能机构总干事交存加入书，同时声明不受公约第十七条第二款所规定的两种争端解决程序的约束。该公约于 1989 年 1 月 2 日对我国生效）

本公约各缔约国，

确认一切国家有权为和平目的发展和利用核能，并合法享有和平利用核能所产生的潜在利益，

深信有必要促进和平利用核能方面的国际合作，

希望防止由非法取得和使用核材料所可能引起的危险，

深信与核材料有关的犯罪行为是引起严重关注的事情，因此极需采取适当有效的措施，务求防止、侦察和惩处这些犯罪行为，

认识到需要进行国际合作，按照每一缔约国的国家法律和本公约的规定，制定核材料实物保护的有效措施，

深信本公约有助于安全转移核材料，

并强调实物保护国内使用、贮存和运输中的核材料的重要性，

认识到对用于军事目的的核材料实施有效实物保护的重要性，并理解到这种材料现已并将继续受到严格的实物保护，

同意如下：

第一条

为本公约的目的：

（a）"核材料"是指：钚，但钚—238 同位素含量超过 80% 者除外；铀—233；同位素 235 或 233 浓缩的铀；非矿石或矿渣形式的含天然存在的同位素混合物的铀；任何含有上述一种或多种成分的材料。

（b）"同位素 235 或 233 浓缩的铀"是指含有铀同位素 235 或 233 或两者之最高到其总含量对同位素 238 的相对丰度超过天然存在的同位素 235 对同位素 238 的相对丰度。

（c）"国际核运输"是指使用任何运输工具打算将一批核材料运至发货启运国国境以外的载运过程，从离开该国境内托运人设施开始，一直到抵达最后目的地的国境内收受人设施为止。

第二条

1. 本公约应适用于国际核运输中

的用于和平目的的核材料。

2. 除第三条和第四条以及第五条第 3 款外,本公约也应适用于国内使用、储存和运输中的用于和平目的的核材料。

3. 除缔约国在第 2 款所包括各条中就国内使用、储存和运输中的用于和平目的的核材料所明确作出的承诺外,本公约的任何规定不应解释为对一个国家在国内使用、储存和运输这种核材料方面的主权权利的损害。

第三条

每一缔约国应在其国内法律范围内采取符合国际法的适当步骤,以便尽可能切实保证在进行国际核运输时,其国境内的核材料、或装载在往来该国从事运输活动并属其管辖的船舶或飞机上的核材料,均按照附件一所列级别予以保护。

第四条

1. 任何缔约国不应输出或批准输出核材料,除非该缔约国已经取得保证:这种核材料在进行国际核运输时受到附件一所列级别的保护。

2. 任何缔约国不应从非本公约缔约国输入或批准输入核材料,除非该缔约国已经取得保证:这种核材料将在国际核运输中受到附件一所列级别的保护。

3. 任何缔约国不得允许来自非本公约缔约国的核材料经由其陆地或内河航道,或经由其机场或海港,运至另一非本公约缔约国,除非该缔约国已经取得尽可能切实的保证:这种核材

料将在国际核运输时受到附件一所列级别的保护。

4. 每一缔约国应在其国内法律范围内,对自该国某一地区经由国际水道或空域运至本国另一地区的核材料,给予附件一所列级别的实物保护。

5. 负责得到核材料将根据第 1 至第 3 款的规定受到附件一所列级别的保护这种保证的缔约国,应指明并预先通知核材料预期运经其陆地或内河航道或进入其机场或海港的各个国家。

6. 第 1 款所述取得保证的责任,可经双方同意,转由作为输入国而参与运输的缔约国承担。

7. 本条的任何规定绝不应解释为影响国家的领土主权和管辖权,包括对其领空和领海的主权和管辖权。

第五条

1. 各缔约国应彼此直接或经由国际原子能机构指明并公布国家主管当局和联系单位,该主管当局和联系单位负责实物保护核材料并在核材料未经许可而被移动、使用或更换、或确实受到此种威胁时负责协调追回和采取对策行动。

2. 各缔约国在核材料被偷窃、抢劫或任何非法盗取、或确实受到此种威胁时,应依照本国法律尽其最大可能向任何提出请求的国家提供合作和协助,以追回和保护这种材料。特别是:

(a)缔约国应在核材料被偷窃、抢劫或其他非法手段盗取、或确实受到

此种威胁时采取适当步骤,尽快通知它认为有关的其他国家,并在合适的场合通知国际组织。

(b)有关缔约国应于适当时候相互或同国际组织交换情报,以便保护受到威胁的核材料,核查装运容器的完整性或追回被非法盗取的核材料,并应:

(i)经由外交和其他商定途径协调彼此的工作;

(ii)于接到请求时给予协助;

(iii)保证归还因上述事件而被偷走或遗失的核材料。

执行这种合作的方法应由各有关缔约国决定。

3. 各缔约国应于适当时彼此直接或经由国际组织进行合作和协商,以便就核材料国际运输实质保护制度的设计、维护和改进达成指导方针。

第六条

1. 各缔约国应采取符合本国法律的适当措施,以保护由于本公约的规定而从其他缔约国得到的或经由参与执行本公约的活动而秘密得到的任何情报的机密性。缔约国如向国际组织秘密提供情报,则应采取步骤,以确保此种情报的机密性。

2. 本公约不要求缔约国提供按照国家法律不准披露或将危及有关国家的安全或核材料的实物保护的任何情报。

第七条

1. 每一缔约国根据其国家法律,对下述蓄意犯罪行为应予以惩处:

(a)未经合法授权,收受、拥有、使用、转移、更换、处理或散布核材料,并

引起或可能引起任何人死亡或重大财产损害;

(b)偷窃或抢劫核材料;

(c)盗取或以欺骗手段取得核材料;

(d)以武力威胁或使用武力或任何其他恐吓手段勒索核材料;

(e)威胁:

(i)使用核材料引起任何人死亡或重伤或重大财产损害,或

(ii)进行(b)项所述犯罪行为,以迫使一个自然人或法人、国际组织或国家作或不作某种行为;

(f)图谋进行(a)、(b)或(c)项所述任何犯罪行为;和

(g)参与(a)至(f)项所述任何犯罪行为。

2. 每一缔约国对本条所称犯罪行为应按其严重性质给予适当惩罚。

第八条

1. 每一缔约国应采取必要的措施,以便在下列情况下确立其对第七条所述犯罪行为方面的管辖权:

(a)犯罪行为发生于该国领土内或该国注册的船舶或飞机上;

(b)被控罪犯是该国国民。

2. 每一缔约国应同样采取必要措施,以便在被控罪犯在该国领土内而该国未按第十一条规定将其引渡给第1款所述任何国家时,对这些犯罪行为确立其管辖权。

3. 本公约不排除按照本国法律行使的任何刑事管辖权。

4. 除第1和第2款所述缔约国之

外,任何缔约国亦可按照国际法,在该国作为输出国或输入国参与国际核运输时,确立其对第七条所述犯罪行为方面的管辖权。

第九条

任何缔约国,如被控罪犯在其领土内,当判明情况有此需要时,应按照本国法律采取适当措施,包括拘留以确保该罪犯在进行起诉或引渡时随传随到。按照本条款采取的措施,应立即通知需要按照第八条确立管辖权的国家,在合适的场合,应通知所有其他有关国家。

第十条

任何缔约国,如被控罪犯在其领土内,而该国不将该罪犯引渡,则应无例外地并无不适当延迟地将案件送交该国主管当局,以便按照该国法律规定的诉讼程序,提起公诉。

第十一条

1. 第七条所称各项犯罪行为应被视为属于缔约国之间任何现有引渡条约中的可引渡的犯罪行为。各缔约国保证将各种犯罪行为作为可引渡的犯罪行为列于今后彼此缔结的每一引渡条约内。

2. 以条约的存在为引渡条件的缔约国,如收到未与其订有引渡条约的另一缔约国提出的引渡要求,可以选择将本公约作为引渡这些罪犯的法律依据。引渡应符合被请求国法律所规定的其他条件。

3. 不以条约的存在为引渡条件的缔约国应承认各项犯罪行为是彼此之间可以引渡的犯罪行为,但应符合被请求国法律所规定的各项条件。

4. 为了缔约国之间进行引渡的目的,每项犯罪行为应被视为不仅发生于犯罪行为地点,而且也发生于需要按照第八条第1款确立其管辖权的缔约国领土内。

第十二条

任何人因第七条所称任何犯罪行为而被起诉时,应保证他在诉讼的所有阶段受到公平待遇。

第十三条

1. 各缔约国对就第七条所称犯罪行为而提出的刑事诉讼应彼此提供最大程度的协助,包括提供其所掌握的并为诉讼所必需的证据。被请求国的法律应适用于一切场合。

2. 第1款的规定不应影响全部或部分地处理或今后处理刑事互助事宜的任何其他双边或多边条约下的义务。

第十四条

1. 每一缔约国应将其执行本公约的法律和规章通知保存人,保存人应定期将此种情报传送所有缔约国。

2. 对被控罪犯提起公诉的缔约国,应尽可能首先将诉讼的最后结果通知直接有关的各国。该缔约国还应将最后结果通知保存人,由它通知所有国家。

3. 与国内用于和平目的的、储存或运输的、核材料有关的犯罪行为,而被控罪犯和核材料均仍在犯罪行为发生于其境内的缔约国领土内时,本公约的任何规定不应被解释为要求该缔约国提供与因该犯罪行为提出刑事诉讼有关的情报。

第十五条

各附件构成本公约的组成部分。

第十六条

1. 本公约生效五年后保存人应召开缔约国会议,以审查公约的执行情况,并根据当时的普遍局势审查公约的序言、整个执行部分和附件是否仍然适当。

2. 自此以后,每隔至少五年,如大多数缔约国向保存人提出召开另一次同样目标会议的提案,得召开此种会议。

第十七条

1. 两个或两个以上缔约国之间发生有关本公约的解释或应用的争端时,这些缔约国应进行协调以期用谈判方法或争端各方都可接受的任何其他和平解决争端方法来解决争端。

2. 任何这种性质的争端,如无法以第 1 款所规定方式解决,经争端任何一方的请求,应提交仲裁或提交国际法院裁决。争端提交仲裁时,如果在提出请求仲裁之日起六个月内,争端各方不能就仲裁的组成达成协议,则任何一方可以请求国际法院院长或联合国秘书长任命一名或一名以上仲裁员。如果争端各方提出的请求相互冲突,向联合国秘书长提出的请求应为优先。

3. 每一缔约国在签署、批准、接受或赞同本公约或加入本公约时,可宣布该国不认为受第 2 款所规定的一项或两项解决争端程序的约束。就第 2

款所规定的解决争端程序作出保留的缔约国而言,其他缔约国不应受此种程序的约束。

4. 任何按照第 3 款作出保留的缔约国可随时通知保存人撤回该项保留。

第十八条

1. 本公约应于 1980 年 3 月 3 日起在维也纳国际原子能机构总部和纽约联合国总部开放供所有国家签字,直至公约生效之日为止。

2. 本公约需经签字国批准、接受或赞同。

3. 本公约生效后,将开放供所有国家加入。

4.(a)本公约应开放供综合性的或其他性质的国际组织和区域组织签字或加入,但只限于由主权国家组成并在本公约所包括事项上有权谈判、缔结和采用国际协定的这类组织。

(b)此种组织对其权限范围内的事项,应自行行使本公约赋予缔约国的权利和履行本公约对缔约国规定的责任。

(c)此种组织在成为本公约缔约国时,应将一份载明该组织成员国以及本公约对该组织不适用的条款的声明,送交给保存人。

(d)此种组织除了其成员国的表决权之外,不应拥有任何表决权。

5. 批准书、接受书、核准书或加入书应交存于保存人。

第十九条

1. 本公约应自第二十一份批准

书、接受书或核准书交存保存人之日后的第三十日起生效。

2. 对于在第二十一份批准书、接受书或核准书交存之日后批准、接受、核准或加入公约的国家,本公约应自该国交存其批准书、接受书、核准书或加入书后的第三十日起生效。

第二十条

1. 在不妨碍第十六条的情况下,任何缔约国可以对本公约提出修正案。提议的修正案应提交给保存人,由他立即分发给所有缔约国。如果大多数缔约国请求保存人召开会议以审议提议的修正案,保存人应邀请所有缔约国出席这种会议,该会议不得在发出邀请三十日前举行。在会议中以全体缔约国的三分之二多数通过的任何修正案,应由保存人迅速发给所有缔约国。

2. 对于交存批准、接受或核准修正案书的每一缔约国,修正案应自三分之二缔约国将其批准书、接受书或核准书交存保存人之日后的第三十日起生效。其后修正案对于任何其他缔约国,应自该缔约国交存其批准、接受或核准修正案书之日起生效。

第二十一条

1. 任何缔约国得用书面通知保存人才可退出本公约。

2. 退出应于保存人收到通知之日后一百八十日生效。

第二十二条

保存人应将下列事项迅速通知所有国家:

(a)本公约每一次的签署。

(b)每份批准书、接受书、核准书或加入书的交存。

(c)按照第十七条作出的任何保留或撤回。

(d)一个组织按照第十八条第4款(c)项作出的任何通知。

(e)本公约的生效日期。

(f)本公约任何修正案的生效日期。

(g)根据第二十一条作出的任何退出。

第二十三条

本公约的阿拉伯文、中文、英文、法文、俄文和西班牙文六种文本具有同等效力,原本应交国际原子能机构总干事保存,由其将本公约经证明无误的副本分送所有国家。

下列签署人,经本国政府正式授权,于一九八〇年三月三日在维也纳和纽约开放供签字的本公约上签字,以资证明。

附　件

附件一

附件二所列各类核材料国际运输所适用的实物保护级别

1. 核材料在国际核运输期间偶然需要储存时的实物保护级别:

(a)第三类材料,储存于出入口受监督的地区。

(b)第二类材料,储存地区昼夜有警卫和电子设备监视,周围设立有实物屏障,屏障的出入口数目有一定限制,并受适当监督;或储存于任何具有相同实物保护级别的地区。

(c)第一类材料,除了储存于上述第二类材料所规定的设有保护的地区外,还应当只准已被确定可信的人出入,负责看守的警卫与适当的后援部队保持密切联系。同时应采取具体措施,侦察和防止任何袭击、擅自出入或擅自取走材料的行为。

2.核材料在国际运输期间的实物保护级别:

(a)第二、三类材料:运输时要特别小心,发送方、收受方和承运方之间要作出事前安排,而且凡是受输出国和输入国法律规章管辖的自然人或法人也要事前达成协议,具体规定转移运输责任的时间、地点和程序。

(b)第一类材料:运输时除了要像运输第二、三类材料那样特别小心外,护送人员要昼夜看守,并保证同适当的后援部队保持密切联系。

(c)非矿石或矿渣形式的天然铀:运输500千克以上铀的保护措施应包括:预先发出装运通知,内中说明运输方式、预期抵达时间、收货证明书。

附件二　核材料分类表

材料	形态	类别		
		一	二	三c
1. 钚a	未经照射的b	2千克或2千克以上	2千克以下500克以上	500克或500克以下15克以上
2. 铀—235	未经照射的b —235U 含量达到或超过20%的浓缩铀	5千克或5千克以上	5千克以下1千克以上	1千克或1千克以下15克以上
	—235U 含量达到或超过10%但低于20%的浓缩铀		10千克或10千克以上	10千克以下1千克以上
	—235U 含量超过天然铀但低于10%的浓缩铀			10千克或10千克以上
3. 铀—233	未经照射的b	2千克或2千克以上	2千克以下500克以上	500克或500克以下15克以上
4. 经照射的燃料			贫化铀,或天然铀,钍或低加浓铀(可裂变物质含量小于10%)d/e	

附件二（续）

附注：

a 各种钚，但同位素钚 238 浓度大于 80% 者除外。

b 未在反应堆中辐照过的材料；或在反应堆中辐照过，但在一公尺无屏蔽时其辐射水平等于或小于 100 拉德/小时的材料。

c 数量低于第三类材料以及天然铀，应按照慎重的管理办法进行保护。

d 虽然建议了这一保护级别，但各国可根据其对具体情况的评价，规定另外的实物保护材料类别。

e 在未经辐照前由于原有裂变材料含量而划归第一和第二类的其他燃料，如在一公尺无屏蔽时其辐射水平超过 100 拉德/小时，即可降低一级。

制止在为国际民用航空服务的机场发生的非法暴力行为以补充 1971 年 9 月 23 日订于蒙特利尔的《关于制止危害民用航空安全的非法行为的公约》的议定书

（本议定书于 1988 年 2 月 24 日订于蒙特利尔，1989 年 8 月 6 日生效。本议定书于 1989 年 8 月 6 日对我国生效）

本议定书之缔约国，

考虑到在用于国际民用航空服务的机场上非法暴力行为危害或可能危害人身安全，危及机场的安全操作，损害全世界人民对民用航空安全的信心，并扰乱各国民用航空的安全与正常经营；

考虑到这类行为的发生为国际社会严重关注，并为防止此类行为而对行为人采取适当的处罚措施是十分必要的；

考虑到有必要为 1971 年 9 月 23 日订于蒙特利尔的《关于制止危害民用航空安全的非法行为的公约》制订补充规定，以对付在用于国际民用航空服务的机场上发生的非法暴力行为。

协议如下：

第一条

本议定书作为对 1971 年 9 月 23 日订于蒙特利尔的《关于制止危害民用航空安全的非法行为的公约》（以下称"公约"）的补充规定，在议定书的缔约方之间，公约和议定书应视为并解释为单一文件。

第二条

1. 在公约第一条中，以下规定应增加作为新的第一款之二：

"一之二、任何人使用任何装置、物质或武器非法并故意为下列行为，即构成犯罪：

（甲）在为国际民用航空服务的机场上，对任何人实施导致或可能导致其严重伤害或死亡的暴力行为；或

（乙）破坏或严重损坏为国际民用航空服务的机场的设施或降停在机场的飞机，或妨碍机场的营运，如果该行为危害或可能危害机场的安全。"

2. 在公约第一条第二款（甲）中，应在"第一款"3 字之后增加以下 6 字："或第一款之二"。

第三条

在公约第五条中,以下规定应增加作为第二款之二:

"二之二、各缔约国在必要时应采取同样措施以确立对第一条第一款之二和第一条第二款中所指出的犯罪的司法审判,以便罪犯在其领土内并依据第 8 条规定不引渡至该条第一款(甲)中所指的国家时,第一条第二款亦能包含这类犯罪。"

第四条

本议定书应于 1988 年 2 月 24 日在蒙特利尔对参加 1988 年 2 月 9 日至 24 日于蒙特利尔召开的国际空间法会议的国家开放签字。1988 年 3 月 1 日起至根据其第六条规定而生效之日止,本议定书应在伦敦、莫斯科、华盛顿和蒙特利尔对所有国家开放签字。

第五条

1. 本议定书应由缔约国批准。

2. 任何非公约缔约国,可在根据公约第十五条规定批准或接受公约的同时,批准本议定书。

3. 批准书应交存苏维埃社会主义共和国联盟、大不列颠及北爱尔兰联合王国以及美利坚合众国政府或国际民用航空组织,这些政府或组织被指定为保存机关。

第六条

1. 本议定书应于 10 个签字国交存批准书后并在第 10 份批准书交存之日起 30 天之后生效。在议定书生效以后交存批准书的国家,议定书应在其交存批准书之日起 30 天以后对其生效。

2. 本议定书一经生效,应由保存机关根据联合国宪章第一百零二条和国际民用航空公约(1944 年,芝加哥)第八十三条的规定进行登记。

第七条

1. 本议定书在生效以后,应开放接受任何非签字国的加入。

2. 任何非公约缔约国,可在根据公约第十五条规定批准或加入公约的同时,加入本议定书。

3. 加入书应交存保存机关,加入自交存加入书 30 天以后生效。

第八条

1. 本议定书缔约国可书面通知保存机关退出本议定书。

2. 退出应于保存机关接到通知之日起 6 个月后生效。

3. 退出本议定书并不表明退出公约。

4. 以本议定书作为补充的公约的缔约国退出公约,则视为亦退出本议定书。

第九条

1. 保存机关应迅速将下列事项通知本议定书和公约的签字国和加入国:

(甲)每一签字日期、每一批准书或加入书的交存日期,和

(乙)收到退出本议定书的通知及收到日期。

2. 保存机关还应将本议定书根据其第六条规定而生效的日期通知本条第一款所指的国家。

下列签字的全权代表,经各自政府正式授权在本议定书上签字,以资证明。

1988 年 2 月 24 日订于蒙特利尔,正本一式 4 份,每份均有英文、法文、俄文和西班牙文 4 种语言的有效文本。

制止危及海上航行安全非法行为公约

(本公约于 1988 年 3 月 10 日订于罗马,1992 年 3 月 1 日生效。中华人民共和国政府代表于 1988 年 10 月 25 日签署本公约,同时声明不受本公约第十六条第一款的约束。本公约于 1992 年 3 月 1 日对我国生效)

本公约各缔约国,

考虑到联合国宪章有关维护国际和平与安全和促进国家间友好关系与合作的宗旨和原则,

尤其认识到,正如《世界人权宣言》及《公民权利和政治权利国际公约》所述,每个人均有生活、人身自由和人身安全的权利,

深切关注各种形式的恐怖主义行为的世界性升级,该类行为危及或夺取无辜性命,危害人的基本自由并严重地损伤人的尊严,

考虑到危及海上航行安全的非法行为危及人身和财产安全,严重影响海上业务的经营并有损于世界人民对海上航行安全的信心,

考虑到整个国际社会对此种行为的发生极其关注,

深信迫切需要在国家间开展国际合作,拟定和采取切实有效的措施,防止一切危及海上航行安全的非法行为,对凶犯起诉并加以惩罚,

回顾到 1985 年 12 月 9 日联合国大会第 40/61 号决议,它特别"敦促一切国家(单方面或与其他国家合作)和联合国有关机构,为逐步消除造成国际恐怖主义的根本原因而作出贡献,并特别注意可能导致国际恐怖主义和可能危及国际和平与安全的一切局势,包括殖民主义、种族主义以及大规模肆意侵犯人权和基本自由和外国占领的局势",

进一步回顾到第 40/61 号决议"断然地谴责在任何地方由任何人从事的恐怖主义的一切行动、方式和做法,包括那些危害国家间友好关系及其安全的恐怖主义行动、方式和做法,为犯罪行为",

还回顾到第 40/61 号决议请国际海事组织"研究在船上发生或针对船舶的恐怖主义行为的问题,以便就适当措施提出建议",

考虑到国际海事组织大会 1985 年 11 月 20 日第 A.584(14)号决议要求拟定防止威胁船舶及其旅客和船员安全的非法行为的措施,

注意到受通常船上纪律约束的船员行为不在本公约的范围内，

确认需要检查关于防止和控制危及船舶及船上人员非法行为的规则和标准，以便作出必要的更新，并为此满意地注意到国际海事组织海上安全委员会所建议的防止危及船上旅客和船员非法行为的措施，

进一步确认本公约未规定的事项仍应按照一般国际法的规则和原则处理，

认识到在防止危及海上航行安全非法行为方面需要所有国家严格遵守一般国际法的规则和原则。

特协议如下：

第一条

就本公约而言，"船舶"系指任何种类的非永久依附于海床的船舶，包括动力支撑船、潜水器或任何其他水上船艇。

第二条

1. 本公约不适用于：

（a）军舰；或

（b）国家拥有或经营的用作海军辅助船或用于海关或警察目的的船舶；或

（c）已退出航行或闲置的船舶。

2. 本公约的任何规定不影响军舰和用于非商业目的的其他政府船舶的豁免权。

第三条

1. 任何人如非法并故意从事下列活动，则构成犯罪：

（a）以武力或武力威胁或任何其他恐吓形式夺取或控制船舶；或

（b）对船上人员施用暴力，而该行为有可能危及船舶的航行安全；或

（c）毁坏船舶或对船舶或其货物造成有可能危及船舶航行安全的损坏；或

（d）以任何手段把某种装置或物质放置或使之放置于船上，而该装置或物质有可能毁坏船舶或对船舶或其货物造成损坏而危及或有可能危及船舶航行安全；或

（e）毁坏或严重损坏海上导航设施或严重干扰其运行，而此种行为有可能危及船舶的航行安全；或

（f）传递其明知是虚假的情报，从而危及船舶的航行安全；或

（g）因从事（a）至（f）项所述的任何罪行或从事该类罪行未遂而伤害或杀害任何人。

2. 任何人如从事下列活动，亦构成犯罪：

（a）从事第1款所述的任何罪行未遂；或

（b）唆使任何人从事第1款所述的任何罪行或是从事该罪行者的同谋；或

（c）无论国内法对威胁是否规定了条件，以从事第1款（b）项（c）项和（e）项所述的任何罪行相威胁，旨在迫使某自然人或法人从事或不从事任何行为，而该威胁有可能危及船舶的航行安全。

第四条

1. 本公约适用于正在或准备驶

入、通过或来自一个国家的领海外部界限或其与之相邻国家的领海侧面界限以外水域的船舶。

2. 在根据第 1 款本公约不适用的情况下，如果罪犯或被指称的罪犯在非第 1 款所述国家的某一缔约国的领土内被发现，本公约仍然适用。

第五条

每一缔约国应使第三条所述罪行受到适当惩罚，这种惩罚应考虑到罪行的严重性。

第六条

1. 在下列情况下，每一缔约国应采取必要措施，对第三条所述的罪行确定管辖权：

（a）罪行发生时是针对悬挂其国旗的船舶或发生在该船上；或

（b）罪行发生在其领土内，包括其领海；或

（c）罪犯是其国民。

2. 在下列情况下，一缔约国也可以对任何此种罪行确定管辖权：

（a）罪行系由惯常居所在其国内的无国籍人所犯；或

（b）在案发过程中，其国民被扣押、威胁、伤害或杀害；或

（c）犯罪的意图是迫使该国从事或不从事某种行为。

3. 任何缔约国，在确定了第 2 款所述的管辖权后，应通知国际海事组织秘书长（以下称秘书长）。如该缔约国以后撤销该管辖权，也应通知秘书长。

4. 如被指称的罪犯出现在某缔约国领土内，而该缔约国又不将他引渡给根据本条第 1 和第 2 款确定了管辖权的任何国家，该缔约国应采取必要措施，确定其对第三条所述罪行的管辖权。

5. 本公约不排除按照国内法行使的任何刑事管辖权。

第七条

1. 罪犯或被指称的罪犯出现在其领土内的任何缔约国，在确信情况有此需要时，应根据其法律，将罪犯或被指称的罪犯拘留或采取其他措施，确保其在提起刑事诉讼或引渡程序所必要的时间内留在其国内。

2. 该缔约国应按照本国法律立即对事实作初步调查。

3. 任何人，如对其采取第 1 款所述的措施，有权：

（a）及时地与其国籍国或有权建立此种联系的国家的最近的适当代表联系，或者，如其为无国籍人时，与其惯常居所地国的此种代表联系；

（b）接受该国代表探视。

4. 第 3 款所述权利应按照罪犯或被指称的罪犯所在地国的法律和规章行使，但这些法律和规章必须能使第 3 款所给予的权力的目的得以充分实现。

5. 当缔约国根据本条将某人拘留时，应立即将该人被拘留的事实和应予拘留的情况通知已按照第六条第 1 款确定管辖权的国家，在认为适当时，应立即通知其他有关国家。进行本条第 2 款所述初步调查的国家应迅速将

调查结果报告上述国家,并应表明它是否有意行使管辖权。

第八条

1. 缔约国(船旗国)船舶的船长可以将其有正当理由相信已犯下第三条所述的某一罪行的任何人移交给任何其他缔约国(接收国)当局。

2. 船旗国应确保其船长有义务,在船上带有船长意欲根据第 1 款移交的任何人员时,只要可行和可能,在进入接收国的领海前将他要移交该人员的意向和理由通知接收国当局。

3. 除非有理由认为本公约不适用于导致移交的行为,接收国应接受移交并按第七条规定进行处理,如拒绝接受移交,应说明拒绝的理由。

4. 船旗国应确保其船舶的船长有义务向接收国当局提供船长所掌握的与被指称的罪行有关的证据。

5. 已按第 3 款接受移交的接收国可以再要求船旗国接受对该人的移交。船旗国应考虑任何此类要求,若同意,则应按第七条进行处理。如船旗国拒绝此要求,则应向接收国说明理由。

第九条

本公约的任何规定不应以任何方式影响关于各国有权对非悬挂其国旗的船舶行使调查权或强制管辖权的国际法规则。

第十条

1. 在其领土内发现罪犯或被指称的罪犯的缔约国,在第六条适用的情况下,如不将罪犯引渡,则无论罪行是否在其领土内发生,应有义务毫无例外地立即将案件送交其主管当局,以便通过其国内法律规定的程序起诉。主管当局应以与处理本国法中其他严重犯罪案件相同的方式作出决定。

2. 对因第三条所述任何罪犯而被起诉的任何人,应保证其在诉讼的所有阶段均能获得公平对待,包括享有所在国法律就此类诉讼规定的一切权利与保障。

第十一条

1. 第三条所述罪行应被视为包括在任何缔约国之间任何现有引渡条约中的可引渡的罪行。缔约国承允将此类罪行作为可引渡的罪行列入它们之间将要缔结的每一个引渡条约中。

2. 以订有条约为引渡条件的缔约国,如收到未与其订有引渡条约的另一缔约国的引渡要求,被要求国可以根据自己的选择以本公约为就第三条所述罪行进行引渡的法律依据。引渡应符合被要求国法律规定的其他条件。

3. 不以订有条约为引渡条件的缔约国,在符合被要求国法律规定的条件下,应把第三条所述的罪行作为它们之间可引渡的罪行。

4. 必要时,为了缔约国间引渡的目的,第三条所述的罪行应被视为不仅发生在罪行的发生地,而且发生在要求引渡的缔约国管辖范围内的某个地方。

5. 如一缔约国接到按第七条确定

管辖权的多个国家的一个以上的引渡要求,并决定自己不起诉,在选择将罪犯或被指称的罪犯引渡的国家时,应适当考虑罪行发生时船舶悬挂其国旗的缔约国的利益和责任。

6. 在考虑按照本公约引渡被指称的罪犯的要求时,被要求国应适当考虑第七条第 3 款所述的被指称的罪犯的权利是否能在要求国中行使。

7. 就本公约所规定的罪行而言,在缔约国间适用的所有引渡条约的规定和安排,只要与本公约不符的,均视为已在缔约国间作了修改。

第十二条

1. 缔约国应就对第三条所述罪行提起的刑事诉讼相互提供最大程度的协助,包括协助收集它们所掌握的为诉讼所需的证据。

2. 缔约国应按照它们之间可能存在的任何相互协助条约履行第 1 款的义务。如无此类条约,缔约国应按照各自的国内法相互提供协助。

第十三条

1. 缔约国应特别通过下列方式在防止第三条所述的罪行方面进行合作:

(a)采取一切切实可行的措施,防止在其领土内为在其领土以内或以外犯罪进行准备工作;

(b)按照其国内法交换情报,并协调旨在防止第三条所述罪行而采取的适当的行政及其他措施。

2. 如因发生第三条所述的罪行,船舶航行被延误或中断,船舶或旅客或船员所在的任何缔约国应尽力使船舶及其旅客、船员或货物免遭不适当的扣留或延误。

第十四条

任何缔约国在有理由确信第三条所述的某项罪行将要发生时,应按照其国内法向其认为是已按第六条确定管辖权的国家尽快提供其所掌握的任何有关情报。

第十五条

1. 各缔约国应根据其国内法,尽快向秘书长提供所掌握的任何下列有关情报:

(a)犯罪的情况;

(b)按照第十三条第 2 款所采取的行动;

(c)对罪犯或被指称的罪犯采取的措施,尤其是任何引渡程序或其他法律程序的结果。

2. 对被指称的罪犯起诉的缔约国应根据其国内法,将诉讼的最后结果通知秘书长。

3. 按第 1 款和第 2 款所提供的情报应由秘书长通知所有缔约国、国际海事组织(以下称本组织)的会员国、其他有关国家和适当的政府间国际组织。

第十六条

1. 两个或两个以上的缔约国之间有关本公约的解释或适用方面的任何争端,如在一合理时间内不能通过谈判解决,经其中一方要求,应交付仲裁。如自要求仲裁之日起 6 个月内,当事各方不能就仲裁的组成达成协议,其中任何一方可根据国际法院规约要求将争端提交国际法院。

2. 在签署、批准、接受、核准或加入本公约时,一国可以声明不受第 1 款任何或全部规定的约束。对作出该保留的任何缔约国而言,其他缔约国也不受这些规定的约束。

3. 按照第 2 款作出保留的任何缔约国,可以在任何时候通知秘书长撤销该保留。

第十七条

1. 本公约于 1988 年 3 月 10 日在罗马开放供参加制止危及海上航行安全非法行为国际会议的国家签字。自1988 年 3 月 14 日至 1989 年 3 月 9 日在本组织总部向所有国家开放供签字。此后继续开放供加入。

2. 各国可按下列方式表示同意受本公约的约束:

(a)签字并对批准、接受或核准无保留;或

(b)签字而有待批准、接受或核准,随后再予批准、接受或核准;或

(c)加入。

3. 批准、接受、核准、或加入应向秘书长交存一份相应的文件。

第十八条

1. 本公约在 15 个国家签字并对批准、接受或核准无保留或交存有关批准、接受、核准或加入的文件之日后90 天生效。

2. 对于在本公约生效条件满足后交存有关批准、接受、核准或加入书的国家,其批准、接受、核准或加入应在

交存之日后 90 天生效。

第十九条

1. 任何缔约国在本公约对其生效之日起 1 年后,可随时退出本公约。

2. 退出须向秘书长交存 1 份退出文件方为有效。

3. 退出本公约,应在秘书长收到退出文件 1 年之后,或在退出文件载明的较此更长的期限届满后生效。

第二十条

1. 本组织可召开修订或修正本公约的会议。

2. 经 1/3 或 10 个缔约国的要求,以数大者为准,秘书长应召集修订或修正本公约的缔约国会议。

3. 在本公约的修正案生效之日后交存的有关批准、接受、核准或加入的任何文件应被视为适用于经修正的公约。

第二十一条

1. 本公约由秘书长保存。

2. 秘书长应:

(a)将下列事项通知所有签署或加入了本公约的国家以及本组织的所有会员国:

(i)每一新的签署或每一新的批准、接受、核准或加入书的交存及其日期;

(ii)本公约的生效日期;

(iii)任何退出本公约的文件的交存及其收到和退出生效日期;

(iv)收到根据本公约所作出的任何声明或通知。

(b)将本公约核证无误的副本分

发给已签署或加入了本公约的所有国家。

3. 本公约一经生效,其保存人应按照联合国宪章第一百零二条的规定,将本公约核证无误的副本一份送交联合国秘书长,供登记和公布。

第二十二条

本公约正本1份,用阿拉伯文、中文、英文、法文、俄文和西班牙文写成,各种文本具有同等效力。

下列署名者,经各自政府正式授权,特签署本公约,以昭信守。

制止危及大陆架固定平台安全
非法行为议定书

（本议定书于 1988 年 3 月 10 日在罗马通过,1992 年 3 月 1 日生效。参加本议定书的国家有:澳大利亚、中国、法国、德国、匈牙利、意大利、挪威、阿曼、波兰、塞舌尔、西班牙、瑞典、特立尼达和多巴哥、英国等。中华人民共和国于 1991 年 8 月 20 日加入本议定书,本议定书于 1992 年 3 月 1 日对我国生效）

本议定书各缔约国,

作为《制止危及海上航行安全非法行为公约》的缔约国,

认识到制订该公约的理由同样也适用于大陆架固定平台,

考虑到该公约的规定,

确认本议定书未规定的事项仍应按照一般国际法的规则和原则处理。

协议如下:

第一条

1.《制止危及海上航行安全非法行为公约》（以下称公约）的第五条和第七条及第十条至第十六条的规定在作必要的修改后应同样适用于本议定书第二条所述的在大陆架固定平台上或针对大陆架固定平台所犯的罪行。

2. 在按照第 1 款本议定书不适用的情况下,如果罪犯或被指称的罪犯在固定平台位于其内水或领海内的国家以外的另一缔约国领土内被发现,本议定书仍然适用。

3. 就本议定书而言,"固定平台"系指用于资源的勘探或开发或用于其他经济目的的永久依附于海床的人工岛屿、设施或结构。

第二条

1. 任何人如非法并故意从事下列活动,则构成犯罪:

（a）以武力或武力威胁或任何其他恐吓形式夺取或控制固定平台;或

（b）对固定平台上的人员施用暴力,而该行为有可能危及固定平台的安全;或

（c）毁坏固定平台或对固定平台造成可能危及其安全的损坏;或

（d）以任何手段将可能毁坏固定平台或危及其安全的装置或物质放置或使之放置于固定平台上;或

（e）因从事（a）项至（d）项所述的任何罪行或从事该类罪行未遂而伤害或杀害任何人。

2. 任何人如从事下列活动,亦构

成犯罪：

（a）从事第 1 款所述的任何罪行未遂；或

（b）唆使任何人从事任何该类罪行或是从事该类罪行者的同谋；或

（c）无论国内法对威胁是否规定了条件，以从事第 1 款（b）项和（c）项所述的任何罪行相威胁，旨在迫使某自然人或法人从事或不从事某种行为，而该威胁有可能危及该固定平台的安全。

第三条

1. 在下列情况下，每一缔约国应采取必要措施，确定其对第二条所述罪行的管辖权：

（a）罪行系针对位于其大陆架上的固定平台或罪行发生于该固定平台上；或

（b）罪行由其国民所犯。

2. 在下列情况下，缔约国亦可以对任何此种罪行确定管辖权：

（a）罪行系由惯常居所在其国内的无国籍人所犯；或

（b）在案发过程中，其国民被扣押、威胁、伤害或杀害；或

（c）犯罪的意图是迫使该国从事或不从事某种行为。

3. 任何缔约国，在确定了第 2 款所述的管辖权后，应通知国际海事组织秘书长（以下称秘书长）。如该缔约国以后撤销该管辖权，也应通知秘书长。

4. 如被指称的罪犯出现在某缔约国领土内，而该缔约国又不将他引渡

给根据本条第 1 款和第 2 款确定了管辖权的任何国家，该缔约国应采取必要措施，确定其对第二条所述罪行的管辖权。

5. 本议定书不排除按照国内法所行使的任何刑事管辖权。

第四条

本议定书的任何规定不应以任何方式影响有关大陆架固定平台的国际法规则。

第五条

1. 本议定书于 1988 年 3 月 10 日在罗马并自 1988 年 3 月 14 日至 1989 年 3 月 9 日在国际海事组织（以下称本组织）总部向任何已签署了公约的国家开放供签字。此后继续开放供加入。

2. 各国可按下列方式表示同意受本议定书的约束：

（a）签字并对批准、接受或核准无保留；或

（b）签字而有待批准、接受或核准，随后再予批准、接受或核准；或

（c）加入。

3. 批准、接受、核准或加入应向秘书长交存一份相应的文件。

4. 只有对该公约签字并对批准、接受或核准无保留的国家或已批准、接受、核准或加入公约的国家可以成为本议定书的缔约国。

第六条

1. 本议定书在三个国家签字并对批准、接受或核准无保留或已交存了有关批准、接受、核准或加入书之日后九十天生效。但本议定书不得在公约

生效之前生效。

2. 对于在本议定书生效条件满足后交存有关批准、接受、核准或加入书的国家,其批准、接受、核准或加入应在交存之日后九十天生效。

第七条

1. 任何缔约国在本议定书对其生效之日起一年后,可随时退出本议定书。

2. 退出应向秘书长交存一份退出文件方为有效。

3. 退出本议定书,应在秘书长收到退出文件一年之后,或在退出文件载明的较此更长的期限届满后生效。

4. 缔约国退出公约应被视为也退出本议定书。

第八条

1. 本组织可召开修订或修正本议定书的会议。

2. 经三分之一或五个缔约国的要求,以数大者为准,秘书长应召集修订或修正本议定书的缔约国会议。

3. 在本议定书的修正案生效之日后交存的有关批准、接受、核准或加入的任何文件应被视为适用于经修正的议定书。

第九条

1. 本议定书由秘书长保存。

2. 秘书长应:

(a)将下列事项通知所有已签署或加入了本议定书的国家以及本组织的所有会员国:

(ⅰ)每一新的签署或每一新的批准、接受、核准或加入书的交存及其日期;

(ⅱ)本议定书的生效日期;

(ⅲ)任何退出本议定书的文件的交存及收到日期和退出生效日期;

(ⅳ)收到根据本议定书或公约的规定作出与本议定书有关的任何声明或通知。

(b)将本议定书核证无误的副本分发给所有签署或加入了本议定书的国家。

3. 本议定书一经生效,其保存人应按照《联合国宪章》第102条的规定,将本议定书的核证无误的副本一份送交联合国秘书长,供登记和公布。

第十条

本议定书正本一份,用阿拉伯文、中文、英文、法文、俄文和西班牙文写成,各种文本具有同等效力。

下列署名者,经各自政府正式授权,特签署本议定书,以昭信守。

一九八八年三月十日订于罗马。

在可塑性炸药中添加识别标志以便侦测的公约

本公约缔约国，

意识到恐怖主义的行为对世界安全的影响；

对以摧毁航空器、其他运输工具以及其他目标为目的的恐怖行为表示严重关切；

对利用塑性炸药实施此类恐怖行为十分忧虑；

鉴于注标塑性炸药便于探测，对防止此类非法行为具有重要意义；

承认为防止此类行为的发生，紧急需要制订一个国际文件，使各国承担义务采取适当的措施，以确保塑性炸药按照规定注标；

鉴于联合国安全理事会 1989 年 6 月 14 日第 635 号决议和联合国大会 1989 年 12 月 4 日联合国大会第 44/39 号决议强烈要求国际民用航空组织加强工作，以建立一种注标塑性炸药以便探测的国际制度；

考虑到国际民用航空组织大会第二十七届会议一致通过的第 A27-8 号决议，批准以绝对优先安排，准备一个关于注标塑性炸药以便探测的新国际文件；

满意地注意到国际民用航空组织理事会在准备公约中的作用，及其担负施行该公约职责的旨意。

达成协议如下：

第一条

在本公约中：

一、"炸药"，是指通常称之为"塑性炸药"的爆炸性产品，包括本公约的技术附件所列明的呈柔韧性或富有弹性的叶片状爆炸物。

二、"探测元素"，是指本公约的技术附件所列明的物质，添加到炸药中使之变为具有可探测性。

三、"标志"，是指按照本公约的技术附件给炸药添加探测元素。

四、"制造"，是指生产炸药，包括再加工的任何过程。

五、"正式批准的军事装置"，包括，但不限于：炮弹、炸弹、发射物、地（水）雷、导弹、火箭、空心装药按、榴弹以及根据有关国家的法律和规章专门为军事目的制造的穿孔器。

六、"生产国"，是指在其领土上制造炸药的任何国家。

第二条

每一缔约国应采取必要的和有效的措施，禁止和阻止在其领土上制造非注标炸药。

第三条

一、每一缔约国应采取必要的和有效的措施，禁止和阻止非注标炸药运入或运出其领土。

二、前款不适用于执行军事或海关职责的缔约国当局，以与本公约宗旨不相违背的目的运输非注标炸药。该缔约国应按照第四条第一款的规定监管非标志炸药。

第四条

一、每一缔约国应采取必要措施，对于占有或转让在本公约对该国生效之前在其领土上制造或输入其领土的非标志炸药，实施严格的和有效的监管，以便阻止转移或用于与本公约宗旨相违背的目的。

二、每一缔约国应采取必要措施，对不由其执行军事或警察职责的当局所占有、属于本条第一款所指的所有库存炸药，从本公约当该国生效之日起，在三年之内，予以销毁或用于与本公约宗旨不相违背的目的，或者予以注标或使之彻底变为非攻击性质。

三、每一缔约国应采取必要措施，对由其执行军事或警察职责的当局所占有、属于本条第一款所指的所有库存炸药，而未被列入正式批准的军事装置不可分割的一部分，从本公约对该国生效之日起，在十五年之内予以销毁或用于与本公约宗旨不相违背的目的，或者予以注标或使之彻底变为非攻击性质。

四、每一缔约国应采取必要措施，确保对在其领土内发现的，而不是本条前款规定所指的，亦不是在本公约对该国生效时由军事或警察当局占有并列入正式批准的军事装置不可分割的一部分的库存非注标炸药，尽可能早地在其领土上予以销毁。

五、每一缔约国应采取必要措施，对占有和转让本公约的技术附件第一部分第二项所指的炸药施行严格的和有效的监管，以便阻止转移或用于与本公约宗旨相违背的目的。

六、每一缔约国应采取必要措施，确保对在本公约对该国生效后制造的、未被列入本公约的技术附件第一部分第二款（d）中列明的非标志炸药，以及对不属于上述第二项任何其他点列明的非注标炸药，尽可能早地在其领土上予以销毁。

第五条

一、本公约设立一个炸药技术国际委员会（以下称"委员会"），由国际民用航空组织理事会（以下称"理事会"）在本公约缔约国推荐的人员中任命，至少由十五名、最多由十九名成员组成。

二、委员会的成员系专家，在炸药制造或探测，或者在炸药研究领域具有直接的和丰富的经验。

三、委员会成员任期三年，可以再次被任命连任。

四、委员会每年至少召开一次会议，在国际民用航空组织总部举行，或者由理事会确定或批准的地点和时间举行。

五、委员会应通过其议事规则，由理事会批准后施行。

第六条

一、委员会应评估炸药制造、标志和探测技术的发展。

二、委员会应通过理事会将其研究结果通报各缔约国和有关国际组织。

三、如需要，委员会应向理事会提交修正本公约技术附件的建议。委员会应尽力就此等建议协商一致作出决定。如不能协商一致，则由委员会成员的三分之二多数通过决定。

四、理事会经委员会建议，可以向各缔约国提出本公约的技术附件的修正案。

第七条

一、每一缔约国可在本公约技术附件修正案通知之日起的九十天内，将其意见送交理事会。理事会应尽快将这些意见转送委员会以便审议。理事会应邀请对修正案发表意见或予以反对的每一缔约国与委员会磋商。

二、委员会应审议缔约各国根据前款发表的意见，并向理事会提交报告。理事会审议委员会的报告后，根据修正案的性质和各缔约国，包括生产国提出的意见，可以建议缔约各国通过修正案。

三、如果所建议的修正案，在理事会通告修正案之日起的九十天内，未被五个缔约国或五个以上缔约国书面通知理事会否决的，即视为通过，并再经一百八十天或在修正案中规定的任何另一期限后，对未明示否决修正案的各缔约国生效。

四、曾明示否决所建议的修正案的各缔约国，可在以后提交接受书或核准书表示同意接受修正案规定的约束。

五、如果五个缔约国或五个以上缔约国反对所建议的修正案，理事会应将该修正案发回委员会作补充审议。

六、如果所建议的修正案按照本条第三款的规定未被通过，理事会亦可召集全体缔约国大会。

第八条

一、各缔约国如有可能，应向理事会提供情报，以帮助委员会履行第六条第一款规定的职责。

二、各缔约国应向理事会报告其执行本公约规定所采取的措施。理事会应将这些情况通报所有缔约国和有关国际组织。

第九条

理事会应与各缔约国和有关国际组织合作，采取适当措施以便于实施本公约，包括提供技术援助和交换有关注标和探测炸药的技术发展情况。

第十条

本公约的技术附件是本公约不可分割的部分。

第十一条

一、缔约各国之间对本公约的解释或适用发生任何争端，如不能以谈判解决时，经其中一方请求，应将争端提交仲裁。凡在请求仲裁之日起六个月内，各当事国对仲裁的组成不能达成协议，其中任何一国可按照国际法院规约，申请将争端提交国际法院。

二、每一缔约国在签署、批准、接受或核准本公约或加入本公约或加入本公约时，可以声明该国不受前款规定的约束。其他缔约国对于任何作出这种保留的缔约国，也不受前款规定的约束。

三、按照前款规定作出保留的任何缔约国，可以在任何时候通知保存者撤销这一保留。

第十二条

除第十一条规定的情况外，对本公约不得作任何保留。

第十三条

一、本公约于一九九一年三月一日在蒙特利尔开放，听由一九九一年二月二十二日至三月一日在蒙特利尔举行的航空法国际会议的参加国签字。一九九一年三月一日后，本公约将在国际民用航空组织总部向所有国家开放签字，直至本公约根据本条第三款规定生效时止。任何未签署本公约的国家，可在任何时候加入本公约。

二、本公约需经国家批准、接受、核准或者加入。批准、接受、核准或加入的文书交由国际民用航空组织保存，国际民用航空组织被指定为保存者。任何国家在交存其批准书、接受书、核准书或加入书时，应声明是否系生产国。

三、本公约自第三十五份批准书、接受书、核准书或加入书交存保存者之日起的第六十天生效，但在这些国家中至少有五个国家已根据本条第二款规定声明是生产国。如果在五个生产国交存其文书之前已交存了三十五

份批准书，则本公约自第五个生产国的批准书、接受书、核准书或加入书交存之日起的第六十天生效。

四、对于其他国家，本公约自这些国家交存其批准书、接受书、核准书或加入书之日起六十天后生效。

五、本公约一经生效，即由保存者根据联合国宪章第一百零二条和国际民用航空公约（1944年，芝加哥）第八十三条的规定，予以登记。

第十四条

保存者应将下列事项立即通知所有签字国和缔约国：

（一）本公约的每一签字及签字的日期；

（二）每一批准书、接受书、核准书或加入书的交存及交存的日期，对声明是生产国的国家应特别予以注明；

（三）本公约的生效日期；

（四）本公约或其附件的任何修正案的生效日期；

（五）根据第十五条所作的任何退出；

（六）根据第十一条第二款所作的任何声明。

第十五条

一、每一缔约国可向保存者递交书面通知退出本公约。

二、退出自保存者收到退出通知之日起一百八十天后生效。

下列签字的全权代表经正式授权在本公约上签字，以资证明。

本公约于一九九一年三月一日在蒙特利尔订立，一份正本，载有英文、

法文、俄文、西班牙文和阿拉伯文写成的五种作准文本。

技术附件

第一部分　炸药定义

Ⅰ. 本公约第一条第一款所指之炸药是指:

a) 以一种或多种烈性炸药制成的炸药,在 25℃时,其纯质形式的蒸发压力少于 10^{-4}Pa at;

b) 以一种黏合剂材料制成;和

c) 作为一种混合剂,在通常室温时,具有韧性和可挠性。

Ⅱ. 下列炸药尽管属于本部分第一条规定的炸药,但当它们被继续拥有或用于下述目的或仍旧按规定被混合时,应不认为是炸药。即,那些炸药是:

a) 仅为经适当授权科研、开发或试验新型或改进型炸药而用的限量炸药的制造或拥有。

b) 仅为经适当授权测试识别炸药和/或开发或试验炸药识别设备而用的限量炸药的制造和拥有。

c) 仅用于适当授权的法庭科研目的的限量炸药的制造或拥有;或

d) 自本公约对该生产国生效起三年以内,在该国领土内,被置于和混合成为适当授权军事器械不可分割一部分的炸药,这些在三年期限以内制造的器械应被认为是本公约第四条规定的适当授权军事器械。

Ⅲ. 在本部分中:

第Ⅱ条 a)、b) 和 c) 款中的"适当授权"指按照有关缔约国的法规所允许的;

"烈性炸药"包括但不限于环四亚甲基四硝胺(HMX)、季戊四醇四硝酸酯(PETN)、环三亚甲基三硝胺(RDX)。

第二部分　识别剂

一种识别剂指下列表中列明的任何一种物质。本表所列的识别剂用于加强气化识别手段的炸药识别能力。在各个场合下,采用一种在炸药中添加的识别剂,应获得与成品相类似的分类。在制造时,成品中某种识别剂的最小浓度应在表中列明。

图　表

识别剂名称	分子式	分子量	最小浓度
硝化乙二醇(EGDN)	$C_2H_2(NO_3)_2$	152	0.1%
2,3-二甲基-2,3-二硝基丁烷(DMNB)	$C_6H_{12}(NO_2)_2$	176	0.1%
对位-硝基甲苯(P-MNT)	$C_7H_7NO_2$	137	0.5%
邻位-硝基甲苯(O-MNT)	$C_7H_7NO_2$	137	0.5%

作为正常配方的结果,任何炸药、凡含有达到或高于要求最小浓度水平的任何指定识别剂,即被认为已被标志。

制止恐怖主义爆炸的国际公约

（本公约于 1997 年 12 月 15 日订于纽约。我国于 2001 年 11 月 13 日加入）

本公约各缔约国，

铭记着《联合国宪章》中有关维持国际和平与安全及促进各国间睦邻和友好关系与合作的宗旨和原则，

深切关注世界各地一切形式和表现的恐怖主义行动不断升级，

回顾 1995 年 10 月 24 日《联合国五十周年纪念宣言》，

又回顾大会 1994 年 12 月 9 日第 49/60 号决议所附《消除国际恐怖主义措施宣言》，其中除别的以外，"联合国会员国庄严重申毫不含糊地谴责恐怖主义的一切行为、方法和做法，包括那些危害国家间和民族间友好关系及威胁国家领土完整和安全的行为、方法和做法，也不论在何处发生，不论是何人所为，均为犯罪而不可辩护"，

注意到该宣言还鼓励各国"紧急审查关于防止、压制和消灭一切形式和面貌的恐怖主义的现行国际法律条款的范围，以期确保有一个涵盖这个问题的所有方面的全面法律框架"，

又回顾大会 1996 年 12 月 17 日第 51/210 号决议及其中所附的《补充 1994 年〈消除国际恐怖主义措施宣言〉的宣言》，

还注意到以炸药或其他致死装置进行的恐怖主义袭击日益普遍，

又注意到现行多边法律规定不足以针对这些袭击，

深信迫切需要在各国之间发展国际合作，制定和采取有效的和切实的措施，以防止这种恐怖主义行为，并对犯有此种行为者予以起诉和惩罚，

考虑到这种行为的发生是整个国际社会严重关切的问题，

注意到各国军队的活动由本公约框架外的国际法规则加以规定，本公约覆盖范围排除某些行动并不宽容或使得不如此即为非法的行为合法化，或根据其他法律对这些行动起诉。

达成协议如下：

第一条

为本公约目的：

1. "国家或政府设施"包括一国代表、政府成员、立法机关或司法机关或一国或任何其他公共当局或实体的官员或雇员或一个政府间组织的雇员或官员因公务使用或占用的任何长期或临时设施或交通工具。

2."基础设施"是指提供或输送公共服务,如供水、排污、能源、燃料或通讯等的任何公有或私有设施。

3."爆炸性或其他致死装置"是指:

(a)旨在致人死亡或重伤或造成大量物质损坏或具有此种能力的爆炸性或燃烧性武器或装置;或

(b)旨在通过毒性化学品、生物剂或毒素或类似物质或辐射或放射性物质的释放、散布或影响致人死亡或重伤或造成大量物质损坏或具有此种能力的任何武器或装置。

4."一国的军事部队",指一国按照其国内法,主要为国防或安全目的而组织、训练和装备的武装部队以及在这些部队的正式指挥、控制和负责下向它们提供支援的人员。

5."公用场所"是指任何建筑物、土地、街道、水道或其他地点,长期、定期或不定期供公众使用或向公众开放的部分,并包括以这种方式供公众使用或向公众开放的任何商业、营业、文化、历史、教育、宗教、政府、娱乐、消遣或类似的场所。

6."公共交通系统"是指用于或用作公共服务载客或载货的一切公有或私有设施、交通工具和其他工具。

第二条

1.本公约所称的犯罪,是指任何人非法和故意在公用场所、国家或政府设施、公共交通系统或基础设施,或是向或针对公用场所、国家或政府设施公共、公共交通系统或基础设施投掷、放置、发射或引爆爆炸性或其他致死装置:

(a)故意致人死亡或重伤;或

(b)故意对这类场所设施或系统造成巨大毁损,从而带来或可能带来重大经济损失。

2.任何人如企图实施第1款所述罪行,也构成犯罪。

3.任何人如有以下行为,也构成犯罪:

(a)以共犯身份参加第1或第2款所述罪行;或

(b)组织或指使他人实施第1或第2款所述罪行;或

(c)以任何其他方式,出力协助为共同目的而行事的一群人实施第1或第2款所列的一种或多种罪行,这种出力应是蓄意而为,或是目的在于促进该群人的一般犯罪活动或意图,或是在出力时知道该群人实施所涉的一种或多种罪行的意图。

第三条

本公约不适用于罪行仅在一国境内实施、被指控的罪犯和被害人均为该国国民、被指控的罪犯在该国境内被发现、并且没有其他国家具有根据本公约第六条第1款或第2款行使管辖权的基础的情况,但第十条至第十五条的规定应酌情适用于这些情况。

第四条

每一缔约国应酌情采取必要措施:

(a)在本国国内法下规定本公约第二条所述罪行为刑事犯罪;

（b）使这些罪行受到适当惩罚，这种惩罚应考虑到罪行的严重性。

第五条

每一缔约国应酌情采取必要措施，包括酌情制定国内立法，以确保本公约范围内的犯罪行为，特别是于这些罪行是企图或蓄意在一般公众、某一群人或特定个人中引起恐怖状态时，在任何情况下都不可引用政治、思想、意识形态、种族、人种、宗教或其他类似性质的考虑为之辩护，并受到与其严重性质相符的刑事处罚。

第六条

1. 在下列情况下，每一缔约国应酌情采取必要法律措施，对第二条所述罪行确定管辖权：

（a）罪行在该国领土内犯下；

（b）罪行是在罪行发生时悬挂该国国旗的船舶或按该国法律登记的航空器上实施的；或

（c）罪行的实施者是该国国民。

2. 在下列情况下，缔约国也可以对任何此种罪行确定管辖权：

（a）犯罪的对象是该国国民；或

（b）犯罪的对象是一国在国外的国家或政府设施，包括该国大使馆或其他外交或领事房地；或

（c）罪行系由惯常居所在该国境内的无国籍人实施；或

（d）犯罪的意图是迫使该国从事或不从事某种行为；或

（e）罪行的实施场所为该国政府运作的航空器。

3. 每一缔约国在批准、接受、核准或加入本公约时，都应通知联合国秘书长。它根据国内法按照第2款确定的管辖权范围遇有修改，有关缔约国也须立即通知秘书长。

4. 如被指控的罪犯出现在某缔约国领土内，而该缔约国不将其引渡给根据第1和第2款确定了管辖权的任何国家，该缔约国也应酌情采取必要措施，确定其对第二条所述罪行的管辖权。

5. 本公约不排除行使缔约国按照其国内法规定的任何刑事管辖权。

第七条

1. 缔约国收到实施第二条所列某一罪行的罪犯或被指控的罪犯可能出现在其领土内的情报时，应按照国内法酌情采取必要措施，调查情报所述的事实。

2. 罪犯或被指控的罪犯出现在其领土内的缔约国，在确信情况有此需要时，应根据国内法，采取适当措施，确保该人留在其国内，以便起诉或引渡。

3. 任何人，如对其采取第2款所述的措施，有权：

（a）毫不迟延地与其国籍国或有权保护其权利的国家的最近的适当代表联系，或者，如其为无国籍人士，与其惯常居住地国家的此种代表联系；

（b）接受该国代表探视；

（c）获知其根据第（a）和（b）的权利。

4. 第3款所述权利应按照罪犯或被指控的罪犯所在地国的法律或规章

行使,但这些法律和规章必须能使第3款所给予的权利的目的得以充分实现。

5. 第3和第4款的规定不得妨碍依照第六条第1款(c)项或第2款(c)项规定有管辖权的任何缔约国邀请红十字国际委员会与被指控的罪犯建立联系和前往探视的权利。

6. 当缔约国根据本条将某人羁押时,应立即直接或通过联合国秘书长将该人被羁押的事实和应予羁押的情况通知已按照第六条第1款和第2款确定管辖权的缔约国,并在认为适当时,应立即通知其他有关缔约国。进行第1款所述调查的国家应迅速将调查结果通知上述缔约国,并应表明是否有意行使管辖权。

第八条

1. 在第六条适用的情况,被指控的罪犯所在领土的缔约国,如不将罪犯引渡,则无一例外且无论罪行是否在其领土内实施,应有义务毫不作无理拖延,即将案件送交其主管当局,以便通过其国内法律规定的程序进行起诉。主管当局应以处理本国法律中其他严重犯罪案件相同的方式作出决定。

2. 如缔约国国内法准许引渡或交出一名本国国民,但规定该人遣返本国服刑,以执行要求引渡或交出该人的审讯或程序所判的刑罚,并且该国与要求引渡该人的国家皆同意这个办法及其认为适当的其他条件,则此种附有条件的引渡或交出应足以履行第

1款所述义务。

第九条

1. 第二条所述罪行应被视为包括在任何缔约国之间在本公约生效前已有的任何引渡条约中的可引渡罪行。缔约国承允将此类罪行作为可引渡罪行列入它们之间以后将要缔结的每一项引渡条约中。

2. 以订有条约为引渡条件的缔约国,如收到未与其订有引渡条约的另一缔约国的引渡要求,被请求国可以根据自己的选择,以本公约为就第二条所述罪行进行引渡的法律依据。引渡应符合被请求国法律规定的其他条件。

3. 不以订有条约为引渡条件的缔约国,在符合被请求国法律规定的条件下,应把第二条所述的罪行作为它们之间可引渡的罪行。

4. 如有必要,为缔约国间引渡的目的,第二条所述的罪行应视为不仅在发生地实施,而且也在按照第六条第1和第2款的规定已确立其管辖权的国家的领土内实施。

5. 在缔约国间关于第二条所列罪行的所有引渡条约和安排的规定,只要与本公约不符的,均视为已在缔约国间作了修改。

第十条

1. 缔约国应就对第二条所列罪行进行的调查和提起的刑事诉讼或引渡程序相互提供最大程度的协助,包括协助取得它们所掌握的为这些程序所需的证据。

2. 缔约国应按照它们之间可能存在的关于相互法律协助的任何条约或其他安排履行第 1 款的义务。如无此类条约或安排,缔约国应按照各自的国内法相互提供协助。

第十一条

为了引渡或相互法律协助的目的,第二条所列的任何罪行不得视为政治罪行、同政治罪行有关的罪行或由政治动机引起的罪行。因此,就此种罪行提出的引渡或相互法律协助的要求,不可只以其涉及政治罪行、同政治罪行有关的罪行或由政治动机引起的罪行为由,加以拒绝。

第十二条

如被请求的缔约国有实质理由认为,要求为第二条所列罪行进行引渡或请求为此种罪行进行相互法律协助的目的是因某人的种族、宗教、国籍、族裔或政治观点而对该人进行起诉或惩罚,或认为顺从这一请求将使该人的情况因任何上述理由受到损害,则本公约的任何条款不应被解释为规定该国有引渡或提供相互法律协助的义务。

第十三条

1. 被一缔约国拘押或在该国领土服刑的人,如被要求往另一缔约国到场作证、鉴定或提供协助以取得调查或起诉本公约下的罪行所需的证据,则如满足以下条件可予移送:

(a)其本人自由表示知情的同意;和

(b)两国主管当局同意,但须符合两国认为适当的条件。

2. 为本条的目的:

(a)被移送人被移交送往的国家应有权力和义务拘押被移送人,除非移送国另有要求或授权;

(b)被移送人被移交送往的国家应不加拖延地履行其义务,按照两国主管当局事先商定或另外商定将被移送人交还原移送国;

(c)被移送人被移交送往的国家不得要求原移送国为交还被移送人而提出引渡程序;

(d)被移送人在被移交送往的国家羁押期应折抵在移送国的服刑期。

3. 除非获得按照本条将人移送的缔约国的同意,该人无论其国籍为何,不得因其在离开移送国领土前的行为或判罪,而对其起诉或拘留,或在被移交送往的国家领土内受到对其人身自由的任何其他限制。

第十四条

对因本公约而受拘留、受到其他措施对待或被起诉的任何人,应保证其获得公平待遇,包括享有符合所在国法律和包括国际人权法在内的国际法适用规定的一切权利与保障。

第十五条

缔约国应特别通过下列方式,在防止第二条所述的罪行方面进行合作:

(a)采取一切切实可行的措施,包括在必要时修改其国内立法,防止和制止在其领土内为在其领土以内或以外犯罪进行准备工作,还包括采取措施禁止那些鼓励、教唆、组织、蓄意资助或从事犯下第二条所列罪行的个人、团体和组织在其领土内进行非法活动；

（b）按照其国内法交换正确和经核实的情报，并协调旨在防止第二条所列罪行而采取的适当的行政及其他措施；

（c）酌情研究和发展侦测炸药和其他可造成死亡或人身伤害的有害物质的方法，就制订在炸药中加添识别剂的标准以便在爆炸发生后的调查中查明炸药来源的问题进行协商，交换关于预防措施的资料，并且在技术、设备和有关材料方面进行合作与转让。

第十六条

起诉被指控的罪犯的缔约国应按照其国内法或适用程序将诉讼的最后结果通知联合国秘书长。联合国秘书长应将此项资料转送其他缔约国。

第十七条

缔约国应以符合各国主权平等和领土完整以及不干涉别国内政原则的方式履行其按照本公约所承担的义务。

第十八条

本公约的任何规定均不给予缔约国权利在另一缔约国境内行使管辖权和履行该另一缔约国当局根据本国国内法专有的职能。

第十九条

1. 本公约的任何规定均不影响国际法特别是联合国宪章的宗旨和原则

与国际人道主义法规定的国家和个人其他权利、义务和责任。

2. 武装冲突中武装部队的活动，按照国际人道主义法所理解的意义，由该法加以规定，不由本公约规定，而一国军队执行公务所进行的活动，由于是由国际法其他规则所规定的，本公约不加以规定。

第二十条

1. 两个或两个以上的缔约国之间有关本公约的解释或适用的任何争端，如在一合理时间内不能通过谈判解决，经其中一方要求，应交付仲裁。如自要求仲裁之日起六个月内，当事各方不能就仲裁的组成达成协议，其中任何一方可根据《国际法院规约》申请将争端提交国际法院。

2. 在签署、批准、接受、核准或加入本公约时，一国可以声明不受本条第 1 款任何或全部规定的拘束。对作出此种保留的任何缔约国而言，其他缔约国也不受这些规定的拘束。

3. 按照第 2 款作出保留的任何缔约国，可以在任何时候通知联合国秘书长撤销该保留。

第二十一条

1. 本公约应自 1998 年 1 月 12 日至 1999 年 12 月 31 日在纽约联合国总部开放供所有国家签字。

2. 本公约须经批准、接受或核准。批准书、接受书或核准书应交存联合国秘书长。

3. 本公约应开放给任何国家加入。加入书应交存联合国秘书长。

第二十二条

1. 本公约应自第二十二份批准书、接受书、核准书或加入书交存联合国秘书长之日后第三十天开始生效。

2. 对于在第二十二份批准书、接受书、核准书或加入书交存后批准、接受、核准或加入本公约的每一个国家，本公约应在该国交存其批准书、接受书、核准书或加入书后第三十天对该国开始生效。

第二十三条

1. 任何缔约国得以书面通知联合国秘书长退出本公约。

2. 退出应在联合国秘书长接到通知之日起一年后生效。

第二十四条

本公约原本应交存联合国秘书长，其阿拉伯文、中文、英文、法文、俄文和西班牙文文本具有同等效力。联合国秘书长应将本公约的正式副本分送所有国家。

本公约于 1998 年 1 月 12 日在纽约开放签字，下列签署人经各自政府正式授权在本公约上签字，以资证明。

制止向恐怖主义提供资助的国际公约

（本公约于 1999 年 12 月 9 日订于纽约。我国于 2001 年 11 月 13 日签署，2006 年 2 月 28 日批准）

序　言

本公约各缔约国，

铭记着《联合国宪章》中有关维持国际和平与安全及促进各国间睦邻和友好关系与合作的宗旨和原则，

深切关注世界各地一切形式和表现的恐怖主义行为不断升级，

回顾大会 1995 年 10 月 24 日第 50/6 号决议所载《联合国五十周年纪念宣言》，

又回顾大会关于这一事项的所有有关决议，包括 1994 年 12 月 9 日第 49/60 号决议及其关于《消除国际恐怖主义措施宣言》的附件，其中联合国会员国庄严重申毫不含糊地谴责恐怖主义的一切行为、方法和做法，包括那些危害国家间和民族间友好关系及威胁国家领土完整和安全的行为、方法和做法，不论在何处发生，也不论是何人所为，均为犯罪而不可辩护，

注意到《消除国际恐怖主义措施宣言》还鼓励各国紧急审查关于防止、压制和消灭一切形式和面貌的恐怖主义的现行国际法律条款的范围，以期确保有一个涵盖这个问题的所有方面的全面法律框架，

回顾大会 1996 年 12 月 17 日第 51/210 号决议第 3 段（f）分段，其中吁请所有国家采取步骤，以适当的国内措施防止和制止为恐怖主义分子和恐怖主义组织筹集经费，无论这种经费是直接还是间接通过也具有或声称具有慈善、社会或文化目的或者也从事武器非法贩运、毒品买卖、敲诈勒索等非法活动，包括剥削他人来为恐怖主义活动筹集经费的组织提供，并特别酌情考虑采取管制措施，以预防和制止涉嫌为恐怖主义目的提供的资金的流动，但不得以任何方式妨碍合法资本的流动自由，并加强关于这种资金的国际流动的情报交流，

还回顾大会 1997 年 12 月 15 日第 52/165 号决议，其中请各国考虑特别是执行其 1996 年 12 月 17 日第 51/210 号决议第 3（a）至（f）段所列的各项措施，

并回顾大会 1998 年 12 月 8 日第
53/108 号决议,其中决定大会 1996 年
12 月 17 日第 51/210 号决议所设立的
特设委员会应拟订一项制止向恐怖主
义者提供资助的国际公约草案,以补
充现有的相关国际文书,

考虑到向恐怖主义提供资助是整
个国际社会严重关注的问题,

注意到国际恐怖主义行为的次数
和严重性端赖恐怖主义分子可以获得
多少资助而定,

并注意到现有的多边法律文书并
没有专门处理这种资助,

深信迫切需要增强各国之间的国
际合作,制定和采取有效的措施,以防
止向恐怖主义提供资助,和通过起诉
及惩罚实施恐怖主义行为者来加以
制止。

兹协议如下:

第一条

为本公约的目的:

1."资金"系指所有各种资产,不
论是有形或无形资产、是动产还是不
动产、不论以何种方式取得,和以任何
形式,包括电子或数字形式证明这种
资产的产权或权益的法律文件或证
书,包括但不限于银行贷记、旅行支
票、银行支票、邮政汇票、股票、证券、
债券、汇票和信用证。

2."国家或政府设施"系指一国代
表、政府成员、立法机关或司法机关,
或一国或任何其他公共当局或实体的
官员或雇员,或一个政府间组织的雇
员或官员因公务使用或占用的任何长

期或临时设施或交通工具。

3."收益"系指通过实施第二条所
述罪行直接或间接取得或获得的任何
资金。

第二条

1. 本公约所称的犯罪,是指任何
人以任何手段,直接或间接地非法和
故意地提供或募集资金,其意图是将
全部或部分资金用于,或者明知全部
或部分资金将用于实施:

(a)属附件所列条约之一的范围
并经其定义为犯罪的一项行为;或

(b)意图致使平民或在武装冲突
情势中未积极参与敌对行动的任何其
他人死亡或重伤的任何其他行为,如
这些行为因其性质或相关情况旨在恐
吓人口,或迫使一国政府或一个国际
组织采取或不采取任何行动。

2.(a)非附件所列条约缔约国的
国家在交存其批准书、接受书或加入
书时得声明,对该缔约国适用本公约
时,应视该条约为不属第 1 款(a)项所
述附件所开列的条约之一。一旦该条
约对该缔约国生效,此一声明即告无
效,而该缔约国应就此通知保存人。

(b)如一国不再是附件所列某一
条约之缔约国,得按本条的规定,就该
条约发表一项声明。

3. 就一项行为构成第 1 款所述罪
行而言,有关资金不需实际用于实施
第 1 款(a)或(b)项所述的罪行。

4. 任何人如试图实施本条第 1 款
所述罪行,也构成犯罪。

5. 任何人如有以下行为,也构成

犯罪：

（a）以共犯身份参加本条第 1 或第 4 款所述罪行；

（b）组织或指使他人实施本条第 1 或第 4 款所述罪行；

（c）协助以共同目的行事的一伙人实施本条第 1 款或第 4 款所列的一种或多种罪行，这种协助应当是故意的，或是：

（一）为了促进该团伙犯罪活动或犯罪目的，而此种活动或目的涉及实施本条第 1 款所述的罪行；或

（二）明知该团伙意图实施本条第 1 款所述的一项罪行。

第三条

本公约不适用于罪行仅在一国境内实施，犯罪嫌疑人为身在该国境内的本国国民，而且其他国家没有根据第七条第 1 款或第 2 款行使管辖权的依据的情况，但第十二条至第十八条的规定应酌情适用于这些情况。

第四条

每一缔约国应酌情采取措施：

（a）在本国国内法中规定第二条所述罪行为刑事犯罪；

（b）根据罪行的严重性质，以适当刑罚惩治这些罪行。

第五条

1. 每一缔约国应根据其本国法律原则采取必要措施，以致当一个负责管理或控制设在其领土内或根据其法律设立的法律实体的人在以该身份犯下了本公约第二条所述罪行时，得以追究该法律实体的责任，这些责任可以是刑事、民事或行政责任。

2. 承担这些责任不影响实施罪行的个人的刑事责任。

3. 每一缔约国特别应确保对按照上文第 1 款负有责任的法律实体实行有效、相称和劝阻性的刑事、民事或行政制裁。这种制裁可包括罚款。

第六条

每一缔约国应酌情采取措施，包括适当时制定国内立法，以确保本公约范围内的犯罪行为，在任何情况下都不可引用政治、思想、意识形态、种族、族裔、宗教或其他类似性质的考虑因素为其辩解。

第七条

1. 在下列情况下，每一缔约国应酌情采取措施，确立其对第 2 条所述罪行的管辖权：

（a）罪行在该国境内实施；

（b）罪行在案发时悬挂该国国旗的船只上或根据该国法律登记的航空器上实施；

（c）罪行为该国国民所实施。

2. 在下列情况下，缔约国也可以确立其对此种罪行的管辖权：

（a）犯罪的目的或结果是在该国境内或针对该国国民实施第二条第 1 款（a）项或（b）项所述罪行；

（b）犯罪的目的或结果是针对该国在国外的国家或政府设施，包括该国外交或领事房地实施第二条第 1 款（a）项或（b）项所述罪行；

（c）犯罪的目的或结果是实施第二条第 1 款（a）项或（b）项所述罪行，

以迫使该国从事或不从事任何一项行为；

（d）罪行是由惯常居所在该国境内的无国籍人实施；

（e）罪行是在该国政府营运的航空器上实施。

3. 每一缔约国在批准、接受、核准或加入本公约时，应将该国依照第2款确立的管辖权范围通知联合国秘书长。遇有任何修改，有关缔约国应立即通知秘书长。

4. 如遇犯罪嫌疑人身在其境内，但它不将该人引渡给按本条第1款或第2款确立管辖权的任何缔约国的情况，每一缔约国也应酌情采取措施，确立本国对第二条所述罪行的管辖权。

5. 如果多个缔约国要求对第二条所述罪行行使管辖权，有关的缔约国应力求适当协调它们的行动，特别是在起诉条件以及在提供司法互助的方式方面。

6. 在不妨碍一般国际法准则的情况下，本公约不排除缔约国根据其国内法所确定任何刑事管辖权的行使。

第八条

1. 每一缔约国应根据其本国法律原则采取适当措施，以便识别、侦查、冻结或扣押用于实施或调拨以实施第二条所述罪行的任何资金以及犯罪所得收益，以期加以没收。

2. 每一缔约国应根据其本国法律原则采取适当措施，以没收用于实施或调拨以实施第二条所述罪行的资金，以及犯罪所得收益。

3. 每一有关缔约国得考虑同其他缔约国缔结协定，在经常性或逐案的基础上，分享执行本条所述没收而取得的资金。

4. 每一缔约国应考虑设立机制，利用从本条所指的没收所得的款项，赔偿第二条第1款（a）项或（b）项所述犯罪的被害人或其家属。

5. 执行本条规定不得影响出于善意采取行动的第三方的权利。

第九条

1. 缔约国收到情报，获悉实施或被指控实施第二条所述罪行的人可能身在其境内时，应按照国内法酌情采取措施，调查情报所述的事实。

2. 罪犯或犯罪嫌疑人身在其境内的缔约国，在确信情况有此需要时，应根据国内法采取适当措施，确保该人留在境内，以进行起诉或引渡。

3. 对任何人采取第2款所述措施时，该人享有下列权利：

（a）不受延误地就近与其国籍国或有权保护其权利的国家的适当代表联系，如该人为无国籍人，得与其惯常居住地国家的此种代表联系；

（b）由该国代表探视；

（c）获告知其根据本款（a）和（b）项享有的权利。

4. 第3款所述的权利，应按照罪犯或犯罪嫌疑人所在国的法规行使，但这些法规须能使本条第3款所给予的权利的目的得以充分实现。

5. 第3款和第4款的规定不得妨碍依照第七条第1款（b）项或第2款

(b)项具有管辖权的任何缔约国邀请红十字国际委员会与犯罪嫌疑人联系和前往探视的权利。

6.当缔约国根据本条拘留某人时,应立即直接或通过联合国秘书长将拘留该人一事和致使其被拘留的情况通知已依照第七条第1款或第2款确立管辖权的缔约国,并在该国认为适宜时,通知任何其他有关缔约国。进行第1款所述调查的国家应迅速将调查结果通知上述缔约国,并应表明它是否打算行使管辖权。

第十条

1.在第七条适用的情况下,犯罪嫌疑人在其境内的缔约国如不将该人引渡,则无论在任何情况下且无论罪行是否在其境内实施,均有义务不作无理拖延,将案件移送其主管当局,以按照该国法律规定的程序进行起诉。主管当局应以处理该国法律定为性质严重的任何其他罪行的相同方式作出决定。

2.如果缔约国国内法准许引渡或移交本国国民,但规定须将该人遣返本国服刑,以执行要求引渡或移交该人的审讯或诉讼最后所判处的刑罚,且该国与请求引渡该人的国家同意这个办法以及两国认为适当的其他条件,则此种有条件引渡或移交应足以履行第1款所述的义务。

第十一条

1.第二条所述罪行应被视为包括在任何缔约国之间在本公约生效前已有的任何引渡条约中的可引渡罪行。

缔约国承诺将这些罪行作为可引渡罪行列入缔约国之间以后缔结的每一项引渡条约之中。

2.如果一个以订有条约为引渡条件的缔约国收到未与其订有引渡条约的另一缔约国提出的引渡请求,被请求国可以自行决定视本公约为就第二条所述罪行进行引渡的法律依据。引渡应符合被请求国法律规定的其他条件。

3.不以订有条约为引渡条件的缔约国,应确认第二条所述罪行为这些缔约国之间的可引渡罪行,但须符合被请求国法律规定的条件。

4.为缔约国之间引渡的目的,必要时应将第二条所述罪行视为不仅在发生地实施,而且也在依照第七条第1款和第2款确立管辖权的国家境内实施。

5.缔约国之间的所有引渡条约和安排中与第二条所述罪行有关的规定,与本公约不符的,应视为缔约国之间已参照公约作了修改。

第十二条

1.缔约国之间应就涉及第二条所述罪行进行的刑事调查或提起的刑事诉讼或引渡程序提供最大程度的协助,包括协助取得缔约国所掌握、为提起这些程序所需的证据。

2.缔约国不得以银行保密为由,拒绝司法互助的请求。

3.除请求书中指明的用途以外,未经被请求国事先同意,请求国不得转递或利用被请求国提供的情报或证据,以进行其他调查、起诉或诉讼程序。

4. 每个缔约国可考虑设立机制，与其他缔约国分享必要的信息或证据，以按照第 5 条确定刑事、民事或行政责任。

5. 缔约国应按照缔约国之间可能存在的任何司法互助或信息交流的条约或其他安排履行第 1 款和第 2 款所规定的义务。如果没有这种条约或安排，缔约国应按照各自的国内法相互提供协助。

第十三条

为引渡或司法互助的目的，不得视第二条所述任何罪行为财务金融罪。缔约国不得只以事关财务金融罪为理由而拒绝引渡或司法互助的请求。

第十四条

为引渡或司法互助的目的，不得视第二条所述任何罪行为政治犯罪、同政治犯罪有关的罪行或出于政治动机的犯罪。因此，对于就此种罪行提出的引渡或司法互助请求，不得只以其涉及政治犯罪、同政治犯罪有关的罪行或出于政治动机的罪行为理由而加以拒绝。

第十五条

如果被请求的缔约国有实质理由认为，请求就第二条所述罪行进行引渡或请求就此种罪行提供司法互助的目的，是基于某人的种族、宗教、国籍、族裔或政治观点对该人进行起诉或惩罚，或认为接受这一请求将使该人的情况因任何上述理由受到损害，则本

公约的任何条款不应被解释为规定该国有引渡或提供司法互助的义务。

第十六条

1. 在一缔约国境内被羁押或服刑的人，如果被要求到另一缔约国进行识别、作证或提供其他协助，以取得调查或起诉第二条所述罪行所需的证据，在满足以下条件的情况下，可予移送：

（a）该人在被告知情况后自愿表示同意；

（b）两国主管当局同意，但须符合两国认为适当的条件。

2. 为本条的目的：

（a）该人被移送去的国家应有权力和义务羁押被移送的人，除非移送国另有要求或授权；

（b）该人被移送去的国家应毫不迟延地履行义务，按照两国主管当局事先达成的协议或其他协议，将该人交还移送国；

（c）该人被移送去的国家的不得要求移送国为交还该人提起引渡程序；

（d）该人在被移送去的国家的羁押时间应折抵在移送国执行的刑期。

3. 除非按照本条移送该人的缔约国表示同意，无论该人国籍为何，均不得因其在离开移送国国境前的行为或定罪，在被移送去的国家境内受到起诉、羁押或对其人身自由实行任何其他限制。

第十七条

应保证根据本公约被羁押、对其

采取任何其他措施或提起诉讼的任何人,获得公平待遇,包括享有符合该人所在国法律和包括国际人权法在内的国际法适用法规规定的一切权利与保障。

第十八条

1. 缔约国应合作防止发生第二条所述罪行,采取一切切实可行的措施,除其他外包括在必要时修改其国内立法,防止和遏制在其境内为在其境内或境外实施这些罪行进行准备工作,包括:

(a)采取措施禁止蓄意鼓励、怂恿、组织或从事实施第二条所述罪行的人和组织在其境内进行非法活动。

(b)采取措施规定金融机构和从事金融交易的其他行业使用现行效率最高的措施查证其惯常客户或临时客户,以及由他人代其开立账户的客户的身份,并特别注意不寻常的或可疑的交易情况和报告怀疑为源自犯罪活动的交易。为此目的,缔约国应考虑:

(一)订立条例禁止开立持有人或受益人身份不明或无法查证的账户,并采取措施确保此类机构核实此类交易真实拥有人的身份;

(二)在法律实体的查证方面,规定金融机构在必要时采取措施,从公共登记册或客户,或从两者处取得成立公司的证明,包括客户的名称、法律形式、地址、董事会成员以及规定实体立约权力的章程等资料,以核实客户的合法存在和结构;

(三)制定条例迫使金融机构承担

义务向主管当局迅速报告所有并无任何明显的经济目的或显而易见的合法目的的、复杂、不寻常的巨额交易以及不寻常的交易方式,无须担心因诚意告发而承担违反披露资料限制的刑事或民事责任;

(四)规定各金融机构将有关国内和国际交易的一切必要记录至少保存五年。

2. 缔约国应进一步合作,通过考虑下列手段,防止发生第二条所述的罪行:

(a)采取措施监督所有汇款机构,包括例如审批其营业执照;

(b)采取可行措施,以发现或监测现金和无记名可转让票据的实际越境交送,但须有严格保障措施,以确保情报使用得当和资本的自由流通不受任何阻碍。

3. 缔约国应进一步合作,防止发生第二条所述罪行,按照其国内法交换经核实的准确情报,并协调为防止实施第二条所述罪行而酌情采取的行政及其他措施,特别是:

(a)在各主管机构和厅处之间建立和维持联系渠道,以便就第二条所述罪行的所有方面安全、迅速交换资料。

(b)相互合作就第二条所述罪行的下列方面进行调查:

(一)有理由怀疑是参与了这类犯罪的人的身份、行踪和活动;

(二)同这类犯罪有关的资金的流动情况。

4. 缔约国可通过国际刑事警察组织(刑警组织)交换情报。

第十九条

起诉犯罪嫌疑人的缔约国应按照其国内法或适用程序,将诉讼的最终结果通知联合国秘书长,由其将此项资料分送其他缔约国。

第二十条

缔约国应以符合各国主权平等和领土完整以及不干涉他国内政的原则的方式履行本公约规定的义务。

第二十一条

本公约毫不影响国家和个人按国际法,特别是《联合国宪章》、国际人道主义法和其他有关公约所应享的其他权利、应尽的其他义务和应负的其他责任。

第二十二条

本公约并未授权缔约国在另一缔约国境内行使管辖权或履行该另一缔约国国内法规定该国当局专有的职能。

第二十三条

1. 附件可作出修改,增列有以下特征的相关条约:

(a)已开放供所有国家参加;

(b)已经生效;

(c)已至少为本公约的二十二个缔约国批准、同意、核可或加入。

2. 本公约生效后,任何缔约国可提议作出上述修改。要求修改的任何提议应书面提交给保存人。保存人应将符合第 1 款要求的提议通知所有缔约国,并就是否应通过拟议的修改征

求它们的意见。

3. 除非有三分之一的缔约国在拟议的修改分发后 180 天内提出书面通知表示反对,否则有关修改视为通过。

4. 对于已交存其对附件修改批准、接受或核准文书的所有缔约国,所通过的附件修改在存放第二十二份此类文书后 30 天起生效。对于在第二十二份批准、接受或核准文书交存后,批准、接受或核准对附件的修改的每一缔约国,修改在其交存批准、接受或核准文书后的第 30 天开始生效。

第二十四条

1. 两个或两个以上的缔约国之间有关本公约的解释或适用的任何争端,如果在一段合理时间内不能通过谈判解决,经其中一方要求,应交付仲裁。如果自要求仲裁之日起六个月内,当事各方不能就仲裁的安排达成协议,其中任何一方可以根据《国际法院规约》,以请求书将争端提交国际法院。

2. 在签署、批准、接受、核准或加入本公约时,每一国家可以声明不受第 1 款约束。对作出此种保留的任何缔约国而言,其他缔约国也不受本条第 1 款约束。

3. 根据第 2 款作出保留的任何国家,可以随时通知联合国秘书长,撤回保留。

第二十五条

1. 本公约于 2000 年 1 月 10 日至 2001 年 12 月 31 日在纽约联合国总部

开放供所有国家签署。

2. 本公约须经批准、接受或核准。批准书、接受书或核准书应交存联合国秘书长。

3. 本公约对所有国家开放供加入。加入书应交存联合国秘书长。

第二十六条

1. 本公约应自第二十二份批准书、接受书、核准书或加入书交存联合国秘书长之日后的第三十天开始生效。

2. 对于在第二十二份批准书、接受书、核准书或加入书交存后批准、接受、核准或加入本公约的每一个国家，本公约应在该国交存其批准书、接受书、核准书或加入书后的第三十天对该国开始生效。

第二十七条

1. 任何缔约国均得以书面通知联合国秘书长退出本公约。

2. 退约应在联合国秘书长收到通知之日起一年后生效。

第二十八条

本公约正本交存联合国秘书长，其阿拉伯文、中文、英文、法文、俄文和西班牙文文本同等作准。联合国秘书长应将本公约经核证无误的副本分送所有国家。

本公约于 2000 年 1 月 10 日在纽约联合国总部开放签字，下列签署人经各自政府正式授权在本公约上签字，以昭信守。

制止核恐怖主义行为国际公约

(本公约于 2005 年 4 月 13 日订于纽约。我国于 2005 年 9 月 14 日签署)

本公约缔约国,

铭记《联合国宪章》有关维护国际和平与安全及促进各国间睦邻和友好关系与合作的宗旨和原则,

回顾 1995 年 10 月 24 日《联合国 50 周年纪念宣言》,

确认所有国家享有为和平目的发展和利用核能的权利及其从和平利用核能获得潜在益处的合法利益,

铭记 1980 年《核材料实物保护公约》,

深切关注世界各地一切形式和表现的恐怖主义行为不断升级,

回顾大会 1994 年 12 月 9 日第 49/60 号决议所附《消除国际恐怖主义措施宣言》,

其中除其他外,联合国会员国庄严重申毫不含糊地谴责恐怖主义的一切行为、方法和做法,包括那些危害国家间和人民间友好关系及威胁国家领土完整和安全的行为、方法和做法,不论在何处发生,也不论是何人所为,均为犯罪而不可辩护,

注意到该《宣言》还鼓励各国紧急审查关于防止、制止和消除一切形式和表现的恐怖主义的现行国际法律规定的范围,以期确保有一个涵盖这个问题的所有方面的全面法律框架,

回顾大会 1996 年 12 月 17 日第 51/210 号决议及其中所附的《补充 1994 年〈消除国际恐怖主义措施宣言〉的宣言》,

又回顾已按照大会第 51/210 号决议设立了一个特设委员会,以期除其他外,拟订一项制止核恐怖主义行为国际公约补充现有的相关国际文书,

注意到核恐怖主义行为可能带来最严重的后果并可能对国际和平与安全构成威胁,

又注意到现有多边法律规定不足以处理这些袭击,

深信迫切需要在各国之间加强国际合作,制定和采取有效和切实的措施,以防止这种恐怖主义行为,并起诉和惩罚行为人,

注意到国家军事部队的活动由本公约框架以外的国际法规则规定,某些行动被排除在本公约适用范围之外并非是容许不合法行为或使不合法行为合法化,或禁止根据其他法律提出

起诉。

议定如下：

第一条

为本公约的目的：

一、"放射性材料"是指核材料和其他含有可自发蜕变（一个伴随有放射一种或多种致电离射线，如 α 粒子、β 粒子、中子和 γ 射线的过程）核素的放射性物质，此种材料和物质，由于其放射或可裂变性质，可能致使死亡、人体受到严重伤害或财产或环境受到重大损害。

二、"核材料"是指钚，但钚—238同位素含量超过 80% 者除外；铀—233；富集了同位素 235 或 233 的铀；非矿石或矿渣形式的铀，其中同位素的比例与自然界存在的天然铀同位素混合的比例相同；或任何含有一种或多种上述物质的材料。

"富集了同位素 235 或 233 的铀"是指含有同位素 235 或 233 或兼含二者的铀，而这些同位素的总丰度与同位素 238 的丰度比大于自然界中同位素 235 与同位素 238 的丰度比。

三、"核设施"是指：

（一）任何核反应堆，包括装在船舶、车辆、飞行器或航天物体上，用作推动这种船舶、车辆、飞行器或航天物体的能源以及用于其他任何目的的反应堆；

（二）用于生产、储存、加工或运输放射性材料的任何工厂或运输工具。

四、"装置"是指：

（一）任何核爆炸装置；或

（二）任何散布放射性物质或释出辐射的装置，此种装置由于其放射性质，可能致使死亡、人体受到严重伤害或财产或环境受到重大损害。

五、"国家或政府设施"包括一国代表、政府、立法机关或司法机关成员，或一国或任何其他公共当局或实体的官员或雇员，或一个政府间组织的雇员或官员，因公务使用或占用的任何长期或临时设施交通工具。

六、"一国军事部队"是指一国按照其国内法，主要为国防或国家安全目的而组织、训练和装备的武装部队以及在其正式指挥、控制和负责下向其提供支助的人员。

第二条

一、本公约所称的犯罪是指任何人非法和故意：

（一）拥有放射性材料或制造或拥有一个装置：

1. 目的是致使死亡或人体受到严重伤害；或

2. 目的是致使财产或环境受到重大损害。

（二）以任何方式利用放射性材料或装置，或以致使放射性材料外泄或有外泄危险的方式利用或破坏核设施：

1. 目的是致使死亡或人体受到严重伤害；或

2. 目的是致使财产或环境受到重大损害；或

3. 目的是迫使某一自然人或法人、某一国际组织或某一国家实施或不实施某一行为。

二、任何人实施以下行为也构成犯罪：

（一）在显示威胁确实可信的情况下，威胁实施本条第一款第（二）项所述犯罪；或

（二）在显示威胁确实可信的情况下通过威胁，或使用武力，非法和故意索要放射性材料、装置或核设施。

三、任何人实施本条第一款所述犯罪未遂也构成犯罪。

四、任何人实施以下行为也构成犯罪：

（一）以共犯身份参加本条第一、第二或第三款所述犯罪，或

（二）组织或指使他人实施本条第一、第二或第三款所述犯罪，或

（三）以任何其他方式促进以共同目的行动的群体实施本条第一、第二或第三款所述犯罪；促进行动应当为故意的，并且是为了助长该群体的一般犯罪活动或目的，或明知该群体有意实施有关犯罪。

第三条

本公约不适用于犯罪仅在一国境内实施、被指控罪犯和被害人均为该国国民、被指控罪犯在该国境内被发现没有其他国家具有根据第九条第一或第二款行使管辖权的基础的情况，但第七条、第十二条、第十四条、第十五条、第十六条和第十七条的规定应酌情适用于这些情况。

第四条

一、本公约的任何条款均不影响国际法特别是《联合国宪章》的宗旨和原则以及国际人道主义法规定的其他国家和个人的权利、义务和责任。

二、武装冲突中武装部队的活动，按照国际人道主义法所理解的意义，由国际人道主义法予以规定，不受本公约管辖；一国军事部队为执行公务而进行的活动，由国际法其他规则予以规定，因此不受本公约管辖。

三、本条第二款的规定不得被解释为容许不合法行为或使不合法行为合法化，或禁止根据其他法律提出起诉。

四、本公约不以任何方式涉及，也不能被解释为以任何方式涉及国家使用核武器或威胁使用核武器的合法性问题。

第五条

每一缔约国应酌情采取必要措施：

（一）在其国内法中将第二条所述犯罪定为刑事犯罪；

（二）根据这些犯罪的严重性质规定适当的刑罚。

第六条

每一缔约国应酌情采取必要措施，包括在适当时制定国内立法，以确保本公约范围内的犯罪行为，特别是故意或有意使公众、某一群体或特定个人产生恐怖感的犯罪行为，在任何情况下都不得以政治、思想、意识形态、种族、族裔、宗教或其他类似性质的考虑因素为之辩解，并受到与其严重性质相符的刑罚。

第七条

一、缔约国应以下列方式进行合作：

（一）采取一切切实可行的措施，包括在必要时修改其国内法，防止和制止在其境内为在其境内或境外实施第二条所述犯罪进行准备包括采取措施禁止鼓励唆使组织、故意资助或故意以技术协助或情报支助，或从事实施这些犯罪的个人、团体和组织在其境内进行非法活动。

（二）依照其国内法，以本条规定的方式及遵照本条规定的条件，交换准确和经核实的情报，并协调酌情采取的行政及其他措施，以便侦查、防止、制止和调查第二条所述犯罪，以及对被控实施这些犯罪的人提起刑事诉讼。缔约国特别应采取适当措施，不加迟延地将有人实施第二条所述犯罪的情况，以及该国所了解的有关实施这些犯罪的准备活动通知第九条所述的其他国家，并斟酌情况通知国际组织。

二、缔约国应采取符合其国内法的适当措施，以保护由于本公约的规定而从另一缔约国得到的，或经由参与为执行本公约而进行的活动而得到的任何保密情报的机密性。如果缔约国向国际组织提供保密情报，应采取步骤确保保护此种情报的机密性。

三、本公约不应要求缔约国提供国内法规定不得传送或可能危及有关国家安全或核材料实物保护的任何情报。

四、缔约国应将本国负责发送和接收本条所述情报的主管机关和联络点告知联合国秘书长。联合国秘书长应将有关主管机关和联络点的信息通知所有缔约国和国际原子能机构。这些主管机关和联络点必须可随时联系。

第八条

为了防止本公约所述犯罪，缔约国应竭尽全力采取适当措施确保放射性材料受到保护，并考虑到国际原子能机构的相关建议和职能。

第九条

一、每一缔约国应酌情采取必要措施，在下列情况下确立对第二条所述犯罪的管辖权：

（一）犯罪在本国境内实施；或

（二）犯罪发生在犯罪实施时悬挂本国国旗的船舶或根据本国法律登记的航空器上；或

（三）犯罪行为人是本国国民。

二、在下列情况下，缔约国也可以确立对任何这些犯罪的管辖权：

（一）犯罪的对象是本国国民；或

（二）犯罪的对象是本国在国外的国家或政府设施，包括本国使馆或其他外交或领事馆舍；或

（三）犯罪行为人是其惯常居所在本国境内的无国籍人；或

（四）犯罪的意图是迫使本国实施或不实施某一行为；或

（五）犯罪发生在本国政府营运的航空器上。

三、每一缔约国在批准、接受、核

准或加入本公约时,应通知联合国秘书长本国根据国内法,依照本条第二款规定确立的管辖权。遇有修改,有关缔约国应立即通知秘书长。

四、如果被指控罪犯在某一缔约国境内,而该缔约国不将该人引渡至根据本条第一和第二款确立了管辖权的缔约国,该缔约国也应酌情采取必要措施,确立其对第二条所述犯罪的管辖权。

五、本公约不阻止缔约国行使依照其国内法确立的任何刑事管辖权。

第十条

一、在收到关于有人在某一缔约国境内实施了或正在实施第二条所述的一种犯罪,或者实施或被指控实施这种犯罪的人可能在其境内的情报后,有关缔约国即应根据其国内法酌情采取必要措施,调查情报所述事实。

二、罪犯或被指控罪犯在其境内的缔约国,在确信情况有此需要时,应根据其国内法采取适当措施,确保该人在被起诉或引渡时在场。

三、对其采取本条第二款所述措施的人有权:

(一)毫不迟延地与其国籍国或有权保护其权利的国家之距离最近的适当代表联系,如果该人是无国籍人,则有权与其惯常居住地的此种代表联系;

(二)接受该国代表探视;

(三)获告知其根据第(一)和第(二)项享有的权利。

四、本条第三款所述权利应按照罪犯或被指控罪犯所在地国的法律和法规行使。

五、本条第三和第四款的规定不妨害依照第九条第一款第(三)项或第二款第(三)项的规定主张管辖权的缔约国邀请红十字国际委员会与被指控罪犯联系和前往探视的权利。

六、缔约国根据本条将某人拘留时,应立即直接或通过联合国秘书长将该人被拘留的事实和构成羁押理由的情况,通知已依照第九条第一和第二款规定确立管辖权的缔约国,及其认为适宜的任何其他有关缔约国。进行本条第一款所述调查的国家应迅速将调查结果通知上述缔约国,并应表明是否有意行使管辖权。

第十一条

一、在第九条适用的情况下,被指控罪犯在其境内的缔约国,不将该人引渡的,无论犯罪是否在其境内实施,均有义务毫无例外地不作无理拖延,将案件送交其主管当局,以便通过该国法律规定的程序进行起诉。主管当局应以处理本国法律规定的任何其他严重犯罪的方式作出决定。

二、如果缔约国国内法允许引渡或移交一名本国国民,但条件是须将该人遣回本国服刑,以执行要求引渡或移交该人的审判或诉讼程序所判处的刑罚,而且该国与要求引渡该人的国家均同意这个办法及双方认为适当的其他条件,则此种有条件的引渡或移交应足以履行本条第一款所规定的义务。

第十二条

应保证根据本公约被拘留或对其采取任何其他措施或被起诉的人获得公平待遇，包括享有一切符合其所在国法律和包括国际人权法在内可适用的国际法规定的权利与保障。

第十三条

一、第二条所述犯罪应被视为包括在任何缔约国之间在本公约生效前已有的任何引渡条约中的可引渡罪行。缔约国承诺将此类犯罪作为可引渡罪行列入缔约国间以后缔结的每一项引渡条约中。

二、以订有条约为引渡条件的缔约国，在收到未与其订有引渡条约的另一缔约国的引渡请求时，被请求国可以自行选择，以本公约为就第二条所述犯罪进行引渡的法。

三、不以订有条约为引渡条件的缔约国，在符合被请求国法律规定的条件下，应视第二条所述犯罪为它们之间的可引渡罪行。

四、为缔约国间引渡的目的，必要时应将第二条所述犯罪视为不仅在发生地实施，而且也在依照第九条第一和第二款的规定确立管辖权的国家的境内实施。

五、缔约国间关于第二条所述犯罪的所有引渡条约和安排的规定，凡是与本公约不符的，应视为已在缔约国间作了修改。

第十四条

一、对于就第二条所述犯罪进行的调查和提起的刑事诉讼或引渡程序，缔约国应相互提供最大程度的协助，包括协助取得本国所掌握的诉讼或引渡程序所需证据。

二、缔约国应按照它们之间可能存在的关于相互司法协助的任何条约或其他安排履行本条第一款规定的义务。如无此类条约或安排，缔约国应按照其国内法规定相互提供协助。

第十五条

为了引渡或相互司法协助的目的，第二条所述的任何犯罪不得视为政治罪、同政治罪有关的犯罪或由政治动机引起的犯罪。因此，就此种犯罪提出的引渡或相互司法协助的请求，不可只以其涉及政治罪、同政治罪有关的犯罪或由政治动机引起的犯罪为由而加以拒绝。

第十六条

如果被请求的缔约国有实质理由认为，请求为第二条所述犯罪进行引渡或请求就此种犯罪提供相互司法协助的目的，是基于某人的种族、宗教、国籍、族裔或政治观点而对该人进行起诉或惩罚，或认为接受这一请求将使该人的情况因任何上述理由受到损害，则本公约的任何条款均不应被解释为规定该国有引渡或提供相互司法协助的义务。

第十七条

一、被某一缔约国羁押或在该国境内服刑的人，如果被要求到另一缔约国作证、进行辨认或提供协助以取得调查或起诉本公约规定的犯罪所需的证据，在满足以下条件的情况下可予移送：

（一）该人自由表示知情同意；和

（二）两国主管当局均同意，但须符合两国认为适当的条件。

二、为本条的目的：

（一）受移送国应有权力和义务羁押被移送人，除非移送国另有要求或授权；

（二）受移送国应不加迟延地履行其义务，按照两国主管当局事先商定或另行商定的方式，将被移送人交回移送国羁押；

（三）受移送国不得要求移送国为交回被移送人提起引渡程序；

（四）被移送人在受移送国的羁押时间应折抵其在移送国所服刑期。

三、除非获得依照本条规定作出移送的缔约国的同意，无论被移送人国籍为何，不得因其在离开移送国国境前的行为或判罪而在受移送国境内受到起诉或羁押，或受到对其人身自由的任何其他限制。

第十八条

一、如发生第二条所述犯罪，在收缴或以其他方式获得放射性材料、装置或核设施后，持有上述物项的缔约国即应：

（一）采取步骤使放射性材料、装置或核设施无害化；

（二）确保按照可适用的国际原子能机构保障监督条款保管任何核材料；和

（三）注意到国际原子能机构公布的实物保护建议以及健康和安全标准。

二、在与第二条所述犯罪有关的诉讼结束后，或按照国际法规定于结束之前，经与有关缔约国特别是就归还和储存的方式进行协商，任何放射性材料、装置或核设施，应归还其所属缔约国，或拥有这些放射性材料、装置或设施的自然人或法人为其国民或居民的缔约国，或物项在其境内被盗窃或非法获取的缔约国。

三、（一）如果国内法或国际法禁止某一缔约国归还或接受这些放射性材料、装置或核设施，或有关缔约国以符合本条第三款第（二）项规定的方式达成协议，则持有放射性材料、装置或核设施的缔约国应继续采取本条第一款所述步骤；这些放射性材料、装置或核设施应只用于和平目的。

（二）如果持有放射性材料、装置或核设施的缔约国依法不得持有这些物项，该国应确保尽快将其移交给可以合法持有并已酌情同该国磋商，提出了符合本条第一款的保证的国家，以使之无害化；这些放射性材料、装置或核设施应只用于和平目的。

四、如果本条第一和第二款所述放射性材料、装置或核设施不属于任何缔约国或缔约国国民或居民所有，或并非在某一缔约国境内被盗窃或非法获取，或没有国家愿意按照本条第三款的规定予以接受，则应在有关国家与任何相关国际组织协商后，另行作出处置的决定，但须符合本条第三款第(二)项的规定。

五、为本条第一、第二、第三和第四款的目的,持有放射性材料、装置或核设施的缔约国可请求其他缔约国,特别是有关缔约国,以及任何相关国际组织,特别是国际原子能机构给予协助和合作。鼓励缔约国和相关国际组织按照本款规定尽量提供协助。

六、根据本条规定参与处置或保存放射性材料、装置或核设施的缔约国应将这些物项的处置或保存方式通知国际原子能机构总干事。国际原子能机构总干事应将此种信息转送其他缔约国。

七、如果第二条所述犯罪涉及任何散布情况,本条的规定不影响规定核损害责任的国际法规则或其他国际法规则。

第十九条

起诉被指控罪犯的缔约国应依照其国内法或可适用的程序,将诉讼程序的终局结果通知联合国秘书长,由其将此情况转达其他缔约国。

第二十条

缔约国应直接或通过联合国秘书长,并在必要时通过国际组织的协助进行协商,以确保有效实施本公约。

第二十一条

缔约国应以符合各国主权平等和领土完整以及不干涉他国内政等原则的方式履行本公约规定的义务。

第二十二条

本公约的任何条款均不给予缔约国在另一缔约国境内行使管辖权和履行该另一缔约国当局根据其国内法拥有的专属职能的权利。

第二十三条

一、两个或多个缔约国之间有关本公约的解释或适用的争端,不能在合理时间内通过谈判解决的,经其中任何一方要求,应交付仲裁。如果自要求仲裁之日起六个月内,各当事方不能就仲裁的组成达成协议,其中任何一方可根据《国际法院规约》请求将争端提交国际法院。

二、每一国家在签署、批准、接受、核准或加入本公约时,可以声明本国不受本条第一款的约束。对于作出此种保留的任何缔约国,其他缔约国也不受第一款的约束。

三、依照本条第二款规定作出保留的缔约国,可以在任何时候通知联合国秘书长撤回保留。

第二十四条

一、本公约自 2005 年 9 月 14 日至 2006 年 12 月 31 日在纽约联合国总部开放供所有国家签字。

二、本公约须经批准、接受或核准。批准书、接受书或核准书应交存联合国秘书长。

三、本公约开放供任何国家加入。加入书应交存联合国秘书长。

第二十五条

一、本公约在第二十二份批准书、接受书、核准书或加入书交存联合国秘书长之日后第三十天生效。

二、对于在第二十二份批准书、接受书、核准书或加入书交存后批准、接受、核准或加入本公约的每一个国家，本公约在该国交存其批准书、接受书、核准书或加入书后第三十天生效。

第二十六条

一、缔约国可以对本公约提出修正案。提议的修正案应提交保存人，由保存人立即分发所有缔约国。

二、如果过半数缔约国请求保存人召开会议以审议提议的修正案，保存人应邀请所有缔约国出席这一会议。该会议不得在发出邀请后三个月内举行。

三、会议应作出一切努力，确保以协商一致方式通过修正案。无法取得协商一致时，应以全体缔约国的三分之二多数通过修正案。会议通过的任何修正案应由保存人迅速分发所有缔约国。

四、对于交存修正案批准书、接受书、加入书或核准书的各缔约国，依照本条第三款规定通过的修正案在三分之二缔约国将其有关文书交存保存人之日后第三十天生效。此后，修正案在有关缔约国交存其相关文书之日后第三十天对该缔约国生效。

第二十七条

一、任何缔约国可书面通知联合国秘书长退出本公约。

二、退出应在联合国秘书长接到通知之日起一年后生效。

第二十八条

本公约正本交存联合国秘书长，其阿拉伯文、中文、英文、法文、俄文和西班牙文文本同等作准。联合国秘书长应将本公约核对无误的副本分送所有国家。

本公约于 2005 年 9 月 14 日在纽约联合国总部开放供签字。下列签署人经各自政府正式授权在本公约上签字，以昭信守。

《核材料实物保护公约》修订案

（2005 年 7 月 8 日订于维也纳）

1. 1979 年 10 月 26 日通过的《核材料实物保护公约》（以下称"公约"）的标题由以下标题代替：

核材料和核设施实物保护公约

2. "公约"的序言段由以下案文代替：

本公约缔约国

承认所有国家享有为和平目的发展和利用核能的权利及其从和平利用核能获得潜在益处的合法利益，

确信需要促进和平利用核能的国际合作和核技术转让，

铭记实物保护对于保护公众健康、安全、环境和国家及国际安全至关重要，

铭记《联合国宪章》有关维护国际和平与安全及促进各国间睦邻和友好关系与合作的宗旨和原则，

考虑到依照《联合国宪章》第二条第四款的规定，"各会员国在其国际关系上不得使用威胁或武力，或以与联合国宗旨不符之任何其他方法，侵害任何会员国或国家之领土完整或政治独立"，

忆及 1994 年 12 月 9 日联合国大会第 49/60 号决议所附《消除国际恐怖主义措施宣言》，

希望防止由非法贩卖、非法获取和使用核材料以及蓄意破坏核材料和核设施所造成的潜在危险，并注意到为针对此类行为而进行实物保护已经成为各国和国际上日益关切的问题，

深为关切世界各地一切形式和表现的恐怖主义行为的不断升级以及国际恐怖主义和有组织犯罪所构成的威胁，

相信实物保护在支持防止核扩散和反对恐怖主义的目标方面发挥着重要作用，

希望通过本公约促进在世界各地加强对用于和平目的的核材料和核设施的实物保护，

确信涉及核材料和核设施的违法犯罪是引起严重关切的问题，因此迫切需要采取适当和有效的措施或加强现有措施，以确保防止、侦查和惩处这类违法犯罪，

希望进一步加强国际合作，依照每一缔约国的国内法和本公约的规定制定核材料和核设施实物保护的有效

措施,

确信本公约将补充和完善核材料的安全使用、贮存和运输以及核设施的安全运行,

承认国际上已制定经常得到更新的实物保护建议,这些建议能够为利用现代方法实现有效级别的实物保护提供指导,

还承认对用于军事目的的核材料和核设施实施有效的实物保护是拥有这类核材料和核设施国家的责任,并认识到这类材料和设施正在并将继续受到严格的实物保护。

达成协议如下:

3. 在"公约"第一条第(三)项之后新增以下两项:

(四)"核设施"系指生产、加工、使用、处理、贮存或处置核材料的设施,包括相关建筑物和设备,这种设施若遭破坏或干扰可能导致显著量辐射或放射性物质的释放;

(五)"蓄意破坏"系指针对核设施或使用、贮存或运输中的核材料采取的任何有预谋的行为,这种行为可通过辐射照射或放射性物质释放直接或间接危及工作人员和公众的健康与安全或危及环境。

4. 在"公约"第一条之后新增以下第一条之A:

第一条之A

本公约的目的是在世界各地实现和维护对用于和平目的的核材料和核设施的有效实物保护,在世界各地预防和打击涉及这类材料和设施的犯罪

以及为缔约国实现上述目的开展的合作提供便利。

5. "公约"第二条由以下案文代替:

一、本公约应适用于使用、贮存和运输中用于和平目的的核材料和用于和平目的的核设施,但本公约第三条、第四条及第五条第四款应仅适用于国际核运输中的此种核材料。

二、一缔约国建立、实施和维护实物保护制度的责任完全在于该国。

三、除缔约国依照本公约所明确作出的承诺外,本公约的任何条款均不得被解释为影响一国的主权权利。

四、(一)本公约的任何条款均不影响国际法规定的,特别是《联合国宪章》的宗旨和原则以及国际人道主义法规定的缔约国的其他权利、义务和责任。

(二)武装冲突中武装部队的活动,按照国际人道主义法理解的意义由该人道主义法予以规定,不受本公约管辖;一国军事部队为执行公务而进行的活动由国际法其他规则予以规定,因此不受本公约管辖。

(三)本公约的任何条款均不得被解释为对用于和平目的的核材料或核设施使用或威胁使用武力的合法授权。

(四)本公约的任何条款均不宽恕不合法行为或使不合法行为合法化,或禁止根据其他法律提出起诉。

五、本公约不适用于为军事目的使用或保存的核材料或含有此种材料

的核设施。

6. 在"公约"第二条之后新增以下第二条之A:

第二条之A

一、每一缔约国应建立、实施和维护适用于在其管辖下核材料和核设施的适当的实物保护制度,目的是:

(一)防止盗窃和其他非法获取在使用、贮存和运输中的核材料。

(二)确保采取迅速和综合的措施,以查找和在适当时追回失踪或被盗的核材料;当该材料在其领土之外时,该缔约国应依照第五条采取行动。

(三)保护核材料和核设施免遭蓄意破坏。

(四)减轻或尽量减少蓄意破坏所造成的放射性后果。

二、在实施第一款时,每一缔约国应:

(一)建立和维护管理实物保护的法律和监管框架;

(二)设立或指定一个或几个负责实施法律和监管框架的主管部门;

(三)采取对核材料和核设施实物保护必要的其他适当措施。

三、在履行第一款和第二款所规定的义务时,每一缔约国应在不妨碍本公约任何其他条款的情况下,在合理和切实可行的范围内适用以下"核材料和核设施实物保护的基本原则"。

基本原则一:国家的责任

一国建立、实施和维护实物保护制度的责任完全在于该国。

基本原则二:国际运输中的责任

一国确保核材料受到充分保护的责任延伸到核材料的国际运输,直至酌情将该责任适当移交给另一国。

基本原则三:法律和监管框架

国家负责建立和维护管理实物保护的法律和监管框架。该框架应规定建立适用的实物保护要求,并应包括评估和许可证审批或其他授权程序的系统。该框架应包括对核设施和运输的视察系统,以核实适用要求和对许可证或其他授权文件的条件的遵守情况,并确立加强适用要求和条件的手段,包括有效的制裁措施。

基本原则四:主管部门

国家应设立或指定负责实施法律和监管框架的主管部门,并赋予充分的权力、权限和财政及人力资源,以履行其所担负的责任。国家应采取步骤确保国家主管部门与负责促进或利用核能的任何其他机构之间在职能方面的有效独立性。

基本原则五:许可证持有者的责任

应当明确规定在一国境内实施实物保护各组成部分的责任。国家应确保实施核材料或核设施实物保护的主要责任在于相关许可证持有者或其他授权文件的持有者(如营运者或承运者)。

基本原则六:安全保卫文化

所有参与实施实物保护的组织应对必要的安全保卫文化及其发展和保持给予适当优先地位,以确保在整个组织中有效地实施实物保护。

基本原则七:威胁

国家的实物保护应基于该国当前对威胁的评估。

基本原则八:分级方案

实物保护要求应以分级方案为基础,并考虑当前对威胁的评估、材料的相对吸引力和性质以及与擅自转移核材料和蓄意破坏核材料或核设施有关的潜在后果。

基本原则九:纵深防御

国家对实物保护的要求应反映结构上的或其他技术、人事和组织方面的多层保护和保护措施的概念,故方要想实现其目的必须克服或绕过这些保护层和保护措施。

基本原则十:质量保证

应当制定和实施质量保证政策和质量保证大纲,以确信对实物保护有重要意义的所有活动的特定要求都得到满足。

基本原则十一:意外情况计划

所有许可证持有者和有关当局应制订并适当执行应对擅自转移核材料、蓄意破坏核设施或核材料或此类意图的意外情况(应急)计划。

基本原则十二:保密问题

国家应就那些若被擅自泄露则可能损害核材料和核设施实物保护的资料制定保密要求。

四、(一)本条的规定不适用于缔约国根据核材料的性质、数量、相对吸引力、与任何针对核材料的未经许可行为有关的潜在放射性后果和其他后果及目前根据对核材料威胁的评估而

合理地确定无须接受依照第一款建立的实物保护制度约束的任何核材料。

(二)应当按照谨慎的管理常规保护根据第(一)项不受本条规定约束的核材料。

7.“公约”第五条由以下案文代替:

一、缔约国应彼此直接或经由国际原子能机构指明并公开其与本公约事项有关的联络点。

二、在核材料被偷窃、抢劫或通过任何其他非法方式获取或受到此种可信的威胁时,缔约国应依照其国内法尽最大可能向任何提出请求的国家提供合作和协助,以追回和保护这种材料。特别是:

(一)缔约国应采取适当步骤,将核材料被偷窃、抢劫或通过其他非法方式获取或受到此种可信的威胁的任何情况尽快通知它认为有关的其他国家,并在适当时通知国际原子能机构和其他相关国际组织。

(二)在采取上述步骤时,有关缔约国应酌情相互并与国际原子能机构和其他相关国际组织交换信息,以便保护受到威胁的核材料,核查装运容器的完整性或追回被非法获取的核材料,并应:

1. 经由外交和其他商定途径协调其工作。

2. 在接到请求时给予协助。

3. 确保归还已追回的因上述事件被盗或丢失的核材料。执行这种合作的方法应由有关缔约国决定。

三、在核材料或核设施受到可信的蓄意破坏威胁或遭到蓄意破坏时，缔约国应依照其国内法并根据国际法规定的相关义务尽最大可能提供以下合作：

（一）如果某一缔约国明知另一国的核材料或核设施受到可信的蓄意破坏的威胁，它应决定需要采取的适当步骤，将这一威胁尽快通知有关国家，并在适当时通知国际原子能机构和其他相关国际组织，以防止蓄意破坏。

（二）当某一缔约国的核材料或核设施遭到蓄意破坏时，而且如果该缔约国认为其他国家很可能受到放射性影响，它应在不妨碍国际法规定的其他义务的情况下采取适当步骤，尽快通知可能受到放射性影响的国家，并在适当时通知国际原子能机构和其他相关国际组织，以尽量减少或减轻由此造成的放射性后果。

（三）当某一缔约国在第（一）项和第（二）项范围内请求协助时，接到此种协助请求的每一缔约国应迅速决定，并直接或通过国际原子能机构通知提出请求的缔约国，它是否能够提供所请求的协助以及可能提供协助的范围和条件。

（四）根据第（一）项至第（三）项进行合作的协调应通过外交或其他商定途径进行。执行这种合作的方法应由有关缔约国在双边或多边的基础上决定。

四、缔约国应酌情彼此直接或经由国际原子能机构和其他相关国际组织进行合作和磋商，以期获得对国际运输中核材料实物保护系统的设计、维护和改进方面的指导。

五、缔约国可酌情与其他缔约国直接或经由国际原子能机构和其他相关国际组织进行磋商和合作，以期获得对国内使用、贮存和运输中的核材料和核设施的国家实物保护系统的设计、维护和改进方面的指导。

8. "公约"第六条由以下案文代替：

一、缔约国应采取符合其国内法的适当措施，以保护由于本公约的规定而从另一缔约国得到的，或通过参与为执行本公约而开展的活动而得到的任何保密信息的机密性。如果缔约国向国际组织或本公约非缔约国提供保密信息，则应采取步骤确保此种信息的机密性得到保护。从另一缔约国获得保密信息的缔约国只有得到前者同意后才能向第三方提供该信息。

二、本公约不应要求缔约国提供国内法规定不得传播的任何信息或可能危及本国安全或核材料或核设施的实物保护的任何信息。

9. "公约"第七条第一款由以下案文代替：

一、每一缔约国应在其国内法中将以下故意实施的行为定为违法犯罪行为予以惩处：

（一）未经合法授权，收受、拥有、使用、转移、更改、处置或散布核材料，并造成或可能造成任何人员死亡、重伤、财产重大损失或环境重大损害。

（二）偷窃或抢劫核材料。

（三）盗取或以欺骗手段获取核材料。

（四）未经合法授权向某一国家或从某一国家携带、运送或转移核材料的行为。

（五）针对核设施的行为或干扰核设施运行的行为，在这种情况下违法犯罪嫌疑人通过辐射照射或放射性物质释放故意造成或其知道这种行为可能造成任何人员死亡、重伤、财产重大损失或环境重大损害，除非采取这种行为符合该核设施所在缔约国的国内法。

（六）构成以威胁或使用武力或任何其他恐吓手段勒索核材料的行为。

（七）威胁：

1. 使用核材料造成任何人员死亡、重伤、财产重大损失或环境重大损害或实施第（五）项所述违法犯罪行为，或

2. 实施第（二）项和第（五）项所述违法犯罪行为，目的是迫使某一自然人、法人、某一国际组织或某一国家实施或不实施某一行为。

（八）意图实施第（一）项至第（五）项所述任何违法犯罪行为。

（九）以共犯身份参与第（一）项至第（八）项所述任何违法犯罪行为。

（十）任何人组织或指使他人实施第（一）项至第（八）项所述违法犯罪行为。

（十一）协助以共同目的行动的群体实施第（一）项至第（八）项所述任何违法犯罪行为；这种行为应当是故意的，并且是：

1. 为了促进该群体的犯罪活动或犯罪目的，在这种情况下此类活动或目的涉及实施第（一）项至第（七）项所述违法犯罪行为，或

2. 明知该群体有意实施第（一）项至第（七）项所述违法犯罪行为。

10. 在"公约"第十一条之后新增以下两条，第十一条之A和第十一条之B：

第十一条之A

为了引渡或相互司法协助的目的，第七条所述任何违法犯罪行为不得视为政治罪行、同政治罪行有关的罪行或由于政治动机引起的罪行。因此，就此种罪行提出的引渡或相互司法协助的请求，不可只以其涉及政治罪行、同政治罪行有关的罪行或由于政治动机引起的罪行为由而加以拒绝。

第十一条之B

如果被请求的缔约国有实质理由认为，请求为第七条所述违法犯罪行为进行引渡或请求为此种违法犯罪行为提供相互司法协助的目的，是基于某人的种族、宗教、国籍、族裔或政治观点而对该人进行起诉或惩罚，或认为接受这一请求将使该人的情况因任何上述理由受到损害，则本公约的任何条款均不应被解释为规定该国有引渡或提供相互司法协助的义务。

11. 在"公约"第十三条之后新增

以下第十三条之 A:

第十三条之 A

本公约的任何条款均不影响旨在加强核材料和核设施实物保护为和平目的进行的核技术转让。

12. "公约"第十四条第三款由以下案文代替:

三、如果违法犯罪行为涉及在国内使用、贮存或运输中的核材料,而且违法犯罪嫌疑人和所涉核材料均仍在违法犯罪行为实施地的缔约国境内,或违法犯罪行为涉及核设施而且违法犯罪嫌疑人仍在违法犯罪行为实施地的缔约国境内,则本公约的任何条款均不应被解释为要求该缔约国提供有关因此种违法犯罪行为而提起刑事诉讼的信息。

13. "公约"第十六条由以下案文代替:

一、在 2005 年 7 月 8 日通过的修订案生效五年后,保存人应召开缔约国会议审查本公约的执行情况,并根据当时的普遍情况审查公约的序言、整个执行部分和附件是否仍然适当。

二、此后每隔至少五年,如果过半数缔约国向保存人提出召开另一次同样目的的会议的提案,应召开此种会议。

14. "公约"附件二附注 b 由以下案文代替:

b 未在反应堆中辐照过的材料,或虽在反应堆中辐照过,但在无屏蔽 1 米距离处的辐射水平等于或小于 1 戈瑞/小时(100 拉德/小时)的材料。

15. "公约"附件二附注 e 由以下案文代替:

e 在辐照前根据其原始易裂变材料含量被列为一类和二类的其他燃料,虽在无屏蔽 1 米距离处的辐射水平超过 1 戈瑞/小时(100 拉德/小时),但仍可降低一级。

《制止危及海上航行安全
非法行为公约》的 2005 年议定书

（本议定书 2005 年 10 月 14 日订于伦敦。本文本并非保存人核正无误文本）

本议定书各缔约国，

作为 1988 年 3 月 10 日订于罗马的《制止危及海上航行安全非法行为公约》（以下简称"公约"）的缔约方。

认识到恐怖主义行为对国际和平与安全的威胁。

谨记国际海事组织大会第 A. 924（22）号决议，该决议要求修改现有国际法律和技术措施并审议新措施，以防止和打击针对船舶的恐怖主义和提高船上和岸上的保安，从而减少对船上和港区旅客、船员和港口人员、船舶及货物的风险。

意识到 1994 年 12 月 9 日通过的联合国大会第 49/60 号决议后附的消除国际恐怖主义措施宣言，其中联合国各成员国庄严重申毫不含糊地谴责恐怖主义的一切行为、方法和做法，包括那些危害国家间和民族间友好关系及威胁国家领土完整和安全的行为、方法和做法，不论在何处发生也不论是何人所为，均为犯罪而不可辩护。

注意到 1996 年 12 月 17 日通过的联合国大会第 51/210 号决议及后附的关于消除国际恐怖主义措施 1994 年宣言的补充宣言。

忆及联合国安理会第 1368 号和第 1373 号决议，这些决议反映了打击一切形式和一切表象的恐怖主义的国际意愿及赋予各国的任务和职责，并考虑到恐怖主义袭击的持续威胁。

也忆及联合国安理会第 1540 号决议，其承认所有国家须采取其他有效措施防止核武器、化学武器或生物武器及其运载装置扩散的紧迫性。

进一步忆及 1963 年 9 月 14 日订于东京的《关于在航空器内的犯罪和犯有某些其他行为的公约》；1970 年 12 月 16 日订于海牙的《制止非法劫持航空器公约》；1971 年 9 月 23 日订于蒙特利尔的《关于制止危害民用航空安全的非法行为的公约》；1973 年 12 月 14 日联合国大会通过的《关于防止和惩处侵害应受国际保护人员包括外

交代表的罪行的公约》;1979 年 12 月 17 日联合国大会通过的《反对劫持人质国际公约》;1980 年 3 月 3 日订于维也纳的《核材料实物保护公约》及其 2005 年 7 月 8 日通过的修正案;1988 年 2 月 24 日订于蒙特利尔作为对《关于制止危害民用航空安全的非法行为的公约》补充的《制止在国际民用航空机场的非法暴力行为议定书》;1988 年 3 月 10 日订于罗马的《制止危及大陆架固定平台安全非法行为议定书》;1991 年 3 月 1 日订于蒙特利尔的《在可塑性炸药中添加识别标志以便侦测的公约》;1997 年 12 月 15 日联合国大会通过的《制止恐怖主义爆炸的国际公约》;1999 年 12 月 9 日联合国大会通过的《制止向恐怖主义提供资助的国际公约》和 2005 年 4 月 13 日联合国大会通过的《制止核恐怖主义行为国际公约》。

铭记 1982 年 12 月 10 日在蒙特哥贝通过的《联合国海洋法公约》和国际海洋法惯例的重要性。

考虑到联合国大会第 59/46 号决议,其再次肯定各国采取反恐行动及开展反恐国际合作应按照联合国宪章、国际法及相关国际公约的原则进行,并忆及联合国大会 59/24 号决议,其敦促各国批准《制止危及海上航行安全非法行为公约》及其议定书,吁请各国参加国际海事组织法律委员会对这些法律文件的复审以便加强对包括恐怖主义行为在内的这些非法行为的打击方式,同时也敦促各国采取相应

的措施,特别是通过立法来保证有效实施这些文件,从而确保对海上武装抢劫和恐怖行为事件回应建立适当的框架。

还考虑到《1974 年国际海上人命安全公约》、2002 年缔约国政府大会通过的《1974 年国际海上人命安全公约》修正案和《国际船舶和港口设施保安规则》(ISPS)对建立各政府、各政府机构、国家和当地主管当局及航运和港口界之间有关发现安全威胁和对影响从事国际贸易船舶或港口设施的保安事件采取防范措施的合作的国际技术框架是很重要的。

进一步考虑到联合国大会第 58/187 号决议,其再次确认各国应确保采取的任何反恐措施符合其在国际法,尤其是国际人权、难民和人道主义法律中承担的义务。

认为有必要通过对本公约的若干补充规定,制止危及国际海上航行安全与保安的其他恐怖主义行为,并提高其有效性。

经协议如下:

第一条

就本议定书而言:

(一)"公约"系指 1988 年 3 月 10 日订于罗马的《制止危及海上航行安全非法行为公约》。

(二)"组织"系指国际海事组织。

(三)"秘书长"系指本组织秘书长。

第二条

一、公约第一条修改如下:

第一条

一、就本公约而言：

（一）"船舶"系指非永久附着于海床的任何种类的船舶，包括动力支撑艇筏、潜水器或任何其他漂浮船艇。

（二）"运输"系指启动、安排人员或物品的移动或对人员或物品的移动实施有效控制，包括决策权力。

（三）"严重伤害或损害"系指：

1. 严重人身伤害；或

2. 公用场所、国家或政府设施、基础设施，或公交系统的大规模破坏，导致重大经济损失；或

3. 对环境，包括空气、土壤、水、动物或植物，造成严重的损害。

（四）"生物、化学和核武器"系指：

1. "生物武器"，是指：

（1）凡类型和数量不属于预防、保护或其他和平用途所正当需要的微生物剂或其他生物剂或毒素，无论其来源或生产方法如何；或

（2）凡为了将这类物项或毒素使用于敌对目的或武装冲突而设计的武器、设备或运载工具。

2. "化学武器"是合指或单指：

（1）有毒化学品及其前体，除非旨在用于：

① 工业，农业，研究，医疗，药物或其他和平目的；或

② 防护性目的，即与有毒化学品和化学武器防护直接有关的目的；或

③ 与化学武器的使用无关且不依赖化学品毒性的使用作为一种作战方法的军事目的；或

④ 执法目的，包括国内控暴。

只要类型和数量符合此种目的，和

（2）经专门设计通过使用后而释放出的第（1）分目所指有毒化学品的毒性造成死亡或其他伤害的弹药和装置。

（3）经专门设计其用途与第（2）分目所指弹药和装置的使用直接相关的任何设备。

3. 核武器和其他核爆炸装置。

（五）"有毒化学品"是指通过其对生命过程的化学作用而能够对人类或动物造成死亡、暂时失能或永久伤害的任何化学品。其中包括所有这类化学品，无论其来源或其生产方法如何，也无论其是否在设施中、弹药中或其他地方生产出来。

（六）"前体"是指在以无论何种方法生产一有毒化学品的任何阶段参与此一生产过程的任何化学反应物。其中包括二元或多元化学系统的任何关键组分。

（七）"组织"系指国际海事组织（IMO）。

（八）"秘书长"系指本组织秘书长。

二、就本公约而言：

（一）术语"公用处所"、"国家或政府设施"、"基础设施"和"公交系统"具有1997年12月15日订于纽约的《制止恐怖主义爆炸的国际公约》中这些术语的意义，和

（二）术语"源材料"和"特种裂变

材料"具有 1956 年 10 月 26 日订于纽约的《国际原子能机构规约》中这些术语的意义。

第三条

增加下述案文作为公约第二之二条：

第二之二条

一、本公约的规定不应影响国际法，特别是联合国宪章的宗旨和原则、国际人权、难民和人道主义法律规定的国家和个人的其他权利、义务和责任。

二、本公约不适用于武装冲突期间军队的活动，此类活动按照国际人权法的理解应受其管辖。如果国际法其他规则有规定的话，本公约也不适用于一国军队在执行公务时采取的活动。

三、本公约的规定不应影响 1968年 7 月 1 日订于华盛顿、伦敦和莫斯科的《不扩散核武器条约》、1972 年 4 月10 日订于华盛顿、伦敦和莫斯科的《禁止细菌(生物)及毒素武器的发展、生产和储存及销毁此类武器的公约》或1993 年 1 月 13 日订于巴黎的《关于禁止发展、生产、储存和使用化学武器及销毁此种武器的公约》规定的缔约国所享有的权利、义务和责任。

第四条

一、公约第三条第一款的起始段由下述案文替换：

任何人非法且故意实施下述行为，即构成了本公约意义的罪行：

二、公约第三条第一款第(六)项

由下述案文替换：

(六)传递其明知是虚假的情报，从而危及船舶航行安全。

三、删除公约第三条第一款第(七)项。

四、公约第三条第二款由下述案文替换：

二、任何人威胁实施第一款第(二)项、第(三)项和第(五)项的任何罪行，根据国内法规定无论附或不附条件，旨在迫使一自然人或法人为或不为某项行为，且该威胁可能危及当事船舶航行安全的，则也构成罪行。

五、下述案文作为公约的第三之二条：

第三之二条

一、任何人非法且故意实施下述行为的，即构成本公约意义的罪行：

(一)如果行为，就其本质或情节而言，目的是恐吓一国国民，或强迫一国政府或一国际组织为或不为下述行为：

1. 针对船舶或在船上使用或从船上释放任何爆炸性或放射性材料或生物、化学和核武器，造成或可能会造成死亡、严重伤害或损害的；或

2. 从船上排放油类、液化天然气或第 1 目范围以外的其他有害或有毒物质，其数量或浓度造成或可能造成死亡、严重伤害或损害的；或

3. 利用船舶造成死亡、严重伤害或损害的；或

4. 按照国内法规定，无论附或不附条件，威胁实施第 1、2 或 3 目所列罪

· 99 ·

行的,或

(二)在船上运输:

1. 任何爆炸性或放射性材料,明知其将被用于造成或威胁造成,按照国内法规定无论附或不附条件,死亡、严重伤害或损害,目的是恐吓一国国民或者强迫一国政府或一国际组织为或不为某种行为;或

2. 任何生物、化学和核武器,明知其为第一条所定义的生物、化学和核武器;或

3. 任何源材料,特种裂变材料,或为加工、使用或生产特种裂变材料而专门设计或准备的设备或材料,明知其将被用于核爆炸活动或者任何其他未接受 IAEA 全面保障监督协议保障监督的核活动;或

4. 在很大程度上有助于生物、化学和核武器的设计、制造或运载的任何设备、材料、软件或相关技术,并旨在将其用于此种目的。

二、运输第一款第(二)项第 3 目覆盖的物项或材料或者就核武器或其他核爆炸装置而言第一款第(二)项第 4 目覆盖的物项或材料将不构成本公约意义的罪行,如果该物项或材料运输的始发地或目的地是在《不扩散核武器条约》缔约国或在其控管下,且

(一)该物项或材料的最终转运或接收(包括在缔约国国内)没有违背缔约国在《不扩散核武器条约》下的义务,和

(二)如果该物项或材料将用于《不扩散核武器条约》缔约国的核武

运载系统或其他核爆炸装置,持有此类武器或装置没有违背缔约国在该条约下的义务。

六、增加下述案文作为公约第三之三条:

第三之三条

任何人非法且故意在船上运输其他人员,明知该人已经实施了构成第三条、第三之二条、第三之四条罪行或附件载列的条约中所列罪行并意图协助该人逃避刑事起诉,则构成本公约意义的罪行。

七、增加下述案文作为公约第三之四条:

第三之四条

任何人实施下述行为,也构成本公约意义的罪行:

(一)在实施第三条第一款、第三之二条或第三之三条所列任何罪行的过程中,非法且故意伤害或杀害任何人;

(二)试图实施第三条第一款、第三之二条第一款第(一)项第 1 目、第 2 目或第 3 目或者本条第一款所列罪行;或

(三)协同参与实施第三条、第三之二条、第三之三条或本条第一款或第二款所列罪行;或

(四)组织或指挥他人实施第三条、第三之二条、第三之三条或本条第一款或第二款所列罪行;或

(五)对为一共同目的的团伙实施第三条、第三之二条、第三之三条或本条第一款或第二款所列的一项或多项

罪行故意进行资助并：

1. 旨在推动该团伙实施第三条、第三之二条或第三之三条所列罪行相关的犯罪活动或实现其犯罪目的；或

2. 明知该团伙有实施第三条、第三之二条或第三之三条所列罪行的意图。

第五条

一、公约第五条由下述案文替换：

对于第三条、第三之二条、第三之三条和第三之四条所列罪行，各缔约国应考虑这些罪行的严重性质予以相应的惩罚。

二、增加下述案文作为公约第五之二条：

第五之二条

一、各缔约国，应根据其国内法律原则，采取必要的措施使其境内根据其法律组建的法人实体承担责任，如果负责管理和控制该法人实体的人员，以此种身份实施了本公约所列的罪行。这种责任可以是刑事责任、民事责任或行政责任。

二、此种承担的责任将不妨碍实施罪行的个人承担刑事责任。

三、各缔约国应特别确保，根据上述第一款负有责任的法人实体受到有效、恰当和劝阻的刑事、民事或行政制裁。此种制裁可以包括经济的制裁。

第六条

一、公约第六条第一款的起始段由下述案文替代：

一、各缔约国应采取必要的措施对实施了第三条、第三之二条、第三之三条和第三之四条所列罪行建立管辖。

二、公约第六条第三款由下述案文替代：

三、缔约国应就已经建立第二款所述管辖事宜通知秘书长，并就其后撤销管辖通知秘书长。

三、公约第六条第四款由下述案文替代：

四、对于被指称的罪犯在其境内且其不将被指称的罪犯引渡给根据本条第一款和第二款建立管辖的任何缔约国的情况，各缔约国应采取必要的措施就第三条、第三之二条、第三之三条和第三之四条所列罪行建立管辖。

第七条

增加下述案文作为公约的附件：

附件

一、1970 年 12 月 16 日订于海牙的《关于制止非法劫持航空器的公约》。

二、1971 年 9 月 23 日订于蒙特利尔的《关于制止危害民用航空安全的非法行为的公约》。

三、1973 年 12 月 14 日联合国大会通过的《关于防止和惩处侵害应受国际保护人员包括外交代表的罪行的公约》。

四、1979 年 12 月 17 日联合国大会通过的《反对劫持人质国际公约》。

五、1979 年 10 月 26 日订于维也纳的《关于核材料的实物保护公约》。

六、1988 年 2 月 24 日订于蒙特利尔作为对《制止危害民用航空安全非

法行为的公约》补充的《制止在国际民用航空机场的非法暴力行为议定书》。

七、1988 年 3 月 10 日订于罗马的《制止危及大陆架上固定平台安全非法行为议定书》。

八、1997 年 12 月 15 日联合国大会通过的《制止恐怖主义爆炸的国际公约》。

九、1999 年 12 月 9 日联合国大会通过《制止向恐怖主义提供资助的国际公约》。

第八条

一、公约第八条第一款由下述案文替代：

一、一缔约国（"船旗国"）船舶的船长可以向任何其他缔约国（"接收国"）的主管机关移交其有正当理由认为已经实施了第三条、第三之二条、第三之三条和第三之四条所列的任何罪行的人员。

二、增加下述案文作为公约第八之二条：

第八之二条

一、各缔约国应依据国际法进行最大程度的合作以防范和制止本公约所包括的非法行为，并应尽快对根据本条提出的请求作出回应。

二、根据本条提出的每项请求，应尽可能包括涉嫌船舶的船名、船舶识别号、船籍港、始发港和目的地港及其他相关信息。如果是口头作出的请求，请求国应尽快书面确认该请求。被请求国应在收到书面或口头请求后立即予以确认。

三、缔约国应顾及在海上登临船舶及搜查货物的危险和困难，并考虑是否在下一个挂靠港或其他地方采取有关国家商定的其他适当措施更为安全。

四、一缔约国有正当理由怀疑悬挂其国旗的船舶正在实施、曾经实施或即将实施第三条、第三之二条、第三之三条和第三之四条所列罪行的，可请求其他缔约国协助以防范或制止这种罪行。被请求的缔约国应在财力允许的范围内尽全力提供此类协助。

五、一缔约国（"请求国"）的执法官员或者其他授权官员在任何国家领海以外的水域遇到悬挂甲国国旗或展示其登记标志的船舶时，如该请求国有正当理由怀疑该船舶或船上人员正在实施、曾经实施或即将实施第三条、第三之二条、第三之三条和第三之四条所列罪行，并意欲登临船舶，则：

（一）请求国应按照第一款和第二款要求甲国确认船舶国籍。

（二）如果船舶国籍得以确认，请求国应就登临船舶和对船舶采取相应措施（包括拦截、登临船舶和搜查船舶、船上货物和人员，质询船上人员以确定是否实施了或即将实施第三条、第三之二条、第三之三条和第三之四条所列罪行），向甲国（此后称"船旗国"）提出授权的请求。且

（三）船旗国应：

1. 授权请求国登临并采取本款第（二）项中所列的相应措施，但须符合船旗国按照第七款附加的条件；或

2. 由自己的执法官员或其他官员进行登临和搜查；或

3. 与请求国一起进行登临和搜查，但须符合船旗国按照第七款附加的条件；或

4. 拒绝授权登临和搜查。

没有船旗国的明示授权请求国不得登临船舶或采取本款第（二）项中所列的措施。

（四）在交存批准、接受、核准或加入文件之时或其后，一缔约国可以通知秘书长，对于悬挂其国旗或展示其登记标志的船舶，如果甲国在确认收到确认船舶国籍请求的 4 个小时内未作出回应，则请求国有权登临船舶，搜查船舶、船上货物和人员，质询船上人员以便查找和审查其国籍文件及决定是否曾经实施了或即将实施第三条、第三之二条、第三之三条和第三之四条所列罪行。

（五）在交存批准、接受、核准或加入文件之时或其后，一缔约国可以通知秘书长，对于悬挂其国旗或展示其登记标志的船舶，请求国有权登临船舶，搜查船舶、船上货物和人员，质询船上人员以便决定是否曾经实施了或即将实施第三条、第三之二条、第三之三条和第三之四条所列罪行。

根据本款作出的通知可以随时撤销。

六、按照本条规定进行登临后发现有第三条、第三之二条、第三之三条和第三之四条所列罪行的证据的，在尚未收到船旗国处分的指示之前，船旗国可授权请求国滞留该船舶、船上货物和人员。请求国应将根据本条进行的登临、搜查和滞留的结果迅速通知船旗国。如发现其他不属于本公约管辖的非法行为的证据，请求国也应迅速通知船旗国。

七、船旗国，在不违背本公约其他条款的情况下，可对其在第五款或第六款下作出的授权施加条件，包括从请求国获取额外信息和有关采取何种程度措施及对措施承担责任的条件。没有船旗国的明示授权不得采取其他措施，但为解除对人员生命构成的紧迫危险所必要，或有关双边或多边协定另有规定者除外。

八、对于按照本条进行的所有登临，船旗国有权对被滞留船舶、船上货物或其他物项和人员行使管辖权（包括扣押、没收、羁押和起诉）；但是，船旗国依据其宪法和法律可以允许按照第六条具有管辖权的另一国行使管辖权。

九、在开展按本条授权的行动时，应避免使用武力，但在有必要确保官员和船上人员的安全或官员在执行授权行动时受到阻挠的除外。按照本条使用武力的不得超过在当时情况下必要和合理的最低限度。

十、保障：

（一）缔约国按照本条对船舶采取措施时，应：

1. 充分考虑不要危及海上人命安全；

2. 确保对待船上所有人员应保障

其基本人格尊严,并符合包括国际人权法在内的国际法适用的规定;

3. 确保本条规定的登临和搜查应依据适用的国际法进行;

4. 充分考虑船舶及货物的安全和保安;

5. 充分考虑不要影响船旗国的商业或法律利益;

6. 尽可能确保对船舶或货物所采取的措施在当时情况下不会损害环境;

7. 确保对涉嫌实施第三条、第三之二条、第三之三条和第三之四条所列罪行的船上人员进行司法程序的,无论在何地,这些人员均能得到第十条第二款规定的保护;

8. 确保船长被告知登临的意图,并在当时或此前有机会尽早与船舶所有人和船旗国取得联系;和

9. 尽可能避免对船舶造成不当滞留或延迟。

(二)除了船旗国就授权登临行为本身不应承担责任以外,在下述情况下,各缔约国应对于根据本条采取的措施所引起的可归因于该国的损害、妨害或损失承担赔偿责任:

1. 采取这些措施的理由证实不成立,但该船舶没有实施致使有理由采取措施的任何行为;或

2. 这些措施不合法或者根据现有情况超出了实施本条规定所要求的合理限度。

各缔约国应就此种损害、妨害或损失提供有效的追偿。

(三)一缔约国按照本公约对船舶采取措施时,应尽量考虑不要干扰或者影响:

(1)根据国际海洋法,沿岸国的权利、义务和行使管辖权;或

(2)船旗国对船舶有关行政、技术和社会事务方面行使管辖和控制的权力。

(四)根据本条采取的任何措施应由军舰或者军用飞机或其他有明显标志并可识别正在执行公务且获此授权的船舶或飞机上的执法官员或者其他授权官员执行。尽管有第二条和第二之二条的规定,本条规定应予适用。

(五)就本条而言,"执法官员或其他授权官员"系指身着制服或其他有明显标志的执法人员或由其政府正当授权的其他政府机构的人员。就本公约具体的执法目的而言,执法官员或其他授权官员应在登临时提供政府签发的相应的身份证书供船长审查。

十一、本条并不适用于或者限制缔约国根据国际法对在任何国家领海以外水域的船舶进行登船,包括基于登临权、对遇险人员、船舶和财产提供协助或船旗国授权采取执法或其他行动等原因进行登船。

十二、鼓励各缔约国依据本条制订联合行动的标准操作程序,并应视情与其他缔约国磋商以统一这些开展行动的标准操作程序。

十三、各缔约国可缔结协议或安排,以便利按照本条开展的执法行动。

十四、各缔约国应采取相应措施

以确保该国执法官员或其他授权官员和代表该国行事的其他缔约国的执法官员或其他授权官员已赋予权力采取本条下的行动。

十五、各缔约国在交存批准、接受、核准或加入文件之时或者其后，应指定一个或几个机构接收并回应有关要求协助、确认船舶国籍或者授权采取相应措施的请求。有关国家在成为缔约国后一个月内应将包括联络信息在内的这类指定信息通知秘书长。秘书长应在一个月内将该指定的信息通知其他所有缔约国。各缔约国有责任通过秘书长及时通知有关指定或者联络信息的任何变化。

第九条

第十条第二款由下述案文替代：

二、对于依据本公约被监管、被采取任何其他措施或被进行司法程序的人员，应保证其得到公正对待，包括保证其享有按照所在国法律及包括国际人权法在内适用的国际法规定的所有权利和保障。

第十条

一、第十一条第一款、第二款、第三款和第四款由下述案文替代：

一、第三条、第三之二条、第三之三条和第三之四条所列罪行应被视为包括在任何缔约国之间任何现有引渡条约中的可引渡罪行。缔约国承允将此类罪行作为可引渡罪行列入它们之间将要缔结的每一个引渡条约中。

二、以订有条约为引渡条件的缔

约国，如收到未与其订有引渡条约的另一缔约国的引渡请求，被请求国可以根据自己的选择以本公约作为对第三条、第三之二条、第三之三条和第三之四条所列罪行进行引渡的法律依据。引渡应符合被请求国法律规定的其他条件。

三、不以订有条约为引渡条件的缔约国，在符合被请求国法律规定的条件下，应把第三条、第三之二条、第三之三条和第三之四条所列罪行作为它们之间可引渡的罪行。

四、就缔约国间引渡而言，必要时，第三条、第三之二条、第三之三条和第三之四条所列罪行应被视为不仅发生在罪行发生地，而且发生在请求引渡的缔约国管辖范围内。

二、增加下述案文作为公约第十一之二条：

第十一之二条

第三条、第三之二条、第三之三条和第三之四条所列罪行，就引渡和司法协助而言，不得被视为政治罪或与政治罪相关的罪行或出于政治目的的罪行。因此，基于此类犯罪的引渡或司法协助的请求，不能仅因为其涉及政治罪或与政治罪相关的罪行或出于政治目的罪行而被拒绝。

三、增加下述案文作为公约第十一之三条：

第十一之三条

如果被请求国有充分理由相信就第三条、第三之二条、第三之三条和第三之四条所列罪行进行引渡或司法协助的请求是出于该人种族、宗教、国籍、民族、政治见解或性别的原因起诉或惩罚有关人员，或同意此种请求将会影响此人地位，本公约不得被解释为强制引渡或提供司法协助的义务。

第十一条

一、公约第十二条第一款由下述案文替代：

一、缔约国应就对第三条、第三之二条、第三之三条和第三之四条所列罪行提起的刑事诉讼相互提供最大程度的协助，包括协助取得它们所掌握的诉讼所需的证据。

二、增加下述案文作为公约第十二之二条：

第十二之二条

一、被羁押在一缔约国或者正在一缔约国服刑的人员，如果另一个缔约国要求其到场进行辨认、出庭作证或为调查、起诉第三条、第三之二条、第三之三条和第三之四条所列罪行取证提供协助，在满足下列条件后，可被移交：

（一）该人员在知情的基础上自愿表示同意；且

（二）两国的主管当局同意，并须符合这些国家认为适当的条件。

二、就本条而言：

（一）被移交国应有权力和义务对被移交人员进行为实现第一款需要所必要的羁押，除非移交国另有要求或另行许可；

（二）根据两国主管机关事先协议

或另行商议，被移交国应履行其义务将人员返还移交国监管，不得延误；

（三）被移交国不得就返还人员要求移交国采取引渡程序；

（四）被移交人员在被移交国的羁押期限应从其在移交国的服刑期中扣除。

三、除非按照本条规定移交国同意，被移交人员，不论其国籍，就其在移交国离境之前的行为或犯罪，不得在被移交国境内受到起诉、扣押或其他人身自由的限制。

第十二条

公约第十三条由下述案文替代：

一、缔约国应就防止第三条、第三之二条、第三之三条和第三之四条所列罪行进行合作，特别是通过：

（一）采取一切可行的措施，防止在其境内为其境内或境外实施此类罪行进行准备工作；

（二）按照其国内法交换情报，并协调旨在防止第三条、第三之二条、第三之三条和第三之四条所列罪行而采取的相应的行政和其他措施。

二、如因实施第三条、第三之二条、第三之三条和第三之四条所列罪行，船舶航行被延误或中断，船舶或旅客或船员所在的任何缔约国应尽力避免船舶及其旅客、船员或货物的不当滞留或延误。

第十三条

公约第十四条由下述案文替代：

任何缔约国如有理由相信第三条、第三之二条、第三之三条和第三之四条所列罪行将被实施,应按照其国内法向其认为已按照第六条建立管辖的国家尽快提供其所掌握的任何相关信息。

第十四条

公约第十五条第三款由下述案文替代:

三、按照第一款和第二款所提供的信息应由秘书长通知所有缔约国、本组织的成员国、其他有关国家和相应的政府间国际组织。

解释与适用

第十五条

一、在本议定书的缔约国之间,公约和本议定书应作为一份文件一并理解和解释。

二、经本议定书修订的公约第一条至第十六条与本议定书第十七条至二十四条及附件,应构成并称为《2005年制止危及海上航行安全非法行为公约》(2005SUA公约)。

第十六条

增加下述案文作为公约第十六之二条:

《2005年制止危及海上航行安全非法行为公约》的最终条款。

《2005年制止危及海上航行安全非法行为公约》最终条款应为《1988年制止危及海上航行安全非法行为公约》的2005年议定书的第十七条至第二十四条。公约中对缔约国的提及应视为对本议定书缔约国的提及。

最终条款

第十七条　签署、批准、接受、核准和加入

一、本议定书将从2006年2月14日至2007年2月13日在本组织总部开放供签署,并在此后继续开放供加入。

二、各国可按下列方式表示同意受本议定书约束:

(一)签署并对批准、接受或核准无保留;或

(二)签署但有待批准、接受或核准,随后予以批准、接受或核准;或

(三)加入。

三、批准、接受、核准或加入应向秘书长交存一份相应的文件方为有效。

四、只有已经签署并对批准、接受或核准无保留或已经批准、接受、核准或加入公约的国家才可以成为本议定书的缔约方。

第十八条　生效

一、本议定书应自十二个国家对批准、接受或核准作出无保留签署或向秘书长交存有关批准、接受、核准或加入的文件之日九十天后生效。

二、对于满足第一款规定的生效条件后交存批准、接受、核准或加入的国家,其批准、接受、核准或加入将自交存文件之日后九十天生效。

第十九条　退出

一、任何缔约国可在本议定书对

其生效后随时退出本议定书。

二、退出应向秘书长交存一份退出文件方为有效。

三、退出应自向秘书长交存退出文件十二个月之后，或在退出文件中载明的更长的期限届满后生效。

第二十条 修订和修正

一、本组织可以召开修订或修改本议定书的大会。

二、应三分之一缔约国或十个缔约国（取数量高者）的要求，秘书长应召开本议定书缔约国大会以修订或修正议定书。

三、在本议定书修正案生效之后交存的任何批准、接受、核准或加入文件应被视为适用于经修正的议定书。

第二十一条 声明

一、在交存批准、接受、核准或加入文件之时，未参加附件中所载条约的缔约国可声明，就本议定书对该缔约国的适用而言，条约不应被视为包括在第三之四条中。一旦条约对该缔约国生效，该声明不再有效，该缔约国应将此通知秘书长。

二、如果一缔约国不再是附件所载条约的缔约国时，其可以根据本条规定就该条约作出声明。

三、在交存批准、接受、核准或加入文件之时，缔约国可声明，根据其刑法有关家庭免责原则适用第三之四条。

第二十二条 对附件的修正

一、附件可以通过增加下述相关的条约予以修正：

（一）开放供所有国家参加的；

（二）已经生效的；和

（三）已为本议定书至少十二个缔约国批准、接受、核准或加入的。

二、在本议定书生效之后，任何缔约国可以就附件提出修正案。任何一项提出的修正案应以书面形式通知秘书长。秘书长应将满足第一款要求提出的任何修正案散发给本组织的所有成员国，并就通过修正案征得本议定书缔约国的同意。

三、在本议定书十二个以上的缔约国书面通知秘书长同意修正案后，提出的附件修正案应被视为通过。

四、通过的附件修正案应在向秘书长交存了该修正案第十二份批准、接受或核准文件三十天后对已经交存此类文件的本议定书缔约国生效。对于向秘书长交存了该修正案第十二份批准、接受或核准文件后批准、接受或核准该修正案的本议定书的每个缔约国而言，该修正案应于缔约国交存批准、接受或核准文件后第三十天生效。

第二十三条 保存人

一、本议定书及根据第二十条和第二十二条通过的修正案应由秘书长保存。

二、秘书长应：

（一）告知已经签署或加入本议定书的所有国家：

1. 每一新的签署或批准、接受、核准或加入文件的交存及其日期；

2. 本议定书的生效日期；

3. 任何退出本议定书文件的交存及其收到日期和退出生效日期；

4. 本议定书任何条款要求的任何通知；

5. 按照第二十二条第二款提出的修正附件的任何提案；

6. 按照第二十二条第三款被视为通过的任何修正案；

7. 按照第二十二条第四款被批准、接受或核准的任何修正案及该修正案的生效日期。

（二）将本议定书核证无误的副本分送已经签署或加入本议定书的所有国家。

三、本议定书一经生效，秘书长即应按照《联合国宪章》第一百零二条将核证无误的副本一份送交联合国秘书长，以供登记和发布。

第二十四条　语言

本议定书正本一份，用阿拉伯文、中文、英文、法文、俄文和西班牙文写成，上述文本具有同等效力。

下列署名者，经各自政府授权，特签署本议定书，以昭信守。

二千零五年十月十四日订于伦敦。

《制止危及大陆架固定平台安全非法行为议定书》的 2005 年议定书

（本议定书 2005 年 10 月 14 日订于伦敦。此文本并非保存人核正无误本）

本议定书缔约国，

作为 1988 年 3 月 10 日订于罗马的《制止危及大陆架固定平台安全非法行为议定书》的缔约国；

意识到制订《〈制止危及航行安全非法行为公约〉2005 年议定书》的理由也适用于大陆架固定平台；

考虑到这些议定书的规定。

达成协议如下：

第一条

就本议定书而言：

（一）"1988 年议定书"系指 1988 年 3 月 10 日订于罗马的《制止危及大陆架固定平台安全非法行为议定书》；

（二）"本组织"系指国际海事组织；

（三）"秘书长"系指本组织秘书长。

第二条

1988 年议定书第一条第一款由下述案文替代：

一、经《制止危及海上航行安全非法行为公约 2005 年议定书》修订的《制止危及海上航行安全非法行为国际公约》的第一条第一款第（三）、（四）、（五）、（六）、（七）、（八）项和第二款第（一）项、第二之二条、第五条、第五之二条和第七条及第十条至十六条的规定（包括第十一之二、第十一之三条和第十二之二条）应比照适用于本议定书第二条、第二之二条和第二之三条所列罪行，只要这些罪行是在固定平台上或针对大陆架固定平台实施的。

第三条

一、1988 年议定书第二条第一款第（四）项由下述案文替代：

（四）以任何手段把某种装置或物质放置或使之放置于固定平台上，而该装置或物质有可能毁坏固定平台或危及其安全。

二、删除 1988 年议定书第二条第一款第（五）项。

三、1988 年议定书第二条第二款由下述案文替代：

二、任何人威胁实施第一款第（二）项和第（三）项所列任何罪行，根据国内法规定无论附或不附条件，旨在迫使一自然人或法人为或不为某项行为,且该威胁可能危及固定平台航行安全的,则也构成罪行。

第四条

一、增加下述案文作为第二之二条:

第二之二条

任何人非法且故意实施下述行为的,且该行为,就其本质或情节而言,目的是恐吓一国国民,或强迫一国政府或一国际组织为或不为某种行为,即构成本公约意义的罪行。

(一)针对固定平台或在固定平台上使用或从固定平台上释放任何爆炸性或放射性材料或生物、化学和核武器,造成或可能造成死亡、严重伤害或损害的;或

(二)从固定平台排放油类、液化天然气或第一款范围以外的其他有害或有毒物质,其数量或浓度造成或可能造成死亡、严重伤害或损害的;或

(三)按照国内法规定,无论附或不附条件,威胁实施第(一)项或第(二)项所列罪行的。

二、增加下述案文作为第二之三条:

第二之三条

任何人实施下述行为,也构成本公约意义的罪行:

(一)在实施第二条第一款、第二之二条所列任何罪行的过程中,非法且故意伤害或杀害任何人;或

(二)试图实施第二条第一款、第二之二条第一款或第二款或本条第一

款所列罪行;或

(三)协同参与实施第二条、第二之二条或本条第一款或第二款所列罪行;或

(四)组织或指挥他人实施第二条、第二之二条或本条第一款或第二款所列罪行;或

(五)对为一共同目的的团伙实施第二条、第二之二条、或本条第一款或第二款所列的一项或多项罪行故意进行资助并:

1. 旨在推动该团伙实施第二条或第二之二条所列罪行相关的犯罪活动或实现其犯罪目的,或

2. 明知该团伙有实施第二条或第二之二条中所列罪行的意图。

第五条

一、1988 年议定书第三条第一款由下述案文替代:

一、各缔约国应采取必要的措施对第二条、第二之二条和第二之三条所列罪行建立管辖,如该罪行是:

(一)针对固定平台或在固定平台上实施,而该固定平台位于该国的大陆架上;或

(二)由该国国民实施。

二、1988 年议定书第三条第三款由下述案文替代:

三、缔约国应就已经建立第二款所述管辖事宜通知秘书长,并就其后撤销管辖通知秘书长。

三、1988 年议定书第三条第四款由下述案文替代:

四、对于被指称的罪犯在其境内

且其不将被指称的罪犯引渡给根据第一款和第二款建立管辖的任何缔约国的情况,各缔约国应采取必要的措施就第二条、第二之二条和第二之三条所列罪行建立管辖。

第六条　解释和适用

一、在本议定书的缔约国之间,1988 年议定书和本议定书应作为一份文件一并理解和解释。

二、经本议定书修订的 1988 年议定书的第一条至第四条与本议定书第八条至第十三条应构成并称为《2005 年制止危及大陆架固定平台安全非法行为议定书》(2005SUA 固定平台议定书)。

第七条

增加下述案文作为议定书的第四之二条:

第四之二条

《2005 年制止危及大陆架固定平台安全非法行为议定书》的最终条款

《2005 年制止危及大陆架固定平台安全非法行为议定书》的最终条款应为《〈1988 年制止危及大陆架固定平台安全非法行为议定书〉的 2005 年议定书》的第八条至第十三条。本议定书中对缔约国的提及应视为对 2005 议定书缔约国的提及。

最终条款

第八条　签署、批准、接受、核准和加入

一、本议定书将从 2006 年 2 月 14 日至 2007 年 2 月 13 日在本组织总部开放供签字,并在此后继续开放供加入。

二、各国可按下列方式表示同意受本议定书约束:

(一)签署并对批准、接受或核准无保留;或

(二)签署但有待批准、接受或核准,随后予以批准、接受或核准;或

(三)加入。

三、批准、接受、核准或加入应向秘书长交存一份相应的文件方为有效。

四、只有已经签署 1988 年议定书并对批准、接受或核准无保留或已经批准、接受、核准或加入 1988 年议定书的国家才可以成为本议定书的缔约方。

第九条　生效

一、本议定书应自三个国家对批准、接受或核准作出无保留签署或向秘书长交存有关批准、接受、核准或加入的文件之日九十天后生效。但是,本议定书应在《〈制止危及海上航行安全非法行为公约〉的 2005 年议定书》生效之后生效。

二、对于满足第一款规定的生效条件后交存批准、接受、核准或加入的国家,其批准、接受、核准或加入将自交存文件之日后九十天生效。

第十条　退出

一、任何缔约国可在本议定书对其生效后随时退出本议定书。

二、退出应向秘书长交存一份退

出文件方为有效。

三、退出应自向秘书长交存退出文件十二个月之后,或在退出文件中载明的更长的期限届满后生效。

第十一条 修订和修正

一、本组织可以召开修订或修改本议定书的大会。

二、应三分之一缔约国或五个缔约国(取数量高者)的要求,秘书长应召开本议定书缔约国大会以修订或修正议定书。

三、在本议定书修正案生效之后交存的任何批准、接受、核准或加入文件应被视为适用于经修正的议定书。

第十二条 保存人

一、本议定书及根据第十一条通过的修正案应由秘书长保存。

二、秘书长应:

(一)告知已经签署或加入本议定书的所有国家:

1. 每一新的签署或批准、接受、核

准或加入文件的交存及其日期;

2. 本议定书的生效日期;

3. 任何退出本议定书文件的交存及其收到日期和退出生效日期;

4. 本议定书任何条款要求的任何通知。

(二)将本议定书核证无误的副本分送已经签署或加入本议定书的所有国家。

三、本议定书一经生效,秘书长即应按照《联合国宪章》第一百零二条将核证无误的副本一份送交联合国秘书长,以供登记和发布。

第十三条 语言

本议定书正本一份,用阿拉伯文、中文、英文、法文、俄文和西班牙文写成,各种文本具有同等效力。

下列署名者,经各自政府授权,特签署本议定书,以昭信守。

二千零五年十月十四日订于伦敦。

关于国际恐怖主义的全面公约（草案）

（此为联合国大会有关委员会框架下讨论的草案，草案文件 UN Doc. A/C. 6.55/1）

本公约缔约国，

回顾关于国际恐怖主义问题各个方面的现有国际公约，特别是 1963 年 9 月 14 日在东京签署的《关于在航空器内的犯罪和犯有某些其他行为的公约》；1970 年 12 月 16 日在海牙签署的《制止非法劫持航空器的公约》；1971 年 9 月 23 日在蒙特利尔签署的《关于制止危害民用航空安全的非法行为的公约》；1973 年 12 月 14 日经联合国大会通过的《关于防止和惩处侵害应受国际保护人员包括外交代表的罪行的公约》；1979 年 12 月 17 日经联合国大会通过的《反对劫持人质国际公约》；1980 年 3 月 3 日在维也纳签署的《关于核材料实物保护公约》；1988 年 2 月 24 日在蒙特利尔签署的《制止在国际民用航空机场进行非法暴力行为的议定书》补充《关于制止危害民用航空安全的非法行为的公约》；1988 年 3 月 10 日在罗马签署的《制止危及海上安全的非法行为公约》；1988 年 3 月 10 日在罗马签署的《禁止危及大陆架固定平台安全非法行为议定书》；1991

年 3 月 1 日在蒙特利尔签署的《在可塑性炸药中添加识别标志以便侦测的公约》；1997 年 12 月 15 日经联合国大会通过的《制止恐怖主义爆炸的国际公约》；1999 年 12 月 9 日经联合国大会通过的《制止向恐怖主义提供资助的国际公约》。

还回顾大会 1994 年 12 月 9 日第 49/60 号决议及其附件所载的《消灭国际恐怖主义措施宣言》。

进一步回顾大会 1996 年 12 月 17 日第 51/210 号决议及其附件所载的《补充 1994 年〈消灭国际恐怖主义措施宣言〉的宣言》。

深为关切各种形式的恐怖主义行为在世界各地不断升级，危及或夺取无辜者的生命，侵害基本自由并严重侵犯了人类尊严。

重申毫不含糊地谴责恐怖主义的一切行为、方法和做法，包括危害国家间和民族间友好关系及威胁国家领土完整和安全的，不论在何处发生，也不论何人所为，均为非法和无合理依据的。

认识到恐怖主义的行为、方法和做法严重违反联合国的宗旨和原则，可能威胁到国际和平与安全，危害国家间友好关系，妨碍国际合作并企图破坏人权、基本自由和社会的民主基础。

还认识到资助、策划和煽动恐怖主义行为也违反联合国的宗旨和原则，并认识到缔约国有责任将参与此种恐怖主义行为的人绳之以法。

确信禁止国际恐怖主义行为，包括国家直接或间接实施或支助的此种行为，是维持国际和平与安全及国家主权和领土完整的必要因素。

认识到有必要制定关于国际恐怖主义的全面公约。

决心采取有效措施防止恐怖主义行为，并规定引渡或起诉实施恐怖主义行为的人，以确保其无法逃避起诉和惩罚，并为此目的协议如下：

第一条

为了本公约的目的：

1. "国家或政府设施"包括一国代表、政府成员、立法机关成员或司法机关成员，或一国或任何其他公共当局或实体的官员或雇员，或一个政府间组织的雇员或官员，因公务使用或占用的任何长期或临时设施或交通工具。

2. "一国的军事部队"是指一国按照其国内法，主要为国防或国家安全目的而组织、训练和装备的武装部队，以及在这些部队的正式指挥、控制和负责下向其提供支援的人员。

3. "基础设施"是指提供或输送公共服务，如供水、排污、能源、燃料或通讯，及银行服务、电信和资讯网络等的任何公有或私有设施。

4. "公用场所"是指任何建筑物、土地、街道、水道，或其他地点，长期、定期或不定期供公众使用或向公众开放的部分，并包括以这种方式供公众使用或向公众开放的任何商业、营业、文化、历史、教育、宗教、政府、娱乐、消遣或类似的场所。

5. "公共交通系统"是指用于或用作公共载客或载货服务的一切公有或私有设施交通工具和其他工具。

第二条

1. 本公约所称的犯罪是指任何人以任何手段，非法和故意地实施一项行为，其目的是：

（a）致人死亡或重伤；或

（b）致使国家或政府设施、公共交通系统、通信系统或基础设施遭受严重损毁，希望对这些地方、设施或系统造成广泛破坏，或造成的破坏导致或可能导致重大经济损失，而且根据行为的性质或背景，其目的是恐吓某一人口，或迫使某国政府或某一国际组织从事或不从事某种行为。

2. 任何人企图实施或以共犯身份参加实施第 1 款所列一项犯罪，也构成犯罪。

3. 下列行为也构成犯罪行为：

（a）组织、指令或唆使他人实施第 1 款或第 2 款所列一项犯罪；或

（b）帮助、教唆、便利或劝诱实施

这些犯罪;或

(c)以任何其他方式协助为共同目的行事的一伙人实施第1款、第2款或第3款a项所述的一种或多种犯罪,这种协助应是蓄意而为,或是为了促进该伙人的一般犯罪活动或目的,或是知道该伙人实施所涉犯罪的意图。

第三条

本公约不适用于犯罪仅在一国境内实施,被控告犯罪的人为在该国境内的本国国民,而且其他国家没有根据第六条第1款或第2款行使管辖权的依据的情况,但第十条至第二十二条的规定应酌情适用于这些情况。

第四条

每一缔约国应酌情采取措施:

(a)在本国国内法中规定第二条所述犯罪为刑事犯罪;

(b)根据犯罪的严重性质,以适当刑罚惩治这些犯罪。

第五条

每一缔约国应酌情采取措施,包括适当时制定国内立法,以确保本公约范围内的犯罪行为,在任何情况下都不可引用政治、思想、意识形态、种族、族裔、宗教或其他类似性质的考虑因素为其辩解。

第六条

1. 在下列情况下,每一缔约国应酌情采取措施,确立其对第二条所述犯罪的管辖权:

(a)犯罪发生在该国境内或在该国登记的船只或航空器上;

(b)被控告犯罪的人为该国国民或惯常居所在该国境内的人;

(c)犯罪的全部或一部在其境外实施,但行为的后果或其意图造成的后果构成或导致在其境内实施第二条所述的犯罪。

2. 在下列情况下,缔约国也可以确立其对这些犯罪的管辖权:

(a)犯罪由惯常居所在该国境内的无国籍人实施;或

(b)犯罪关涉该国国民;或

(c)犯罪针对该国在国外的国家或政府设施,包括该国的使馆或其他外交或领事房舍;或

(d)犯罪是企图迫使该国从事或不从事某种行为;或

(e)犯罪发生在该国政府运营的船只或航空器上。

3. 如果被控告犯罪的人在一缔约国境内,但该缔约国不将该人引渡给依照第1款或第2款确立管辖权的任何缔约国,则该缔约国应酌情采取措施,确立本国对第二条所述犯罪的管辖权。

4. 如果多个缔约国要求对第二条所述犯罪行使管辖权,有关的缔约国应力求适当协调行动,特别是在起诉条件以及在提供相互法律协助的方式方面。

5. 本公约不排除依照国内法行使的任何刑事管辖权。

第七条

缔约国在给予庇护前应采取适当措施,以确保不向任何根据合理理由,显然曾参与第二条所述任何犯罪的人

给予庇护。

第八条

缔约国应合作防止第二条所列的犯罪,特别是:

(a)采取一切实际可行措施,包括酌情修订国内立法,以防止和制止任何人以任何方式在缔约国境内,为在其国境内或外实施这些犯罪进行准备,包括:

(一)采取措施禁止为了在其国境内或外实施第二条所述的犯罪而在其境内建立和使用设施和训练营;和

(二)采取措施取缔任何鼓励、唆使、组织、明知地资助或从事在其国境内或外实施第二条所述犯罪的活动的人、团体和组织的非法活动。

(b)依照本国法律交换可核实的准确资料,并协调为防止发生第二条所述犯罪而酌情采取的行政及其他措施。

第九条

1. 每一缔约国应根据其本国法律原则采取必要措施,使负责管理或控制设在其境内或根据其法律设立的法律实体的人在以该身份实施了第二条所述犯罪时,得以追究该法律实体的责任。这些责任可以是刑事、民事或行政责任。

2. 这些责任不影响实施犯罪的个人的刑事责任。

3. 每一缔约国特别应确保对按照上文第 1 款负有责任的法律实体实行有效、相称和劝阻性的刑事、民事或行政裁。这种制裁可包括罚款。

第十条

1. 缔约国收到情报,获悉实施或被控告实施第二条所述犯罪的人可能在其境内时,应按照国内法酌情采取措施,调查情报所述的事实。

2. 罪犯或被控告犯罪的人在其境内的缔约国,在查明根据情况确有必要时,应根据国内法采取适当措施,确保该人留在境内,以进行起诉或引渡。

3. 对任何人采取第 2 款所述措施时,该人享有下列权利:

(a)不受延误地就近与其国籍国或有权保护其权利的国家的适当代表联系,如该人为无国籍人,得与其惯常居住地国家的此种代表联系;

(b)由该国代表探视;

(c)获告知其根据本款(a)和(b)项享有的权利。

4. 第 3 款所述的权利,应按照罪犯或被告犯罪的人所在国的法规行使,但这些法规须能使本条第 3 款所给予的权利的目的得以充分实现。

5. 第 3 款和第 4 款的规定不得妨碍依照第六条第 1 款(b)项或第 2 款(b)项具有管辖权的任何缔约国邀请红十字国际委员会与被控告犯罪的人联系和前往探视的权利。

6. 缔约国根据本条拘留某人时,应立即直接或通过联合国秘书长将拘留该人一事和致使其被拘留的情况通知已依照第六条第 1 款或第 2 款确立管辖权的缔约国,并在该国认为适宜时,通知任何其他有关缔约国。进行第 1 款所述调查的国家应迅速将调查结果通知上述缔约国，并应表明它是否打算行使管辖权。

第十一条

1. 被控告犯罪的人在其境内的缔约国如不将该人引渡，则无论在任何情况下且无论犯罪是否在其境内实施，均有义务将案件移送其主管当局，以按照该国法律规定的程序进行起诉。主管当局应以处理该国法律定为性质严重的任何其他犯罪的相同方式作出决定。

2. 如果缔约国国内法准许引渡或移交本国国民，但规定须将该人交回本国服刑，以执行要求引渡或移交该人的审讯或诉讼最后所判处的刑罚，且该国与请求引渡该人的国家同意这个办法以及两国认为适当的其他条件，则此种有条件引渡或移交应足以履行第 1 款所述的义务。

第十二条

应保证根据本公约被羁押、对其采取任何其他措施或提起诉讼的任何人，获得公平待遇，包括享有符合该人所在国法律和包括国际人权法在内的国际法适用法规规定的一切权利与保障。

第十三条

1. 缔约国应就对第二条所列犯罪进行的调查和提起的刑事诉讼或引渡程序相互提供最大程度的协助，包括协助取得它们所掌握的为诉讼所需的证据。

2. 缔约国应按照它们之间可能存在的关于相互法律协助的任何条约或其他安排履行第 1 款的义务。如无此类条约或安排，缔约国应按照各自的国内法相互提供协助。

3. 缔约国不受任何相互法律协助双边条约或安排约束的，可酌情适用附件二所定程序。

第十四条

为了引渡或相互法律协助的目的，第二条所述任何犯罪及构成附件一所列条约之一范围内和所界定的犯罪的行为，不得视为政治犯罪、同政治罪有关的犯罪或由政治动机引起的犯罪。因此，就此种犯罪提出的引渡或相互法律协助的请求，不可只以其涉及政治犯罪、同政治罪有关的犯罪或由政治动机引起的犯罪为由而加以拒绝。

第十五条

如被请求的缔约国有实质理由认为，请求为第 2 条所列犯罪进行引渡或请求为此种犯罪进行相互法律协助的目的，是因某人的种族、宗教、国籍、族裔或政治观点而对该人进行起诉或惩罚，或认为执行这一请求将使该人的情况因任何上述理由受到损害，则本公约的任何条款不应被解释为规定该国有引渡或提供相互法律协助的义务。

第十六条

1. 在一缔约国境内被羁押或服刑的人，如被要求到另一缔约国进行辨认、作证、或协助取得证据，以调查或起诉本公约规定的犯罪在满足以下条件时可予移送：

（a）其本人自愿表示知情的同意；和

（b）缔约国双方主管当局同意，但须符合缔约国双方认为适当的条件。

2. 为了本条的目的：

（a）被移送人被移送前往的国家应有权利和义务羁押被移送人，除非移送国另有要求或授权；

（b）被移送人被移送前往的国家应毫不迟延地履行其义务，按照两国主管当局事先达成的协议或其他协议，将被移送人交回移送国羁押；

（c）被移送人被移送前往的国家不得要求移送国为交回被移送人提起引渡程序；

（d）被移送人在被移送前往的国家的羁押期应折抵在移送国的刑期。

3. 除非获得按照本条将有关的人移送的缔约国同意，无论其国籍为何，该人不得因其在离开移送国国境前的行为或判罪，而对在被移送前往的国家境内受到起诉或羁押，或对其人身自由的任何其他限制。

第十七条

1. 第二条所述犯罪应被视为包括在任何缔约国之间在本公约生效前已有的任何引渡条约中的可引渡犯罪。缔约国承诺将此类犯罪作为可引渡犯罪列入缔约国之间以后缔结的每一项引渡条约。

2. 以订有条约为引渡条件的缔约国，如收到未与其订有引渡条约的另一缔约国的引渡请求，被请求国可以

自行决定视本公约为就第二条所述犯罪进行引渡的法律依据。引渡应符合被请求国法律规定的其他条件。

3. 不以订有条约为引渡条件的缔约国，在符合被请求国法律规定的条件下，应承认第二条所述犯罪为它们之间的可引渡犯罪。

4. 为缔约国间引渡的目的，必要时应将第二条所述犯罪视为不仅在发生地实施，而且也发生在按照第六条第 1 款和第 2 款确立其管辖权的国家境内。

5. 缔约国之间关于第二条所列犯罪的所有引渡条约和安排的规定，与本公约不符的，应视为缔约国之间已根据本公约作了修改。

6. 缔约国根据本条第 2 款同意以本公约为就第二条所述犯罪进行引渡的法律依据的，可考虑采用附件三规定的程序。

第十八条

1. 本公约的任何规定均不影响国际法，特别是《联合国宪章》的宗旨和原则及国际人道主义法对国家和个人规定的其他权利、义务和责任。

2. 国际人道主义法所指的武装冲突中武装部队活动，由国际人道主义法加以规定，不受本公约约束；一国军队执行职务所进行的活动，如果受国际法其他规则调节，不受本公约约束。

第十九条

起诉被控告犯罪的人的缔约国应按照其国内法或适用程序，将诉讼的终局结果通知联合国秘书长，由秘书

长将此项资料分送其他缔约国。

第二十条

缔约国应以符合各国主权平等和领土完整以及不干涉他国内政原则的方式履行其按照本公约承担的义务。

第二十一条

本公约的任何规定均不影响国际法,特别是《联合国宪章》的宗旨和原则、国际人道主义法和其他有关公约对国家和个人规定的其他权利义务和责任。

第二十二条

缔约国无权根据本公约在另一缔约国境内行使管辖权或履行该另一缔约国当局的国内法法定专有职能。

第二十三条

1. 两个或更多的缔约国之间有关本公约的解释或适用的任何争端,未能在合理时间内通过谈判解决的,经其中一方要求,应交付仲裁。如自要求仲裁之日起六个月内,当事各方不能就仲裁的组成达成协议,其中任何一方可根据《国际法院规约》,以请求书将争端提交国际法院。

2. 在签署、批准、接受、核准或加入本公约时,一国可以声明不受第1款约束。对作出此种保留的任何缔约国而言,其他缔约国也不受第1款约束。

3. 按照第2款作出保留的任何缔约国,可以随时通知联合国秘书长,撤回保留。

第二十四条

1. 本公约于 年 月 日

至 年 月 日在纽约联合国总部开放供所有国家签署。

2. 本公约须经批准、接受或核准。批准书、接受书或核准书应交存联合国秘书长。

3. 本公约对所有国家开放供加入,加入书应交存联合国秘书长。

第二十五条

1. 本公约应自第二十二份批准书、接受书、核准书或加入书交存联合国秘书长之日后的第三十天开始生效。

2. 对于在第二十二份批准书、接受书、核准书或加入书交存后批准、接受、核准或加入本公约的每一个国家,本公约应在该国交存其批准书、接受书、核准书或加入书后的第三十天对该国开始生效。

第二十六条

1. 任何缔约国得以书面通知联合国秘书长退出本公约。

2. 退约应在联合国秘书长接到通知之日起一年后生效。

第二十七条

本公约正本交存联合国秘书长,其阿拉伯文、中文、英文、法文、俄文和西班牙文文本同等作准。联合国秘书长应将本公约经证明无误的副本分送所有国家。

本公约于2000年 月 日在纽约联合国总部开放供签署,下列签署人经各自政府正式授权在本公约上签字,以昭信守。

附　件

附件一　排除政治犯罪

1.《关于在航空器内的犯罪和犯有某些其他行为的公约》,1963 年 9 月 14 日在东京签署。

2.《制止非法劫持航空器公约》,1970 年 12 月 16 日在海牙签署。

3.《关于制止危害民用航空安全的非法行为的公约》,1971 年 9 月 23 日在蒙特利尔签署。

4.《关于防止和惩处侵害应受国际保护人员包括外交代表的罪行的公约》,1973 年 12 月 14 日经联合国大会通过。

5.《反对劫持人质国际公约》,1979 年 12 月 17 日经联合国大会通过。

6.《核材料实物保护公约》,1980 年 3 月 3 日在维也纳签署。

7.《制止在为国际民用航空服务的机场发生的非法暴力行为以补充 1971 年 9 月 23 日订于蒙特利尔的〈关于制止危害民用航空安全的非法行为的公约〉的议定书》,1988 年 2 月 24 日在蒙特利尔签署。

8.《制止危及海上安全的非法行为公约》,1988 年 3 月 10 日在罗马签署。

9.《制止危及大陆架固定平台安全非法行为议定书》,1988 年 3 月 10 日在罗马签署。

10.《在可塑性炸药中添加识别标志以便侦测的公约》,1991 年 3 月 1 日在蒙特利尔签署。

11.《制止恐怖主义爆炸的国际公约》,1997 年 12 月 15 日经联合国大会通过。

12.《制止向恐怖主义提供资助的国际公约》,1999 年 12 月 9 日经联合国大会通过。

附件二　相互法律协助的程序

1. 缔约国应遵照本附件规定,在对于按第 3 条所确定的刑事犯罪进行的调查、起诉和司法程序中相互提供最广泛的法律协助。

2. 按照本附件规定可为下列任何目的提出相互法律协助的请求:

(a)获取证据或个人证词;

(b)送达司法文件;

(c)执行搜查及扣押;

(d)检查物品和现场;

(e)提供情报和证物;

(f)提供有关文件及记录的原件或经证明的副本其中包括银行、财务、公司或营业记录;

(g)识别或追查收益、财产、工具或其他物品以作为证据。

3. 缔约国可相互提供被请求国国内法所允许的任何其他形式的相互法律协助。

4. 缔约国应根据请求,在符合其国内法律和实践的范围内,便利或鼓励同意协助调查或参与诉讼的人员,包括在押人员,在场或供传唤。

5. 缔约国不得以保守银行秘密为由拒绝提供本附件规定的相互法律协助。

6. 本附件各项规定不得影响全部或局部规范或将规范刑事相互法律协助的任何其他双边或多边条约所规定

的义务。

7. 缔约国不受任何相互法律协助条约约束的,可酌情对根据本附件规定提出的请求适用本附件第 8 至 19 款。如果上述缔约国受此类条约约束,则该条约相应条款应予适用,除非缔约国同意适用本附件第 8 至 19 款以取代之。

8. 缔约国应指定一个当局,或在必要时指定若干当局,使之负责和有权执行关于相互法律协助的请求或将该请求转交主管当局加以执行。应将为此目的指定的当局通知联合国秘书长。相互法律协助请求的传递以及与此有关的任何联系均应通过缔约国指定的当局进行;这一要求不得损害缔约国要求通过外交渠道以及在紧急和可能的情况下,经有关缔约国同意,通过国际刑事警察组织(刑警组织)渠道传递这种请求和进行这种联系的权利。

9. 请求应以被请求国能接受的语文书面提出。各缔约国所能接受的语文应通知联合国秘书长。在紧急情况下,如有关缔约国同意,这种请求可以口头方式提出,但应尽快加以书面确认。

10. 相互法律协助的请求书应载有:

(a)提出请求的当局的身份;

(b)请求所涉的调查、起诉或诉讼的事由和性质,以及进行此项调查、起诉或诉讼的当局的名称和职能;

(c)有关事实的概述,但为送达司法文件提出的请求除外;

(d)对请求协助的事项和请求国希望遵循的特殊程序细节的说明;

(e)可能时,任何有关人员的身份、所在地和国籍;

(f)索取证据、情报或要求采取行动的目的。

11. 被请求国可要求提供补充情报,如果这种情报系按照其国内法执行该请求所必需或有助于执行该请求。

12. 请求应根据被请求国的国内法予以执行,并在不违反被请求国国内法的情况下,尽可能遵循请求书中列明的程序。

13. 请求国如事先未经被请求国同意,不得将被请求国提供的情报或证据转交或用于请求书所述以外的调查、起诉或诉讼。

14. 请求国可要求被请求国,除非为执行请求所必需,应对请求一事及其内容保密。如果被请求国不能遵守这一保密要求,它应立即通知请求国。

15. 在下列情况下,可拒绝提供相互法律协助:

(a)请求未按本附件规定提出;

(b)被请求国认为执行请求可能损害其主权、安全、公共秩序或其他基本利益;

(c)若被请求国当局依其管辖权对任何类似犯罪进行调查、起诉或诉讼时,其国内法禁止执行对此类犯罪采取被请求的行动;

(d)同意此项请求将违反被请求国关于相互法律协助的法律制度。

16. 根据本附件提出的协助请求,不得只以其涉及政治犯罪、同政治罪有关的犯罪或由政治动机引起的犯罪而加以拒绝。

17. 拒绝相互协助时,应说明理由。

18. 相互法律协助可因与正在进行的调查、起诉或诉讼发生冲突而暂缓进行。在此情况下,被请求国应与请求国磋商,以决定是否可按被请求国认为必要的条件提供协助。

19. 同意到请求国就一项诉讼作证或对一项调查、起诉或司法程序提供协助的证人、鉴定人或其他人员,不应由于其离开被请求国国境之前的作为、不作为或定罪而在请求国境内受到起诉、拘禁、惩罚或对其人身自由施加任何其他限制。如该证人或鉴定人或个人已得到正式通知,司法当局不再需要其到场,自通知之日起连续十五天或在缔约国所议定的任何期限内有机会离开,但仍自愿留在该国境内,或在离境后又出于己意返回,则此项安全通行即予停止。

20. 执行请求的一般费用应由被请求国承担,除非有关缔约国另有协议。如执行该请求需支付巨额或特殊性质的费用,有关缔约国应相互协商,以确定执行该请求的条件以及承担费用的办法。

21. 缔约国应视需要考虑缔结旨在实现本附件目的、具体实施或加强本附件规定的双边或多边协定或安排的可能性。

附件三　引渡程序

1. 第二条所述犯罪应被视为包括在任何缔约国之间的任何引渡条约中的可引渡犯罪。缔约国承诺将此类犯罪作为可引渡犯罪列入缔约国之间以后缔结的每一项引渡条约中。

2. 不以订有条约为引渡条件的缔约国,在符合被请求国法律规定的条件下,应承认第二条所述犯罪为它们之间的可引渡犯罪。

3. 为缔约国间引渡的目的,应将第二条所述犯罪视为不仅在发生地实施,而且也发生在被请求国境内。

4. 缔约国不受一项相互法律协助条约约束的,可酌情对根据本附件规定,就第二条所述犯罪提出的引渡请求适用本附件第5至18款。如果上述缔约国受此类条约约束,则该条约相应条款应予适用,除非缔约国同意适用本附件第5至18款以取代之。

5. 缔约国应指定一个当局或在必要时指定若干当局,使之负责和有权执行关于引渡的请求或将该请求转交主管当局加以执行。应将为此目的指定的当局通知联合国秘书长。引渡请求的传递以及与此有关的任何联系均应通过缔约国指定的当局进行;这一要求不得损害缔约国要求通过外交渠道以及在紧急和可能的情况下,经有关缔约国同意,通过国际刑事警察组织(刑警组织)渠道传递这种请求和进行这种联系的权利。

6. 请求应以被请求国能接受的语文书面提出。在紧急情况下,如有关缔约国同意,这种请求可以口头方式提出,但应尽快加以书面确认。

7. 引渡请求书应附有:

(a)提出请求的当局的身份;

(b)对被要求的人的尽可能准确的描述,以及任何其他有助于确定有关的人的身份、下落和国籍的资料；

（c）请求引渡所涉犯罪的案情摘要；和

（d）任何界定该罪和规定该罪最高刑罚的法律条文。

8. 请求书涉及已定罪和判刑的人的应另附上：

（a）关于定罪和判刑的证书；和

（b）一份说明该人无权质疑定罪和判刑，并显示未执行刑期的陈述。

9. 被请求国如认为提出的证据或提供的资料不足，无法就请求作出决定，应在被请求国可能规定的时限内提交补充证据或资料。

10. 请求应根据被请求国的国内法予以执行，并在不违反被请求国国内法的情况下，尽可能遵循请求书中列明的程序。

11. 请求国如事先未经被请求国同意，不得将被请求国提供的情报或证据转交或用于请求书所述以外的调查、起诉或诉讼。

12. 根据本公约被移交至请求国境内的人，除下列犯罪外，不得就其被移交请求国之前所实施的任何犯罪在请求国境内受到追究；该人被移交的所涉犯罪；为取得移交而证实的事实所揭露的任何较轻犯罪，但不能合法地就此取得移交令的犯罪除外；或被请求国可能同意予以追究的任何其他犯罪。

13. 本附件第12款的规定不适用于在根据本附件移交有关的人后所实施的犯罪或这些犯罪所引起的事项，也不适用于结案被释放后六十天内有

机会离开请求国国境而没有离境的人，或在离境后重返请求国境内的人。

14. 两个缔约国，或一个国家和另一与被请求国订有引渡协定的第三国就同一犯罪或不同犯罪要求引渡同一人时，被请求国应确定将有关的人引渡前往的国家。

15. 在批准引渡请求后，被请求国应根据请求，在本国法律许可的情况下，向请求国移交可作为犯罪证据证明的物件。有关物件在被请求国应予扣押或没收的，被请求国可就待决诉讼程序暂时保留该物件，或以须予交回的条件暂时将其移交。除了被要求的人以外，本规定不应损害被请求国或任何其他人的权利。在存在这些权利的情况下，应根据请求，在诉讼程序终结后尽快免费将有关物件交回被请求国。

16. 拒绝引渡时，应说明理由。

17. 被要求的人如在被请求国境内被提起刑事诉讼程序，或因刑事诉讼程序而被合法羁押，可以推迟作出是否引渡该人的决定，以待刑事诉讼程序结束或有关的人被解除羁押。

18. 执行请求的一般费用应由被请求国承担，除非有关缔约国另有协议。如执行该请求需支付巨额或特殊性质的费用，有关缔约国应相互协商，以确定执行该请求的条件以及承担费用的办法。

19. 缔约国应视需要考虑缔结旨在实现本附件目的、具体实施或加强本附件规定的双边或多边协定或安排的可能性。

联合国大会宣言或决议

消除国际恐怖主义措施宣言

（1994 年第 49 届联大第 49/60 号决议附件）

大会，

本着《联合国宪章》的宗旨和原则，

回顾《关于各国依联合国宪章建立友好关系和合作的国际法原则宣言》①、《加强国际安全宣言》②、《侵略定义》③、《加强在国际关系上不进行武力威胁或使用武力原则的效力宣言》④、世界人权会议通过的《维也纳宣言和行动纲领》⑤、《经济、社会、文化权利国际盟约》⑥和《公民权利及政治权利国际盟约》⑦，

非常不安地看到世界各地继续发生所有形式和表现的国际恐怖主义行为，包括国家直接或间接介入的此种行为，危害或夺取无辜的生命，对国际关系产生有害的影响，而且可能危害各国的安全，

深为关切世界许多地区基于不容忍或极端主义的恐怖主义行为有所增加，

对于恐怖主义团体和毒贩以及他们的准军事团伙之间日益增加的危险联系表示关切，他们采用一切形式的暴力，危害各国的宪政秩序并侵犯基本人权，

深信各国需要进行更密切的协调和合作，以打击与恐怖主义密切相关的罪行，包括毒品贩运、非法军火交易、洗钱、走私核材料和其他具有潜在致命性的材料，并铭记着联合国和各区域组织方面可以发挥的作用，

下决心消灭一切形式和面貌的国际恐怖主义，

又深信为了维持国际和平与安全，必须做的一项工作是制止国际恐怖主义行为，包括国家直接或间接介入的此种行为，

---

① 第 2625（ⅩⅩⅤ）号决议,附件。
② 第 2734（ⅩⅩⅤ）号决议,附件。
③ 第 3314（ⅩⅩⅨ）号决议,附件。
④ 第 42/22 号决议,附件。
⑤ A/CONF. 157/24（PartⅠ）,第三章。
⑥ 第 2200 A（ⅩⅩⅠ）号决议,附件。
⑦ 第 2200 A（ⅩⅩⅠ）号决议,附件。

还深信必须将应对国际恐怖主义行为负责的人绳之以法，

强调亟须进一步加强国与国之间的国际合作，以便采取和通过实际的、有效的措施来防止、打击和消灭整个国际社会的一切形式的恐怖主义，

认识到联合国，有关的专门机构和国家在促进广泛合作防止和打击恐怖主义方面，可以通过加深公众对这个问题的了解等方法，发挥重大的作用，

回顾有关国际恐怖主义问题各方面的现有国际条约，包括 1963 年 9 月 14 日在东京签订的《关于在航空器内的犯罪和犯有某些其他行为的公约》①、1970 年 12 月 16 日在海牙签订的《关于制止非法劫持航空器的公约》②、1971 年 9 月 23 日在蒙特利尔缔结的《关于制止危害民用航空安全的非法行为的公约》③、1973 年 12 月 14 日在纽约通过的《关于防止和惩处侵害应受国际保护人员包括外交代表的罪行的公约》④、1979 年 12 月 17 日在纽约通过的《反对劫持人质国际公约》⑤、1980 年 3 月 3 日在维也纳通过的《核材料的实物保护公约》⑥、1988 年 2 月 24 日在蒙特利尔签订的补充《关于制止危害民用航空安全的非法行为的公约》⑦的《制止在国际民用航空机场进行非法暴力行为的议定书》⑧、1988 年 3 月 10 日在罗马签订的《制止危及海上航行安全非法行为公约》⑨、1988 年 3 月 10 日在罗马签订的《制止危害大陆架固定平台安全的非法行为议定书》⑩和 1991 年 3 月 1 日在蒙特利尔签订的《在可塑性炸药中添加识别标志以便侦测的公约》⑪等。

欢迎各种关于打击和消灭一切形式和面貌的恐怖主义的区域协定和相互议定的宣言的缔订，

深信需要经常审查有关打击一切形式和面貌的恐怖主义的现有国际法律规定的规范，以期确保有一个全面的法律框架来防止和消除恐怖主义，

庄严宣告：

一

1. 联合国会员国庄严重申毫不含

---

① 联合国，《条约汇编》，第 704 卷，第 10106 号。
② 联合国，《条约汇编》，第 860 卷，第 12325 号。
③ 联合国，《条约汇编》，第 974 卷，第 14118 号。
④ 联合国，《条约汇编》，第 1035 卷，第 15410 卷。
⑤ 第 34/146 号决议，附件。
⑥ 联合国，《条约汇编》，第 1456 卷，第 24631 号。
⑦ 国际民用航空组织，DOC 9518 号文件。
⑧ 国际海事组织，SUA/CONF/15/Rev. 1 号文件。
⑨ 国际民用航空组织，DOC 9518 号文件。
⑩ 国际民用航空组织，SUA/CONF/16/Rev. 2 号文件。
⑪ S/22393；见《安全理事会正式记录；第四十六年，1991 年 1 月、2 月和 3 月补编》。

糊地谴责恐怖主义的一切行为、方法和做法,包括那些危害国家间和民族间友好关系及威胁国家领土完整和安全的行为、方法和做法,不论在何处发生,也不论是何人所为,均为犯罪而不可辩护。

2. 恐怖主义的行为、方法和做法严重违反联合国的宗旨和原则,可能威胁国际和平与安全,危害国家间友好关系,妨碍国际合作并企图摧残人权、基本自由和社会的民主基础。

3. 为了政治目的而企图或蓄意在一般公众、某一人群或某些人中引起恐怖状态的犯罪行为,不论引用何种政治、哲学、意识形态、种族、人种、宗教或任何其他性质的考虑为借口,在任何情况下都是不可辩护的。

二

4. 各国必须本着《联合国宪章》的宗旨和原则以及国际法的其他有关规则,不要组织、怂恿、协助或参与其他国家境内的恐怖主义行为,或默许或鼓励在其境内从事以干出此种行为为目的的活动。

5. 各国还必须按照《联合国宪章》和国际法的其他规定,履行其打击国际恐怖主义的义务,敦促各国按照国际法有关规定和国际人权标准,采取坚决有效措施,迅速彻底消灭国际恐怖主义,特别是:

(a)不要组织、怂恿、便利、资助、鼓励或容忍恐怖主义活动,并采取适当的实际措施,确保它们各自的领土不被用来建立恐怖主义设施或训练营,或用来筹备或组织意图以其他国家或其他公民为目标的恐怖主义行为;

(b)确保按照本国法的有关规定,逮捕和起诉或引渡犯有恐怖主义行为的人;

(c)努力在双边、区域和多边的基础上缔结这种内容的特别协定,并拟定这种内容的示范合作协定;

(d)互相合作,交换关于防止和打击恐怖主义的情报;

(e)迅速采取一切必要步骤执行其为缔约国的有关这一问题的现行国际公约,包括使其国内立法与这些公约相互一致;

(f)采取适当措施,在给予庇护之前确保请求庇护者未曾从事恐怖主义活动,并在给予庇护之后确保难民身份不被与上面(a)分段的规定相违背的方式利用。

6. 为了有效打击恐怖主义行为的增加及其日益国际化的性质和影响,各国应在这方面加强合作,特别是通过系统地交换关于预防和打击恐怖主义的情报,以及有效地执行有关的国际公约,并在双边、区域和多边的基础上缔结司法互助和引渡协定。

7. 在这方面,鼓励各国紧急审查有关防止、压制和消灭一切形式和面貌的恐怖主义的现行国际法律条款的范围,以期确保有一个涵盖这个问题的所有方面的全面法律框架。

8. 此外,敦促尚未成为本《宣言》的序言中所提到的与国际恐怖主义各个方面有关的国际公约和议定书的缔约国的国家优先考虑成为这些协定和议定书的缔约国。

三

9. 联合国、各有关专门机构和政府间组织以及其他有关机构必须全力以赴,促进各种打击和消灭恐怖主义行为的措施,并加强它们在这方面的作用。

10. 秘书长应在现有资源的范围内,采取下列实际措施来加强国际合作,以协助执行本《宣言》:

(a)根据有关国际恐怖主义的各项现行多边、区域和双边协定的保管人和会员国所提供的资料,收集关于这些协定的现况和执行情况的数据,包括关于国际恐怖主义所造成的事件及刑事起诉和判决的资料;

(b)根据各会员国所提供的资料,汇编各国在防止和制止一切形式和面貌的国际恐怖主义方面的法律和规章;

(c)分析审查关于恐怖主义的现行国际法律文书,以协助各国确定在这件事情上这些文书尚未包括,但为了进一步发展由有关国际恐怖主义的公约构成的全面法律架构而可以加以处理的那些方面;

(d)审查在联合国系统以内协助各国组织关于打击涉及国际恐怖主义的罪行的讲习班和训练班的现有可能办法。

四

11. 敦促所有国家真诚和有效地促进并执行本宣言所有方面的规定。

12. 强调必须继续努力,通过加强国际合作,逐步发展和编纂国际法,以及加强联合国和各有关专门机构之间的协调和提高它们的效率,务必消灭一切恐怖主义行为。

补充 1994 年《消除国际恐怖主义措施宣言》的宣言

（1996 年第 51 届联大第 51/210 号决议附件）

大会，

本着《联合国宪章》的宗旨和原则，

回顾大会 1994 年 12 月 9 日第 49/60 号决议所通过的《消除国际恐怖主义措施宣言》，

又回顾《联合国五十周年纪念宣言》，

深感不安地看到世界各地继续不断发生各种形式和表现的恐怖主义行为，包括国家直接或间接介入的此种行为，危害或夺去无辜的生命，对国际关系产生有害影响，而且可能危及各国的安全，

强调重要的是各国应视需要拟订引渡协定或安排，以便确保把对恐怖主义行为负有责任的人绳之以法，

注意到 1951 年 7 月 28 日在日内瓦签订的《关于难民地位的公约》并未提供依据来保护犯下恐怖主义行为的人，又在这方面注意到该公约第 1、2、32 和 33 条，并强调在这方面缔约国必须确保该公约的适当适用，

强调重要的是各国应充分履行 1951 年《关于难民地位的公约》和 1967 年《关于难民地位的议定书》所规定的义务，包括不把难民驱回其生命或自由因其种族、宗教、国籍、参加某一社会团体或具有某种政治见解而受到威胁的地方的原则，并申明本宣言不影响该公约和议定书及其他国际法规定所提供的保护，

回顾大会 1967 年 12 月 14 日第 2312(XXII) 号决议所通过的《领土庇护宣言》第 4 条，

强调必须进一步加强各国之间的国际合作，以防止、打击和消除一切形式和表现的恐怖主义。

郑重声明：

1. 联合国会员国郑重重申，明确谴责一切恐怖主义行为、方法和做法，不论为何人所为和在何处发生，包括危害各国和各国人民之间友好关系和威胁国家领土完整和安全的行为、方法和做法，均为无可辩护的犯罪。

2. 联合国会员国重申恐怖主义行为、方法和做法违反联合国的宗旨和原则；它们声明，蓄意资助、策划和煽

动恐怖主义行为也违反联合国的宗旨和原则。

3. 联合国会员国重申,各国应根据本国法律和国际法的有关规定,包括根据国际人权标准,采取适当措施,在给予难民地位之前,确保寻求庇护者未曾参加恐怖主义行动,在这方面应考虑寻求庇护者是否由于与恐怖主义有关的罪行受到调查或起诉或被定罪,并在给予难民地位之后,确保难民地位不被利用来筹备或组织意图对其他国家或其公民实施的恐怖主义行为。

4. 联合国会员国强调,寻求庇护者在等待办理其庇护申请期间不能因此而免于对恐怖主义行为的起诉。

5. 联合国会员国重申,必须确保会员国开展有效合作,以便将参与恐怖主义行为的人、包括资助、策划或煽动恐怖主义行为的人绳之以法;它们强调,它们决心按照国际法的有关规

定,包括按照国际人权标准,共同努力防止、打击和消灭恐怖主义,并根据国内法律采取一切适当步骤,将恐怖分子加以引渡,或将案件提交本国主管当局进行起诉。

6. 在这方面,在确认各国在引渡事项上的主权权利的同时,鼓励各国在缔结或适用引渡协定时,不要将与危及人身安全或对人身安全构成实际威胁的恐怖主义有关的罪行视为不属于引渡协定范围的政治罪行,不论是引用何种动机来为这种罪行辩解。

7. 还鼓励各国即使在没有条约的情况下,考虑在本国法律允许的范围内,提供便利引渡涉嫌实施了恐怖主义行为的人。

8. 联合国会员国强调,必须采取步骤,分享关于恐怖主义分子、他们的活动、所获支助和他们的武器等的专门知识和情报,并分享关于调查和起诉恐怖主义行为的资料。

谴责针对美国的恐怖袭击

（2001 年第 56 届联大第 56/1 号决议）

大会，

遵从联合国宪章的宗旨和原则：

1. 强烈谴责恶毒的恐怖主义行为，联合国东道市纽约、华盛顿特区和宾夕法尼亚州因而蒙受巨大的人命损失、破坏和损害，

2. 在这可悲可痛的时刻对美利坚合众国人民和政府表示慰问和声援，

3. 紧急要求国际合作将 2001 年 9 月 11 日发生的令人发指的暴行的行凶者组织者和发起者绳之以法，

4. 又紧急要求国际合作预防和根除恐怖主义行为并强调凡是援助支持或包庇这种行为的行凶者组织者和发起者的人定将追究责任。

2001 年 9 月 12 日
第 1 次全体会议

防止恐怖分子获取大规模毁灭性武器的措施

(2003 年第 58 届联大第 58/48 号决议)

大会，

回顾其 2002 年 11 月 22 日第 57/83 号决议，

认识到大会和安全理事会各项有关决议所表明的国际社会打击恐怖主义的决心，

深为关切恐怖主义与大规模毁灭性武器之间发生联系的危险日益增长，特别是恐怖分子可能设法获取大规模毁灭性武器的事实，

注意到 2003 年 2 月 20 日至 25 日在吉隆坡举行的第十三次不结盟国家国家元首和政府首脑会议《最后文件》[①]支持采取措施，防止恐怖主义分子获取大规模毁灭性武器，

又注意到八国集团、欧洲联盟、东南亚国家联盟区域论坛等在审议中考虑到恐怖主义分子获取大规模毁灭性武器所带来的种种危险，并注意到有必要展开国际合作，与之进行斗争，

确认裁军事项咨询委员会对和恐怖主义大规模毁灭性武器有关问题进行的审议[②]，

注意到国际原子能机构大会第四十七届常会 2003 年 9 月 19 日通过的 GC(47)/RES/8 号决议[③]，以及在原子能机构内设立了安全问题咨询小组，负责就原子能机构与核安全有关的活动向总干事提出咨询意见，

又注意到联合国和恐怖主义问题政策工作组的报告[④]，

还注意到秘书长根据第 57/83 号决议第 2 和第 4 段提交的报告[⑤]，意识到迫切需要在联合国框架内并通过国际合作处理对人类的这一威胁，强调迫切需要在裁军和不扩散领域取得进展，以协助维持国际和平与安全，

---

① A/57/759-S/2003/332，附件一。

② A/57/335。

③ 国际原子能机构，《大会决议和其他决定，第四十七届常会，2003 年 9 月 15 日至 19 日》[GC(47)/RES/DEC(2003)]。

④ A/57/273-S/2002/875，附件。

⑤ A/58/208 和 Add.1。

并有助于全球打击恐怖主义的努力：

1. 吁请全体会员国支持国际上防止恐怖分子获取大规模毁灭性武器及其运载工具的努力；

2. 促请全体会员国酌情采取并加强国家措施，以防止恐怖分子获取大规模毁灭性武器、其运载工具以及与其制造有关的材料和技术，并请各会员国在自愿的基础上向秘书长通报在这方面已采取的措施；

3. 鼓励会员国以及有关区域和国际组织相互开展合作以加强这方面的国家能力；

4. 请秘书长编写一份报告，说明各国际组织针对有关打击恐怖主义与大规模毁灭性武器的扩散之间联系的问题已经采取的措施，就另外采取有关措施以解决恐怖分子获取大规模毁灭性武器所构成的全球威胁问题征求各会员国的意见，并向大会第五十九届会议提出报告；

5. 决定将题为"防止恐怖分子获取大规模毁灭性武器的措施"的项目列入大会第五十九届会议临时议程。

2003 年 12 月 8 日
第 71 次全体会议

消除国际恐怖主义的措施

（2003 年第 58 届联大第 58/81 号决议）

大会，

本着《联合国宪章》的宗旨和原则；

回顾《联合国五十周年纪念宣言》①；

又回顾《联合国千年宣言》②；

还回顾大会和安全理事会关于消除国际恐怖主义的措施的所有决议；

深信大会审议消除国际恐怖主义的措施十分重要，因为大会是具有此职权的普遍性机构；

深感不安地看到在世界各地实施的恐怖主义行为持续不断；

重申强烈谴责造成巨大人命损失和破坏，行为令人发指的恐怖主义行径，包括促使通过大会 2001 年 9 月 12 日第 56/1 号决议，以及安全理事会 2001 年 9 月 12 日第 1368（2001）号、2001 年 9 月 28 日第 1373（2001）号和 2001 年 11 月 12 日第 1377（2001）号决议的恐怖主义行径，及自大会 2002 年 11 月 19 日第 57/27 号决议通过后发生的恐怖主义行径；

回顾其在大会 2003 年 9 月 15 日第 57/338 号决议中和安全理事会 2003 年 8 月 26 日第 1502（2003）号决议强烈谴责 2003 年 8 月 19 日蓄意袭击巴格达联合国伊拉克援助团总部的暴行；

强调必须依照《宪章》原则、国际法和相关国际公约，进一步加强各国之间及各国际组织和机构、区域组织和安排同联合国之间的国际合作，以防止、打击和消除一切形式和表现的恐怖主义，不论是何人所为和在何处发生；

注意到安全理事会关于反恐怖主义的第 1373（2001）号决议所设委员会发挥作用，监测该决议的执行情况，包括各国采取必要的金融、法律和技术措施以及批准和接受相关国际公约和议定书的情况；

考虑到必须增强联合国和有关专门机构在打击国际恐怖主义方面的作用，及秘书长关于增强本组织在这方

① 第 50/6 号决议。
② 第 55/2 号决议。

面的作用的提议；

又考虑到亟须加强国际、区域和分区域合作，以增强各国的本国能力，有效防止和制止一切形式和表现的国际恐怖主义；

回顾大会 1994 年 12 月 9 日第 49/60 号决议附件所载《消除国际恐怖主义措施宣言》，大会在其中鼓励各国紧急审查关于防止、压制和消除一切形式和表现的恐怖主义的现有国际法律条款的范围，以期确保有一个涵盖这个问题的所有方面的全面法律框架；

注意到 2003 年 2 月 25 日在吉隆坡举行的第十三次不结盟国家国家和政府首脑会议通过的最后文件①，其中重申不结盟国家运动对恐怖主义问题的集体立场，并重申先前于 1998 年 8 月 29 日至 9 月 3 日在南非德班举行的第十二次不结盟国家国家和政府首脑会议提出的，要求在联合国主持下召开一次国际首脑会议以制订国际社会有组织地联合对付一切形式和表现的恐怖主义的对策的倡议②，以及其他有关倡议；

考虑到在国际、区域和分区域范围内有关防止和制止国际恐怖主义的最新发展和倡议；

回顾大会 1999 年 12 月 9 日第

54/110 号、2000 年 12 月 12 日第 55/158 号、2001 年 12 月 12 日第 56/88 号和第 57/27 号决议决定，大会 1996 年 12 月 17 日第 51/210 号决议设立的特设委员会应审议在联合国主持下召开一次高级别会议以制订国际社会有组织地联合对付一切形式和表现的恐怖主义的对策的问题，并将其保留在议程上；

意识到大会 2002 年 12 月 18 日第 57/219 号决议；

注意到各区域作出努力，包括以拟订和加入区域公约的方式，防止、打击和消除一切形式和表现的恐怖主义，不论在何处发生，也不论是何人所为；

审查了秘书长的报告③、大会 1996 年 12 月 17 日第 51/210 号决议设立的特设委员会的报告④和根据第 57/27 号决议设立的第六委员会工作组的报告⑤：

1. 强烈谴责一切恐怖主义行为、方法和做法，不论在何处发生，也不论是何人所为，均为无可辩护的犯罪。

2. 重申为了政治目的而故意或蓄意在一般公众、某一群人或特定的人之中引起恐怖状态的犯罪行为，不论引用何种政治、思想、意识形态、种族、人种、宗教或其他性质的考虑作为理

---

① A/57/759-S/2003/332，附件一。
② A/53/667-S/1998/1071，附件一，第 149 至 162 段。
③ A/58/116 和 Add. 1。
④ 《大会正式记录，第五十八届会议，补编第 37 号》（A/58/37）。
⑤ A/C. 6/58/L. 10。

由,在任何情况下都是无可辩护的。

3. 再次吁请所有国家按照《联合国宪章》和国际法的相关规定,包括按照国际人权标准,采取进一步措施防止恐怖主义和加强打击恐怖主义的国际合作,并为此目的特别考虑执行第51/210号决议第3段(a)至(f)所列的各项措施。

4. 还再次吁请所有国家为促进相关法律文书的有效施行,在适当情况下加强信息交流,互通有关恐怖主义的事实,但同时要避免传播不准确或未核实的信息。

5. 再次吁请各国不资助、鼓励恐怖主义活动,或向其提供训练或其他支助。

6. 重申打击恐怖主义的国际合作及国家行动应依照《宪章》的原则、国际法和相关的国际公约进行。

7. 敦促所有尚未成为缔约方的国家作为优先事项,依照安全理事会第1373(2001)号决议,考虑加入成为大会第51/210号决议第6段中提到的有关公约和议定书以及《制止恐怖主义爆炸事件国际公约》①和《制止向恐怖主义提供资助的国际公约》②的缔约方,并吁请所有国家酌情制定必要的国内立法来执行这些公约和议定书的规定,确保本国法院具有管辖权,能够审判恐怖主义行为的行为人,并为此目的与其他国家及有关国际组织和区

域组织合作,提供支助和协助。

8. 敦促各国与秘书长合作,彼此合作,以及同有关政府间组织合作,以酌情在现有任务范围内确保向需要并要求协助的国家提供技术和其他专家咨询意见,使之成为上文第7段提到的公约和议定书的缔约方。

9. 赞赏并满意地注意到,依照第57/27号决议第7段中的呼吁,一些国家已成为其中所述相关公约和议定书的缔约方,从而实现了使这些公约得到更广泛接受和执行的目标。

10. 重申第49/60号决议附件所载的《消除国际恐怖主义措施宣言》和第51/210号决议附件所载的《补充1994年〈消除国际恐怖主义措施宣言〉的宣言》,并吁请所有国家予以执行。

11. 敦促各国和秘书长在其防止国际恐怖主义的努力中,尽量利用联合国现有机构。

12. 欢迎维也纳联合国毒品和犯罪问题办事处预防恐怖主义处在审查联合国系统内部现有各种可能性之后作出努力,根据其任务规定加强联合国在预防恐怖主义方面的能力,并根据安全理事会第1373(2001)号决议,确认该处在协助各国成为缔约方和执行关于恐怖主义的相关国际公约和议定书方面的作用。

13. 邀请区域政府间组织向秘书长提交关于其在区域一级为消除国际

---

① 第52/164号决议,附件。
② 第54/109号决议,附件。

恐怖主义而采取的措施的资料。

14. 欢迎在大会1996年12月17日第51/210号决议设立的特设委员会和根据大会第57/27号决议设立的第六委员会工作组会议期间,拟订关于国际恐怖主义的全面公约草案的工作取得重要进展。

15. 决定特设委员会应继续拟订关于国际恐怖主义的全面公约草案,并继续努力解决有关拟订制止核恐怖主义行为的国际公约草案的未决问题,以此进一步建立一个由有关国际恐怖主义问题的公约组成的全面法律框架,并应继续把在联合国主持下召开一次高级别会议以制订国际社会有组织地联合对付一切形式和表现的恐怖主义的对策问题列在其议程上。

16. 又决定特设委员会应于2004年6月28日至7月2日开会,继续拟订关于国际恐怖主义的全面公约草案,并拨出适当时间继续审议有关拟订制止核恐怖主义行为的国际公约草

案的未决问题;继续把在联合国主持下召开一次高级别会议以制订国际社会有组织地联合对付一切形式和表现的恐怖主义的对策的问题列在其议程上;并应根据需要,在大会第五十九届会议期间,在第六委员会的一个工作组的框架内,继续进行这项工作。

17. 请秘书长继续向特设委员会提供履行工作所需的便利。

18. 请特设委员会在其已完成关于国际恐怖主义的全面公约草案或制止核恐怖主义行为的国际公约草案的情况下向大会第五十八届会议提出报告。

19. 又请特设委员会向大会第五十九届会议报告在执行其任务方面所取得的进展。

20. 决定将题为"消除国际恐怖主义的措施"的项目列入大会第五十九届会议临时议程。

2003年12月9日
第72次全体会议

国际预防犯罪中心活动框架内加强国际合作和技术援助以促进各项有关恐怖主义的国际公约和议定书的执行

(2003 年第 58 届联大第 58/136 号决议)

大会，

回顾大会关于预防和打击恐怖主义的有关决议以及安全理事会 2001 年 9 月 28 日第 1373（2001）号、2001 年 11 月 12 日第 1377（2001）号和 2003 年 1 月 20 日第 1456（2003）号决议，

又回顾大会 2001 年 9 月 12 日第 56/1 号决议强烈谴责 2001 年 9 月 11 日发生的令人发指的恐怖主义行为，并回顾 2002 年 11 月 19 日第 57/27 号决议谴责在巴厘和莫斯科发生的恐怖主义暴行，紧急呼吁开展国际合作防止并铲除恐怖主义行为，又回顾安全理事会 2003 年 2 月 13 日第 1465（2003）号决议谴责 2003 年 2 月 7 日在波哥大发生的爆炸袭击，

还回顾大会 2002 年 12 月 18 日第 57/173 号决议，大会在该决议中申明在履行包括防止和打击恐怖主义在内的任务方面，特别是在加强国际合作和根据请求提供技术援助以补充安全理事会关于反恐怖主义的第 1373（2001）号决议所设委员会的工作方面，联合国毒品和犯罪问题办事处国际预防犯罪中心发挥着重要作用，

回顾大会 2002 年 12 月 20 日第 57/292 号决议，大会在该决议第四节中批准加强秘书处预防恐怖主义处，因为恐怖主义是 2002—2005 年中期计划的优先事项之一，

注意到大会 2002 年 1 月 31 日关于执行《关于犯罪与司法：迎接二十一世纪的挑战的维也纳宣言》的行动计划的第 56/261 号决议，该行动计划中载有一项打击恐怖主义的行动计划，

支持联合国毒品和犯罪问题办事处执行主任不断作出努力，加强打击恐怖主义、毒品贩运、跨国有组织犯罪和其他有关形式的犯罪活动的综合性办法，强调各国、各国际、区域和分区域组织以及反恐怖主义委员会和中心必须密切协调和合作，以防止和打击恐怖主义及为助长一切形式和表现的恐怖主义的目的而进行的犯罪活动，

深信如大会和安全理事会各项决

议,特别是安全理事会第 1373 (2001)
号决议所申明,必须防止和制止恐怖
主义行为,并深感关切地注意到恐怖
主义与跨国有组织犯罪、贩运毒品、洗
钱和贩运军火以及非法转移核材料、
化学材料和生物材料之间的联系,

表示赞赏奥地利政府和中心 2002
年 6 月 3 日和 4 日在维也纳举办主题
为"打击国际恐怖主义:联合国的贡
献"的讨论会,并注意到执行主任的
报告①,

回顾会员国必须确保为打击恐怖
主义而采取的任何措施符合其根据国
际法承担的所有义务,并根据国际法,
特别是酌情根据国际人权、难民和人
道主义法采取此种措施,

赞赏地注意到大会 1996 年 12 月
17 日第 51/210 号决议设立的特设委
员会继续拟订关于国际恐怖主义的全
面公约草案②和关于制止核恐怖主义
行为的国际公约草案③:

1. 鼓励联合国毒品和犯罪问题办
事处国际预防犯罪中心在其任务范围
内开展预防恐怖主义方面的活动,与
安全理事会关于反恐怖主义的第 1373
(2001)号决议所设委员会和秘书处法
律事务厅以及各国际、区域和分区域
组织密切协调开展工作,根据请求,专
门为执行各项有关恐怖主义的国际公
约和议定书向会员国提供技术援助,
从而加强预防和打击恐怖主义方面的

国际合作;

2. 欢迎建立由中心发起的全球反
恐怖主义方案,提供适当框架开展活
动,支持会员国,特别是通过执行各项
有关恐怖主义的国际公约和议定书打
击恐怖主义的斗争;

3. 吁请尚未加入和执行各项有关
恐怖主义的国际公约和议定书的会员
国加入和执行这些公约和议定书,并
酌情请中心为此目的提供援助;

4. 注意到经 2002 年 12 月 3 日至
5 日意大利锡拉库萨国际犯罪学高级
研究所主办的专家小组会议审查的联
合国各项有关恐怖主义的国际公约及
议定书立法指南的编制工作,并请尚
未批准或加入各项有关恐怖主义的国
际公约和议定书的国家在努力将这些
文书的规定纳入本国立法时使用这一
立法指南;

5. 促请会员国也在区域和双边基
础上继续齐心协力,密切配合联合国
预防和打击恐怖主义行为,在安全理
事会第 1373(2001)号、第 1377(2001)
号和第 1456(2003)号决议以及其他相
关国际文书的框架内,依照《联合国宪
章》和国际法加强国际合作和技术
援助;

6. 请中心在有经常预算或预算外
资源情况下,拟订技术援助准则,中心
将以此为依据,在其职权范围内,与反

① A/57/152 和 Corr. 1 和 Add. 1 和 Add. 1/Corr. 1 和 2 和 Add. 2。
② 《大会正式记录,第五十八届会议,补编第 37 号》(A/58/37),附件二,A。
③ 《大会正式记录,第五十八届会议,补编第 37 号》(A/58/37),附件二,B。

恐怖主义委员会进行协调,提供援助以促进批准、加入和执行各项有关恐怖主义的国际公约和议定书有关,确定此种援助的具体内容,以期促进会员国在打击恐怖主义方面的合作,并请中心将这些准则提交会员国审议;

7. 又请中心在有预算外资源的情况下加紧努力,根据请求提供技术援助,通过执行各项有关恐怖主义的国际公约和议定书预防和打击恐怖主义,特别强调中心的工作必须与反恐怖主义委员会及国际、区域和分区域组织协调;

8. 表示赞赏各捐助国通过向联合国预防犯罪和刑事司法基金自愿捐款,或通过直接向联合国预防犯罪和刑事司法方案网捐款,支持发起全球反恐怖主义方案,并邀请所有国家向该基金提供适当的自愿捐款,以加强该中心向提出请求的会员国提供技术援助的能力,特别是为促进批准、加入和执行各项有关恐怖主义的国际公约和议定书提供技术援助的能力;

9. 建议预防犯罪和刑事司法委员会与联合国其他实体,特别是反恐怖主义委员会协调,定期审查各会员国在加入和执行各项有关恐怖主义的国际公约和议定书方面所取得的进展以及会员国请求技术援助的需要;

10. 请秘书长就恐怖主义所涉刑事司法问题和国际合作的进展情况以及各项有关恐怖主义的国际公约和议定书的进展情况,在预防犯罪和刑事司法委员会第十三届会议期间组织一次高级别讨论会,并请反恐怖主义委员会和相关国际组织参加此次讨论会;

11. 邀请会员国向秘书长提供资料,说明恐怖主义与其他形式的犯罪之间的联系的性质,以增进中心提供技术援助的协同作用,并请秘书长在其关于本决议执行情况的报告中列入对此种资料的分析;

12. 请秘书长向大会第五十九届会议报告本决议的执行情况。

2003 年 12 月 22 日
第 77 次全体会议

在打击恐怖主义的同时保护人权和基本自由

（2003 年第 58 届联大第 58/187 号决议）

大会，

重申《联合国宪章》的宗旨和原则，

又重申尊重所有人权和基本自由及法治的基本重要性，包括在对恐怖主义和对恐怖主义的恐惧作出回应的时候，

回顾各国有义务保护所有人的人权和基本自由，

确认尊重人权、尊重民主和尊重法治是相互关联和相辅相成的，

回顾其 2002 年 12 月 18 日第 57/219 号决议以及人权委员会 2003 年 4 月 25 日第 2003/68 号决议①，

又回顾其 1993 年 12 月 20 日第 48/141 号决议，特别是联合国人权事务高级专员对于促进和保护各项人权的切实享受的责任，

重申世界人权会议于 1993 年 6 月 25 日通过的《维也纳宣言和行动纲领》②第一节第 17 段申明，一切形式和表现的恐怖主义行为、方法和做法，都是旨在摧毁人权、基本自由和民主的活动，威胁到领土完整和国家安全，破坏合法政府的稳定，国际社会应采取必要步骤，加强合作，防范和打击恐怖主义，

注意到关于人权与恐怖主义的大会 2001 年 12 月 19 日第 56/160 号决议和人权委员会 2003 年 4 月 23 日第 2003/37 号决议，

又注意到安全理事会 2003 年 1 月 20 日第 1456（2003）号决议附件内关于打击恐怖主义的宣言，特别是其中关于各国必须确保为打击恐怖主义而采取的任何措施符合国际法规定的全部义务，并应按照国际法，尤其是国际人权、难民和人道主义法采取这种措施的声明，

回顾大会和安全理事会的相关决议，

注意到一些人权条约监测机构和特别程序关于反恐怖主义措施是否符合人权义务的问题的宣言、声明和建议，

---

① 《经济及社会理事会正式记录，2003 年，补编第 3 号》（E/2003/23），第二章，A 节。
② A/CONF. 157/24（Part I）和 Corr. 1，第三章。

重申断然谴责一切形式和表现的恐怖主义行为、方法和做法，不论其动机为何，在何处发生，何人所为，都是无可辩护的犯罪，并重申决心加强国际合作防止和打击恐怖主义，

强调人人有权享有《世界人权宣言》①所确认的一切权利和自由，不分种族、肤色、性别、语言、宗教、政治或其他见解、国籍或社会出身、财产、出生或其他身份等任何区别，

回顾《公民及政治权利国际盟约》②第 4 条规定，若干权利在任何情况下都不得克减，任何克减该盟约规定的措施在任何情况下都必须符合该条的规定，并强调如 2001 年 7 月 24 日人权事务委员会通过的关于紧急状态的第 29 号一般性评论③所述，此种克减均属例外和暂时性质：

1. 重申各国必须确保为打击恐怖主义而采取的任何措施符合根据国际法，特别是国际人权、难民和人道主义法承担的义务。

2. 吁请各国提高参与打击恐怖主义的国家当局对这些义务的重要性的认识。

3. 注意到秘书长根据大会第 57/219 号决议提交的报告④，并欢迎其关于在消除恐怖主义的国际斗争中必须确保人权得到尊重的结论，以及联合国在促进维持国际和平与安全和实现国际合作，以促进和保护所有人的人权和基本自由方面的重要作用的结论。

4. 关心地注意到秘书长关于在反恐怖主义的同时保护人权和基本自由的报告⑤，并欢迎联合国和一些区域政府间机构及国家以多项倡议在反恐怖主义范围内加强保护人权。

5. 欢迎出版"联合国和区域组织关于在反恐怖主义的同时保护人权的判例摘要"，并请联合国人权事务高级专员定期增补出版。

6. 又欢迎安全理事会及其反恐怖主义委员会和促进和保护人权的相关机构之间在反恐怖主义斗争方面持续进行的对话，并鼓励安全理事会及其反恐怖主义委员会继续发展同相关人权机构，特别是同联合国人权事务高级专员办事处合作，在根据安全理事会与反恐怖主义有关的决议而持续开展工作时适当考虑促进和保护人权。

7. 请人权委员会的所有相关特别程序和机制以及联合国人权条约机构，在其职权范围内，审议在打击恐怖主义措施的范围内保护人权和基本自由的问题，并酌情协调其努力，促进以一贯方式处理此问题。

8. 鼓励各国在打击恐怖主义的同

---

① 第 217 A（Ⅲ）号决议。

② 第 2200 A（XXI）号决议，附件。

③ HRI/GEN/1/Rev. 6。

④ E/CN. 4/2003/120。

⑤ A/58/266。

时考虑到联合国关于人权的相关决议和决定，并鼓励各国考虑人权委员会特别程序和机制的建议及联合国人权条约机构的相关评论和意见。

9. 请高级专员利用现有机制以继续：

（a）审查在打击恐怖主义的同时保护人权和基本自由的问题，考虑到所有来源的可靠资料；

（b）就各国在采取行动打击恐怖主义的同时有义务促进和保护人权和基本自由的问题提出一般建议；

（c）在打击恐怖主义的同时保护人权和基本自由方面，应各国要求为其提供援助和咨询，并为相关联合国机构提供此种援助和咨询。

10. 又请高级专员在考虑各国意见后提交一份报告，研究人权特别程序和条约监测机构在其现有职权范围内，能否在其工作中处理国家反恐措施是否符合国际人权义务的问题，供各国参考，以根据国际人权体制机制，在反恐怖主义的同时加强促进和保护人权和基本自由。

11. 还请高级专员向大会第五十九届会议提交所要求的研究报告，并向人权委员会第六十届会议提交一份临时报告。

12. 请秘书长向人权委员会第六十届会议并向大会第五十九届会议提交有关本决议执行情况的报告。

2003 年 12 月 22 日
第 77 次全体会议

消除国际恐怖主义的措施

（2004 年第 59 届联大第 59/46 号决议）

大会，

遵循《联合国宪章》的宗旨和原则，

回顾《联合国五十周年纪念宣言》①，

又回顾《联合国千年宣言》②，

还回顾大会 1994 年 12 月 9 日第49/60 号决议附件所载《消除国际恐怖主义措施宣言》，并欢庆今年《宣言》通过十周年，同时回顾载于 1996 年 12 月17 日第 51/210 号决议的《补充 1994年〈消除国际恐怖主义措施宣言〉的宣言》，

回顾大会和安全理事会所有关于消除国际恐怖主义的措施的决议，

深信大会审议消除国际恐怖主义的措施十分重要，因为大会是具有此职权的普遍性机构，

深感不安地看到在世界各地实施的恐怖主义行为持续不断，

重申强烈谴责造成巨大人命损失和破坏，行为令人发指的恐怖主义行径，包括促使通过大会 2001 年 9 月 12日第 56/1 号决议，以及安全理事会2001 年 9 月 12 日第 1368（2001）号、2001 年 9 月 28 日第 1373（2001）号和2001 年 11 月 12 日第 1377（2001）号决议的恐怖主义行径，及自大会 2003 年12 月 9 日第 58/81 号决议通过后发生的恐怖主义行径，

回顾大会 2003 年 9 月 15 日第57/338 号决议和安全理事会 2003 年 8月 26 日第 1502（2003）号决议强烈谴责 2003 年 8 月 19 日蓄意袭击巴格达联合国伊拉克援助团总部的暴行，

申明各国必须确保一切为反恐采取的措施均符合其根据国际法承担的义务，并应依照国际法，特别是国际人权法、难民法和人道主义法制定这种措施，

强调必须依照《宪章》原则、国际法和相关国际公约，进一步加强各国之间及各国际组织和机构、区域组织和安排同联合国之间的国际合作，以防止、打击和消除一切形式和表现的

---

① 第 50/6 号决议。

② 第 55/2 号决议。

恐怖主义,不论在何处发生,也不论是何人所为,

注意到安全理事会关于反恐怖主义的第 1373(2001)号决议所设委员会发挥作用,监测该决议的执行情况,包括各国采取必要的金融、法律和技术措施以及批准或接受相关国际公约和议定书的情况,

认识到必须增强联合国和相关专门机构在打击国际恐怖主义方面的作用,及秘书长关于增强本组织在这方面的作用的提议,

又认识到亟须加强国际、区域和分区域合作,以增强各国的本国能力,有效防止和制止一切形式和表现的国际恐怖主义,

再次吁请各国紧急审查关于防止、遏制和消除一切形式和表现的恐怖主义的现有国际法律规定的范围,以期确保有一个涵盖这个问题的所有方面的全面法律框架,

强调容忍和加强不同文明之间的对话是促进在反恐行动方面合作和取得成功的最重要因素之一,

重申任何恐怖主义行为在任何情况下都不可能有任何正当理由,

注意到 2003 年 2 月 25 日在吉隆坡举行的第十三次不结盟国家国家和政府首脑会议通过的《最后文件》①,其中重申不结盟国家运动对恐怖主义问题的集体立场,并重申先前于 1998 年

8 月 29 日至 9 月 3 日在南非德班举行的第十二次不结盟国家国家和政府首脑会议提出的,要求在联合国主持下召开一次国际首脑会议以制订国际社会有组织地联合对付一切形式和表现的恐怖主义的对策的倡议②,以及其他相关倡议,

考虑到在国际、区域和次区域范围内有关防止和制止国际恐怖主义的最新发展和倡议,包括本决议附件所列的发展和倡议,

回顾大会 1999 年 12 月 9 日第 54/110 号、2000 年 12 月 12 日第 55/158 号、2001 年 12 月 12 日第 56/88 号、2002 年 11 月 19 日第 57/27 号决议,以及第 58/81 号决议决定,大会 1996 年 12 月 17 日第 51/210 号决议设立的特设委员会应审议在联合国主持下召开一次高级别会议以制订国际社会有组织地联合对付一切形式和表现的恐怖主义的对策的问题,并将该问题保留在其议程上,

意识到 2002 年 12 月 18 日第 57/219 号决议和 2003 年 12 月 22 日第 58/187 号决议,

注意到各区域作出努力,包括以拟订和加入区域公约的方式,防止、打击和消除一切形式和表现的恐怖主义,不论在何处发生,也不论是何人所为,

---

① 　A/57/759-S/2003/332,附件一。

② 　A/53/667-S/1998/1071,附件一,第 149 至 162 段。

审查了秘书长的报告①、第 51/210 号决议设立的特设委员会的报告②和根据第 58/81 号决议设立的第六委员会工作组的报告③:

1. 强烈谴责一切形式和表现的恐怖主义行为、方法和做法,不论在何处发生,也不论是何人所为,均为犯罪行径,无正当理由可言;

2. 重申为了政治目的而故意或蓄意在一般公众、某一群人或某些人之中引起恐怖状态的犯罪行为,不论引用何种政治、思想、意识形态、种族、人种、宗教或其他性质的考虑作为借口,在任何情况下都是无正当理由可言的;

3. 再次吁请所有国家按照《联合国宪章》和国际法的相关规定,包括按照国际人权标准,采取进一步措施防止恐怖主义和加强打击恐怖主义的国际合作,并特别为此目的考虑执行第 51/210 号决议第 3 段(a)至(f)所列的措施;

4. 又再次吁请所有国家为促进相关法律文书的有效施行,在适当情况下加强信息交流,互通有关恐怖主义的事实,但同时应避免传播不准确或未核实的信息;

5. 再次吁请各国不资助、不鼓励恐怖主义活动,也不向其提供训练或其他支助;

6. 敦促各国确保,在本国境内的国民或其他人和实体,蓄意为实施、未遂实施、便利实施或参与实施恐怖主义行为的人或实体的利益提供和筹集资金的,应当受到与这种行为的严重性质相称的刑罚惩处;

7. 提请注意各国根据相关国际公约和议定书以及安全理事会决议,包括安全理事会第 1373(2001)号决议有义务确保将实施恐怖主义行为的人绳之以法;

8. 重申打击恐怖主义的国际合作及国家行动应依照《宪章》的原则、国际法和相关国际公约进行;

9. 敦促所有尚未成为缔约方的国家作为优先事项,依照安全理事会第 1373(2001)号决议和 2004 年 10 月 8 日第 1566(2004)号决议,考虑成为大会第 51/210 号决议第 6 段中提到的相关公约和议定书以及《制止恐怖主义爆炸的国际公约》④和《制止向恐怖主义提供资助的国际公约》⑤的缔约方,并吁请所有国家酌情制定必要的国内立法以执行这些公约和议定书的规定,确保本国法院具有管辖权,能够审判实施恐怖主义行为的人,并为此目的与其他国家及相关国际组织和区域组织合作,提供支持和协助;

---

① A/59/210。

② 《大会正式记录,第五十九届会议,补编第 37 号》(A/59/37)。

③ A/C. 6/58/L. 10。

④ 第 52/164 号决议,附件。

⑤ 第 54/109 号决议,附件。

10. 敦促各国与秘书长合作,彼此合作,以及同有关政府间组织合作,以确保酌情在现有任务范围内向需要并要求协助的国家提供技术和其他专家咨询意见,协助它们成为上文第9段所述公约和议定书的缔约方及执行这些公约和议定书;

11. 赞赏并满意地注意到,依照第58/81号决议第7段中的呼吁,一些国家已成为该段所述相关公约和议定书的缔约方,从而实现使这些公约得到更广泛接受和执行的目标;

12. 重申《消除国际恐怖主义措施宣言》和《补充1994年〈消除国际恐怖主义措施宣言〉的宣言》,并吁请所有国家予以执行;

13. 吁请所有国家合作防止和制止恐怖主义行为;

14. 敦促所有国家和秘书长在其防止国际恐怖主义的努力中,尽量利用联合国现有机构;

15. 欢迎维也纳联合国毒品和犯罪问题办事处预防恐怖主义处在审查联合国系统内部现有各种可能性之后继续作出努力,根据其任务规定加强联合国在预防恐怖主义方面的能力,并认识到在安全理事会第1373(2001)号决议范围内,该处发挥作用,协助各国成为相关反恐国际公约和议定书的缔约方和执行这些公约和议定书;

16. 邀请区域政府间组织向秘书长提交关于其在区域一级为消除国际恐怖主义而采取的措施的资料,以及关于这些组织举行的政府间会议的资料;

17. 注意到在大会1996年12月17日第51/210号决议设立的特设委员会和根据大会第58/81号决议设立的第六委员会工作组会议期间,拟订关于国际恐怖主义的全面公约草案和制止核恐怖主义行为国际公约草案的工作所取得的进展;

18. 决定特设委员会应从速继续拟订关于国际恐怖主义的全面公约草案和解决有关拟订制止核恐怖主义行为国际公约草案的未决问题,以此进一步建立一个由有关国际恐怖主义问题的公约组成的全面法律框架,并应把在联合国主持下召开一次高级别会议以制订国际社会有组织地联合对付一切形式和表现的恐怖主义的对策的问题保留在其议程上;

19. 又决定特设委员会应于2005年3月28日至4月1日开会,以完成上文第18段所述的任务,并应根据需要,在大会第六十届会议期间,在第六委员会工作组的框架内,继续进行这项工作;

20. 请秘书长继续向特设委员会提供履行工作所需的便利;

21. 又请秘书长就秘书处对恐怖主义作出的回应开列详尽清单,作为其关于消除国际恐怖主义的措施的报告的一部分;

22. 请特设委员会在其已完成关于国际恐怖主义的全面公约草案或制止核恐怖主义行为国际公约草案的情况下,向大会第五十九届会议提出报告；

23. 又请特设委员会向大会第六十届会议报告在执行其任务方面所取得的进展；

24. 决定将题为"消除国际恐怖主义的措施"的项目列入大会第六十届会议临时议程。

2004 年 12 月 2 日
第 65 次全体会议

防止恐怖分子获取大规模毁灭性武器的措施

(2004 年第 59 届联大第 59/80 号决议)

大会,

回顾其 2003 年 12 月 8 日第 58/48 号决议,

认识到大会和安全理事会各项有关决议所表明的国际社会打击恐怖主义的决心,

深为关切恐怖主义与大规模毁灭性武器之间发生联系的危险日益增长,特别是恐怖分子可能设法获取大规模毁灭性武器的事实,

注意到安全理事会 2004 年 4 月 28 日通过的关于不扩散大规模毁灭性武器的第 1540(2004) 号决议,

注意到 2003 年 2 月 20 日至 25 日在吉隆坡举行的第十三次不结盟国家国家元首和政府首脑会议的《最后文件》①和 2004 年 8 月 17 日至 19 日在南非德班举行的不结盟国家运动第十四次部长级会议的《最后文件》表示支持采取措施,防止恐怖主义分子获取大规模毁灭性武器,

又注意到八国集团、欧洲联盟、东南亚国家联盟区域论坛·等在审议中考虑到恐怖主义分子获取大规模毁灭性武器所带来的种种危险,并注意到有必要展开国际合作,与之进行斗争,

确认裁军事项咨询委员会对恐怖主义和大规模毁灭性武器所涉问题进行的审议②,

注意到国际原子能机构大会第四十八届常会 2004 年 9 月 24 日通过的 GC(48)/RES/11 号决议③,以及原子能机构内设立了安全问题咨询小组,负责就原子能机构与核安全有关的活动向总干事提出咨询意见,

又注意到联合国和恐怖主义问题政策工作组的报告④,

---

① A/57/759-S/2003/332,附件一。

② A/59/361。

③ 国际原子能机构,《大会决议和其他决定》,第四十八届常会,2004 年 9 月 20 日至 24 日(GC(48)/RES/DEC(2004))。

④ A/57/273-S/2002/875,附件。

还注意到秘书长根据第 58/48 号决议第 2 和第 4 段提交的报告①，

意识到迫切需要在联合国框架内并通过国际合作处理对人类的这一威胁，

强调迫切需要在裁军和不扩散领域取得进展，以协助维持国际和平与安全，并推动全球打击恐怖主义的努力：

1. 吁请全体会员国支持国际上防止恐怖分子获取大规模毁灭性武器及其运载工具的努力；

2. 促请全体会员国酌情采取并加强国家措施，以防止恐怖分子获取大规模毁灭性武器、其运载工具以及与其制造有关的材料和技术，并请各会员国在自愿的基础上向秘书长通报这方面已采取的措施；

3. 鼓励会员国以及有关区域和国际组织相互开展合作以加强这方面的国家能力；

4. 请秘书长编写一份报告，说明各国际组织针对有关打击恐怖主义与大规模毁灭性武器的扩散之间联系的问题已经采取的措施，就另外采取有关措施以解决恐怖分子获取大规模毁灭性武器所构成的全球威胁问题征求各会员国的意见，并向大会第六十届会议提出报告；

5. 决定将题为"防止恐怖分子获取大规模毁灭性武器的措施"的项目列入大会第六十届会议临时议程。

2004 年 12 月 3 日
第 66 次全体会议

---

① A/59/156 和 Add. 1。

在联合国毒品和犯罪问题办事处活动框架内加强国际合作和技术援助以促进各项有关恐怖主义的国际公约和议定书的执行

（2004 年第 59 届联大第 59/153 号决议）

大会，

回顾其关于预防和打击恐怖主义的相关决议以及安全理事会 1999 年 10 月 19 日第 1269（1999）号决议、2001 年 9 月 28 日第 1373（2001）号决议、2001 年 11 月 12 日第 1377（2001）号决议和 2003 年 1 月 20 日第 1456（2003）号决议，

又回顾其 2001 年 9 月 12 日第 56/1 号决议强烈谴责 2001 年 9 月 11 日发生的令人发指的恐怖主义行为并紧急呼吁开展国际合作预防和根除恐怖主义行为；

2002 年 11 月 19 日第 57/27 号决议还谴责在巴厘和莫斯科发生的恐怖主义行为；安全理事会 2002 年 12 月 13 日第 1450（2002）号决议、2003 年 2 月 13 日第 1465（2003）号决议、2003 年 11 月 20 日第 1516（2003）号决议和 2004 年 3 月 11 日第 1530（2004）号决议分别强烈谴责在肯尼亚基坎巴拉、波哥大、土耳其伊斯坦布尔和马德里发生的炸弹袭击事件，并对恐怖袭击的受害者及其家属表示最深切的同情和悼念，

谴责世界上许多地方违反国际人道主义法和可能适用的其他国际法，针对人道主义工作人员和联合国及其有关人员实施的暴力行为，特别是故意袭击行为，包括 2003 年 8 月 19 日对巴格达联合国伊拉克援助团总部的袭击，

回顾其 2003 年 12 月 22 日第 58/136 和 58/140 号决议，大会在决议中除其他事项外，鼓励联合国毒品和犯罪问题办事处在其职权范围内开展预防恐怖主义方面的活动，根据请求，专门为执行各项有关恐怖主义的国际公约和议定书向会员国提供技术援助，以加强预防和打击恐怖主义方面的国际合作，并为此密切配合安全理事会关于反恐怖主义的第 1373（2001）号决

议所设委员会(反恐怖主义委员会)、秘书处法律事务厅以及国际、区域和次区域组织和专门机构的工作,

注意到其 2003 年 12 月 9 日第 58/81 号决议,其中欢迎联合国毒品和犯罪问题办事处预防恐怖主义处根据其任务规定加强联合国在预防恐怖主义方面的能力,并根据安全理事会第 1373(2001)号决议,确认该处在协助各国加入和执行各项有关恐怖主义的国际公约和议定书方面发挥的作用,

回顾安全理事会 2004 年 3 月 26 日关于加强反恐怖主义委员会监测安理会第 1373(2001)号决议执行情况的能力的第 1535(2004)号决议,

又回顾 2000 年 4 月 10 日至 17 日在维也纳举行的第十届联合国预防犯罪和罪犯待遇大会所提出的《关于犯罪与司法、迎接二十一世纪的挑战的维也纳宣言》①,

赞赏地注意到经意大利锡拉库萨国际犯罪学高级研究所主办的 2002 年 12 月 3 日至 5 日专家组会议审查的《世界反恐怖主义国际公约和议定书立法指南》②已以联合国所有正式语文印发,

又赞赏地注意到 2004 年 2 月 24 日至 27 日在南非开普敦举行的专家组会议拟定和审查的国际反恐怖主义合作框架内的技术援助准则③,

深切关注国际恐怖主义行为持续不断,危及全世界人民的生命和福祉以及各国的和平与安全,

重申根据《联合国宪章》、国际法和相关国际公约的各项原则,明确谴责一切形式和表现的恐怖主义,不论其发生在何处和由何人所为,

回顾会员国必须确保为打击恐怖主义采取的措施符合其根据国际法承担的所有义务,并确保制定的措施符合国际法,特别是国际人权法、难民法和人道主义法的规定,

注意到亟须加强国际、区域和次区域合作,以加强各国有效预防和制止一切形式和表现的国际恐怖主义的国家能力:

1. 赞扬联合国毒品和犯罪问题办事处同反恐怖主义委员会密切协商,通过提供技术援助开展预防和打击恐怖主义的工作,以执行安全理事会第 1373(2001)号决议,特别是促进批准、加入和执行各项有关恐怖主义的国际公约和议定书;

2. 又赞扬联合国毒品和犯罪问题办事处努力加强同欧洲委员会、国际货币基金组织、美洲国家组织、欧洲安全与合作组织和世界银行等国际、区域和次区域组织以及反恐怖主义委员会在预防和打击恐怖主义方面进行的密切合作,例如,欧洲安全与合作组织同联合国毒品和犯罪问题办事处密切

---

① 第 55/59 号决议,附件。
② 联合国出版物,出售品编号:C. 04. V. 7。
③ E/CN. 15/2004/8,附件一。

合作,于 2004 年 3 月 11 日和 12 日在维也纳举行了反恐怖主义委员会 2003 年 3 月 6 日特别会议后续会议,来自国际、区域和次区域组织的代表参加了会议,最后于 2004 年 3 月 12 日通过了《维也纳宣言》①;

3. 欢迎在土耳其安塔利亚、巴马科、喀土穆、伦敦、圣何塞、维尔纽斯举行了区域和次区域讲习班,使各国专家和刑事司法官员了解安全理事会第 1373(2001)号决议的规定以及对加入和执行各项有关恐怖主义的国际公约和议定书及国际合作协定的规定,并鼓励联合国毒品和犯罪问题办事处预防恐怖主义处在同反恐怖主义委员会协调并且获得预算外资源的情况下,在参与国表示有意采取后续行动时,确保为这些讲习班采取适当的后续行动;

4. 呼吁尚未加入和执行各项有关恐怖主义的国际公约和议定书的会员国尽快加入和执行这些公约和议定书,并酌情同反恐怖主义委员会协调,请求联合国毒品和犯罪问题办事处为此目的提供援助;

5. 邀请尚未加入这些文书的会员国利用《世界反恐怖主义国际公约和议定书立法指南》,努力将这些文书的规定纳入本国立法,并请秘书处在获得预算外资源的情况下增订立法指南,使其成为提供技术援助以便执行各项有关恐怖主义的国际公约和议定

书的工具;

6. 请秘书处将 2004 年 2 月 24 日至 27 日在南非开普敦举行的专家组会议期间拟订和审查的技术援助准则 3 提交第十一届联合国预防犯罪和刑事司法大会讨论,以便预防犯罪和刑事司法委员会在下一届会议上对该准则进行审议;

7. 请联合国毒品和犯罪问题办事处继续同国际组织,特别是同业务与办事处的工作相辅相成的专门机构和其他相关联合国实体一道开展工作,以便加强协同效应;

8. 敦促会员国继续齐心协力,包括在区域和双边基础上,同联合国密切合作,在安全理事会第 1373(2001)号决议、第 1377(2001)号决议和第 1456(2003)号决议、各项有关恐怖主义的国际公约和议定书、安理会 1999 年 10 月 15 日第 1267(1999)号决议、2000 年 12 月 19 日第 1333(2000)号决议、2002 年 1 月 16 日第 1390(2002)号决议、2003 年 1 月 17 日第 1455(2003)号决议、2004 年 1 月 30 日第 1526(2004)号决议和第 1535(2004)号决议及其他相关联合国决议的框架内,根据《联合国宪章》和国际法加强国际合作和技术援助,预防和打击恐怖主义行为;

9. 邀请会员国在第十一届联合国预防犯罪和刑事司法大会期间探讨在有关预防恐怖主义的刑事司法事项方

---

① 　E/CN.15/2004/8,附件二;又见 S/2004/276,附件。

面加强国际合作的方式和方法,以加强打击恐怖主义方面的全球努力;

10. 请联合国毒品和犯罪问题办事处在获得预算外资源的情况下加紧努力,根据请求提供技术援助,通过执行各项有关恐怖主义的国际公约和议定书预防和打击恐怖主义,特别强调必须与反恐怖主义委员会及其执行局协调其工作,包括酌情培训司法和检察人员适当执行各项有关恐怖主义的国际公约和议定书;

11. 又请联合国毒品和犯罪问题办事处考虑到恐怖主义与其他形式犯罪之间存在着的联系,在向请求国提供技术援助时采取综合性协同办法;

12. 表示感谢通过向联合国预防犯罪和刑事司法基金或联合国预防犯罪和刑事司法方案网提供自愿捐款对全球反恐怖主义方案提供支助的捐助国,并请所有会员国向该基金提供自愿捐款,以便使联合国毒品和犯罪问题办事处能够向提出请求的会员国提供技术援助;

13. 吁请会员国尽量加强国际合作,以便打击恐怖主义,包括在必要时缔结关于引渡和司法互助的双边条约;

14. 认识到联合国毒品和犯罪问题办事处必须在获得预算外资金的情况下,与反恐怖主义委员会协调,根据请求向会员国提供技术援助,以加强国际合作,包括在各项有关恐怖主义的国际公约和议定书及安全理事会相关决议的框架内,在国际、国家、区域和次区域论坛中加强在有关恐怖主义的刑事司法事项上的国际合作;

15. 请秘书长在获得预算外资源的情况下考虑到适当和公平的地域代表性,开放供感兴趣的会员国以观察员身份参加的专家讲习班,以探讨和分析刑事司法从业人员在提供司法互助和对恐怖主义犯罪进行引渡方面遇到的问题,以便查明行之有效或可取的做法及便利国际合作的可能方式,同时考虑到会员国可能提供的信息;

16. 又请秘书长向大会第六十届会议报告本决议的执行情况。

2004 年 12 月 20 日
第 74 次全体会议

在打击恐怖主义的同时
保护人权和基本自由

(2004 年第 59 届联大第 59/191 号决议)

大会,

重申《联合国宪章》的宗旨和原则,

又重申包括在对付恐怖主义和对恐怖主义的恐惧时尊重所有人权和基本自由及法治的至关重要性,

回顾各国有义务保护所有人的人权和基本自由,并痛惜在打击恐怖主义的斗争中发生侵犯人权和基本自由的行为,

确认尊重人权、尊重民主和尊重法治是相互关联和相辅相成的,

注意到一些人权条约监测机构和特别程序关于反恐措施应符合人权义务的宣言、声明和建议,

回顾其 2002 年 12 月 18 日第 57/219 号和 2003 年 12 月 22 日第 58/187 号决议以及人权委员会 2003 年 4 月 25 日第 2003/68 号①和 2004 年 4 月 21 日第 2004/87 号决议②,以及大会和人权委员会其他相关决议,

又回顾其 1993 年 12 月 20 日第 48/141 号决议,特别是联合国人权事务高级专员对于促进和保护各项人权的切实享受的责任,

重申一切形式和表现的恐怖主义行为、方法和做法,都是旨在摧毁人权、基本自由和民主的活动,威胁到领土完整和国家安全,破坏合法政府的稳定,国际社会应采取必要步骤,加强合作,防范和打击恐怖主义,

注意到安全理事会 2003 年 1 月 20 日第 1456(2003)号决议附件内关于打击恐怖主义的宣言,特别是其中声明各国必须确保为打击恐怖主义而采取的任何措施符合国际法规定的各项义务,并应按照国际法,尤其是国际人权法、难民法和人道主义法采取这种措施,

重申毫不含糊地谴责一切形式和表现的恐怖主义行为、方法和做法,不论其动机为何,在何处发生,何人所为,都是无可辩护的犯罪,并重申决心

---

① 《经济及社会理事会正式记录,2003 年,补编第 3 号》(E/2003/23),第二章,A 节。
② 《经济及社会理事会正式记录,2004 年,补编第 3 号》(E/2004/23),第二章,A 节。

加强国际合作防止和打击恐怖主义；

痛惜恐怖主义给受害者及其家属造成的痛苦，并对他们表示深切同情；

强调人人有权享有《世界人权宣言》①所确认的一切权利和自由，不得有任何区别，包括不分种族、肤色、性别、语言、宗教、政治或其他见解、民族本源或社会出身、财产、出生或其他身份：

1. 重申各国必须确保为打击恐怖主义而采取的任何措施符合根据国际法，特别是国际人权法、难民法和人道主义法承担的义务。

2. 又重申各国按照《公民及政治权利国际盟约》②第 4 条，有义务尊重某些权利，在任何情况下均不得克减，回顾就《盟约》规定的所有其他权利而言，任何克减《盟约》条款的措施一律必须符合该条的规定，并强调任何此类克减均属例外和暂时性质。③

3. 吁请各国提高参与反恐的国家当局对这些义务的重要性的认识。

4. 欢迎秘书长根据大会第 58/187 号决议提交的报告④，其中指出，所有国家在反恐时，必须努力维护和保护个人的尊严和基本自由以及民主做法和法治。

5. 赞赏地注意到联合国人权事务高级专员根据大会第 58/187 号决议提交的研究报告⑤。

6. 鼓励各国向相关国家当局提供"联合国和区域组织关于在反恐怖主义的同时保护人权的判例摘要"，考虑到其中的内容，并请高级专员定期增补出版该判例摘要。

7. 欢迎安全理事会及其反恐怖主义委员会与促进和保护人权的相关机构之间在反恐斗争中持续对话，鼓励安全理事会及其反恐怖主义委员会加强这些联系，并继续发展同相关人权机构，特别是同联合国人权事务高级专员办事处合作，同时在根据安全理事会关于反恐怖主义的有关决议正在开展的工作中适当考虑促进和保护人权。

8. 请人权委员会所有相关特别程序和机制以及联合国人权条约机构，在其职权范围内审议在采取反恐措施时保护人权和基本自由的问题，并鼓励它们酌情协调其努力，促进以一贯方式处理此问题。

9. 鼓励各国在打击恐怖主义的同时考虑到联合国有关人权决议和决定，并鼓励各国考虑人权委员会特别程序和机制的建议及联合国人权条约机构的相关评论和意见。

10. 赞赏地注意到根据人权委员会第 2004/87 号决议 2 任命一名在打

---

① 第 217 A（Ⅲ）号决议。

② 第 2200（XXI）号决议，附件。

③ 例如 2001 年 7 月 24 日人权委员会通过的关于紧急状态的一般性评论。

④ A/59/404。

⑤ A/59/428。

击恐怖主义的同时保护人权和基本自由问题独立专家,并鼓励各国同他全面合作。

11. 请高级专员利用现有机制继续:

(a)审查在打击恐怖主义的同时保护人权和基本自由的问题,考虑到所有来源的可靠资料;

(b)就各国在采取行动打击恐怖主义的同时有义务促进和保护人权和基本自由的问题提出一般建议;

(c)在打击恐怖主义的同时保护人权和基本自由方面,应各国要求向其提供援助和咨询,并向相关联合国机构提供此种援助和咨询。

12. 请独立专家考虑到大会第五十九届会议常会期间的辩论,将人权委员会第 2004/87 号决议授权编写的报告定稿,通过高级专员提交人权委员会第六十一届会议。

13. 请秘书长向人权委员会第六十一届会议并向大会第六十届会议提交关于本决议执行情况的报告。

2004 年 12 月 20 日
第 74 次全体会议

人权与恐怖主义

(2004 年第 59 届联大第 59/195 号决议)

大会,

遵循《联合国宪章》、《世界人权宣言》①、《关于各国依联合国宪章建立友好关系与合作的国际法原则宣言》②及国际人权盟约③,

回顾《联合国五十周年纪念宣言》④以及《消除国际恐怖主义措施宣言》⑤,

又回顾 1993 年 6 月 25 日世界人权会议通过的《维也纳宣言和行动纲领》⑥,该会议在其中重申一切形式和表现的恐怖主义行为、手段和做法,以及在某些国家内恐怖主义与贩运毒品的联系,是旨在摧毁人权、基本自由和民主的活动,威胁到领土完整和国家安全,动摇合法政府的稳定,国际社会应采取必要步骤,加强合作,防止和打击恐怖主义,

还回顾大会通过的《联合国千年宣言》⑦,

在这方面,回顾秘书长关于《千年宣言》执行情况的报告提到恐怖主义本身是侵犯人权的行为,因此必须予以打击,但是打击恐怖主义的努力必须充分遵守既定国际规范⑧,

又回顾其 1993 年 12 月 20 日第 48/122 号、1994 年 12 月 23 日第 49/185 号、1995 年 12 月 22 日第 50/186 号、1997 年 12 月 12 日第 52/133 号、1999 年 12 月 9 日第 54/109 号和第 54/110 号、1999 年 12 月 17 日第 54/164 号、2000 年 12 月 12 日第 55/158 号、2001 年 12 月 19 日第 56/160 号、2002 年 12 月 18 日第 57/219 号和第 57/220 号及 2003 年 12 月 22 日第 58/174 号决议,

---

① 第 217A(Ⅲ)号决议。
② 第 217A(Ⅲ)号决议。
③ 第 2200A(XXI)号决议,附件。
④ 第 50/6 号决议。
⑤ 第 49/60 号决议,附件。
⑥ A/CONF. 157/24(Part I)和 Corr. 1,第三章。
⑦ 第 55/2 号决议。
⑧ A/58/323,第 28 段。

特别回顾大会在其第52/133号决议中请秘书长就一切形式和表现的恐怖主义对充分享受人权和基本自由的影响征求会员国的意见,

回顾人权委员会以前关于人权与恐怖主义以及关于劫持人质问题的各项决议,

铭记大会的所有其他相关决议,

又铭记安全理事会的相关决议,

意识到二十一世纪伊始,世界正在发生影响深远的历史性转变,在此过程中,激进民族主义以及宗教和族裔极端主义的力量继续带来新的挑战,

感到震惊于虽经国家和国际努力,但旨在摧毁人权的各种形式和表现的恐怖主义行为仍继续发生,

深信一切形式和表现的恐怖主义,不论发生在何处和由何人实施,在任何情况下都缺乏正当理由,包括以之作为促进和保护人权的手段,

关切于虽然国际社会作出努力,各种形式和表现的劫持人质事件,尤其是恐怖分子和武装集团劫持人质事件,仍在世界各地发生,甚至更为频繁,

铭记生命权是基本的人权,没有生命权就无法行使其他权利,

又铭记恐怖主义制造一种环境,摧毁人民在生活中免于恐惧的权利,

重申各国有义务促进和保护所有人权和基本自由,并确保切实履行国际法规定的义务,

严重关切恐怖主义集团严重侵犯人权的行为,对所有恐怖行为受害人及其家属表示最深切的同情和悼念,特别惊恐于恐怖主义集团可能借助新技术实施可造成大规模破坏,包括巨大人命损失的恐怖主义行为,

强调必须在国家一级加强反恐斗争,并加强有效国际合作,依照国际法打击恐怖主义,包括履行国际人权法和国际人道主义法所规定的相关国家义务,同时加强联合国在这方面的作用,

又强调各国不应提供藏身之所,收容资助、策划、支助或实施恐怖行为的人,或提供安全避难所的人,

重申所有反恐措施必须严格遵守国际法,包括国际人权标准和义务,

铭记必须按照相关的人权原则和文书保护个人人权和对个人的保障,特别是生命权,

注意到国际社会内日益认识到一切形式和表现的恐怖主义对根据《联合国宪章》和《国际人权盟约》的规定充分享受人权和基本自由,以及建立法治和民主自由所产生的不利影响,

关切于将恐怖主义和暴力与宗教相联系的趋势,

注意到自第五十八届会议以来,国家、区域和国际各级在处理人权和恐怖主义问题方面的发展情况:

1. 再次严正谴责一切形式和表现的恐怖主义行为、手段和做法为旨在摧毁人权、基本自由和民主的活动,威胁到领土完整和国家安全,动摇合法政府的稳定,破坏多元化民间社会,对各国

的经济和社会发展造成不良影响;

2. 强烈谴责侵犯生命权、自由权和安全权的行为;

3. 拒绝将恐怖主义与任何宗教、民族或文化混为一谈;

4. 痛惜越来越多的妇女、儿童和老年人等无辜者遭到恐怖主义分子盲目、任意的暴力和恐怖行为的杀害、屠杀和残害,这在任何情况下都是不正当的;

5. 声援恐怖行为的受害人;

6. 重申各国国家元首和政府首脑在《联合国千年宣言》中决定采取协调一致行动打击国际恐怖主义,并尽快加入所有相关的区域和国际公约;

7. 敦促国际社会依照相关国际文书,包括与人权有关的国际文书,加强区域和国际合作,打击一切形式和表现的恐怖主义,将其斩草除根;

8. 吁请各国依照国际法的相关规定,包括国际人权标准,采取一切必要的有效措施,以防止、打击和消除不论在何处发生和何人所为的一切形式和表现的恐怖主义行为,同时吁请各国酌情加强本国立法打击一切形式和表现的恐怖主义;

9. 敦促各国不给恐怖主义分子藏身之所;

10. 吁请各国在给予难民身份以前依照国内法和国际法的相关规定,包括国际人权标准,采取适当措施,以确保寻求庇护的人没有策划、便利或参与实施恐怖行为,包括暗杀,并按照

国际法,确保难民身份不被实施、组织和便利恐怖行为的人滥用,而且不承认可以用政治动机为理由拒绝引渡被指控的恐怖分子的请求;

11. 敦促各国和联合国难民事务高级专员办事处,在发现可信的相关证据,显示有关人员曾经策划、便利或参与实施恐怖行为时,在充分尊重法律保障制度的情况下,审查个别案件中给予难民身份的决定的有效性;

12. 谴责煽动族裔仇恨、暴力和恐怖主义的行为;

13. 强调不分国籍、种族、性别、宗教或任何其他特性,人人有权得到保护,不受恐怖主义和恐怖行为之害;

14. 关切恐怖主义集团与国内和国际从事军火和毒品非法贩运的其他犯罪组织的联系日益密切,以及因此而实施的谋杀、勒索、绑架、殴击、劫持人质和抢劫等严重犯罪,并请联合国各有关机构继续特别注意此问题;

15. 请秘书长就一切形式和表现的恐怖主义对充分享受所有人权和基本自由的影响,为恐怖主义受害人设立自愿基金的可能性,以及使恐怖主义受害人的康复与重新融入社会的办法,继续征求会员国的意见,以期将其调查结果载入提交大会的报告;

16. 注意到增进和保护人权小组委员会关于恐怖主义问题的工作以及恐怖主义与人权问题特别报告员的最后报告[①];

---

① E/CN. 4/Sub. 2/2004/40。

17. 请联合国人权事务高级专员办事处在审查恐怖主义问题和在可能奉命进行关于恐怖主义的研究时，以及在进行关于恐怖主义问题的活动时，采取全面观点，尤其是对本决议所述恐怖主义严重影响个人充分享受人权的问题给予充分和同样的注意；

18. 决定在第六十届会议题为"人权问题"的项目下审议这个问题。

2004 年 12 月 20 日
第 74 次全体会议

防止恐怖分子获取大规模
毁灭性武器的措施

(2005 年第 60 届联大第 60/78 号决议)

大会,

回顾其 2004 年 12 月 3 日第 59/80 号决议,

认识到大会和安全理事会各项有关决议表明国际社会决心打击恐怖主义,

深为关切恐怖主义与大规模毁灭性武器之间发生联系的危险日益增长,特别是恐怖分子可能设法获取大规模毁灭性武器的事实,

认识到各国为实施安全理事会 2004 年 4 月 28 日通过的关于不扩散大规模毁灭性武器的第 1540(2004)号决议所采取的措施,

欢迎 2005 年 4 月 13 日以协商一致方式通过《制止核恐怖主义行为国际公约》,

又欢迎 2005 年 7 月 8 日国际原子能机构以协商一致方式通过加强《核材料实物保护公约》的修正案,

注意到 2003 年 2 月 20 日至 25 日在吉隆坡举行的第十三次不结盟国家国家元首和政府首脑会议的《最后文件》和 2004 年 8 月 17 日至 19 日在南

非德班举行的不结盟国家运动第十四次部长级会议的《最后文件》表示支持采取措施,防止恐怖分子获取大规模毁灭性武器,

又注意到八国集团、欧洲联盟、东南亚国家联盟区域论坛等在审议中考虑到恐怖分子获取大规模毁灭性武器所带来的种种危险,并注意到有必要展开国际合作,与之进行斗争,

确认裁军事项咨询委员会对恐怖主义和大规模毁灭性武器所涉问题进行的审议,

注意到 2005 年 9 月 30 日国际原子能机构大会第四十九届常会通过的 GC(49)/RES/10 号决议,

又注意到联合国和恐怖主义问题政策工作组的报告,还注意到秘书长根据第 59/80 号决议第 2 和第 4 段提交的报告,意识到迫切需要在联合国框架内并通过国际合作处理对人类的这一威胁,

强调迫切需要在裁军和不扩散领域取得进展,以协助维持国际和平与安全,并推动全球打击恐怖主义的

努力：

1. 吁请全体会员国支持国际上防止恐怖分子获取大规模毁灭性武器及其运载工具的努力；

2. 请全体会员国考虑签署和批准《制止核恐怖主义行为国际公约》以使该公约尽早生效；

3. 促请全体会员国酌情采取并加强国家措施，以防止恐怖分子获取大规模毁灭性武器、其运载工具以及与其制造有关的材料和技术，并请各会员国在自愿的基础上向秘书长通报这方面已采取的措施；

4. 鼓励会员国以及有关区域组织和国际组织相互合作以加强这方面的国家能力；

5. 请秘书长编写一份报告，说明各国际组织针对有关打击恐怖主义与大规模毁灭性武器的扩散之间联系的问题已经采取的措施，就另外采取有关措施以解决恐怖分子获取大规模毁灭性武器所构成的全球威胁问题征求各会员国的意见，并向大会第六十一届会议提出报告；

6. 决定将题为"防止恐怖分子获取大规模毁灭性武器的措施"的项目列入大会第六十一届会议临时议程。

2005 年 12 月 8 日
第 61 次全体会议

防止放射恐怖主义的危险

(2005 年第 60 届联大第 60/73 号决议)

大会，

认识到放射性材料和放射源对社会和经济发展的重大贡献和所有国家从其使用得到的惠益，

又认识到国际社会体现于大会和安全理事会有关决议的打击恐怖主义的决心，

对恐怖主义的威胁和对恐怖分子可能取得、贩运或使用放射性扩散装置内的放射性材料或放射源，深表关切，

回顾旨在防止和制止这种危险的国际公约，特别是 2005 年 4 月 13 日通过的《制止核恐怖主义行为国际公约》①的重要性，

注意到国际社会为打击大规模毁灭性武器的扩散及防止非国家行为者取得大规模毁灭性武器及有关材料所采取的行动，特别是安全理事会 2004 年 4 月 28 日第 1540(2004)号决议，都是对防备核和放射性恐怖主义的贡献，

强调国际原子能机构特别通过支持改善国家法律和管制基础架构的方式，在促进和加强放射性材料和放射源的安全和安保方面所发挥作用的重要性，

注意到《废燃料管理安全和放射性废物管理安全联合公约》②对放射源使用末期的安全管理的重要性，

又注意到尽管是不具法律约束力的文件但是加强放射源安全和安保的宝贵工具的《放射源安全和安保行为准则》③，以及国际原子能机构《放射源安全和安保订正行动计划》④及其 2006—2009 年核安保计划⑤的重要性，

还注意到国际原子能机构大会第四十九届常会通过的 GC(49)/RES/9 和 GC(49)/RES/10 号决议，内容触及加强核、辐射和运输安全及废料管理方面的国际合作的措施以及防备核和放射性恐怖主义的措施⑥，

---

① 第 59/290 号决议，附件。

② 联合国，《条约汇编》，第 2153 卷，第 37605 号。

③ 国际原子能机构，《放射源安全和安保行为准则》(IAEA/CODEOC/2004)。

④ GOV/2001/29-GC(45)/12，附文。

⑤ GC(49)17。

⑥ 国际原子能机构，《大会决议和其他决定，第四十九届常会，2005 年 9 月 26 日至 30 日》[GC(49)/RES/DEC(2005)]。

欢迎会员国目前正在作出个别和集体努力,在审议工作中考虑放射性材料和放射源管制欠缺或不足所产生的危险,并认识到各国需要根据本国法理和立法并依照国际法采取更加有效的措施,加强这种管制,

又欢迎会员国已经为处理这项问题采取多边行动,这体现于大会2002年11月11日第57/9号决议,

还欢迎2005年6月27日至7月1日在法国波尔多举行的国际原子能机构"放射源安全和保安:促进对放射源进行全寿期持续控制的全球系统"国际会议对该机构关于这些问题的工作所作的贡献,

注意到需要在联合国框架内通过国际合作处理该项日益令人关切的国际安全问题:

1. 吁请会员国根据本国法理和立法并依照国际法支持防止和在必要时制止恐怖分子取得和使用放射性材料和放射源的国际努力;

2. 敦促会员国视情况采取和加强国家措施,防止并在必要时制止恐怖分子取得和使用放射性材料和放射源,防止并在必要时制止恐怖分子袭击核电站及核设施并导致放射性物质释放,特别是依照会员国承担的国际义务,采取有效措施,对这类高风险材料进行衡算、保安和实物保护;

3. 请所有仍未签署和批准《制止核恐怖主义行为国际公约》的会员国签署和批准该公约;

4. 请会员国支持和核可国际原子能机构如其《2006—2009年核安保计划》所述,为加强放射源的安全和安保而作出的努力,敦促所有国家努力奉行该机构《放射源安全和安保行为准则》载列的指导方针,包括视情况奉行关于放射源进出口的指导方针,注意到该指导方针是对《准则》的补充,并鼓励会员国按原子能机构大会第GC(48)/RES/10号决议①的规定,通知原子能机构总干事它们打算按此行事,认识到交流各国管制放射源的办法的信息的价值,并鼓励原子能机构秘书处与其成员国协商,以期建立正式程序,定期交流信息及经验教训,评价各国在执行《准则》各项规定方面的进展情况;

5. 鼓励会员国之间合作及通过相关国际组织和适当的区域组织合作,加强这方面的国家能力;

6. 决定将题为"防止放射恐怖主义的危险"的项目列入大会第六十二届会议临时议程。

2005年12月8日
第61次全体会议

---

① 国际原子能机构,《大会决议和其他决定,第四十八届常会,2004年9月20日至24日》[GC(48)/RES/DEC(2004)]。

消除国际恐怖主义的措施

（2005 年第 60 届联大第 60/43 号决议）

大会，

遵循《联合国宪章》的宗旨和原则，回顾《联合国五十周年纪念宣言》①，

又回顾《联合国千年宣言》②，

还回顾 2005 年《世界首脑会议成果》，并特别重申关于恐怖主义的一节③，

回顾大会 1994 年 12 月 9 日第 49/60 号决议附件所载《消除国际恐怖主义措施宣言》，以及载于 1996 年 12 月 17 日第 51/210 号决议附件的《补充 1994 年〈消除国际恐怖主义措施宣言〉的宣言》，

又回顾所有关于消除国际恐怖主义的措施的大会决议和关于恐怖主义行为对国际和平与安全造成的威胁的安全理事会决议，

深信大会审议消除国际恐怖主义的措施十分重要，因为大会是具有此职权的普遍性机构，

深感不安地看到在世界各地实施的恐怖主义行为持续不断，

重申强烈谴责造成巨大人命损失和破坏、行径令人发指的恐怖主义行为，包括促使通过大会 2001 年 9 月 12 日第 56/1 号决议，以及安全理事会 2001 年 9 月 12 日第 1368（2001）号、2001 年 9 月 28 日第 1373（2001）号和 2001 年 11 月 12 日第 1377（2001）号决议的恐怖主义行为，及自最后一项决议通过后发生的恐怖主义行为，

回顾强烈谴责 2003 年 8 月 19 日蓄意袭击巴格达联合国伊拉克援助团总部的暴行的大会 2003 年 9 月 15 日第 57/338 号决议和安全理事会 2003 年 8 月 26 日第 1502（2003）号决议，

申明各国必须确保为打击恐怖主义采取的措施符合本国依据国际法承担的一切义务，并依照国际法，特别是国际人权法、难民法和人道主义法制定这种措施，

强调必须依照《宪章》原则、国际

---

① 第 50/6 号决议。
② 第 55/2 号决议。
③ 第 60/1 号决议。

法和相关国际公约,进一步加强各国之间及各国际组织和机构、区域组织和安排同联合国之间的国际合作,以防止、打击和消除一切形式和表现的恐怖主义,不论在何处发生,也不论是何人所为,

注意到安全理事会关于反恐怖主义的第1373(2001)号决议所设委员会发挥作用,监测该决议的执行情况,包括各国采取必要的金融、法律和技术措施以及批准或接受相关国际公约和议定书的情况,

认识到必须增强联合国和相关专门机构在打击国际恐怖主义方面的作用,及秘书长关于增强本组织在这方面的作用的提议,

又认识到亟须加强国际、区域和次区域合作,以增强各国的国家能力,有效防止和制止一切形式和表现的国际恐怖主义,

再次吁请各国紧急审查关于防止、遏制和消除一切形式和表现的恐怖主义的现有国际法律规定的范围,以期确保有一个涵盖这个问题的所有方面的全面法律框架,

强调容忍和不同文明之间的对话,以及加强不同信仰和文化之间的了解,是促进在反恐行动方面合作和取得成功的最重要因素之一,并欢迎为此作出的各种倡议,

重申任何恐怖主义行为在任何情况下都不可能有任何正当理由,

回顾安全理事会2005年9月14日第1624(2005)号决议,并铭记着各国必须确保为打击恐怖主义采取的措施符合本国依国际法,尤其是国际人权法、难民法和人道主义法承担的义务,

注意到2003年2月25日在吉隆坡举行的第十三次不结盟国家国家和政府首脑会议通过的《最后文件》①,其中重申不结盟国家运动对恐怖主义问题的集体立场,并重申先前于1998年8月29日至9月3日在南非德班举行的第十二次不结盟国家国家和政府首脑会议提出的,要求在联合国主持下召开一次国际首脑会议以制订国际社会有组织地联合对付一切形式和表现的恐怖主义的对策的倡议②,以及其他相关倡议,

考虑到在国际、区域和次区域范围内有关防止和制止国际恐怖主义的最新发展和倡议,

注意到各区域作出努力,包括以拟订和参加区域公约的方式,防止、打击和消除一切形式和表现的恐怖主义,不论在何处发生,也不论是何人所为,

回顾大会1999年12月9日第54/110号、2000年12月12日第55/158号、2001年12月12日第56/88号、2002年11月19日第57/27号、

---

① A/57/759-S/2003/332,附件一。
② A/53/667-S/1998/1071,附件一,第149至162段。

2003 年 12 月 9 日第 58/81 号和 2004 年 12 月 2 日第 59/46 号决议决定,大会 1996 年 12 月 17 日第 51/210 号决议设立的特设委员会应审议在联合国主持下召开一次高级别会议以制订国际社会有组织地联合对付一切形式和表现的恐怖主义的对策的问题,并将该问题保留在其议程上,

意识到 2002 年 12 月 18 日第 57/219 号、2003 年 12 月 22 日第 58/187 号和 2004 年 12 月 20 日第 59/191 号决议,

审查了秘书长的报告①、第 51/210 号决议设立的特设委员会的报告②和根据第 59/46 号决议设立的第六委员会工作组的报告③:

1. 强烈谴责一切形式和表现的恐怖主义行为、方法和做法,不论在何处发生,也不论是何人所为,均为犯罪行径,无正当理由可言;

2. 重申为了政治目的而故意或蓄意在一般公众、某一群人或某些人之中引起恐怖状态的犯罪行为,不论引用何种政治、思想、意识形态、种族、人种、宗教或其他性质的考虑作为借口,在任何情况下都是无正当理由可言的;

3. 再次吁请所有国家按照《联合国宪章》和国际法的相关规定,包括按照国际人权标准,采取进一步措施防止恐怖主义和加强打击恐怖主义的国际合作,并特别为此目的考虑执行第 51/210 号决议第 3 段(a)至(f)所列的措施;

4. 又再次吁请所有国家为促进相关法律文书的有效施行,在适当情况下加强信息交流,互通有关恐怖主义的事实,但同时应避免传播不准确或未核实的信息;

5. 再次吁请各国不资助、不鼓励恐怖主义活动,也不向其提供训练或其他支助;

6. 敦促各国确保,对于在本国境内的国民或其他个人和实体,蓄意为实施、未遂实施、便利实施或参与实施恐怖主义行为的个人或实体的利益提供和筹集资金的,应当受到与这种行为的严重性质相称的刑罚惩处;

7. 提请注意各国根据相关国际公约和议定书以及安全理事会决议,包括安全理事会第 1373(2001)号决议有义务确保将实施恐怖主义行为的人绳之以法;

8. 重申打击恐怖主义的国际合作及国家行动应依照《宪章》原则、国际法和相关国际公约进行;

9. 欢迎通过《制止核恐怖主义行为国际公约》④并开放供签署,并注意到通过《核材料实物保护公约》的修

---

① A/60/228 和 Add.1;另见 A/60/164。
② 《大会正式记录,第六十届会议,补编第 37 号》(A/60/37)。
③ A/C.6/60/L.6。
④ 第 59/290 号决议,附件。

正案①、《制止危及海上航行安全非法行为公约》的 2005 年议定书②和《制止危及大陆架固定平台安全非法行为议定书》的 2005 年议定书③，并敦促各国考虑作为优先事项，成为上述文书的缔约方；

10. 敦促所有尚未成为缔约方的国家考虑作为优先事项，依照安全理事会第 1373（2001）号决议和 2004 年 10 月 8 日第 1566（2004）号决议的规定，成为大会第 51/210 号决议第 6 段中提到的相关公约和议定书，以及《制止恐怖主义爆炸的国际公约》④、《制止向恐怖主义提供资助的国际公约》⑤和《制止核恐怖主义行为国际公约》的缔约方，并吁请所有国家酌情制定必要的国内立法以实施这些公约和议定书的规定，确保本国法院具有管辖权，能够审判实施恐怖主义行为的人，并为此目的与其他国家及相关国际组织和区域组织合作，提供支持和协助；

11. 敦促各国与秘书长合作，彼此合作，以及同有关政府间组织合作，以确保酌情在现有任务范围内向需要并要求协助的国家提供技术和其他专家咨询意见，协助它们成为上文第 10 段所述公约和议定书的缔约方及实施这些公约和议定书；

12. 赞赏并满意地注意到，依照第 59/46 号决议第 9 段中的呼吁，一些国家已成为该段所述相关公约和议定书的缔约方，从而实现使这些公约得到更广泛接受和实施的目标；

13. 重申《消除国际恐怖主义措施宣言》和《补充 1994 年〈消除国际恐怖主义措施宣言〉的宣言》，并吁请所有国家予以实施；

14. 吁请所有国家合作防止和制止恐怖主义行为；

15. 敦促所有国家和秘书长在其防止国际恐怖主义的努力中，最好地利用联合国现有机构；

16. 请维也纳联合国毒品和犯罪问题办事处预防恐怖主义处继续作出努力，根据其任务规定，加强联合国在防止恐怖主义方面的能力，并认识到在安全理事会第 1373（2001）号决议范围内，该处发挥作用，协助各国成为包括《制止核恐怖主义行为国际公约》的相关反恐国际公约和议定书的缔约方和实施这些公约和议定书，以及加强恐怖主义刑事事项方面的国际合作机制，包括通过国家能力的建设；

17. 欢迎秘书处在《联合国立法汇编》系列下出版了《防止和制止国际恐怖主义的国内法规和条例》第二卷⑥；该书由秘书处法律事务厅编纂司根据

---

① 2005 年 7 月 8 日《关于核材料的实物保护公约》提议修正案审议会议通过。

② 2005 年 10 月 14 日修正《制止危及海上航行安全非法行为公约》外交会议通过（LEG/CONF.15/21）。

③ 2005 年 10 月 14 日修正《制止危及海上航行安全非法行为公约》外交会议通过（LEG/CONF.15/22）。

④ 第 52/164 号决议，附件。

⑤ 第 54/109 号决议，附件。

⑥ ST/LEG/SER. B/23 和 24。

《消除国际恐怖主义措施宣言》第 10 段(b)的规定编写;

18. 邀请区域政府间组织向秘书长提交关于其在区域一级为消除国际恐怖主义而采取的措施的资料,以及关于这些组织举行的政府间会议的资料;

19. 请秘书长提交建议,加强联合国系统协助各国打击恐怖主义的能力和加强这方面的联合国行动的协调;

20. 注意到在大会 1996 年 12 月 17 日第 51/210 号决议设立的特设委员会和根据大会第 59/46 号决议设立的第六委员会工作组会议期间,拟订关于国际恐怖主义的全面公约草案的工作所取得的进展,并欢迎继续为此作出努力;

21. 决定特设委员会应从速继续拟订关于国际恐怖主义的全面公约草案,并应继续讨论大会第 54/110 号决议列入其议程的,关于在联合国主持下召开一次高级别会议的项目;

22. 又决定特设委员会应于 2006 年 2 月 27 日至 3 月 3 日举行会议,以履行上文第 21 段所述任务;

23. 请秘书长继续向特设委员会提供履行工作所需的便利;

24. 请特设委员会在其已完成关于国际恐怖主义的全面公约草案的情况下,向大会第六十届会议提出报告;

25. 又请特设委员会向大会第六十一届会议报告在执行其任务方面所取得的进展;

26. 欢迎秘书长对秘书处反恐对应行动一览表作出任何增订,作为其关于消除国际恐怖主义的措施的报告的一部分;

27. 决定将题为"消除国际恐怖主义的措施"的项目列入大会第六十一届会议临时议程。

2005 年 12 月 8 日
第 61 次全体会议

在打击恐怖主义的同时
保护人权和基本自由

(2005 年第 60 届联大第 60/158 号决议)

大会,

重申《联合国宪章》的宗旨和原则,

又重申在对付恐怖主义和恐怖主义恐惧等各种情况下尊重所有人权和基本自由及法治至关重要,

回顾各国有义务保护所有人的人权和基本自由,

确认必须在所有各级采取符合国际法,尤其是符合国际人权法、难民法和人道主义法的打击恐怖主义措施,以期促进民主机构的运作,维护和平与安全,从而促进人权的充分享受,并确认必须继续这一斗争,包括通过国际合作和加强联合国在这方面的作用,

深表痛心的是,在打击恐怖主义的斗争中发生侵犯人权和基本自由的行为,以及违反国际难民法和国际人道主义法的行为,

确认尊重人权、尊重民主和尊重法治是相互关联、相辅相成的,

又确认各国必须充分尊重根据国际难民法和人权法承担的不推回义务,同时铭记国际难民法中相关的不适用条款,

欢迎联合国、区域政府间机构和各国在打击恐怖主义的斗争中采取各种举措,大力促进和保护人权,

注意到一些人权条约监测机构和特别程序关于反恐措施应符合人权义务的宣言、声明和建议,

回顾其 2002 年 12 月 18 日第 57/219 号、2003 年 12 月 22 日第 58/187 号和 2004 年 12 月 20 日第 59/191 号决议、人权委员会 2003 年 4 月 25 日第 2003/68 号① 2004 年 4 月 21 日第 2004/87 号② 和 2005 年 4 月 21 日第 2005/80 号决议以及大会和人权委员会其他相关决议,

又回顾其 1993 年 12 月 20 日第 48/141 号决议,特别是联合国人权事

---

① 《经济及社会理事会正式记录,2003 年,补编第 3 号》(E/2003/23),第二章,A 节。
② 《经济及社会理事会正式记录,2004 年,补编第 3 号》(E/2004/23),第二章,A 节。

务高级专员对于促进和保护所有人权的切实享受的责任，

重申一切形式和表现的恐怖主义行为、方法和做法，都是旨在摧毁人权、基本自由和民主的活动，威胁到领土完整和国家安全，破坏合法政府的稳定，国际社会应采取必要步骤，加强合作，防止和打击恐怖主义①，

注意到安全理事会 2003 年 1 月 20 日第 1456 (2003) 号决议附件内关于打击恐怖主义问题的宣言，特别是其中声明各国必须确保为打击恐怖主义而采取的任何措施符合国际法规定的各项义务，并应按照国际法，尤其是国际人权法、难民法和人道主义法采取这种措施，

重申明确谴责一切形式和表现的恐怖主义行为、方法和做法，不论其动机为何，在何处发生，何人所为，都是无可辩护的犯罪，并重申决心加强国际合作，防止和打击恐怖主义，

强调人人有权享有《世界人权宣言》②所确认的一切权利和自由，不得有任何区别，包括不分种族、肤色、性别、语言、宗教、政治或其他见解、民族本源或社会出身、财产、出生或其他身份：

1. 重申各国必须确保为打击恐怖主义而采取的任何措施符合根据国际

法，特别是国际人权法、难民法和人道主义法承担的义务。

2. 对恐怖主义给受害者及其家属造成的痛苦感到痛心，并对他们深表同情。

3. 重申各国按照《公民及政治权利国际公约》③第 4 条，有义务尊重某些权利，在任何情况下均不得克减，回顾就《公约》规定的所有其他权利而言，任何克减《公约》条款的措施一律必须符合该条的规定，并强调任何此类克减均属例外和暂时性质④。

4. 吁请各国提高参与反恐的国家当局对这些义务的重要性的认识。

5. 敦促各国充分尊重国际难民法和人权法规定的不推回义务，同时在充分尊重这些义务和其他法律保障措施的情况下，在发现可信相关证据显示某人实施了国际难民法不适用条款所述的犯罪行为、包括恐怖主义行为时，复核此人的难民地位决定的有效性。

6. 欣见人权委员会第 2005/80 号决议规定了在打击恐怖主义的同时促进和保护人权和基本自由问题特别报告员的任务。

7. 重申所有国家必须在打击恐怖主义的同时努力维护和保护个人的尊严及其基本自由以及民主做法和法

---

① 1993 年 6 月 25 日世界人权会议通过的《维也纳宣言和行动纲领》[A/CONF. 157/24 (Part I) 和 Corr. 1, 第三章], 第一节, 第 17 段。

② 第 217A (Ⅲ) 号决议。

③ 第 2200 (XXI) 号决议, 附件。

④ 例如人权委员会 2001 年 7 月 24 日通过的关于紧急状态的一般性评论。

治,如秘书长根据大会第 58/187 号决议提交的报告①所指出的那样。

8. 赞赏地注意到联合国人权事务高级专员根据第 58/187 号决议提交的研究报告②。

9. 鼓励各国向相关国家当局提供"联合国和区域组织关于在反恐怖主义的同时保护人权的判例摘要",考虑其中的内容,并请高级专员定期增补出版该判例摘要。

10. 欢迎安全理事会及其反恐怖主义委员会与促进和保护人权的相关机构之间在反恐斗争中持续对话,鼓励安全理事会及其反恐怖主义委员会加强这些联系,并继续发展同相关人权机构,特别是同联合国人权事务高级专员办事处、人权委员会在打击恐怖主义的同时促进和保护人权和基本自由问题特别报告员以及委员会其他相关特别程序和机制的合作,同时在根据安全理事会关于反恐怖主义的相关决议正在开展的工作中适当考虑促进和保护人权。

11. 强调按 2005 年世界首脑会议的商定意见③,拟订战略,促进以全面、协调、统一的方式应对恐怖主义,在这整个过程中,均应充分考虑到保护人权和基本自由,考虑到国际人道主义法和国际难民法的各项规定。

12. 请人权委员会所有相关特别程序和机制以及联合国人权条约机构在其职权范围内与在打击恐怖主义的同时促进和保护人权和基本自由问题特别报告员合作,并鼓励特别报告员酌情与这些特别程序和机制一起协调努力,促进以一致的方法处理此问题。

13. 鼓励各国在打击恐怖主义的同时考虑到联合国有关人权决议和决定,并鼓励各国考虑人权委员会特别程序和机制的建议及联合国人权条约机构的相关评论和意见。

14. 赞赏地注意到在打击恐怖主义的同时保护人权和基本自由问题独立专家的报告④。

15. 关心地注意到秘书长根据大会第 59/191 号决议提交的报告⑤。

16. 赞赏地注意到特别报告员根据人权委员会第 2005/80 号决议提交的报告⑥,他的任务强调四个特点,即互补性、全面性、积极主动性和主题方法,并请特别报告员向大会和人权委员会定期提交报告。

17. 请各国政府在特别报告员执行法定任务和职责时给予充分合作,包括迅速响应特别报告员的紧急呼吁并提供其所要求的信息。

18. 请高级专员利用现有机制

---

① E/CN. 4/2004/91。

② A/59/428。

③ 第 60/1 号决议。

④ E/CN. 4/2005/103。

⑤ A/60/374。

⑥ A/60/370。

继续：

（a）考虑到所有来源的可靠资料，审查在打击恐怖主义的同时保护人权和基本自由的问题；

（b）就各国在采取行动打击恐怖主义的同时有义务促进和保护人权和基本自由的问题提出一般建议；

（c）应各国要求向其以及向相关联合国机构提供在打击恐怖主义的同时保护人权和基本自由方面的援助和咨询。

19. 请秘书长向人权委员会第六十二届会议和大会第六十一届会议提交本决议执行情况报告。

2005 年 12 月 16 日
第 64 次全体会议

联合国全球反恐战略

（2005 年第 60 届联大第 60/288 号决议）

大会，

依循《联合国宪章》的宗旨和原则，重申大会按照《宪章》应该发挥的作用，包括在与国际和平与安全有关的问题上的作用，

再次强烈谴责一切形式和表现的恐怖主义，无论其为何人所为，在何处发生，为何目的而为，因为它是对国际和平与安全的最严重威胁之一，

重申 1994 年 12 月 9 日大会第 49/60 号决议附件所载的《消除国际恐怖主义措施宣言》、1996 年 12 月 17 日大会第 51/210 号决议附件所载的《补充 1994 年消除国际恐怖主义措施宣言的宣言》和《2005 年世界首脑会议成果》①，特别是成果文件中有关恐怖主义的一节，

回顾大会关于消除国际恐怖主义的措施的所有决议，包括 1991 年 12 月 9 日第 46/51 号决议，安全理事会关于恐怖行为对国际和平与安全造成威胁的各项决议，以及大会关于在反恐的同时保护人权和基本自由的各项有关决议，

又回顾世界领导人在《2005 年世界首脑会议成果》中再次表示决心支持作出一切努力，维护所有国家的主权平等，尊重其领土完整和政治独立，在国际关系中不以不符合联合国宗旨和原则的任何方式进行武力威胁或使用武力，坚持以和平手段并按照正义和国际法原则解决争端，尊重仍处于殖民统治或外国占领下的人民的自决权利，不干涉各国的内政，尊重人权和各项基本自由，尊重所有人的平等权利，不分种族、性别、语言或宗教，开展国际合作以解决经济、社会、文化或人道主义方面的国际问题，诚意履行根据《宪章》承担的义务，

还回顾《2005 年世界首脑会议成果》规定的任务，即大会应毫不拖延地根据秘书长所确定的反恐战略要素，拟定其具体内容，以便通过和实施一项战略，促进在国家、区域和国际各级采取全面、协调、一致的应对措施来打击恐怖主义，其中也考虑到有利于恐怖主义蔓延的条件，

重申一切形式和表现的恐怖主义

---

① 第 60/1 号决议。

行为、方法和做法,是旨在损害人权、基本自由和民主,威胁领土完整、国家安全,颠覆合法组成的政府的活动,国际社会应采取必要措施,加强合作来防止和打击恐怖主义,

又重申不能也不应将恐怖主义同任何宗教、国籍、文化或族裔群体联系起来,

还重申会员国决心作出一切努力,商定并缔结一项关于国际恐怖主义的全面公约,包括解决与公约所针对行为的法律定义和范围有关的未决问题,以便用作一个有效的反恐工具,

继续认为可以考虑在联合国主持下召开高级别会议来拟定国际社会应对一切形式和表现的恐怖主义的策略,

认识到发展、和平与安全和人权是相互关联和相辅相成的,铭记有必要消除有利于恐怖主义蔓延的条件,申明会员国决心继续竭尽全力,以消解冲突,结束外国占领,直面压迫,消除贫穷,促进持久经济增长、可持续发展、全球繁荣、善政、人人享有人权、法治,加强各种文化间的了解,确保所有宗教、宗教价值概念、信仰或文化都得到尊重:

1. 表示赞赏秘书长向大会提交的题为"团结起来消灭恐怖主义:关于制定全球反恐战略的建议"的报告①。

2. 通过本决议及其附件,作为《联合国全球反恐战略》("《战略》")。

3. 决定在不妨碍其各个相关委员会继续讨论与恐怖主义和反恐有关的所有议程项目的情况下,采取以下步骤来切实贯彻落实《战略》:

(a)在第六十一届会议的高级别部分启动《战略》;

(b)两年后审查《战略》的实施进展,并考虑加以修订以应对情况的变化,同时认识到《战略》中有许多措施马上即可落实,有些则需要在今后几年内持续努力,还有一些应视为长期目标;

(c)邀请秘书长为大会今后在审查《战略》实施情况和修订《战略》方面进行的讨论提供协助;

(d)鼓励会员国、联合国和其他有关国际、区域和次区域组织支持《战略》的实施,包括为此调集资源和发挥各自的专长;

(e)并鼓励非政府组织和民间社会在适当情况下参与商讨如何加强努力实施《战略》。

4. 决定将题为"联合国全球反恐战略"的项目列入其第六十二届会议临时议程。

2006 年 9 月 8 日
第 99 次全体会议

---

① A/60/825。

附 件

行动计划

我们,联合国会员国,决心:

1. 始终明确强烈谴责一切形式和表现的恐怖主义,无论其为何人所为,在何处发生,为何目的而为,因为它是对国际和平与安全的最严重威胁之一。

2. 紧急采取行动,防止和打击一切形式和表现的恐怖主义,特别是:

(a)考虑毫不拖延地加入和执行针对恐怖主义的现有国际公约和议定书,并作出一切努力来商定和缔结一项关于国际恐怖主义的全面公约;

(b)执行大会关于消除国际恐怖主义的措施的所有决议和大会关于在反恐的同时保护人权和基本自由的各项有关决议;

(c)执行安全理事会关于国际恐怖主义的所有决议,并对安全理事会各个反恐附属机构履行任务给予充分合作,同时认识到许多国家仍然需要援助才能执行这些决议。

3. 确认我们为了防止和打击恐怖主义而进行的国际合作和采取的任何措施,都必须符合我们依照国际法——包括《联合国宪章》和有关的国际公约和议定书,特别是人权法、难民法和国际人道主义法——承担的义务。

一、消除有利于恐怖主义蔓延的条件的措施

我们决心采取下列措施,以消除有利于恐怖主义蔓延的条件,这些条件包括但不限于长期未能解决的冲突,一切形式和表现的恐怖主义的受害者受到的非人性化对待,法治不彰,侵害人权,族裔、民族和宗教歧视,政治排斥,社会经济边缘化,缺乏善政等,但同时确认这些条件无一可作为恐怖主义行为的借口或理由:

1. 继续加强、尽可能利用联合国在预防冲突、谈判、调停、调解、司法解决问题、法治、维持和平和建设和平方面的能力,帮助成功地预防和和平解决持久未决的冲突。我们确认和平解决这种冲突将有助于加强全球反恐斗争。

2. 继续在联合国主持下安排实施各种举措和方案,促进不同文明、文化、民族、宗教之间的对话、容忍和理解,促进各种宗教、宗教价值观念、信仰和文化相互尊重,防止诽谤行为。在这方面,我们欢迎秘书长发动的"不同文明联盟"倡议。我们也欢迎世界其他地区提出的类似倡议。

3. 通过在适当情况下开展和鼓励有社会所有阶层参与的教育和提高公众认识方案,促进追求和平、正义和人类发展的文化,促进族裔、民族和宗教容忍,促进对所有宗教、宗教价值观念、信仰或文化的尊重。在这方面,我们鼓励联合国教育、科学及文化组织发挥关键作用,包括推动不同宗教之间、宗教内部以及不同文明之间的对话。

4. 遵照我们各自依照国际法承担的义务,继续致力于采取必要和适当的措施,以法律禁止煽动实施恐怖主义行为,并防止这种行为的发生。

5. 重申决心确保及时全面实现联合国各次主要会议和首脑会议商定的各种发展目标,包括千年发展目标。我们重申承诺为所有人消除贫穷,促进持续经济增长、可持续发展和全球繁荣。

6. 作为奋斗目标,在各级推行和加强发展和社会包容议程,确认在这方面作出成绩,尤其是降低青年失业率,能够减少边际化和由此产生的受害意识,这种意识会激发极端主义,助长恐怖分子的招募。

7. 鼓励整个联合国系统加大在法治、人权和善政领域所已开展的合作和援助的规模,以支持经济和社会持续发展。

8. 考虑在自愿基础上建立国家援助系统,促进满足恐怖主义受害者及其家属的需要,帮助他们恢复正常生活。在这方面,我们鼓励各国请联合国的有关实体帮助建立这样的国家系统。我们还将努力促进国际团结共同支持受害者,并推动民间社会参与反对和谴责恐怖主义的全球运动。这可包括在大会探讨建立切实可行的机制向受害者提供援助的可能性。

二、防止和打击恐怖主义的措施

我们决心采取下列措施,防止和打击恐怖主义,特别是不让恐怖分子获得发动攻击的手段,不让他们接近目标,不让其攻击产生预期影响:

1. 不组织、煽动、便利、参与、资助、鼓励或容忍恐怖主义活动,并采取适当的实际措施,确保各自的领土不被用作恐怖主义设施或训练营地,或用于准备或组织意图对其他国家或其公民实施的恐怖主义行为。

2. 遵照我们依照国际法承担的义务,在反恐斗争中进行充分合作,查出任何支持、便利、参与或企图参与资助、规划、准备或实施恐怖主义行为或提供安全避难所的人,不让他们有安全避难所,并根据引渡或起诉原则,将他们绳之以法。

3. 确保根据国内法和国际法,特别是人权法、难民法和国际人道主义法的相关规定,逮捕和起诉或引渡恐怖主义行为的实施人。我们将为此目的,尽力缔结和实行司法互助和引渡协定,并加强执法机构之间的合作。

4. 在适当情况下加强合作,及时交流关于防止和打击恐怖主义的准确信息。

5. 加强各国的协调与合作,打击可能与恐怖主义有关联的犯罪,包括贩毒的所有方面的活动、非法军火贸易(特别是小武器和轻武器,包括单兵携带防空系统)、洗钱,以及核材料、化学材料、生物材料、放射性材料和其他潜在致命性材料的走私。

6. 考虑毫不拖延地成为《联合国打击跨国有组织犯罪公约》①及其三项

---

① 第55/25号决议,附件一。

补充议定书①的缔约国,并予以实施。

7. 采取适当措施,在给予寻求庇护人庇护之前,确保其未曾从事恐怖主义活动,并在给予庇护之后,确保其难民身份不被用于与上文第二节第1段规定相悖的用途。

8. 鼓励相关的区域和次区域组织创建或加强反恐机制或中心。如果它们为此需要合作与援助的话,我们鼓励反恐怖主义委员会及其执行局,以及联合国毒品和犯罪问题办事处和国际刑事警察组织在符合它们现有任务授权的范围内,协助提供这种合作与援助。

9. 确认可以考虑创建一个国际反恐中心的问题,认为这是加强反恐斗争的国际努力的一部分。

10. 鼓励各国实行金融行动工作组《关于洗钱问题的40项建议》和《关于资助恐怖主义问题的9项特别建议》中所载的综合国际准则,同时认识到各国为实行这些准则可能需要援助。

11. 邀请联合国系统同会员国一起,发展一个单一的生物事件综合数据库,并确保它与国际刑事警察组织设想建立的生物犯罪数据库相互补充。我们还鼓励秘书长更新他可利用的专家和实验室的名册以及各种技术准则和程序,以便及时、高效率地对生物犯罪的指控进行调查。此外,我们注意到秘书长提出了一项重要的提议,就是在联合国的框架内会聚生物技术各大利益攸关方,包括工业界、科学界、民间社会和各国政府,一起开展一个共同方案,目的是确保生物技术进展不被用于恐怖主义目的或其他犯罪目的,而只用于公益,并适当地尊重关于知识产权的基本国际规范。

12. 与联合国一起,在适当顾及保密、尊重人权和遵守国际法所规定的其他义务的情况下,探讨各种途径和方法,以期:

(a)在国际和区域各级协调努力,打击互联网上一切形式和表现的恐怖主义;

(b)利用互联网作为对抗恐怖主义蔓延的工具,同时也认识到有些国家在这方面可能需要援助。

13. 在适当情况下,加强国家努力以及双边、次区域、区域和国际合作,改进边界和海关管制,以防止和查明恐怖分子的流动,防止和查明小武器和轻武器、常规弹药和爆炸物、核生化或放射性武器和材料等等的非法贸易,同时也认识到有些国家为此可能需要援助。

14. 鼓励反恐怖主义委员会及其执行局继续应各国请求,同各国一起推动采取立法和行政措施,以履行与恐怖分子旅行有关的义务,并确定在这方面的最佳做法,尽可能借鉴国际民用航空组织、世界海关组织、国际刑事警察组织等技术性国际组织所形成的做法。

15. 鼓励安全理事会第 1267（1999）号决议所设委员会继续致力于加强在联合国制裁制度下对"基地"组织和塔利班及相关个人和实体实行的旅行禁令的有效性，并且作为优先事项，确保将有关个人和实体列入制裁名单、从名单上删除、或因人道主义理由允许例外是有公平、透明的程序可循。在这方面，我们鼓励各国交流信息，包括广泛分发国际刑事警察组织和联合国关于列入制裁人员的特别通知。

16. 在适当情况下加强每一级的努力与合作，提高身份和旅行证件制作和签发的安全性，防止和查明篡改或欺诈使用证件的行为，同时也认识到有些国家为此可能需要援助。在这方面，我们邀请国际刑事警察组织加强其被盗和遗失旅行证件数据库，并将在适当情况下，特别是通过交流相关信息等途径，尽量充分利用这一工具。

17. 邀请联合国改善协调，以做好对用核生化或放射性武器或材料进行的恐怖主义袭击的应对规划，特别是审查和提高现有的机构间协调机制在提供援助、开展救济行动和支援受害者方面的有效性，使所有国家都能得到充足的援助。在这方面，我们邀请大会和安全理事会拟订万一发生用大规模毁灭性武器发动的恐怖主义袭击时进行必要合作和提供必要援助的指导准则。

18. 加强一切努力，改善对基础设施、公共场所等特别易受攻击的目标的安全与保护，以及在发生恐怖主义袭击和其他灾害时的应对措施，特别是对平民的保护，同时也认识到有些国家为此可能需要援助。

三、建立各国防止和打击恐怖主义的能力以及加强联合国系统在这方面的作用的措施

我们认识到，所有国家都做好能力建设，是全球反恐努力的一个核心要素，所以决心采取下列措施，发展各国防止和打击恐怖主义的能力，同时加强联合国系统内部在促进国际反恐合作方面的协调和一致：

1. 鼓励会员国考虑为联合国的反恐合作和技术援助项目提供自愿捐款，并探讨这方面的其他供资来源。我们还鼓励联合国考虑争取私营部门为各种能力建设方案提供捐款，特别是在港口、海事和民用航空安全等领域。

2. 利用各相关国际、区域和次区域组织提供的框架，交流在反恐能力建设方面的最佳做法，并推动这些组织为国际社会在这方面的努力作出贡献。

3. 考虑建立适当机制，使要求各国提交反恐方面报告的规定合理化，消除重复要求提交报告的情况，其中要考虑到并尊重大会、安全理事会及其处理反恐问题的各个附属机构的不同任务范围。

4. 鼓励采取措施，包括经常地举

行非正式会议,以加强会员国、处理反恐问题的联合国机构、相关的专门机构、相关的国际、区域和次区域组织以及捐助者在适当情况下更频繁地就进行合作和提供技术援助发展各国执行联合国相关决议的能力等问题交流信息。

5. 欢迎秘书长打算在现有资源的范围内,使反恐怖主义执行工作队成为秘书处内的制度化机构,以确保联合国系统的反恐努力做到总体协调和一致。

6. 鼓励反恐怖主义委员会及其执行局继续提高在反恐领域提供技术援助的一致性和效率,特别是为此加强同各国和相关国际、区域和次区域组织的对话,并同所有双边和多边技术援助提供者密切合作,包括进行信息交流。

7. 鼓励联合国毒品和犯罪问题办事处(包括其预防恐怖主义处)同反恐怖主义委员会及其执行局密切协商,应请求加强向各国提供技术援助,协助执行关于防止和制止恐怖主义的国际公约及议定书和联合国的相关决议。

8. 鼓励国际货币基金组织、世界银行、联合国毒品和犯罪问题办事处和国际刑事警察组织加强同各国的合作,帮助它们充分遵守关于打击洗钱和资助恐怖主义行为的国际准则和义务。

9. 鼓励国际原子能机构和禁止化学武器组织在各自的任务范围内,继续努力帮助各国建立能力,以防止恐怖分子获取核材料、化学材料或放射性材料,确保有关设施的安全,并在一旦发生用这些材料发动的袭击时作出有效应对。

10. 鼓励世界卫生组织增强其技术援助,帮助各国改进其公共卫生系统,以预防和防备恐怖分子发动的生物袭击。

11. 继续在联合国系统内开展工作,支持国家、区域和国际各级边境管理制度、设施和机构的改革和现代化。

12. 鼓励国际海事组织、世界海关组织和国际民用航空组织加强合作,协助各国找出其本国在运输安全领域的任何不足之处,并应请求提供援助加以解决。

13. 鼓励联合国同会员国和相关的国际、区域和次区域组织合作,找出和交流防止特别易受攻击的目标受到恐怖主义袭击的最佳做法。我们邀请国际刑事警察组织同秘书长合作,以便他能够就此作出提议。我们也认识到在这方面发展公私伙伴关系的重要性。

四、确保尊重所有人的人权和实行法治作为反恐斗争根基的措施

我们重申促进和保护所有人的人权及实行法治对《战略》的所有组成部分都至关重要,认识到有效的反恐措施与保护人权两个目标并不矛盾,而是相互补充、相辅相成的,并强调需要促进和保护恐怖主义受害者的权利,为此决心采取下列措施:

1. 重申大会 2005 年 12 月 16 日第 60/158 号决议为"在打击恐怖主义的同时保护人权和基本自由"提供了基本框架。

2. 重申各国必须确保它们为打击恐怖主义而采取的任何措施都符合它们依照国际法、特别是人权法、难民法和国际人道主义法承担的义务。

3. 考虑毫不拖延地成为人权法、难民法和国际人道主义法方面的核心国际文书的缔约方并予以实施，并且考虑接受国际性和相关的区域性人权监测机构的管辖权限。

4. 尽一切努力发展和维持基于法治的有效的国家刑事司法制度，以便能够遵照我们依照国际法承担的义务，在适当尊重人权和基本自由的情况下，确保根据引渡或起诉原则，将任何参与资助、策划、筹备、实施或支持恐怖主义行为的人绳之以法，并确保国内的法律法规将这类恐怖主义行为定为严重刑事罪行。我们认识到，有些国家可能在发展和维持基于法治的有效的刑事司法制度方面需要援助，我们鼓励它们利用联合国毒品和犯罪问题办事处等机构提供的技术援助。

5. 重申联合国系统在通过促进法治、尊重人权和建立有效的刑事司法制度加强国际法律体系方面的重要作用，这三者构成我们共同反恐斗争的根基。

6. 支持人权理事会，并在理事会逐渐成形的过程中，协助它开展与在反恐斗争中促进和保护所有人的人权这个问题有关的工作。

7. 支持加强联合国人权事务高级专员办事处的业务能力，特别侧重于增加其外地行动和存在。该办事处应继续在审查如何在反恐的同时保护人权的问题方面发挥主导作用，包括就各国的人权义务提供一般性建议，应请求向各国提供援助和咨询，特别是在提高国家执法机构对国际人权法的认识方面。

8. 支持在反恐的同时促进和保护人权和基本自由问题特别报告员所起的作用。特别报告员应继续支持各国所作的努力，并提供具体咨询意见，包括同各国政府进行联系，前往各国访问，同联合国和各区域组织保持联络，并就这些问题提出报告。

消除国际恐怖主义的措施

（2006 年第 61 届联大第 61/40 号决议）

大会，

遵循《联合国宪章》的宗旨和原则，

重申 2006 年 9 月 8 日通过的《联合国全球反恐战略》①，该战略加强了国际社会有效打击一切形式和表现的恐怖主义祸害的总体框架，

回顾《联合国五十周年纪念宣言》②，

又回顾《联合国千年宣言》③，

还回顾 2005 年《世界首脑会议成果》④，并特别重申关于恐怖主义的一节，

回顾大会 1994 年 12 月 9 日第 49/60 号决议附件所载《消除国际恐怖主义措施宣言》，以及载于 1996 年 12 月 17 日第 51/210 号决议附件的《补充 1994 年〈消除国际恐怖主义措施宣言〉的宣言》，

又回顾所有关于消除国际恐怖主义的措施的大会决议和关于恐怖主义

行为对国际和平与安全造成的威胁的安全理事会决议，

深信大会审议消除国际恐怖主义的措施十分重要，因为大会是具有此职权的普遍性机构，

深感不安地看到在世界各地实施的恐怖主义行为持续不断，

重申强烈谴责造成巨大人命损失和破坏，行径令人发指的恐怖主义行为，包括促使通过大会 2001 年 9 月 12 日第 56/1 号决议，以及安全理事会 2001 年 9 月 12 日第 1368（2001）号、2001 年 9 月 28 日第 1373（2001）号和 2001 年 11 月 12 日第 1377（2001）号决议的恐怖主义行为，以及自最后一项决议通过后发生的恐怖主义行为，

回顾强烈谴责 2003 年 8 月 19 日蓄意袭击巴格达联合国伊拉克援助团总部的暴行的大会 2003 年 9 月 15 日第 57/338 号决议和安全理事会 2003 年 8 月 26 日第 1502（2003）号决议，

---

① 第 60/288 号决议。
② 第 50/6 号决议。
③ 第 55/2 号决议。
④ 第 60/1 号决议。

申明各国必须确保为打击恐怖主义采取的措施符合本国依据国际法承担的一切义务,并依照国际法,特别是国际人权法、难民法和人道主义法制定这种措施,

强调必须依照《宪章》原则、国际法和相关国际公约,进一步加强各国之间及各国际组织和机构、区域组织和安排与联合国之间的国际合作,以防止、打击和消除一切形式和表现的恐怖主义,不论在何处发生,也不论是何人所为,

注意到安全理事会关于反恐怖主义的第1373(2001)号决议所设委员会发挥作用,监测该决议的执行情况,包括各国采取必要的金融、法律和技术措施以及批准或接受相关国际公约和议定书的情况,

认识到必须增强联合国和相关专门机构在打击国际恐怖主义方面的作用,以及秘书长关于增强本组织在这方面的作用的提议,

又认识到亟须加强国际、区域和次区域合作,以增强各国的国家能力,有效防止和制止一切形式和表现的国际恐怖主义,

再次吁请各国紧急审查关于防止、遏制和消除一切形式和表现的恐怖主义的现有国际法律规定的范围,以期确保有一个涵盖这个问题的所有方面的全面法律框架,

强调容忍和不同文明之间的对话,以及加强不同信仰和文化之间的了解,是促进在反恐行动方面合作和取得成功的最重要因素之一,并欢迎为此作出的各种倡议,

重申任何恐怖主义行为在任何情况下都不可能有任何正当理由,

回顾安全理事会2005年9月14日第1624(2005)号决议,并铭记着各国必须确保为打击恐怖主义采取的措施符合本国依国际法,尤其是国际人权法、难民法和人道主义法承担的义务,

注意到在国际、区域和次区域范围内,除其他外,下列组织有关防止和制止国际恐怖主义的最新发展和举措:非洲联盟、东盟区域论坛、亚洲太平洋经济合作组织、东南亚国家联盟、巴厘反恐怖主义进程、中美洲一体化体系、集体安全条约组织、东非和南部非洲共同市场、海湾阿拉伯国家合作委员会、欧洲委员会、西非国家经济共同体、欧洲—地中海伙伴关系、欧洲自由贸易联盟、欧洲联盟、八国集团、政府间发展管理局、国际海事组织、国际民用航空组织、阿拉伯国家联盟、不结盟国家运动、北大西洋公约组织、经济合作与发展组织、欧洲安全与合作组织、美洲国家组织、伊斯兰会议组织、太平洋岛屿论坛、上海合作组织、南部非洲发展共同体和世界海关组织,

注意到各区域作出努力,包括以拟订和参加区域公约的方式,防止、打击和消除一切形式和表现的恐怖主义,不论在何处发生,也不论是何人所为,

回顾大会1999年12月9日第54/110号、2000年12月12日第55/

158 号、2001 年 12 月 12 日第 56/88 号、2002 年 11 月 19 日第 57/27 号、2003 年 12 月 9 日第 58/81 号、2004 年 12 月 2 日第 59/46 号和 2005 年 12 月 8 日第 60/43 号决议决定,大会 1996 年 12 月 17 日第 51/210 号决议设立的特设委员会应审议在联合国主持下召开一次高级别会议以制订国际社会有组织地联合对付一切形式和表现的恐怖主义的对策的问题,并将该问题保留在其议程上,

又回顾 2006 年 9 月 16 日在哈瓦那举行的第十四次不结盟国家国家和政府首脑会议通过的《最后文件》,其中重申不结盟国家运动对恐怖主义问题的集体立场,并再次申明以前提出的,关于要求在联合国主持下召开一次国际首脑会议以制订国际社会共同对付一切形式和表现的恐怖主义的系统对策的倡议,以及其他相关倡议,①

意识到 2002 年 12 月 18 日第 57/219 号、2003 年 12 月 22 日第 58/187 号、2004 年 12 月 20 日第 59/191 号和 2005 年 12 月 16 日第 60/158 号决议,

审查了秘书长的报告②、第 51/210 号决议设立的特设委员会的报告③和大会第六十一届会议期间第六委员会所设工作组主席的口头报告④:

1. 强烈谴责一切形式和表现的恐怖主义行为、方法和做法,不论在何处发生,也不论是何人所为,均为犯罪行径,无正当理由可言。

2. 吁请所有会员国、联合国及其他有关国际、区域和次区域组织通过调用资源和专门知识等方式毫不迟延地在国际、区域、次区域和国家层面全面执行《联合国全球反恐战略》。

3. 回顾大会在跟踪了解《战略》的执行情况和更新该《战略》方面的核心作用,并在这方面又回顾大会曾请秘书长促进大会今后的审议工作,请秘书长在此过程中提供关于秘书处内相关活动的资料,以确保联合国系统反恐工作的全面协调和统一。

4. 重申为了政治目的而故意或蓄意在一般公众、某一群人或某些人之中引起恐怖状态的犯罪行为,不论引用何种政治、思想、意识形态、种族、人种、宗教或其他性质的考虑作为借口,在任何情况下都是无正当理由可言的。

5. 再次吁请所有国家按照《联合国宪章》和国际法的相关规定,包括按照国际人权标准,采取进一步措施防止恐怖主义和加强打击恐怖主义的国际合作,并特别为此目的考虑执行第 51/210 号决议第 3 段(a)至(f)所列的措施。

6. 又再次吁请所有国家为促进相关法律文书的有效施行,在适当情况

---

① A/53/667-S/1998/1071,附件一,第 149 至 162 段。

② A/61/210 和 Add. 1 和 2;另见 A/61/178。

③ 《大会正式记录,第六十一届会议,补编第 37 号》(A/61/37)。

④ 《大会正式记录,第六十一届会议,第六委员会》,第 10 次会议(A/C. 6/61/SR. 10)和更正。

下加强信息交流,互通有关恐怖主义的事实,但同时应避免传播不准确或未核实的信息。

7. 再次吁请各国不资助、不鼓励恐怖主义活动,也不向其提供训练或其他支助。

8. 敦促各国确保,对于在本国境内的国民或其他个人和实体,蓄意为实施、未遂实施、便利实施或参与实施恐怖主义行为的个人或实体的利益提供和筹集资金的,应当受到与这种行为的严重性质相称的刑罚惩处。

9. 提请注意各国根据相关国际公约和议定书以及安全理事会决议,包括安全理事会第 1373(2001)号决议有义务确保将实施恐怖主义行为的人绳之以法。

10. 重申打击恐怖主义的国际合作及国家行动应依照《宪章》原则、国际法和相关国际公约进行。

11. 回顾《制止核恐怖主义行为国际公约》①、《关于核材料的实物保护公约》的修正案②、《制止危及海上航行安全非法行为公约》的 2005 年议定书③和《制止危及大陆架固定平台安全非法行为议定书》的 2005 年议定书④获得通过,并敦促各国考虑作为优先事项,成为上述文书的缔约方。

12. 敦促所有尚未成为缔约方的

国家考虑作为优先事项,依照安全理事会第 1373(2001)号决议和 2004 年 10 月 8 日第 1566(2004)号决议的规定,成为大会第 51/210 号决议第 6 段中提到的相关公约和议定书,以及《制止恐怖主义爆炸的国际公约》⑤、《制止向恐怖主义提供资助的国际公约》⑥、《制止核恐怖主义行为国际公约》和《核材料实物保护公约》修正案的缔约方,并吁请所有国家酌情制定必要的国内立法以实施这些公约和议定书的规定,确保本国法院具有管辖权,能够审判实施恐怖主义行为的人,并为此目的与其他国家及相关国际组织和区域组织合作,提供支持和协助。

13. 敦促各国与秘书长合作,彼此合作,以及同有关政府间组织合作,以确保酌情在现有任务范围内向需要并要求协助的国家提供技术和其他专家咨询意见,协助它们成为上文第 12 段所述公约和议定书的缔约方及实施这些公约和议定书。

14. 赞赏并满意地注意到,依照第 60/43 号决议第 9 和第 10 段中的呼吁,一些国家已成为这两段所述相关公约和议定书的缔约方,从而实现使这些公约得到更广泛接受和实施的目标。

15. 重申《消除国际恐怖主义措施

---

① 第 59/290 号决议,附件。
② 2005 年 7 月 8 日《关于核材料的实物保护公约》提议修正案审议会议通过。
③ 2005 年 10 月 14 日修正《制止危及海上航行安全非法行为公约》外交会议通过(LEG/CONF. 15/21)。
④ 2005 年 10 月 14 日修正《制止危及海上航行安全非法行为公约》外交会议通过(LEG/CONF. 15/22)。
⑤ 联合国,《条约汇编》,第 2149 卷,第 37517 号。
⑥ 联合国,《条约汇编》,第 2178 卷,第 38349 号。

宣言》和《补充 1994 年〈消除国际恐怖主义措施宣言〉的宣言》，并吁请所有国家予以实施。

16. 吁请所有国家合作防止和制止恐怖主义行为。

17. 敦促所有国家和秘书长在其防止国际恐怖主义的努力中，最好地利用联合国现有机构。

18. 请维也纳联合国毒品和犯罪问题办事处预防恐怖主义处继续作出努力，根据其任务规定，加强联合国在防止恐怖主义方面的能力，并认识到在《联合国全球反恐战略》和安全理事会第 1373（2001）号决议范围内，该处发挥作用，协助各国参加和实施相关的，包括最近通过的反恐国际公约和议定书，以及加强恐怖主义刑事事项方面的国际合作机制，包括通过国家能力的建设。

19. 欣见秘书处出版了根据《消除国际恐怖主义措施宣言》第 10 段（a）的规定，由秘书处法律事务厅编纂司以英文和法文编写的《关于防止和制止国际恐怖主义的国际文书》第二版；①并认为不妨考虑以所有正式语文印发将来的版本的可能性。

20. 邀请区域政府间组织向秘书长提交关于其在区域一级为消除国际恐怖主义而采取的措施的资料，以及关于这些组织举行的政府间会议的资料。

21. 注意到在大会 1996 年 12 月

17 日第 51/210 号决议设立的特设委员会和大会第六十一届会议期间第六委员会所设工作组的会议期间，拟订关于国际恐怖主义的全面公约草案的工作所取得的进展，并欢迎继续为此作出努力。

22. 决定特设委员会应从速继续拟订关于国际恐怖主义的全面公约草案，并应继续讨论大会第 54/110 号决议列入其议程的，关于在联合国主持下召开一次高级别会议的项目。

23. 又决定特设委员会应于 2007 年 2 月 5 日、6 日和 15 日举行会议，以履行上文第 22 段所述任务。

24. 请秘书长继续向特设委员会提供履行工作所需的便利。

25. 请特设委员会在其已完成关于国际恐怖主义的全面公约草案的情况下，向大会第六十一届会议提出报告。

26. 又请特设委员会向大会第六十二届会议报告在执行其任务方面所取得的进展。

27. 决定将题为"消除国际恐怖主义的措施"的项目列入大会第六十二届会议临时议程。

2006 年 12 月 4 日
第 64 次全体会议

---

① 联合国出版物，出售品编号：E. 03. V. 9。

防止恐怖分子获取大规模
毁灭性武器的措施

(2006 年第 61 届联大第 61/86 号决议)

大会,

回顾其 2005 年 12 月 8 日第 60/78 号决议,

认识到大会和安全理事会各项有关决议表明国际社会决心打击恐怖主义,

深为关切恐怖主义与大规模毁灭性武器之间发生联系的危险日益增长,特别是恐怖分子可能设法获取大规模毁灭性武器的事实,

认识到各国为实施安全理事会 2004 年 4 月 28 日通过的关于不扩散大规模毁灭性武器的第 1540(2004)号决议所采取的措施,

欢迎 2005 年 4 月 13 日以协商一致方式通过《制止核恐怖主义行为国际公约》①,

又欢迎 2005 年 7 月 8 日国际原子能机构以协商一致方式通过加强《核材料实物保护公约》②的修正案,

注意到 2006 年 9 月 15 日至 16 日在哈瓦那举行的第十四次不结盟国家国家元首和政府首脑会议的《最后文件》③表示支持采取措施,防止恐怖分子获取大规模毁灭性武器,

又注意到八国集团、欧洲联盟、东南亚国家联盟区域论坛等在审议中考虑到恐怖分子获取大规模毁灭性武器所带来的种种危险,并注意到有必要展开国际合作,与之进行斗争,

确认裁军事项咨询委员会对恐怖主义和大规模毁灭性武器所涉问题进行的审议④,

注意到国际原子能机构大会第五十届常会通过的相关决议⑤,

又注意到 2005 年 9 月 16 日大会第六十届会议高级别全体会议通过的

---

① 第 59/290 号决议,附件。
② 联合国,《条约汇编》,第 1456 卷,第 24631 号。
③ A/61/472-S/2006/780,附件一。
④ A/59/361。
⑤ 国际原子能机构,《大会决议和其他决定,第五十届常会,2006 年 9 月 18 日至 22 日》[GC(50)/RES/DEC(2006)]。

《2005 年世界首脑会议成果》①和 2006
年 9 月 8 日通过的《联合国全球反恐
战略》②,

还注意到秘书长根据第 60/78 号
决议第 3 和第 5 段提交的报告③,

意识到迫切需要在联合国框架内
并通过国际合作处理对人类的这一
威胁,

强调迫切需要在裁军和不扩散领
域取得进展,以协助维持国际和平与
安全,并推动全球打击恐怖主义的
努力:

1. 吁请全体会员国支持国际上防
止恐怖分子获取大规模毁灭性武器及
其运载工具的努力;

2. 呼吁全体会员国考虑签署和批
准《制止核恐怖主义行为国际公约》以
使该公约尽早生效;

3. 促请全体会员国酌情采取并加
强国家措施,以防止恐怖分子获取大
规模毁灭性武器、其运载工具以及与

其制造有关的材料和技术,并请各会
员国在自愿的基础上向秘书长通报这
方面已采取的措施;

4. 鼓励会员国以及有关区域组织
和国际组织相互合作以加强这方面的
国家能力;

5. 请秘书长编写一份报告,说明
各国际组织针对有关打击恐怖主义与
大规模毁灭性武器的扩散之间联系的
问题已经采取的措施,就另外采取有
关措施以解决恐怖分子获取大规模毁
灭性武器所构成的全球威胁问题征求
各会员国的意见,并向大会第六十二
届会议提出报告;

6. 决定将题为"防止恐怖分子获
取大规模毁灭性武器的措施"的项目
列入大会第六十二届会议临时议程。

2006 年 12 月 6 日
第 67 次全体会议

---

① 第 60/1 号决议。
② 第 60/288 号决议。
③ A/61/171 和 Add. 1。

在打击恐怖主义的同时
保护人权和基本自由

（2006 年第 61 届联大第 61/171 号决议）

大会，

重申《联合国宪章》的宗旨和原则，

又重申尊重所有人权和基本自由及法治，包括在对付恐怖主义和恐怖主义恐惧的情况下这样做，至关重要，

回顾其 2002 年 12 月 18 日第 57/219 号、2003 年 12 月 22 日第 58/187 号、2004 年 12 月 20 日第 59/191 号和 2005 年 12 月 16 日第 60/158 号决议、人权委员会 2003 年 4 月 25 日第 2003/68 号①、2004 年 4 月 21 日第 2004/87 号②和 2005 年 4 月 21 日第 2005/80 号决议③以及大会和人权委员会其他相关决议，

重申各国有义务保护所有人的人权和基本自由，

再次申明所有各级采取符合国际法，尤其是符合国际人权法、难民法和人道主义法的打击恐怖主义措施对促进民主机构的运作，维护和平与安全

作出重要贡献，从而对促进人权的充分享受作出重要贡献，并确认必须继续这一斗争，包括为此进行国际合作和加强联合国在这方面的作用，

深表痛心的是，在打击恐怖主义的斗争中发生侵犯人权和基本自由的行为，以及违反国际难民法和国际人道主义法的行为，

回顾人权委员会第 2005/80 号决议规定了在打击恐怖主义的同时促进和保护人权和基本自由问题特别报告员的任务，

又回顾其 1993 年 12 月 20 日第 48/141 号决议，特别是联合国人权事务高级专员对于促进和保护所有人权的切实享受的责任，

欢迎设立人权理事会，负责促进普遍尊重对人人没有任何形式的区分，公平、平等地享有所有人权和基本自由的保护，

① 《经济及社会理事会正式记录，2003 年，补编第 3 号》（E/2003/23），第二章，A 节。
② 《经济及社会理事会正式记录，2004 年，补编第 3 号》（E/2004/23），第二章，A 节。
③ 《经济及社会理事会正式记录，2005 年，补编第 3 号》（E/2005/23），第二章，A 节。

确认大会 2006 年 9 月 8 日通过的《联合国全球反恐战略》①的重要性，并重申关于各项措施的规定，以确保尊重所有人的人权、国际人道主义法和法治，以之作为打击恐怖主义的根本依据，

重申一切形式和表现的恐怖主义行为、方法和做法都是旨在摧毁人权、基本自由和民主的活动，威胁到领土完整和国家安全，破坏合法政府的稳定，国际社会应采取必要步骤，加强合作，防止和打击恐怖主义②，

重申明确谴责一切形式和表现的恐怖主义行为、方法和做法，不论动机为何，在何处发生，何人所为，都是无可辩护的犯罪，并重申决心加强国际合作，防止和打击恐怖主义，

重申不能也不应将恐怖主义同任何宗教、国籍、文化或族裔群体联系起来，

确认尊重一切人权、尊重民主和尊重法治是相互关联、相辅相成的，

注意到一些人权条约监测机构和特别程序关于反恐措施应符合人权义务的宣言、声明和建议，

回顾人权理事会 2006 年 6 月 30 日第 1/102 号决定③：

1. 重申各国必须确保为打击恐怖主义而采取的任何措施符合根据国际法，特别是国际人权法、难民法和人道主义法承担的义务；

2. 对恐怖主义给受害者及其家属造成的痛苦感到痛心，并对他们深表同情；

3. 重申各国按照《公民及政治权利国际公约》④第四条，有义务尊重某些权利，在任何情况下均不得克减，回顾就《公约》规定的所有其他权利而言，任何克减《公约》条款的措施一律必须符合该条的规定，并强调任何此类克减均属例外和暂时性质⑤；

4. 吁请各国提高参与反恐的国家当局对这些义务的重要性的认识；

5. 重申应当在充分考虑到少数群体权利的情况下实施反恐怖主义措施，不得以种族、肤色、性别、语言、宗教或社会出身为由进行歧视；

6. 敦促各国充分尊重国际难民法和人权法规定的不推回义务，同时在充分尊重这些义务和其他法律保障措施的情况下，在发现可信相关证据显示某人实施了国际难民法不适用条款所述犯罪行为、包括恐怖主义行为时，复核此人的难民地位决定的有效性；

7. 又敦促各国在打击恐怖主义的同时，应确保符合《世界人权宣言》⑥和

---

① 第 60/288 号决议。

② 1993 年 6 月 25 日世界人权会议通过的《维也纳宣言和行动纲领》[A/CONF. 157/24(Part I)和 Corr. 1，第三章]，第一节，第 17 段。

③ 《大会正式记录，第六十一届会议，补编第 53 号》(A/61/53)，第一部分，第二章，B 节。

④ 第 2200A(XXI)号决议，附件。

⑤ 例如人权委员会 2001 年 7 月 24 日通过的关于紧急状态的第 29 号一般性意见。

⑥ 第 217A(Ⅲ)号决议。

《公民及政治权利国际公约》①以及1949年日内瓦四公约在各自适用领域的适当程序保障；

8. 反对相当于将被拘留者置于法律保护之外的任何形式的剥夺自由，敦促各国尊重关于人的自由、安全和尊严的保障措施，并按照国际法，包括人权法和国际人道主义法对待所有拘留地点的所有囚犯；

9. 重申所有国家必须在打击恐怖主义的同时，确保努力维护和保护个人的尊严及其基本自由以及民主做法和法治；

10. 鼓励各国在打击恐怖主义的同时考虑到联合国有关人权决议和决定，并鼓励各国充分考虑到联合国人权条约机构特别程序和机制的建议及相关评论和意见；

11. 关心地注意到秘书长根据第60/158号决议提交的报告②；

12. 欢迎安全理事会及其反恐怖主义委员会与促进和保护人权的相关机构之间在反恐斗争中持续对话，鼓励安全理事会及其反恐怖主义委员会加强这些联系，并继续发展同相关人权机构，特别是同联合国人权事务高级专员办事处在打击恐怖主义的同时促进和保护人权和基本自由问题特别报告员以及人权理事会其他相关特别程序和机制的合作，同时在根据安全理事会关于反恐怖主义的相关决议正在开展的工作中适当考虑促进和保护人权；

13. 赞赏地注意到特别报告员根据人权委员会第2005/80号决议提交的报告③；

14. 赞赏地认识到特别报告员与人权理事会所有有关程序和机制以及人权条约机构之间的合作，敦促他们按照其任务规定继续合作，并酌情协调其努力，以便在这一问题上推动一致的处理办法；

15. 请各国政府在特别报告员执行法定任务和职责时给予充分合作，包括迅速响应特别报告员的紧急呼吁并提供其所要求的信息；

16. 欣见联合国人权事务高级专员为执行第60/158号决议授予她的任务而开展的工作，并请高级专员继续这方面的努力；

17. 请秘书长向人权理事会和大会第六十二届会议提交本决议执行情况报告；

18. 决定在第六十二届会议上审议在打击恐怖主义的同时促进和保护人权和基本自由问题特别报告员的报告。

2006 年 12 月 19 日
第 81 次全体会议

---

① 联合国，《条约汇编》，第 75 卷，第 970 至 973 号。

② A/61/353。

③ A/61/267。

劫持人质

(2006 年 12 月 19 日联大第 61/172 号决议)

大会，

重申《联合国宪章》的宗旨和原则，

回顾《世界人权宣言》①，其中除其他外，保证人人有权享有生命、人身自由和安全、不受到酷刑和其他残忍、不人道或有辱人格的待遇、行动自由和受到保护不被任意拘留，

又回顾世界人权会议于 1993 年 6 月 25 日通过的《维也纳宣言和行动纲领》②，

考虑到大会 1979 年 12 月 17 日第 34/146 号决议通过的《反对劫持人质国际公约》，其中确认人人享有生命、人身自由和安全的权利，并认为劫持人质是引起国际社会严重关切的罪行，并考虑到大会 1973 年 12 月 14 日第 3166(XXVIII)号决议通过的《关于防止和惩处侵害应受国际保护人员包括外交代表的罪行的公约》，

铭记安全理事会谴责所有恐怖主义行为，包括劫持人质的各项相关决议，特别是 2002 年 10 月 24 日第 1440 (2002)号决议，

注意到劫持人质构成《国际刑事法院罗马规约》③所规定的战争罪，并且严重违反关于保护战争受难者的 1949 年 8 月 12 日日内瓦四公约④，

重申各项有关决议，包括最近于 2002 年 12 月 18 日通过的第 57/220 号决议，

回顾人权委员会通过的有关这项问题的所有相关决议，包括最近于 2005 年 4 月 19 日通过的第 2005/31 号决议⑤，其中谴责劫持任何人为人质的行为，并回顾人权理事会主席 2006 年 6 月 30 日就同一问题发表的声明⑥，

关注到尽管国际社会作出了努力，不同形式和表现的劫持人质行为，

---

① 第 217 A(Ⅲ)号决议。
② A/CONF. 157/24(Part I)和 Corr. 1，第三章。
③ 联合国，《条约汇编》，第 2187 卷，第 38544 号。
④ 联合国，《条约汇编》，第 75 卷，第 970 至 973 号。
⑤ 《经济及社会理事会正式记录，2005 年，补编第 3 号》(E/2005/23)，第二章，A 节。
⑥ 《大会正式记录，第六十一届会议，补编第 53 号》(A/61/53)，第一部分，第二章，C 节。

除其他外,包括恐怖主义分子和武装集团的劫持行为,仍在继续发生,在世界上许多地区甚至有所增加,

呼吁按照 1949 年 8 月 12 日日内瓦四公约及其 1977 年附加议定书①尊重各人道主义组织、特别是红十字国际委员会及其代表的人道主义行动,

确认国际社会需要对劫持人质采取果断、坚定和协调一致的努力,以期严格依照国际人权标准制止此一令人发指的行为:

1. 重申劫持人质,不论何处发生,何人所为,都是践踏人权的严重罪行,在任何情况下均无理可辩;

2. 谴责世界任何地方的一切劫持人质行为;

3. 要求立即不附带任何先决条件地释放所有人质,并表示声援遭到劫持的受害者;

4. 吁请各国根据国际人道主义法的相关规定和国际人权标准采取一切必要措施,包括加强这方面的国际合作,防止、打击和惩罚劫持人质行为;

5. 决定继续处理此事项。

2006 年 12 月 19 日
第 81 次全体会议

---

① 联合国,《条约汇编》,第 1125 卷,第 17512 和第 17513 号。

防止恐怖分子获取放射性材料或放射源

(2007 年 12 月 5 日联大第 62/46 号决议)

大会,

认识到放射性材料和放射源对社会和经济发展的重大贡献和所有国家从其使用得到的惠益,

又认识到国际社会体现于大会和安全理事会有关决议的打击恐怖主义的决心,

对恐怖主义的威胁和对恐怖分子可能取得、贩运或使用放射性扩散装置内的放射性材料或放射源深表关切,

回顾旨在防止和制止这种危险的国际公约的重要性,特别是 2005 年 4 月 13 日通过的《制止核恐怖主义行为国际公约》①和 1979 年 10 月 26 日通过的《核材料实物保护公约》②及其 2005 年 7 月 8 日通过的修正案,

指出国际社会为打击大规模毁灭性武器的扩散及防止非国家行为者取得大规模毁灭性武器及有关材料所采取的行动,尤其是安全理事会 2004 年

4 月 28 日第 1540(2004)号决议,都是对防备核和放射性恐怖主义的贡献,

强调国际原子能机构特别通过支持改善国家法律和管制基础架构和制定技术指南的方式,在促进和加强放射性材料和放射源的安全和安保方面所发挥作用的重要性,

注意到《乏燃料管理安全和放射性废物管理安全联合公约》③对放射源使用末期的安全管理的重要性,

又注意到尽管是不具法律约束力的文件、但是加强放射源安全和保安的宝贵工具的《放射源安全和安保行为准则》④,以及国际原子能机构《放射源安全和安保订正行动计划》⑤及其 2006—2009 年核安保计划⑥的重要性,

还注意到国际原子能机构大会第五十一届常会通过的 GC(51)/RES/11 号决议和 GC(51)/RES/12 号决议,内

---

① 第 59/290 号决议,附件。
② 联合国,《条约汇编》,第 1456 卷,第 24631 号。
③ 联合国,《条约汇编》,第 2153 卷,第 37605 号。
④ 国际原子能机构,《放射源安全和保安行为准则》(IAEA/CODEOC/2004)。
⑤ GOV/2001/29-GC(45)/12,附文。
⑥ GC(49)/17。

容触及加强核、辐射和运输安全及废料管理方面的国际合作的措施以及防备核和放射性恐怖主义的措施①，

欢迎会员国目前正在作出个别和集体努力，在审议工作中考虑放射性材料和放射源管制欠缺或不足所产生的危险，并认识到各国需要根据本国法理和立法并依照国际法采取更加有效的措施，加强这种管制，

又欢迎会员国已经为处理这项问题采取多边行动，这体现于大会 2006 年 10 月 30 日第 61/8 号决议，

还欢迎 2005 年 6 月 27 日至 7 月 1 日在法国波尔多举行的国际原子能机构"放射源安全和保安：促进对放射源进行全寿期持续控制的全球系统"国际会议对该机构关于这些问题的工作所作的贡献，

注意到每个会员国根据国际义务应当承担维护切实有效的核安全和核安保的责任，主张一国境内的核安保完全应由该国负责，并注意到国际合作在支持各国努力履行责任方面的重要贡献，

又注意到迫切需要在联合国框架内通过国际合作处理该项日益令人关切的国际安全问题：

1. 吁请会员国根据本国法理和立法并依照国际法支持防止和在必要时制止恐怖分子取得和使用放射性材料和放射源的国际努力；

2. 敦促会员国视情况采取和加强国家措施，防止并在必要时制止恐怖分子取得和使用放射性材料和放射源，防止并在必要时制止恐怖分子袭击核电站及核设施并导致放射性物质释放，特别是依照会员国承担的国际义务，采取有效措施，对这类材料和发射源进行衡算、保安和实物保护；

3. 鼓励会员国以适当的检测手段和相关的结构或制度加强其国家能力，包括根据国际法律和法规开展国际合作与援助，以反映和防止放射性材料和放射源的非法贩运；

4. 欣见《制止核恐怖主义行为国际公约》于 2007 年 7 月 7 日生效，并请所有仍未签署和批准该文书的会员国根据其法律和宪法程序尽快予以签署和批准；

5. 请会员国，尤其是放射源的生产国和供应国，根据国际原子能机构大会 GC(51)/RES/11 号决议的规定，支持和核可国际原子能机构加强放射源安全和安保的努力，并按照原子能机构《2006—2009 年核安保计划》的要求，加强本国放射源的安保，敦促所有国家努力奉行原子能机构《放射源安全和安保行为准则》载列的指导方针，包括视情况奉行关于放射源进出口的指导方针，注意到该指导方针是对《准则》的补充，并鼓励会员国按原子能机

---

① 国际原子能机构，《大会决议和其他决定，第五十一届常会，2007 年 9 月 17 日至 21 日》[GC(51)/RES/DEC(2007)]。

构大会 GC(48)/RES/10 号决议①的规定,通知原子能机构总干事它们打算按此行事;

6. 认识到就各国管制放射源的办法进行信息交流的价值,注意到国际原子能机构理事会核可有关建议,赞成订立一个正式程序,以便自愿定期交流信息和经验教训,评价各国执行《放射源安全和安保行为准则》各项规定的进展;

7. 欢迎会员国开展努力,包括在国际原子能机构主持下进行国际合作,以寻找本国管辖范围内或境内未作防护和(或)未加管制的放射源("无主放射源")、确定其位置并加以防护;

8. 鼓励会员国彼此合作,并通过相关国际组织、必要时也通过相关区域组织开展合作,加强这方面的国家能力;

9. 决定将题为"防止恐怖分子获取放射性材料或放射源"的项目列入大会第六十四届会议临时议程。

2007 年 12 月 5 日
第 61 次全体会议

---

① 国际原子能机构,《大会决议和其他决定,第四十八届常会,2004 年 9 月 20 日至 24 日》[GC(48)/RES/DEC(2004)]。

为执行有关恐怖主义问题的国际公约和议定书提供技术援助

（2007 年 12 月 18 日联大第 62/172 号决议）

大会，

回顾大会和安全理事会有关打击恐怖主义方面技术援助的所有决议，

强调必须加强国际、区域和次区域合作，特别是通过提供技术援助增强会员国的国家能力，有效预防和制止一切形式和表现的恐怖主义，不论是何人所为、何时发生、目的为何，

重申大会 2006 年 9 月 8 日第 60/288 号决议通过的《联合国全球反恐战略》的各个方面，

承认会员国在《战略》中决心执行大会和安全理事会有关恐怖主义的所有决议，

强调反恐执行工作队必须成为秘书处内的制度化机构，以确保联合国系统的反恐努力全盘协调，步伐一致，目的是向会员国提供技术援助，

注意到会员国在《战略》中鼓励联合国毒品和犯罪问题办事处，包括其预防恐怖主义处同反恐怖主义委员会及其执行局密切协商，根据请求加强向各国提供技术援助，协助执行有关防止和制止恐怖主义的国际公约和议定书及联合国相关决议，

铭记会员国在《战略》中鼓励国际货币基金组织、世界银行、联合国毒品和犯罪问题办事处和国际刑事警察组织（国际刑警组织）加强同各国的合作，帮助它们充分遵守关于打击洗钱和资助恐怖主义的国际规范和义务，

又铭记会员国在《战略》中鼓励相关区域和次区域组织创建或加强反恐机制或中心，并鼓励联合国毒品和犯罪问题办事处在符合其现有任务规定的范围内，与反恐怖主义委员会及其执行局合作，协助为此目的提供合作与援助，

回顾其 2006 年 12 月 20 日第 61/181 号决议，其中邀请所有国家增加对联合国预防犯罪和刑事司法方案业务活动的支持，途径包括向联合国预防犯罪和刑事司法基金自愿捐款，或提供自愿捐款直接支持这些活动，

又回顾安全理事会 2004 年 3 月 26 日第 1535（2004）号决议，其中认识到反恐怖主义委员会应酌情与相关国际、区域和次区域组织及联合国其他

机构,包括联合国毒品和犯罪问题办事处,特别是其预防恐怖主义处密切合作,征得有关国家同意访问这些国家,以监测安理会 2001 年 9 月 28 日第 1373(2001) 号决议的执行情况,尤其注意针对这些国家的需要可以提供的援助,

赞赏预防恐怖主义处最近努力以联合国各正式语文提供技术援助,以便最大限度地提高援助效率,

赞赏地注意到促进执行《战略》的各种举措,例如奥地利政府与秘书长办公厅及联合国毒品和犯罪问题办事处合作于 2007 年 5 月 17 日和 18 日在维也纳举办了推进执行《联合国全球反恐战略》专题讨论会:

1. 赞扬联合国毒品和犯罪问题办事处,包括其预防恐怖主义处,通过同反恐怖主义委员会及其执行局密切协商,根据请求向各国提供技术援助,协助执行有关防止和制止恐怖主义的国际公约和议定书及联合国相关决议,并请办事处在有预算外资源的情况下继续在这方面作出努力;

2. 敦促尚未成为有关恐怖主义的现行国际公约和议定书缔约国的会员国考虑毫不迟延地成为这些公约和议定书的缔约国,并请联合国毒品和犯罪问题办事处在有预算外资源的情况下根据请求向会员国提供立法援助以及协助执行这些文书;

3. 敦促会员国尽最大可能加强国际合作,防止和制止恐怖主义,包括必要时在有关恐怖主义的国际公约和议

定书及联合国相关决议的范围内,根据包括《联合国宪章》在内的国际法,订立引渡和司法互助双边条约,并确保向所有相关人员提供进行国际合作的适当培训;请联合国毒品和犯罪问题办事处为此目的在有预算外资源的情况下根据请求向会员国提供援助;

4. 请联合国毒品和犯罪问题办事处在有预算外资源的情况下加紧努力,根据请求向会员国提供技术援助,加强防止和制止恐怖主义的国际合作,为此与反恐怖主义委员会及其执行局及反恐执行工作队密切协调,协助执行有关恐怖主义的国际公约和议定书,特别是对刑事司法官员进行关于执行这些国际文书的培训,例如举办专门培训班,开发专门技术工具和印发专门出版物;

5. 确认作为打击恐怖主义战略的根本基础,必须发展和维持公平有效的刑事司法制度,包括根据适用的国际法,人道地对待审前羁押和惩戒设施中的所有人,并请联合国毒品和犯罪问题办事处在有预算外资源的情况下,酌情在其打击恐怖主义的技术援助方案中考虑建立国家能力的必要内容,以便加强刑事司法制度和法治;

6. 请联合国毒品和犯罪问题办事处协同反恐怖主义委员会及其执行局,继续与国际组织和联合国系统相关实体以及区域和次区域组织合作,在其任务规定范围内酌情提供技术援助,特别是加强反恐领域的法律合作、良好做法和法律培训;

7. 感谢通过财政捐助等途径支持联合国毒品和犯罪问题办事处技术援助活动的所有会员国,尤其是鉴于有必要加强并有效提供技术援助,以协助会员国执行《联合国全球反恐战略》①的相关规定,邀请所有会员国考虑提供更多的自愿财政捐助和实物捐助;

8. 请秘书长向联合国毒品和犯罪问题办事处提供充足资源,使其能够在任务规定范围内开展活动,包括在打击恐怖主义方面开展活动,协助会员国执行联合国毒品和犯罪问题办事处 2008—2011 年期间的战略②;

9. 请联合国毒品和犯罪问题办事处执行主任在联合国毒品和犯罪问题办事处 2008—2009 两年期合并预算的范围内,向预防犯罪和刑事司法委员会第十八届会议续会报告预防恐怖主义的活动的支出情况;

10. 请秘书长向大会第六十三届会议提交一份关于本决议执行情况的报告。

2007 年 12 月 18 日
第 77 次全体会议

---

① 第 60/288 号决议。
② 经济及社会理事会第 2007/12 号和第 2007/19 号决议。

联合国全球反恐战略

（2010 年 9 月 8 日联大第 64/297 号决议）

大会，

重申大会 2006 年 9 月 8 日第 60/288 号决议所载《联合国全球反恐战略》，并回顾大会 2008 年 9 月 5 日第 62/272 号决议，其中除其他外，要求两年后审查实施《战略》的进展情况，并考虑修订该战略以应对情况的变化，

回顾其关于反恐执行工作队的机构化的 2009 年 12 月 24 日第 64/235 号决议，

又回顾大会在审查《战略》的实施情况和加以修订方面发挥极为重要的作用，

重申坚定致力于加强国际合作以防止和打击一切形式和表现的恐怖主义，

确认国际合作和会员国为防止和打击恐怖主义而采取的任何措施必须完全符合它们根据包括《联合国宪章》，尤其是其宗旨和原则及相关国际公约与议定书在内的国际法，特别是人权法、难民法和国际人道主义法所承担的义务，

深信拥有普遍会员的大会是处理国际恐怖主义问题的主管机构，

注意到需要加强联合国和各专门机构在其授权范围内实施《战略》的作用，

着重指出反恐执行工作队应继续在其授权框架内，按照会员国通过定期与大会交换意见提供的政策指导开展活动：

1. 再次明确强烈谴责无论由何人、在何处、为何目的的实施的一切形式和表现的恐怖主义，因为它是对国际和平与安全的最严重威胁之一；

2. 重申《联合国全球反恐战略》及其四个支柱，其实施是一项持续的工作，并呼吁会员国、联合国以及其他有关的国际、区域和次区域组织进一步努力，综合、全面地实施《战略》；

3. 表示注意到秘书长题为“联合国全球反恐战略：联合国系统在执行反恐战略方面进行的活动”的报告①；

---

① A/64/818 和 Corr. 1。

4. 又表示注意到在秘书长的报告和2010年9月8日举行的反恐战略第二次双年度审查中所介绍的会员国和有关国际、区域和次区域组织在《战略》框架内采取的措施,所有这些措施,包括通过交流最佳做法,加强了打击恐怖主义的合作;

5. 重申会员国负有实施《战略》的首要责任,同时进一步确认,联合国,包括反恐执行工作队,需要酌情协同其他国际、区域和次区域组织进一步发挥重要作用,促进和推动在国家、区域和全球各级协调一致地实施《战略》,并应会员国的要求提供援助,特别在能力建设领域提供援助;

6. 鼓励包括非政府组织在内的民间社会酌情参与加强实施《战略》的各种努力,包括同会员国和联合国系统交换意见;

7. 呼吁支持反恐工作的联合国各实体继续推动在打击恐怖主义的同时,促进和保护人权与基本自由以及适当程序和法治;

8. 呼吁尚未参加现有国际反恐公约和议定书的国家考虑及时参加这些公约和议定书,呼吁所有国家作出一切努力,缔结一项关于国际恐怖主义的全面公约,并回顾会员国对执行大会和安全理事会关于国际恐怖主义的各项决议的承诺;

9. 赞赏地注意到联合国各实体和安全理事会各附属机构继续为反恐执行工作队提供协助;

10. 在这方面强调加大联合国各实体间的合作的重要性以及反恐执行工作队工作的重要性,以确保联合国系统反恐努力的总体协调和一致性,并强调需要继续促进透明度和避免它们工作中的重复;

11. 重申需要通过加强会员国反恐官员间的对话,促进国际、区域和次区域合作和更广泛地传播对《战略》的认知,以打击恐怖主义,并为此回顾联合国系统特别是反恐执行工作队在促进国际合作和能力建设这两个《战略》要素方面的作用;

12. 欢迎根据第64/235号决议在落实反恐执行工作队机构化方面取得的进展;

13. 呼吁会员国加强对反恐执行工作队工作的参与;

14. 鼓励反恐执行工作队开发一个综合网站,以确保更多的受众可以查阅其工作情况;

15. 请反恐执行工作队秘书处与会员国互动,包括提供有关其目前和今后工作的季度情况通报和综合报告,以确保透明度,使会员国能够评估工作队所开展的工作,并就《战略》实施工作提供政策指导和反馈;

16. 请秘书长至迟于2012年4月向大会第六十六届会议提交一份报告,汇报实施《战略》的进展情况,其中可就联合国系统今后的实施工作提出建议,以及汇报执行本决议的进展情况;

17. 决定将题为"联合国全球反恐

战略"的项目列入大会第六十六届会议临时议程，以便最迟在 2012 年 6 月审查上文第 16 段中请秘书长提交的报告以及会员国实施《战略》的情况，并考虑修订《战略》以应对情况的变化。

2010 年 9 月 8 日
第 117 次全体会议

消除国际恐怖主义的措施

(2010 年 12 月 6 日联大第 65/34 号决议)

大会,

遵循《联合国宪章》的宗旨和原则,

重申 2006 年 9 月 8 日通过的加强国际社会努力有效打击一切形式和表现的恐怖主义祸害的总体框架的《联合国全球反恐战略》①的各个方面,并回顾 2008 年 9 月 4 日和 5 日以及 2010 年 9 月 8 日对该战略的第一次和第二次双年度审查以及当时举行的辩论②,

回顾《联合国五十周年纪念宣言》③,

又回顾《联合国千年宣言》④,

还回顾《2005 年世界首脑会议成果》⑤,并特别重申关于恐怖主义的一节,

回顾大会 1994 年 12 月 9 日第 49/60 号决议附件所载的《消除国际恐怖主义措施宣言》,以及 1996 年 12 月 17 日第 51/210 号决议附件所载的《补充 1994 年〈消除国际恐怖主义措施宣言〉的宣言》,

又回顾所有关于消除国际恐怖主义的措施的大会决议和关于恐怖主义行为对国际和平与安全造成的威胁的安全理事会决议,

深信大会审议消除国际恐怖主义的措施十分重要,因为大会是具有此职权的普遍性机构,

深感不安地看到在世界各地实施的恐怖主义行为持续不断,

重申强烈谴责造成巨大人命损失和破坏、令人发指的恐怖主义行为,包括促使通过大会 2001 年 9 月 12 日第 56/1 号决议以及安全理事会 2001 年 9 月 12 日第 1368(2001)号、2001 年 9 月 28 日第 1373(2001)号和 2001 年 11 月 12 日第 1377(2001)号决议的恐怖主

---

① 第 60/288 号决议。
② 《大会正式记录,第六十二届会议,全体会议》,第 117 至 120 次会议(A/62/PV.117 – 120)和更正;《大会正式记录,第六十四届会议,全体会议》,第 116 和 117 次会议(A/64/PV.116 – 117)和更正。
③ 第 50/6 号决议。
④ 第 55/2 号决议。
⑤ 第 60/1 号决议。

义行为以及自这些决议通过以来发生的恐怖主义行为，

回顾强烈谴责 2003 年 8 月 19 日蓄意袭击巴格达联合国伊拉克援助团总部的暴行的大会 2003 年 9 月 15 日第 57/338 号决议和安全理事会 2003 年 8 月 26 日第 1502（2003）号决议，

申明各国必须确保为打击恐怖主义采取的措施符合本国依据国际法承担的一切义务，并依照国际法，特别是国际人权法、难民法和人道主义法，制定这种措施，

强调必须依照《宪章》原则、国际法和相关国际公约，进一步加强各国之间及各国际组织和机构、区域组织和安排与联合国之间的国际合作，以防止、打击和消除一切形式和表现的恐怖主义，不论在何处发生，也不论是何人所为，

注意到安全理事会关于反恐怖主义的第 1373（2001）号决议所设委员会发挥作用，监测该决议的执行情况，包括各国采取必要的金融、法律和技术措施以及批准或接受相关国际公约和议定书的情况，

意识到必须增强联合国和相关专门机构在打击国际恐怖主义方面的作用以及秘书长关于增强本组织在这方面的作用的提议，

又意识到亟须加强国际、区域和次区域合作，以增强各国的国家能力，防止和有效制止一切形式和表现的国际恐怖主义，

再次吁请各国紧急审查关于防止、遏制和消除一切形式和表现的恐怖主义的现有国际法律规定的范围，以期确保有一个涵盖这个问题的所有方面的全面法律框架，

强调容忍和不同文明之间的对话以及加强不同信仰和文化之间的了解是促进在反恐行动方面合作和取得成功的最重要因素之一，并欣见为此采取的各种举措，

重申任何恐怖主义行为在任何情况下均无理可辩，

回顾安全理事会 2005 年 9 月 14 日第 1624（2005）号决议，并铭记着各国必须确保为打击恐怖主义采取的措施符合本国依国际法承担的义务，尤其是依国际人权法、难民法和人道主义法承担的义务，

注意到在国际、区域和次区域范围内各机构有关防止和制止国际恐怖主义的最新发展和举措，这些机构包括：非洲联盟、东盟区域论坛、亚洲太平洋经济合作组织、东南亚国家联盟、巴厘反恐怖主义进程、中美洲一体化体系、集体安全条约组织、东部和南部非洲共同市场、海湾阿拉伯国家合作委员会、欧洲委员会、东非共同体、西非国家经济共同体、欧洲—地中海伙伴关系、欧洲自由贸易联盟、欧洲联盟、八国集团、政府间发展管理局、国际民用航空组织、国际海事组织、阿拉伯国家联盟、不结盟国家运动、北大西洋公约组织、经济合作与发展组织、欧洲安全与合作组织、美洲国家组织、伊斯兰会议组织、太平洋岛屿论坛、上海

合作组织、南部非洲发展共同体和世界海关组织，

注意到各区域作出努力，包括以拟订和参加区域公约的方式，防止、打击和消除一切形式和表现的恐怖主义，不论在何处发生，也不论是何人所为，

回顾大会 1999 年 12 月 9 日第 54/110 号、2000 年 12 月 12 日第 55/158 号、2001 年 12 月 12 日第 56/88 号、2002 年 11 月 19 日第 57/27 号、2003 年 12 月 9 日第 58/81 号、2004 年 12 月 2 日第 59/46 号、2005 年 12 月 8 日第 60/43 号、2006 年 12 月 4 日第 61/40 号、2007 年 12 月 6 日第 62/71 号、2008 年 12 月 11 日第 63/129 号和 2009 年 12 月 16 日第 64/118 号决议决定，大会第 51/210 号决议设立的特设委员会应审议在联合国主持下召开一次高级别会议以制定国际社会有组织地联合对付一切形式和表现的恐怖主义的对策的问题，并将该问题保留在其议程上，

又回顾 2009 年 7 月 16 日在埃及沙姆沙伊赫举行的第十五次不结盟国家运动国家元首和政府首脑会议通过的《最后文件》①，其中重申不结盟国家运动对恐怖主义问题的集体立场，并再次申明以前提出的关于要求在联合国主持下召开一次国际首脑会议以制订国际社会共同对付一切形式和表现的恐怖主义的系统对策的倡议②，以及其他相关倡议，

意识到 2002 年 12 月 18 日第 57/219 号、2003 年 12 月 22 日第 58/187 号、2004 年 12 月 20 日第 59/191 号、2005 年 12 月 16 日第 60/158 号、2006 年 12 月 19 日第 61/171 号、2007 年 12 月 18 日第 62/159 号、2008 年 12 月 18 日第 63/185 号和 2009 年 12 月 18 日第 64/168 号决议，

审查了秘书长的报告③、大会第 51/210 号决议设立的特设委员会的报告④、大会第六十五届会议第六委员会所设工作组的报告⑤：

1. 强烈谴责一切形式和表现的恐怖主义行为、方法和行径，不论在何处发生，也不论是何人所为，均为犯罪，无理可言；

2. 吁请所有会员国、联合国及其他有关国际、区域和次区域组织通过调用资源和专门知识等方式毫不迟延地在国际、区域、次区域和国家层面执行《联合国全球反恐战略》及与《战略》的第一次和第二次双年度审查相关的决议的各个方面⑥；

3. 回顾大会在跟踪了解《战略》的

---

① A/63/965 – S/2009/514，附件。
② A/53/667 – S/1998/1071，附件一，第 149 至 162 段。
③ A/65/175 和 Add. 1 和 2。
④ 《大会正式记录，第六十五届会议，补编第 37 号》（A/65/37）。
⑤ A/C. 6/65/L. 10。
⑥ 第 62/272 和 64/297 号决议。

执行情况和更新该《战略》方面的核心作用,并在这方面又回顾大会曾请秘书长促进大会今后的审议工作,请秘书长在此过程中提供关于秘书处内相关活动的资料,以确保联合国系统反恐工作的全面协调和统一;

4. 重申为了政治目的而故意或蓄意在一般公众、某一群人或某些人之中引起恐怖状态的犯罪行为,不论引用何种政治、思想、意识形态、种族、人种、宗教或其他性质的考虑作为借口,在任何情况下都无理可言;

5. 再次吁请所有国家按照《联合国宪章》和国际法的相关规定,包括按照国际人权标准,采取进一步措施防止恐怖主义,加强打击恐怖主义的国际合作,并为此目的考虑执行大会第51/210号决议第3(a)至(f)段所列的措施;

6. 又再次吁请所有国家为促进高效率执行相关法律文书,在适当情况下加强信息交流,互通有关恐怖主义的事实,但同时应避免传播不准确或未核实的信息;

7. 再次吁请各国不资助、不鼓励恐怖主义活动,也不向其提供训练或其他支持;

8. 关注恐怖团体绑架扣留人质索取赎金和(或)政治让步的事件有所上升,表示必须解决这一问题;

9. 敦促各国确保,对于在本国境内的国民或其他个人和实体,蓄意为实施或企图实施、便利实施或参与实施恐怖主义行为的个人或实体的利益提供和筹集资金的,应当受到与这种行为的严重性质相称的刑罚惩处;

10. 提醒各国根据相关国际公约和议定书以及安全理事会决议,包括安理会第1373(2001)号决议,有义务确保将实施恐怖主义行为的人绳之以法;

11. 重申打击恐怖主义的国际合作及国家行动应依照《宪章》原则、国际法和相关国际公约进行;

12. 回顾《制止核恐怖主义行为国际公约》①、《关于核材料的实物保护公约》的修正案②、《制止危及海上航行安全非法行为公约》的2005年议定书③和《制止危及大陆架固定平台安全非法行为议定书》的2005年议定书④获得通过,并敦促各国考虑作为优先事项,成为上述文书的缔约方;

13. 敦促所有尚未成为缔约方的国家考虑作为优先事项,依照安全理事会第1373(2001)号决议和2004年10月8日第1566(2004)号决议的规定,成为大会第51/210号决议第6段

① 第59/290号决议,附件。
② 核材料实物保护公约拟议修正案审议会议2005年7月8日通过。
③ 修订制止危及海上航行安全非法行为公约外交会议2005年10月14日通过(LEG/CONF.15/21)。
④ 修订制止危及海上航行安全非法行为公约外交会议2005年10月14日通过(LEG/CONF.15/22)。

中提到的相关公约和议定书以及《制止恐怖主义爆炸的国际公约》①、《制止向恐怖主义提供资助的国际公约》②、《制止核恐怖主义行为国际公约》和《关于核材料的实物保护公约》修正案的缔约方,并吁请所有国家酌情制定必要的国内立法以实施这些公约和议定书的规定,确保本国法院行使管辖权,能够审判实施恐怖主义行为的人,并为此目的的与其他国家及相关国际组织和区域组织合作,提供支持和协助;

14. 敦促各国与秘书长合作,并彼此合作,以及同有关政府间组织合作,以确保酌情在现有任务范围内向需要并要求协助的国家提供技术和其他专家咨询意见,协助它们成为上文第 13 段所述公约和议定书的缔约方及实施这些公约和议定书;

15. 赞赏并满意地注意到,依照大会第 64/118 号决议第 11 和 12 段中的呼吁,一些国家已成为这两段所述相关公约和议定书的缔约方,从而实现使这些公约得到更广泛接受和实施的目标;

16. 重申《消除国际恐怖主义措施宣言》③和《补充 1994 年〈消除国际恐怖主义措施宣言〉的宣言》④,并吁请所有国家予以实施;

17. 吁请所有国家合作防止和制止恐怖主义行为;

18. 敦促所有国家和秘书长在其防止国际恐怖主义的努力中,以最佳方式利用联合国现有机构;

19. 请维也纳联合国毒品和犯罪问题办公室预防恐怖主义处继续作出努力,根据其任务规定,加强联合国在防止恐怖主义方面的能力,并认识到在《联合国全球反恐战略》和安全理事会第 1373(2001)号决议范围内,该处发挥作用,通过国家能力建设等途径,协助各国成为包括最近通过的公约和议定书在内的相关反恐国际公约和议定书的缔约方,实施这些公约和议定书,并加强恐怖主义刑事事项方面的国际合作机制;

20. 欣见秘书处正在努力筹备以所有正式语文编写《关于防止和制止国际恐怖主义的国际文书》第三版;

21. 请区域政府间组织向秘书长提交关于其在区域一级为消除国际恐怖主义而采取的措施的资料,以及关于这些组织举行的政府间会议的资料;

22. 注意到在大会第 51/210 号决议设立的特设委员会和大会第六十五届会议期间第六委员会所设工作组的会议上拟订关于国际恐怖主义的全面公约草案的工作所取得的进展,并欢迎继续为此作出努力;

---

① 联合国,《条约汇编》,第 2149 卷,第 37517 号。
② 联合国,《条约汇编》,第 2178 卷,第 38349 号。
③ 第 49/60 号决议,附件。
④ 第 51/210 号决议,附件。

23. 决定特设委员会应从速继续拟订关于国际恐怖主义的全面公约草案,并应继续讨论大会第54/110号决议列入其议程的关于在联合国主持下召开一次高级别会议的项目;

24. 又决定特设委员会应于2011年4月11日至15日举行会议,以履行上文第23段所述任务;

25. 请秘书长继续向特设委员会提供履行工作所需的便利;

26. 请特设委员会在其已完成关于国际恐怖主义的全面公约草案的情况下,向大会第六十五届会议提出报告;

27. 又请特设委员会向大会第六十六届会议报告在执行其任务方面所取得的进展;

28. 决定将题为"消除国际恐怖主义的措施"的项目列入大会第六十六届会议临时议程。

2010年12月6日
第57次全体会议

防止恐怖分子获取大规模毁灭性武器的措施

(2010 年 12 月 8 日联大第 65/62 号决议)

大会,

回顾其 2009 年 12 月 2 日第 64/38 号决议,

确认大会和安全理事会各项有关决议表明国际社会决心打击恐怖主义,

深为关切恐怖主义与大规模毁灭性武器之间发生联系的危险日益增长,特别是恐怖分子会设法获取大规模毁灭性武器,

认识到各国为实施安全理事会 2004 年 4 月 28 日通过的关于不扩散大规模毁灭性武器的第 1540(2004)号决议所采取的措施,

欢迎《制止核恐怖主义行为国际公约》①于 2007 年 7 月 7 日生效,

又欢迎 2005 年 7 月 8 日国际原子能机构以协商一致方式通过关于加强《核材料实物保护公约》②的修正案,

注意到 2009 年 7 月 11 日至 16 日在埃及沙姆沙伊赫举行的第十五次不结盟国家运动国家元首和政府首脑会议的最后文件③表示支持采取措施,防止恐怖分子获取大规模毁灭性武器,

又注意到八国集团、欧洲联盟、东南亚国家联盟区域论坛和其他方面在其审议中考虑到恐怖分子有可能获取大规模毁灭性武器所带来的种种危险,和展开国际合作与之进行斗争的必要性,并注意到俄罗斯联邦和美利坚合众国已经联合启动了打击核恐怖主义全球倡议,

还注意到 2010 年 4 月 12 日和 13 日在哥伦比亚特区华盛顿举行了核安全问题首脑会议,

认知到裁军事项咨询委员会对恐怖主义和大规模毁灭性武器所涉问题进行的审议④,

表示注意到国际原子能机构大会

---

① 联合国,《条约汇编》,第 2445 卷,第 44004 号。
② 联合国,《条约汇编》,第 1456 卷,第 24631 号。
③ A/63/965 – S/2009/514,附件。
④ A/59/361。

第五十四届常会通过的相关决议①,

又表示注意到 2005 年 9 月联合国大会高级别全体会议通过的《2005 年世界首脑会议成果》②和 2006 年 9 月 8 日通过的《联合国全球反恐战略》③,

还表示注意到秘书长根据第 64/38 号决议第 5 段提交的报告④,

念及迫切需要在联合国框架内,通过国际合作处理对人类的这一威胁,

强调迫切需要在裁军和不扩散领域取得进展,以维护国际和平与安全,推动全球打击恐怖主义的努力:

1. 吁请全体会员国支持防止恐怖分子获取大规模毁灭性武器及其运载工具的国际努力;

2. 呼吁全体会员国考虑早日加入和批准《制止核恐怖主义行为国际公约》;

3. 敦促全体会员国酌情采取和加强国家措施,以防止恐怖分子获取大规模毁灭性武器、其运载工具以及与其制造有关的材料和技术;

4. 鼓励会员国之间以及会员国与有关区域组织和国际组织之间相互合作,以加强各国在这方面的能力;

5. 请秘书长编写一份报告,说明国际组织在打击恐怖主义与大规模毁灭性武器扩散之间的联系问题上已经采取的措施,并就消除恐怖分子获取大规模毁灭性武器构成的全球威胁的其他相关措施,包括由各国采取的措施,征求会员国的意见,向大会第六十六届会议提出报告;

6. 决定将题为"防止恐怖分子获取大规模毁灭性武器的措施"的项目列入大会第六十六届会议临时议程。

2010 年 12 月 8 日
第 60 次全体会议

---

① 国际原子能机构,《大会决议和其他决定,第五十四届常会,2010 年 9 月 20 日至 24 日》[GC(54)/RES/DEC(2010)]。

② 第 60/1 号决议。

③ 第 60/288 号决议。

④ A/65/99 和 Add. 1。

防止恐怖分子获取放射源

(2010 年 12 月 8 日联大第 65/74 号决议)

大会，

认识到放射性材料和放射源对社会和经济发展的重大贡献和所有国家从其使用得到的惠益，

又认识到国际社会体现于大会和安全理事会有关决议的打击恐怖主义的决心，

深为关切恐怖主义的威胁和恐怖分子可能取得、贩运或使用放射性扩散装置内的放射性材料或放射源的危险，

又深为关切恐怖分子使用这种装置对人类健康和环境造成的潜在威胁，

回顾旨在防止和制止这种危险的各项国际公约的重要性，特别是 2005 年 4 月 13 日通过的《制止核恐怖主义行为国际公约》①以及 1979 年 10 月 26 日通过的《核材料实物保护公约》②和 2005 年 7 月 8 日通过的对该《公约》的修正③，

指出国际社会为打击大规模毁灭性武器的扩散及防止非国家行为者取得大规模毁灭性武器及有关材料所采取的行动，尤其是安全理事会 2004 年 4 月 28 日第 1540（2004）号决议，都是对防备核和放射性恐怖主义的贡献，

强调国际原子能机构特别通过支持改善国家法律和管制基础架构及制定技术指南的方式，在促进和加强放射性材料和放射源的安全和安保方面所发挥作用的重要性，

又强调国际原子能机构除其他外，通过非法贩运数据库及其在核鉴识领域的工作，在防止非法贩运放射性材料和查明安保系统中的薄弱环节方面作出的贡献，

表示注意到《废燃料管理安全和放射性废物管理安全联合公约》④对放射源使用末期安全管理的重要性，

又表示注意到《放射源安全和安

---

① 联合国,《条约汇编》,第 2445 卷,第 44004 号。
② 联合国,《条约汇编》,第 1456 卷,第 24631 号。
③ 国际原子能机构,GOV/INF/2005/10 - GC(49)/INF/6 号文件,附文。
④ 联合国,《条约汇编》,第 2153 卷,第 37605 号。

保行为准则》①和《放射源的进口和出口导则》②作为加强放射源安全和安保的重要文书(虽然认识到《行为准则》是不具法律约束力的文书)、国际原子能机构的《放射源安全和安保订正行动计划》③和《2010—2013 年核安保计划》④以及会员国对国际原子能机构核安全基金提供的自愿捐款的重要性,

鼓励会员国对国际原子能机构核安全基金提供自愿捐款,

注意到国际原子能机构大会第五十四届常会通过的 GC(54)/RES/7 号和 GC(54)/RES/8 号决议,内容涉及加强核、辐射、运输和废料安全方面国际合作的措施以及防备核和放射性恐怖主义的措施⑤,并注意到国际原子能机构的《2010—2013 年核安保计划》,

欣见会员国目前正在作出个别和集体努力,在审议工作中考虑放射性材料和放射源管制欠缺或不足所产生的危险,并认识到各国需要按照本国法律授权和立法,并遵循国际法,采取更有效的措施来加强这种管制,

又欣见会员国已经为处理这个问题采取多边行动,这体现于大会 2006 年 10 月 30 日第 61/8 号决议,

注意到旨在加强核安保和执行有助于加强与放射性物质的安保相关的核材料安保的措施的各种国际努力和

伙伴关系,并鼓励努力保障这些材料的安全,

意识到每个会员国根据国际义务应当承担维护切实有效的核安全和安保责任,主张一国境内的核安保完全应由该国负责,并注意到国际合作在支持各国努力履行其责任方面的重要贡献,

又意识到迫切需要在联合国框架内通过国际合作处理这个日益令人关切的国际安全问题:

1. 吁请会员国根据本国法理和立法并依照国际法,支持防止和在必要时制止恐怖分子取得和使用放射性材料和放射源的国际努力;

2. 敦促会员国视情况采取和加强国家措施,防止并在必要时制止恐怖分子取得和使用放射性材料和放射源,防止并在必要时制止恐怖分子袭击核电站及核设施而导致放射性物质释放,特别是依照会员国承担的国际义务,采取有效措施,对这类设施、材料和放射源进行衡算、安保和实物保护;

3. 鼓励会员国以适当的检测手段和相关的结构或系统加强其国家能力,包括根据国际法律和法规开展国际合作与援助,以反映和防止放射性

①　国际原子能机构,《放射源安全和安保行为准则》(IAEA/CODEOC/2004)。
②　可查阅 www-pub.iaea.org/MTCD/publications/PDF/Imp - Exp_web.pdf。
③　国际原子能机构,GOV/2001/29 - GC(45)/12 号文件,附文。
④　国际原子能机构,GOV/2009/54 - GC(53)/18 号文件。
⑤　国际原子能机构,《大会决议和其他决定,第五十四届常会,2010 年 9 月 20 日至 24 日》[GC(54)/RES/DEC(2010)]。

材料和放射源的非法贩运;

4. 鼓励所有仍未加入《制止核恐怖主义行为国际公约》的会员国根据其法律和宪法程序尽快加入;

5. 请会员国,尤其是放射源的生产国和供应国,如国际原子能机构大会 GC(54)/RES/8 号决议所述,支持和核可国际原子能机构加强放射源安全和安保的努力,并如《2010—2013 年核安保计划》所述;加强放射源的安保,敦促所有国家努力奉行《放射源安全和安保行为准则》载列的指导方针,包括视情况奉行《放射源的进口和出口导则》,注意到该《导则》是对《行为准则》的补充,并鼓励会员国按照原子能机构大会 GC(54)/RES/7 号决议的规定,将它们打算这样做的意图通知原子能机构总干事;

6. 确认就各国管制放射源的办法进行信息交流的价值,并表示注意到国际原子能机构理事会已核可一项提议,赞成订立一个正式程序,以便自愿定期交流信息和经验教训,和评价各国执行《放射源安全和安保行为准则》各项规定的进展;

7. 欢迎会员国作出努力,包括在国际原子能机构主持下开展国际合作,以寻找本国管辖范围内或境内未作防护和(或)未加管制的("无主")放射源,确定其位置并加以防护;

8. 鼓励会员国彼此之间,以及通过相关的国际组织和在适当情况下通过相关的区域组织,开展合作以期加强这方面的国家能力;

9. 决定将题为"防止恐怖分子获取放射源"的项目列入大会第六十七届会议临时议程。

2010 年 12 月 8 日
第 60 次全体会议

在反恐时保护人权和基本自由

(2010 年 12 月 21 日联大第 65/221 号决议)

大会，

重申《联合国宪章》的宗旨和原则，

又重申《世界人权宣言》①，

还重申《维也纳宣言和行动纲领》②，

重申尊重所有人权和基本自由及法治具有根本重要性，包括在对付恐怖主义和恐怖主义恐惧的时候，

又重申各国有义务保护所有人的所有人权和基本自由，

还重申不能也不应将恐怖主义与任何宗教、国籍、文明或族裔群体联系起来，

重申在各级采取符合国际法，尤其是符合国际人权、难民和人道主义法的措施打击恐怖主义，非常有助于促进民主机构的运作以及和平与安全的维护，从而有助于促进人权与基本自由的充分享受，并且重申需要继续这场斗争，包括为此而加强国际合作和联合国在这方面的作用，

深为痛惜在打击恐怖主义斗争中发生了侵犯人权和基本自由的行为以及违反国际难民和人道主义法的行为，

关切地注意到有些措施可能损害人权和法治，例如在没有按律羁押的依据和正当法律程序保障的情况下羁押恐怖行为涉嫌人，以相当于将被羁押者置于法律保护之外的方式剥夺自由，在没有基本司法保障情况下审判涉嫌人，非法剥夺恐怖活动涉嫌人的自由并将他们移送他处，在未作个别风险评估以断定是否存在确凿理由相信涉嫌人回国有可能遭受酷刑的情况下便遣送涉嫌人回国，以及限制有效监督反恐措施，

强调指出反恐斗争中采取的一切措施，包括个人定性分析以及采用外交保证、谅解备忘录或其他移送协定或安排，都必须符合各国根据国际法，包括根据国际人权、难民和人道主义法承担的义务，

回顾《世界人权宣言》第 30 条，重

---

① 第 217 A（Ⅲ）号决议。
② A/CONF. 157/24（Part I）和 Corr. 1，第三章。

申一切形式和表现的恐怖主义行为、方法和做法都是旨在摧毁人权、基本自由和民主的活动，威胁到国家的领土完整与安全，破坏合法组建的政府的稳定，并重申国际社会应采取必要步骤，加强合作，防止和打击恐怖主义①，

重申明确谴责一切形式和表现的恐怖主义行为、方法和做法，这些行为、方法和做法不论动机为何，在何处发生，何人所为，都是无可辩解的犯罪，并重申决心加强国际合作，防止和打击恐怖主义，

确认尊重所有人权、尊重民主和尊重法治是相互关联、相互强化的，

强调各国必须正确理解和履行关于禁止酷刑和其他残忍、不人道或有辱人格的待遇或处罚的义务，必须在反恐斗争中严格遵守《禁止酷刑和其他残忍、不人道或有辱人格的待遇或处罚公约》②第1条关于酷刑的定义，

回顾大会 2009 年 12 月 18 日第 64/168 号决议、人权理事会 2010 年 3 月 26 日第 13/26 号决议③以及第 64/168 号决议序言部分所述的其他相关决议和决定，并欢迎所有利益攸关方努力执行这些决议，

又回顾大会 2006 年 9 月 8 日第 60/288 号决议，大会以此通过了《联合国全球反恐战略》，并回顾大会关于审查这项战略的 2010 年 9 月 8 日第 64/297 号决议，重申促进和保护所有人的人权及法治在反恐斗争中至关重要，确认有效的反恐措施和保护人权这两个目标并不矛盾，而是相互补充、相辅相成的，并强调指出需要促进和保护恐怖主义受害人的权利，

还回顾人权理事会 2010 年 9 月 30 日第 15/15 号决议④，其中理事会决定延长在反恐时促进和保护人权与基本自由问题特别报告员的任务期限，

回顾大会 2009 年 12 月 16 日第 64/115 号决议，及其题为"采取及执行联合国制裁"的附件，特别是附件中关于列名和除名程序的规定：

1. 重申各国必须确保为打击恐怖主义而采取的一切措施均符合根据国际法、特别是根据国际人权、难民和人道主义法承担的义务。

2. 深为痛惜恐怖主义给受害人及其家属造成的痛苦，对他们深表同情，并强调指出必须向他们提供援助。

3. 表示严重关切在反恐过程中发生的侵犯人权和基本自由以及违反国际难民和人道主义法的行为。

4. 重申在实施反恐措施时应当遵循国际法，包括国际人权、难民和人道主义法，从而充分顾及所有人的人权，

---

① 1993 年 6 月 25 日世界人权会议通过的《维也纳宣言和行动纲领》第一节，第 17 段［A/CONF. 157/24（Part I）和 Corr. 1，第三章］。

② 联合国，《条约汇编》，第 1465 卷，第 24841 号。

③ 《大会正式记录，第六十五届会议，补编第 53 号》（A/65/53），第二章，A 节。

④ 《大会正式记录，第六十五届会议，补编第 53A 号》（A/65/53/Add. 1），第二章。

包括在民族或族裔、宗教和语言上属于少数群体者的人权，而且在这方面不得以种族、肤色、性别、语言、宗教或社会出身等理由进行歧视。

5. 又重申根据《公民及政治权利国际公约》①第4条，各国有义务尊重某些权利，在任何情况下均不得克减，回顾就《公约》规定的所有其他权利而言，任何克减《公约》条款的措施一律必须符合该条的规定，并着重指出任何此类克减均属例外和暂时性质②，在此方面吁请各国提高参与反恐的国家当局对这些义务的重要性的认识。

6. 敦促各国在反恐的同时：

（a）充分履行国际法，特别是国际人权、难民和人道主义法规定的义务，绝对禁止酷刑和其他残忍、不人道或有辱人格的待遇或处罚；

（b）采取一切必要步骤，确保被剥夺自由者，不论在何处被捕或羁押，均享有国际法赋予的应享保障，包括其羁押得到复核及享受其他基本司法保障；

（c）依照国际法，包括国际人权法和人道主义法的规定，确保任何形式的剥夺自由措施都不得将被羁押者置于法律保护之外，并尊重关于人的自由、安全和尊严等方面保障；

（d）依照国际法，包括国际人权法和人道主义法的规定来对待所有羁押地点的所有囚犯；

（e）按照国际法，包括国际人权法，如《公民及政治权利国际公约》，以及国际人道主义法和难民法的规定，尊重所有人在法律、法院和法庭面前一律平等的权利和接受公正审判的权利；

（f）按照国际法保障隐私权，并采取措施确保对隐私权的干预均由法律规制，受到切实有效的监督并订有妥善的救正之方，包括通过司法复议或其他方法；

（g）保护所有人权，包括经济、社会和文化权利，同时铭记某些反恐措施可能对享受这些权利产生影响；

（h）确保所有边境管制行动和其他入境前机制的方针与做法均明确、充分尊重国际法特别是国际难民和人权法所规定的对寻求国际保护的人员的义务；

（i）充分尊重国际难民和人权法规定的不推回义务，同时在充分尊重这些义务和其他法律保障措施的情况下，一旦发现可信的相关证据显示某人犯有国际难民法排除条款所述犯罪行为，包括恐怖主义行为，即复核先前关于此人难民地位的决定是否有效；

（j）如果移送有关人员将违背国际法规定的义务，特别是违背国际人权、人道主义和难民法规定的义务，包括有相当理由相信有关人员可能会遭受酷刑，或者有关人员的生命或自由

---

① 第2200 A（XXI）号决议，附件。
② 例如，见人权事务委员会2001年7月24日通过的关于紧急状态的第29号一般性意见。

可能因其种族、宗教、国籍、所属特定社会群体或政治见解而受到有违国际难民法的威胁,则不应把有关人员,包括涉及恐怖主义案件者,送回原籍国或第三国,同时应铭记各国可能有义务起诉未被送回者;

(k)如果把有关个人送回另一国的做法违反国际法规定的义务,使他们面临遭受残忍、不人道或有辱人格的待遇或处罚的风险,就不应采取此种做法;

(l)确保各国关于按刑事罪论处恐怖行为的法律便于查阅、措词精确、不歧视和不溯既往,并且符合国际法,包括人权法;

(m)不得以国际法禁止的歧视为依据,包括以种族、族裔和(或)宗教为理由,进行带有成见的定性分析;

(n)确保用于恐怖行为涉嫌人的审讯方式与国际义务相符并予以审查,以防出现违背国际法,包括国际人权、难民和人道主义法所规定义务的危险;

(o)确保任何人在其人权或基本自由受到侵犯时,都有机会获得有效补救,而且受害人酌情获得充分、有效和迅速的赔偿,包括将那些对此类侵犯行为负有责任者绳之以法;

(p)根据《世界人权宣言》的所有相关规定,以及根据《公民及政治权利

国际公约》、1949年《日内瓦四公约》①及其1977年《附加议定书》②、1951年《关于难民地位的公约》③及其1967年《议定书》④所规定的各项义务,在各适用领域确保适当程序保障;

(q)依照两性平等和不歧视原则制定和执行一切反恐措施。

7. 又敦促各国在反恐过程中考虑联合国相关的人权决议和决定,并鼓励各国妥善考虑人权理事会各特别程序和机制的建议以及联合国人权条约机构的相关评论和意见。

8. 确认大会在其2006年12月20日第61/177号决议中通过了《保护所有人免遭强迫失踪国际公约》,认识到该公约的生效及执行将是在反恐过程中支持法治的一个重要步骤。

9. 确认需要继续确保加强联合国反恐制裁制度所规定的公正而明确的程序,以提高其效率和透明度,并欢迎和鼓励安全理事会持续努力,支持实现这些目标,包括设立监察员办公室和继续对该制度中所编列的所有个人和实体名字进行审查,同时强调这些制裁在反恐行动中的重要性。

10. 敦促各国在确保充分履行国际义务的同时,确保法治,并将适当的人权保障纳入各国将个人和实体列名反恐怖主义名单的程序。

---

① 联合国,《条约汇编》,第75卷,第970至973号。
② 联合国,《条约汇编》,第1125卷,第17512和17513号。
③ 联合国,《条约汇编》,第189卷,第2545号。
④ 联合国,《条约汇编》,第606卷,第8791号。

11. 请联合国人权事务高级专员办事处和人权理事会在反恐时促进和保护人权与基本自由问题特别报告员继续协助反恐执行工作队的工作,包括除其他外定期举行对话,提高对在反恐时尊重人权和法治的必要性的认识。

12. 欢迎安全理事会及其反恐怖主义委员会与促进和保护人权的相关机构之间在反恐斗争中建立持续对话,并鼓励安全理事会及其反恐怖主义委员会加强与相关人权机构,特别是与高级专员办事处、特别报告员、人权理事会其他相关特别程序和机制以及相关条约机构之间的联系、合作与对话,同时在目前的反恐工作中适当考虑促进和保护人权及法治。

13. 吁请各国并酌情吁请其他相关行为体继续执行《联合国全球反恐战略》,该战略除其他外重申,尊重所有人的人权及法治是反恐斗争的根本基础。

14. 吁请参与支持反恐努力的联合国各实体继续协助在反恐时促进和保护人权和基本自由以及适当程序和法治。

15. 请反恐执行工作队继续努力,确保联合国能够更好地进行协调并加强支持会员国努力在反恐时履行它们根据国际法,包括根据国际人权、难民和人道主义法所承担的义务,并鼓励

工作队各工作组在各自工作中纳入人权观点。

16. 鼓励联合国相关机构和实体以及国际、区域和次区域组织,特别是那些参加反恐执行工作队、依照各自任务授权并应请求和酌情为预防和扼制恐怖主义而提供相关技术援助的组织,加紧努力确保将尊重国际人权、难民和人道主义法以及法治作为技术援助的一项要素,包括对国家颁布和实行立法措施和其他措施的技术援助。

17. 敦促联合国相关机构和实体以及国际、区域和次区域组织,包括联合国毒品和犯罪问题办公室在其与预防和扼制恐怖主义有关的任务范围内,加紧努力,应请求为会员国提供能力建设方面的技术援助,以便会员国按照国家相关立法拟定和执行向恐怖主义受害人提供援助和支持的方案。

18. 吁请国际、区域和次区域组织加强信息分享、协调与合作,在反恐时促进保护人权、基本自由和法治。

19. 表示注意到秘书长依照第64/168号决议提交的关于在反恐时保护人权与基本自由的报告[①]以及人权理事会在反恐时促进和保护人权与基本自由问题特别报告员依照该决议提交的报告[②]。

20. 请特别报告员在其任务范围内就预防、打击和纠正在反恐过程中

---

① A/65/224。
② A/65/258。

发生侵犯人权和基本自由行为的问题提出建议。

21. 请各国政府与特别报告员在后者执行法定任务和职责时与其通力合作,包括迅速响应特别报告员的紧急呼吁,提供所要求的信息,认真考虑积极回应其访问要求,并就反恐时促进和保护人权与基本自由问题,与人权理事会其他相关程序和机制合作。

22. 欣见联合国人权事务高级专员为执行第 60/158 号决议于 2005 年

赋予的任务而开展工作,并请高级专员在这方面继续努力。

23. 请秘书长向人权理事会和大会第六十六届会议提交本决议执行情况报告。

24. 决定在大会第六十六届会议上审议在反恐时促进和保护人权与基本自由问题特别报告员的报告。

2010 年 12 月 21 日
第 71 次全体会议

联合国反恐中心

（2011 年 11 月 18 日联大第 66/10 号决议）

大会，

回顾所有关于消除国际恐怖主义的措施的大会决议和关于恐怖主义行为对国际和平与安全的威胁的安全理事会决议，

重申其关于联合国全球反恐战略的 2006 年 9 月 8 日第 60/288 号、2008 年 9 月 5 日第 62/272 号、2009 年 12 月 24 日第 64/235 号和 2010 年 9 月 8 日第 64/297 号决议，

赞赏地注意到联合国同沙特阿拉伯于 2011 年 9 月 19 日就设立联合国反恐中心签署的《供应协定》：

1. 欢迎在联合国总部设立联合国反恐中心；

2. 又欢迎沙特阿拉伯王国决定通过自愿捐款为将在反恐执行工作队办公室内设立的联合国反恐中心提供经费，为期三年；

3. 注意到联合国反恐中心将在秘书长领导下开展工作并通过反恐执行工作队帮助推动执行《联合国全球反恐战略》；

4. 鼓励所有会员国与联合国反恐中心合作，帮助开展支持《联合国全球反恐战略》的各项活动；

5. 决定在大会第六十八届会议期间，在联合国全球反恐战略第四次两年期审查现行报告和审查框架内，审查本决议实施情况。

2011 年 11 月 18 日
第 60 次全体会议

对应受国际保护人员的恐怖袭击

(2011 年 11 月 18 日联大第 66/12 号决议)

大会,

遵循《联合国宪章》的宗旨和原则,重申其依照《宪章》应发挥的作用,包括在涉及国际和平与安全的问题上的作用,

回顾其 2006 年 9 月 8 日第 60/288 号决议所载《联合国全球反恐战略》以及重申了该《战略》的 2008 年 9 月 5 日第 62/272 号和 2010 年 9 月 8 日第 64/297 号决议,

又回顾《关于防止和惩处侵害应受国际保护人员包括外交代表的罪行的公约》①,

重申坚定致力于加强国际合作以防止和打击一切形式和表现的恐怖主义,

深信尊重关于外交和领事关系的国际法原则和规则是正常处理国家间关系及实现《宪章》宗旨和原则的一个基本先决条件,

关切外交和领事使团和代表不容侵犯的原则未获尊重,

注意到 2011 年 4 月 7 日沙特阿拉伯常驻联合国代表团给秘书长的普通照会,其中述及对伊朗伊斯兰共和国境内外交使团采取的敌对行动②,并回顾各国对其境内外交使团、领事馆和人员的保护、安全及保障所负义务,

强调各国有义务及时采取国际法规定的一切适当措施,包括预防措施,并将犯罪者绳之以法,

注意到 2011 年 10 月 14 日沙特阿拉伯常驻联合国代表给秘书长的信,其中述及一起刺杀沙特阿拉伯驻美利坚合众国大使的未遂阴谋③,又注意到 2011 年 10 月 12 日海湾合作委员会的声明和 2011 年 10 月 13 日阿拉伯国家联盟理事会的声明④,

又注意到 2011 年 10 月 11 日美利坚合众国常驻联合国代表给秘书长的信,其中报告了伊朗的一项阴谋⑤,

① 联合国,《条约汇编》,第 1035 卷,第 15410 号。
② A/65/946。
③ A/66/553。
④ S/2011/640,附件。
⑤ A/66/517-S/2011/649。

还注意到 2011 年 10 月 11 日伊朗伊斯兰共和国常驻联合国代表给秘书长、大会主席和安全理事会主席的信①，

对新近和一再发生针对外交和领事代表的暴力行为感到震惊，这些行为危及或夺走无辜生命，严重妨碍这些代表和官员的正常工作，

深切关注刺杀沙特阿拉伯驻美利坚合众国大使的阴谋：

1. 再次明确强烈谴责无论由何人、在何处、为何目的实施的一切形式和表现的恐怖主义，因为它是对国际和平与安全的最严重威胁之一；

2. 强烈谴责针对外交和领事使团和代表以及国际政府间组织的代表团、代表和官员的暴力行为，并强调这种行为在任何情况下都是无可辩解的；

3. 斥责刺杀沙特阿拉伯驻美利坚合众国大使的阴谋；

4. 鼓励各国采取更多措施防止在其境内发生策划、资助、赞助或组织或实施类似恐怖行为的活动，且不向那些策划、资助、支持或实施恐怖主义行为的人提供藏身之所；

5. 吁请伊朗伊斯兰共和国履行国际法，包括《关于防止和惩处侵害应受国际保护人员包括外交代表的罪行的公约》为其规定的所有义务，尤其是根据义务提供执法协助并与有关国家合作，以便将所有参与策划、赞助、组织和企图实施刺杀沙特阿拉伯驻美利坚合众国大使的阴谋的人绳之以法。

2011 年 11 月 18 日
第 61 次全体会议

---

① A/66/513-S/2011/633。

在反恐时保护人权和基本自由

(2013 年 12 月 18 日联大第 68/178 号决议,往届联大类似决议有第 58/187 号决议、第 59/191 号决议、第 60/158 号决议、第 61/171 号决议、第 62/159 号决议、第 63/185 号决议、第 64/168 号决议、第 65/221 号决议、第 66/171 号决议)

大会,

重申《联合国宪章》的宗旨和原则,

又重申《世界人权宣言》①,

还重申《维也纳宣言和行动纲领》②,

重申尊重所有人权和基本自由及法治具有根本重要性,包括在对付恐怖主义和恐怖主义恐惧的时候,

又重申各国有义务保护所有人的所有人权和基本自由,

还重申不能也不应将恐怖主义与任何宗教、国籍、文明或族裔群体相联系,

重申在各级采取符合国际法,尤其是符合国际人权法、难民法和人道主义法的措施来打击恐怖主义,非常有助于促进民主机构的运作以及和平与安全的维护,从而有助于促进人权与基本自由的充分享受,并且重申需

要继续进行这场斗争,包括为此加强国际合作和联合国在这方面的作用,

重申明确谴责一切形式和表现的恐怖主义行为、方法和行径,不论其动机为何,在何处发生及何人所为,都是犯罪行为,无可辩解,并重申决心加强国际合作,防止和打击恐怖主义,

深为痛惜在打击恐怖主义斗争中发生了侵犯人权和基本自由的行为以及违反国际难民法和人道主义法的行为,

关切地注意到有些措施可能损害人权和法治,例如在没有羁押的法律依据和正当程序保障的情况下羁押恐怖行为涉嫌人,以相当于将被羁押者置于法律保护之外的方式剥夺自由,在没有基本司法保障情况下审判涉嫌人,非法剥夺恐怖活动涉嫌人的自由并将他们移送他处,在未作个别风险

---

① 第 217A(Ⅲ)号决议。
② A/CONF.157/24(Part I)和 Corr.1,第三章。

评估以断定是否存在确凿理由相信涉嫌人回国有可能遭受酷刑的情况下便遣送涉嫌人回国,以及对有效监督反恐措施设限,

强调指出,反恐期间采取的一切措施,包括进行人员定性分析及采用外交保证、谅解备忘录或其他移送协议或安排,都必须符合各国根据国际法,包括根据国际人权法、难民法和人道主义法承担的义务,

又强调指出,在尊重人权和法治基础上建立的刑事司法制度,包括正当程序和公平审判保证,是有效反恐和确保究责的最佳手段之一,

回顾《世界人权宣言》第 30 条,重申一切形式和表现的恐怖主义行为、方法和做法都是旨在摧毁人权、基本自由和民主的活动,威胁到国家的领土完整与安全,破坏合法组建的政府的稳定,并重申国际社会应采取必要步骤,加强合作,防止和打击恐怖主义①,

认识到尊重所有人权、尊重民主和尊重法治是相互关联、相互强化的,

强调各国必须正确理解和履行关于禁止酷刑和其他残忍、不人道或有辱人格的待遇或处罚的义务,必须在反恐斗争中严格遵守《禁止酷刑和其他残忍、不人道或有辱人格的待遇或

处罚公约》②第 1 条关于酷刑的定义,

回顾其 2012 年 12 月 14 日第 67/99 号决议、人权理事会 2012 年 3 月 23 日第 19/19 号决议③以及大会 2012 年 12 月 21 日第 65/221 号决议序言部分所述的其他相关决议和决定,并欢迎所有相关的利益攸关方努力执行这些决议,

又回顾其 2006 年 9 月 8 日第 60/288 号决议,其中通过了《联合国全球反恐战略》,并回顾大会关于审查这项战略的 2012 年 6 月 29 日第 66/282 号决议,重申促进和保护所有人的人权及法治在反恐斗争中至关重要,确认有效的反恐措施和保护人权这两个目标并不矛盾,而是相互补充、相辅相成的,并强调指出需要促进和保护恐怖主义受害人的权利,

还回顾人权理事会 2013 年 3 月 21 日第 22/8 号决议④,其中理事会决定延长在反恐时促进和保护人权与基本自由问题特别报告员的任务期限,

回顾其 2009 年 12 月 16 日第 64/115 号决议及其题为"采取及执行联合国制裁"的附件,特别是附件中关于列名和除名程序的规定:

1. 重申各国必须确保为打击恐怖主义而采取的一切措施均符合其根据国际法、特别是根据国际人权法、难民

---

① 1993 年 6 月 25 日世界人权会议通过的《维也纳宣言和行动纲领》[A/CONF. 157/24 (Part I) 和 Corr. 1,第三章],第一节,第 17 段。

② 联合国,《条约汇编》,第 1465 卷,第 24841 号。

③ 《大会正式记录,第六十七届会议,补编第 53 号》(A/67/53),第三章,A 节。

④ 《大会正式记录,第六十八届会议,补编第 53 号》(A/68/53),第四章,A 节。

法和人道主义法承担的义务。

2. 深为痛惜恐怖主义给受害人及其家属造成的痛苦，对他们深表同情，强调必须向他们提供援助并采取其他适当措施保护、尊重和促进其人权。

3. 表示严重关切在反恐过程中发生的侵犯人权和基本自由以及违反国际难民法和人道主义法的行为。

4. 重申在实施任何反恐措施时都应当遵循国际法包括国际人权法、难民法和人道主义法所规定的义务，从而充分顾及所有人的人权，包括在民族或族裔、宗教和语言上属于少数群体者的人权，而且在这方面不得以种族、肤色、性别、语言、宗教或社会出身等理由进行歧视。

5. 又重申根据《公民权利和政治权利国际公约》①第4条，各国有义务尊重某些权利，在任何情况下均不得克减，回顾就《公约》规定的所有其他权利而言，任何克减《公约》条款的措施一律必须符合该条的规定，并着重指出任何此类克减均属例外和暂时性质②，在此方面吁请各国提高参与反恐的国家当局对这些义务的重要性的认识。

6. 敦促各国在反恐的同时：

（a）充分履行国际法，特别是国际人权法、难民法和人道主义法规定的义务，绝对禁止酷刑和其他残忍、不人道或有辱人格的待遇或处罚；

（b）采取一切必要步骤，确保被剥夺自由者不论在何处被捕或被羁押，均享有国际法赋予的应享保障，包括羁押复核和其他基本司法保障；

（c）依照国际法，包括国际人权法和人道主义法的规定，确保任何形式的剥夺自由措施都不得将被羁押者置于法律保护之外，并尊重关于人的自由、安全和尊严等方面保障；

（d）采取一切必要步骤，确保任何因刑事罪名被逮捕或被羁押者都有权迅速面见法官或法律授权行使司法权的其他人员，并确保其在合理时间内出庭受审或获释；

（e）依照国际法，包括国际人权法和人道主义法的规定来对待所有羁押地点的所有囚犯；

（f）尊重国际法，包括国际人权法，如《公民及政治权利国际公约》，以及国际人道主义法和难民法规定的所有人在法律、法院和法庭面前一律平等和接受公正审判的权利；

（g）按照国际法尤其是国际人权法保障隐私权，并采取措施确保对隐私权施加的干涉或限制不是武断行为，而是充分依法加以规范③，并受到有效监督且订有妥善纠正办法，包括通过司法审查和其他途径；

（h）保护所有人权，包括经济、社会和文化权利，同时铭记某些反恐措

① 第2200A(XXI)号决议，附件。
② 例如人权事务委员会2001年7月24日通过的关于紧急状态的第29号一般性意见。
③ A/HRC/13/37和Add.1和2。

施可能对享受这些权利产生影响；

（i）确保所有边境管制行动和其他入境前机制的方针与做法均明确、充分尊重国际法特别是国际难民法和人权法所规定的对寻求国际保护的人员的义务；

（j）充分尊重国际难民法和人权法规定的不推回义务，同时在充分尊重这些义务和其他法律保障措施的情况下，一旦发现可信的相关证据，显示当事人犯有国际难民法排除条款所述犯罪行为，包括恐怖主义行为，即对个案中的难民地位决定的有效性予以复核；

（k）如果移送有关人员违背国际法规定的义务，特别是违背国际人权法、人道主义法和难民法规定的义务，包括有相当理由相信有关人员可能会遭受酷刑，或者有关人员的生命或自由可能因其种族、宗教、国籍、所属特定社会群体或政治见解而受到有违国际难民法的威胁，则不应把有关人员，包括涉及恐怖主义案件者，送回原籍国或第三国，同时应铭记各国可能有义务起诉未被送回者，而且在此情况下须遵守引渡或起诉的原则；

（l）如果把有关个人送回另一国的做法违反国际法规定的义务，使他们面临遭受残忍、不人道或有辱人格的待遇或处罚的风险，就不应采取此种做法；

（m）确保各国关于按刑事罪论处恐怖行为的法律便于查阅、措词精确、不歧视和不溯既往，并且符合国际法，包括人权法；

（n）不得以国际法禁止的歧视为依据，包括以种族、族裔和（或）宗教为理由，进行带有成见的定性分析；

（o）确保用于恐怖行为涉嫌人的审讯方式与国际义务相符并定期予以审查，以防出现违背国际法包括国际人权法、难民法和人道主义法所规定义务的危险；

（p）确保任何人在投诉其人权或基本自由受到侵犯时都有机会在合理时间内通过公平程序寻求获得充分、有效和可执行的补救，而且经认定的此类侵犯行为的受害人均获得足够、有效和迅速的赔偿，并且应酌情包括归还、补偿、恢复原状和保证不再犯，包括在所涉侵犯行为构成国际法或国内法所定义的犯罪行为情形下，确保对此类侵犯行为实施者进行责任追究；

（q）根据《世界人权宣言》的所有相关规定，以及根据《公民权利和政治权利国际公约》、1949年日内瓦四公约①及其1977年《附加议定书》②、1951年《关于难民地位的公约》③及其1967

---

① 联合国，《条约汇编》，第75卷，第970—973号。
② 联合国，《条约汇编》，第1125卷，第17512和17513号。
③ 联合国，《条约汇编》，第189卷，第2545号。

年《议定书》①所规定的各项义务,在各适用领域内确保适当程序保障;

(r)依照性别平等和不歧视原则制定、审查和执行一切反恐措施;

(s)确保为反恐而采取的任何措施或手段,包括遥控飞机的使用,均符合国际法包括《联合国宪章》、人权法和国际人道主义法所规定的义务,尤其是区别和相称原则。

7. 又敦促各国在反恐过程中考虑联合国相关的人权决议和决定,并鼓励各国妥善考虑人权理事会各特别程序和机制的建议以及联合国人权条约机构的相关评论和意见。

8. 确认《保护所有人免遭强迫失踪国际公约》②的重要性,该《公约》的执行将极大促进在反恐过程中支持法治,包括禁止设立秘密羁押地点,鼓励所有尚未签署、批准或加入《公约》的国家考虑签署、批准或加入该《公约》。

9. 敦促所有尚未签署、批准或加入《禁止酷刑和其他残忍、不人道或有辱人格的待遇或处罚公约》的国家签署、批准或加入该《公约》,并鼓励各国优先考虑批准其《任择议定书》③,因为这些文书的执行将大大有助于在反恐过程中支持法治。

10. 促请参与支持反恐工作的联合国实体继续推动在反恐过程中促进和保护人权与基本自由以及正当程序和法治。

11. 确认需要继续确保加强联合国反恐制裁制度所规定的公正而明确的程序,以提高其效率和透明度,并欢迎和鼓励安全理事会持续努力,支持实现这些目标,包括支持加强监察员办公室的作用以及继续对制裁制度名单所列所有个人和实体的名字进行审查,同时强调这些制裁在反恐行动中的重要性。

12. 敦促各国在确保充分履行国际义务的同时,确保法治,并将适当的人权保障纳入各国将个人和实体列入反恐怖主义名单的程序。

13. 请在反恐时促进和保护人权与基本自由问题特别报告员在其任务范围内继续就预防、打击和纠正在反恐过程中发生的侵犯人权和基本自由行为的问题提出建议,并且继续按照大会和人权理事会的工作方案,每年提出报告并与大会和人权理事会进行互动对话。

14. 请各国政府全力配合特别报告员执行法定任务和职责,包括迅速响应特别报告员的紧急呼吁,提供所要求的信息,而且认真考虑积极回应其访问各自国家的要求,并就反恐时促进和保护人权与基本自由的问题,与人权理事会其他相关程序和机制合作。

15. 欢迎联合国人权事务高级专

---

① 联合国,《条约汇编》,第 606 卷,第 8791 号。

② 第 61/177 号决议,附件。

③ 联合国,《条约汇编》,第 2375 卷,第 24841 号。

员为执行大会 2005 年 12 月 16 日第 60/158 号决议所赋任务而做的工作，并请高级专员继续进行这方面的努力。

16. 表示赞赏地注意到秘书长关于在反恐时保护人权与基本自由的报告①。

17. 又表示赞赏地注意到在反恐时促进和保护人权与基本自由问题特别报告员的报告②，其中除其他外提到使用遥控飞机的问题，注意到其中所载的建议，包括亟须而且必须设法在会员国之间就与遥控飞机作业相关的法律问题达成一致。

18. 鼓励各国在反恐时承诺一旦有明显迹象显示其可能违反国际人权法所定义务，即迅速进行独立的、不偏不倚的真相调查，以确保追究责任。

19. 表示赞赏地注意到特别报告员的报告提到安全理事会第 1904 (2009)决议所设监察员办公室的任务授权符合国际人权规范③。

20. 请联合国人权事务高级专员办事处和特别报告员继续协助反恐怖主义执行工作队的工作，包括通过定期对话等途径来提高对于在反恐时尊重人权和法治的必要性的认识，支持交流最佳做法以在反恐各个方面促进和保护人权、基本自由和法治，包括酌情交流特别报告员在其根据人权理事

会第 15/15 号决议提交人权理事会的报告④中所确定的最佳做法。

21. 欢迎安全理事会及其各机构，即反恐怖主义委员会和反恐怖主义委员会执行局，与从事促进和保护人权工作的相关机构之间在反恐斗争中建立持续对话，并鼓励安全理事会及反恐怖主义委员会加强与相关人权机构，特别是与高级专员办事处、特别报告员、人权理事会其他相关特别程序和机制以及相关条约机构之间的联系、合作与对话，同时在其当前反恐工作中适当考虑促进和保护人权及法治。

22. 促请各国并酌情促请其他相关行为体继续执行《联合国全球反恐战略》，该战略除其他外重申尊重所有人的人权及法治，以此作为反恐斗争的重要基础。

23. 请反恐怖主义执行工作队继续努力，确保联合国能够更好地协调和加强对会员国的支持，帮助它们努力在反恐时履行它们根据国际法，包括根据国际人权法、难民法和人道主义法所承担的义务，并鼓励工作队各工作组在各自工作中纳入人权观点。

24. 鼓励联合国相关机构和实体以及国际、区域和次区域组织，特别是那些参加反恐怖主义执行工作队、依

---

① A/68/298。

② A/68/389。

③ A/67/396。

④ A/HRC/16/51。

照各自任务授权并应请求为预防和扼制恐怖主义而提供相关技术援助的组织加紧努力,包括在国家颁布和实行立法措施和其他措施方面,确保尊重国际人权法、难民法和人道主义法以及法治,以此作为技术援助的一个要素。

25. 敦促联合国相关机构和实体以及国际、区域和次区域组织,包括联合国毒品和犯罪问题办公室在其与预防和扼制恐怖主义有关的任务范围内,加紧努力,应请求为会员国提供能力建设方面的技术援助,以便会员国按照国家相关立法拟定和执行向恐怖主义受害人提供援助和支持的方案。

26. 促请国际、区域和次区域组织加强信息分享、协调与合作,在反恐时促进保护人权、基本自由和法治。

27. 请秘书长向人权理事会和大会第七十届会议提交本决议执行情况报告。

28. 决定在大会第七十届会议题为"促进和保护人权"的项目下继续审议这个问题。

2013 年 12 月 18 日
第 70 次全体会议

联合国全球反恐战略审查

(2014 年 6 月 13 日联大第 68/276 号决议,往届联大类似决议有第 60/288 号决议、第 62/272 号决议、第 64/297 号决议、第 66/282 号决议)

大会,

重申其 2006 年 9 月 8 日第 60/288 号决议所载《联合国全球反恐战略》,并回顾其 2012 年 6 月 29 日第 66/282 号决议,其中除其他外,要求两年后审查实施《战略》的进展情况,并考虑根据这些决议的规定修订《战略》以应对情况的变化,

回顾大会在审查《战略》的实施情况和加以修订方面发挥极为重要的作用,

又回顾大会 2011 年 11 月 18 日第 66/10 号决议,并赞赏地注意到联合国反恐中心已开始活动并将为加强联合国反恐努力作出贡献,

确认根据大会第 66/10 号决议在反恐怖主义执行工作队办公室内设立的联合国反恐中心开展的重要工作,并确认反恐中心在建立会员国打击和应对恐怖主义能力方面的作用,在这方面鼓励会员国向反恐中心提供资源和自愿捐助,

重申坚定致力于加强国际合作以防止和打击一切形式和表现的恐怖主义,

再次申明不能、也不应把恐怖主义与任何宗教、国籍、文明或族裔群体联系在一起,

赞赏地注意到联合国各实体和安全理事会各附属机构继续对反恐怖主义执行工作队的工作作出贡献,

确认会员国为防止和打击恐怖主义而开展的国际合作和采取的任何措施必须完全符合它们根据包括《联合国宪章》,尤其是其宗旨和原则,及相关国际公约与议定书在内的国际法,特别是人权法、难民法和国际人道主义法所承担的义务,

又确认会员国必须防止非政府组织、非营利组织和慈善组织被恐怖分子滥用或被滥用于帮助恐怖分子,呼吁非政府组织、非营利组织和慈善组织酌情防止和反对恐怖分子滥用其地位,同时重申必须充分尊重民间社会中个人的表达和结社自由的权利以及所有人的宗教或信仰自由的权利,

深信拥有普遍会员的大会是处理国际恐怖主义问题的主管机构,

注意到需要加强联合国和各专门机构在各自授权范围内在实施《战略》方面的作用,

着重指出反恐怖主义执行工作队应继续在其授权框架内,按照会员国通过定期与大会交换意见提供的政策指导开展活动,

重申一切形式和表现的恐怖主义行为、方法和做法都是旨在摧毁人权、基本自由和民主,威胁国家的领土完整与安全,破坏合法组建的政府的稳定的活动,并重申国际社会应采取必要步骤,加强合作,团结一致防止和打击恐怖主义,

再次申明会员国有义务防止和打击资助恐怖主义的行为,并将下述行为定为犯罪:本国国民或在本国领土内以任何手段直接或间接地故意提供或筹集资金,意图将这些资金用于恐怖主义行为或知晓资金将用于此种行为,

确认区域和次区域组织同联合国的伙伴关系在打击恐怖主义方面所发挥的作用,鼓励反恐怖主义执行工作队根据其任务规定同区域和次区域组织在打击恐怖主义的各项努力中密切合作和协调,

震惊地注意到在世界不同地区出现的不容忍、暴力极端主义、包括教派暴力在内的暴力行为和恐怖主义行为,这些行为夺走无辜生命,造成破坏,导致人民流离失所;并反对使用暴力,不论其动机如何,

表示深为关切在一些情况下,某些形式的跨国有组织犯罪与恐怖主义存在联系,强调有必要加强国家、次区域、区域和国际各级的合作,以更强有力地应对这一不断变化的挑战,

确认所有宗教对和平的承诺,并决心谴责散布仇恨和威胁生命的暴力极端主义行为和煽动实施恐怖行为,

又确认一切形式和表现的恐怖主义的受害者可发挥作用,包括在消除恐怖主义吸引力方面发挥作用,并强调需要促进国际团结以声援恐怖主义受害者,以及需要确保恐怖主义受害者保有尊严和获得尊重,

注意到妇女为实施《战略》所作重要贡献,并鼓励会员国、联合国各实体以及国际、区域和次区域组织考虑到妇女对防止和打击恐怖主义各项努力的参与,

重申会员国承诺采取措施消除有利于恐怖主义蔓延的条件,这些条件包括但不限于长期未能解决的冲突,一切形式和表现的恐怖主义的受害者受到的非人性化对待,法治不彰,侵害人权,族裔、民族和宗教歧视,政治排斥,社会经济边缘化,缺乏善政等,同时确认这些条件无一可作为恐怖主义行为的借口或理由:

1. 再次明确强烈谴责无论由何人、在何处、为何目的实施的一切形式和表现的恐怖主义;

2. 重申《联合国全球反恐战略》及其四个支柱,其实施是一项持续的工作,并呼吁会员国、联合国以及其他有关的国际、区域和次区域组织进一步

努力,综合、均衡、全面地实施《战略》;

3. 强调指出务必根据正在出现的国际恐怖主义新威胁和不断变化的趋势,保持《战略》的相关意义,使之符合时代的要求;

4. 表示注意到秘书长题为"联合国系统实施《联合国全球反恐战略》的活动"的报告①,欢迎联合国实体在世界各地实施的反恐项目的新概要汇总表及反恐怖主义执行工作队办公室在这方面所作各项努力,并着重指出务必为实施这些项目提供必要资源;

5. 又表示注意到秘书长报告所载并经于 2014 年 6 月 12 日和 13 日举行的反恐战略第四次双年度审查予以审议的会员国和有关国际、区域和次区域组织在《战略》框架内采取的措施,所有这些措施,包括通过交流最佳做法,加强了打击恐怖主义的合作;

6. 重申会员国对实施《战略》担负主要责任,同时进一步确认,联合国,包括反恐怖主义执行工作队,需要酌情协同其他国际、区域和次区域组织进一步发挥重要作用,促进和推动在国家、区域和全球各级协调一致地实施《战略》,并应会员国的请求提供援助,特别在能力建设领域提供援助;

7. 申明综合、均衡地实施《战略》所有支柱内容的重要性,同时确认加倍努力,同等重视、同等实施《战略》所有支柱内容的重要性;

8. 强调指出至关重要的是要采取持久、全面的办法,包括必要时要加大努力消除有利于恐怖主义蔓延的条件,同时铭记仅凭军事力量、执法措施和情报作业无法打败恐怖主义;

9. 确认会员国对实施《战略》担负主要责任,同时鼓励进一步酌情拟订和制订国家、次区域及区域计划,以支持《战略》的实施;

10. 鼓励包括非政府组织在内的民间社会酌情参与加强实施《战略》的各种努力,包括为此与会员国和联合国系统互动,并鼓励会员国和反恐怖主义执行工作队及其实体根据其任务规定,酌情加强同民间社会的联系,支持民间社会在实施《战略》方面的作用;

11. 呼吁会员国和支持反恐工作的联合国各实体继续推动在打击恐怖主义的同时,促进和保护人权与基本自由以及适当程序和法治;

12. 敦促各国根据《世界人权宣言》②第 12 条和《公民权利和政治权利国际公约》③第 17 条的规定,在打击恐怖主义的同时,按照国际法尤其是国际人权法,尊重并保护隐私权,包括数字通信方面的隐私权,并采取措施,确保对隐私权施加的干涉或限制不是武断行为,而是充分依法加以规范,并受到有效监督且订有妥善纠正办法,包

① A/68/841。
② 第 217A(Ⅲ)号决议。
③ 第 2200A(ⅩⅩⅠ)号决议,附件。

括通过司法审查和其他法律途径；

13. 敦促会员国确保为反恐而采取的任何措施或手段，包括遥控飞机的使用，均符合国际法包括《联合国宪章》、人权法和国际人道主义法所规定的义务，尤其是区别和相称原则；

14. 确认联合国有关机构和实体以及其他国际、区域和次区域组织已开展工作和作出努力，以支持、承认和保护一切形式和表现的恐怖主义的受害者的权利，并敦促它们加紧努力，根据请求提供技术援助，协助会员国建设能力，以制订和执行援助和支持恐怖主义受害者的方案；

15. 深为痛惜恐怖主义给一切形式和表现的恐怖主义的受害人及其家属造成的痛苦，对他们深表同情，鼓励会员国向他们提供适当保护和援助，同时除其他外根据国际法酌情考虑到记忆、尊严、尊重、正义和真相等因素；

16. 欢迎反恐怖主义执行工作队努力增强透明度、问责制和成效，呼吁工作队和联合国反恐中心改进其方案和政策的战略性和影响；

17. 呼吁尚未参加现有国际反恐公约和议定书的国家考虑及时参加这些公约和议定书，呼吁所有国家作出一切努力，缔结一项关于国际恐怖主义的全面公约，并回顾会员国对执行大会和安全理事会关于国际恐怖主义的各项决议的承诺；

18. 在这方面着重指出联合国各实体间加大协调的重要性以及反恐怖主义执行工作队工作的重要性，以确保联合国系统反恐努力的总体协调和一致性，并着重指出需继续促进它们工作的透明度和避免重复；

19. 确认仍需增强联合国反恐活动的可见度和成效，并需确保联合国各实体加强合作、协调和一致性，以增大协同作用，提高透明度和效率，并避免重复工作；

20. 重申需要加强会员国反恐官员间的对话，促进国际、区域和次区域合作和更广泛地传播对《战略》的认知，以打击恐怖主义，并为此回顾联合国系统特别是反恐怖主义执行工作队在促进国际合作和能力建设这两个《战略》要素方面的作用；

21. 确认区域组织、结构和战略在打击恐怖主义方面发挥的作用，并鼓励它们在顾及具体区域和国家情况的前提下，考虑在反恐工作中酌情采用其他区域制定的最佳做法；

22. 回顾所有国家都必须按照它们根据国际法承担的义务，在打击恐怖主义的斗争中全面开展合作，以便在引渡或起诉原则的基础上，发现任何支持、协助、参与或企图参与资助、策划、准备或实施恐怖主义行为或提供庇护的人，不向他们提供安全避难所，并将他们绳之以法；

23. 强调促进合作、打击恐怖主义和打击暴力极端主义的最重要因素包括各种文明间实行宽容和开展对话，增进人民对不同信仰和不同文化的相互了解与尊重，包括在国家、区域和全球各级增进此种了解和尊重，同时防止仇恨升级；并欢迎为此采取各种举措；

24. 敦促所有会员国团结起来，共同反对一切形式和表现的暴力极端主义及教派暴力，鼓励各位领导人努力在其所属社区讨论暴力极端主义和歧视的诱因，制订消除这些诱因的战略，并强调各国、区域组织、非政府组织、宗教机构和媒体在促进宽容、尊重宗教和文化多样性方面可发挥重要作用；

25. 表示关切世界各地由独自行动的恐怖分子实施的恐怖行为，确认有必要解决这一问题；

26. 着重指出具有重要意义的是开展多边努力打击恐怖主义，同时不得采取有悖于国际法和《宪章》各项原则的任何做法和措施；

27. 表示关切在全球化的社会中，恐怖分子及其支持者越来越多地使用信息和通信技术，尤其是互联网和其他媒体，用这些技术来实施、煽动、招募、资助或策划恐怖行动，注意到在实施《战略》方面，包括会员国，国际、区域和次区域组织，私营部门和民间社会在内的各利益攸关方为解决这一问题开展合作具有重要意义，同时要尊重人权与基本自由，遵守国际法和《宪章》各项宗旨与原则，并再次申明上述技术可以是遏制恐怖主义蔓延的强大工具，包括在人民间促进宽容和对话，促进和平；

28. 又表示关切在一些区域，恐怖组织为筹集资金或赢得政治让步等任何目的而制造的绑架和劫持人质事件有所增加，注意到向恐怖分子支付的赎金是这些恐怖分子进一步开展绑架等活动的资金来源之一，呼吁全体会员国防止恐怖分子受益于赎金和政治让步，并根据适用的法律义务争取人质安全获释，并鼓励会员国在恐怖团体制造绑架和劫持人质事件期间酌情开展合作；

29. 鼓励全体会员国与联合国反恐中心协作，为其在反恐怖主义执行工作队范围内开展活动作出贡献；

30. 赞赏地注意到联合国实体，包括联合国毒品和犯罪问题办公室等反恐怖主义执行工作队实体，与其他有关的国际、区域和次区域组织相互协调，在能力建设领域开展活动，应会员国请求协助其实施《战略》，并鼓励工作队确保重点提供能力建设援助，包括在"反恐怖主义综合援助倡议"框架内开展此项工作；

31. 表示关切国际上招募的人员，包括外国恐怖主义战斗人员，日益流向恐怖组织，关切这对包括原籍国、过境国和目的地国在内的全体会员国造成威胁，鼓励全体会员国应对这一威胁，为此加强合作，制定相关措施，包括信息共享，加强边境管理以侦测旅行情况，采取适当的刑事司法手段，防止并应对这种现象，并考虑使用联合国各种工具，如制裁制度，并开展合作；

32. 确认需要继续采取措施预防和制止资助恐怖主义，并在这方面鼓

励联合国各实体与会员国合作,继续
应会员国请求提供援助,特别是协助
会员国充分履行各自在打击资助恐怖
主义行为方面的国际义务;

33. 吁请所有国家根据它们依国
际法承担的义务,采取必要和适当的
措施,在法律上禁止煽动实施一种或
多种恐怖行为,防止这类行为,拒绝为
任何根据可信的相关信息有充分理由
认为曾犯下这类行为的人提供安全避
难所;

34. 呼吁会员国加强对反恐怖主
义执行工作队工作的参与;

35. 请反恐怖主义执行工作队继
续积极努力与会员国互动,进一步请
工作队继续提供季度情况通报和提供
工作队定期工作计划,其中包括联合
国反恐中心的活动;

36. 鼓励反恐怖主义执行工作队
同会员国及相关国际、区域和次区域
组织密切合作,查明并分享防止潜在
脆弱目标遭受恐怖主义袭击的最佳做
法,并确认在这一领域发展公私伙伴
关系具有重要意义;

37. 回顾大会关于消除国际恐怖
主义的措施的所有各项决议和关于在
反恐的同时保护人权和基本自由的各
项相关决议以及安全理事会关于国际
恐怖主义的所有相关决议,呼吁会员
国同联合国相关机构充分工作,以完
成其任务,同时确认许多国家在执行
这些决议方面仍然需要援助;

38. 鼓励所有参与打击恐怖主义
的有关国际、区域和次区域组织及论

坛与联合国系统和会员国合作,支持
《战略》,并注意到最近在这方面采取
的举措;

39. 特别指出反恐怖主义委员会
执行局在联合国内的作用,包括根据
其任务规定和安全理事会 2013 年 12
月 17 日第 2129(2013)号决议评估与
执行安理会 2001 年 9 月 28 日第 1373
(2001)号和 2005 年 9 月 14 日第 1624
(2005)号决议相关的问题和趋势,并
酌情同相关的联合国反恐机构和相关
的国际、区域和次区域组织分享信息;

40. 确认"基地"组织及其关联者
继续在反恐斗争中构成广泛挑战,鼓
励会员国根据安全理事会 1999 年 10
月 15 日第 1267(1999)号和 2011 年 6
月 17 日第 1989(2011)号决议将制裁
"基地"组织制度纳入其国家和区域反
恐战略,包括为此提出将个人和实体
列入制裁"基地"组织名单,并表示注
意到监察员办公室自成立以来为使制
裁"基地"组织制度具有公平性和透明
度作出的重要贡献,并强调指出有必
要继续努力确保各项程序公正明确;

41. 着重指出必须增强联合国各
有关部门和机构根据现有授权所开
展的反恐工作,并鼓励反恐怖主义执
行工作队继续与这些部门和机构
协作;

42. 请秘书长至迟于 2016 年 4 月
向大会第七十届会议提交一份报告,
汇报《战略》自 2006 年 9 月通过以来
的实施进展情况,其中可就联合国系
统今后的实施工作提出建议,并汇报

执行本决议的进展情况；

43. 决定将题为"联合国全球反恐战略"的项目列入大会第七十届会议临时议程，以便最迟在 2016 年 6 月审查上文第 42 段中请秘书长提交的报告

以及会员国实施《战略》的情况，并考虑修订《战略》以应对情况的变化。

2014 年 6 月 13 日
第 97 次全体会议

防止恐怖分子获取放射源

（2014 年 12 月 2 日联大第 69/50 号决议，往届联大类似决议有第 62/46 号决议、第 65/74 号决议、第 67/51 号决议）

大会，

回顾其 2007 年 12 月 5 日第 62/46 号、2010 年 12 月 8 日第 65/74 号和 2012 年 12 月 3 日第 67/51 号决议，

确认放射性材料和放射源对社会和经济发展的重大贡献和所有国家从其使用得到的惠益，

又确认国际社会体现于大会和安全理事会有关决议的打击恐怖主义的决心，

深为关切恐怖主义的威胁和恐怖分子可能取得、贩运或使用放射性扩散或排放装置内的放射性材料或放射源的危险，

又深为关切恐怖分子使用这种装置对人类健康和环境造成的潜在威胁，

关切地注意到核和放射性材料没有得到监管控制或被贩运的情况持续出现，

回顾旨在防止和制止这种危险的各项国际公约的重要性，特别是 2005 年 4 月 13 日通过的《制止核恐怖主义行为国际公约》[①]以及 1979 年 10 月 26 日通过的《核材料实物保护公约》[②]及其 2005 年 7 月 8 日通过的修正案[③]，

注意到国际社会为打击大规模毁灭性武器的扩散及防止非国家行为者取得大规模毁灭性武器及有关材料所采取的行动，尤其是安全理事会 2004 年 4 月 28 日第 1540（2004）号和 2011 年 4 月 20 日第 1977（2011）号决议，都是对防备使用此类材料的恐怖主义的贡献，

强调国际原子能机构特别是在通过制定技术指南和支持各国改善国家法律和管制基础架构促进和加强放射性材料和放射源的安全和安保方面，以及在加强各种核或放射性保安活动的协调和互补性方面发挥作用的重要性，

---

① 联合国，《条约汇编》，第 2445 卷，第 44004 号。
② 联合国，《条约汇编》，第 1456 卷，第 24631 号。
③ 国际原子能机构，GOV/INF/2005/10-GC（49）/INF/6 号文件，附件。

注意到国际原子能机构于 2013 年 7 月 1 日至 5 日在维也纳举行"核安保问题国际会议:加强国际努力"、于 2013 年 10 月 27 日至 31 日在阿布扎比举行"放射源安全和安保:维持对源的全寿期持续全球控制"国际会议,

强调国际原子能机构除其他外,通过事故和非法贩运数据库及其在核法证学领域的工作,在防止非法贩运放射性材料和促进共享有关脱离监管控制的材料的信息方面作出的贡献,

注意到《乏燃料管理安全和放射性废物管理安全联合公约》①对废弃的密封放射源的安全规定的重要性,

重点指出《放射源安全和安保行为准则》及其补充的《放射源的进口和出口导则》作为加强放射源安全和保安的重要文书的重要性,注意到国际原子能机构的 123 个成员国已作出执行《行为准则》规定的政治承诺,90 个国家已作出执行补充《导则》的类似承诺(虽然确认它们不具有法律约束力),并重点指出国际原子能机构的《放射源安全和安保订正行动计划》和《2014—2017 年核安保计划》以及会员国对国际原子能机构核安保基金提供的自愿捐款的重要性,

注意到一些国家仍未参加有关的国际文书,

鼓励会员国对国际原子能机构核保安基金提供自愿捐款,

表示注意到国际原子能机构大会第五十八届常会通过的 GC(58)/RES/10 号和 GC(58)/RES/11 号决议,内容涉及加强核、辐射、运输和废料安全方面国际合作的措施以及防备核和放射性恐怖主义的措施,并注意到国际原子能机构的《2014—2017 年核安保计划》,

欣见会员国已为处理这个问题采取多边行动,体现于大会 2013 年 11 月 6 日第 68/10 号决议中,

注意到旨在加强核和放射性保安,执行有助于加强与放射性物质保安相关的核材料保安的措施的各种国际努力和伙伴关系,并鼓励努力保障这些材料的安全,在这方面又注意到国际原子能机构关于安全稳妥地管理放射源的建议,

表示注意到 2013 年放射源安全和保安国际会议的结论,其中除其他外呼吁进一步评估是否应就放射源安全和保安拟定一项国际公约,以便会员国能就此事作出最为知情的决定,

注意到国际刑事警察组织防范放射性和核恐怖主义部门与各国合作加强打击核走私和防止恐怖分子获取核或放射性材料的能力,国际刑警组织"双保险行动"则促进共享有关已知核走私犯的执法敏感信息,

欣见会员国目前正在作出个别和集体努力,在审议工作中考虑放射性材料和放射源管制欠缺或不足所产生的危险,并确认各国需要按照本国法

---

①　联合国,《条约汇编》,第 2153 卷,第 37605 号。

律授权和立法并依照国际法,采取更有效的措施来加强这种管制,

念及每个会员国根据国际义务应当承担维护切实有效的核安全和安保责任,主张一国境内的核安保完全应由该国负责,并注意到国际合作在支持各国努力履行其责任方面的重要贡献,

又念及迫切需要在联合国框架内通过国际合作处理这个日益令人关切的国际安全问题:

1. 促请会员国根据本国法律授权和立法并依照国际法,支持防止和在必要时制止恐怖分子取得和使用放射性材料和放射源的国际努力;

2. 鼓励所有仍未成为制止核恐怖主义行为国际公约缔约国的会员国根据本国法律和宪法程序尽快成为该公约缔约国;

3. 敦促会员国视情况采取和加强国家措施,防止并在必要时制止恐怖分子取得和使用放射性材料和放射源,防止并在必要时制止恐怖分子袭击核电站及核设施而导致放射性物质释放,特别是依照会员国承担的国际义务,采取有效措施,对这类设施、材料和放射源进行衡算、安保和实物保护;

4. 鼓励会员国以适当的检测手段和相关的结构或系统加强其国家能力,包括根据国际法律和法规开展国际合作与援助,以查明和防止放射性材料和放射源的非法贩运;

5. 请会员国,尤其是放射源的生产国和供应国,如国际原子能机构大会 GC(58)/RES/10 号决议所述,支持和核可国际原子能机构加强放射源安全和安保的努力,并如《2014—2017 年核安保计划》所述,加强放射源的保安;

6. 敦促所有国家努力奉行国际原子能机构《放射源安全和安保行为准则》载列的指导方针,包括视情况奉行《放射源的进口和出口导则》,注意到该《导则》是对《行为准则》的补充,并鼓励会员国按照原子能机构大会 GC(58)/RES/10 号决议的规定,将它们打算这样做的意图通知原子能机构总干事;

7. 鼓励会员国与国际原子能机构合作,依照原子能机构的相关决议、特别是 GC(58)/RES/10 号和 GC(58)/RES/11 号决议,加强不具法律约束力的国际放射源框架,特别是在废弃放射源的安全稳妥管理方面;

8. 确认就各国管制放射源的办法进行信息交流的价值,并表示注意到国际原子能机构理事会已核可一项提议,赞成订立一个正式程序,以便自愿定期交流信息和经验教训,评价各国执行《放射源安全和安保行为准则》各项规定的进展;

9. 鼓励会员国在自愿的基础上参加国际原子能机构的事故与非法贩运数据库方案;

10. 欢迎会员国作出努力,包括在国际原子能机构主持下开展国际合作,以寻找没有安全保障和(或)未加

管制的("无主")放射源,确定其位置,保障其安全并予以收回,并鼓励在这方面继续作出努力;

11. 鼓励会员国彼此之间,以及通过相关国际组织和在适当情况下通过相关区域组织,开展合作以期加强这方面的国家能力;

12. 决定在大会第七十一届会议临时议程题为"全面彻底裁军"的项目下列入题为"防止恐怖分子获取放射源"的分项。

2014 年 12 月 2 日
第 62 次全体会议

防止恐怖分子获取大规模毁灭性武器的措施

(2015 年 12 月 7 日联大第 70/36 号决议,往届联大类似决议有第 58/48 号决议、第 59/80 号决议、第 60/78 号决议、第 61/86 号决议、第 62/33 号决议、第 63/60 号决议、第 64/38 号决议、第 65/62 号决议、第 66/50 号决议、第 67/44 号决议、第 68/41 号决议、第 69/39 号决议)

大会,

回顾其 2014 年 12 月 2 日第 69/39 号决议,

确认大会和安全理事会各项有关决议表明国际社会决心打击恐怖主义,

深为关切恐怖主义与大规模毁灭性武器之间发生联系的危险日益增长,特别是恐怖分子会设法获取大规模毁灭性武器,

认识到各国为实施安全理事会 2004 年 4 月 28 日通过的关于不扩散大规模毁灭性武器的第 1540(2004)号决议所采取的措施,

欢迎《制止核恐怖主义行为国际公约》①于 2007 年 7 月 7 日生效,

又欢迎 2005 年 7 月 8 日国际原子能机构以协商一致方式通过关于加强《核材料实物保护公约》②的修正案,

注意到 2012 年 8 月 26 日至 31 日在德黑兰举行的第十六次不结盟国家国家元首和政府首脑会议的《最后文件》③表示支持采取措施,防止恐怖分子获取大规模毁灭性武器,

又注意到八国集团、欧洲联盟、东南亚国家联盟区域论坛和其他方面在其审议中考虑到恐怖分子有可能获取大规模毁灭性武器所带来的种种危险和展开国际合作与之进行斗争的必要性,并注意到俄罗斯联邦和美利坚合众国已经联合启动了打击核恐怖主义全球倡议,

还注意到 2010 年 4 月 12 日和 13 日在哥伦比亚特区华盛顿、2012 年 3 月 26 日和 27 日在首尔以及 2014 年 3 月 24 日和 25 日在海牙分别举行了核安保峰会,

---

① 联合国,《条约汇编》,第 2445 卷,第 44004 号。
② 联合国,《条约汇编》,第 1456 卷,第 24631 号。
③ A/67/506-S/2012/752,附件一。

注意到 2012 年 9 月 28 日在纽约举行了"打击核恐怖主义,重点加强法律框架"的高级别会议,

承认裁军事项咨询委员会对恐怖主义和大规模毁灭性武器所涉问题进行的审议①,

表示注意到国际原子能机构 2013 年 7 月 1 日至 5 日在维也纳举行的"核安保:加强全球努力国际会议"和原子能机构大会第五十九届常会通过的相关决议,

又表示注意到 2003 年 9 月 8 日国际原子能机构理事会批准的《放射源安全和安保行为准则》十周年纪念,

还表示注意到 2005 年 9 月 16 日大会高级别全体会议通过的《2005 年世界首脑会议成果》②和 2006 年 9 月 8 日通过的《联合国全球反恐战略》③,

表示注意到秘书长根据第 69/39 号决议第 5 段提交的报告④,

意识到迫切需要在联合国框架内,通过国际合作处理对人类的这一威胁,

强调迫切需要在裁军和不扩散领域取得进展,以维护国际和平与安全,推动全球打击恐怖主义的努力:

1. 吁请全体会员国支持防止恐怖分子获取大规模毁灭性武器及其运载工具的国际努力;

2. 呼吁全体会员国考虑早日加入和批准《制止核恐怖主义行为国际公约》;

3. 敦促全体会员国酌情采取和加强国家措施,以防止恐怖分子获取大规模毁灭性武器、其运载工具以及与其制造有关的材料和技术;

4. 鼓励会员国之间以及会员国与有关区域组织和国际组织之间相互合作,以加强各国在这方面的能力;

5. 请秘书长编写一份报告,说明国际组织在打击恐怖主义与大规模毁灭性武器扩散之间的联系问题上已经采取的措施,并就应对恐怖分子获取大规模毁灭性武器构成的全球威胁的其他相关措施,包括由各国采取的措施,征求会员国的意见,并向大会第七十一届会议提出报告;

6. 决定在大会第七十一届会议临时议程题为"全面彻底裁军"的项目下列入题为"防止恐怖分子获取大规模毁灭性武器的措施"的分项。

2015 年 12 月 7 日
第 67 次全体会议

---

① A/59/361。
② 第 60/1 号决议。
③ 第 60/288 号决议。
④ A/70/169 和 Add.1。

消除国际恐怖主义的措施

(2015 年 12 月 14 日联大第 70/120 号决议,往届联大类似决议有第 49/60 号决议、第 58/81 号决议、第 59/46 号决议、第 60/43 号决议、第 61/40 号决议、第 62/71 号决议、第 63/129 号决议、第 64/118 号决议、第 65/34 号决议、第 66/105 号决议、第 67/99 号决议、第 68/119 号决议、第 69/127 号决议)

大会,

遵循《联合国宪章》的宗旨和原则,

重申 2006 年 9 月 8 日通过的加强国际社会努力有效打击一切形式和表现的恐怖主义祸害的总体框架的《联合国全球反恐战略》[1]的各个方面,并回顾分别于 2008 年 9 月 4 日和 5 日、2010 年 9 月 8 日、2012 年 6 月 28 日和 29 日和 2014 年 6 月 12 日和 13 日对该《战略》进行的第一、第二、第三和第四次双年度审查以及当时举行的辩论[2],

回顾其 2008 年 9 月 5 日第 62/272 号、2010 年 9 月 8 日第 64/297 号、2012 年 6 月 29 日第 66/282 号和 2014 年 6 月 13 日第 68/276 号决议,

又回顾其 2011 年 11 月 18 日第 66/10 号决议,

还回顾《联合国五十周年纪念宣言》[3],

回顾《联合国千年宣言》[4],

又回顾《2005 年世界首脑会议成果》[5],并特别重申关于恐怖主义的一节,

还回顾大会 1994 年 12 月 9 日第 49/60 号决议附件所载的《消除国际恐怖主义措施宣言》,以及 1996 年 12 月 17 日第 51/210 号决议附件所载的《补充 1994 年〈消除国际恐怖主义措施宣言〉的宣言》,

回顾所有关于消除国际恐怖主义的措施的大会决议和关于恐怖行为对国际和平与安全造成的威胁的安全理事会决议,

深信大会审议消除国际恐怖主义

---

① 第 60/288 号决议。

② A/62/PV. 117 至 120、A/64/PV. 116 和 117、A/66/PV. 118 至 120 及 A/68/PV. 94 至 97。

③ 第 50/6 号决议。

④ 第 55/2 号决议。

⑤ 第 60/1 号决议。

的措施十分重要,因为大会是具有此职权的普遍性机构,

深感不安的是在世界各地实施的恐怖行为持续不断,

重申强烈谴责造成巨大人命损失和破坏、令人发指的恐怖行为,包括促使通过大会 2001 年 9 月 12 日第 56/1 号决议以及安全理事会 2001 年 9 月 12 日第 1368(2001)号、2001 年 9 月 28 日第 1373(2001)号和 2001 年 11 月 12 日第 1377(2001)号决议的恐怖行为以及自这些决议通过以来发生的恐怖行为,

又重申强烈谴责蓄意袭击联合国在世界各地的办事处的暴行,

申明各国必须确保为打击恐怖主义而采取的任何措施都符合本国依据国际法承担的一切义务,并依照国际法,特别是国际人权法、难民法和人道主义法,采取这种措施,

强调指出必须依照《宪章》原则、国际法和相关国际公约,进一步加强各国之间及各国际组织和机构、区域和次区域组织和安排与联合国之间的国际合作,以防止、打击和消除一切形式和表现的恐怖主义,不论在何处发生,也不论是何人所为,

注意到安全理事会关于反恐怖主义的第 1373(2001)号决议所设委员会发挥作用,监测该决议的执行情况,包括各国采取必要的金融、法律和技术措施以及批准或接受相关国际公约和议定书的情况,

意识到必须增强联合国和相关专门机构在打击国际恐怖主义方面的作用以及秘书长关于增强本组织在这方面的作用的提议,

又意识到亟须加强国际、区域和次区域合作,以增强各国的国家能力,防止和有效制止一切形式和表现的国际恐怖主义,

再次促请各国紧急审查关于防止、遏制和消除一切形式和表现的恐怖主义的现有国际法律规定的范围,以期确保有一个涵盖这个问题的所有方面的全面法律框架,

强调容忍和不同文明之间的对话以及加强不同信仰和文化之间的了解是促进在反恐行动方面合作和取得成功的最重要因素之一,并欣见为此采取的各种举措,

重申任何恐怖行为在任何情况下均无可辩解,

回顾安全理事会 2005 年 9 月 14 日第 1624(2005)号决议,并铭记各国必须确保为打击恐怖主义采取的任何措施都符合本国依据国际法承担的义务,特别是依据国际人权法、难民法和人道主义法承担的义务,

注意到在国际、区域和次区域层面为防止和制止国际恐怖主义的最新发展和举措,

又注意到各区域和次区域作出努力,包括以拟订和参加区域公约的方式,防止、打击和消除一切形式和表现的恐怖主义,不论在何处发生,也不论是何人所为,

回顾大会 1999 年 12 月 9 日第

54/110 号、2000 年 12 月 12 日第 55/158 号、2001 年 12 月 12 日第 56/88 号、2002 年 11 月 19 日第 57/27 号、2003 年 12 月 9 日第 58/81 号、2004 年 12 月 2 日第 59/46 号、2005 年 12 月 8 日第 60/43 号、2006 年 12 月 4 日第 61/40 号、2007 年 12 月 6 日第 62/71 号、2008 年 12 月 11 日第 63/129 号、2009 年 12 月 16 日第 64/118 号、2010 年 12 月 6 日第 65/34 号、2011 年 12 月 9 日第 66/105 号和 2012 年 12 月 14 日第 67/99 号决议决定,大会 1996 年 12 月 17 日第 51/210 号决议设立的特设委员会应审议在联合国主持下召开一次高级别会议以制订国际社会有组织地联合对付一切形式和表现的恐怖主义的对策的问题,并将该问题保留在其议程上,

又回顾不结盟国家国家元首和政府首脑在 2012 年 8 月 31 日德黑兰举行的第十六次不结盟国家国家元首和政府首脑会议上通过的《最后文件》①中重申不结盟国家运动对恐怖主义问题的集体立场,并再次申明以前提出的关于要求在联合国主持下召开一次国际首脑会议以制订国际社会有组织地联合对付一切形式和表现的恐怖主义的对策的倡议②以及其他相关倡议,

铭记大会 2002 年 12 月 18 日第 57/219 号、2003 年 12 月 22 日第 58/187 号、2004 年 12 月 20 日第 59/191 号、2005 年 12 月 16 日第 60/158 号、2006 年 12 月 19 日第 61/171 号、2007 年 12 月 18 日第 62/159 号、2008 年 12 月 18 日第 63/185 号、2009 年 12 月 18 日第 64/168 号、2010 年 12 月 21 日第 65/221 号、2011 年 12 月 19 日第 66/171 号和 2013 年 12 月 18 日第 68/178 号决议,

审查了秘书长的报告③和第六委员会工作组主席关于在第七十届会议期间工作组工作的口头报告④:

1. 强烈谴责一切形式和表现的恐怖行为、方法和行径,这些行为不论在何处发生,也不论是何人所为,均为犯罪,无理可辩;

2. 促请所有会员国、联合国及其他有关国际、区域和次区域组织通过调用资源和专门知识等方式,毫不迟延地在国际、区域、次区域和国家层面在所有方面执行《联合国全球反恐战略》及与该《战略》的第一、第二、第三和第四次双年度审查相关的决议⑤;

3. 回顾大会在跟踪了解《联合国全球反恐战略》的执行情况和更新该《战略》方面的核心作用,期待 2016 年第五次双年度审查,并在这方面回顾

---

① A/67/506－S/2012/752,附件一,第 225 和 226 段。
② A/53/667－S/1998/1071,附件一,第 161 段。
③ A/70/211。
④ A/C. 6/70/SR. 27。
⑤ 第 62/272、64/297、66/282 和 68/276 号决议。

大会曾请秘书长促进大会今后的审议工作,请秘书长在此过程中提供关于秘书处内相关活动的资料,以确保联合国系统反恐工作的全面协调和统一;

4. 再次申明为了政治目的而故意或蓄意在一般公众、某一群人或某些人之中引起恐怖状态的犯罪行为,不论引用何种政治、思想、意识形态、种族、人种、宗教或其他性质的考虑作为理由,在任何情况下都无理可辩;

5. 再次促请所有国家按照《联合国宪章》和国际法的相关规定,包括按照国际人权标准,采取进一步措施防止恐怖主义,加强打击恐怖主义的国际合作,并为此目的特别考虑执行大会第 51/210 号决议第 3(a)至(f)段所列的措施;

6. 又再次促请所有国家为促进高效率执行相关法律文书,在适当情况下加强信息交流,互通有关恐怖主义的事实,但同时应避免传播不准确或未核实的信息;

7. 再次促请各国不资助、不鼓励恐怖主义活动,也不向其提供训练或其他支持;

8. 关注恐怖团体绑架和扣留人质索取赎金和(或)政治让步的事件增多,并表示必须处理这一问题;

9. 严重关注外国恐怖主义战斗人员构成与日俱增的严重威胁,他们前往居住国或国籍国之外的另一国实施、规划或准备或参与恐怖行为,或提供或接受恐怖主义训练,包括在武装冲突中这样做,强调各国必须处理这个问题,包括履行其国际义务,着重指出联合国必须按照现有任务开展能力建设,促进能力建设,根据各国的请求,为各国提供协助,包括为受影响最严重的区域的国家提供协助;

10. 强调各国必须迅速采取有效措施,坚决合作打击国际恐怖主义,消除这一祸害,并在这方面促请所有国家根据适用的国际法和《宪章》规定的义务,不向恐怖行为实施者或支持、便利或参与或企图参与资助、规划或准备恐怖行为的任何人提供庇护,并将他们绳之以法,或酌情按照引渡或起诉原则予以引渡;

11. 敦促各国对于其国民或在其境内的其他个人和实体蓄意为实施或企图实施、便利实施或参与实施恐怖行为的个人或实体的利益提供和筹集资金的,要确保他们受到与这种行为的严重性质相称的刑罚惩处;

12. 提醒各国根据相关国际公约和议定书以及安全理事会决议,包括安理会第 1373(2001)号决议,有义务确保将实施恐怖行为的人绳之以法,并回顾大会关于消除国际恐怖主义的措施的各项决议;

13. 重申打击恐怖主义的国际合作及国家行动应依照《宪章》原则、国际法和相关国际公约进行;

14. 回顾《制止核恐怖主义行为国

际公约》①、《核材料实物保护公约》修正案②、《制止危及海上航行安全非法行为公约》的 2005 年议定书③和《制止危及大陆架固定平台安全非法行为议定书》的 2005 年议定书④获得通过,并敦促各国考虑作为优先事项,成为上述文书的缔约方;

15. 敦促所有尚未成为缔约方的国家考虑作为优先事项,依照安全理事会第 1373(2001)号和 2004 年 10 月 8 日第 1566(2004)号决议的规定,成为大会第 51/210 号决议第 6 段中提到的相关公约和议定书以及《制止恐怖主义爆炸的国际公约》⑤、《制止向恐怖主义提供资助的国际公约》⑥、《制止核恐怖主义行为国际公约》和《核材料实物保护公约》修正案的缔约方,并促请所有国家酌情制定必要的国家立法以实施这些公约和议定书的规定,确保本国法院行使管辖权,能够审判实施恐怖行为的人,并为此目的与其他国家及相关国际组织、区域组织和次区域组织合作,并向它们提供支持和协助;

16. 敦促各国与秘书长合作,并彼此合作,以及同有关政府间组织合作,以确保酌情在现有任务范围内,向需要并要求协助的国家提供技术和其他专家咨询意见,协助它们成为上文第 15 段所述公约和议定书的缔约方及实施这些公约和议定书;

17. 赞赏并满意地注意到依照大会 2014 年 12 月 10 日第 69/127 号决议第 14 和 15 段中的呼吁,一些国家已成为这两段所述相关公约和议定书的缔约方,从而实现使这些公约得到更广泛接受和实施的目标;

18. 重申大会第 49/60 号决议附件中所载的《消除国际恐怖主义措施宣言》和大会第 51/210 号决议附件中所载的《补充 1994 年〈消除国际恐怖主义措施宣言〉的宣言》,并促请所有国家予以实施;

19. 促请所有国家合作防止和制止恐怖行为;

20. 敦促所有国家和秘书长在其防止国际恐怖主义的努力中,以最佳方式利用联合国的现有机构;

21. 注意到联合国反恐中心在纽约反恐执行工作队范围内履行职责,注意到该中心在支持《联合国全球反恐战略》实施工作,并鼓励全体会员国与联合国反恐中心协作,为中心在反恐执行工作队范围内开展活动作出贡献;

22. 请维也纳联合国毒品和犯罪

---

① 联合国,《条约汇编》,第 2445 卷,第 44004 号。
② 核材料实物保护公约拟议修正案审议和通过会议 2005 年 7 月 8 日通过[国际原子能机构,GOV/INF/2005/10 – GC(49)/INF/6 号文件,附文]。
③ 修订制止非法行为条约外交会议 2005 年 10 月 14 日通过(国际海事组织,LEG/CONF. 15/21 号文件)。
④ 修订制止非法行为条约外交会议 2005 年 10 月 14 日通过(国际海事组织,LEG/CONF. 15/22 号文件)。
⑤ 联合国,《条约汇编》,第 2149 卷,第 37517 号。
⑥ 联合国,《条约汇编》,第 2178 卷,第 38349 号。

问题办公室预防恐怖主义处继续作出努力,根据其任务规定,加强联合国在防止恐怖主义方面的能力,并确认该处在《联合国全球反恐战略》和安全理事会第1373(2001)号决议范围内发挥作用,包括通过国家能力建设等途径,协助各国成为包括最近通过的各项反恐相关国际公约和议定书的缔约方并予以实施,以及加强恐怖主义刑事事项方面的国际合作机制;

23. 邀请区域政府间组织向秘书长提交关于其在区域一级为消除国际恐怖主义而采取的措施的资料,以及关于这些组织举行的政府间会议的资料;

24. 决定建议第六委员会在大会第七十一届会议期间设立一个工作组,负责完成关于国际恐怖主义的全面公约草案的进程,并讨论大会第54/110号决议列入其议程的关于在联合国主持下召开一次高级别会议的问题的项目;

25. 确认会员国为解决未决问题所作的努力,并鼓励所有会员国在闭会期间加倍努力;

26. 决定将题为"消除国际恐怖主义的措施"的项目列入大会第七十一届会议临时议程。

2015 年 12 月 14 日
第 75 次全体会议

为执行有关打击恐怖主义的国际公约和议定书提供技术援助

(2015 年 12 月 17 日联大第 70/177 号决议,往届联大类似决议有第 58/136 号决议、第 59/153 号决议、第 62/172 号决议、第 64/177 号决议、第 66/178 号决议、第 68/187 号决议)

大会,

回顾其所有与提供技术援助打击恐怖主义有关的决议,特别是最近的决议,如大会 2013 年 12 月 18 日关于在打击恐怖主义的同时保护人权和基本自由的第 68/178 号、2013 年 12 月 18 日关于为执行有关打击恐怖主义的国际公约和议定书提供技术援助的第 68/187 号、2014 年 6 月 13 日关于《联合国全球反恐战略》审查的第 68/276 号、2014 年 12 月 10 日关于采取措施消除国际恐怖主义的第 69/127 号和 2014 年 12 月 18 日关于加强联合国预防犯罪和刑事司法方案特别是其技术合作能力的第 69/197 号决议,

注意到安全理事会与提供技术援助打击恐怖主义有关的相关决议,特别是最近的决议①,

再次强调需要加强国际、区域和次区域合作以有效预防和打击恐怖主义,尤其要根据请求国确定的需要和优先事项提供技术援助,以加强各国的国家能力,

强调需要消除助长恐怖主义蔓延的条件,同时充分尊重《联合国宪章》和国际法的基本原则和宗旨,

回顾其第 68/187 号决议,大会在其中除其他外促请联合国毒品和犯罪问题办公室继续应请求提供技术援助,以加强会员国加入和执行关于恐怖主义的国际公约和议定书的能力,途径包括与会员国协商,制定专门的方案和培训相关刑事司法官员、制定和参加相关举措以及编制技术工具和出版物,

重申《联合国全球反恐战略》②的所有方面和各国继续执行该《战略》的

---

① 特别是安全理事会 2014 年 9 月 24 日第 2178(2014)号、2014 年 1 月 27 日第 2133(2014)号、2014 年 12 月 19 日第 2195(2014)号和 2015 年 2 月 12 日第 2199(2015)号决议。

② 第 60/288 号决议。

必要性,大会在第 68/276 号决议中重申了这一点,赞赏地注意到了联合国实体,包括联合国毒品和犯罪问题办公室等反恐执行工作队实体在能力建设领域与其他相关国际、区域和次区域组织协调开展活动,应请求协助会员国执行《战略》,并鼓励工作队确保重点提供能力建设援助,包括在"反恐怖主义综合援助倡议"框架内开展此项工作,

又重申会员国负有实施《联合国全球反恐战略》的首要责任,同时确认必须加强联合国的协调和主要作用,促进国家、次区域、区域和全球各级在执行《战略》方面的一致性,并提供援助,特别是如《战略》支柱三所述在能力建设方面提供援助,并鼓励其他国际、区域和次区域组织与联合国协调这方面的活动,

回顾其第 68/276 号决议表示关切国际上招募的人员,包括外国恐怖主义战斗人员,日益流向恐怖组织,关切这对包括原籍国、过境国和目的地在内的全体会员国造成威胁,还回顾大会表示关切在一些区域,恐怖团体为筹集资金或赢得政治让步等任何目的而制造的绑架和劫持人质事件有所增加,注意到向恐怖分子支付的赎金是这些恐怖分子开展活动包括更多的绑架的资金来源之一,

又回顾 2015 年 4 月 12 日至 19 日在多哈举行的第十三届联合国预防犯罪和刑事司法大会通过了《关于将预防犯罪和刑事司法纳入更广泛的联合国议程以应对社会和经济挑战并促进国内和国际的法治及公众参与的多哈宣言》[①],

在这方面注意到需要继续打击一切形式和表现的恐怖主义,包括某些情况下跨国有组织犯罪、与毒品有关的非法活动、洗钱和资助恐怖主义相互之间已经存在、日益密切和可能存在的联系,以加强应对这些犯罪的刑事司法对策,

震惊地注意到恐怖团体最近在一些国家损毁文化遗产,

认识到反恐执行工作队实体中的联合国毒品和犯罪问题办公室在打击资助恐怖主义行为、采取法律和刑事司法对策应对恐怖主义方面发挥着重要作用,并回顾联合国各实体相互协调、工作队开展工作以促进问责制、增进透明度和避免工作重复的重要性,

申明各国必须确保其采取的任何打击恐怖主义的措施都符合国际法规定的所有义务,特别是国际人权法、难民法和人道主义法规定的义务,

注意到在有关区域和国际专门机构框架内提供技术援助打击洗钱和资助恐怖主义行为方面开展的工作和取得的进展,

表示注意到秘书长关于在执行与恐怖主义问题有关的国际公约和议定

---

① 第 70/174 号决议,附件。

书方面提供技术援助的报告①，

注意到联合国毒品和犯罪问题办公室正在开展工作，支持会员国在预防犯罪和刑事司法框架内努力防止和打击恐怖主义，特别是汇编关于向恐怖主义受害人提供援助和支助的良好做法，包括关于受害人在刑事司法框架内的作用的良好做法，并重申需要与会员国密切协调开展这项工作，

重申不能也不应将恐怖主义与任何宗教、国籍、文明或族裔群体联系起来：

1. 敦促尚未加入现有关于打击恐怖主义的国际公约和议定书的会员国考虑加入，并请联合国毒品和犯罪问题办公室在其任务授权范围内与反恐执行工作队各相关实体密切协调，继续向会员国提供技术援助，协助它们批准这些国际法律文书并将其并入立法；

2. 敦促会员国继续加强国际协调与合作，以便根据包括《联合国宪章》在内的国际法预防和打击各种形式和表现的恐怖主义，切实执行相关国际文书和关于应对外国恐怖主义战斗人员现象的联合国决议，打击资助恐怖主义包括通过劫持人质和绑架以索取赎金而资助恐怖主义，酌情订立关于引渡和司法协助的双边、区域和多边条约，确保向所有相关人员提供关于开展国际合作活动的适当培训，并请联合国毒品和犯罪问题办公室在其任务授权范

围内为此目的应请求向会员国提供技术援助，包括继续提供并加强援助，推动与打击恐怖主义相关的国际法律合作，并促进建立强有力的有效中央机关开展刑事事项国际合作；

3. 强调必须根据适用的国际法，建立和维持有效、公正、人道、透明和可问责的刑事司法制度，以此作为任何打击恐怖主义战略的根本基础，并请联合国毒品和犯罪问题办公室适当时在其反恐技术援助中酌情考虑到建设国家能力以加强刑事司法制度和法治所需的内容；

4. 促请联合国毒品和犯罪问题办公室在其任务授权范围内，继续应请求加强对会员国的技术援助，协助它们基于法治采取有效措施，在充分尊重人权和基本自由的前提下，采取刑事司法对策防止恐怖主义；

5. 又促请联合国毒品和犯罪问题办公室继续应请求提供技术援助，以加强会员国加入和执行关于打击恐怖主义的国际公约和议定书的能力，途径包括与会员国协商，制定专门的方案和培训相关刑事司法和执法官员、制定和参加相关举措以及编制技术工具和出版物；

6. 请联合国毒品和犯罪问题办公室在其任务授权范围内，继续积累打击和预防恐怖主义领域及该办公室任务授权所涉专题领域的专门法律知识，并继续根据国际法律文书的规定

---

① E/CN. 15/2015/4。

和联合国相关决议的详细阐述,就打击一切形式和表现恐怖主义的刑事司法对策问题向提出请求的会员国提供援助;

7. 又请联合国毒品和犯罪问题办公室在其任务授权范围内并酌情与反恐怖主义委员会及其执行局以及反恐执行工作队协作,通过能力建设活动协助提出请求的会员国应对外国恐怖主义战斗人员威胁,加强合作努力,制定相关措施,并采取适当刑事司法对策,以防止资助、动员、招募和组织外国恐怖主义战斗人员,防止这些人员的旅行和激进化,并确保按照国际法和适用的国内法规定的义务,将任何参与资助、策划、筹备或实施恐怖主义行为或支持恐怖主义行为的人绳之以法;

8. 鼓励会员国加强合作,进一步及时分享与外国恐怖主义战斗人员有关的业务信息,并酌情通过有效交流信息和分享经验与良好做法等途径开展合作,应对某些情况下跨国有组织犯罪、与毒品有关的非法活动、洗钱和资助恐怖主义相互之间已经存在、日益密切和可能存在的联系,以加强针对这些犯罪的刑事司法对策,并促请联合国毒品和犯罪问题办公室在其相关任务授权范围内应请求支持会员国在这方面的努力;

9. 请联合国毒品和犯罪问题办公室在其任务授权范围内酌情支助会员国就恐怖主义团体实施绑架和劫持人质问题加强合作,途径是应请求提供技术援助,协助会员国开展能力建设,以防止今后发生恐怖主义分子绑架和劫持人质事件,杜绝恐怖主义分子直接或间接从赎金和政治让步中获益;

10. 又请联合国毒品和犯罪问题办公室在其任务授权范围内,继续与会员国密切协商,积累专门法律知识,以便继续应请求援助会员国打击将互联网用于恐怖主义目的的行为,支持它们按照适用的关于正当程序的国际法并在充分尊重人权与基本自由的前提下对此类行为进行有效定罪、侦查和起诉,并鼓励将互联网用作遏制恐怖主义蔓延的工具;

11. 还请联合国毒品和犯罪问题办公室在其任务授权范围内继续支持提出请求的国家实施能力建设方案,以加强针对恐怖主义分子破坏文化遗产行为的预防犯罪和刑事司法对策;

12. 敦促联合国毒品和犯罪问题办公室与反恐怖主义委员会及其执行局以及反恐执行工作队协调,在适当时继续加强与国际组织和联合国系统相关实体以及与国际、区域和次区域组织和安排在提供技术援助方面的合作;

13. 请联合国毒品和犯罪问题办公室通过推广其区域方案和专题方案继续优先重视采取综合性做法,包括根据请求向各国提供协助;

14. 欢迎联合国毒品和犯罪问题办公室与反恐怖主义委员会及其执行局以及该办公室与反恐执行工作队正在开展的联合举措;

15. 赞赏一些会员国通过捐款等方式支助联合国毒品和犯罪问题办公室的技术援助活动,邀请会员国考虑提供额外可持续的自愿捐款及实物捐助,特别是鉴于有必要加强并有效提供技术援助,协助会员国实施《联合国全球反恐战略》的各项相关规定;

16. 请秘书长向联合国毒品和犯罪问题办公室提供充足的资源,用以在其任务授权范围内开展活动,以应请求协助会员国落实《联合国全球反恐战略》的各项相关要素;

17. 又请秘书长向大会第七十一届会议提交一份关于本决议执行情况的报告。

2015 年 12 月 17 日
第 80 次全体会议

第三部分

联合国安理会预防和打击
恐怖主义的有关决议

第 1267（1999）号决议

（1999 年 10 月 15 日安全理事会第 4051 次会议通过）

安全理事会，

重申其以前关于阿富汗局势的各项决议，特别是 1998 年 8 月 13 日第 1189（1998）号、1998 年 8 月 28 日第 1193（1998）号和 1998 年 12 月 8 日第 1214（1998）号决议，以及各项主席声明，

重申对阿富汗主权、独立、领土完整和国家统一的坚定承诺和对阿富汗文化和历史遗产的尊重，

重申深切关注继续发生违反国际人道主义法和侵犯人权的行为，特别是歧视妇女和女童及鸦片非法生产大增，并强调塔利班在马扎里沙里夫占领伊朗伊斯兰共和国总领事馆、杀害伊朗外交官和一名记者的行为是公然违反公认国际法，

回顾有关的国际反恐怖主义公约，特别是这些公约规定缔约国有义务引渡或起诉恐怖分子，

强烈谴责继续利用阿富汗领土，尤其是塔利班控制区来窝藏和训练恐怖分子，策划恐怖分子行为，并重申坚信打击国际恐怖主义对于维护国际和平与安全至关重要，

痛惜塔利班继续庇护乌萨马·本·拉丹，允许他及其同伙从塔利班控制区操办一个恐怖分子训练营网络，并利用阿富汗作为"基地"发动国际恐怖分子行动，

注意到美利坚合众国已对乌萨马·本·拉丹及其同伙起诉，主要罪行是 1998 年 8 月 7 日炸毁美国驻肯尼亚内罗毕使馆和驻坦桑尼亚达累斯萨拉姆使馆，以及阴谋在美国国外杀害美国国民，并注意到美利坚合众国要求塔利班将他们交出受审（S/1999/1021），

认定塔利班当局不遵从第 1214（1998）号决议第 13 段的要求，对国际和平与安全构成威胁，

强调决心确保其决议受到尊重，

根据《联合国宪章》第七章采取行动：

1. 坚决要求自称为阿富汗伊斯兰酋长国的阿富汗派系塔利班迅速遵守安理会以前各项决议，特别是停止庇护和训练国际恐怖分子及其组织，采取适当有效措施确保其所控制的领土不被用来设立恐怖分子的设施和营

地,或者策划或组织针对其他国家或其公民的恐怖分子行为,并协助将被起诉的恐怖分子绳之以法。

2. 要求塔利班不再拖延地将乌萨马·本·拉丹送交已对他起诉的国家的有关当局,或会将他移送起诉国的另一国家有关当局,或会将他逮捕并有效绳之以法的国家的有关当局。

3. 决定在 1999 年 11 月 14 日,所有国家均应采取下文第 4 段规定的措施,除非在此之前安理会已根据秘书长的报告作出决定,认为塔利班已全面遵守上文第 2 段规定的义务。

4. 还决定为了执行上文第 2 段,所有国家均应:

(a)拒绝准许经下文第 6 段所设委员会指定的塔利班本身或代表塔利班拥有、租借或营运的任何飞机在本国领土起飞或降落,除非委员会以人道主义需要、包括诸如朝圣之类宗教义务为由事先批准该次飞行;

(b)冻结经下文第 6 段所设委员会指定的资金和其他财政资源,包括由塔利班本身、或是由塔利班拥有或控制的企业,所拥有或直接间接控制的财产所衍生或产生的资金,并确保本国国民或本国境内的任何人,均不为塔利班的利益或为塔利班拥有或直接间接控制的任何企业的利益,提供这些或如此指定的任何其他资金或财政资源,但委员会以人道主义需要为由而逐案核准者除外。

5. 敦促所有国家合作努力,实现上文第 2 段提出的要求,并考虑对乌

萨马·本·拉丹及其同伙采取进一步措施。

6. 决定根据暂行议事规则第二十八条设立安全理事会的一个委员会,由安理会全体成员组成,负责执行下列任务,并向安理会报告工作和提出意见和建议:

(a)向所有国家索取进一步资料,以了解为有效执行上文第 4 段所定措施而采取的行动;

(b)审议各国就违反上文第 4 段所定措施的事件提请它注意的资料,并为应付违规行为建议适当的措施;

(c)定期向安理会报告上文第 4 段所定措施的效果,包括人道主义影响;

(d)定期向安理会报告其收到的有关涉嫌违反上文第 4 段所定措施的事件的资料,尽可能指明据报参与这类违规行为的人或实体;

(e)指定上文第 4 段所指的飞机、资金或其他财政资源,以便执行该段所定措施;

(f)审议按上文第 4 段的规定豁免该段所定措施的请求,并就国际航空运输协会(空运协会)代表各国际航空公司向阿富汗航空当局支付空中交通管制服务费用方面准予豁免这些措施作出决定;

(g)审查按照下文第 9 段提出的报告。

7. 呼吁所有国家,无论有任何国际协定,或在上文第 4 段所定措施生效之日以前签订的任何合同或颁发的

任何执照或许可证所赋予的任何权利或规定的任何义务,仍应严格按照本决议的规定行事。

8. 要求各国对在其管辖下违反上文第 4 段所定措施的人和实体提出控诉,并施以适当处罚。

9. 要求所有国家同上文第 6 段所设委员会在履行其任务方面充分合作,包括提供委员会根据本决议可能索取的资料。

10. 请所有国家在上文第 4 段所定措施生效后 30 天内向上文第 6 段所设委员会报告本国为有效执行上文第 4 段而采取的步骤。

11. 请秘书长向上文第 6 段所设委员会提供一切必要协助,并为此目的在秘书处内作出必要安排。

12. 请上文第 6 段所设委员会根据秘书处的建议,确定与主管国际组织、各邻国和其他国家以及有关各方的适当安排,以改进对上文第 4 段所定措施执行情况的监测。

13. 请秘书处提交从各国政府和公共来源收到的关于可能违反上文第 4 段所定措施的行为的资料,以供上文第 6 段所设委员会审议。

14. 决定一俟秘书长向安全理事会报告说,塔利班已经履行上文第 2 段规定的义务,即终止上文第 4 段所定措施。

15. 表示准备根据《联合国宪章》赋予的职责,考虑采取进一步措施以使本决议得到充分执行。

16. 决定继续积极处理此案。

第1269(1999)号决议

（1999 年 10 月 19 日安全理事会第 4053 次会议通过）

安全理事会，

深为关切国际恐怖主义行为增加，危害世人的生命和福利以及所有国家的和平与安全。

谴责一切恐怖主义行为，不论其动机为何，发生在何处，由谁干出，

注意到大会所有有关决议，包括 1994 年 12 月 9 日第 49/60 号决议，其中通过了《消灭国际恐怖主义措施宣言》，

强调必须在国家一级加强反恐怖主义的斗争，并在联合国主持下，根据《联合国宪章》的原则和国际法准则，其中包括尊重国际人道主义法和人权，加强这一领域的有效国际合作，

支持为促进普遍参加和执行现有各项国际反恐怖分子公约以及为拟订新国际文书以消除恐怖分子威胁而作出的努力，

赞扬大会、有关联合国机构和专门机构、区域组织和其他组织为遏制国际恐怖主义而开展的工作，

决心根据《联合国宪章》，协助为遏制一切形式恐怖主义而作的努力，

重申镇压国际恐怖主义行为，包括国家参与的这种行为，大有助于维持国际和平与安全：

1. 断然谴责一切恐怖主义行为、方法和做法，特别是对国际和平与安全构成威胁者，都是无可开脱的犯罪行为，而不论其动机为何，采取何种形式和表现，发生在何处，由谁干出。

2. 呼吁所有国家全面执行它们已加入的国际反恐怖分子公约，鼓励所有国家优先考虑遵守它们尚未加入的公约，并鼓励迅速通过尚未通过的公约。

3. 强调联合国在加强反恐怖主义领域的国际合作方面至关重要的作用，并强调在各国、国际组织和区域组织间加强协调的重要性。

4. 呼吁所有国家，除其他外，为开展这类合作和协调采取适当步骤：

——相互合作，特别是通过双边和多边协定与安排，以防止和镇压恐怖分子行为，保护本国国民和其他人不遭恐怖分子袭击，并将干出这种行为者绳之以法；

——在本国领土内通过一切合法途径防止并禁止为任何恐怖主义行为

进行准备和筹资；

　　——对策划、筹资或干出恐怖分子行为的人不予庇护，确保将其逮捕、起诉或引渡；

　　——在授予难民身份前，根据本国法律和国际法的有关规定，包括国际人权标准，采取适当措施，以确保寻求庇护者未曾参与恐怖分子行为；

　　——根据国际法和国内法交流情报，在行政和司法事项上开展合作，以防止发生恐怖分子行为。

　　5. 请秘书长在提交大会的关于消除国际恐怖主义的措施的报告、特别是根据大会第 50/53 号决议提交的报告中，特别注意需要防止和消除恐怖分子活动对国际和平与安全构成的威胁。

　　6. 表示准备审议上文第 5 段所指报告中的有关规定，并根据《联合国宪章》赋予的职责采取必要步骤，消除恐怖分子对国际和平与安全的威胁。

　　7. 决定继续处理此案。

第1333(2000)号决议

（2000年12月19日安全理事会第4251次会议通过）

安全理事会，

重申以往关于阿富汗局势的各项决议，特别是1999年10月15日第1267(1999)号决议和各项主席声明，

重申对阿富汗主权、独立、领土完整和国家统一的坚定承诺以及对阿富汗文化和历史遗产的尊重，

认识到阿富汗人民的紧急人道主义需要，

支持秘书长阿富汗问题个人代表努力通过阿富汗各派间的政治谈判促进和平进程，以建立一个基础广泛、多族裔、具有充分代表性的政府，并要求交战派系同这些努力充分合作，在它们已承诺进行的对话中迅速取得进展，争取达成停火并开展谋求政治解决的讨论，

注意到阿富汗支援小组2000年12月的会议强调阿富汗局势十分复杂，需要对和平进程以及毒品贩运、恐怖主义、人权和人道主义及发展援助等问题采取综合、全面的办法，

回顾有关的国际反恐怖主义公约，特别是这些公约规定的缔约国引渡或起诉恐怖分子的义务，

强烈谴责有人继续利用在自称为阿富汗伊斯兰酋长国的阿富汗派系塔利班(下称塔利班)控制下的阿富汗地区窝藏和训练恐怖分子以及策划恐怖行为，并重申坚信打击国际恐怖主义对于维护国际和平与安全至关重要，

指出塔利班必须遵守1961年《单一公约》、1971年《精神药物公约》、1988年《禁止非法贩运麻醉药品和精神药物公约》以及1998年联合国大会关于麻醉药品的第二十届特别会议的承诺，包括与联合国药物管制署密切合作，

注意到塔利班通过对鸦片生产征税，直接得益于非法鸦片的种植，而且间接得益于此种鸦片的加工和贩卖，并认识到此种巨额资源加强了塔利班窝藏恐怖分子的能力，

痛惜塔利班继续庇护乌萨马·本·拉丹，允许他及其同伙从塔利班控制区操办一个恐怖分子训练营网络，并利用阿富汗作为"基地"发动国际恐怖行动，

注意到美利坚合众国已起诉乌萨马·本·拉丹及其同伙，主要罪行是

1998年8月7日炸毁美国驻肯尼亚内罗毕使馆和驻坦桑尼亚达累斯萨拉姆使馆,以及阴谋在美国境外杀害美国国民,并注意到美利坚合众国要求塔利班将他们交出受审(S/1999/1021),

重申深切关注继续发生违反国际人道主义法和侵犯人权的行为,特别是歧视妇女和女童,鸦片非法生产大增,

强调塔利班在马扎里沙里夫占领伊朗伊斯兰共和国总领事馆、杀害伊朗外交官和一名记者的行为明目张胆地违反了公认的国际法,

认定塔利班当局不遵从第1214(1998)号决议第13段和第1267(1999)号决议第2段的要求,对国际和平与安全构成威胁,

强调决心确保其决议受到尊重,

重申制裁必须有适当、有效的豁免,以免对阿富汗人民造成不利的人道主义后果,以及制裁的安排方式不得阻碍、阻挠或拖延国际人道援助组织或政府救济机构向该国平民提供人道援助,

强调塔利班对其所控制的阿富汗地区内民众的福祉负有责任,并为此呼吁塔利班确保救济人员和援助安全无阻地到达其控制区内所有需要救援的人,

回顾大会1994年12月9日第49/59号决议通过的《联合国人员和有关人员安全公约》所载的有关原则,

根据《联合国宪章》第七章采取行动:

1. 要求塔利班遵守第1267(1999)号决议,特别是停止向国际恐怖分子及其组织提供庇护和训练,采取适当有效措施确保其控制区不被用来建立恐怖分子的设施和营地,或者准备或组织针对其他国家或其公民的恐怖行为,并配合国际努力,将被起诉的恐怖分子绳之以法。

2. 又要求塔利班不再拖延地遵守第1267(1999)号决议第2段,其中要求塔利班将乌萨马·本·拉丹送交已对他起诉的国家的有关当局,或会将他移送此种起诉国的另一国有关当局,或会将他逮捕并有效绳之以法的国家的有关当局。

3. 还要求塔利班迅速采取行动,关闭其控制区内所有训练恐怖分子的营地,并要求联合国除其他外通过各会员国按照下文第19段提供给联合国的情报和通过为确保本决议得到遵守所需的其他手段证实这种营地的关闭。

4. 提醒所有国家有义务严格执行第1267(1999)号决议第4段规定的措施。

5. 决定所有国家均应:

(a)阻止本国国民、或从本国领土、或使用悬挂本国国旗的船只或飞机向第1267(1999)号决议所设委员会(下称委员会)认定在塔利班控制下的阿富汗领土直接间接供应、出售和转让军火和各种有关物资,包括武器和弹药、军用车辆和装备、准军事装备及上述物资的备件;

（b）阻止本国国民、或从本国领土向委员会认定在塔利班控制下的阿富汗领土直接间接供应、出售和转让与塔利班控制下武装人员的军事活动有关的技术咨询、援助或训练；

（c）撤回任何根据合同或其他安排在阿富汗境内应聘在军事或有关安全事项上向塔利班提供咨询的本国官员、代理人、顾问、军事人员，在这方面并敦促其他国民离开该国。

6. 决定上文第5段所规定的措施不适用于委员会事先核准的专供人道主义和保护用途的非致命性军事设备，以及相关的技术援助或训练，并申明上文第5段所规定的措施不适用于联合国人员、媒体代表和人道工作人员运入阿富汗供其个人使用的保护性服装，包括防弹夹克和军用头盔。

7. 敦促与塔利班保持外交关系的所有国家大幅减少驻塔利班代表团和外派机构的人员数量并降低其级别，限制或控制所有留下的此种人员在其境内的行动；对于塔利班驻国际组织代表团，东道国在认为必要时可与有关组织协商采取执行本段所需的措施。

8. 决定所有国家应采取进一步措施：

（a）立即、彻底关闭塔利班在本国境内的所有办事处；

（b）立即关闭阿里亚纳阿富汗航空公司在本国境内的所有办事处；

（c）毫不拖延地冻结经委员会认定是乌萨马·本·拉丹以及与他有关的个人和实体、包括"基地"组织的资金和其他金融资产，并包括由乌萨马·本·拉丹以及与他有关的个人和实体拥有或直接间接控制的财产所衍生或产生的资金，并且确保本国国民或本国境内的任何人，均不直接间接为乌萨马·本·拉丹、其同伙或由乌萨马·本·拉丹以及与他有关的个人和实体、包括"基地"组织所拥有或直接间接控制的任何实体的利益，提供此种或任何其他资金或金融资源，并请委员会根据各国和区域组织提供的资料维持一份最新名单，列出委员会认定与乌萨马·本·拉丹有关的个人和实体、包括"基地"组织内的人员和实体。

9. 要求塔利班，以及其他人，停止一切非法毒品活动，并且设法根除罂粟的非法种植，这方面的收入资助了塔利班的恐怖活动。

10. 决定所有国家应阻止本国国民或从本国领土将化学品醋酸酐出售、供应或转让给委员会认定在塔利班控制下的阿富汗领土内的任何人或意图在委员会认定在塔利班控制下的区域内进行或从这类区域开展任何活动的任何人。

11. 又决定，对于从委员会认定在塔利班控制下的阿富汗境内某地起飞或预定在该地降落的飞机，所有国家必须拒绝准许在本国领土起飞、降落或飞越，除非该特定航班基于人道主义需要、包括履行朝圣等宗教义务的理由，或基于该次飞行有助于讨论阿富汗冲突的和平解决或可能推动塔利班遵守本决议或第 1267(1999)号决议的理由,已获委员会事先核准。

12. 还决定委员会应保持一份核定的向阿富汗提供人道援助的组织和政府救济机构,适当时包括联合国及其机构、提供人道援助的政府救济机构、红十字国际委员会和非政府组织的清单,上文第 11 段规定的禁令不适用于委员会所核定清单上的组织和政府救济机构本身进行或为其进行的人道主义飞行,委员会应定期审查该清单,酌情增加新组织和政府救济机构,委员会如果认定某些组织和政府机构正在进行或可能进行不属于人道目的的飞行,则应从清单上删除这些组织和政府机构,并应立即通知这些组织和政府机构其所进行或为其进行的任何飞行因此均须遵守上文第 11 段的规定。

13. 吁请塔利班确保救济人员和援助安全无阻地通达其控制区内所有需要救援的人,并强调塔利班必须对联合国人员和有关的人道救援人员的安全、保障和行动自由提供保证。

14. 敦促各国采取措施限制塔利班副部长或以上级别的所有高级官员、塔利班控制的同级武装人员、塔利班高级顾问和知名人士入境或过境,除非这些官员的旅行是出于人道目的,包括履行朝圣等宗教义务,或该旅行有助于讨论阿富汗冲突的和平解决或涉及遵守本决议或第 1267(1999)号决议。

15. 请秘书长与委员会协商采取以下措施:

(a)任命一个专家委员会,在本决议通过后 60 天内向安理会建议如何监测上文第 3 和第 5 段所要求的军火禁运和关闭恐怖分子训练营地,除其他外,包括利用会员国通过国家手段获得并提供给秘书长的情报;

(b)同有关会员国协商,以落实本决议和第 1267(1999)号决议规定的措施,并向安理会报告此种协商的结果;

(c)报告现有制裁措施的执行情况,评估在执行制裁措施方面存在的问题,提出如何加强执行的建议,评价塔利班为遵守规定采取的行动;

(d)审查本决议和第 1267(1999)号决议所规定措施的人道主义影响,在本决议通过后 90 天内向安理会提出评估报告和建议,其后定期报告任何人道主义影响,并至迟在这些措施期满前 30 天就此问题提出一份全面报告和任何建议。

16. 请委员会,除第 1267(1999)号决议规定者外,还开展以下工作以完成任务:

(a)根据各国、区域组织和国际组织提供的情报建立并保持最新清单,列出塔利班控制的阿富汗领土内所有飞机进入和降落地点,并将清单内容通报会员国;

(b)依照上文第 8(c)段,根据各国和区域组织提供的情报建立并保持最新清单,列出经认定为与乌萨马·本·拉丹有关的个人和实体;

(c)审议要求给予上文第 6 和第 11 段所列豁免的请求并作出决定;

（d）依照上文第 12 段，至迟在本决议通过后一个月建立并保持一份最新清单，列明核定的向阿富汗提供人道援助的组织和政府救济机构；

（e）通过适当媒介，包括通过更好地利用信息技术，公布这些措施的有关执行情况；

（f）适当时考虑由委员会主席和为促进全面切实执行本决议和第 1267（1999）号决议所规定的措施而可能需要的其他成员访问该区域有关国家，以敦促各国遵守安理会有关决议；

（g）定期向安理会报告委员会收到的有关本决议和第 1267（1999）号决议的情报，包括委员会获悉的可能违反这些措施的情况和加强这些措施的效力的建议。

17. 吁请所有国家以及所有国际组织和区域组织，包括联合国及其专门机构，严格依照本决议的规定行事，而毋须顾及任何国际协定或上文第 5、第 8、第 10 和第 11 段规定的措施生效之日以前签订的任何合同或颁发的任何执照或许可证所赋予或规定的任何权利或义务。

18. 吁请各国起诉违反上文第 5、第 8、第 10 和第 11 段所规定措施、属其管辖的个人和实体，并给予适当的惩罚。

19. 吁请所有国家在委员会履行任务时与其充分合作，包括按照本决议提供委员会所需的情报。

20. 请所有国家在上文第 5、第 8、第 10 和第 11 段所规定措施生效后 30 天内，向委员会报告它们为切实执行本决议所采取的步骤。

21. 请秘书处将从各国政府和公开来源收到的关于可能违反上文第 5、第 8、第 10 和第 11 段所规定措施的情报提交委员会审议。

22. 决定上文第 5、第 8、第 10 和第 11 段所规定的措施于本决议通过后一个月东部标准时间 0 时 1 分生效。

23. 又决定上文第 5、第 8、第 10 和第 11 段所规定的措施时效为十二个月，在该期间终了时，安理会将决定塔利班是否遵守了上文第 1、第 2 和第 3 段的规定，并据此决定是否将这些措施按同样条件再延长一段时间。

24. 决定，如塔利班遵守上文第 1、第 2 和第 3 段规定的条件，在十二个月期间终了前，安全理事会将终止上文第 5、第 8、第 10 和第 11 段规定的措施。

25. 表示准备根据《联合国宪章》赋予的职责，考虑采取进一步措施以使本决议和第 1267（1999）号决议得到充分执行，除其他外考虑到第 15（d）段所指的影响评估，以期加强制裁的效力和减少人道后果。

26. 决定继续积极处理此案。

第 1363（2001）号决议

（2001 年 7 月 30 日安全理事会第 4352 次会议通过）

安全理事会，

重申以往关于阿富汗局势的各项决议，特别是 1999 年 10 月 15 日第 1267（1999）号和 2000 年 12 月 19 日第 1333（2000）号决议，以及各项主席声明，

认定阿富汗局势对该区域的国际和平与安全构成威胁，

根据《联合国宪章》第七章采取行动：

1. 强调《联合国宪章》规定所有会员国都有义务全面遵守第 1267（1999）号和第 1333（2000）号决议所规定的措施。

2. 欢迎第 1333（2000）号决议所设专家委员会的报告（S/2001/511），并注意到其中所载的结论和建议，这是在委员会访问与塔利班控制下阿富汗领土接壤的国家进行协商后提出的。

3. 请秘书长与第 1267（1999）号决议所设委员会协商，在本决议通过之日起 30 天内设立一个机制，任期为第 1333（2000）号决议规定的措施实施期间，以：

（a）监测第 1267（1999）号和第 1333（2000）号决议所规定措施的执行情况；

（b）向与塔利班控制下阿富汗领土接壤的国家和酌情向其他国家提供援助，以提高它们执行第 1267（1999）号和第 1333（2000）号决议所规定措施的能力；

（c）核对、评估、尽可能核实和报告有关违反第 1267（1999）号和第 1333（2000）号决议所规定措施的资料并提出建议。

4. 考虑到特别是公平地域分配，决定监测机制的组成应包括：

（a）在纽约的一个监测组，由包括一名主席的至多五名专家组成，监测第 1267（1999）号和第 1333（2000）号决议规定的所有措施的执行情况，包括在军火禁运、反恐怖主义及相关立法、与购买军火和资助恐怖主义有关的洗钱、金融交易和贩运毒品等领域的执行情况；

（b）一个执行制裁支助队，由监测组协调，成员至多十五人，具有海关、边境安全和反恐怖主义等方面的专

长,派往上文第 2 段所述的那些国家,与那些国家充分协商和密切合作。

5. 请监测组向第 1267(1999)号决议所设委员会报告上文第 3 段规定的监测机制的工作,包括通过监测机制的专家作简报,并请执行制裁支助队至少每月一次向监测组报告。

6. 还请第 1267(1999)号决议所设委员会定期向安全理事会报告本决议执行情况。

7. 呼吁所有国家、联合国和有关各方充分和及时地与监测机制合作。

8. 敦促所有国家立即采取步骤,酌情通过立法或行政措施,执行和加强国内法律或规章针对本国国民和在本国领土上活动的其他个人或实体的措施,以预防和惩罚违反第 1267(1999)号和第 1333(2000)号决议所规定措施的行为,把采取此种措施的

情况通知第 1267(1999)号决议所设委员会,并请各国向委员会报告所有相关调查和执行行动的结果,除非这样做会妨碍调查或执行行动。

9. 请秘书长作出必要的安排,用本组织的经费和通过为此目的而设的联合国信托基金来支持监测机制的工作,申明这个信托基金将由秘书长设立,鼓励各国向该基金捐款,和通过秘书长向监测机制捐助人员、设备和服务,并请秘书长将支持此一机制的财政安排定期通报第 1267(1999)号决议所设委员会。

10. 表示打算根据监测机制通过第 1267(1999)号决议所设委员会提供的资料,审查第 1267(1999)号和第 1333(2000)号决议所规定措施的执行情况。

11. 决定继续处理此案。

第 1368（2001）号决议

（2001 年 9 月 12 日安全理事会第 4370 次会议通过）

安全理事会，

重申《联合国宪章》的原则和宗旨，

决心采取一切手段打击恐怖主义行为对国际和平与安全所造成的威胁，

确认按照《宪章》有单独或集体自卫的固有权利：

1. 最强烈地断然谴责 2001 年 9 月 11 日在纽约、华盛顿特区和宾夕法尼亚州发生的令人发指的恐怖主义攻击，认为这种行为，如同任何国际恐怖主义行为，是对国际和平与安全的威胁。

2. 对受害者及其家属以及美利坚合众国人民和政府表示最深切的同情和慰问。

3. 吁请所有国家紧急进行合作，将这些恐怖主义攻击的行凶者、组织者和发起者绳之以法，强调对于援助、支持或窝藏这些行为的行凶者、组织者和发起者的人，要追究责任。

4. 还吁请国际社会加倍努力防止并镇压恐怖主义行为，包括加强合作和充分执行各项有关的国际反恐怖主义公约及安全理事会决议，尤其是 1999 年 10 月 9 日第 1269（1999）号决议。

5. 表示安理会准备根据《联合国宪章》规定的职责采取一切必要步骤，对付 2001 年 9 月 11 日发生的恐怖主义攻击，并且打击一切形式的恐怖主义。

6. 决定继续处理此案。

第 1373(2001)号决议

(2001 年 9 月 28 日安全理事会第 4385 次会议通过)

安全理事会,

重申其 1999 年 10 月 19 日第 1269(1999)号和 2001 年 9 月 12 日第 1368(2001)号决议,

又重申断然谴责 2001 年 9 月 11 日在纽约、华盛顿特区和宾夕法尼亚州发生的恐怖主义攻击,并表示决心防止一切此种行为,

还重申这种行为,如同任何国际恐怖主义行为,对国际和平与安全构成威胁,

再次申明《联合国宪章》所确认并经第 1368(2001)号决议重申的单独或集体自卫的固有权利,

重申必须根据《联合国宪章》以一切手段打击恐怖主义行为对国际和平与安全造成的威胁,

深为关切在世界各地区,以不容忍或极端主义为动机的恐怖主义行为有所增加,

呼吁各国紧急合作,防止和制止恐怖主义行为,包括通过加强合作和充分执行关于恐怖主义的各项国际公约,

确认各国为补充国际合作,有必要在其领土内通过一切合法手段采取更多措施,防止和制止资助和筹备任何恐怖主义行为,

重申大会 1970 年 10 月的宣言[第 2625(XXV)号决议]所确定并经安全理事会 1998 年 8 月 13 日第 1189(1998)号决议重申的原则,即每个国家都有义务不在另一国家组织、煽动、协助或参加恐怖主义行为,或默许在本国境内为犯下这种行为而进行有组织的活动,

根据《联合国宪章》第七章采取行动:

1. 决定所有国家应:

(a)防止和制止资助恐怖主义行为。

(b)将下述行为定为犯罪:本国国民或在本国领土内,以任何手段直接间接和故意提供或筹集资金,意图将这些资金用于恐怖主义行为或知晓资金将用于此种行为。

(c)毫不拖延地冻结犯下或企图犯下恐怖主义行为或参与或协助犯下恐怖主义行为的个人、这种人拥有或直接间接控制的实体以及代表这种人

和实体或按其指示行事的个人和实体的资金和其他金融资产或经济资源，包括由这种人及有关个人和实体拥有或直接间接控制的财产所衍生或产生的资金。

（d）禁止本国国民或本国领土内任何个人和实体直接间接为犯下或企图犯下或协助或参与犯下恐怖主义行为的个人、这种人直接间接拥有或控制的实体以及代表这种人或按其指示行事的个人和实体提供任何资金、金融资产或经济资源或金融或其他有关服务。

2.　还决定所有国家应：

（a）不向参与恐怖主义行为的实体或个人主动或被动提供任何形式的支持，包括制止恐怖主义集团招募成员和消除向恐怖分子供应武器。

（b）采取必要步骤，防止犯下恐怖主义行为，包括通过交流情报向其他国家提供预警。

（c）对于资助、计划、支持或犯下恐怖主义行为或提供安全庇护所的人拒绝给予安全庇护。

（d）防止资助、计划、协助或犯下恐怖主义行为的人为敌对其他国家或其公民的目的利用本国领土。

（e）确保把参与资助、计划、筹备或犯下恐怖主义行为或参与支持恐怖主义行为的任何人绳之以法，确保除其他惩治措施以外，在国内法规中确定此种恐怖主义行为是严重刑事罪行，并确保惩罚充分反映此种恐怖主义行为的严重性。

（f）在涉及资助或支持恐怖主义行为的刑事调查或刑事诉讼中互相给予最大程度的协助，包括协助取得本国掌握的、诉讼所必需的证据。

（g）通过有效的边界管制和对签发身份证和旅行证件的控制，并通过防止假造、伪造或冒用身份证和旅行证件，防止恐怖分子和恐怖主义集团的移动。

3.　呼吁所有国家：

（a）找出办法加紧和加速交流行动情报，尤其是下列情报：恐怖主义分子或网络的行动或移动；伪造或变造的旅行证件；贩运军火、爆炸物或敏感材料；恐怖主义集团使用通讯技术；以及恐怖主义集团拥有大规模毁灭性武器所造成的威胁。

（b）按照国际和国内法交流情报，并在行政和司法事项上合作，以防止犯下恐怖主义行为。

（c）特别是通过双边和多边安排和协议，合作防止和制止恐怖主义攻击并采取行动对付犯下此种行为者。

（d）尽快成为关于恐怖主义的国际公约和议定书、包括1999年12月9日《制止资助恐怖主义的国际公约》的缔约国。

（e）加强合作，全面执行关于恐怖主义的国际公约和议定书以及安全理事会第 1269（1999）号和第 1368（2001）号决议。

（f）在给予难民地位前，依照本国法律和国际法的有关规定、包括国际人权标准采取适当措施，以确保寻求庇护者未曾计划、协助或参与犯下恐怖主义行为。

（g）依照国际法，确保难民地位不被犯下、组织或协助恐怖主义行为者滥用，并且不承认以出于政治动机的主张为理由而拒绝引渡被指控的恐怖分子的请求。

4. 关切地注意到国际恐怖主义与跨国有组织犯罪、非法药物、洗钱、非法贩运军火、非法运送核、化学、生物和其他潜在致命材料之间的密切联系，在这方面并强调必须加紧协调国家、分区域、区域和国际各级的努力，以加强对国际安全所受到的这一严重挑战和威胁的全球反应。

5. 宣布恐怖主义行为、方法和做法违反联合国宗旨和原则，知情地资助、规划和煽动恐怖主义行为也违反联合国的宗旨和原则。

6. 决定按照其暂行议事规则第二十八条设立一个由安理会全体成员组成的安全理事会委员会，在适当专家的协助下监测本决议的执行情况，吁请所有国家至迟于本决议通过之日后90天，并于以后按照委员会提出的时间表，向委员会报告本国为执行本决议而采取的步骤。

7. 指示委员会与秘书长协商，界定其任务，在本决议通过后30天内提出一项工作方案，并考虑其所需支助。

8. 表示决心按照《宪章》规定的职责采取一切必要步骤，以确保本决议得到全面执行。

9. 决定继续处理此案。

第 1377(2001)号决议

(2001 年 11 月 12 日安全理事会第 4413 次会议通过)

安全理事会,

决定通过所附全球努力打击恐怖主义的宣言。

附 件

安全理事会,

召开部长级会议,

回顾其 1999 年 10 月 19 日第 1269(1999)号、2001 年 9 月 12 日第 1368(2001)号和 2001 年 9 月 28 日第 1373(2001)号决议,

宣告国际恐怖主义行为是 21 世纪对国际和平与安全的一个最严重的威胁,

还宣告国际恐怖主义行为是对所有国家和全人类的挑战,

重申断然谴责一切恐怖主义行为、方法和做法都是无可开脱的犯罪行为,而不论其动机为何,采取何种形式和表现,发生在何处,由谁干出,

强调国际恐怖主义行为违反《联合国宪章》的宗旨和原则,对国际恐怖主义行为的资助、规划和筹备以及任何其他形式的支持也同样违反《联合国宪章》的宗旨和原则,

强调恐怖主义行为危害各地无辜人民的生命、尊严和安全,威胁所有国家的社会和经济发展,破坏全球稳定和繁荣,

申明要打击国际恐怖主义祸害,必须采取持久、全面的办法,由联合国全体会员国积极参与,彼此合作,并按照《联合国宪章》和国际法行事,

强调国际社会继续努力增进不同文明之间的理解,处理区域冲突和全球各种问题、包括发展问题,将有助于国际协力合作,而国际协力合作对于尽可能广泛地开展打击国际恐怖主义的斗争是必不可少的,

欢迎各国表示决心打击国际恐怖主义的祸害,包括在 2001 年 10 月 1 日至 5 日大会全体会议的辩论中表达的决心,呼吁所有国家尽早加入有关恐怖主义的国际公约和议定书,并鼓励会员国推进这方面的工作,

呼吁所有国家紧急采取步骤,全面执行第 1373(2001)号决议,在这方面互相帮助,并强调各国有义务对于恐怖分子和支持恐怖主义的人拒绝给

予财政和一切其他形式的支持,拒绝给予安全庇护,

表示决心与联合国全体会员充分合作,着手执行该决议,并欢迎第 1373(2001)号决议第 6 段为监测该决议执行情况而设的反恐怖主义委员会迄今取得的进展,

认识到许多国家在执行第 1373(2001)号决议的所有要求方面需要援助,并请各国通知反恐怖主义委员会它们在哪些领域需要此种援助,

在这方面,请反恐怖主义委员会探讨协助各国的方式,特别是与国际、区域和分区域组织探讨:

·在第 1373(2001)号决议所涉领域推广最佳做法,包括酌情制订法律范本,

·现有哪些技术、金融、规章、立法或其他方面的援助方案,可能有助于执行第 1373(2001)号决议,

·促进这些援助方案之间可能的协同作用,

呼吁所有国家加紧努力消除国际恐怖主义的祸害。

第1390(2002)号决议

（2002 年 1 月 16 日安全理事会第 4452 次会议通过）

安全理事会，

回顾 1999 年 10 月 15 日第 1267 (1999) 号、2000 年 12 月 19 日第 1333 (2000) 号和 2001 年 7 月 30 日第 1363 (2001) 号决议，

重申以往关于阿富汗问题的决议，特别是 2001 年 11 月 14 日第 1378 (2001) 号和 2001 年 12 月 6 日第 1383 (2001) 号决议，

又重申 2001 年 9 月 12 日第 1368 (2001) 号和 2001 年 9 月 28 日第 1373 (2001) 号决议，并重申支持根据《联合国宪章》根除恐怖主义的国际努力，

重申断然谴责 2001 年 9 月 11 日在纽约、华盛顿和宾夕法尼亚发生的恐怖主义攻击，表示决心防止一切此种行为，注意到乌萨马·本·拉丹和"基地"组织网络继续活动支持国际恐怖主义，并表示决心根除这一网络，

注意到美利坚合众国对乌萨马·本·拉丹及其同伙起诉，主要罪行是 1998 年 8 月 7 日炸毁美国驻肯尼亚内罗毕使馆和驻坦桑尼亚达累斯萨拉姆使馆，

断定塔利班没有对 1998 年 12 月 8 日第 1214 (1998) 号决议第 13 段、第 1267 (1999) 号决议第 2 段和第 1333 (2000) 号决议第 1、2 和 3 段的要求作出反应，

谴责塔利班让阿富汗被用作恐怖分子的训练和活动"基地"，包括被"基地"组织网络和其他恐怖主义集团用来输出恐怖主义，并在阿富汗境内的敌对行动中使用外国雇佣军，

谴责"基地"组织网络和其他相关恐怖主义集团犯下多项旨在造成无数无辜平民死亡和财产毁损的恐怖主义罪行，

还重申国际恐怖主义行为对国际和平与安全构成威胁，

根据《联合国宪章》第七章采取行动：

1. 决定依照下文第 2 段继续采取第 1333 (2000) 号决议第 8 (c) 段规定的措施，并注意到第 1267 (1999) 号决议第 4 (b) 段规定的措施继续适用，决定终止第 1267 (1999) 号决议第 4 (a) 段所规定的措施。

2. 决定所有国家均应对乌萨马·本·拉丹、"基地"组织成员和塔利

班以及依照第 1267（1999）号和第 1333（2000）号决议编写的清单所列与他们有关的其他个人、集团、企业和实体采取下列措施，这份清单将由第 1267（1999）号决议所设委员会，以下称为"委员会"，定期更新：

（a）毫不拖延地冻结这些个人、集团、企业和实体的资金和其他金融资产或经济资源，包括由它们或由代表它们或按它们的指示行事的人拥有或直接间接控制的财产所衍生的资金，并确保本国国民或本国境内的任何人均不直接间接为这种人的利益提供此种或任何其他资金、金融资产或经济资源；

（b）阻止这些个人入境或过境，但本段的规定绝不迫使任何国家拒绝本国国民入境或要求本国国民离境，本段也不适用于为履行司法进程必须入境或过境的情况或委员会经逐案审查认定有正当理由入境或过境的情况；

（c）阻止从本国领土、或由境外的本国国民、或使用悬挂本国国旗的船只或飞机向这些个人、集团、企业和实体直接间接供应、出售和转让军火和各种有关物资，包括武器和弹药、军用车辆和装备、准军事装备及上述物资的备件，以及与军事活动有关的技术咨询、援助或培训。

3. 决定在 12 个月内审查上文第 1 和第 2 段所述各项措施，在此期间终了时安理会将让这些措施延续或是决定按照本决议的原则和宗旨加以改进。

4. 回顾所有会员国有义务充分执行第 1373（2001）号决议，包括关于曾经参与资助、计划、协助和筹备或犯下恐怖主义行为，或参与支持恐怖主义行为的塔利班和"基地"组织的任何成员，以及与塔利班和"基地"组织有关的任何个人、集团、企业和实体的规定。

5. 请委员会执行下列任务，并向安理会报告工作和提出意见和建议：

（a）根据会员国和各区域组织提供的有关资料定期更新上文第 2 段所指的清单；

（b）向所有国家索取它们为有效执行上文第 2 段所述措施而采取的行动的资料，然后请它们提供委员会认为必要的任何进一步资料；

（c）定期向安理会报告委员会收到的关于本决议执行情况的资料；

（d）迅速颁布所需准则和标准以便执行上文第 2 段所述措施；

（e）通过合适的媒体公布它认为相关的资料，包括上文第 2 段所指的清单；

（f）与安全理事会其他有关制裁委员会和第 1373（2001）号决议第 6 段所设委员会合作。

6. 请所有国家至迟在本决议通过之日后 90 天，并在以后依照委员会提议的时间表，向委员会报告它们为执行上文第 2 段所述措施而采取的步骤。

7. 促请所有国家、联合国有关机关和适当的其他组织及有关各方与委员会和下文第 9 段所指监测组充分合作。

8. 敦促所有国家立即采取步骤,酌情通过立法或行政措施,执行和加强国内法律或规章针对本国国民和在本国领土内活动的其他个人或实体的措施,以预防和惩罚违反本决议第2段所述措施的行为,把采取此种措施的情况通知委员会,并请各国向委员会报告所有相关调查或执行行动的结果,除非这样做会妨碍调查或执行行动。

9. 请秘书长指定其任务将于2002年1月19日期满的第1363(2001)号决议第4(a)段所设监测组,监测本决议第2段所述措施的执行情况,为期12个月。

10. 请监测组在2002年3月31日前和以后每4个月向委员会提出报告。

11. 决定继续积极处理此案。

第 1438（2002）号决议

（2002 年 10 月 14 日安全理事会第 4624 次会议通过）

安全理事会，

重申《联合国宪章》的宗旨和原则以及安理会各项有关决议，特别是 2001 年 9 月 28 日第 1373（2001）号决议，

重申必须根据《联合国宪章》采取一切手段打击恐怖主义行为对国际和平与安全造成的威胁：

1. 最强烈地谴责 2002 年 10 月 12 日在印度尼西亚巴厘发生的造成如此多人伤亡的炸弹攻击，以及最近在各国发生的其他恐怖主义行为，并认为这种行为，如同任何国际恐怖主义行为，是对国际和平与安全的威胁；

2. 对印度尼西亚政府和人民以及炸弹攻击的受害者及其家属表示最深切的同情和慰问；

3. 敦促所有国家按照第 1373（2001）号决议规定的义务紧急齐心协力，与印度尼西亚当局合作并酌情提供支持和协助，以查明这一恐怖主义攻击的行凶者、组织者和发起者并绳之以法；

4. 表示下定决心按照《联合国宪章》规定的职责打击一切形式的恐怖主义。

第1440(2002)号决议

（2002 年 10 月 24 日安全理事会第 4632 次会议通过）

安全理事会，

重申《联合国宪章》的宗旨和原则以及安理会各项有关决议，特别是 2001 年 9 月 28 日第 1373（2001）号决议，

重申必须根据《联合国宪章》采取一切手段打击恐怖主义行为对国际和平与安全造成的威胁：

1. 最强烈地谴责 2002 年 10 月 23 日在俄罗斯联邦莫斯科发生的劫持人质的罪恶行为，以及最近在各国发生的其他恐怖主义行为，并认为这种行为，如同任何国际恐怖主义行为，是对国际和平与安全的威胁；

2. 要求立即、无条件释放这一恐怖主义行为的所有人质；

3. 对俄罗斯联邦人民和政府以及恐怖主义攻击的受害者及其家属表示最深切的同情和慰问；

4. 敦促所有国家按照第 1373（2001）号决议规定的义务，与俄罗斯联邦当局合作，努力查明这一恐怖主义攻击的行凶者、组织者和发起者并绳之以法；

5. 表示下定决心按照《联合国宪章》规定的职责打击一切形式的恐怖主义。

第 1450（2002）号决议

（2002 年 12 月 13 日安全理事会第 4667 次会议通过）

安全理事会，

重申《联合国宪章》的宗旨和原则以及安理会各项有关决议，特别是 1998 年 8 月 13 日第 1189（1998）号、1999 年 10 月 19 日第 1269（1999）号、2001 年 9 月 12 日第 1368（2001）号、2001 年 9 月 28 日第 1373（2001）号和 2002 年 1 月 28 日第 1390（2002）号决议，

回顾《制止恐怖主义爆炸的国际公约》和《关于制止危害民用航空安全的非法行为的公约》各缔约国的义务，

谴责"基地"组织于 2002 年 12 月 2 日和 12 月 8 日声称对 2002 年 11 月 28 日在肯尼亚干出的恐怖主义行为负责，并重申 2002 年 1 月 28 日第 1390（2002）号决议规定的所有国家的义务，

重申必须根据《联合国宪章》采取一切手段打击恐怖主义行为对国际和平与安全造成的威胁：

1. 最强烈地谴责 2002 年 11 月 28 日对肯尼亚基坎巴拉的天堂饭店的恐怖主义炸弹袭击和对从肯尼亚蒙巴萨起飞的以色列阿基亚航空公司第 582 号航班的导弹攻击企图，以及最近在各国发生的其他恐怖主义行为，并认为这种行为，如同任何国际恐怖主义行为，是对国际和平与安全的威胁；

2. 对肯尼亚和以色列两国人民和政府以及恐怖主义攻击的受害者及其家属表示最深切同情和慰问；

3. 敦促所有国家按照第 1373（2001）号决议规定的义务，进行合作，努力查明这些恐怖主义攻击的行凶者、组织者和发起者并绳之以法；

4. 表示下定决心按照《联合国宪章》规定的职责打击一切形式的恐怖主义。

第1452(2002)号决议

（2002 年 12 月 20 日安全理事会第 4678 次会议通过）

安全理事会，

回顾 1999 年 10 月 15 日第 1267 (1999)号、2000 年 12 月 19 日第 1333 (2000)号、2001 年 7 月 30 日第 1363 (2001)号和 2002 年 1 月 16 日第 1390 (2002)号决议，

表示决心促进按照联合国有关决议履行反恐怖主义的义务，

重申 2001 年 9 月 28 日第 1373 (2001)号决议，并重申支持根据《联合国宪章》根除恐怖主义的国际努力，

根据《联合国宪章》第七章采取行动：

1. 决定第 1267(1999)号决议第 4 (b)段和第 1390(2002)号决议第 1 和第 2(a)段的规定不适用于经有关国家决定属于下列情况的资金及其他金融资产或经济资源：

（a）为基本开支所必需，包括支付食品、房租或抵押贷款、药品和医疗、税款、保险费以及水电费，或者专用于支付合理的专业人员费用和偿还与提供法律服务有关的费用，或常规持有或维持冻结的资金或其他金融资产或经济资源所需要的规费或服务费，但

需有关国家先将酌情授权动用这类资金、资产或资源的意图通知第 1267 (1999)号决议所设委员会（下称"委员会"），而且委员会在收到该通知后 48 小时内没有决定反对。

（b）为特殊开支所必需，但需有关国家将这类决定通知委员会并获委员会批准。

2. 决定所有国家可以允许将下列款项加进第 1267(1999)号决议第 4 (b)段和第 1390(2002)号决议第 1 和第 2(a)段规定制约的账户：

（a）这些账户应得的利息或其他收入；或

（b）根据这些账户受到第 1267 (1999)号、第 1333(2000)号或第 1390 (2002)号决议规定的制约之日以前产生的合同、协定或义务而应得的付款，但是任何这类利息、其他收入和付款继续受上述规定的制约。

3. 决定委员会除了第 1267(1999) 号决议第 6 段和第 1390(2002)号决议第 5 段所述任务之外，应：

（a）维持并定期增补一份已通知委员会打算在执行有关决议时适用上

文第1(a)段的规定,而且委员会对此没有决定反对的国家的名单;以及

(b)审议并酌情批准关于上文第1(b)段所述特殊开支的请求。

4. 决定自本决议通过之日起,第1267(1999)号决议第4(b)段的例外规定不再有效。

5. 促请会员国在执行第1373(2001)号决议时充分顾及上文所述各项考虑。

6. 决定继续处理此案。

第 1455（2003）号决议

（2003 年 1 月 17 日安全理事会第 4686 次会议通过）

安全理事会，

回顾其 1999 年 10 月 15 日第 1267（1999）号、2000 年 12 月 19 日第 1333（2000）号、2001 年 7 月 30 日第 1363（2001）号、2001 年 9 月 28 日第 1373（2001）号、2002 年 1 月 16 日第 1390（2002）号和 2002 年 12 月 20 日第 1452（2002）号决议，

着重指出所有会员国有义务充分执行第 1373（2001）号决议，包括关于曾经参与资助、计划、协助和筹备或犯下恐怖行为，或参与支持恐怖行为的塔利班和"基地"组织的任何成员，以及与塔利班和"基地"组织有关的任何个人、集团、企业和实体的规定，并有义务促进按照安全理事会有关决议履行反恐怖主义义务；

重申必须根据《联合国宪章》和国际法采取一切手段打击恐怖行为对国际和平与安全造成的威胁，

注意到在实施第 1267（1999）号决议第 4（b）段、第 1333（2000）号决议第 8（c）段和第 1390（2002）号决议第 1 和第 2 段规定的措施时，应充分考虑到第 1452（2002）号第 1 和第 2 段的规定，

再次谴责"基地"组织网络和其他相关恐怖集团不断犯下多起旨在造成无辜平民和其他受害者死亡和财产毁损的恐怖主义罪行，

再次明确谴责 2001 年 9 月 12 日第 1368（2001）号、2002 年 10 月 14 日第 1438（2002）号、2002 年 10 月 24 日第 1440（2002）号和 2002 年 12 月 13 日第 1450（2002）号决议列出的一切形式的恐怖主义和恐怖行为，

重申国际恐怖主义行为对国际和平与安全构成威胁，

根据《联合国宪章》第七章采取行动：

1. 决定改进第 1267（1999）号决议第 4（b）段、第 1333（2000）号决议第 8（c）段和第 1390（2002）号决议第 1 和第 2 段所规定措施的实施情况；

2. 决定在 12 个月内，如有必要则在更短时间内，进一步改进上文第 1 段所述的措施；

3. 强调第 1267（1999）号决议所设委员会（下称"委员会"）与第 1373（2001）号决议所设委员会需要改进协

285

调和加强信息交流；

4. 请委员会至少每三个月向各会员国通报一次第 1390（2002）号决议第 2 段所述的清单，并向所有会员国强调必须尽可能向委员会提交"基地"组织和塔利班成员以及与它们有关的其他个人、集团、企业和实体的名称和识别资料，以便委员会能考虑在其清单上增列新的名称和详情，除非这样做会妨碍调查或执行行动；

5. 吁请所有国家继续采取紧急步骤，酌情通过立法或行政措施执行并加强国内法律或规章针对本国国民和在本国境内活动的其他个人或实体的措施，以预防和惩罚违反本决议第 1 段所述措施的行为，把采取此种措施的情况通知委员会，并请各国向委员会报告所有相关调查或执行行动的结果，除非这样做会妨碍调查或执行行动；

6. 吁请所有国家至迟在本决议通过后 90 天向委员会提交增补报告，说明为实施上文第 1 段所述措施而采取的所有步骤以及所有相关调查和执行行动，包括全面综述清单所列个人和实体在会员国境内被冻结的资产，除非这样做会妨碍调查或执行行动；

7. 吁请所有国家、联合国相关机构、适当的其他组织和有关各方同委员会和下文第 8 段所述监测组充分合作，包括提供委员会按照所有有关决议可能索取的资料，并尽可能提供所有相关资料以便适当识别清单开列的所有个人和实体；

8. 请秘书长在本决议通过后同委员会协商，在尽可能适当利用第 1363（2001）号决议第 4（a）段所设监测组成员专门知识的情况下，重新任命五名专家，对本决议第 1 段所述措施的实施情况再进行 12 个月的监测，并对任何未彻底实施上文第 1 段所述措施的情况追查有关线索；

9. 请委员会主席至少每 90 天就委员会和监测组的总体工作情况作一次详细口头汇报，规定在汇报时须概述在提交第 1390（2002）号决议第 6 段和上文第 6 段所述报告方面的进展情况；

10. 请秘书长确保监测组和委员会及其主席在需要时能得到充分的专门知识和资源以协助履行其职责；

11. 请委员会在适当时考虑由委员会主席和（或）成员访问选定国家，促进全面切实执行上文第 1 段所述措施，以期鼓励各国执行安理会所有相关决议；

12. 请监测组在本决议通过后 30 天内提出详细工作方案，并协助委员会就上文第 6 段所述报告的格式向会员国提供指导；

13. 又请监测组向委员会提交两份书面报告，第一份在 2003 年 6 月 15 日前、第二份在 2003 年 11 月 1 日前提出，以说明上文第 1 段所述措施的执行情况，并在委员会提出要求时向委员会作简报；

14. 还请委员会通过其主席，根据上文第 6 段和第 1390（2002）号决议第

6 段所述的会员国报告和会员国按照第 1373(2001)号决议所提报告的所有有关内容,依照委员会即将确定并通报所有会员国的透明标准,并考虑到监测组的补充建议,在 2003 年 8 月 1 日前和 2003 年 12 月 15 日前,就会员国实施上文第 1 段所述措施的情况向安理会作详细的口头评估,以期建议改进上文第 1 段所述措施的进一步措施,供安理会审议;

15. 请委员会根据上文第 14 段所述由其主席向安理会提出的委员会口头评估,编写一份各国为实施上文第 1 段所述措施而采取行动情况的书面评估,并分发给安理会;

16. 决定继续积极处理此案。

第 1456（2003）号决议

（2003 年 1 月 20 日安全理事会第 4688 次会议通过）

安全理事会，

决定通过所附关于打击恐怖主义的宣言。

附 件

安全理事会，

在 2003 年 1 月 20 日举行外交部长级会议，重申：

——一切形式和表现的恐怖主义是对国际和平与安全的一个最严重的威胁。

——任何恐怖主义行为都是无可开脱的犯罪行为，而不论其动机为何，何时发生，由谁干出，必须断然加以谴责，尤其是当这种行为不分皂白地以平民为目标或伤害平民时。

——目前存在恐怖分子取得和使用核、化学、生物和其他潜在致命材料的严重和日增的危险，因此有必要加强对这些材料的管制。

——在日益全球化的世界，恐怖分子更容易利用尖端技术、通信和资源为其罪恶目的服务。

——必须紧急加强措施以侦查和遏止为恐怖主义目的而进行的金融和资金流动。

——还必须防止恐怖分子利用其他犯罪活动，如跨国有组织犯罪、非法药物和毒品贩运、洗钱以及非法贩运军火等。

——鉴于恐怖分子及其支持者利用不稳定和不容忍作为其罪恶行为的借口；安全理事会决心反击这种做法，促进和平解决争端，并努力创造一个相互容忍和尊重的气氛。

——只有按照《联合国宪章》和国际法，采取持久、全面的办法，由所有国家、国际组织和区域组织积极参与和协作，并在国家一级加倍努力，才能打败恐怖主义。

* * *

因此，安全理事会要求采取下列步骤：

1. 各国必须紧急采取行动，防止并压制一切主动、被动支持恐怖主义的行为，尤其必须充分遵守安全理事会各项有关决议，特别是第 1373（2001）号、第 1390（2002）号和第 1455（2003）号决议。

2. 安全理事会吁请各国：

（a）作为紧急事项，成为所有关于恐怖主义的国际公约和议定书、特别是 1999 年《制止资助恐怖主义的国际公约》的缔约国，支持为此目的采取的所有国际主动行动，并充分利用现已能够获得的援助和指导来源；

（b）尽最大可能相互协助防止、调查、起诉和惩罚恐怖主义行为，不论此种行为发生在何处；

（c）按照第 1267（1999）号、第 1390（2002）号和第 1455（2003）号决议的规定，密切合作充分执行对恐怖分子及其同伙、特别是"基地"组织、塔利班及其同伙的制裁，采取紧急行动制止它们获得其行动所需财政资源，并与第 1363（2001）号决议所设监测组充分合作。

3. 各国必须按照国际法、特别是根据引渡或起诉的原则，将那些资助、计划、支持或犯下恐怖主义行为或提供安全庇护所的人绳之以法。

4. 反恐怖主义委员会必须加紧努力，推动各会员国执行第 1373（2001）号决议的所有方面，特别是审查各国的报告、促进国际援助与合作、继续以透明和有效的方式开展活动，在这方面安理会：

（一）强调各国有义务根据反恐委员会规定的时间表向该委员会提交报告，呼吁尚未提交第一份报告的 13 个国家和没有按时提交进一步报告的 56 个国家在 3 月 31 日前提交，并请反恐委员会定期报告进展情况；

（二）吁请各国迅速、充分地应反恐委员会的要求按时全面提供资料、意见和问题，并指示反恐委员会将所获进展，包括所遇到的任何困难通报安理会；

（三）请反恐委员会在监测第 1373（2001）号决议的执行情况时，牢记与执行第 1373（2001）号决议有关的最佳做法、准则和标准，并强调支持反恐委员会与每一国家就充分执行第 1373（2001）号决议所须采取的进一步行动建立对话。

5. 各国应互相帮助，加强防范和打击恐怖主义的能力，指出这种合作有助于促进全面、及时执行第 1373（2001）号决议，并请反恐委员会加紧努力，确定这一领域全球行动的目标和优先事项，以利提供技术和其他援助。

6. 各国必须确保为打击恐怖主义而采取的任何措施符合国际法规定的全部义务，并应按照国际法，尤其是国际人权、难民和人道主义法采取这种措施。

7. 各国际组织应评估能提高其打击恐怖主义的行动效力的各种方式，包括彼此之间并与其他相关的国际行动者建立对话、交流情报，并特别针对负责对使用或取得核、化学、生物和其他致命材料进行管制的技术机构和组织发出这一呼吁；在这方面，应强调必须充分履行裁军、军备限制和不扩散领域现有的法律义务，并在必要时加强这一领域的国际文书。

8. 各区域和分区域组织应与反恐委员会和其他国际组织合作,推动分享反恐斗争的最佳做法,并协助其成员履行打击恐怖主义的义务。

9. 2003 年 3 月 7 日反恐怖主义委员会与国际区域和分区域组织特别会议的与会者应利用这次机会,在本宣言提及的涉及这些组织工作的事项上紧急取得进展。

* * *

安全理事会还:

10. 强调国际社会继续努力,在不同文明之间加强对话和增进理解以防止不分皂白地把不同宗教和文化作为目标,进一步加强反恐运动,处理尚未解决的区域冲突和包括发展问题在内的全球各种问题,将有助于国际协力合作,这对尽可能广泛地开展打击恐怖主义的斗争是必不可少的。

11. 重申下定决心按照《联合国宪章》规定的职责加强打击恐怖主义的斗争,注意到 2003 年 1 月 20 日安理会会议上为加强联合国在这方面的作用所作出的贡献,并请会员国为此作出进一步贡献。

12. 请秘书长在 28 天内提出报告,总结归纳安理会部长级会议期间提出的任何提案,以及安全理事会成员对这些提案所作的任何评论或反应。

13. 鼓励联合国会员国进行合作,解决所有未决问题,以期以协商一致方式通过关于国际恐怖主义的全面公约草案和制止核恐怖主义行为的国际公约草案。

14. 决定在安全理事会今后的会议上审查为落实本宣言而采取的行动。

第 1465（2003）号决议

（2003 年 2 月 13 日安全理事会第 4706 次会议通过）

安全理事会，

重申《联合国宪章》的宗旨和原则以及安全理事会各项有关决议，特别是 2001 年 9 月 28 日第 1373（2001）号决议，

重申必须根据《联合国宪章》采取一切手段打击恐怖主义行为对国际和平与安全造成的威胁：

1. 最强烈地谴责 2003 年 2 月 7 日在哥伦比亚波哥大炸死炸伤许多人的炸弹攻击，并认为这种行为，如同任何恐怖主义行为，是对和平与安全的威胁；

2. 对哥伦比亚人民和政府以及炸弹攻击的受害者及其家属表示最深切的同情和慰问；

3. 敦促所有国家按照第 1373（2001）号决议规定的义务紧急齐心协力，与哥伦比亚当局合作并酌情提供支持和协助，以查明这一恐怖主义攻击的行凶者、组织者和发起者并绳之以法；

4. 表示下定决心按照《联合国宪章》规定的职责打击一切形式的恐怖主义。

第1516(2003)号决议

(2003 年 11 月 20 日安全理事会第 4867 次会议通过)

安全理事会,

重申《联合国宪章》的宗旨和原则以及安理会各项有关决议,特别是2001 年 9 月 28 日第 1373(2001)号决议,

重申必须根据《联合国宪章》采取一切手段打击恐怖行为对国际和平与安全造成的威胁:

1. 最强烈地谴责 2003 年 11 月 15日和 2003 年 11 月 20 日在土耳其伊斯坦布尔发生的炸死炸伤许多人的炸弹攻击,以及在各国发生的其他恐怖行为,并认为这种行为,如同任何恐怖行为,是对和平与安全的威胁;

2. 向土耳其和联合王国两国人民和政府以及恐怖攻击的受害者及其家属表示最深切的同情和慰问;

3. 敦促所有国家按照第 1373(2001)号决议规定的义务进行合作,努力查明这些恐怖攻击的行凶者、组织者和发起者并绳之以法;

4. 表示下定决心按照《联合国宪章》规定的职责打击一切形式的恐怖主义。

第1526(2004)号决议

(2004 年 1 月 30 日安全理事会第 4908 次会议通过)

安全理事会,

回顾其 1999 年 10 月 15 日第 1267 (1999)号、2000 年 12 月 19 日第 1333 (2000)号、2001 年 7 月 30 日第 1363 (2001)号、2001 年 9 月 28 日第 1373 (2001)号、2002 年 1 月 16 日第 1390 (2002)号、2002 年 12 月 20 日第 1452 (2002)号和 2003 年 1 月 17 日第 1455 (2003)号决议,

着重指出所有会员国有义务充分执行第 1373(2001)号决议,包括关于曾经参与资助、计划、协助和筹备或犯下恐怖行为,或参与支持恐怖行为的塔利班和"基地"组织的任何成员,以及与塔利班和"基地"组织有关的任何个人、集团、企业和实体的规定,并有义务促进按照安全理事会有关决议履行反恐怖主义义务,

重申必须根据《联合国宪章》和国际法采取一切手段打击恐怖行为对国际和平与安全造成的威胁,

注意到在实施第 1267(1999)号决议第 4(b)段、第 1333(2000)号决议第 8(c)段和第 1390(2002)号决议第 1 和第 2 段规定的措施时,应充分考虑到第 1452(2002)号决议第 1 和第 2 段的规定,

再次谴责"基地"组织网络和其他相关恐怖集团不断犯下多起旨在造成无辜平民和其他受害者死亡、财产毁损和大大破坏稳定的恐怖主义罪行,

再次明确谴责一切形式的恐怖主义和恐怖行为,

向所有国家、国际机构和区域组织强调必须确保拨出资源,包括通过国际协作,以对付"基地"组织和塔利班成员以及与它们有关的任何个人、集团、企业和实体继续对国际和平与安全构成的威胁,

根据《联合国宪章》第七章采取行动:

1. 决定按本决议以下各段所述,改进第 1267(1999)号决议第 4(b)段、第 1333(2000)号决议第 8(c)段和第 1390(2002)号决议第 1 和第 2 段针对乌萨马·本·拉丹、"基地"组织和塔利班成员以及按照第 1267(1999)号和 1333(2000)号决议拟定的清单("委员会清单")所列与它们有关的其他个人、集团、企业和实体所规定措施的执

行,即:

(a)毫不拖延地冻结这些个人、集团、企业和实体的资金和其他金融资产或经济资源,包括由它们或由代表它们或按它们的指示行事的人拥有或直接间接控制的财产所衍生的资金,并确保本国国民或本国境内的任何人均不直接间接为这种人的利益提供此种或任何其他资金、金融资产或经济资源;

(b)阻止这些个人入境或过境,但本段的规定绝不迫使任何国家拒绝本国国民入境或要求本国国民离境,本段也不适用于为履行司法进程必须入境或过境的情况或委员会经逐案审查认定有正当理由入境或过境的情况;

(c)阻止从本国领土、或由境外的本国国民、或使用悬挂本国国旗的船只或飞机向这些个人、集团、企业和实体直接间接供应、出售或转让军火和各种有关物资,包括武器和弹药、军用车辆和装备、准军事装备及上述物资的备件,以及与军事活动有关的技术咨询、援助或培训。

并回顾所有国家均应针对清单所列的个人和实体,执行上述措施。

2. 决定加强第 1267(1999)号决议所设委员会("委员会")的任务,除了监督各国执行上文第 1 段所述措施的情况外,还包括发挥中心作用,评估有关切实执行各项措施的资料以供安理会审查,以及提出改进这些措施的建议。

3. 决定 18 个月后进一步改进上文第 1 段所述措施,如有必要还可提前。

4. 呼吁各国果断有力地切断资金和其他金融资产和经济资源向与"基地"组织、乌萨马·本·拉丹和(或)塔利班有关的个人和实体流动,酌情考虑到制止资助恐怖主义的国际准则和标准,包括为防止滥用非营利组织和非正式/替代汇款系统而制定的准则和标准。

5. 促请所有国家,并鼓励适当的区域组织,对超过适用的限额的越界货币流动制定内部汇报的要求和程序。

6. 决定,为协助委员会完成任务,成立一个分析性支助和制裁监测小组(下称"监测小组"),设在纽约,为期 18 个月,在委员会的指示下承担本决议附件所述的职责。

7. 请秘书长在本决议通过后同委员会密切协商,依照联合国的规则和程序任命监测小组的至多八名成员,包括一名协调员,他们应在与"基地"组织和(或)塔利班的活动有关的以下各领域具有一项或多项专门知识,包括:反恐怖主义和有关立法;恐怖主义筹资和国际金融交易,包括银行业专门技术知识;替代汇款系统、慈善事业和使用运送人;边界执法,包括口岸安全;军火禁运和出口管制;以及毒品贩运。

8. 还请监测小组向委员会以书面提交三份独立的综合报告,第一份在 2004 年 7 月 31 日前、第二份在 2004

年 12 月 15 日前、第三份在 2005 年 6 月 30 日前提交,说明各国执行上文第 1 段所述措施的情况,包括关于改进这些措施的执行和可能的新措施的具体建议。

9. 鉴于本决议加重了委员会的工作量,请秘书长以经济合算的方式提供委员会所需的支助。

10. 请委员会在适当时考虑由委员会主席和(或)成员访问选定国家,促进全面切实执行上文第 1 段所述措施,以期鼓励各国充分执行本决议以及第 1267(1999)号、第 1333(2000)号、第 1390(2002)号和第 1455(2003)号决议。

11. 还请委员会作为后续措施,就切实执行制裁措施同各国进行口头和(或)书面交流,并给各国机会应委员会的邀请派代表同委员会会晤,以便就有关问题进行更深入的讨论。

12. 请委员会通过其主席至少每 120 天就委员会和监测小组的总体工作情况作一次详细口头汇报,包括概述各国在提交第 1455(2003)号决议第 6 段所述报告方面的进展,以及就进一步要求资料和协助与各国进行的任何后续交流。

13. 还请委员会根据对各国执行上文第 1 段所述措施的情况的不断监测,在本决议通过后 17 个月内编制并随后向安理会分发一份关于措施执行情况的书面分析性评估,包括各国在执行这些措施方面取得的成功和遇到的挑战,以期建议进一步的措施,供安

理会审议。

14. 请所有国家,并鼓励区域组织、联合国相关机构、适当的其他组织和有关各方同委员会和监测小组充分合作,包括尽可能提供委员会按照本决议以及第 1267(1999)号、第 1333(2000)号、第 1390(2002)号、第 1452(2002)号和第 1455(2003)号决议可能索取的资料。

15. 重申委员会同第 1373 号决议所设委员会("反恐怖主义委员会")必须密切协调和交流具体资料。

16. 向所有国家重申必须向委员会提供"基地"组织和塔利班的成员,以及与它们或与乌萨马·本·拉丹有关的其他个人、集团、企业和实体的名称,以供列入委员会清单,除非这样做会妨碍调查或执行行动。

17. 吁请所有国家在提交供列入委员会清单的新名称时,按照委员会的准则,尽最大可能提供表明该(这些)个人和(或)实体与乌萨马·本·拉丹或与"基地"组织和(或)塔利班成员有关系的识别资料和背景资料。

18. 大力鼓励所有国家尽可能向委员会清单所列个人和实体通知对其采取的措施以及委员会准则和第 1452(2002)号决议。

19. 请秘书处至少每三个月向会员国发送委员会的清单,以便利各国执行第 1390(2002)号决议第 2(b)段规定的关于入境和旅行的措施,还请在委员会清单每次修订后由秘书处自动转递所有国家及区域和分区域组

织,以便尽可能把清单上所列名称纳入其电子数据库以及有关的边界执法和出入境追踪系统。

20. 重申各国亟须履行其执行上文第 1 段所述措施的义务,确保其国内立法或行政措施允许立即执行那些针对本国国民和在本国境内存在或活动的其他个人或实体的措施,以及针对本国管辖权所及的资金、其他金融资产和经济资源的措施,把通过此种措施的情况通知委员会,并请各国向委员会报告所有相关调查和执行行动的结果,除非这样做会妨碍调查或执行行动。

21. 请委员会酌情要求各国提交情况报告,说明对清单所列个人和实体执行上文第 1 段所述措施的情况,特别是清单所列个人和实体被冻结资产的合计总额。

22. 请尚未提交第 1455(2003)号决议第 6 段要求的增补报告的所有国家在 2004 年 3 月 31 日前向委员会提交该报告,尽可能按照委员会以前提供的指导文件编写;并请尚未提交这些报告的所有国家在 2004 年 3 月 31 日前以书面向委员会解释未提交报告的原因。

23. 请委员会向安理会分发一份未在 2004 年 3 月 31 日前提交第 1455(2003)号决议第 6 段所要求报告的国家名单,包括对各国说明的未提交报告的理由作出分析总结。

24. 促请所有国家,并鼓励有关的国际、区域和分区域组织,与反恐怖主义委员会协商,更直接地参与能力建设活动,在委员会确定的领域提供技术援助。

25. 决定继续积极处理此案。

第 1526(2004)号决议的附件:

根据本决议第 6 段,分析性支助和制裁监测小组在第 1267(1999)号决议所设委员会的指示下运作,其职责如下:

——核对、评估、监测及报告各项措施的执行情况,并提出有关建议;酌情进行个案研究;以及按照委员会的指示深入探讨任何其他有关问题。

——向委员会提交一份全面的工作方案,供委员会按需要核准和审查,其中监测小组应详细说明为履行其职责所设想的活动,包括拟议的旅行。

——分析根据第 1455(2003)号决议第 6 段提交的报告以及随后各国向委员会提交的任何书面答复。

——同反恐怖主义委员会专家密切合作和交流信息,以确定共同的工作领域并协助促进两个委员会之间的具体协调。

——根据其经委员会核准的工作方案,在前往选定的国家之前事先同各国协商。

——与各国协商,包括通过在纽约及各国首都同各国代表经常对话,同时考虑到各国的意见,尤其是关于本决议第 8 段所述的监测小组报告可能提及的任何问题的意见。

——定期或在委员会要求时向委员会提出报告，通过口头和（或）书面简报说明监测小组的工作，包括访问各国的情况和小组的活动。

——协助委员会编写提交安理会的口头和书面评估，特别是本决议第12和第13段所述的分析性总结。

——委员会确定的任何其他职责。

第1540(2004)号决议

（2004 年 4 月 28 日安全理事会第 4956 次会议通过）

安全理事会，

申明核武器、化学武器和生物武器及其运载工具①的扩散对国际和平与安全构成威胁，

鉴此重申 1992 年 1 月 31 日在安理会国家元首和政府首脑级会议上通过的主席声明(S/23500)，包括全体会员国都必须履行有关军控和裁军及防止所有大规模毁灭性武器在所有方面的扩散的义务，

还回顾该声明强调全体会员国都必须根据《宪章》，以和平方式解决在这方面对维持区域和全球稳定具有威胁或破坏作用的任何问题，

申明决心履行《联合国宪章》赋予安理会的首要责任，采取适当、有效的行动，应对核生化武器及其运载工具的扩散对国际和平与安全所造成的威胁，

申明支持旨在消除或防止核生化武器扩散的各项多边条约，并申明这

些条约的所有缔约国全面履行条约以促进国际稳定的重要性，

欢迎多边安排在这方面所作的有助于不扩散的努力，

申明防止核生化武器扩散不得妨碍为和平目的而在材料、设备和技术方面进行的国际合作，与此同时，不得以和平利用的目标来掩护扩散，

严重关注恐怖主义的威胁，以及非国家行为者②，例如安全理事会第 1267 号决议所设委员会制定和保持的联合国名单所列的和第 1373 号决议适用的非国家行为者可能获取、开发、贩运或使用核生化武器及其运载工具的危险，

严重关注非法贩运核生化武器及其运载工具和相关材料③所造成的威胁，这给此种武器的扩散问题增加了新的层面，也对国际和平与安全构成威胁，

---

① 仅适用于本决议的定义：运载工具，即专门设计的能够运载核生化武器的导弹、火箭和其他无人驾驶系统。

② 非国家行为者：未经任何国家合法授权而进行本决议范围内活动的个人或实体。

③ 相关材料：有关多边条约和安排涵盖的或国家管制清单载列的可用以设计、开发、生产或使用核生化武器及其运载工具的材料、设备和技术。

确认需要进一步协调国家、次区域、区域和国际各层面的努力,以便加强全球对这一严重挑战及其对国际安全的威胁作出的反应,

确认多数国家根据其为缔约方的条约承担了具有约束力的法律义务或作出了其他承诺,以防止核生化武器扩散并已采取有效措施,例如《核材料实物保护公约》所要求的和原子能机构《放射源安全和保安行为准则》所建议的措施,对敏感材料进行衡算、保安和实物保护,

还确认所有国家亟须采取更多有效措施,防止核生化武器及其运载工具的扩散,

鼓励全体会员国全面执行其为缔约方的裁军条约和协定,

重申需要根据《联合国宪章》,采取一切手段,应对恐怖行为对国际和平与安全造成的威胁,

决心在今后促进在不扩散领域对全球威胁作出有效应对,

根据《联合国宪章》第七章采取行动:

1. 决定各国应不向企图开发、获取、制造、拥有、运输、转移或使用核生化武器及其运载工具的非国家行为者提供任何形式的支持。

2. 又决定各国应按照本国程序,通过和实施适当、有效的法律,禁止任何非国家行为者,尤其是为恐怖主义目的而制造、获取、拥有、开发、运输、转移或使用核生化武器及其运载工具,以及禁止企图从事上述任何活动、

作为共犯参与这些活动、协助或资助这些活动的图谋。

3. 还决定各国应采取和实施有效措施,建立国内管制,以防止核生化武器及其运载工具的扩散,包括对相关材料建立适当管制,并为此目的应:

(a)制定和保持适当、有效的措施,对生产、使用、储存或运输中的这种物项进行衡算和保安;

(b)制定和保持适当、有效的实物保护措施;

(c)制定和保持适当、有效的边境管制和执法努力,以便按照本国法律授权和立法,并遵循国际法,包括必要时通过国际合作,查明、阻止、防止和打击这种物项的非法贩运和中间商交易;

(d)对这些物项的出口和转口建立、制定、审查和保持适当、有效的国家管制,包括适当的法律和条例,以管制其出口、过境、转口和再出口,管制为这种出口和转口提供资金和服务,例如有助于扩散的融资和运输,以及建立最终用户管制;并对违反这种出口管制法律和条例的行为制订和实施适当的刑事或民事惩罚。

4. 决定根据暂行议事规则第二十八条,设立一个安全理事会的委员会,由安理会全体成员组成,任期不超过两年,该委员会酌情借助其他专门知识,向安理会报告本决议的执行情况以供审查,并为此目的吁请各国从本决议通过之日起至迟六个月向该委员会提交第一份报告,说明为执行本决

议所采取或准备采取的步骤。

5. 决定对本决议所规定任何义务的解释均不得抵触或改变《核不扩散条约》、《化学武器公约》及《生物和毒素武器公约》缔约国的权利和义务，或者改变国际原子能机构或禁止化学武器组织的责任。

6. 确认有效的国家管制清单对执行本决议的作用，呼吁所有会员国必要时尽早拟订此种清单。

7. 确认有些国家为在其境内执行本决议的规定可能需要援助，请有此能力的国家根据那些缺乏执行上述规定所需的法律和管制基础结构、执行经验和(或)资源的国家提出的具体请求酌情提供协助。

8. 吁请所有国家：

(a)促进普遍批准、全面执行以及必要时加强旨在防止核生化武器扩散的其为缔约方的各项多边条约；

(b)如果尚未颁布国家规章和条例，则应颁布这种规章和条例，以确保遵守主要的多边不扩散条约所规定的

义务；

(c)重申和履行进行多边合作的承诺，尤其是在国际原子能机构、禁止化学武器组织及《生物和毒素武器公约》的框架内，这是谋求和实现不扩散领域的共同目标和促进为和平目的开展国际合作的重要途径；

(d)拟订适当的方式同产业界和公众一道努力，并周知它们本国根据此种法律承担的义务。

9. 吁请所有国家促进关于不扩散的对话与合作，以应对核生化武器及其运载工具的扩散所构成的威胁。

10. 为进一步应对这种威胁，吁请所有国家按照本国法律授权和立法，并遵循国际法，采取合作行动，防止非法贩运核生化武器及其运载工具和相关材料。

11. 表示将密切监督本决议的执行情况，并在适当级别为此目的作出可能需要的进一步决定。

12. 决定继续处理此案。

第 1566(2004)号决议

(2004 年 10 月 8 日安全理事会第 5053 次会议通过)

安全理事会,

重申其 1999 年 10 月 15 日第 1267 (1999)号和 2001 年 9 月 28 日第 1373 (2001)号决议,以及关于恐怖主义对国际和平与安全造成威胁的其他决议,

在这方面回顾其 2004 年 4 月 28 日第 1540(2004)号决议,

又重申必须根据《联合国宪章》和国际法,采取各种手段打击一切形式和表现的恐怖主义,

深切关注世界各地深受源于不容忍或极端主义的恐怖行为之害的人不断增加,其中包括儿童,

吁请各国充分配合第 1373(2001)号决议所设反恐怖主义委员会(反恐委员会),包括最近设立的反恐怖主义委员会执行局(反恐执行局),第 1267 (1999)号决议所设"制裁'基地'组织/塔利班委员会"及其分析支助和制裁监测组,以及第 1540(2004)号决议所设委员会,还吁请这些机关彼此加强合作,

提醒各国必须确保为打击恐怖主义而采取的任何措施符合国际法规定

的所有义务,并应根据国际法,尤其是国际人权、难民和人道主义法采取此类措施,

重申一切形式和表现的恐怖主义是对和平与安全的最严重威胁之一,

认为恐怖行为严重损害人权的享受,威胁各国的社会和经济发展,破坏全球稳定和繁荣,

强调加强不同文明之间的对话和加深它们之间的了解,致力防止不分青红皂白地针对不同的宗教和文化,处理尚未解决的区域冲突和各种全球性问题,包括发展问题,将会推动国际合作,而国际合作本身是持续开展最广泛的反恐斗争的必要条件,

重申对恐怖主义的受害者及其家属深表同情,

根据《联合国宪章》第七章采取行动:

1. 最强烈地谴责一切恐怖行为,不论其动机为何,在何时发生,何人所为,都是对国际和平与安全的最严重威胁之一;

2. 吁请各国根据国际法规定的义务,在打击恐怖主义的斗争中充分合

作,特别是同恐怖行为是在其境内实施或是针对其公民实施的国家充分合作,以便根据引渡或起诉原则,缉拿任何支持、协助、参与或企图参与资助、规划、筹备或实施恐怖行为或提供安全避难所的人,拒绝向其提供安全避难所,并将其绳之以法;

3. 回顾指出,以在公众或某一群体或某些个人中引起恐慌、恫吓人民或迫使政府或国际组织采取或不采取行动为宗旨,意图造成死亡或严重身体伤害、或劫持人质的犯罪行为,包括针对平民的此种行为,均为有关恐怖主义的国际公约和议定书范围内界定的犯法行为,在任何情况下,均不得出于政治、哲学、意识形态、种族、族裔、宗教上的考虑或其他类似性质的考虑而视为正当行为,并吁请各国防止此类行为发生,如果未能加以防止,则确保按其严重性质予以惩罚;

4. 吁请各国作为紧急事项加入相关的国际公约和议定书,无论它们是否已加入这方面的区域公约;

5. 吁请会员国迅速开展全面合作,解决所有悬而未决问题,以期以协商一致方式通过关于国际恐怖主义的全面公约草案和制止核恐怖行为国际公约草案;

6. 吁请相关国际组织、区域组织和次区域组织加强打击恐怖主义方面的国际合作,深化与联合国、尤其是与反恐委员会的互动,以利于全面、及时地执行第1373(2001)号决议;

7. 请反恐委员会与相关国际组织、区域组织和次区域组织及联合国各机构协商,制订一套最佳范例,协助各国执行第1373(2001)号决议有关制止资助恐怖主义的规定;

8. 指示反恐委员会作为优先事项,并酌情与相关国际组织、区域组织和次区域组织密切合作,征得有关会员国同意,开始对其进行访问,以加强监测第1373(2001)号决议的执行情况,并协助为执行工作提供技术援助和其他援助;

9. 决定设立一个由安全理事会所有成员组成的工作组,审议拟对参与恐怖活动或与恐怖活动有关联、但未被制裁"基地"组织/塔利班委员会点名的个人、团体或实体采取的实际措施,包括更有效的程序,适合于通过起诉或引渡将其绳之以法、冻结其金融资产、阻止其经过会员国领土、防止向其提供各种类型的武器和有关物资,以及执行这些措施的程序,并向安理会提出有关建议;

10. 还请根据上文第9段成立的工作组考虑能否设立一个为恐怖行为受害者及其家属提供补偿的国际基金,该基金可通过自愿捐款筹资,其中可部分来自从恐怖组织及其成员和赞助者没收的资产,并请工作组向安理会提出建议;

11. 请秘书长作为紧急事项采取适当步骤,使反恐执行局全面开展工作,并在2004年11月15日之前向安理会通报情况;

12. 决定继续积极处理此案。

第 1611（2005）号决议

（2005 年 7 月 7 日安全理事会第 5223 次会议通过）

安全理事会，

重申《联合国宪章》的宗旨和原则及安理会各项有关决议，尤其是 2001 年 9 月 28 日第 1373（2001）号决议和 2004 年 10 月 8 日第 1566（2004）号决议，

重申必须根据《联合国宪章》，采取一切手段抗击恐怖行为对国际和平与安全造成的威胁：

1. 毫无保留地谴责 2005 年 7 月 7 日在伦敦发生的恐怖袭击，并认为任何恐怖行为都是对和平与安全的威胁；

2. 向这些恐怖袭击的受害者及其家属，并向联合王国人民和政府表示最深切的同情和哀悼；

3. 敦促所有国家按照第 1373（2001）号决议规定的义务积极合作，努力查明这些野蛮行为的制造者、组织者和资助者，并将其绳之以法；

4. 表示下定最大的决心，按照《联合国宪章》规定的职责，打击恐怖主义。

第 1618（2005）号决议

（2005 年 8 月 4 日安全理事会第 5246 次会议通过）

安全理事会，

重申其以往关于伊拉克的所有相关决议，尤其是 2004 年 6 月 8 日第 1546（2004）号决议，

重申坚定不移地支持伊拉克人民按第 1546（2004）号决议所述实行政治过渡，还重申伊拉克的独立、主权、统一和领土完整，呼吁国际社会支持伊拉克人民追求和平、稳定和民主，

又重申《联合国宪章》的宗旨和原则以及安理会各项相关决议，尤其是 2001 年 9 月 28 日第 1373（2001）号、2004 年 10 月 8 日第 1566（2004）和 1999 年 10 月 25 日第 1267（1999）号决议及其后的各项决议，

重申必须根据《联合国宪章》，运用一切手段抗击恐怖行为对国际和平与安全造成的威胁，

赞扬伊拉克人民不顾恐怖主义的严重威胁，勇敢开展工作，支持当前政治和经济过渡，

欢迎伊拉克政府采取积极步骤，争取开展全国对话和实现全国团结，并鼓励继续这种努力：

1. 毫无保留地最强烈谴责在伊拉克发生的恐怖袭击行为，认为任何恐怖行为都威胁到和平与安全；

2. 尤其注意到最近几周发动的可耻骇人袭击，这些袭击导致一百多人死亡，其中包括三十二名儿童、伊拉克独立选举委员会的雇员以及负责为一个民主的新伊拉克起草永久宪法的委员会的成员米杰比勒·谢赫·伊萨和专家顾问达明·侯赛因·乌拜迪；

3. 还非常关切地注意到袭击伊拉克境内外交人员的事件有所增加，致使外交人员遇害或被绑架；

4. 对此类恐怖袭击的受害者及其家属，对伊拉克人民和政府，表示最深切的同情和哀悼；

5. 申明不能让恐怖行为破坏伊拉克目前按第 1546（2004）号决议所述正在实行的政治和经济过渡，包括宪法的起草和就宪法举行的全民投票；

6. 重申会员国根据 2001 年 9 月 28 日第 1373（2001）号、1999 年 10 月 15 日第 1267（1999）号、2000 年 12 月 19 日第 1333（2000）号、2002 年 1 月 16 日第 1390（2002）号、2003 年 1 月 17 日第 1455（2003）号和 2004 年 1 月 30 日

第 1526（2004）号和 2005 年 7 月 29 日第 1617（2005）号决议所承担的义务，以及其他相关国际义务，特别是针对伊拉克境内发生的或从伊拉克发起的、或针对伊拉克公民开展的恐怖活动所承担的义务，明确地大力敦促会员国防止恐怖分子经由本国进出伊拉克、为恐怖分子提供武器和筹集资金支持恐怖分子，再次强调该区域各国，尤其是伊拉克邻国，在这方面加强合作的重要性；

7. 敦促所有国家按照第 1373（2001）号决议规定的义务积极合作，努力缉拿此类野蛮行径的实施者、组织者和赞助者，将其绳之以法；

8. 表示下定最大决心按照《联合国宪章》赋予的责任抗击恐怖主义；

9. 呼吁国际社会全力支持伊拉克政府履行它保护在该国工作的外交人员、联合国工作人员和其他外国文职人员的职责；

10. 决定继续处理此案。

第 1624（2005）号决议

（2005 年 9 月 14 日安全理事会第 5261 次会议通过）

安全理事会，

重申其 1999 年 10 月 15 日第 1267（1999）号、2001 年 9 月 28 日第 1373（2001）号、2004 年 3 月 26 日第 1535（2004）号、2004 年 4 月 28 日第 1540（2004）号、2004 年 10 月 8 日第 1566（2004）号和 2005 年 7 月 29 日第 1617（2005）号决议、2003 年 1 月 20 日第 1456（2003）号决议所附宣言，以及关于恐怖主义对国际和平与安全造成的威胁的其他决议，

又重申必须根据《联合国宪章》，采用一切手段抗击一切形式和表现的恐怖主义，着重指出各国必须确保为抗击恐怖主义而采取的任何措施，符合它们依国际法承担的所有义务，并应根据国际法，尤其是国际人权法、难民法和人道主义法，来实行这些措施，

最强烈地谴责恐怖主义的一切行为，无论其动机为何，何时发生，何人所为，这些行为是对和平与安全构成的最严重威胁之一，并重申《联合国宪章》规定安全理事会负有维持国际和平与安全的主要责任，

并最强烈地谴责煽动恐怖行为的行径，驳斥为恐怖行为辩解或美化（称颂）这些行为的企图，这样做会煽动更多的恐怖行为，

深为关切煽动基于极端主义和不容忍的恐怖行为的行径对人权的享受日益构成严重的威胁，危及所有国家的社会和经济发展，破坏全球稳定和繁荣，联合国和所有国家必须紧迫地、积极主动地处理这个问题，并强调需要在国家和国际两级根据国际法采取一切必要和适当措施保护生命权，

忆及大会 1948 年通过的《世界人权宣言》第十九条所阐明的表达自由权，还忆及大会 1966 年通过的《公民及政治权利国际盟约》第十九条所规定的表达自由权，对这项权利所施加的任何限制只应由法律规定，并且是《公民及政治权利国际盟约》第十九条第三款所列条件所必需的，

又忆及《世界人权宣言》第十四条所阐明的寻求和享受庇护权和 1951 年 7 月 28 日通过的《关于难民地位的公约》及其 1967 年 1 月 31 日通过的《议定书》（"《难民公约》及其《议定书》"）所规定的不推回义务，还忆及《难民公

约》及其《议定书》所给予的保护不应适用于有充分理由认为其行为违反联合国宗旨与原则的任何人，

重申恐怖主义的行为、方法和做法违反联合国宗旨与原则，蓄意资助、策划和煽动恐怖行为也违反联合国宗旨与原则，

深为关切世界各地区基于不容忍或极端主义的恐怖主义致使越来越多的人、特别是不同国籍和不同信仰的平民受害，重申安理会大力声援恐怖主义的受害者及其家属，并着重指出必须协助恐怖主义的受害者，向他们及其家属提供支助，帮助他们应付损失和哀痛，

确认联合国在全球抗击恐怖主义斗争中发挥不可或缺的作用，并欢迎秘书长列出反恐战略的要点，供大会毫不拖延地审议和拟订，以期通过和实施一项战略，促进在国家、区域和国际各级采取全面、协调一致的反恐对策，

着重指出安理会吁请所有国家作为紧急事项加入各项国际反恐公约和议定书，无论它们是否已加入这方面的区域公约，并优先考虑签署大会2005 年 4 月 13 日通过的《制止核恐怖主义国际公约》，

再度强调，国际社会继续努力，加强不同文明之间的对话和增进它们之间的了解，致力防止不分青红皂白地针对不同的宗教和文化，处理尚未解决的区域冲突和各种各样的全球问题，包括发展问题，将有助于加强国际

反恐怖主义斗争，

着重指出，媒体、民间社会、宗教界、商界和教育机构在加强对话和增进了解、促进包容与共处、帮助创建一个不利于煽动恐怖主义的环境方面，发挥重要的作用，

认识到在一个日益全球化的世界，各国必须协力防止恐怖分子利用先进技术、通信手段和各种资源来煽动支持犯罪行为，

忆及所有国家必须根据它们依国际法承担的义务，在反恐怖主义斗争中通力合作，以便依据引渡或起诉原则，查缉任何支持、协助、参与或企图参与资助、策划、筹备或实施恐怖行为或提供庇护的人，不向其提供安全避难所，并将其绳之以法：

1. 吁请所有国家根据它们依国际法承担的义务，采取必要和适当的措施，以便：

（a）在法律上禁止煽动实施一种或多种恐怖行为；

（b）防止这类行为；

（c）拒绝为任何根据可信的相关信息有充分理由认为曾犯下这类行为的人提供安全避难所。

2. 吁请所有国家进行合作，以便除其他外，加强本国国际边界的安全，包括杜绝伪造旅行证件，并尽量加强识别恐怖分子和保证旅客安全的程序，以防止犯下第 1（a）段所述行为的人进入本国国境。

3. 吁请所有国家继续在国际上作出努力，加强不同文明之间的对话和

增进它们之间的了解,致力防止不分青红皂白地针对不同的宗教和文化,并根据它们依国际法承担的义务,采取一切必要和适当的措施,制止煽动基于极端主义和不容忍的恐怖行为,防止恐怖分子及其支持者颠覆教育、文化和宗教机构。

4. 着重指出各国必须确保为实施本决议第 1、2 和 3 段而采取的任何措施,符合它们依国际法,尤其是国际人权法、难民法和人道主义法承担的所有义务。

5. 吁请所有国家作为它们持续对话的一部分,向反恐怖主义委员会汇报它们为执行本决议而采取的步骤。

6. 指示反恐怖主义委员会:

（a）把会员国为执行本决议而作出的努力,列为它与会员国对话的一项内容;

（b）与会员国合作,协助建设能力,具体办法包括推广最佳法律惯例,促进这方面的信息交流;

（c）在十二个月后,向安理会汇报本决议的执行情况。

7. 决定继续积极处理此案。

第 1735（2006）号决议

（2006 年 12 月 22 日安全理事会第 5609 次会议通过）

安全理事会，

回顾其 1999 年 10 月 15 日第 1267（1999）号、2000 年 12 月 19 日第 1333（2000）号、2001 年 7 月 30 日第 1363（2001）号、2001 年 9 月 28 日第 1373（2001）号、2002 年 1 月 16 日第 1390（2002）号、2002 年 12 月 20 日第 1452（2002）、2003 年 1 月 17 日第 1455（2003）、2004 年 1 月 30 日第 1526（2004）号、2004 年 10 月 8 日第 1566（2004）号、2005 年 7 月 29 日第 1617（2005）号、2005 年 9 月 14 日第 1624（2005）号和 2006 年 8 月 8 日第 1699（2006）号决议及安理会主席的相关声明，

重申一切形式和表现的恐怖主义是对和平与安全的最严重威胁之一，任何恐怖行为，无论其动机为何，在何时发生和何人所为，都是不可辩解的犯罪行为；重申明确谴责"基地"组织、乌萨马·本·拉丹、塔利班和其他与之有关联的个人、集团、企业和实体不断多次实施恐怖主义罪行，以造成无辜平民和其他受害者的死亡，毁坏财产，引起重大不稳定，

深为关切阿富汗境内的塔利班和"基地"组织和其他与之有关联的个人、集团、企业和实体增加了暴力和恐怖活动，

重申需要根据《联合国宪章》和国际法，采取一切手段消除恐怖行为对国际和平与安全的威胁，并为此强调联合国在领导和协调这项工作方面的重大作用，

强调只有采用全面持久的做法，让所有国家、国际和区域组织积极参与和合作，防止、削弱、孤立恐怖主义威胁并消除其活力，才能战胜恐怖主义，

强调，第 1267（1999）号决议所设委员会（"委员会"）同会员国进行对话，对于全面执行有关措施至关重要，

认识到委员会与会员国进行对话的一个最有效方式是直接接触，包括访问各国，

欣见扩大了同刑警组织的合作，包括建立了"刑警组织—联合国安全理事会特别通告"制度以及通过了第 1699（2006）号决议，鼓励会员国在刑警组织和其他国际和区域组织的框架内开展工作，以进一步执行打击"基地"组织、乌萨马·本·拉丹和其他与之有关联的

个人、集团、企业和实体的措施，

注意到需要大力执行本决议第 1 段中的措施，因为这些措施是打击恐怖主义活动的一个重要工具，

重申下文第 1 段所述措施是预防性的，并没有依循各国法律规定的刑事标准，

强调，在执行第 1617（2005）号决议第 1 段和其他有关决议时，要全面考虑到第 1452（2002）号决议第 1 和第 2 段中有关豁免的规定，

注意到委员会关于军火禁运的文件［SCA/2/06（20）］，该文件旨在提供一个有用的工具，协助各国执行本决议第 1（c）段中的各项措施，

深为关切"基地"组织、乌萨马·本·拉丹、塔利班和其他与之有关联的个人、集团、企业和实体利用互联网进行犯罪，推动恐怖行为，

关切地注意到，"基地"组织、乌萨马·本·拉丹和塔利班和其他与之有关联的个人、集团、企业和实体构成的威胁，特别是宣传恐怖主义意识形态的方法，在不断变化，

强调必须应对"基地"组织、乌萨马·本·拉丹和塔利班和其他与之有关联的个人、集团、企业和实体在各方面对国际和平与安全构成的威胁，

根据《联合国宪章》第七章采取行动：

措　施

1. 决定，所有国家都应采取第

1267（1999）号决议第 4（b）段、第 1333（2000）号决议第 8（c）段、第 1390（2002）号决议第 1 和第 2 段早先规定的、针对"基地"组织、乌萨马·本·拉丹和塔利班和按第 1267（1999）号和 1333（2000）号决议拟定的名单（"综合名单"）开列出的与它们有关联的其他个人、集团、企业和实体的措施。

（a）毫不拖延地冻结这些个人、集团、企业和实体的资金和其他金融资产或经济资源，包括由它们或由代表它们或按它们的指示行事的人拥有或直接间接控制的财产所衍生的资金，并确保本国国民或本国境内的任何人均不直接间接为这种人的利益提供此种或任何其他资金、金融资产或经济资源；

（b）阻止这些个人入境或过境，但本段的规定绝不迫使任何国家拒绝本国国民入境或要求本国国民离境，本段也不适用于为履行司法程序必须入境或过境的情况，或第 1267（1999）号决议所设委员会（"委员会"）经逐案审查认定有正当理由入境或过境的情况；

（c）阻止从本国领土、或由境外的本国国民、或使用悬挂本国国旗的船只或飞机向这些个人、集团、企业和实体直接间接供应、出售或转让军火和各种有关物资，包括武器和弹药、军用车辆和装备、准军事装备及上述物资的备件，以及与军事活动有关的技术咨询、援助或培训。

2. 提醒各国有义务按照第 1617

号决议第 1（a）段，立即冻结相关资金和其他金融资产或经济资源。

3. 确认本决议第 1（a）段适用于每一种经济资源。

4. 呼吁各国加倍努力，执行本决议第 1（b）和第 1（c）段中的措施。

开列名单

5. 决定，各国在提名列入综合名单时，应根据第 1526（2004）号决议第 17 段和第 1617（2005）号决议第 4 段行事并提供案情说明；案情说明应尽可能详细列出提议列入名单的依据，包括：（一）有关个人或实体符合上述准则的认定的具体证明资料；（二）资料的性质，（三）可以提供的佐证资料或文件；各国应提供提议列入名单者同已列入名单的个人或实体有何关联的详情。

6. 请提名国家在提交文件时，注明案情说明中的哪些部分可以公布，以便通知被列入名单的个人或实体，并注明哪些部分可在接获有关国家要求时公布。

7. 吁请各国在提名列入综合名单时使用附件一中的首页，以确保列入名单申请一目了然，前后统一。

8. 指示委员会鼓励会员国提交供列入综合名单的提名。

9. 指示委员会鼓励各国，在获得已列入名单的个人和实体的其他识辨资料和其他资料，包括被冻结资产和已列入名单者动向的最新资料时，提交这些资料。

10. 决定，秘书处应在进行公布后、但在被列入综合名单的两周内，通知有关个人或实体据信所在国家的常驻代表团，如为个人，则通知此人为其国民的国家（如有此信息），并在通知中附上案情说明中可以公布的有关部分、有关决议规定的上名单的后果的说明、委员会审议除名申请的程序，以及第 1452（2002）号决定的规定。

11. 吁请各国在收到第 10 段所述的通知时，根据国内法和惯例采取合理步骤，将上名单一事通知或通报被列入名单的个人或实体，在通知中附上案情说明中可以公布的有关部分、有关决议规定的被提名的后果的说明、委员会审议除名申请的程序，以及第 1452（2002）号决定的规定。

12. 鼓励各国向委员会提交第 1617（2005）号决议第 2 段所述以各种手段参与资助或支持"基地"组织、乌萨马·本·拉丹和塔利班以及其他与之有关联的个人、集团、企业和实体的行动或活动的个人和实体的名字，供委员会列入综合名单，这些手段包括、但不限于使用非法种植、生产及贩运原产于阿富汗的麻醉药品及其前体所得收入。

除　名

13. 决定，委员会应继续制定、通过和采用有关将个人和实体从综合名单上除名的指导方针。

14. 决定，委员会在确定是否从名

单上除名时,特别考虑:(一)有关个人或实体是否是因弄错而被列入综合名单的,或(二)有关个人或实体是否不再符合有关决议规定的标准,特别是第1617(2005)号决议规定的标准;委员会在进行上文第(二)段的审评时,除其他外,应考虑有关个人是否已经死亡,或是否已证实有关个人或实体已彻底断绝了第1617(2005)号决议界定的与"基地"组织、乌萨马·本·拉丹、塔利班及其支持者的关联,包括断绝了与综合名单上的所有个人和实体的关联。

豁　免

15. 决定,将委员会审议按第1452(2002)号决议第1(a)段提交通知的时间,从48小时延长到3个工作日。

16. 重申,为了不放行发出通知国家认定为基本开支所必需的资金和其他金融资产或经济资源,委员会必须对按第1452(2002)号决议第1(a)段提交的通知作出反对的决定。

17. 指示委员会审查它关于上文第15段加以重申的第1452(2002)号决议第1(a)段规定的指导方针。

18. 鼓励按第1452(2002)号决议第1(b)段向委员会提出申请的国家及时报告这类资金的使用情况,以期防止这类资金用于资助恐怖主义。

措施执行情况

19. 鼓励各国确定并在必要时采用适当措施,全面通盘执行本决议第1段开列的措施。

20. 强调本决议第1(a)段规定的措施适用于所有类别的金融资源,其中包括但不限于用于提供互联网托管服务或相关服务以支持"基地"组织、乌萨马·本·拉丹和塔利班以及其他与之有关联的个人、集团、企业和实体的金融资源。

21. 指示委员会查明可能没有遵守按上文第1段制订的措施的情事,请主席在根据下文第31段向安理会提交的定期报告中,报告委员会围绕这一问题开展工作的进展。

22. 请各国确保及时向有关政府部门和其他有关机构,特别是那些负责冻结资产和管制边界的部门,提供最新的综合名单。

23. 请秘书长采取必要步骤,加强联合国与有关国际和区域组织的合作,包括与刑警组织、民航组织、空运协会、海关组织和欧安组织的合作,让委员会有更好的工具来更有效地完成任务,并让会员国有更好的工具来落实本决议第1段提及的措施。

塔利班

24. 鼓励会员国向委员会提交目前与塔利班有关联的个人和实体的名字,以便列入综合名单。

25. 指示委员会鼓励会员国补充提交已列入名单的塔利班个人和实体的识辨信息和其他信息。

26. 指示委员会根据其指导方针开展工作,审议将与塔利班有关联的个人和实体的名字列入综合名单的请求,以及将不再同塔利班有关联的塔利班成员和/或同伙从名单上删除的申请。

协　调

27. 重申,委员会、反恐怖主义委员会(反恐委员会)、安全理事会第1540(2004)号决议所设委员会和各委员会的专家组需要不断相互密切合作和交流信息,包括加强信息分享,协调对各国的访问,提供技术援助,和处理与所有三个委员会有关的其他问题。

外　联

28. 还重申,委员会必须通过与会员国的口头和(或)书面交流,了解有效执行制裁措施的情况。

29. 大力鼓励会员国派代表同委员会更加深入地讨论有关问题。

30. 请委员会考虑,为进一步全面有效地执行上文第1段提及的措施,酌情派主席和(或)委员会成员访问选定国家,以期鼓励各国充分遵守本决议和第1267(1999)号、第1333(2000)号、第1390(2002)号、第1455(2003)号、第1526(2004)号和1617(2005)号决议。

31. 请委员会至少每隔180天,通过主席口头向安理会报告委员会和分析支助和制裁监测组(监测组)的总体工作,这一工作可酌情结合反恐委员会主席和安全理事会第1540(2004)号决议所设委员会的报告,包括结合为所有有关会员国提供的情况通报进行。

监测组和审查

32. 决定,为了帮助委员会完成任务,将目前设在纽约的秘书长根据第1617(2005)号决议第20段任命的监测组的任务期限再延长18个月,接受委员会的领导,履行附件二所列职责,并请秘书长为此作出必要安排。

33. 决定审查本决议第1段所述措施,以便可能在18个月后进一步加强这些措施,或在需要时提早这样做。

34. 决定继续积极处理此案。

第 1805(2008) 号决议

(2008 年 3 月 20 日安全理事会第 5856 次会议通过)

安全理事会,

重申一切形式和表现的恐怖主义都是对和平与安全的最严重威胁之一,任何恐怖主义行为,不论其动机为何,在何地、何时发生、何人所为,都是不可开脱的犯罪行为,继续决心进一步推动加强全球消除这一祸害的整体努力的效力,

回顾设立反恐怖主义委员会(反恐委员会)的 2001 年 9 月 28 日第 1373(2001)号决议,又回顾关于恐怖行为对国际和平与安全造成的威胁的其他决议,

回顾特别是有关反恐怖主义委员会执行局(反恐执行局)的 2004 年 3 月 26 日第 1535(2004)号决议和 2007 年 12 月 10 日第 1787(2007)号决议,

还回顾 2005 年 12 月 21 日(S/PRST/2005/64)和 2006 年 12 月 20 日(S/PRST/2006/56)安全理事会主席声明中载述的以往对反恐执行局的审查,重申安理会在声明中所作的结论,

欢迎反恐执行局执行主任提交的该执行局订正组织计划(S/2008/80)和其中所载的建议,

赞赏地注意到反恐执行局强调合作、透明和公平的指导原则并表示打算实施一个更加积极主动的沟通战略,

强调联合国在全球反恐斗争中的核心作用,欢迎大会通过 2006 年 9 月 8 日《联合国全球反恐战略》(A/60/288),并欢迎设立反恐执行工作队,以确保联合国系统反恐努力的整体协调一致,

提醒各国必须确保其采取的任何打击恐怖主义措施都符合国际法规定的所有义务,并应按照国际法,尤其是国际人权法、难民法和人道主义法实行这类措施,回顾反恐执行局应继续根据其授权任务,就与确定及实施有效执行第 1373(2001)号和第 1624(2005)号决议的措施有关的、涉及这类法律的问题,向反恐委员会提供咨询意见,

强调反恐委员会的首要目标是确保全面执行第 1373(2001)号决议,回顾反恐执行局在支持反恐委员会履行授权任务方面的重要作用;

决定反恐执行局继续作为接受反

恐委员会政策指导的一项特别政治任务开展运作,任期到 2010 年 12 月 31 日为止,还决定至迟于 2009 年 6 月 30 日进行一次临时审查,以及在其授权任务结束前全面审议反恐执行局的工作;

欢迎并申明反恐委员会认可经订正的"反恐怖主义委员会执行局组织计划(S/2008/80)"中载述的各项建议;

敦促反恐执行局继续加强自身作用,协助为执行第 1373(2001)号决议提供技术援助,以便通过满足会员国的反恐需求,提高会员国打击恐怖主义的能力;

强调反恐执行局、反恐委员会和会员国之间就包括会员国制订相关执行战略在内的各种问题开展有针对性对话的重要性,鼓励反恐委员会和反恐执行局安排与会员国召开各种形式的会议;

敦促反恐执行局也加强与相关国际、区域和次区域组织的合作,以期提高会员国全面执行第 1373(2001)号决议和协助提供技术援助的能力;

鼓励反恐执行局继续依照第 1624(2005)号决议第 6 段的规定,为反恐委员会与会员国一道全面执行这项决议提供必要支持;

又欢迎反恐执行局执行主任的情况通报,期待"第 1373(2001)号决议全球执行情况调查",指示反恐委员会提交关于该决议执行情况的年度报告,其中应载述其意见和建议;

请反恐委员会除第 8 段要求的报告外,至少每 180 天通过委员会主席,并酌情结合第 1267(1999)号决议所设委员会主席和第 1540(2004)号决议所设委员会主席提交的报告,向安理会口头报告反恐委员会和反恐执行局的总体工作,并鼓励向所有感兴趣的会员国非正式通报情况;

重申需要加强反恐委员会、第 1267(1999)号决议所设委员会和第 1540(2004)号决议所设委员会以及其各自专家组之间的现有合作,包括酌情加强信息共享,协调访问各国,提供技术援助以及处理牵涉所有三个委员会的其他事项,表示打算就共同关心的领域向各委员会提供指导,以便更好地协调反恐努力;

欢迎并强调反恐执行局必须按照《联合国全球反恐战略》,包括在为确保联合国系统反恐努力整体协调一致而设立的反恐执行工作队内部,随时准备积极参加和支持所有相关活动。

第 1822(2008)号决议

(2008 年 6 月 30 日安全理事会第 5928 次会议通过)

安全理事会,

回顾其第 1267(1999)号、第 1333
(2000)号、第 1363(2001)号、第 1373
(2001)号、第 1390(2002)号、第 1452
(2002)号、第 1455(2003)号、第 1526
(2004)号、第 1566(2004)号、第 1617
(2005)号、第 1624(2005)号、第 1699
(2006)号、第 1730(2006)号和第 1735
(2006)号决议,以及安理会主席的相关
声明,

重申一切形式和表现的恐怖主
义,都是对国际和平与安全的最严重
威胁之一,任何恐怖主义行为,不论其
动机为何,在何地、何时发生,何人所
为,都是不可开脱的犯罪行为,再次断
然谴责"基地"组织、乌萨马·本·拉
丹、塔利班及其他与之有关联的个人、
团体、企业和实体不断多次实施恐怖
主义罪行,其目的是造成无辜平民和
其他受害者死亡,财产损毁,引起重大
不稳定,

重申需要根据《联合国宪章》和国
际法,包括适用的国际人权法、难民法
和人道主义法,采取一切手段抗击恐
怖行为对国际和平与安全造成的威

胁,并为此强调联合国在领导和协调
这项努力方面的重大作用,

欣见大会 2006 年 9 月 8 日通过
《联合国全球反恐战略》(A/60/288),
并设立反恐执行工作队,以确保联合
国系统反恐努力的整体协调一致,

重申深为关切塔利班和"基地"组
织和其他与之有关联的个人、团体、企
业和实体在阿富汗境内从事的暴力和
恐怖活动有所增加,

回顾第 1817(2008)号决议,并再
次表示支持取缔阿富汗境内非法制毒
活动以及在邻国、贩运沿途国、毒品目
的地国和前体生产国取缔从阿富汗非
法贩运毒品以及向该国贩运化学前体
的活动,

深为关切"基地"组织、乌萨马·本·
拉丹、塔利班及其他与之有关联的个
人、团体、企业和实体非法滥用互联
网,助长恐怖行为,

强调只有采取持久、全面的对策,
促使所有国家、国际组织和区域组织
积极参与和协作,遏止、削弱、孤立和
恐怖主义威胁并使其失去能力,才能
战胜恐怖主义,

着重指出根据《联合国宪章》实施制裁,是维护和恢复国际和平与安全的一个重要手段,并在这方面强调需要大力执行本决议第 1 段所述措施,因为这些措施是打击恐怖活动的一种重要工具,

敦促所有会员国、国际机构和区域组织拨出足够的资源,以应对"基地"组织、乌萨马·本·拉丹、塔利班及其他与之有关联的个人、团体、企业和实体所构成的持续和直接威胁,包括积极参与查明应受本决议第 1 段所述措施制约的个人、团体、企业和实体,

重申第 1267(1999)号决议所设委员会("委员会")同会员国进行对话,对于全面执行上述措施至关重要,

注意到会员国根据本决议第 1 段所述措施采取的举措受到挑战,确认会员国和委员会一直持续努力确保按照公正而明确的程序,将个人、团体、企业和实体列入依照第 1267(1999)号和第 1333(2000)号决议编制的名单("综合名单"),并从中除名,以及给予人道主义豁免,

重申本决议第 1 段所述措施属预防性质,并非以国家法律所定的刑事标准为依据,

强调所有会员国均有义务全面执行第 1373(2001)号决议,包括关于塔利班或"基地"组织的规定,以及关于曾经参与资助、筹划、协助、筹备、实施或以其他方式支持恐怖活动或行为或为之招募人员的任何与"基地"组织、乌萨马·本·拉丹或塔利班有关联的个

人、团体、企业和实体的规定,并且有义务根据安全理事会相关决议,协助履行反恐怖主义的义务,

欣见秘书长依照第 1730(2006)号决议在秘书处内指定一个协调人,负责接收除名申请,并赞赏地注意到协调人与委员会目前正在合作,

欣见委员会与国际刑警组织继续合作,尤其是在拟定特别通告方面,以协助会员国执行上述措施,并确认分析支助和制裁监察组("监察组")在这方面的作用,

欣见委员会与联合国毒品和犯罪问题办事处继续合作,尤其是在技术援助和能力建设方面,以协助会员国履行本决议和其他相关决议以及国际文书所规定的义务,

关切地注意到"基地"组织、乌萨马·本·拉丹和塔利班及其他与之有关联的个人、团体、企业和实体继续对国际和平与安全构成威胁,并重申安理会决心对付这一威胁的所有方面,

根据《联合国宪章》第七章采取行动:

措　施

1. 决定,所有国家均应对"基地"组织、乌萨马·本·拉丹和塔利班以及依照第 1267(1999)号和第 1333(2000)号决议编制的名单("综合名单")所列其他与之有关联的个人、团体、企业和实体,采取第 1267(1999)号决议第 4(b)段、第 1333(2000)号决议

第 8 (c) 段、第 1390 (2002) 号决议第 1 和第 2 段早先规定的措施:

(a) 毫不拖延地冻结这些个人、团体、企业和实体的资金和其他金融资产或经济资源,包括由它们或由代表它们或按它们的指示行事的人直接或间接拥有或控制的财产所衍生的资金,并确保本国国民或本国境内的任何人均不得直接或间接为这些人的利益提供此种或任何其他资金、金融资产或经济资源;

(b) 阻止这些个人入境或过境,但本段的规定绝不强制任何国家拒绝本国国民入境或要求本国国民离境,本段也不适用于为履行司法程序而必须入境或过境的情况,或委员会经逐案审查认定有正当理由入境或过境的情况;

(c) 阻止从本国国境、或由境外本国国民、或使用悬挂本国国旗的船只或飞机向这些个人、团体、企业和实体直接或间接供应、销售或转让军火和各种有关物资,包括武器和弹药、军用车辆和装备、准军事装备及上述物资的备件,以及与军事活动有关的技术咨询、援助或培训。

2. 重申,表明个人、团体、企业或实体与"基地"组织、乌萨马·本·拉丹或塔利班"有关联"的行为或活动包括:

(a) 参与资助、筹划、协助、筹备或实施"基地"组织、乌萨马·本·拉丹或塔利班或其任何基层组织、下属机构、从中分裂或衍生出来的团体所从事、伙同它们实施、以它们的名义实施、代表它们实施或支持它们从事的行动或活动;

(b) 为其供应、销售或转让军火和有关物资;

(c) 为其招募人员;或

(d) 以其他方式支持其行动或活动。

3. 还重申,由与"基地"组织、乌萨马·本·拉丹或塔利班有关联的个人、团体、企业或实体直接或间接拥有或控制的企业或实体,或以其他方式为其提供支持的企业或实体,均可列入名单。

4. 确认上文第 1 段 (a) 规定的措施适用于所有类别金融和经济资源,其中包括但不限于用来提供互联网托管服务或相关服务,以支持"基地"组织、乌萨马·本·拉丹和塔利班以及其他与之有关联的个人、团体、企业或实体的资源。

5. 鼓励会员国继续作出努力,果断有力地切断资金和其他金融资产和经济资源向"基地"组织、乌萨马·本·拉丹、塔利班及其他与之有关联的个人、团体、企业和实体的流动。

6. 决定会员国可允许在已依照上文第 1 段规定冻结的账户中存入任何以被列名个人、团体、企业或实体为受益人的付款,但任何此种付款仍须受上文第 1 段的规定制约并予以冻结。

7. 重申第 1452 (2002) 号决议第 1 和第 2 段所列、经第 1735 (2006) 号决议订正的对上文第 1 段 (a) 所述措施的现有豁免的规定,并提醒会员国使用委员会准则中所列的豁免程序。

8. 重申所有会员国均有义务实施和强制执行上文第 1 段所列的措施，并敦促各国在这方面加倍努力。

列　名

9. 鼓励所有会员国向委员会提交第 1617（2005）号决议第 2 段所述、经上文第 2 段重申的以任何手段参与资助或支持"基地"组织、乌萨马·本·拉丹、塔利班及其他与之有关联的个人、团体、企业和实体的行动或活动的个人、团体、企业和实体的名字，供委员会列入综合名单。

10. 注意到此种资助或支持手段包括但不限于使用非法种植、生产及贩运源自阿富汗的麻醉药品及其前体所得收入。

11. 再次呼吁委员会与阿富汗政府和联合国阿富汗援助团（联阿援助团）继续合作，包括查明第 1806（2008）号决议第 30 段所述、参与资助或支持"基地"组织和塔利班的行动或活动的个人和实体。

12. 重申会员国在向委员会提出列入综合名单的名字时，应根据第 1735（2006）号决议第 5 段的规定行事，并提供详细的案情说明，还决定会员国应针对每一项提名，指明案情说明中可予公布的部分，包括供委员会用于编写下文第 13 段所述摘要或用于通知或告知被列名的个人或实体的部分，以及应有关国家请求可予披露的

部分。

13. 指示委员会在监察组协助下并与相关点名国协调，在综合名单中增添一个名字之后，须在委员会网站上提供综合名单内列入相关名字的叙述性简要理由说明，并进一步指示委员会在监察组协助下并与相关点名国协调，在委员会网站上提供在本决议通过之前已列在综合名单内的名字被列名的叙述性简要理由说明。

14. 吁请会员国在向委员会提出列入综合名单的名字时使用第 1735（2006）号决议附件一首页，并要求它们尽量向委员会提供所提名字的相关信息，尤其是提供足够的识别信息以便会员国明确识别有关个人、团体、企业和实体，并指示委员会根据第 12 和第 13 段所列的规定更新首页。

15. 决定秘书处应根据第 1735（2006）号决议第 10 段的规定，在进行公布后、但在某个名字被列入综合名单的一周内，通知有关个人或实体据信所在国家的常驻代表团，如为个人，则通知此人的国籍国（如已掌握此信息）。

16. 强调有必要及时更新委员会网站上的综合名单。

17. 要求收到上文第 15 段所述通知的会员国根据本国法律和惯例，采取一切可能的措施，将点名一事通知或告知被列名的个人或实体，并在通知中附上案情说明中可以公布部分的拷贝、委员会网站上登载的关于列名理由的任何信息、相关决议规定的关

于点名后果的说明、委员会审议除名申请的程序以及第 1452(2002)号决议关于现有豁免的规定。

18. 鼓励收到上文第 15 段所述通知的会员国向委员会通报它们为执行上文第 1 段所述措施而已采取的步骤以及根据上文第 17 段采取的措施,还鼓励会员国利用委员会网站上提供的工具来提供此种信息。

除 名

19. 欣见已依照第 1730(2006)号决议在秘书处内指定一个协调人,为被列名的个人、团体、企业或实体提供一个可选渠道,直接向协调人提出除名申请。

20. 敦促点名国及国籍国和居住国根据第 1730(2006)号决议附件所列的程序,及时审查通过协调人收到的除名申请,并表明它们是支持还是反对除名申请,便于委员会进行审查。

21. 指示委员会继续根据其准则,着力审议不再符合相关决议所订标准的"基地"组织、乌萨马·本·拉丹、塔利班成员和(或)与之有联系的人提出的从综合名单上除名的申请。

22. 指示委员会每年审查列在综合名单内、但据报已死亡的个人的姓名,按照委员会准则所规定的程序,将这些姓名散发至相关国家,以便确保尽可能更新综合名单,使其尽可能准确,并确认所作列名仍然适宜。

23. 决定,秘书处应在从综合名单

上除名后一周内,通知有关个人或实体据信所在国家的常驻代表团,如为个人,则通知此人的国籍国(如已掌握此信息);要求收到这种通知的国家根据本国法律和惯例采取措施,及时将除名一事通知或告知所涉个人或实体。

审查和维持综合名单

24. 鼓励所有会员国,尤其是点名国和居住国或国籍国,在进一步获得关于被列名的个人、团体、企业和实体的识别信息和其他信息后,连同证明文件,包括关于被列名的实体、团体和企业运作状况、被列名个人的动向、被监禁或死亡以及其他重大事件的最新信息,向委员会提交这些信息。

25. 指示委员会在 2010 年 6 月 30 日之前,对截至本决议通过之日列在综合名单上的所有名字进行一次审查,在审查时应依照委员会准则中规定的程序,向点名国和已知居住国和(或)国籍国通报相关名字,以确保尽可能更新综合名单,使其尽可能准确,并确认列名做法仍然适宜。

26. 还指示委员会在完成上文第 25 段所述审查后,对综合名单上三年或三年以上未予审查的所有名字进行一次年度审查,在审查时应根据委员会准则中规定的程序,向点名国和已知居住国和(或)国籍国通报相关名字,以确保尽可能更新综合名单,使其尽可能准确,并确认列名做法仍然适宜。

措施的执行

27. 重申所有国家都必须确定适当程序，并在必要时实行适当程序，以全面执行上文第 1 段所述措施的各个方面。

28. 鼓励委员会继续确保在把有关个人和实体列入综合名单及从中除名，以及在给予人道主义豁免的时候，实行公正而明确程序，并指示委员会积极审查其各项准则，以帮助达成这些目标。

29. 指示委员会优先审查其涉及本决议规定、尤其是涉及上文第 6、12、13、17、22 和 26 段的准则。

30. 鼓励会员国派代表同委员会更深入地讨论相关问题，并欢迎有关会员国就本国执行上文第 1 段所述措施的努力，包括在全面执行措施方面遇到的具体挑战，自愿向委员会通报情况。

31. 请委员会向安理会报告关于会员国所作执行努力的调查结果，指出改进执行工作的必要措施，并就此提出建议。

32. 指示委员会指认可能没有遵守上文第 1 段所述措施的情况，确定处理每一情况的适当办法，并请主席在根据下文第 38 段向安理会提出的定期报告中汇报委员会就此问题所做工作的进展情况。

33. 敦促所有会员国在执行上文第 1 段所列措施时，确保根据本国法律和惯例，尽快将假冒、伪造、失窃和遗失的护照及其他旅行证件作废和收回，并通过国际刑警组织的数据库，与其他会员国共享关于这些文件的信息。

34. 鼓励会员国根据本国法律和惯例，与私营部门共享本国数据库中与属于其本国管辖范围的虚假、伪造、失窃和遗失身份证件或旅行证件有关的信息，并在发现被列名者用假身份获取信用或伪造旅行证件等情形时，向委员会提供这方面的信息。

协调和外联

35. 重申需要增强委员会、反恐委员会和第 1540（2004）号决议所设委员会及各自专家组之间目前的合作，包括视情况加强信息共享，就根据各自任务授权对各国进行的访问、技术援助、与国际和区域组织及机构的关系以及与这三个委员会都相关的其他问题进行协调，表示打算就这三个委员会共同关心的领域向它们提供指导，以更好地协调它们的工作。

36. 鼓励监察组和联合国毒品和犯罪问题办事处继续开展联合活动，与反恐执行局和 1540 委员会专家合作，以举办次区域讲习班等方式协助会员国努力履行相关决议对其规定的义务。

37. 请委员会在适当的时候考虑由主席和（或）委员会成员访问选定国家，以加强上文第 1 段所述措施的全面有效执行，从而鼓励各国充分遵守本决议以及第 1267（1999）号、第 1333（2000）号、第 1390（2002）号、第 1455（2003）号、第 1526（2004）号、第 1617（2005）号和第 1735（2006）号决议。

38. 请委员会通过委员会主席，至少每隔 180 天向安理会口头报告委员会及监察组的总体工作，为此可酌情结合反恐委员会主席和第 1540（2004）号决议所设委员会提出的报告，包括向所有有关会员国作出通报。

监察组

39. 决定，为协助委员会完成任务，将秘书长根据第 1617（2005）号决议第 20 段任命的目前设在纽约的监察组的任务期限再延长 18 个月，由委员会指导其工作，履行附件一所列职责，并请秘书长为此作出必要安排。

审 查

40. 决定审查上文第 1 段所述措施，以期可能在 18 个月后或在必要时提前予以进一步加强。

41. 决定继续积极处理此案。

附 件（略）

第1904(2009)号决议

(2009年12月17日安全理事会第6247次会议通过)

安全理事会,

回顾其第1267(1999)号、第1333(2000)号、第1363(2001)号、第1373(2001)号、第1390(2002)号、第1452(2002)号、第1455(2003)号、第1526(2004)号、第1566(2004)号、第1617(2005)号、第1624(2005)号、第1699(2006)号、第1730(2006)号、第1735(2006)号和第1822(2008)号决议,以及安理会主席的相关声明,

重申一切形式和表现的恐怖主义,都是对国际和平与安全的最严重威胁之一,任何恐怖主义行为,不论其动机为何,在何地、何时发生,何人所为,都是不可开脱的犯罪行为,再次断然谴责"基地"组织、乌萨马·本·拉丹、塔利班及其他与之有关联的个人、团体、企业和实体不断多次实施恐怖主义罪行,其目的是造成无辜平民和其他受害者死亡,财产损毁,引起重大不稳定,

重申需要根据《联合国宪章》和国际法,包括适用的国际人权法、难民法和人道主义法,采取一切手段抗击恐怖行为对国际和平与安全造成的威胁,并为此强调联合国在领导和协调这项努力方面的重大作用,

表示关切与"基地"组织、乌萨马·本·拉丹或塔利班有关联的个人、团体、企业和实体以筹集资金或赢得政治让步为目的,制造了更多的绑架和劫持人质事件,

再次表示支持取缔阿富汗境内非法制毒活动以及在邻国、贩运沿途国、毒品目的地国和前体生产国取缔从阿富汗非法贩运毒品以及向该国贩运化学前体的活动,

强调只有采取持久、全面的对策,促使所有国家、国际组织和区域组织积极参与和协作,遏止、削弱、孤立和恐怖主义威胁并使其失去能力,才能战胜恐怖主义,

强调制裁是《联合国宪章》所规定的维护和恢复国际和平与安全的一个重要手段,并在这方面强调需要大力执行本决议第1段所述措施,因为这些措施是打击恐怖活动的一种重要工具,

敦促所有会员国积极参与维持和更新根据第1267(1999)号和第1333

（2000）号决议编制的名单（"综合名单"），提供关于现有名单的补充资料，酌情提出除名请求，查明应受本决议第 1 段所述措施制约的其他个人、团体、企业和实体并提出名字供列入名单，

注意到会员国在根据本决议第 1 段采取举措时遇到了法律及其他方面挑战，欢迎委员会的程序和综合清单的质量得到了改进，表示打算继续努力确保这些程序公正而明确，

重申本决议第 1 段所述措施属预防性质，并非以国家法律所定的刑事标准为依据，

回顾大会通过了 2006 年 9 月 8 日《联合国全球反恐战略》（A/RES/60/288），并回顾设立了反恐执行工作队，以确保联合国系统反恐工作的协调一致，

欢迎委员会与国际刑警组织、联合国毒品和犯罪问题办公室（尤其是在技术援助和能力建设方面）以及所有其他联合国机构持续开展的合作，鼓励进一步与反恐执行工作队进行互动，以确保联合国系统反恐工作的总体协调和一致，

关切地注意到"基地"组织、乌萨马·本·拉丹和塔利班及其他与之有关联的个人、团体、企业和实体在第 1267（1999）号决议通过十年后继续对国际和平与安全构成威胁，重申安理会决心对付这一威胁的所有方面，

根据《联合国宪章》第七章采取行动：

措　施

1. 决定，所有国家均应对"基地"组织、乌萨马·本·拉丹和塔利班以及依照第 1267（1999）号和第 1333（2000）号决议编制的名单（"综合名单"）所列其他与之有关联的个人、团体、企业和实体，采取第 1267（1999）号决议第 4（b）段、第 1333（2000）号决议第 8（c）段、第 1390（2002）号决议第 1 和第 2 段早先规定的措施：

（a）毫不拖延地冻结这些个人、团体、企业和实体的资金和其他金融资产或经济资源，包括由它们或由代表它们或按它们的指示行事的人直接或间接拥有或控制的财产所衍生的资金，并确保本国国民或本国境内的任何人均不得直接或间接为这些人的利益提供此种或任何其他资金、金融资产或经济资源；

（b）阻止这些个人入境或过境，但本段的规定绝不强制任何国家拒绝本国国民入境或要求本国国民离境，本段也不适用于为履行司法程序而必须入境或过境的情况，或委员会经逐案审查认定有正当理由入境或过境的情况；

（c）阻止从本国国境、或由境外本国国民、或使用悬挂本国国旗的船只或飞机向这些个人、团体、企业和实体直接或间接供应、销售或转让军火和各种有关物资，包括武器和弹药、军用车辆和装备、准军事装备及上述物资

的备件,以及与军事活动有关的技术咨询、援助或培训。

2. 重申,表明个人、团体、企业或实体与"基地"组织、乌萨马·本·拉丹或塔利班"有关联"的行为或活动包括:

(a)参与资助、筹划、协助、筹备或实施"基地"组织、乌萨马·本·拉丹或塔利班或其任何基层组织、下属机构、从中分裂或衍生出来的团体所从事、伙同它们实施、以它们的名义实施、代表它们实施或支持它们从事的行动或活动;

(b)为其供应、销售或转让军火和有关物资;

(c)为其招募人员;或

(d)以其他方式支持"基地"组织、乌萨马·本·拉丹或塔利班或其任何基层组织、下属机构、从中分裂或衍生出来的团体的行动或活动。

3. 还重申,由与"基地"组织、乌萨马·本·拉丹或塔利班有关联的个人、团体、企业或实体直接或间接拥有或控制的企业或实体,或以其他方式为其提供支持的企业或实体,均可列入名单。

4. 确认上文第1段(a)规定的措施适用于所有类别金融和经济资源,其中包括但不限于用来提供互联网托管服务或相关服务,以支持"基地"组织、乌萨马·本·拉丹或塔利班以及其他与之有关联的个人、团体、企业或实体的资源。

5. 还确认上文第1(a)段的规定还应适用于向综合名单所列个人、团体、企业或实体支付的赎金。

6. 决定会员国可允许在已依照上文第1段规定冻结的账户中存入任何以被列名个人、团体、企业或实体为受益人的付款,但任何此种付款仍须受上文第1段的规定制约并予以冻结。

7. 鼓励会员国利用第1452(2002)号决议第1和第2段所列、经第1735(2006)号决议订正的对上文第1段(a)所述措施的现有豁免的规定,并指示委员会审查委员会准则中所列的豁免程序,以便于会员国使用,并继续确保迅速、透明地准予人道主义豁免。

列　名

8. 鼓励所有会员国向委员会提交第1617(2005)号决议第2段所述、经上文第2段重申的以任何手段参与资助或支持"基地"组织、乌萨马·本·拉丹或塔利班及其他与之有关联的个人、团体、企业和实体的行动或活动的个人、团体、企业和实体的名字,供委员会列入综合名单;还鼓励会员国任命负责综合名单列名事务的本国联系人。

9. 注意到此种资助或支持手段包括但不限于使用非法种植、生产及贩运特别是源自阿富汗的麻醉药品及其前体所得收入。

10. 再次呼吁委员会与阿富汗政府和联合国阿富汗援助团(联阿援助团)继续合作,包括查明第1806(2008)

号决议第 30 段所述、参与资助或支持"基地"组织和塔利班的行动或活动的个人和实体。

11. 重申会员国在向委员会提出列入综合名单的名字时,应根据第1735（2006）号决议第 5 段和第 1822（2008）号决议第 12 段的规定行事,并提供详细的案情说明,还决定案情说明的内容,除会员国认定委员会应予保密的部分外,应可根据请求予以公开,并可用于编写下文第 14 段所述的列名理由简述。

12. 鼓励提出新名单的会员国以及在本决议通过之前已提出名字供列入综合名单的会员国事先说明委员会可否根据请求,公开会员国作为指认国的地位。

13. 吁请会员国在向委员会提出名字供列入综合名单时,使用经通过并刊载于委员会网站上的新标准列名表格,要求它们尽可能向委员会提供涉及所提名字的相关信息,尤其是提供足够的识别信息以便准确和明确地识别有关个人、团体、企业和实体,并指示委员会根据本决议的规定,在必要时更新标准列名表格。

14. 指示委员会在监察组协助下并与相关指认国协调,在综合名单内增添一个名字的同时,在委员会网站上提供关于相关名字的列名理由简述,此外还指示委员会在监察组协助下并与相关指认国协调,继续努力在委员会网站上提供在第 1822（2008）号决议通过之前已列在综合名单内的名字的列名理由简述。

15. 鼓励会员国及相关国际组织将任何相关法院裁定和诉讼程序告知委员会,以便委员会能够在审查相应列名或更新列名理由简述时将其考虑在内。

16. 呼吁委员会和监察组的所有成员与委员会共享关于会员国列名请求的任何既有资料,以便用这一资料帮助委员会作出关于列名的决定,并为第 14 段所述的列名理由简述提供补充资料。

17. 指示委员会修正其准则,延长委员会成员可用于核实所提列名名字是否应列入综合名单及提供足够识别资料以确保充分执行有关措施的时间,但经委员会主席斟酌情况后决定紧急、有时限地列入名单者除外,指出经委员会一名成员提出要求后,列名请求可列入委员会议程。

18. 决定秘书处应根据第 1735（2006）号决议第 10 段的规定,在进行公布后、但在某个名字被列入综合名单的三个工作日内,通知有关个人或实体据信所在国家的常驻代表团,如为个人,则通知此人的国籍国（如已掌握此信息）,并要求秘书处在综合名单增加列名后,立即在委员会网站上公布所有可予公开的相关资料,包括列名理由简述。

19. 还重申第 1822（2008）号决议第 17 段的规定,即要求会员国根据本国法律和惯例,采取一切可能措施,将列名一事通知或告知被列名的个人或实体,并在通知中附上列名理由简述、相关决议规定的关于列名后果的说明、委员会审议除名申请的程序(包括根据本决议第 20 段和第 21 段及附件二向监察员提出这一请求的可能性)以及第 1452(2002)号决议关于现有豁免的规定。

除名/监察员

20. 决定委员会在审议除名请求时,由自本决议通过之日起设立的最初为期 18 个月的监察员办公室提供协助,请秘书长与委员会密切协商,任命一位品德高尚、公正、廉明,并在法律、人权、反恐和制裁等相关领域具备良好资格并拥有丰富经验的知名人士担任监察员,承担本决议附件二所规定的任务,并决定监察员应独立、公正地执行这些任务,不得寻求或接受任何政府的指示。

21. 决定在任命监察员后,监察员办公室应按照本决议附件二所规定的程序,接受个人和实体提出的综合名单除名请求,在任命监察员后,第 1730(2006)号决议所设协调人机制应不再接受此类请求,并指出协调人机制应继续接受个人和实体提出的其他制裁名单除名请求。

22. 指示委员会继续根据其准则,着力审议会员国就不再符合相关决议所订标准的"基地"组织、乌萨马·本·拉丹、塔利班成员和(或)与之有联系的人提出的从综合名单上除名的请求,并

应在委员会一名成员提出要求后列入委员会议程。

23. 鼓励各国为已正式确认死亡的个人(特别是经查明无资产的个人)提出除名请求,并为已不复存在的实体提出除名请求,同时应采取一切合理措施,确保属于这些个人或实体的资产未被或不会被转交或分配给综合名单所列的其他实体或个人。

24. 鼓励会员国在除名后解冻已死亡个人或已停业实体的资产时,铭记第 1373(2001)号决议中载明的义务,特别是防止被解冻资产被用于恐怖目的。

25. 鼓励委员会在审议除名请求时适当考虑指认国、居住国、国籍国或注册地国的意见,并吁请委员会成员尽一切努力提供其反对除名请求的理由。

26. 要求监察组在完成根据第 1822(2008)号决议第 25 段所进行的审查后,每六个月向委员会分发综合名单上据报已死亡个人的名单,以及对死亡证书等相关资料的评估,并尽可能提供已冻结资产的现状和地点以及可以接收任何被解冻资产的个人或实体的名字,指示委员会审查名单所列的这些名字以决定是否应继续列这些名字,并鼓励委员会在掌握确凿资料证明有关个人已经死亡时,删除其名字。

27. 决定,秘书处应在从综合名单上除名后三个工作日内,通知有关个人或实体据信所在国家的常驻代表

团,如为个人,则通知此人的国籍国(如已掌握此信息);要求收到这种通知的国家根据本国法律和惯例采取措施,及时将除名一事通知或告知所涉个人或实体。

审查和维持综合名单

28. 鼓励所有会员国,尤其是指认国和居住国或国籍国,在进一步获得关于被列名的个人、团体、企业和实体的识别信息和其他信息后,连同证明文件,包括关于被列名的实体、团体和企业运作状况、被列名个人的动向、被监禁或死亡以及其他重大事件的最新信息,向委员会提交这些信息。

29. 欢迎委员会根据第 1822(2008)号决议第 25 段对综合名单上所有名字进行的审查取得重大进展,指示委员会至迟于 2010 年 6 月 30 日完成这一审查,要求所有相关国家至迟于 2010 年 3 月 1 日对委员会提出的与这一审查有关的索取资料要求作出回复。

30. 要求监察组至迟于 2010 年 7 月 30 日向委员会提交一份报告,说明第 1822(2008)号决议第 25 段所述审查的结果以及委员会、会员国和监察组为进行审查而作的努力。

31. 要求监察组在完成第 1822(2008)号决议第 25 段所述审查后,每年向委员会分发综合名单上缺乏必要识别资料的个人和实体的名单,以确保切实执行针对这些个人和实体的措施,并指示委员会审查名单所列的这些名字,以决定是否应继续列这些名字。

32. 还指示委员会在完成第 1822(2008)号决议第 25 段所述审查后,每年对综合名单上三年或三年以上未审查的所有名字进行审查,在审查时应根据委员会准则中规定的程序,向指认国和已知居住国和(或)国籍国通报相关名字,以确保尽可能更新综合名单,使其尽可能准确,并确认应继续列这些名字,指出委员会在本决议通过之日后根据本决议附件二规定的程序对除名请求进行的审议,应被视同对该名单的审查。

措施的执行

33. 重申所有国家都必须确定适当程序,并在必要时实行适当程序,以全面执行上文第 1 段所述措施的各个方面。

34. 鼓励委员会继续确保在把有关个人和实体列入综合名单及从中除名,以及在给予人道主义豁免的时候,实行公正而明确程序,并指示委员会积极审查其各项准则,以帮助达成这些目标。

35. 指示委员会优先审查其涉及本决议规定、尤其是涉及上文第 7、13、14、17、18、22、23、34 和 41 段的准则。

36. 鼓励会员国及相关国际组织派代表同委员会更深入地讨论相关问题,并欢迎有关会员国就本国执行上文第 1 段所述措施的努力,包括在全面执行措施方面遇到的具体挑战,自愿向委员会通报情况。

37. 请委员会向安理会报告关于会员国所作执行努力的调查结果,指出改进执行工作的必要措施,并就此提出建议。

38. 指示委员会指认可能没有遵守上文第 1 段所述措施的情况,确定处理每一情况的适当办法,并请主席在根据下文第 46 段向安理会提出的定期报告中汇报委员会就此问题所做工作的进展情况。

39. 敦促所有会员国在执行上文第 1 段所列措施时,确保根据本国法律和惯例,尽快将假冒、伪造、失窃和遗失的护照及其他旅行证件作废和收回,并通过国际刑警组织的数据库,与其他会员国共享关于这些文件的信息。

40. 鼓励会员国根据本国法律和惯例,与私营部门共享本国数据库中与属于其本国管辖范围的虚假、伪造、失窃和遗失身份证件或旅行证件有关的信息,并在发现被列名者用假身份获取信用或伪造旅行证件等情形时,向委员会提供这方面的信息。

41. 指示委员会修正其准则,以确保委员会受理事项的待决时间均不超过六个月,除非委员会经逐案考虑后认定因情况特殊而需要更多时间审议,还指示任何请求给予更多时间审议某项提案的委员会成员在三个月后说明其在解决所有未决事项方面的最新进展情况。

42. 指示委员会全面审查截至本决议通过之日委员会的所有待决事项,还敦促委员会及其成员尽可能在 2010 年 12 月 31 日前解决所有这些待决事项。

协调和外联

43. 重申需要增强委员会、反恐委员会和第 1540(2004)号决议所设委员会及各自专家组之间目前的合作,包括视情况加强信息共享,就根据各自任务授权对各国进行的访问、技术援助的促进和监测、与国际和区域组织及机构的关系以及与这三个委员会都相关的其他问题进行协调,表示打算就这三个委员会共同关心的领域向它们提供指导,以更好地协调它们的工作并为这一合作提供便利,并请秘书长尽快为这些专家组合用同一地点作出必要安排。

44. 鼓励监察组和联合国毒品和犯罪问题办事处继续开展联合活动,与反恐执行局和 1540 委员会专家合作,以举办区域和次区域讲习班等方式协助会员国努力履行相关决议对其规定的义务。

45. 请委员会在适当的时候考虑由主席和(或)委员会成员访问选定国家,以加强上文第 1 段所述措施的全面有效执行,从而鼓励各国充分遵守本决议以及第 1267(1999)号、第 1333(2000)号、第 1390(2002)号、第 1455(2003)号、第 1526(2004)号、第 1617

（2005）号、第 1735（2006）号和第 1822（2008）号决议。

46. 请委员会通过委员会主席，至少每隔 180 天向安理会口头报告委员会及监察组总体工作的现况，为此可酌情结合反恐委员会主席和第 1540（2004）号决议所设委员会提出的报告，包括向所有有关会员国作出通报。

监察组

47. 决定，为协助委员会完成任务并向监察员提供帮助，将根据第 1526（2004）号决议第 7 段任命的、目前设在纽约的监察组的任务期限再延长 18 个月，由委员会指导其工作，履行附件一所列职责，并请秘书长为此作出必要安排。

审　查

48. 决定审查上文第 1 段所述措施，以期可能在 18 个月后或在必要时提前予以进一步加强。

49. 决定继续积极处理此案。

附　件（略）

第 1963（2010）号决议

（2010 年 12 月 20 日安全理事会第 6459 次会议通过）

安全理事会，

重申一切形式和表现的恐怖主义是对国际和平与安全的最严重威胁之一，任何恐怖行为，不论其动机为何、在何时发生、何人所为，都是不可开脱的犯罪行为，并继续决心进一步推动加强全球为消除这一祸害所作整体努力的效力，

又重申不能也不应将恐怖主义与任何宗教、国籍、文明或族裔群体联系起来，

关切地注意到，恐怖主义继续对国际和平与安全、人权的享受、所有会员国的社会和经济发展构成重大威胁，破坏全球稳定和繁荣，而且这一威胁已蔓延到更多地方，世界上不同区域的恐怖行为，包括不容忍或极端主义导致的恐怖行为正在增加；表示决心消除这一威胁，并强调，必须确保继续把反恐作为国际议程上的一个优先事项，

确认仅凭军事力量、执法措施和情报作业无法打败恐怖主义，强调必须如《联合国全球反恐战略》（A/RES/60/288）的第一支柱所述，消除有利于恐怖主义蔓延的各种条件，这包括，但不限于，需要加强努力，成功预防及和平解决长期冲突，需要促进法治、对人权和基本自由的保护、善治、宽容和包容，以便为那些易被恐怖分子招募的人和变得激进而从事暴力的人提供另一条可行的出路，

关切于在世界上某些政治背景特殊的地区，恐怖集团为筹资或赢得政治让步而绑架和劫持人质的事件有所增加，

重申会员国有义务防止和打击资助恐怖主义的行为，并将本国国民以任何手段直接或间接故意提供或筹集资金并打算把这些资金用于或知道这些资金将用于实施恐怖行为的行为，并将在本国领土内发生的此种行为，定为犯罪，

重申会员国有义务立即冻结那些实施、企图实施、参与或协助恐怖行为的个人、这些人直接或间接拥有或控制的实体、代表这些人和实体或按其指示行事的个人或实体的资金、其他金融资产或经济资源，包括这些人以及相关个人和实体直接或间接拥有或

控制的财产产生或赚取的资金,

又重申会员国有义务禁止本国国民或本国领土内任何个人和实体直接或间接为实施、企图实施、协助或参与恐怖行为的个人、这些人直接或间接拥有或控制的实体、代表这些人或按其指示行事的个人或实体提供任何资金、金融资产、经济资源、金融服务或其他有关服务,

还重申会员国有义务防止恐怖团体的流动,特别是实行有效的边境管制,并在此方面迅速交流情报,改善主管部门之间的合作,以防止恐怖分子和恐怖团体进出其领土,为恐怖分子提供武器和为资助恐怖分子进行筹资,

强调为恐怖分子提供庇护所仍然是令人严重关切的问题,所有会员国都必须为打击恐怖主义全力合作,以便根据引渡或起诉原则,查出任何支持、协助、参与或企图参与资助、策划、筹备或实施恐怖行为或提供庇护所的人,使其无法得到庇护,并将其绳之以法,

确认发展、和平与安全和人权相互关联,相得益彰,强调国际社会为消除贫穷、促进持续经济增长、可持续发展和造福全人类的全球繁荣作出的努力,

强调国际社会通过继续努力,加强不同文明之间的对话和扩大它们的相互了解以努力防止不分青红皂白地敌视不同的宗教和文化,可有助于抵制助长两极对立和极端主义的力量,

并为此赞赏不同文明联盟和其他类似举措发挥的积极作用,

重申会员国必须确保为反恐采取的任何措施都符合国际法,尤其是国际人权法、难民法和人道主义法为其规定的所有义务,

再次吁请所有国家,无论它们是否区域反恐公约的缔约方,尽快成为各项国际反恐公约和议定书的缔约方,并充分履行所加入文书为其规定的义务,

再次呼吁会员国加强合作与团结,尤其是通过双边和多边安排和协定这样做,以防止和打击恐怖袭击,鼓励会员国加强区域和次区域一级的合作,

关切在日益全球化的社会中,恐怖分子越来越多地用新的信息和通信技术、尤其是互联网来进行招募和煽动以及进行活动的筹资、规划和筹备工作,

确认会员国必须协力防止恐怖分子利用技术、通信和各种资源来煽动对恐怖行为的支持,

确认地方社区、私人部门、民间社会和媒体必须提供支持,以提高对恐怖主义威胁的认识,更加有效地应对这些威胁,

表示安理会大力声援恐怖主义的受害者及其家人,并着重指出必须援助恐怖主义的受害者,为他们和他们的家人提供支助,帮助他们应对遭受的损失和哀痛,确认受害者和幸存者网络在反恐方面发挥重要作用,包括

勇敢地站出来反对暴力思想和极端思想,并为此欢迎和鼓励会员国和联合国系统、包括反恐执行工作队在这一领域作出努力和开展活动,

回顾设立反恐怖主义委员会(反恐委员会)的 2001 年 9 月 28 日第 1373(2001)号决议,又回顾关于恐怖行为对国际和平与安全所造成威胁的第 1624(2005)号决议和其他安理会决议,

特别回顾有关反恐怖主义委员会执行局(反恐执行局)的 2004 年 3 月 26 日第 1535(2004)号、2007 年 12 月 10 日第 1787(2007)号和 2008 年 3 月 20 日第 1805(2008)号决议,

欣见反恐委员会努力奉行一项更有战略眼光和更加透明的工作方针,寻求提高其工作在整个联合国和反恐界的能见度,并精简其工作方法,所有这些努力已经提高了功效;敦促加强这些努力,

赞赏地注意到反恐执行局继续强调合作、透明和公平的指导原则,欣见反恐执行局在继续加强同外界的联系工作的同时,在工作中更多地采用区域和次区域方法,增加对专题的侧重,包括查明和满足技术援助需求,

强调联合国在全球反恐斗争中的中心作用,欣见大会通过 2006 年 9 月 8 日《联合国全球反恐战略》(A/RES/60/288),按照大会 2009 年 12 月 24 日第 64/235 号决议把反恐执行工作队机构化,这将进一步加强工作队为全面协调和统一联合国系统(包括外地的)

反恐工作作出的努力,并呼吁加强会员国与反恐执行工作队所进行工作的互动(A/64/297):

1. 强调反恐怖主义委员会的总目标是确保全面执行第 1373(2001)号决议,回顾反恐执行局在支持委员会执行任务方面发挥重要作用。

2. 决定反恐执行局将在 2013 年 12 月 31 日终了的期间内继续作为一项特别政治任务,在反恐委员会的政策指导下运作,并决定最迟于 2012 年 6 月 30 日进行一次期中审查。

3. 欢迎和赞同"反恐怖主义委员会为安全理事会全面审查反恐怖主义执行局的工作提交给安理会的报告"中的建议。

4. 敦促反恐执行局继续加强它在协助提供技术援助以执行第 1373(2001)号决议方面发挥的作用,以提高会员国和各区域的反恐能力,与反恐执行工作队以及双边和多边援助提供者密切合作,满足会员国和各区域的反恐需要,并欢迎反恐执行局对这项工作采取有所侧重的方法和区域性方法。

5. 鼓励反恐执行局与反恐执行工作队及其各工作组密切合作,在与会员国的对话中更多地集中注意第 1624(2005)号决议,以便按 1624(2005)号决议和《联合国全球反恐战略》的要求,根据国际法为会员国规定的义务制定战略,其中包括制止出于极端主义和不容忍动机煽动恐怖行为,协助为决议的执行工作提供技术援助。

6. 鼓励反恐执行局经会员国同意,安排与会员国举行各种形式的会议,包括酌情通过这些会议考虑提供咨询,以便会员国按国际法为其规定的义务,制定注意到各种引发恐怖活动因素的综合和全面的国家反恐战略,并建立执行战略机制,同时与反恐执行工作队及其各工作组密切合作,以期确保各项努力相互一致和互补,避免任何重叠。

7. 鼓励反恐执行局与反恐委员会和有关会员国协商,在支持反恐委员会努力监察第 1373(2001)号和第1624(2005)号决议执行情况时,酌情与民间社会及其他有关非政府行动者互动。

8. 强调反恐执行局、反恐委员会和会员国之间举行有针对性对话的重要性,鼓励反恐委员会和反恐执行局继续安排有会员国以及相关国际、区域和次区域组织的反恐官员参加的会议,每次会议都讨论一个与执行第1373(2001)号和第1624(2005)号决议有关的专题或区域重点关注事项。

9. 敦促反恐执行局也加强与相关国际、区域和次区域组织的合作,以期提高会员国全面执行第1373(2001)号和第1624(2005)号决议的能力,并协助提供技术援助。

10. 提请注意,有效的反恐措施与对人权的尊重相辅相成,是成功开展反恐工作不可或缺的,指出尊重法治对于有效反恐的重要意义,因此鼓励反恐执行局进一步发展其在这领域的

活动,以便一致和公平地处理所有与执行第 1373(2001)号和第 1624(2005)号决议有关的人权问题,包括酌情在征得受访会员国同意后,安排访问各国。

11. 着重指出反恐委员会/反恐执行局工作方案的重要性,在这方面期待举行一次广大会员国均可参加的特别会议,以纪念第 1373(2001)号决议通过和委员会成立 10 周年。

12. 指示反恐执行局最迟在 2011年 6 月 30 日,在上述会议之前编制出最新的"第 1373(2001)号决议全球执行情况调查",该报告除其他外,应:

——评估风险和威胁的演变以及决议的执行所产生的影响;

——指出执行过程中的差距;

——提出新的切实可行的执行决议方法。

13. 指示反恐执行局最迟于 2011年 12 月 31 日编制出最新的"第 1624(2005)号决议全球执行情况调查",该报告除其他外,应:

——评估风险和威胁的演变以及决议的执行所产生的影响;

——指出执行过程中的差距;

——提出新的切实可行的执行决议方法。

14. 请反恐委员会通过委员会主席,至少每隔 180 天向安理会口头报告委员会和反恐执行局的总体工作,口头报告可酌情结合第 1267(1999)号决议所设委员会主席和第 1540(2004)号决议所设委员会主席的报告提出,敦

促反恐委员会主席继续向所有有关会员国提供非正式情况通报的做法,包括提供有区域或专题重点的通报。

15. 鼓励反恐执行局继续以口头和(或)书面情况通报的形式,定期或应委员会要求,向委员会报告自己的工作情况,包括通报对会员国的访问以及举办讨论会和其他活动的情况。

16. 重申需要增强反恐委员会、安全理事会第1267(1999)号决议所设委员会和安全理事会第1540(2004)号决议所设委员会及其各自专家组之间目前开展的合作,包括酌情加强信息共享,使信息分享制度化,就国家访问、参加讨论会、技术援助、与国际和区域组织及机构的关系以及与这三个委员会都相关的其他问题进行协调,表示打算就共同关心的领域向这三个委员会提供指导意见,以更好地协调反恐努力,并回顾第1904(2009)号决议请秘书长尽快为这些专家组合用同一地点作出必要安排。

17. 鼓励反恐执行局与1267监察组、1540委员会的专家和联合国毒品和犯罪问题办公室合作,继续开展联合活动,包括举办区域和次区域讨论会,协助会员国努力履行有关决议为其规定的义务。

18. 欢迎并鼓励反恐执行局继续积极参加和支持按照《联合国全球反恐战略》开展的所有有关活动,包括在为确保联合国系统反恐努力整体协调一致而设立的反恐怖主义执行工作队内这样做。

第 1989（2011）号决议

（2011 年 6 月 17 日安全理事会第 6557 次会议通过）

安全理事会，

回顾其第 1267（1999）号、第 1333（2000）号、第 1363（2001）号、第 1373（2001）号、第 1390（2002）号、第 1452（2002）号、第 1455（2003）号、第 1526（2004）号、第 1566（2004）号、第 1617（2005）号、第 1624（2005）号、第 1699（2006）号、第 1730（2006）号、第 1735（2006）号、第 1822（2008）号、第 1904（2009）号和第 1988（2011）号决议，以及有关的安理会主席声明，

重申一切形式和表现的恐怖主义都是对和平与安全的最严重威胁之一，任何恐怖主义行为，不论其动机为何，在何时发生，何人所为，都是不可开脱的犯罪行为，再次断然谴责"基地"组织以及与之有关联的其他个人、团体、企业和实体不断多次犯下恐怖主义罪行，其目的是造成无辜平民和其他受害者死亡，财产损毁，严重破坏稳定，

重申不能也不应将恐怖主义与任何宗教、国籍或文明联系起来，

回顾 2011 年 5 月 2 日的安全理事会主席声明（S/PRST/2011/9），其中指出，乌萨马·本·拉丹再也无法实施恐怖主义行径，

重申需要根据《联合国宪章》和国际法，包括适用的国际人权法、难民法和人道主义法，采取一切手段抗击恐怖行为对国际和平与安全造成的威胁，并为此强调联合国在领导和协调这项努力方面的重大作用，

表示关切恐怖主义团体为筹集资金或赢得政治让步，制造了更多的绑架和劫持人质事件，并表示需要解决这一问题，

强调只有采取持久、全面的对策，有所有国家、国际组织和区域组织的积极参与和协作，以遏止、削弱、孤立恐怖主义威胁并使其失去能力，才能战胜恐怖主义，

强调制裁是《联合国宪章》规定的维护和恢复国际和平与安全的重要手段之一，在这方面强调，需要大力执行本决议第 1 段所述措施，将其作为打击恐怖活动的重要工具，

敦促所有会员国积极参与维持和更新根据第 1267（1999）号和第 1333（2000）号决议编制的名单（"综合名单"），提供关于现有列名的补充资料，

酌情提出除名请求,查明应受本决议第 1 段所述措施制裁的其他个人、团体、企业和实体并提出名字供列入名单,

提醒第 1267(1999)号决议所设委员会("委员会")通过逐案方式,将不再符合本决议所述列名标准的个人和实体迅速除名,

认识到会员国在根据本决议第 1 段采取的措施面临的法律及其他挑战,欢迎委员会的程序和综合名单的质量得到改进,表示打算继续努力,确保这些程序公正而明确,

特别欢迎根据第 1822(2008)号决议第 25 段成功完成对综合名单上所有名字的审查,并在加强综合名单的健全性方面取得重大进展,

欢迎根据第 1904(2009)号决议设立监察员办公室及其自设立以来发挥的作用,注意到监察员在加强公平性和透明度方面的重要作用,回顾安全理事会坚定承诺,将确保监察员办公室能够继续根据其任务规定有效履行职务,又回顾 2011 年 2 月 28 日安全理事会主席声明(S/PRST/2011/5),

重申本决议第 1 段所述措施属预防性质,并非以国家法律所定刑事标准为依据,

欢迎联合国大会在 2010 年 9 月对 2006 年 9 月 8 日的"全球反恐战略"(A/RES/60/288)进行第二次审查,

并欢迎设立反恐执行工作队,以确保联合国系统反恐工作的总体协调一致,

欢迎委员会与国际刑警组织、联合国毒品和犯罪问题办公室(尤其是在技术援助和能力建设方面)以及所有其他联合国机构持续开展合作,鼓励进一步与反恐执行工作队进行互动,以确保联合国系统反恐工作的总体协调一致,

认识到需要采取措施防止和制止向恐怖主义和恐怖组织提供资助,包括来自有组织犯罪,特别是来自非法生产和贩运毒品及其化学前体所得收入的资助,并认识到必须继续为此目的开展国际合作,

关切地注意到"基地"组织以及与之有关联的其他个人、团体、企业和实体继续对国际和平与安全构成威胁,

重申安理会决心从这一威胁的所有方面入手解决问题,并考虑到 1267 委员会对 1267 监察组提交该委员会的第十一次报告所载建议进行的审议,这个建议是,会员国应该对列入名单的塔利班与列入名单的"基地"组织个人和实体及其下属予以区别对待,

注意到,在一些情况下,符合本决议第 4 段所述列名标准的某些个人、团体、企业和实体也可能符合第 1988(2011)号决议第 3 段规定的列名标准,

根据《联合国宪章》第七章采取行动:

措 施

1. 决定,对"基地"组织以及与之

有关联的其他个人、团体、企业和实体,包括列入依照第1267(1999)号和第1333(2000)号决议编制的综合名单C部分("与'基地'组织有关联的个人")和D部分("与'基地'组织有关联的实体和其他团体及企业")和在本决议通过之后被指认者(以下简称"'基地'组织制裁名单"),所有国家均应采取第1333(2000)号决议第8(c)段和第1390(2002)号决议第1和第2段早先规定的措施:

(a)毫不拖延地冻结这些个人、团体、企业和实体的资金和其他金融资产或经济资源,包括他们、代表其行事的人或按照其指示行事的人直接或间接拥有或控制的财产所衍生的资金,并确保本国国民或本国境内的人不直接或间接为这些人的利益提供此种或任何其他资金、金融资产或经济资源;

(b)阻止这些个人入境或过境,但本段的规定绝不强制任何国家拒绝本国国民入境或要求本国国民离境,本段也不适用于为履行司法程序而必须入境或过境的情况,或委员会经逐案审查认定有正当理由入境或过境的情况;

(c)阻止从本国境内、或境外本国国民、或使用悬挂本国国旗的船只或飞机向这些个人、团体、企业和实体直接或间接供应、销售或转让军火和各种有关物资,包括武器和弹药、军用车辆和装备、准军事装备及上述物资的备件,以及与军事活动有关的技术咨询、援助或培训。

2.指出,根据第1988(2011)号决议,依照第1267(1999)号和第1333(2000)号决议编制的综合名单A部分("与塔利班有关联的个人")和B部分("与塔利班有关联的实体和其他团体及企业")以前所列塔利班以及与之有关联的其他个人、团体、企业和实体不受本决议制约,并决定此后"基地"组织制裁名单将仅载列与"基地"组织有关联的个人、团体、企业和实体的名字。

3.指示委员会向第1988(2011)号决议所设委员会转交截至本决议通过之日委员会尚未解决的与综合名单A部分("与塔利班有关联的个人")和B部分("与塔利班有关联的实体和其他团体及企业")有关的所有列名提案、除名请求和现有资料更新提议,以便第1988(2011)号决议所设委员会能够根据第1988(2011)号决议审议上述事项。

4.重申,表明个人、团体、企业或实体与"基地"组织有关联的行为或活动包括:

(a)参与资助、筹划、协助、筹备或实施"基地"组织或其任何基层组织、下属机构、从中分裂或衍生出来的团体实施、伙同其实施、以其名义实施、代表其实施或为向其提供支持而实施的行动或活动;

(b)为其供应、销售或转让军火和有关物资;

(c)为其招募人员;或以其他方式支持"基地"组织或其任何基层组织、下属机构、从中分裂或衍生出来的团体的行为或活动。

5. 又重申，由与"基地"组织有关联的个人、团体、企业和实体直接或间接拥有或控制或以其他方式向其提供支持的任何企业或实体均可列入名单。

6. 确认上文第 1 段（a）的规定适用于所有类别的金融和经济资源，其中包括但不限于用来提供互联网托管服务或相关服务，以支持"基地"组织以及其他与之有关联的个人、团体、企业或实体的资源。

7. 注意到此种资助或支持手段包括但不限于使用包括非法种植、生产及贩运毒品及其前体在内的犯罪行为所得收入。

8. 还确认上文第 1 段（a）的规定还应适用于向"基地"组织制裁名单所列个人、团体、企业或实体支付的赎金。

9. 决定会员国可允许在已依照上文第 1 段的规定予以冻结的账户中存入任何以被列名的个人、团体、企业或实体为受益人的付款，但任何此种付款仍受上文第 1 段的规定制约并应被冻结。

10. 鼓励会员国利用第 1452（2002）号决议第 1 和第 2 段所列，经第 1735（2006）号决议修正的关于对上文第 1 段（a）所述措施的可用豁免的规定，并指示委员会审查委员会准则所列豁免程序，以便于会员国使用，并继续确保迅速、透明地准予豁免。

11. 指示委员会与安全理事会其他有关制裁委员会、特别是第 1988

（2011）号决议所设委员会合作。

列　名

12. 鼓励所有会员国向委员会提交第 1617（2005）号决议第 2 段所述、经上文第 4 段重申的无论以任何手段参与资助或支持"基地"组织的行为或活动的个人、团体、企业和实体以及与"基地"组织有关联的其他个人、团体、企业和实体的名字，供委员会列入"基地"组织制裁名单。

13. 重申会员国在向委员会提名以供列入"基地"组织制裁名单时，应根据第 1735（2006）号决议第 5 段和第 1822（2008）号决议第 12 段的规定行事，并提供详细的案情说明，还决定该案情说明除会员国向委员会指明应予保密的部分外，应可根据请求予以公开，并可用于编写下文第 16 段所述关于列名理由的叙述性简要说明。

14. 决定提出新指认的会员国以及在本决议通过之前提名以供列入"基地"组织制裁名单的会员国应说明，委员会或代表委员会的监察员、秘书处或监察组可否公开该会员国的指认国身份；并大力鼓励指认国对此类请求作出肯定的答复。

15. 决定会员国在向委员会提名以供列入"基地"组织制裁名单时，应使用标准列名表格，尽可能向委员会提供关于提名的信息，特别是充分的识别信息，以便准确和肯定地识别有关个人、团体、企业和实体，并尽量提供国际刑警组织为发出特别通告所需信息，并指示委员会根据本决议的规定，在必要时更新标准列名表格；还指示监察组向委员会报告为改进识别信息可以进一步采取的措施。

16. 欢迎委员会在"基地"组织制裁名单中增列一个名字的同时，在监察组的协助下并与相关指认国协调，在委员会网站上就相应条目登载关于列名理由的叙述性简要说明，指示委员会在监察组协助下并与相关指认国协调，继续努力在委员会网站上就所有列名的理由提供叙述性简要说明。

17. 鼓励会员国及相关国际组织和机构将任何相关法院裁定和诉讼程序告知委员会，以便委员会能够在审查相应列名或更新关于列名理由的叙述性简要说明时将其考虑在内。

18. 呼吁委员会和监察组所有成员向委员会提供其可能掌握的任何关于会员国的列名请求的资料，以便这些资料有助于委员会就有关指认作出知情决定，并为第16段所述关于列名理由的叙述性简要说明提供更多材料。

19. 重申，秘书处应根据第1735(2006)号决议第10段的规定，在进行公布后、但在把某个名字列入"基地"组织制裁名单后三个工作日内，通知有关个人或实体据信所在国家的常驻代表团，如为个人，还应通知此人的国籍国(如已掌握此信息)，要求秘书处在把某个名字列入"基地"组织制裁名单后，立即在委员会网站发表所有可公开发表的有关资料，包括关于列名理由的叙述性简要说明，并着重指出以联合国所有正式语文及时发表关于列名理由的叙述性简要说明的重要性。

20. 还重申第1822(2008)号决议第17段的规定，即要求会员国根据本国法律和惯例，采取一切可能措施，将列名一事及时通知或告知被列名的个人或实体，并在通知中附上关于列名理由的叙述性简要说明、对相关决议规定的列名后果的说明、委员会审议除名请求的程序，包括根据本决议第20段和附件二向监察员提出这一请求的可能性，以及第1452(2002)号决议关于可用豁免的规定。

除名/监察员

21. 决定将本决议附件二所列程序中规定的、第1904(2009)号决议所设监察员办公室的任务自本决议通过之日起延长18个月，决定监察员应继续独立、公正地收取个人、团体、企业或实体提出的"基地"组织制裁名单除名请求，不得寻求或接受任何政府的指示，并决定监察员应就个人、团体、企业或实体通过监察员办公室提出的"基地"组织制裁名单除名请求向委员会提交意见和建议，或建议保留列名，或建议委员会考虑除名。

22. 决定如监察员根据附件二就一项除名请求提出的监察员综合报告建议保留列名，要求各国对有关个人、团体、企业或实体采取本决议第1段所述措施的规定仍然有效。

23. 决定如监察员建议委员会考虑除名,在委员会完成对监察员根据本决议附件二,包括其中第 6 段(h)项,所提交综合报告的审议 60 天后,要求各国对有关个人、团体、企业或实体采取本决议第 1 段所述措施的规定即行终止,除非委员会在 60 天期限结束前以协商一致方式决定,这一规定对有关个人、团体、企业或实体仍然有效;规定如无法达成协商一致,主席应在委员会一名成员提出请求时把是否将有关个人、团体、企业或实体除名的问题提交安全理事会,以供在 60 天内作出决定;又规定,如有成员提出这样的请求,要求各国采取本决议第 1 段所述措施的规定在这一期间内仍对有关个人、团体、企业或实体有效,直至安全理事会就此问题作出决定。

24. 请秘书长加强监察员办公室的能力,以确保它能够继续有效和及时地执行任务。

25. 强烈敦促会员国向监察员提供所有相关资料,包括酌情提供任何有关的保密资料,并确认监察员必须遵守提供资料的会员国对这种资料规定的任何保密限制。

26. 请各会员国和相关国际组织及机构鼓励正考虑对其列名提出异议或已开始通过国家和区域法院对其列名提出异议的个人和实体向监察员办公室提交除名申请,以寻求从"基地"组织制裁名单上除名。

27. 决定如指认国提交除名请求,要求各国对有关个人、团体、企业或实体采取本决议第 1 段所述措施的规定将在 60 天后终止,除非委员会在 60 天期限结束前以协商一致方式决定,这一规定对有关个人、团体、企业或实体仍然有效;规定如无法达成协商一致,主席应在委员会一名成员提出请求时把是否将有关个人、团体、企业或实体除名的问题提交安全理事会,以供在 60 天内作出决定;又规定,如果有成员提出这样的请求,要求各国采取本决议第 1 段所述措施的规定在这一期间内仍对有关个人、团体、企业或实体有效,直至安全理事会就此问题作出决定。

28. 决定,在有多个指认国的情况下,为提出第 27 段所述除名请求,所有指认国之间须达成协商一致;又决定,为第 27 段之目的,列名请求的共同提案国不应被认为指认国。

29. 强烈敦促各指认国允许监察员对向监察员提交了除名申请的被列名个人和实体披露这些国家作为指认国的身份。

30. 指示委员会继续根据其准则开展工作,审议会员国提出的关于把据称不再符合相关决议以及本决议第 4 段所规定标准的个人、团体、企业和实体从"基地"组织制裁名单上除名的请求,在委员会一名成员提出要求时,应将这些除名请求应列入委员会议程,并鼓励各会员国为其提交的除名请求提出理由。

31. 鼓励各国为那些已被正式确

认死亡的个人提交除名请求,特别是在未查出任何资产的情况下这样做,并为那些据报告或经证实已不复存在的实体提出除名请求,同时采取一切合理措施,确保曾属于这些个人或实体的资产没有或不会被转移或分发给"基地"组织制裁名单上的其他个人、团体、企业和实体。

32. 鼓励会员国在因除名而解冻已死亡个人或据报告或经确认已不复存在的实体的资产时,回顾第 1373(2001)号决议所规定的义务,特别要防止解冻资产被用于恐怖主义目的。

33. 呼吁委员会在审议除名请求时适当考虑指认国、居住国、国籍国、所在国或公司注册国以及委员会确定的其他相关国家的意见,指示委员会成员在对除名请求表示反对时提出反对理由,并要求委员会酌情将这些理由告知有关会员国、国家和区域法院及机构。

34. 鼓励包括指认国、居住国和国籍国在内的所有会员国向委员会提供与委员会审查除名申请有关的所有信息,并在收到请求时与委员会进行会晤,以表达对除名请求的意见,又鼓励委员会酌情会见掌握了与除名申请有关信息的国家或区域组织和机构的代表。

35. 确认秘书处应在把一个名字从"基地"组织制裁名单上删除后 3 天内(根据已知信息)通知居住国、国籍国、所在国或公司注册国的常驻代表团,并决定收到这种通知的国家应根

据本国法律和惯例采取措施,及时将除名之事通知或告知有关个人或实体。

审查和维持"基地"组织制裁名单

36. 鼓励所有会员国,特别是指认国和居住国或国籍国,向委员会提交刚刚获得的有关被列名个人、团体、企业或实体的更多识别信息和其他信息及证明文件,包括关于被列名实体、团体和企业的运作情况以及被列名个人迁徙、入狱或死亡和其他重要事件的最新信息。

37. 请监察组每六个月向委员会分发一次"基地"组织制裁名单上缺少必需的识别信息,以致无法确保有效执行对其所规定措施的个人和实体的名单,并指示委员会审查这些列名以决定其是否仍然适当。

38. 重申监察组应每六个月向委员会分发一次"基地"组织制裁名单上据报告已死亡个人的名单,同时附上对死亡证书等相关资料的评估意见,并尽可能附上被冻结资产的状况和地点以及将有资格接收任何解冻资产的个人或实体的名字,指示委员会审查这些列名,以决定其是否仍然适当,并呼吁委员会在获得有关死亡的可信资料时将已死亡个人除名。

39. 重申监察组应每六个月向委员会分发一次"基地"组织制裁名单上据报告或经确认已不复存在的实体的名单,同时附上对任何相关资料的评估意见,指示委员会审查这些列名以

决定其是否仍然适当,并呼吁委员会在获得可信资料时删除这类列名。

40. 又指示委员会,鉴于第 1822 (2008)号决议第 25 段所述审查已经完成,对"基地"组织制裁名单上所有三年或超过三年未审查("三年期审查")的名字进行一次年度审查,把审查中的相关名字根据委员会准则规定的程序分发给各指认国和已知居住国、国籍国、所在国或公司注册国,以通过查明不再适当的列名和确认仍然适当的列名,确保"基地"组织制裁名单尽可能跟上情况变化和尽可能准确,并指出,自本决议通过之日起,委员会依照本决议附件二规定的程序对除名请求的审议应被视为等同于依照第 1822 (2008)号决议第 26 段进行的审查。

措施的执行

41. 重申所有国家都必须确定和在必要时制定适当程序,以充分执行上文第 1 段所述措施的各方面规定;并回顾第 1617(2005)号决议第 7 段,强烈敦促所有会员国执行金融行动任务组关于洗钱问题的四十项建议和该任务组关于资助恐怖主义问题的九项特别建议中体现的综合国际标准,并鼓励会员国利用特别建议三提供的指导,有效执行定向反恐制裁措施。

42. 指示委员会继续确保按照公正和明确的程序将个人和实体列入"基地"组织制裁名单,将其除名以及根据第 1452(2002)号决议给予豁免,

并指示委员会为支持这些目标不断积极审查其准则。

43. 指示委员会优先审查与本决议的规定有关的准则,特别是与第 10、12、14、15、17、21、23、27、28、30、33、37 和 40 段有关的准则。

44. 鼓励各会员国(包括通过其常驻代表团)及有关国际组织与委员会举行会议,就任何相关问题进行深入讨论。

45. 请委员会向安理会报告其关于会员国执行工作的调查结果,并为改善执行情况确定和建议必要步骤。

46. 指示委员会查明可能未遵守上文第 1 段所述措施的情况,就每起个案确定适当的行动方针,并请主席在根据下文第 55 段向安理会提交的定期报告中汇报委员会在这个问题上的工作进展情况。

47. 敦促所有会员国在执行上文第 1 段所述措施时,确保根据国内法律和惯例尽快注销假冒、伪造、被盗和遗失的护照和其他旅行证件,使其不再流通,并通过国际刑警组织数据库与其他会员国分享关于这些文件的信息。

48. 鼓励各会员国根据其国内法律和惯例与私营部门分享其国家数据库中与假冒、伪造、被盗和遗失的归本国管辖的身份证件或旅行证件有关的信息,并在发现有被列名者使用虚假身份(包括为了取得信贷)或假造旅行证件时,向委员会提供这方面的信息。

49. 确认委员会任何待审事项都

不应超过六个月仍悬而未决,除非委员会通过逐案方式,根据委员会的准则确定因特殊情况需要更多时间进行审议。

50. 鼓励指认国通知监察组是否已有国内法院或其他司法主管部门审查了某一个人的案件,是否已经启动任何司法程序,并在提交其标准列名表格时附上任何其他相关资料。

51. 请委员会在收到会员国请求时,通过监察组或联合国专门机构协助提供能力建设援助,以加强对各项措施的执行。

协调和外联

52. 重申有必要加强委员会、反恐怖主义委员会(反恐委员会)、安全理事会第 1540(2004)号决议所设委员会及其各自专家组之间正在开展的合作,包括酌情加强信息共享和以下方面的协调:在各自任务范围内对各国的访问、技术援助的促进和监测、与国际和区域组织及机构的关系以及涉及所有三个委员会的其他问题,表示打算就共同感兴趣的领域向这些委员会提供指导,以更好地协调它们的努力和促进这种合作,并请秘书长作出必要安排,使这些机构能尽快在同一地点办公。

53. 鼓励监察组和联合国毒品和犯罪问题办公室继续与反恐执行局和 1540 委员会的专家合作开展联合活动,通过举办区域和次区域讲习班等

办法协助会员国努力履行相关决议规定的义务。

54. 请委员会考虑在适当的时候由主席和(或)委员会成员访问选定国家,以加强对上文第 1 段所述措施的充分和有效执行,从而鼓励各国全面遵守本决议和第 1267(1999)号、第 1333(2000)号、第 1390(2002)号、第 1455(2003)号、第 1526(2004)号、第 1617(2005)号、第 1735(2006)号、第 1822(2008)号和第 1904(2009)号决议。

55. 请委员会通过其主席至少每 180 天向安理会口头报告一次委员会和监察组的全面工作情况,酌情与反恐委员会主席和第 1540(2004)号决议所设委员会主席的报告相结合,又请主席定期为有关会员国举行情况通报会。

监察组

56. 决定,为协助委员会执行其任务和支持监察员开展工作,把依照第 1526(2004)号决议第 7 段在纽约设立的本届监察组及其成员的任务期限再延长 18 个月,由委员会指导履行附件一所述职责,并请秘书长为此作出必要安排。

57. 指示监察组审查委员会依照第 1452(2002)号决议给予豁免的程序,并就委员会可以通过何种方式改进给予这种豁免的进程提出建议。

58. 指示监察组随时向委员会通

报不遵守本决议所规定措施的情况，又指示监察组就采取行动处理违规行为的问题向委员会提出建议。

审 查

59. 决定在 18 个月内，或必要时在更短时间内，审查上文第 1 段所述措施，以视可能进一步加强这些措施。

60. 决定继续积极处理此案。

附 件（略）

第 2083（2012）号决议

（安全理事会 2012 年 12 月 17 日第 6890 次会议通过）

安全理事会，

回顾其第 1267（1999）、第 1333（2000）、第 1363（2001）、第 1373（2001）、第 1390（2002）、第 1452（2002）、第 1455（2003）、第 1526（2004）、第 1566（2004）、第 1617（2005）、第 1624（2005）、第 1699（2006）、第 1730（2006）、第 1735（2006）、第 1822（2008）、第 1904（2009）、第 1988（2011）和第 1989（2011）号决议，以及有关的安理会主席声明，

重申一切形式和表现的恐怖主义都是对和平与安全的最严重威胁之一，任何恐怖主义行为，不论其动机为何，在何时发生，何人所为，都是不可开脱的犯罪行为，再次断然谴责"基地"组织以及与之有关联的其他个人、团体、企业和实体不断多次犯下恐怖主义罪行，其目的是造成无辜平民和其他受害者死亡，财产损毁，严重破坏稳定，

重申不能也不应将恐怖主义与任何宗教、国籍或文明联系起来，

回顾安全理事会主席 2012 年 5 月 4 日关于恐怖行为威胁国际和平与安全的声明（S/PRST/2012/17），

重申需要根据《联合国宪章》和国际法，包括适用的国际人权法、难民法和人道主义法，采取一切手段抗击恐怖行为对国际和平与安全造成的威胁，并为此强调联合国在领导和协调这项努力方面的重大作用，

表示关切恐怖主义团体为筹集资金或赢得政治让步，制造了更多的绑架和劫持人质事件，重申仍然需要解决这一问题，

强调只有采取持久、全面的对策，并有所有国家、国际组织和区域组织的积极参与和协作，以遏止、削弱、孤立恐怖主义威胁并使其丧失能力，才能战胜恐怖主义，

强调制裁是《联合国宪章》规定的维护和恢复国际和平与安全的重要手段之一，在这方面强调，需要大力执行本决议第 1 段所述措施，将其作为打击恐怖活动的重要工具，

敦促所有会员国积极参与维持和更新根据第 1267（1999）、第 1333（2000）和第 1989（2011）号决议编制

的名单("'基地'组织制裁名单"),提供关于现有列名的补充资料,酌情提出除名请求,查明应受本决议第 1 段所述措施制裁的其他个人、团体、企业和实体并提出名字供列入名单,

提醒第 1267(1999)和第 1989(2011)号决议所设委员会("委员会")迅速逐一将不再符合本决议所述列名标准的个人和实体除名,

认识到会员国根据本决议第 1 段采取措施时面临法律及其他挑战,欢迎委员会的程序和"基地"组织制裁名单的质量有所改进,表示打算继续努力,确保这些程序是公正和明确无误的,

欢迎根据第 1904(2009)号决议设立监察员办公室并在第 1989(2011)号决议中加强了监察员的任务规定,注意到监察员办公室在加强公平性和透明度方面作出重大贡献,回顾安全理事会坚定承诺,将确保监察员办公室能够继续根据任务规定有效发挥作用,又回顾 2011 年 2 月 28 日安全理事会主席声明(S/PRST/2011/5),

欢迎监察员向安全理事会提交半年期报告,包括 2011 年 1 月 21 日、7 月 22 日和 2012 年 1 月 20 日及 7 月 30 日提交的报告,

重申本决议第 1 段所述措施是预防性的,没有依循各国法律规定的刑事标准,

欢迎联合国大会在 2012 年 6 月对 2006 年 9 月 8 日的"全球反恐战略"(A/RES/60/288)进行第三次审查,并欢迎设立反恐执行工作队,以确保联合国系统反恐工作的总体协调一致,

欢迎委员会与国际刑警组织、联合国毒品和犯罪问题办公室(尤其是在技术援助和能力建设方面)以及所有其他联合国机构持续开展合作,鼓励进一步与反恐执行工作队进行互动,以确保联合国系统反恐工作的总体协调一致,

认识到需要采取措施防止和制止向恐怖主义和恐怖组织提供资助,包括来自有组织犯罪,特别是来自非法生产和贩运毒品及其化学前体所得收入的资助,并认识到必须继续为此目的开展国际合作,

关切地注意到"基地"组织和其他与之有关联的个人、团体、企业和实体继续对国际和平与安全构成威胁,重申安理会决心在所有方面应对这一威胁,

注意到,在一些情况下,符合本决议第 4 段所述列名标准的某些个人、团体、企业和实体也可能符合第 1988(2011)号决议第 3 段或其他相关制裁决议规定的列名标准,

根据《联合国宪章》第七章采取行动:

措　施

1. 决定,所有国家均应对"基地"组织以及与之有关联的其他个人、团体、企业和实体,采取第 1333(2000)号决议第 8(c)段、第 1390(2002)号决议第 1 和第 2 段和第 1989(2011)号决议

第1和4段早先规定的措施：

（a）毫不拖延地冻结这些个人、团体、企业和实体的资金和其他金融资产或经济资源，包括他们、代表其行事的人或按照其指示行事的人直接或间接拥有或控制的财产所衍生的资金，并确保本国国民或本国境内的人不直接或间接为这些人的利益提供此种或任何其他资金、金融资产或经济资源；

（b）阻止这些个人入境或过境，但本段的规定绝不强制任何国家拒绝本国国民入境或要求本国国民离境，本段也不适用于为履行司法程序而必须入境或过境的情况，或委员会在逐一审查后认定有正当理由入境或过境的情况；

（c）阻止从本国境内、或境外本国国民、或使用悬挂本国国旗的船只或飞机向这些个人、团体、企业和实体直接或间接供应、销售或转让军火和各种有关物资，包括武器和弹药、军用车辆和装备、准军事装备及上述物资的备件，以及与军事活动有关的技术咨询、援助或培训。

2. 重申，表明个人、团体、企业或实体与"基地"组织有关联的行为或活动包括：

（a）参与资助、筹划、协助、筹备或实施"基地"组织或其任何基层组织、下属机构、从中分裂或衍生出来的团体实施、伙同其实施、以其名义实施、代表其实施或为向其提供支持而实施的行动或活动；

（b）为其供应、销售或转让军火和

有关物资；

（c）为其招募人员；或以其他方式支持"基地"组织或其任何基层组织、下属机构、从中分裂或衍生出来的团体的行为或活动。

3. 确认，任何由"基地"组织直接或间接拥有或控制、或以其他方式向其提供支持的个人、团体、企业或实体，任何与"基地"组织有关联的个人、团体、企业和实体，包括被列入"基地"组织制裁名单者，均可被指认。

4. 确认上文第 1 段（a）的规定适用于所有类别的金融和经济资源，其中包括但不限于用来提供互联网托管服务或相关服务，以支持"基地"组织以及其他与之有关联的个人、团体、企业或实体的资源。

5. 指出，此种资助或支持手段包括但不限于使用包括非法种植、生产及贩运毒品及其前体在内的犯罪行为所得收入。

6. 还确认上文第 1 段（a）的规定还应适用于向"基地"组织制裁名单所列个人、团体、企业或实体支付的赎金。

7. 决定会员国可允许在已依照上文第 1 段的规定予以冻结的账户中存入任何以被列名的个人、团体、企业或实体为受益人的付款，但任何此种付款仍受上文第 1 段的规定制约并应被冻结。

8. 鼓励会员国利用第 1452（2002）号决议第 1 和 2 段作出的并经第 1735（2006）号决议修正的上文第 1（a）段

规定的措施可以有豁免的规定，授权第1730（2006）号决议设立的协调人机制按下文第37段所述，接受"基地"组织制裁名单上的个人、团体、企业或实体提交的或其法律代理人或财产代管人代表他们提交的豁免申请，以供委员会审议。

9. 指示委员会与安全理事会其他有关制裁委员会、特别是第1988（2011）号决议所设委员会合作。

开列名单

10. 鼓励所有会员国向委员会提交第1617（2005）号决议第2段所述、经上文第2段重申的以任何手段参与资助或支持"基地"组织的行为或活动的个人、团体、企业和实体以及与"基地"组织有关联的其他个人、团体、企业和实体的名字，供委员会列入"基地"组织制裁名单。

11. 重申会员国在向委员会提名以供列入"基地"组织制裁名单时，应根据第1735（2006）号决议第5段和第1822（2008）号决议第12段的规定行事，并提供案情说明，列出拟列入名单的详细理由，还决定该案情说明除会员国向委员会指明应予保密的部分外，应可根据请求予以公开，并可用于编写下文第14段所述的列名理由简述。

12. 决定，提出新指认的会员国以及在本决议通过之前提名以供列入"基地"组织制裁名单的会员国应说明，委员会或监察员可否公开它们是

指认国。

13. 回顾安理会决定，会员国在向委员会提名以供列入"基地"组织制裁名单时，应使用标准列名表格，尽可能向委员会提供关于提名的信息，特别是充分的识别信息，以便准确和肯定地识别有关个人、团体、企业和实体，并尽量提供国际刑警组织特别通告所需要的信息，并指示委员会根据本决议的规定，在必要时更新标准列名表格；还指示监测组向委员会报告还可以采取哪些步骤改进识别信息，并确保为名单上的所有人颁发了国际刑警组织—联合国特别通告。

14. 欢迎委员会在"基地"组织制裁名单中增列名字的同时，在监察组的协助下并与相关指认国协调，在委员会网站上就相应条目登载列名理由简述，指示委员会在监察组协助下并与相关指认国协调，继续努力在委员会网站上提供所有被列名者的列名理由简述。

15. 鼓励会员国及相关国际组织和机构将任何相关法院裁定和诉讼程序通知委员会，以便委员会能够在审查相应列名或更新列名理由简述时将其考虑在内。

16. 呼吁委员会和监察组所有成员向委员会提供其可能掌握的任何关于会员国的列名申请的信息，以便这些信息有助于委员会就有关指认作出知情决定，并为第14段所述列名理由简述提供更多材料。

17. 重申，秘书处应根据第1735

（2006）号决议第 10 段的规定，在进行公布后、但在把某个名字列入"基地"组织制裁名单后三个工作日内，通知有关个人或实体据信所在国家的常驻代表团，如为个人，还应通知此人的国籍国（如已掌握此信息），要求秘书处在把某个名字列入"基地"组织制裁名单后，立即在委员会网站公布所有可公开发表的相关信息，包括列名理由简述，并着重指出及时用联合国所有正式语文公布列名理由简述的重要性。

18. 还重申第 1822（2008）号决议第 17 段的规定，即要求会员国根据本国法律和惯例，采取一切可能措施，将列名一事及时通知或告知被列名的个人或实体，并在通知中附上列名理由简述、关于按相关决议列入名单的后果的说明、委员会审议除名申请的程序，包括可否根据第 1989（2011）号决议第 21 段和本决议附件二向监察员提出这一申请，以及第 1452（2002）号决议关于可以豁免的规定。

除名/监察员

19. 决定，将本决议附件二所列程序规定的、第 1904（2009）号决议所设监察员办公室的任务自本决议通过之日起延长 30 个月，决定监察员应继续独立、公正地收取个人、团体、企业或实体提出的"基地"组织制裁名单除名申请，不得寻求或接受任何政府的指示，并决定监察员应就个人、团体、企业或实体通过监察员办公室提交的

"基地"组织制裁名单除名申请向委员会提出意见和建议，要么建议保留列名，要么建议委员会考虑除名。

20. 回顾安理会决定，如监察员根据附件二就除名申请提出的监察员综合报告建议保留列名，则要求各国对有关个人、团体、企业或实体采取本决议第 1 段所述措施的规定继续有效。

21. 回顾安理会决定，如监察员建议委员会考虑除名，在委员会完成对监察员根据本决议附件二、包括其中第 6 段（h）项所提交综合报告的审议 60 天后，要求各国对有关个人、团体、企业或实体采取本决议第 1 段所述措施的规定即行终止，除非委员会在 60 天期限结束前以协商一致方式决定，这一规定对有关个人、团体、企业或实体继续有效；并规定，如无法达成协商一致，主席应在委员会一名成员提出请求时，把是否将有关个人、团体、企业或实体除名的问题提交安全理事会，以便在 60 天内作出决定；还规定，如有成员提出这样的请求，要求各国采取本决议第 1 段所述措施的规定在这一期间内仍对有关个人、团体、企业或实体有效，直至安全理事会就此问题作出决定。

22. 请秘书长继续加强监察员办公室的能力，包括酌情提供必要资源，包括用于翻译的资源，确保它能够继续有效和及时地执行任务。

23. 大力敦促会员国向监察员提供所有相关信息，包括酌情提供任何相关保密信息，鼓励会员国及时提供

相关信息,欢迎会员国同监察员办公室作出有助于分享保密信息的安排,鼓励会员国进一步在这方面提供合作,确认监察员必须遵守提供信息的会员国为这种信息规定的保密限制。

24. 请会员国和相关国际组织及机构鼓励正考虑对其列名提出异议或已开始通过国家和区域法院对其列名提出异议的个人和实体向监察员办公室提交除名申请,以寻求从"基地"组织制裁名单上除名。

25. 注意到本决议第44段提到的金融行动任务组的国际标准,包括关于定向金融制裁的最佳做法。

26. 回顾安理会决定,如指认国提交除名申请,要求各国对有关个人、团体、企业或实体采取本决议第1段所述措施的规定将在60天后即行终止,除非委员会在60天期限结束前以协商一致方式决定,这一规定对有关个人、团体、企业或实体继续有效;并规定,如无法达成协商一致,主席应在委员会一名成员提出请求时,把是否将有关个人、团体、企业或实体除名的问题提交安全理事会,以便在60天内作出决定;还规定,如有成员提出这样的请求,要求各国采取本决议第1段所述措施的规定在这一期间内仍对有关个人、团体、企业或实体有效,直至安全理事会就此问题作出决定。

27. 回顾安理会决定,在有多个指认国时,为提出第26段所述除名申请,所有指认国之间须达成协商一致;还回顾安理会决定,为第26段之目的,共

同提出列名申请的国家不应视为指认国。

28. 大力敦促指认国允许监察员对已向监察员提交了除名申请的被列名个人和实体披露它们是指认国。

29. 指示委员会继续根据其准则开展工作,审议会员国提出的关于把据称不再符合相关决议以及本决议第2段所规定标准的个人、团体、企业和实体从"基地"组织制裁名单上除名的申请,在委员会一名成员提出要求时,应将除名申请列入委员会议程,并大力敦促会员国提供提交除名申请的理由。

30. 鼓励各国为那些已被正式确认死亡的个人提交除名申请,特别是在未查出任何资产时这样做,并为那些据说或经证实已不复存在的实体提出除名申请,同时采取一切合理措施,确保曾属于这些个人或实体的资产没有或不会被转移或分发给"基地"组织制裁名单上的其他个人、团体、企业和实体。

31. 鼓励会员国在因除名而解冻已死亡个人或据说或经证实已不复存在的实体的资产时,回顾第1373(2001)号决议所规定的义务,特别要防止解冻资产被用于恐怖主义目的。

32. 决定,会员国在解冻因乌萨马·本·拉丹被列入名单而冻结的资产前,应向委员会提交解冻这些资产的申请,并应根据安全理事会第1373(2001)号决议,向委员会保证有关资产不会被直接或间接移交给列入名单

的个人、团体、企业或实体,或以其他方式用于恐怖主义目的,还决定,这些资产只有在委员会成员在收到有关申请30天内没有表示反对的情况下才能解冻,并强调本规定是一个例外,不应被视为创建先例。

33. 呼吁委员会在审议除名申请时适当考虑指认国、居住国、国籍国、所在国或公司注册国以及委员会确定的其他相关国家的意见,指示委员会成员在对除名申请表示反对时提出反对理由,并吁请委员会酌情将这些理由告知相关会员国、国家和区域法院及机构。

34. 鼓励包括指认国、居住国和国籍国在内的所有会员国向委员会提供与委员会审查除名申请有关的所有信息,并在收到请求时与委员会进行会晤,以表达对除名申请的意见,还鼓励委员会酌情会见掌握了除名申请相关信息的国家或区域组织和机构的代表。

35. 确认秘书处应在把一个名字从"基地"组织制裁名单上删除后3天内(根据已知信息)通知居住国、国籍国、所在国或公司注册国的常驻代表团,并决定,收到这种通知的国家应根据本国法律和惯例采取措施,及时将除名之事通知或告知有关个人或实体。

豁　免

36. 决定,如果监察员无法在申请人居住国面见申请人,可在获得申请人同意后,请委员会仅为允许申请人在进行这一面见所需要的时间内前往另一个国家面见监察员之目的,考虑免除本决议第1(b)段中的旅行限制,但条件是过境国和目的地国都不反对这一旅行,还指示委员会将其决定通知监察员。

37. 决定,第1730(2006)号决议建立的协调人机制可:

(a)接受列入名单的个人、团体、企业和实体提出的免除第1452(2002)号决议规定的本决议第1(a)段所述措施的申请,但有关申请须先提交居住国审议,还决定,协调人应把申请交给委员会作决定,指示委员会审议这些申请,包括与居住国和其他任何相关国家进行协商,还指示委员会通过协调人将其决定通知这些个人、团体、企业或实体;

(b)接受列入名单的个人提出的免除本决议第1(a)段所述措施的申请并转交给委员会,以便逐一决定是否有合理的入境或过境理由,指示委员会与过境国、目的地国和其他任何相关国家协商,审议这些申请,还决定,委员会只应在过境和目的地国同意时,方同意免除本决议第1(a)段所述措施,还指示委员会通过协调人将其决定通知这些个人。

审查和维持"基地"组织制裁名单

38. 鼓励所有会员国,特别是指认国和居住国或国籍国,向委员会提交刚刚获得的有关被列名个人、团体、企业或实体的更多识别信息和其他信息及证明文件,包括关于被列名实体、团体和企业的运作情况以及被列名个人的搬迁、入狱或死亡和其他重大动向的最新信息。

39. 请监察组每六个月向委员会分发一份清单,列出"基地"组织制裁名单上因没有必要识别信息而无法有效对其执行规定措施的个人和实体,指示委员会审查这些列名以决定它们是否仍然得当。

40. 重申,监察组应每六个月向委员会分发"基地"组织制裁名单上的据说已经死亡的个人的清单,同时附上对死亡证书等相关信息的评估意见,并尽可能附上被冻结资产的状况和地点以及能够接收解冻资产的个人或实体的名字,指示委员会审查这些列名,以决定它们是否仍然得当,呼吁委员会在有可信的死亡信息时,删除这些列名。

41. 重申,监察组应每六个月向委员会分发"基地"组织制裁名单上的据说或经证实已不复存在的实体的清单,同时附上对任何相关信息的评估意见,指示委员会审查这些列名以决定它们是否仍然得当,呼吁委员会在有可信的信息时,删除这些列名。

42. 还指示委员会,根据第 1822(2008)号决议第 25 段所述审查已经完成的情况,对"基地"组织制裁名单上的已有三年或三年以上未获审查("三年期审查")的名字进行年度审

查,根据委员会准则规定的程序把相关名字分发给指认国和(已知的)居住国、国籍国、所在国或公司注册国,通过确定哪些列名不再得当和哪些列名仍然得当,确保"基地"组织制裁名单尽可能跟上情况的变化和准确无误,并指出,自本决议通过之日起,委员会依照本决议附件二规定的程序对除名申请的审议应被视为等同于依照第 1822(2008)号决议第 26 段进行的审查。

措施的执行

43. 重申所有国家都必须制订并在必要时采用适当程序,全面执行上文第 1 段所述措施的各个方面;回顾第 1617(2005)号决议第 7 段,大力敦促所有会员国执行金融行动任务组关于洗钱、资助恐怖主义和扩散的四十项修订建议,特别是关于对恐怖主义和资助恐怖主义行为进行定向金融制裁的建议 6 中的综合国际标准。

44. 大力敦促会员国采用金融行动任务组关于建议 6 的解释性说明中的所有内容,并除其他外,注意到相关最佳做法,以切实对恐怖主义和资助恐怖主义行为进行定向金融制裁,注意到要有适当的法律依据和程序来采用和执行不以刑事诉讼为前提的定向金融制裁,采用证明有"合理理由"或"合理依据"的证据标准,并要有在必要时利用保密信息进行和提出指认和防止泄漏这些敏感信息的能力。

45. 指示委员会继续确保有公正

和明确的程序,以便把个人和实体列入"基地"组织制裁名单,将其除名以及根据第 1452(2002)号决议给予豁免,并指示委员会为支持这些目标不断积极审查其准则。

46. 指示委员会优先审查与本决议的规定有关的准则,特别是与第 8、10、12、13、19、22、23、32、36、37、59、60、61 和 62 段有关的准则。

47. 鼓励会员国(包括其常驻代表团)和相关国际组织与委员会举行会议,以深入讨论任何相关问题。

48. 请委员会向安理会报告它关于会员国执行工作的结论,查找并提出必要措施来改进执行情况。

49. 指示委员会查明可能未遵守上文第 1 段所述措施的情况,针对每一种情况提出适当的行动方针,请主席在根据下文第 59 段向安理会提交的定期报告中汇报委员会在这个问题上开展工作的进展。

50. 敦促所有会员国在执行上文第 1 段所述措施时,确保尽快根据本国法律和惯例注销假冒、伪造、失窃和遗失的护照和其他旅行证件,使其不再流通,并通过国际刑警组织数据库与其他会员国分享这些证件的信息。

51. 鼓励各会员国根据本国法律和惯例,与私营部门分享其国家数据库中与假冒、伪造、失窃和遗失的归本国管辖的身份证件或旅行证件有关的信息,并在发现有被列名者使用虚假身份(包括为了取得信贷)或假造旅行证件时,向委员会提供这方面的信息。

52. 鼓励向列入名单的人颁发旅行证件的会员国酌情进行加注,表明持证人被禁止旅行和有相应的豁免手续。

53. 确认,委员会审理的事项最多应在六个月内审理完毕,除非委员会根据它的准则逐一认定因情况特殊而需要更多时间进行审议。

54. 鼓励指认国通知监察组是否已有国内法院或其他司法主管部门审查了某一个人的案件,是否已经启动任何司法程序,并在提交其标准列名表格时附上任何其他相关信息。

55. 请委员会在收到会员国请求时,通过监察组或联合国专门机构协助提供能力建设援助,以加强对各项措施的执行。

协调和外联

56. 重申有必要加强委员会、反恐怖主义委员会(反恐委员会)、安全理事会第 1540(2004)号决议所设委员会及其专家组之间正在开展的合作,包括酌情加强信息共享和以下方面的协调:在各自任务范围内对各国的访问、技术援助的促进和监测、与国际和区域组织及机构的关系以及涉及所有三个委员会的其他问题,表示打算就共同感兴趣的领域向这些委员会提供指导,以更好地协调它们的努力和促进这种合作,并请秘书长作出必要安排,使这些机构能尽快在同一地点办公。

57. 鼓励监察组和联合国毒品和

犯罪问题办公室继续与反恐怖主义委员会执行局(反恐执行局)和1540委员会的专家合作开展联合活动,通过举办区域和次区域讲习班等方式,协助会员国努力履行相关决议规定的义务。

58. 请委员会考虑在适当的时候由主席和(或)委员会成员访问选定国家,以进一步全面和有效地执行上文第 1 段所述措施,从而鼓励各国全面遵守本决议和第 1267(1999)、第 1333(2000)、第 1390(2002)、第 1455(2003)、第 1526(2004)、第 1617(2005)、第 1735(2006)、第 1822(2008)、第 1904(2009)和第 1989(2011)号决议。

59. 请委员会至少每年一次通过委员会主席并酌情结合反恐执行局主席和第1540(2004)号决议所设委员会主席提交的报告,向安理会通报委员会总体工作的情况,表示打算至少每年根据主席提交给安理会的报告,就委员会的工作举行一次非正式磋商,还请主席定期为所有感兴趣的会员国举行情况通报会。

监察组

60. 决定,为协助委员会执行其任务和支持监察员开展工作,把依照第1526(2004)号决议第 7 段在纽约设立

的本届监察组及其成员的任务期限再延长 30 个月,在委员会指导下履行附件一所述职责,并请秘书长为此作出必要安排。

61. 指示监察组查找、收集不遵守本决议规定措施的情事和相同模式的独立信息并随时向委员会进行通报,并在接获委员会请求时,提供能力建设援助,请监察组与居住国、国籍国、所在国或公司注册国、指认国和其他相关国家密切合作,还指示监察组就应对不遵守情事采取哪些行动,向委员会提出建议。

62. 指示委员会在监察组的协助下,酌情与1373委员会及其执行局、反恐执行队和反恐执行局并与金融行动任务组协商,召开特别会议讨论重大专题或区域议题和会员国在能力方面遇到的挑战,以查明并按轻重缓急列出要提供技术援助的领域,让会员国能更有效地加以执行。

审 查

63. 决定在 18 个月内,或必要时在更短时间内,审查上文第 1 段所述措施,以视可能进一步加强这些措施。

64. 决定继续积极处理此案。

附 件(略)

第 2129（2013）号决议

（安全理事会 2013 年 12 月 17 日第 7086 次会议通过）

安全理事会,

重申一切形式和表现的恐怖主义都是对国际和平与安全的最严重威胁之一,任何恐怖行为,不论其动机为何、在何时发生、何人所为,都是不可开脱的犯罪行为,并继续决心进一步推动加强全球为消除这一祸害所作整体努力的效力,

关切地注意到,恐怖主义继续对国际和平与安全、人权的享受、所有会员国的社会和经济发展构成重大威胁,破坏全球稳定和繁荣,而且这一威胁已蔓延到更多地方,世界上不同区域的恐怖行为,包括不容忍或极端主义导致的恐怖行为正在增加;表示决心消除这一威胁,并强调,必须确保继续把反恐作为国际议程上的一个优先事项,

确认仅凭军事力量、执法措施和情报作业无法打败恐怖主义,强调必须如《联合国全球反恐战略》（A/RES/60/288）的第一支柱所述,消除有利于恐怖主义蔓延的各种条件,这包括,但不限于,需要加强努力,成功预防及和平解决长期冲突,需要促进法治、对人权和基本自由的保护、善治、宽容和包容,以便为那些易被恐怖分子招募的人和变得激进而从事暴力的人提供另一条可行的出路,

确认发展、安全和人权相辅相成,对于有效和全面的反恐方法至关重要,强调应把确保可持续和平与安全作为反恐战略的一项具体目标,

重申会员国必须确保为反恐采取的任何措施都符合国际法,尤其是国际人权法、难民法和人道主义法为其规定的所有义务,着重指出有效的反恐措施与尊重人权、基本自由和法治相辅相成,都是成功的反恐努力的必要组成部分,并指出尊重法治对于有效防止和打击恐怖主义的重要性,

又重申不能也不应将恐怖主义与任何宗教、国籍、文明或群体联系起来,

强调国际社会通过继续努力,加强不同文明之间的对话和扩大它们的相互了解,以努力防止不分青红皂白地把不同的宗教和文化作为打击目标,同时着手处理尚未解决的区域冲突和各种全球性问题,包括发展问题,

将有助于加强国际反恐斗争，

表示深为关切的是，出于极端主义和不容忍动机煽动恐怖行为对人权的享受构成越来越大的严重危险，威胁所有国家的社会和经济发展，破坏全球稳定和繁荣，

强烈谴责恐怖团体无论为任何目的，包括为筹资或赢得政治让步而绑架和劫持人质的事件，对这类绑架事件最近越来越多深表关切，着重指出迫切需要解决这个问题，

回顾通过第 2122 号决议，重申打算在其议程上的所有相关专题工作领域中更多地注意妇女、和平与安全问题，包括在恐怖行为对国际和平与安全的威胁方面注意这些问题，

表示关注恐怖主义在某些情况下与跨国有组织犯罪和非法活动，例如毒品、军火和人口贩运以及洗钱有关联，强调必须增进国家、次区域、区域和国际各级的协调，努力加强为克服对国际安全的这一严重挑战和威胁所采取的全球措施，

重申会员国有义务防止和打击资助恐怖主义的行为，并将本国国民在打算把所涉资金用于或知道这些资金将用于实施恐怖行为的情况下，无论以任何手段直接或间接故意为此提供或筹集资金的行为以及在本国领土上发生的此种行为定为犯罪，

重申会员国有义务立即冻结那些实施、企图实施、参与或协助恐怖行为的个人、这些人直接或间接拥有或控制的实体、代表这些人和实体或按其

指示行事的个人或实体的资金、其他金融资产或经济资源，包括这些人以及相关个人和实体直接或间接拥有或控制的财产产生或赚取的资金，

又重申会员国有义务禁止本国国民或本国领土内任何个人和实体直接或间接为实施、企图实施、协助或参与恐怖行为的个人、这些人直接或间接拥有或控制的实体、代表这些人或按其指示行事的个人或实体提供任何资金、金融资产、经济资源、金融服务或其他有关服务，

重申制裁是一项重要的反恐工具，强调必须把各项有关决议，尤其是安全理事会第 1267（1999）号和第 1989（2011）号决议作为主要的反恐工具，迅速和有效地加以执行，重申继续作出承诺，确保在把个人和实体列入制裁名单、对其除名和给予人道主义豁免时均有公正和明确的程序可循，

赞赏联合国实体及其他多边机构和论坛，包括金融行动任务组，为打击资助恐怖主义行为进行的重要工作，并鼓励反恐执行局与这些实体密切合作，

又重申会员国有义务防止恐怖团体的流动，特别是实行有效的边界管制，并在这方面迅速交流情报，改善主管部门之间的合作，以防止恐怖分子和恐怖团体进出其领土，为恐怖分子提供武器和为资助恐怖分子进行筹资，

强调为恐怖分子提供庇护所仍然是令人严重关切的问题，所有会员国

都必须为打击恐怖主义全力合作,以便根据引渡或起诉原则,查出任何支持、协助、参与或企图参与资助、策划、筹备或实施恐怖行为或提供庇护所的人,使其无法得到庇护,并将其绳之以法,

关注在日益全球化的社会中,恐怖分子及其支持者越来越多地用新的信息和通信技术,特别是互联网来进行招募和煽动恐怖行为,为其活动进行筹资、规划和筹备,并强调会员国必须协力防止恐怖分子利用技术、通信和各种资源来煽动支持恐怖行为,同时须尊重人权和基本自由并遵守其他国际法义务,

回顾安理会决定,各国应切断恐怖分子的小武器和轻武器等各类武器的供应,而且要求各国想方设法加紧和加速交换有关武器贩运活动的信息,并加强国家、次区域、区域和国际各级的协调工作,

确认建立能够在法治框架内有效防止和应对恐怖主义的刑事司法机构的重要性,强调必须加强会员国之间的合作以及与联合国实体和附属机构的合作,以增进其中每一个的能力,包括支持它们努力制定和实施基于法治的反恐做法,

确认会员国在管理监禁中的恐怖分子方面遇到的挑战,鼓励会员国相互合作和交流最佳做法,从而在安全、管理良好和有控制,且尊重人权的监禁环境中管理恐怖分子,并制定被定罪恐怖分子的改造和重返社会方案,

注意到联合国区域间犯罪和司法研究所(犯罪司法所)、联合国毒品和犯罪问题办公室(毒品和犯罪问题办公室)和其他有关联合国机构为感兴趣的会员国提供这些方面的技术援助所进行的工作,并鼓励感兴趣的会员国请这些机构提供上述援助,

注意到全球反恐怖主义论坛进行的工作,尤其是发表若干框架文件和最佳做法,包括打击暴力极端主义、刑事司法、绑架勒索、支助恐怖主义受害者和注重社区的警务工作方面的框架文件和最佳做法,以补充有关的联合国反恐实体在这些方面的工作,并鼓励反恐执行局继续同全球反恐怖主义论坛互动,与会员国一道促进第 1373(2001)号和第 1624(2005)号决议的充分执行,

确认会员国必须防止非政府组织、非营利组织和慈善组织被恐怖分子滥用或被滥用于帮助恐怖分子,呼吁非政府组织、非营利组织和慈善组织防止和在适用情况下反对恐怖分子滥用其地位,同时回顾指出充分尊重民间社会中的个人表达自由和结社自由权利以及宗教或信仰自由权利的重要性,并注意到金融行动任务组的有关建议和指导文件,

表示安理会大力声援恐怖主义的受害者及其家人,并强调指出必须援助恐怖主义的受害者,为他们和他们的家人提供支助,帮助他们应对遭受的损失和哀痛,确认受害者和幸存者网络在反恐方面发挥重要作用,包括

勇敢地站出来反对暴力思想和极端思想,并为此欢迎和鼓励会员国和联合国系统、包括反恐怖主义执行工作队(反恐执行队)在这一领域作出的努力和开展的活动,

再次呼吁会员国加强合作与团结,尤其是通过双边和多边安排和协定这样做,以防止和打击恐怖袭击,并鼓励会员国加强区域和次区域一级的合作,还注意到酌情包括执法、监狱和司法部门专业人员及其工作人员在内的跨区域合作和培训将产生特别的效益,并注意到所有政府机构和国际组织内部和彼此之间为打击恐怖主义和煽动恐怖主义的行为而进行密切合作的重要性,

再次吁请所有国家,无论是否区域反恐公约的缔约方,尽快成为各项国际反恐公约和议定书的缔约方,并充分履行所加入文书为其规定的义务,

确认地方社区、私人部门、民间社会和媒体在提高对恐怖主义威胁的认识和更加有效地应对这些威胁方面的重要性,

回顾设立反恐怖主义委员会(反恐委员会)的 2001 年 9 月 28 日第 1373(2001)号决议,又回顾关于恐怖行为对国际和平与安全所造成威胁的第 1624(2005)号决议和其他安理会决议,

特别回顾有关反恐怖主义委员会执行局(反恐执行局)的 2004 年 3 月 26 日第 1535(2004)号、2007 年 12 月 10 日第 1787(2007)号、2008 年 3 月 20 日第 1805(2008)号和 2010 年 12 月 20 日第 1963(2010)号决议,又回顾反恐怖主义委员会和反恐执行局在确保第 1373(2001)号和第 1624(2005)号决议得到充分执行方面所起关键作用,并强调必须开展能力建设和提供技术援助,以提高会员国以及区域和次区域组织有效执行安理会决议的能力,

强调联合国在全球反恐斗争中的中心作用,欢迎大会通过 2006 年 9 月 8 日《联合国全球反恐战略》(A/RES/ 60/288),表示支持反恐怖主义执行工作队(反恐执行队)按照大会 2009 年 12 月 24 日第 64/235 号决议开展活动,以确保联合国系统反恐工作的全面协调一致,并在宣传《联合国全球反恐战略》和推动有关的安全理事会附属机构在各自任务范围内充分参与反恐执行队及其各工作组的工作方面发挥关键作用,

确认联合国反恐怖主义中心(反恐中心)按照大会第 66/10 号决议在反恐执行队办公室内进行的工作以及在建设会员国的能力方面发挥的作用:

1. 强调反恐怖主义委员会的总目标是确保全面执行第 1373(2001)号决议,回顾反恐执行局在支持委员会执行任务方面发挥重要作用;

2. 决定反恐执行局将在 2017 年 12 月 31 日终了的期间内继续作为一项特别政治任务,在反恐委员会的政策指导下运作,并决定最迟于 2015 年

12 月 31 日进行一次期中审查；

3. 欢迎通过"反恐怖主义委员会为安全理事会全面审查反恐怖主义执行局 2011 至 2013 年的工作提交安理会的报告"，并赞扬该报告；

4. 着重指出反恐执行局在联合国内部评估第 1373（2001）号和第 1624（2005）号决议的执行问题和趋势，并酌情与所有有关联合国反恐机构以及有关国际、区域和次区域组织交换信息方面发挥必不可少的作用，欢迎反恐执行局采取专题和区域方式来满足会员国和各区域的反恐需要，在这方面鼓励反恐执行局促进国际合作，以推动第 1373（2001）号和第 1624（2005）号决议的执行；

5. 指示反恐执行局酌情考虑到《联合国全球反恐战略》，与有关伙伴协商，在各级确定新出现的与第 1373（2001）号和第 1624（2005）号决议有关的问题、趋势和事态发展，并就会员国执行第 1373（2001）号和第 1624（2005）号决议的实际办法向反恐委员会提出建议；

6. 回顾反恐执行局按照第 1963（2010）号决议向委员会提供了第 1373（2001）号和第 1624（2005）号决议全球执行情况调查结果，并指示反恐执行局编制这些全球执行情况调查的更新版，在 2015 年 12 月 31 日之前提交委员会；

7. 鼓励反恐执行局应请求与会员国以及区域和次区域组织合作，评估旨在推动执行第 1373（2001）号和第

1624（2005）号决议的国家和区域反恐计划的制订工作，就此提供建议，并酌情向有关的反恐执行队实体提供其评估意见及其他信息；

8. 强调指出反恐执行局及时向委员会提出国家报告的重要性，鼓励委员会和执行局在通过有关国家报告之后酌情与会员国互动，并请反恐执行局在适当情况下定期对所涉会员国开展后续活动；

9. 指示反恐执行局定期或在委员会提出要求时通过口头和（或）书面介绍自己的工作，及时向委员会提出报告，说明对会员国的访问、进行的评估、代表反恐委员会出席各种国际和区域会议的情况及其他活动，包括在规划阶段提出这些报告，并进行一次年度审查和预测，以有助于联合国安全理事会第 1373（2001）号和第 1624（2005）号决议的执行以及这方面的合作；

10. 指示反恐执行局在有关会员国同意的情况下提供国家反恐调查和评估结果中所载信息，又指示反恐执行局酌情经委员会批准提供关于区域反恐能力的信息；

11. 鼓励反恐执行局与双边和多边捐助者以及技术援助提供者、包括有关的联合国反恐机构密切合作，继续应会员国以及区域和次区域组织的请求，按照第 1373（2001）号和第 1624（2005）号决议与其一道努力，协助提供技术援助，特别是促进能力建设提供方和接受方之间的互动，并鼓励反

恐执行局酌情评估它举办的由捐助方资助、与能力建设及合作挂钩的项目活动所起作用；

12. 鼓励反恐执行局与反恐执行队及其各工作组密切合作，继续在与会员国的对话中密切注意第 1624（2005）号决议，并与会员国合作，按照第 1624（2005）号决议和《联合国全球反恐战略》的要求，根据国际法为会员国规定的义务制定战略，其中包括制止出于极端主义和不容忍动机煽动恐怖行为，协助为该决议的执行工作提供技术援助；

13. 重申会员国有义务不主动或被动向与恐怖行为有关的实体或个人提供任何形式的支持，包括有义务禁止招募恐怖主义团体成员和切断恐怖分子的武器供应，并鼓励反恐执行局继续在其全部活动中充分考虑到这项义务；

14. 注意到恐怖主义与信息和通信技术，特别是互联网之间的联系逐渐发展，这些技术被用来实施和协助实施恐怖行为，包括被用于煽动、招募人员参加、资助或筹划恐怖行为，并指示反恐执行局继续同会员国、国际组织、区域组织、次区域组织、私人部门和民间社会协商处理这个问题，并就更多的方法向反恐委员会提出建议；

15. 回顾全球反恐怖主义论坛通过"关于防止和不让恐怖分子通过绑架索赎获益的良好做法的阿尔及尔备忘录"（"备忘录"），鼓励反恐执行局酌情考虑到其中的建议，同时与自己

的任务规定保持一致，包括在协助会员国开展能力建设时考虑这些建议；

16. 表示大力声援安理会对恐怖主义的受害者及其家人，鼓励反恐执行局与反恐执行队及其有关工作组密切合作，考虑到受害者和幸存者网络可以在反恐怖主义方面发挥的重要作用；

17. 确认金融行动任务组关于打击洗钱、资助恐怖主义和扩散的四十项修订建议所载全面国际标准，鼓励反恐执行局与金融行动任务组密切合作，包括在后者的相互评价工作中密切合作，重点是有效执行关于打击资助恐怖主义行为的建议；

18. 鼓励反恐执行局经会员国同意继续与它们进行各种形式的对话，包括为了考虑酌情提供咨询，以便按照国际法规定的义务制定综合全面的国家反恐战略和建立战略执行机制，而且在其中注意导致恐怖活动的因素而进行对话，并与反恐执行队及其有关工作组密切合作，以确保所作努力的一致和互补，避免任何重复努力；

19. 确认按照第 1373（2001）号和第 1624（2005）号决议，通过一项综合方法防止恐怖主义和暴力极端主义蔓延的有利之处，为此请反恐执行局与反恐委员会和有关会员国协商，酌情进一步与国际、区域和次区域组织、民间社会、学术界及其他实体互动并加强与它们的伙伴关系，以进行研究，收集资料和查明良好做法，在这方面支持反恐委员会努力推动执行第 1373

（2001）号和第 1624（2005）号决议，并着重指出与发展实体互动的重要性；

20. 强调反恐执行局、反恐委员会和会员国之间举行一次有针对性的对话和开展互动的重要性，鼓励反恐委员会和反恐执行局继续安排有会员国以及相关国际、区域和次区域组织的反恐官员参加的会议，每次会议都讨论一个与执行第 1373（2001）号和第 1624（2005）号决议有关的专题或区域重点关注事项；

21. 提请会员国注意，有效的反恐措施与对人权的尊重相辅相成，是成功的反恐努力的必要组成部分，指出尊重法治对于有效反恐的重要意义，鼓励反恐执行局进一步发展其在这个领域的活动，以确保一致和公平地处理所有与执行第 1373（2001）号和第 1624（2005）号决议有关的人权和法治问题，酌情包括在征得受访会员国同意后进行国家访问以及提供技术援助时这样做；

22. 请反恐委员会通过委员会主席，至少每年一次向安理会口头报告委员会和反恐执行局的总体工作情况，口头报告可酌情结合第 1267（1999）号和第 1989（2011）号决议所设委员会和第 1540（2004）号决议所设委员会主席的报告提出，表示安理会打算至少每年一次就委员会的工作举行非正式磋商，又请委员会为所有会员国举行定期会议，包括有区域重点或专题重点的会议；

23. 重申需要增强反恐委员会、安全理事会第 1267（1999）号和第 1989（2011）号决议所设委员会和安全理事会第 1540（2004）号决议所设委员会及其各自专家组之间目前开展的合作，包括酌情加强信息共享，使信息分享制度化，就国家访问、参加讨论会、技术援助、与国际、区域和次区域组织及机构的关系以及与这三个委员会都相关的其他问题进行协调，并包括酌情按照各自的任务规定共用区域协调中心，表示打算就共同关心的领域向这三个委员会提供指导意见，以更好地协调反恐努力，并强调指出反恐执行局和有关的反恐执行队实体在同一地点工作和为实现这个目标进行必要努力的重要性；

24. 指示反恐执行局增加与第 1267（1999）号和第 1989（2011）号、第 1988（2011）号、第 1373（2001）号和第 1540（2004）号决议所设委员会及其各自的专家小组的合作；

25. 鼓励反恐执行局在执行第 1373（2001）号和第 1624（2005）号决议方面加强与各位特使、政治事务部和维持和平行动部的对话和信息交流，包括酌情在特派团的规划阶段这样做；

26. 欢迎并鼓励反恐执行局继续积极参加和支持按照《联合国全球反恐战略》开展的所有有关活动，包括在为确保联合国系统反恐努力整体协调一致而设立的反恐执行队及其各工作组内这样做；

27. 决定继续积极处理此案。

第 2133（2014）号决议

（安全理事会 2014 年 1 月 27 日第 7101 次会议通过）

安全理事会,

重申一切形式和表现的恐怖主义都是对国际和平与安全的最严重威胁之一,任何恐怖主义行为,无论其动机为何,在何时发生,何人所为,都是不可辩解的犯罪行为,并重申需要根据《联合国宪章》采取一切手段消除恐怖行为对国际和平与安全的威胁,

回顾安理会关于恐怖行为对国际和平与安全的威胁的相关决议和主席声明,

重申会员国有义务防止和打击资助恐怖主义的行为,

回顾相关国际反恐文书,包括《制止向恐怖主义提供资助的国际公约》和《反对劫持人质国际公约》。

强烈谴责恐怖团体为筹集资金或赢得政治让步,制造绑架和劫持人质事件,

表示关切恐怖团体、特别是"基地"组织及其相关团体为筹集资金或赢得政治让步制造的绑架和劫持人质事件有所增加,特别指出向恐怖分子支付赎金是为今后的绑架和劫持人质行为提供资金,致使更多的人受害,并使问题长期延续下去,

表示决心根据有关国际法,防止恐怖团体绑架和劫持人质,在不支付赎金或作出政治让步的情况下争取人质安全获释,并为此注意到,全球反恐怖主义论坛的工作,特别是该论坛印发的若干框架文件和良好做法,包括有关绑架索取赎金的文件和良好做法,对联合国相关反恐实体的工作起辅助作用,

认识到需要进一步努力支持受害人和受恐怖团体制造的绑架索取赎金和劫持人质事件影响的人,认真审议保护人质和被绑架者生命的问题,重申各国必须确保任何打击恐怖主义的措施都符合它们酌情根据国际法尤其是国际人权法、难民法和人道主义法承担的义务,

注意到八国集团厄恩湖首脑会议关于消除恐怖分子绑架索取赎金的威胁的决定和国际社会在这方面可以采取的预防措施,鼓励进一步开展专家讨论,包括在罗马/里昂小组进行讨论,以便进一步了解这一问题,还注意到不结盟运动第十六届国家元首和政

府首脑会议《最后文件》第225.6段谴责恐怖团体制造的劫持人质并随之要求支付赎金和/或作出其他政治让步的犯罪事件,

表示安理会承诺协助作出努力,通过联合国反恐机构和金融行动任务组目前开展的工作限制恐怖团体获取资金和金融服务的途径,改进全球打击洗钱和资助恐怖主义行为的框架,

关切在日益全球化的社会中,恐怖分子及其支持者越来越多地用新的信息和通信技术、尤其是互联网进行招募和煽动以采取恐怖行动,并进行活动的筹资、规划和筹备工作,

回顾安理会第1904(2009)、第1989(2011)和第2083(2012)号决议除其他外,确认这些决议执行部分第1(a)段的规定还应适用于向"基地"组织制裁名单所列个人、团体、企业或实体支付的赎金,

重申恐怖主义的行为、方法和做法违反联合国宗旨与原则,蓄意资助、策划和煽动恐怖行为也违反联合国宗旨与原则:

1. 重申第1373(2001)号决议,特别重申安理会决定所有国家都应防止和打击为恐怖行动提供资助的行为,不向参与恐怖行为或与其有关联的实体或人提供任何形式的支助,不管是积极还是消极的支助,包括制止招募恐怖主义团体的成员,并制止向恐怖分子提供武器;

2. 还重申安理会在第1373(2001)号决议中决定,所有国家都应

禁止本国国民或本国领土内任何个人和实体直接或间接为实施、企图实施、协助或参与恐怖行为的个人、这些人直接或间接拥有或控制的实体、代表这些人或按其指示行事的个人或实体提供任何资金、金融资产或经济资源或金融服务或其他有关服务;

3. 促请所有会员国不让恐怖分子直接或间接得益于赎金的支付或政治让步,并使人质安全获释;

4. 促请所有会员国在恐怖团体绑架和劫持人质期间密切开展合作;

5. 重申安理会在第1373(2001)号决议中决定,所有国家在有关资助或支持恐怖行为的刑事调查和刑事诉讼中,均须相互提供最大程度的协助;

6. 确认需要继续就恐怖分子绑架索取赎金问题进行专家讨论,促请会员国在联合国和其他相关国际和区域组织、包括全球反恐怖主义论坛内,继续就国际社会另外可采取哪些步骤来防止绑架和防止恐怖分子通过为筹集资金或赢得政治让步进行的绑架直接或间接获益,开展专家讨论;

7. 指出向恐怖团体支付的赎金是一个收入来源,有助于这些团体进行招募,加强它们组织和进行恐怖袭击的行动能力,鼓励今后进行绑架以索取赎金;

8. 鼓励第1373(2001)号决议所设反恐怖主义委员会在有关专家的协助下,举行一次由会员国和相关国际和区域组织参加的特别会议,讨论防止恐怖团体为筹集资金或赢得政治让

步进行绑架和劫持人质的措施,请反恐怖主义委员会向安理会报告这一会议的结果;

9. 回顾全球反恐怖主义论坛通过了"关于防止和不让恐怖分子通过绑架索赎获益的良好做法的阿尔及尔备忘录",鼓励反恐执行局酌情根据其任务规定考虑到这一备忘录,包括在协助会员国培养能力过程中;

10. 促请所有会员国鼓励私营部门伙伴采用或执行相关准则和良好做法,防止恐怖分子绑架和在不支付赎金的情况下应对这种绑架;

11. 促请会员国开展合作,酌情与联合国所有相关反恐机构进行对话,提高其打击资助恐怖主义、包括通过赎金提供资助的行为的能力;

12. 鼓励 1267/1989 "基地"组织制裁委员会监察组、第 1988(2011)号决议所设委员会和联合国其他相关反恐机构在提供会员国对这一问题采取的措施和这方面的相关趋势和事态的信息时,密切开展合作;

13. 决定继续处理此案。

第 2161（2014）号决议

（安全理事会 2014 年 6 月 17 日第 7198 次会议通过）

安全理事会，

回顾其第 1267（1999）、第 1333（2000）、第 1363（2001）、第 1373（2001）、第 1390（2002）、第 1452（2002）、第 1455（2003）、第 1526（2004）、第 1566（2004）、第 1617（2005）、第 1624（2005）、第 1699（2006）、第 1730（2006）、第 1735（2006）、第 1822（2008）、第 1904（2009）、第 1988（2011）、第 1989（2011）、第 2083（2012）和第 2133（2014）号决议，以及有关的安理会主席声明，

重申一切形式和表现的恐怖主义都是对和平与安全的最严重威胁之一，任何恐怖主义行为，不论其动机为何，在何时发生，何人所为，都是不可开脱的犯罪行为，再次断然谴责"基地"组织以及与之有关联的其他个人、团体、企业和实体不断多次犯下恐怖主义罪行，其目的是造成无辜平民和其他受害者死亡，财产损毁，严重破坏稳定，

重申不能也不应将恐怖主义与任何宗教、国籍或文明联系起来，

回顾安全理事会主席 2013 年 1 月 15 日关于恐怖行为威胁国际和平与安全的声明（S/PRST/2013/1）和关于非洲和平与安全的声明（S/PRST/2013/5），

重申需要根据《联合国宪章》和国际法，包括适用的国际人权法、难民法和人道主义法，采取一切手段抗击恐怖行为对国际和平与安全造成的威胁，并为此强调联合国在领导和协调这项努力方面的重大作用，

回顾安理会第 2133（2014）号决议以及全球反恐怖主义论坛公布了"关于防止和不让恐怖分子通过绑架索赎获益的良好做法的阿尔及尔备忘录"，强烈谴责恐怖团体为任何目的、包括为筹集资金或赢得政治让步而制造的绑架和劫持人质事件，表示决心根据适用的国际法，防止恐怖团体绑架和劫持人质，在不支付赎金或作出政治让步的情况下谋求人质安全获释，促请会员国不让恐怖分子直接或间接得益于支付的赎金或作出的政治让步，并使人质安全获释，重申所有会员国都要在恐怖团体绑架和劫持人质期间

密切开展合作，

强调只有采取持久、全面的对策，并有所有国家、国际组织和区域组织的积极参与和协作，以遏止、削弱、孤立恐怖主义威胁并使其丧失能力，才能战胜恐怖主义，

强调制裁是《联合国宪章》规定的维护和恢复国际和平与安全的重要手段之一，在这方面强调，需要大力执行本决议第 1 段所述措施，将其作为打击恐怖活动的重要工具，

提醒所有国家注意，它们有义务对"基地"组织制裁名单上的所有个人、团体、企业和实体采取第 1 段所述措施，而不论这些个人、团体、企业或实体的国籍或所在地为何，

敦促所有会员国积极参与维持和更新根据第 1267（1999）、第 1333（2000）和第 1989（2011）号决议编制的名单（"'基地'组织制裁名单"），提供关于现有列名的补充资料，酌情提出除名请求，查明应受本决议第 1 段所述措施制裁的其他个人、团体、企业和实体并提交名字供列入名单，

提醒第 1267（1999）和第 1989（2011）号决议所设委员会（"委员会"）迅速逐一将不再符合本决议所述列名标准的个人和实体除名，

认识到会员国根据本决议第 1 段采取措施时面临法律及其他挑战，欢迎委员会的程序和"基地"组织制裁名单的质量有所改进，表示打算继续努力，确保这些程序是公平和明确无误的，

欢迎根据第 1904（2009）号决议设立监察员办公室并在第 1989（2011）号决议中加强了监察员的任务规定，注意到监察员办公室在加强公平性和透明度方面作出重大贡献，回顾安全理事会坚定承诺，将确保监察员办公室能够继续根据任务规定有效发挥作用，

欢迎监察员向安全理事会提交半年期报告，包括 2011 年 1 月 21 日、2011 年 7 月 22 日、2012 年 1 月 20 日、2012 年 7 月 30 日、2013 年 1 月 31 日、2013 年 7 月 31 日和 2014 年 1 月 31 日提交的报告，

欢迎联合国大会在 2014 年 6 月对 2006 年 9 月 8 日的"全球反恐战略"（A/RES/60/288）进行第四次审查，欢迎设立反恐怖主义执行工作队（反恐执行队），以确保联合国系统反恐工作的总体协调一致，并欢迎秘书长 2014 年 4 月 14 日关于联合国系统为执行战略开展的活动的报告（A/68/841），

欢迎委员会与国际刑警组织、联合国毒品和犯罪问题办公室（尤其是在技术援助和能力建设方面）以及所有其他联合国机构持续开展合作，鼓励进一步与反恐执行队进行互动，以确保联合国系统反恐工作的总体协调一致，

认识到需要采取措施防止和制止向恐怖主义和恐怖组织提供资助，包括来自有组织犯罪，特别是来自非法生产和贩运毒品及其化学前体所得收入的资助，并认识到必须继续为此目的开展国际合作，

确认会员国必须防止非政府组织、非营利组织和慈善组织被恐怖分子利用或被用来帮助恐怖分子,促请非政府组织、非营利组织和慈善组织防止并在适用情况下反对恐怖分子利用其地位,同时回顾必须充分尊重民间社会个人表达自由和结社自由以及宗教或信仰自由的权利,并注意到金融行动任务组的有关建议和指导文件,

回顾安理会决定各国应切断恐怖分子的小武器和轻武器等各类武器的供应,而且要求各国想方设法加紧和加速交换有关武器贩运活动的信息,加强国家、次区域、区域和国际各级的协调工作,

表示关切在日益全球化的社会中,恐怖分子及其支持者越来越多地利用新的信息和通信技术,特别是互联网,来协助开展恐怖活动,并利用它们进行煽动、招募、筹资或筹划恐怖行动,

表示关切世界各地都有人应招加入"基地"组织和与之有关联的团体,且这一现象较普遍,又重申会员国有义务根据适用的国际法,阻止恐怖团体的出行,特别是有效地控制边界,并为此迅速交换情报,改进有关当局之间的合作以防止恐怖分子和恐怖团体进出其领土,防止向恐怖分子供应武器和提供支持恐怖分子的资助,

关切地注意到"基地"组织和及其他与之有关联的个人、团体、企业和实体继续对国际和平与安全构成威胁,

重申安理会决心在所有方面应对这一威胁,

注意到,在一些情况下,某些符合本决议第2段所述列名标准的个人、团体、企业和实体也可能符合第2082(2012)号决议第2段或其他相关制裁决议规定的列名标准,

注意到秘书处努力制订联合国所有制裁名单的标准格式,以协助各国当局的执行工作,鼓励秘书处在监察组的协助下酌情继续开展工作,以采用"基地"组织制裁委员会核准的数据模式,

根据《联合国宪章》第七章采取行动:

措　施

1. 决定,所有国家均应对"基地"组织以及与"基地"组织有关联的其他个人、团体、企业和实体,采取第1333(2000)号决议第8(c)段、第1390(2002)号决议第1和第2段和第1989(2011)号决议第1和4段早先规定的措施:

资产冻结

(a)毫不拖延地冻结这些个人、团体、企业和实体的资金和其他金融资产或经济资源,包括他们、代表其行事的人或按照其指示行事的人直接或间接拥有或控制的财产所衍生的资金,并确保本国国民或本国境内的人不直接或间接为这些人的利益提供此种或任何其他资金、金融资产或经济资源;

旅行禁令

（b）阻止这些人入境或过境,但本段的规定绝不强制任何国家拒绝本国国民入境或要求本国国民离境,本段也不适用于为履行司法程序而必须入境或过境的情况,或委员会在逐一审查后认定有正当理由入境或过境的情况;

武器禁运

（c）阻止从本国国境或由境外本国国民或使用悬挂本国国旗的船只或飞机向这些个人、团体、企业和实体直接或间接供应、销售或转让军火和各种有关物资,包括武器和弹药、军用车辆和装备、准军事装备及上述物资的备件,以及与军事活动有关的技术咨询、援助或培训。

列名标准

2. 重申,表明个人、团体、企业或实体与"基地"组织有关联并可以列入"基地"组织制裁名单的行为或活动包括:

（a）参与资助、筹划、协助、筹备或实施"基地"组织所实施、伙同其实施、以其名义实施、代表其实施或为向其提供支持而实施的行动或活动;

（b）为其供应、销售或转让军火和有关物资;

（c）为其招募人员;或以其他方式支持"基地"组织或其任何基层组织、下属机构、从中分裂或衍生出来的团体的行为或活动。

3. 指出,此种资助或支持手段包括但不限于使用包括非法种植、生产及贩运毒品及其前体在内的犯罪行为所得收入。

4. 确认,任何由与"基地"组织有关联的个人、团体、企业和实体,包括被列入"基地"组织制裁名单者,直接或间接拥有或控制、或以其他方式向其提供支持的个人、团体、企业或实体,均可列入名单。

5. 确认上文第1段（a）的规定适用于所有类别的金融和经济资源,其中包括但不限于用来提供互联网托管服务或相关服务,以支持"基地"组织和"基地"组织制裁名单上的其他个人、团体、企业或实体的资源。

6. 确认上文第1段（a）的规定适用于直接或间接提供给名单所列个人或供其用于其旅行的资金、金融资产或经济资源,包括交通和住宿费用,且与旅行相关的这些资金、其他金融资产或经济资源只能根据第1735（2006）号决议修订后的第1452（2002）号决议第1和2段和下文第9和61段规定的豁免程序来提供。

7. 还确认上文第1段（a）的规定还应适用于向"基地"组织制裁名单所列个人、团体、企业或实体支付的赎金,而不论赎金的支付方式或支付人为何。

8. 重申会员国可允许在已依照上文第1段规定冻结的账户中存入任何以被列名个人、团体、企业或实体为受益人的付款,但任何此种付款仍须受上文第 1 段的规定制约并予以冻结。

9. 鼓励会员国利用第 1452（2002）号决议第 1 和 2 段作出的并经第 1735（2006）号决议修正的上文第 1（a）段规定的措施可以有豁免的规定，确认必须酌情由会员国、个人或监察员提交旅行禁令豁免申请，包括列在名单上的人将何时为履行宗教义务进行旅行，指出第 1730（2006）号决议设立的协调人机制可按下文第 62 段所述，接受"基地"组织制裁名单上的个人、团体、企业或实体提交的或其法律代理人或财产代管人代表他们提交的豁免申请，以供委员会审议。

措施的执行

10. 重申所有国家都必须制订并在必要时采用适当程序，全面执行上文第 1 段所述措施的各个方面，大力敦促所有会员国执行金融行动任务组关于洗钱、资助恐怖主义和扩散的四十项修订建议，特别是关于对恐怖主义和资助恐怖主义行为进行定向金融制裁的建议 6 中的综合国际标准。

11. 大力敦促会员国采用金融行动任务组关于建议 6 的解释性说明中的所有内容，并除其他外，注意到相关最佳做法，以切实对恐怖主义和资助恐怖主义行为进行定向金融制裁，注意到要有适当的法律依据和程序来采用和执行不以刑事诉讼为前提的定向金融制裁，采用证明有"合理理由"或"合理依据"的证据标准，并要有从所有相关来源收集或获取尽可能多的信息的能力。

12. 促请会员国积极果断地采取行动，按第 1（a）段的要求，切断流向"基地"组织制裁名单上的个人和实体的资金和其他金融资产和经济资源，考虑到金融行动任务组的建议以及有关防止利用非盈利组织、正规/非正规汇款系统和货币实际越境流动的国际标准，同时努力减轻对通过这些途径进行的合法活动的影响。

13. 促请会员国尽可能广泛地提高对"基地"组织制裁名单的认识，包括有关国内机构、私营行业和一般公众的认识，确保有效地执行第 1 段中的措施，鼓励会员国敦促本国的公司、财产登记部门和其他相关公共和私人登记部门定期对照"基地"组织制裁名单，对现有的数据库，包括但不限于有合法所有权和/或受益所有权信息的人，进行排查。

14. 决定，为了防止"基地"组织和与之有关联的其他个人、团体、企业和实体获取、经手、储存、使用或谋取各类爆炸物，不论是军用、民用或简易的爆炸物以及可用于制造简易爆炸装置或非常规武器的原材料和部件，包括（但不限于）化学部件、导爆索或毒药，会员国应采取适当措施，促使参与生产、销售、供应、采购、移交和储存这些材料的本国国民、受其管辖的人和在其境内组建或受其管辖的公司保持警惕，包括分发良好做法，还鼓励会员国分享信息,建立伙伴关系,制定国家战略和建立本国能力以处理简易爆炸装置。

15. 鼓励会员国(包括其常驻代表团)和相关国际组织与委员会举行会议,以深入讨论任何相关问题。

16. 敦促所有会员国在执行上文第 1 段所述措施时,确保尽快根据本国法律和惯例注销假冒、伪造、失窃和遗失的护照和其他旅行证件,使其不再流通,并通过国际刑警组织数据库与其他会员国分享这些证件的信息。

17. 鼓励会员国根据本国法律和惯例,与私营部门分享其国家数据库中与假冒、伪造、失窃和遗失的归本国管辖的身份证件或旅行证件有关的信息,并在发现有被列名者使用虚假身份,包括为取得信贷或假造旅行证件这样做时,向委员会提供这方面的信息。

18. 鼓励向列入名单的人颁发旅行证件的会员国酌情进行加注,表明持证人被禁止旅行和有相应的豁免手续。

19. 鼓励会员国在考虑是否批准旅行签证申请时核对"基地"组织制裁名单,以便有效执行旅行禁令。

20. 鼓励会员国发现"基地"组织制裁名单上的人正在旅行时,迅速同其他会员国,特别是旅行起始国、目的地国和过境国,分享信息。

21. 鼓励指认国通知监察组国内法院或其他司法主管部门是否已审查了列入名单者的案件,是否已经启动任何司法程序,并在提交其标准列名表格时附上任何其他相关信息。

22. 鼓励所有会员国指定国家协调人,负责就执行上文第 1 段所述措施的相关问题和评估"基地"组织和与之有关联的个人、团体、企业和实体的威胁等事项,同委员会和监察组进行联系。

23. 鼓励所有会员国向委员会报告执行上文第 1 段过程中的障碍,以便于提供技术援助。

委员会

24. 指示委员会继续确保有公平和明确的程序,用于把个人、团体、企业和实体列入"基地"组织制裁名单,将其除名以及根据第 1452(2002)号决议给予豁免,并指示委员会为支持这些目标不断积极审查其准则。

25. 指示委员会优先审查与本决议的规定有关的准则,特别是与第 13、14、18、19、22、34、39、44、46、51、63、64、66 和 67 段有关的准则。

26. 请委员会向安理会报告它关于会员国执行工作的结论,确定并提出必要措施来改进执行情况。

27. 指示委员会查明可能未遵守上文第 1 段所述措施的情况,针对每一种情况提出适当的行动方针,请主席在根据下文第 72 段向安理会提交的定期报告中汇报委员会在这个问题上开展工作的进展。

28. 确认委员会审理的事项最多应在六个月内审理完毕,除非委员会根据它的准则逐一认定因情况特殊而需要更多时间进行审议。

29. 请委员会在收到会员国请求时,通过监察组或联合国专门机构协助提供能力建设援助,以加强对各项措施的执行。

开列名单

30. 鼓励所有会员国向委员会提交以任何手段参与资助或支持"基地"组织的行为或活动的个人、团体、企业和实体以及与"基地"组织有关联的其他个人、团体、企业和实体的名字,供委员会列入"基地"组织制裁名单。

31. 重申本决议第 1 段所述措施是预防性的,没有依循各国法律规定的刑事标准。

32. 重申会员国在向委员会提名以供列入"基地"组织制裁名单时,应使用标准列名表格,提供案情说明,其中应列出拟列入名单的详细理由并尽可能多地就拟列入的名字提供相关信息,特别是提供足够的识别信息,以便准确和肯定地识别有关个人、团体、企业和实体,并尽可能提供国际刑警组织颁发特别通告所需要的信息,还决定,案情说明除会员国向委员会指明应予保密的部分外,应可根据请求予以公开,并可用于编写下文第 36 段所述关于列名理由的简述。

33. 重申,提出新的列名的会员国

以及在本决议通过之前提交名字以供列入"基地"组织制裁名单的会员国应说明,委员会或监察员可否公开它们是指认国。

34. 鼓励会员国在获得供列入国际刑警组织—联合国安全理事会特别通告的人的照片和其他生物鉴别信息时,根据本国的立法进行提交。

35. 指示委员会视需要根据本决议的规定更新标准列名表格;还指示监察组向委员会报告还可以采取哪些步骤改进"基地"组织制裁名单的质量,包括改进识别信息,并采取步骤确保为名单上的所有个人、团体、企业和实体颁发了国际刑警组织—联合国特别通告。

36. 指示委员会在"基地"组织制裁名单中增列名字的同时,在监察组的协助下与相关指认国协调,在委员会网站上就相应条目登载列名理由简述。

37. 鼓励会员国及相关国际组织和机构将任何相关的法院裁定和诉讼程序通知委员会,以便委员会能够在审查相应列名或更新列名理由简述时将其考虑在内。

38. 促请委员会和监察组所有成员向委员会提供其可能掌握的任何关于会员国的列名请求的资料,以便这些资料有助于委员会就有关列名作出知情决定,并为第 36 段所述关于列名理由的叙述性简要说明提供更多材料。

39. 重申,秘书处应在进行公布

后、但在把某个名字列入"基地"组织制裁名单后三个工作日内，通知有关个人或实体据信所在国家的常驻代表团，如为个人，还应通知此人的国籍国（如已掌握此信息），要求秘书处在把某个名字列入"基地"组织制裁名单后，立即在委员会网站上公布所有可公开发表的相关信息，包括列名理由简述，请秘书长及时准确地用联合国所有正式语文提供名单条目和列名理由简述，指出提出这一请求情况特殊，是为了使本委员会印发名单和简述的翻译程序同联合国安全理事会的其他制裁委员会的程序保持一致。

40. 重申有关规定，即会员国应根据本国法律和惯例，采取一切可能措施，将列名一事及时通知或告知被列名的个人或实体，并在通知中附上列名理由简述、关于按相关决议列入名单的后果的说明、委员会审议除名申请的程序，包括可否根据第 2083 (2012) 号决议第 43 段和本决议附件二向监察员提出这一申请以及第 1452 (2002) 号决议关于可以豁免的规定，包括可否根据本决议第 9 和 62 段通过协调人机制提交这一申请。

审查除名申请——监察员/会员国

41. 决定，将本决议附件二所列程序规定的、第 1904 (2009) 号决议所设监察员办公室的任务自监察员办公室本任务期 2015 年 6 月 15 日到期之日起，延长 30 个月，申明监察员应继续独立、公正地收取个人、团体、企业或实体提出的"基地"组织制裁名单除名申请，不得寻求或接受任何政府的指示，并申明监察员应继续就这些个人、团体、企业或实体通过监察员办公室提交的"基地"组织制裁名单除名申请，向委员会提出意见和建议，要么建议保留列名，要么建议委员会考虑除名。

42. 回顾安理会决定，如监察员在为按附件二提交的除名申请编写的监察员综合报告中建议保留列名，则要求各国对有关个人、团体、企业或实体采取本决议第 1 段所述措施的规定继续有效。

43. 回顾安理会决定，如监察员建议委员会考虑除名，则在委员会完成对监察员根据本决议附件二、包括其中第 7 段 (h) 项所提交综合报告的审议 60 天后，要求各国对有关个人、团体、企业或实体采取本决议第 1 段所述措施的规定即告终止，除非委员会在 60 天期限结束前以协商一致方式决定，这一规定对有关个人、团体、企业或实体继续有效；并规定，如无法达成协商一致，主席应在委员会一名成员提出请求时，把是否将有关个人、团体、企业或实体除名的问题提交安全理事会，以便在 60 天内作出决定；又规定，如有成员提出这样的请求，则要求各国采取本决议第 1 段所述措施的规定在这一期间内仍对有关个人、团体、企业或实体有效，直至安全理事会就此问题作出决定。

44. 决定委员会可通过协商一致方式,逐一缩短第 43 段所述的 60 天期限。

45. 重申本决议第 1 段所述措施是预防性的,没有依循各国法律规定的刑事标准。

46. 请秘书长继续加强监察员办公室的能力,包括酌情提供必要资源,包括用于翻译的资源,确保它能够继续独立、有效和及时地执行任务。

47. 大力敦促会员国向监察员提供所有相关信息,包括酌情提供任何相关保密信息,鼓励会员国及时提供相关信息,欢迎会员国同监察员办公室作出有助于分享保密信息的安排,鼓励会员国进一步在这方面提供合作,包括同监察员办公室作出分享这类信息的安排,确认监察员必须遵守提供信息的会员国为这种信息规定的保密限制。

48. 请会员国和相关国际组织及机构鼓励正考虑对其列名提出异议或已开始通过国家和区域法院对其列名提出异议的个人和实体向监察员办公室提交除名申请,以寻求从"基地"组织制裁名单上除名。

49. 注意到本决议第 12 段提到的金融行动任务组的国际标准,包括关于定向金融制裁的最佳做法。

50. 回顾安理会决定,如指认国提交除名申请,则要求各国对有关个人、团体、企业或实体采取本决议第 1 段所述措施的规定将在 60 天后告行终止,除非委员会在 60 天期限结束前以协商一致方式决定,这一规定对有关个人、团体、企业或实体继续有效;并规定,如无法达成协商一致,主席应在委员会一名成员提出请求时,把是否将有关个人、团体、企业或实体除名的问题提交安全理事会,以便在 60 天内作出决定;又规定,如有成员提出这样的请求,则要求各国采取本决议第 1 段所述措施的规定在这一期间内仍对有关个人、团体、企业或实体有效,直至安全理事会就此问题作出决定。

51. 决定委员会可通过协商一致方式,逐一缩短第 50 段所述的 60 天期限。

52. 回顾安理会决定,在有多个指认国时,为提出第 50 段所述除名申请,所有指认国之间须达成协商一致;还回顾安理会决定,为第 50 段之目的,列名申请的共同提交国不应视为指认国。

53. 大力敦促指认国允许监察员对已向监察员提交了除名申请的被列名个人和实体披露它们是指认国。

54. 指示委员会继续根据其准则开展工作,审议会员国提出的关于把据称不再符合相关决议以及本决议第 2 段所规定标准的个人、团体、企业和实体从"基地"组织制裁名单上除名的申请,并大力敦促会员国提供提交除名申请的理由。

55. 鼓励各国为那些已被正式确认死亡的个人提交除名申请,特别是在未查出任何资产时这样做,并为那些据说或经证实已不复存在的实体提出除名申请,同时采取一切合理措施,确保曾属于这些个人或实体的资产没有或不会被转移或分发给"基地"组织制裁名单或其他任何安全理事会制裁名单上的其他个人、团体、企业和实体。

56. 鼓励会员国在因已经除名而解冻已死亡个人或据说或经证实已不复存在的实体的资产时,回顾第1373(2001)号决议所规定的义务,特别要防止解冻资产被用于恐怖主义目的。

57. 重申,会员国在解冻因乌萨马·本·拉丹被列入名单而冻结的资产前,应向委员会提交解冻这些资产的申请,并应根据安全理事会第1373(2001)号决议,向委员会保证有关资产不会被直接或间接移交给列入名单的个人、团体、企业或实体,或以其他方式用于恐怖主义目的,还决定,这些资产只有在委员会成员在收到有关申请30天内没有表示反对的情况下才能解冻,并强调本规定是一个例外,不应被视为创建先例。

58. 促请委员会在审议除名申请时适当考虑指认国、居住国、国籍国、所在国或公司注册国以及委员会确定的其他相关国家的意见,指示委员会成员在反对除名申请时提出反对的理由,并促请委员会在接获要求时酌情向相关会员国、国家和区域法院及机构提供理由。

59. 鼓励包括指认国、居住国、国籍国、所在国或公司注册国在内的所有会员国向委员会提供与委员会审查除名申请有关的所有信息,并在收到请求时与委员会进行会晤,以表达对除名申请的意见,还鼓励委员会酌情会见掌握除名申请相关信息的国家或区域组织和机构的代表。

60. 确认秘书处应在把名字从"基地"组织制裁名单上删除后3天内,通知居住国、国籍国、所在国或公司注册国(如它有这些国家的信息)的常驻代表团,并决定收到这种通知的国家应根据本国法律和惯例采取措施,及时将除名之事通知或告知有关个人、团体、企业或实体。

61. 重申,如果监察员无法在申请人居住国面见申请人,可在获得申请人同意后,请委员会仅为让申请人支付旅费和前往另一个国家面见监察员之目的,考虑在进行这一面见所需要的时间内,免除本决议第1(a)和(b)段中关于资产和旅行的限制,但条件是过境国和目的地国都不反对这一旅行,还指示委员会将其决定通知监察员。

豁免/协调人

62. 决定,第1730(2006)号决议建立的协调人机制可:

(a)接受列入名单的个人、团体、企业和实体提出的免除第1452(2002)号决议规定的本决议第1(a)段所述措施的申请,但有关申请须先提交居住国审议,还决定,协调人应把申请交给委员会作决定,指示委员会审议这些申请,包括与居住国和其他任何相关国家进行协商,还指示委员会通过协调人将其决定通知这些个人、团体、企业或实体;

(b)接受列入名单的个人提出的免除本决议第1(b)段所述措施的申请并转交给委员会,以便逐一决定是否有合理的入境或过境理由,指示委员会与过境国、目的地国和其他任何相关国家协商,审议这些申请,还决定,委员会只应在过境和目的地国同意时,方可同意免除本决议第1(b)段所述措施,还指示委员会通过协调人将其决定通知这些个人。

63. 决定协调人可接受并向委员会转递以下各方的来文,以供其审议:

(a)已从"基地"组织制裁名单上除名的个人;

(b)声称因被误认或错认为"基地"组织制裁名单上的人或与之混淆而受到上文第1段所列措施限制的人。

64. 指示委员会在监察组的协助下,在同相关国家协商后,酌情在60天内通过协调人答复第63(b)段提及的来文。

审查和维持"基地"组织制裁名单

65. 鼓励所有会员国,尤其是指认国和居住国、国籍国、所在国或公司注册国,向委员会提交它们所获得的关于被列名个人、团体、企业和实体的更多识别信息和其他信息,包括在可能

时根据本国立法提供个人的照片和其他生物鉴别信息及证明文件,包括被列名实体、团体和企业的运作情况以及被列名个人的搬迁、入狱或死亡和其他重大动向的最新信息。

66. 请监察组每十二个月向委员会分发一份与各个指定国和已知的居住国、国籍国、所在国或公司注册国协商后编制的名单,内有:

(a)列在"基地"组织制裁名单上的因缺乏必要识别信息而无法有效执行对其规定措施的个人和实体;

(b)"基地"组织制裁名单上的据说已经死亡的个人,同时附上对死亡证书等相关信息的评估意见,并尽可能附上被冻结资产的状况和地点以及能够接收解冻的资产的个人或实体的名字;

(c)"基地"组织制裁名单上的据说或已证实不再存在的实体,同时附上对相关信息的评估意见;

(d)"基地"组织制裁名单上的已有三年或三年以上未获审查("三年审查")的名字。

67. 指示委员会审查这些列名是否仍然得当,还指示委员会在它认定这些列名不当时将其去除。

协调和外联

68. 指示委员会继续与安全理事会其他有关制裁委员会、特别是第1988(2011)号决议所设委员会合作。

69. 重申有必要加强委员会、反恐

怖主义委员会（反恐委员会）、安全理事会第1540（2004）号决议所设委员会及其各自专家组之间正在开展的合作，包括酌情加强信息共享和以下方面的协调：在各自任务范围内对各国的访问、技术援助的促进和监测、与国际和区域组织及机构的关系以及涉及所有三个委员会的其他问题，表示打算就共同关注的领域为这些委员会提供指导，以更好地协调它们的努力和促进这种合作，并请秘书长作出必要安排，使这些机构能尽快在同一地点办公。

70. 鼓励监察组和联合国毒品和犯罪问题办公室继续与反恐怖主义委员会执行局（反恐执行局）和1540委员会的专家合作开展联合活动，通过举办区域和次区域讲习班等方式，协助会员国努力履行相关决议规定的义务。

71. 请委员会考虑在适当的时候由主席和（或）委员会成员访问选定国家，以进一步全面和有效地执行上文第1段所述措施，从而鼓励各国全面遵守本决议和第1267（1999）、第1333（2000）、第1390（2002）、第1455（2003）、第1526（2004）、第1617（2005）、第1735（2006）、第1822（2008）、第1904（2009）、第1989（2011）、第2082（2012）、第2083（2012）和第2133（2014）号决议。

72. 请委员会至少每年一次通过委员会主席并酌情结合反恐执行局主席和第1540（2004）号决议所设委员会主席提交的报告，向安理会口头通报

委员会总体工作的情况，表示打算至少每年根据主席提交给安理会的报告，就委员会的工作举行一次非正式磋商，还请主席定期为所有感兴趣的会员国举行情况通报会。

监察组

73. 决定，为协助委员会执行其任务和支持监察员开展工作，把依照第1526（2004）号决议第7段设在纽约的本届监察组及其成员的任务期限自其现有任期2015年6月到期之日起，再延长30个月，在委员会指导下履行附件一所述职责，并请秘书长为此作出必要安排，重点指出必须确保监察组获得必要的行政和实务支助，以便在作为安全理事会附属机构的委员会的指导下，有效、安全和及时地完成任务，包括履行高风险情况下适当注意的责任。

74. 指示监察组查找、收集不遵守本决议规定措施的情事和及其共同模式的信息并随时向委员会进行通报，并在接获委员会请求时，提供能力建设援助，请监察组与居住国、国籍国、所在国或公司注册国、指认国、其他相关国家和相关联合国特派团密切合作，还指示监察组就应对不遵守情事采取哪些行动，向委员会提出建议。

75. 指示委员会在监察组的协助下，酌情与反恐怖主义委员会和反恐执行局、反恐执行队以及金融行动任务组协商，召开特别会议讨论重大专

题或区域议题以及会员国能力方面的不足，以查明并按轻重缓急列出提供技术援助的领域，让会员国更有效地加以执行。

审　查

76. 决定在 18 个月内，或必要时在更短时间内，审查上文第 1 段所述措施，以视可能进一步加强这些措施。

77. 决定继续积极处理此案。

附　件（略）

第 2170（2014）号决议

（安全理事会 2014 年 8 月 15 日第 7242 次会议通过）

安全理事会，

重申第 1267（1999）、第 1373（2001）、第 1618（2005）、第 1624（2005）、第 2083（2012）、第 2129（2013）、第 2133（2014）、第 2161（2014）号决议和各项相关主席声明，

重申伊拉克共和国和阿拉伯叙利亚共和国的独立、主权、统一和领土完整，还重申《联合国宪章》的宗旨和原则，

重申，一切形式和表现的恐怖主义都是对国际和平与安全的最严重威胁之一，任何恐怖主义行为，不论其动机为何，在何地、何时发生，由何人所为，都是不可开脱的犯罪行为，

最严重地关切有部分伊拉克和叙利亚领土处于伊拉克和黎凡特伊斯兰国（伊黎伊斯兰国）和胜利阵线控制之下，关切伊黎伊斯兰国和胜利阵线的人员、暴力极端主义思想和行动对伊拉克、叙利亚和该区域的稳定产生不利影响，包括对平民产生巨大人道主义影响，致使数百万人流离失所，并关切它们的暴力行为造成宗教派别关系紧张，

再次谴责伊黎伊斯兰国、胜利阵线和其他所有与"基地"组织有关联的个人、团体、企业和实体目前采用多种恐怖主义犯罪行为，以打死平民和其他受害者，毁坏财产和文化宗教场所，严重破坏稳定，回顾第 2161（2014）号决议第 1 段有关冻结资产、禁止旅行和武器禁运的规定适用于伊黎伊斯兰国、胜利阵线和其他所有与"基地"组织有关联的个人、团体、企业和实体，

重申不能也不应将恐怖主义，包括伊黎伊斯兰国的行动，同任何宗教、国籍或文明联系起来，

强调只有采取持久、全面的对策，并有所有国家、国际组织和区域组织的积极参与和协作，以遏止、削弱、孤立恐怖主义威胁并使其丧失能力，才能战胜恐怖主义，

重申会员国必须确保为反恐采取的任何措施，包括在执行本决议时，都符合国际法，尤其是国际人权法、难民法和人道主义法为其规定的所有义务，着重指出有效的反恐措施与尊重人权、基本自由和法治相辅相成，都是成功的反恐努力的必要组成部分，并

指出尊重法治对于有效防止和打击恐怖主义的重要性，

重申，必须追究以下人的责任：在伊拉克和叙利亚境内有违反国际人道主义法或侵犯或践踏人权的行为或应对这些行为负责的人，包括根据个人的宗教或信仰或出于政治理由对其进行迫害的人，

严重关切有人资助伊黎伊斯兰国、胜利阵线和其他所有与"基地"组织有关联的个人、团体、企业和实体，关切它们获得金融和其他资源，特别指出这些资源会支持它们今后的恐怖活动，

强烈谴责伊黎伊斯兰国、胜利阵线和其他所有与"基地"组织有关联的个人、团体、企业和实体为任何目的、包括为筹集资金或赢得政治让步而制造的绑架和劫持人质事件，表示决心根据适用的国际法，防止恐怖团体绑架和劫持人质，在不支付赎金或作出政治让步的情况下谋求人质安全获释，促请所有会员国防止恐怖分子直接或间接得益于支付的赎金或作出的政治让步并使人质安全获释，重申所有会员国都需要在恐怖团体绑架和劫持人质期间密切开展合作，

表示关切有外国恐怖主义战斗人员加入伊黎伊斯兰国、胜利阵线和其他所有与"基地"组织有关联的个人、团体、企业和实体，且加入的人数众多，

表示关切在日益全球化的社会中，恐怖分子及其支持者越来越多地用新的信息和通信技术，特别是互联网来进行招募和煽动实施恐怖行为，

为其活动筹资、规划和筹备，并着重指出会员国要协力防止恐怖分子利用技术、通信和各种资源来煽动支持恐怖行为，同时须尊重人权和基本自由并遵守其他国际法义务，

最强烈地谴责煽动恐怖行为的行径，驳斥为恐怖行为辩解或美化（称颂）这些行为的企图，这样做会煽动更多的恐怖行为，

着重指出会员国依照国际法为其规定的义务，负有保护其领土内平民的首要责任，

敦促所有各方保护受伊黎伊斯兰国、胜利阵线和其他所有与"基地"组织有关联的个人、团体、企业和实体暴力活动影响的平民，特别是妇女和儿童，尤其是保护他们不受任何形式性暴力的侵害，

重申需要根据《联合国宪章》和国际法，包括适用的国际人权法、难民法和人道主义法，采取一切手段抗击恐怖行为对国际和平与安全造成的威胁，并为此强调联合国在领导和协调这项努力方面的重大作用，

关切地注意到伊黎伊斯兰国、胜利阵线和其他所有与"基地"组织有关联的个人、团体、企业和实体继续对国际和平与安全构成威胁，重申安理会决心在所有方面应对这一威胁，

根据《联合国宪章》第七章采取行动：

1. 最强烈地反对和谴责伊黎伊斯兰国的恐怖行为和它的暴力极端主义思想，反对和谴责它继续有步骤地广

泛严重践踏人权和违反国际人道主义法。

2. 强烈谴责不分皂白地杀害平民和蓄意把平民当作攻击目标,犯下无数滔天罪行,进行大规模的枪决和法外处决,包括枪决和处决士兵、根据个人和整个社区的宗教或信仰对其进行迫害、绑架平民、强迫少数族群的成员流离失所、杀害和残害儿童、招募和使用儿童、强奸和其他形式的性暴力、任意羁押、攻击学校和医院、毁坏文化宗教场所和阻碍行使经济、社会和文化权利,包括受教育权利,特别是在叙利亚腊卡省、代尔祖尔省、阿勒颇省和伊德利布省,以及伊拉克的北部,特别是塔米姆省、萨拉赫丁省和尼尼微省。

3. 回顾因族裔或政治背景、宗教或信仰而广泛或有步骤地对平民发动攻击可构成危害人类罪,强调一定要追究伊黎伊斯兰国、胜利阵线和其他所有与"基地"组织有关联的个人、团体、企业和实体践踏人权和违反国际人道主义法的责任,敦促所有各方防止这些侵权违法行为。

4. 要求伊黎伊斯兰国、胜利阵线和其他所有与"基地"组织有关联的个人、团体、企业和实体停止一切暴力和恐怖行为,立即解除武装和解散。

5. 敦促所有国家按照第 1373(2001) 号决议规定的义务积极合作,努力缉拿实施、组织和资助恐怖行为的与"基地"组织、包括与伊黎伊斯兰国和胜利阵线有关联的个人、团体、企业和实体,并将其绳之以法,为此着重

指出开展区域合作的重要性。

6. 再次促请所有国家根据它们依国际法承担的义务,采取一切必要和适当的措施,制止因受与伊黎伊斯兰国、胜利阵线和其他所有与"基地"组织有关联的个人或实体传播的极端主义和不容忍的挑动而去煽动恐怖行为,防止恐怖分子及其支持者颠覆教育、文化和宗教机构。

外国恐怖主义战斗人员

7. 谴责伊黎伊斯兰国、胜利阵线和其他所有与"基地"组织有关联的个人、团体、企业和实体招募外国恐怖主义战斗人员,因为他们的存在加剧冲突,助长暴力激进化,要求所有与伊黎伊斯兰国和其他恐怖团体有关联的外国恐怖主义战斗人员立即撤离,表示愿意考虑根据制裁"基地"组织制度,将那些为伊黎伊斯兰国、胜利阵线和其他所有与"基地"组织有关联的个人、团体、企业和实体招募人员或参加其活动的人,包括为伊黎伊斯兰国或胜利阵线资助或协助外国恐怖主义战斗人员旅行的人,列入制裁名单。

8. 促请所有会员国在本国采取措施,阻止外国恐怖主义战斗人员加入伊黎伊斯兰国、胜利阵线和其他所有与"基地"组织有关联的个人、团体、企业和实体,并根据适用的国际法将上述各方的外国恐怖主义战斗人员绳之以法,还重申会员国有义务根据适用的国际法,阻止恐怖分子或团体的出

行,特别是有效地控制边界,并为此迅速交换情报,改进有关当局之间的合作以防止恐怖分子和恐怖团体进出其领土,防止向恐怖分子供应武器和提供支持恐怖分子的资助。

9. 鼓励所有会员国同其领土内有可能被招募和接受暴力激进化的人进行接触,阻止他们前往叙利亚和伊拉克以支持伊黎伊斯兰国、胜利阵线和其他所有与"基地"组织有关联的个人、团体、企业和实体或为其作战。

10. 重申安理会决定,各国应阻止从本国境内、或境外本国国民、或使用悬挂本国国旗的船只或飞机向伊黎伊斯兰国、胜利阵线和其他所有与"基地"组织有关联的个人、团体、企业和实体直接或间接供应、销售或转让军火和各种有关物资,包括武器和弹药、军用车辆和装备、准军事装备及上述物资的备件,以及与军事活动有关的技术咨询、援助或培训;并重申安理会要求各国设法加紧和加速交换武器贩运活动的信息,并在国家、次区域、区域和国际一级加强协调工作。

资助恐怖主义

11. 重申第 1373(2001)号决议,特别重申安理会决定所有国家都应防止和打击为恐怖行动提供资助的行为,不向参与恐怖行为或与其有关联的实体或人提供任何形式的支助,不管是积极还是消极的支助,包括制止招募恐怖主义团体的成员,并制止向

恐怖分子提供武器。

12. 回顾安理会在第 2161(2014)号决议中决定,所有国家都应确保本国国民或本国领土内的任何人不直接或间接提供受益方为伊黎伊斯兰国、胜利阵线和其他所有与"基地"组织有关联的个人、团体、企业和实体的资金、金融资产或经济资源,重申它在第 1373(2001)号决议中决定,所有国家都应禁止本国国民或本国领土内的任何人和实体直接或间接为实施、企图实施、协助或参与恐怖行为的人、这些人直接或间接拥有或控制的实体、代表这些人或按其指示行事的人或实体提供任何资金、金融资产或经济资源或金融服务或其他有关服务。

13. 关切地注意到,伊黎伊斯兰国、胜利阵线和其他所有与"基地"组织有关联的个人、团体、企业和实体控制的油田和相关基础设施产生收入,这些收入支持它们的招募工作,加强它们组织和实施恐怖袭击的行动能力。

14. 谴责进行任何有伊黎伊斯兰国、胜利阵线和其他所有与"基地"组织有关联的个人、团体、企业和实体参与的直接或间接交易,重申这种交易可构成对第 1267(1999)和第 1989(2011)号决议所设委员会("委员会")指认的实体的财务支持,并可导致委员会对名单进行增列。

15. 强调所有会员国都必须履行其义务,确保本国国民和本国领土内的人不捐款给委员会指认的个人和实体或代表被指认实体或按其指示行事

的个人和实体。

16. 表示关切从伊黎伊斯兰国控制的领土上出发的飞机或其他运输工具可被用来运送黄金或其他有价值物品和经济资源,以便在国际市场上出售,或作出可能违反资产冻结的其他安排。

17. 确认第 2161(2014)号决议第 1(a)段的规定还应适用于向"基地"组织制裁名单所列个人、团体、企业或实体支付的赎金,而不论赎金的支付方式或支付人为何。

制　裁

18. 认为伊黎伊斯兰国是一个从"基地"组织分裂出来的团体,回顾伊黎伊斯兰国和胜利阵线被列入"基地"组织制裁名单,为此表示愿意考虑将为伊黎伊斯兰国或胜利阵线提供支持的个人、团体、企业和实体,包括利用包括互联网和社交媒体在内的信息和通信技术,或通过其他任何途径,为伊黎伊斯兰国、胜利阵线和其他所有与"基地"组织有关联的个人、团体、企业和实体开展筹资、提供武器、规划或招募工作者,列入名单。

19. 决定,本决议附件列出的个人受第 2161(2014)号决议第 1 段规定的措施的限制并列入"基地"组织制裁名单。

20. 指示委员会按安理会的商定,在其网站上提供本决议附件列出的个人的列名理由简述,确认只要本决议附件开列的名字仍在"基地"组织制裁名单上,第 2161(2014)号决议和其后相关决议的规定就对其适用。

21. 鼓励会员国向委员会提交把支持伊黎伊斯兰国、胜利阵线和其他所有与"基地"组织有关联的个人、团体、企业和实体的个人和实体列入名单的申请,还鼓励委员会迅速考虑另外指认支持伊黎伊斯兰国和胜利阵线的个人和实体。

提交报告

22. 指示监察组在 90 天内向委员会提交报告,说明伊黎伊斯兰国和胜利阵线造成的威胁、包括对该区域的威胁、它们的武器、资金和人员招募的来源和人口动态,并就另外采取哪些行动来消除威胁提出建议,请委员会主席在委员会对报告进行讨论后向安全理事会通报其主要结论。

23. 请联伊援助团在其任务规定、能力和行动区范围内,为委员会和第 1526(2004)号决议所设分析支助和制裁监测组提供协助,包括提交第 2161(2014)号决议第 1 段措施执行情况的相关信息。

24. 决定继续处理此案。

附　件(略)

第 2178(2014)号决议

(2014 年 9 月 24 日安全理事会第 7272 次会议通过)

安全理事会，

重申一切形式和表现的恐怖主义是对国际和平与安全的最严重威胁之一，任何恐怖行为，不论其动机为何、在何时发生、由何人所为，都是不可开脱的犯罪行为，并继续决心进一步推动加强全球为消除这一祸害所作整体努力的效力，

关切地注意到恐怖主义威胁已变得更加扩散，恐怖行为，包括基于不容忍或极端主义的恐怖行为，在世界各个地区不断增加，并表示决心消除这一威胁，

铭记必须消除助长恐怖主义蔓延的条件，并申明会员国决心继续尽其所能解决冲突，并且不让恐怖团体得以扎根和建立安全避难所，更好地应对日益增加的恐怖主义威胁，

强调不能也不应将恐怖主义与任何宗教、国籍或文明联系起来，

确认会员国为防止和打击恐怖主义而进行的国际合作和采取的任何措施必须充分符合《联合国宪章》，

重申安全理事会依照《宪章》尊重所有国家的主权、领土完整和政治独立，

重申会员国必须确保为打击恐怖主义而采取的任何措施均符合其根据国际法承担的所有义务，尤其是国际人权法、国际难民法和国际人道主义法；强调尊重人权、基本自由和法治与有效的反恐措施相互补充和相辅相成，是成功的反恐努力的一个重要部分；指出必须尊重法治，以便有效地防止和打击恐怖主义，并指出不遵守这些义务和其他国际义务，包括《联合国宪章》规定的义务，是加剧激进化的原因之一，并滋生有罪不罚意识，

表示严重关注外国恐怖主义战斗人员造成的威胁日益严重，这些人员指的是前往其居住国或国籍国之外的另一国家，以实施、筹划、筹备或参与恐怖行为，或提供或接受恐怖主义训练，包括因此参与武装冲突的个人；决心消除这一威胁，

表示严重关注那些企图前往国外成为外国恐怖主义战斗人员的人，

关注外国恐怖主义战斗人员增加了冲突的强度和时间，使得冲突变得更加难以解决，并可能严重威胁其原

籍国、过境国和目的地国以及邻近他们活跃的武装冲突地区的国家和因为安全负担沉重而受影响的国家,指出外国恐怖主义战斗人员的威胁可能影响所有区域和会员国,甚至是远离冲突地区的国家,表示严重关注外国恐怖主义战斗人员正在利用他们的极端主义意识形态来煽动恐怖主义,

表示关注恐怖分子和恐怖实体已在原籍国、过境国和目的地国之间建立国际网络,通过这些网络来回运送外国恐怖主义战斗人员和支助他们的资源,

表示特别关注外国恐怖主义战斗人员正在被伊拉克和黎凡特伊斯兰国(伊黎伊斯兰国)、努斯拉阵线和第1267(1999)号和第1989(2011)号决议所设委员会指认的"基地"组织的其他基层组织、下属机构、分裂团体或衍生团体等实体招募和加入这些实体;认识到外国恐怖主义战斗人员的威胁除其他外包括个人支持"基地"组织及其基层组织、下属机构、分裂团体和衍生团体的行为或活动,包括为这些实体招募人员或以其他方式支持它们的行为或活动;强调迫切需要解决这一特别威胁,

认识到为应对外国恐怖主义战斗人员构成的威胁,需要全面处理根本因素,包括防止激进化演变为恐怖主义,阻止招募活动,限制外国恐怖主义战斗人员的旅行,阻止对外国恐怖主义战斗人员的财政支助,打击可能助长恐怖主义的暴力极端主义,制止煽动基于极端主义和不容忍的恐怖主义行为,促进政治和宗教容忍、经济发展以及社会凝聚力和包容性,结束和解决武装冲突,并帮助重返社会和恢复正常生活,

又认识到仅凭军事力量、执法措施和情报作业无法打败恐怖主义,强调需要根据《联合国全球反恐战略》(A/RES/60/288)第一个支柱所述,消除助长恐怖主义蔓延的条件,

表示关注恐怖分子及其支持者越来越多地用通信技术,特别是互联网来促使激进化演变为恐怖主义,招募和煽动其他人实施恐怖行为,资助和帮助外国恐怖主义战斗人员的旅行及其后的活动,并着重指出会员国要协力防止恐怖分子利用技术、通信和各种资源来煽动支持恐怖行为,同时须尊重人权和基本自由,并遵守其他国际法义务,

赞赏地注意到联合国各实体,特别是联合国反恐怖主义执行工作队(反恐执行工作队)各实体,包括联合国毒品和犯罪问题办公室(禁毒办)和联合国反恐怖主义中心(反恐中心)在能力建设领域开展活动,而且反恐怖主义委员会执行局(反恐执行局)努力为技术援助提供便利,特别是协同其他相关国际、区域和次区域组织,应会员国的请求协助它们执行《联合国全球反恐战略》,促进能力建设援助提供者与受援者之间的互动来促进国际合作,

注意到最近在国际、区域和分区域范围内防止和制止国际恐怖主义的

最新发展和举措,并注意到全球反恐怖主义论坛(反恐论坛)的工作,特别是其最近通过了应对外国恐怖主义战斗人员现象的一套全面的良好做法,并发表了若干其他的框架文件和良好做法,包括打击暴力极端主义、刑事司法、监狱、为勒索赎金进行绑架、向恐怖主义受害者提供支助和面向社区的维持治安等方面的这些文件和做法,以协助有关国家切实执行联合国反恐法律和政策框架,并补充联合国相关反恐实体在这些方面的工作,

赞赏地注意到国际刑警组织努力应对外国恐怖主义战斗人员构成的威胁,包括通过利用其安全通信网络、数据库和咨询通告系统以及跟踪失窃、伪造的身份证件和旅行证件的程序,并利用其各个反恐论坛和外国恐怖主义战斗人员方案,在全球范围内分享执法信息,

考虑到并特别强调具有多个国籍的个人前往其国籍国实施、筹划、筹备或参与恐怖行为,或提供或接受恐怖主义培训的情况,并敦促各国在遵守其国内法和包括国际人权法在内的国际法义务的情况下,酌情采取行动,

促请各国按照国际法,尤其是国际人权法和国际难民法的规定,确保难民地位不被包括外国恐怖主义战斗人员在内的恐怖主义行为实施者、组织者或协助者滥用,

再次促请所有国家,无论是否区域反恐公约的缔约方,尽快成为各项国际反恐公约和议定书的缔约方,并

充分履行所加入文书为其规定的义务,

注意到恐怖主义继续对国际和平与安全构成的威胁,并申明必须采取一切手段,根据《联合国宪章》,克服恐怖行为,包括外国恐怖主义战斗人员犯下的恐怖行为对国际和平与安全造成的威胁,

根据《联合国宪章》第七章采取行动:

1. 谴责可能助长恐怖主义的暴力极端主义、宗派暴力以及外国恐怖主义战斗人员实施的恐怖主义行为,要求所有外国恐怖主义战斗人员解除武装,停止一切恐怖行为,停止参与武装冲突。

2. 重申所有国家应通过有效的边界管制和签发身份证和旅行证件方面的管制,并通过防止假造、伪造或冒用身份证和旅行证件的措施,防止恐怖分子和恐怖集团的流动,在这方面强调必须按照其相关的国际义务,解决外国恐怖主义战斗人员构成的威胁,鼓励会员国采用以证据为依据的旅客风险评估和旅客筛查程序,包括收集和分析旅行数据,而不基于国际法禁止的歧视性理由,根据定型观念进行定性分析。

3. 敦促会员国按照国内法和国际法,通过双边或多边机制,特别是联合国,来加紧和加速交流关于恐怖分子或恐怖网络,包括关于外国恐怖主义战斗人员的行动或流动的作业情报,尤其是与他们的居住国或国籍国交流

情报。

4. 促请所有会员国根据国际法规定的义务开展合作，努力应对外国恐怖主义战斗人员构成的威胁，包括防止激进化演变为恐怖主义和招募包括儿童在内的外国恐怖主义战斗人员，防止外国恐怖主义战斗人员跨越其边界，阻止对外国恐怖主义战斗人员的财政支助，并制定和实施起诉、恢复正常生活和重返社会战略，以便将外国恐怖主义战斗人员送回其本国。

5. 决定会员国应根据国际人权法、国际难民法和国际人道主义法，防止和制止招募、组织、运输或装备人员前往居住国或国籍国以外的其他国家，以实施、筹划、筹备或参与恐怖行为，或提供或接受恐怖主义培训，并防止和制止资助他们的旅行和活动。

6. 回顾在其第 1373（2001）号决议中决定，所有会员国均应确保将任何参与资助、筹划、筹备或实施恐怖主义行为或参与支持恐怖主义行为的人绳之以法，并决定所有会员国均应确保本国法律和条例规定严重刑事罪，使其足以适当反映罪行的严重性，用以起诉和惩罚下列人员和行为：

（a）为了实施、筹划、筹备或参与恐怖主义行为，或提供或接受恐怖主义培训而前往或试图前往其居住国或国籍国之外的另一国家的本国国民，以及为此前往或试图前往其居住国或国籍国之外的另一国家的其他个人；

（b）本国国民或在本国领土内以任何方式直接或间接地蓄意提供或收集资金，并有意将这些资金用于或知晓这些资金将用于资助个人前往其居住国或国籍国之外的另一国家，以实施、筹划、筹备或参与恐怖主义行为，或提供或接受恐怖主义培训；

（c）本国国民或在本国领土内蓄意组织或以其他方式协助个人前往或试图前往其居住国或国籍国之外的另一国家，以便实施、筹划、筹备或参与恐怖主义行为，或提供或接受恐怖主义培训。

7. 表示坚决考虑根据第 2161（2014）号决议将与"基地"组织有关联，为"基地"组织提供资助和武器，进行策划，或为其招募人员，或以其他方式支持其行动或活动，包括通过互联网、社会媒体等信息和通信技术或任何其他手段提供这种支持的个人、团体、企业和实体列入名单。

8. 决定在不妨碍为推进司法程序，包括为推进涉及逮捕或拘留外国恐怖主义战斗人员的司法程序所需的入境或过境的情况下，会员国如果掌握可靠情报，从而有合理的理由认为，有任何个人为参加第 6 段所述行为，包括参加根据第 2161（2014）号决议第 2 段的规定表明某个个人、团体、企业或实体与"基地"组织有关联的任何行为或活动，而试图进入其领土或从其领土过境，应加以防止，但本段的规定绝不迫使任何国家拒绝其本国公民或永久居民入境或要求其离境。

9. 促请会员国要求在其境内营运的航空公司将旅客信息预报提供给国

家主管部门,以发现第 1267(1999)号和第 1989(2011)号决议所设委员会(以下简称"委员会")指认的个人通过民用飞机从其领土出发,或企图入境或过境的情况,并进一步促请会员国酌情并依照国内法和国际义务向委员会报告这些人将从其领土出发,或企图入境或过境的情况,并将这一信息与这些人的居住国或国籍国分享。

10. 强调迫切需要立即全面执行这一关于外国恐怖主义战斗人员的决议,着重指出尤其迫切需要针对那些与伊黎伊斯兰国、努斯拉阵线和委员会指认的"基地"组织的其他基层组织、下属机构,分裂团体或衍生团体有关联的外国恐怖主义战斗人员执行本决议,并表示准备考虑根据第 2161(2014)号决议,指认犯有上文第 6 段所述行为的与"基地"组织有关联的个人。

国际合作

11. 促请会员国加强国际、区域和分区域合作,酌情通过双边协定来加强这些合作,以防止外国恐怖主义战斗人员从其领土或通过其领土旅行,包括更多分享确认外国恐怖主义战斗人员的信息,分享和采用最佳做法,并更好地了解外国恐怖主义战斗人员的旅行模式;促请会员国协作采取国家措施,防止恐怖分子利用技术、通信和各种资源来煽动对恐怖行为的支持,同时尊重人权和基本自由,并遵守国

际法规定的其他义务。

12. 回顾其在第 1373(2001)号决议中决定,会员国应在涉及资助或支持恐怖主义行为的刑事调查或刑事诉讼中互相给予最大程度的协助,包括协助取得本国掌握的为诉讼所必需的证据,并强调必须对涉及外国恐怖主义战斗人员的这种调查或诉讼程序履行该项义务。

13. 鼓励国际刑警组织加强努力应对外国恐怖主义战斗人员的威胁,并建议增加资源或采用更多资源,以支持和鼓励采取国家、区域和国际措施,监测和防止外国恐怖主义战斗人员过境,如扩大刑警组织特别通知的使用范围,将外国恐怖主义战斗人员包括在内。

14. 促请各国帮助建设应对外国恐怖主义战斗人员所构成威胁的国家能力,包括防止和制止外国恐怖主义战斗人员跨越陆地和海洋边界的旅行,那些邻近存在外国恐怖主义战斗人员的武装冲突地区的国家尤其需要如此,并欢迎和鼓励会员国开展双边援助,帮助建设这种国家能力。

为防止恐怖主义
打击暴力极端主义

15. 强调指出,打击可能助长恐怖主义的暴力极端主义,包括防止激进化、招募和动员个人加入恐怖团体和成为外国恐怖主义战斗人员,是应对外国恐怖主义战斗人员对国际和平与

安全所构成威胁的一个基本要素,并促请会员国加强努力,打击这种暴力极端主义。

16. 鼓励会员国让相关的当地社区和非政府行为体参与制订战略,打击可能煽动恐怖行为的暴力极端主义言论,消除可能助长恐怖主义的暴力极端主义的蔓延条件,包括赋予青年、家庭、妇女、宗教、文化和教育领导人以及所有其他有关的民间社会团体权能,并通过量身定做的办法来制止为这类暴力极端主义招募人员,促进社会包容和凝聚力。

17. 回顾其在第 2161(2014)号决议第 14 段中就简易爆炸装置以及与"基地"组织有关联的个人、团体、企业和实体作出的决定,并敦促会员国在这方面协作采取国家措施,防止恐怖分子利用技术、通信和资源,包括利用音频和视频来煽动支持恐怖行为,同时尊重人权和基本自由,并遵守国际法规定的其他义务。

18. 促请会员国相互合作和不断相互支持,努力打击可能助长恐怖主义的暴力极端主义,包括进行能力建设,协调计划和努力,分享吸取的经验教训。

19. 在这方面强调会员国必须努力为受影响的个人和地方社区制订预防和解决冲突的非暴力替代途径,以减少激进化演变为恐怖主义的风险,并强调应努力提倡用和平的办法取代外国恐怖主义战斗人员支持的暴力言论,并强调教育可以在对付恐怖主义言论方面发挥的作用。

联合国参与应对外国恐怖主义战斗人员构成的威胁

20. 指出外国恐怖主义战斗人员和那些资助或以其他方式协助他们旅行及随后各项活动者如果从事下列活动,可能符合被列入第 1267(1999)号和第 1989(2011)号决议所设委员会维持的"基地"组织制裁名单的条件:参与资助、筹划、协助、筹备或实施"基地"组织所实施、伙同其实施、以其名义实施、代表其实施或为向其提供支持而实施的行动或活动;向其供应、销售或转让军火和有关物资;为其招募人员;或以其他方式支持"基地"组织或其任何基层组织、下属机构、分裂团体或衍生团体的行为或活动;促请各国提出此类外国恐怖主义战斗人员和那些协助或资助他们的旅行及随后各项活动者的姓名,以视可能将他们列入名单。

21. 指示第 1267(1999)号和第 1989(2011)号决议所设委员会以及分析支助和制裁监测组与联合国所有相关的反恐机构、特别是反恐执行局密切合作,特别关注被伊黎伊斯兰国、努斯拉阵线和与"基地"组织有关联的所有团体、企业和实体招募或参加这些组织的外国恐怖主义战斗人员所构成的威胁。

22. 鼓励分析支助和制裁监察组与联合国其他反恐机构,特别是反恐执行工作队协调努力,监测和应对外国恐怖主义战斗人员所构成的威胁。

23. 请分析支助和制裁监测组与联合国其他反恐机构密切合作，就被伊黎伊斯兰国、努斯拉阵线和与"基地"组织有关联的所有团体、企业和实体招募或参加这些组织的外国恐怖主义战斗人员所构成的威胁，在 180 天内向第 1267（1999）号和第 1989（2011）号决议所设委员会提出报告，并在 60 天内向委员会提供一份初步口头最新情况报告，其中包括：

（a）全面评估这些外国恐怖主义战斗人员，包括其协助者构成的威胁、受影响最严重的地区和激进化演变为恐怖主义的情况以及为恐怖主义提供便利、招募人员、这些人员的人口组成和资助方面的趋势；

（b）可采取的行动建议，以加强应对这些外国恐怖主义战斗人员构成的威胁。

24. 请反恐怖主义委员会，在其现有任务授权范围内并在反恐执行局的支持下，查明会员国执行安全理事会第 1373（2001）号和第 1624（2005）号决议的能力方面有哪些主要差距，可能妨碍各国制止外国恐怖主义战斗人员的能力；确定在执行第 1373（2001）号和第 1624（2005）号决议制止外国恐怖主义战斗人员流动方面的良好做法；促进技术援助，特别是促进能力建设方面的援助提供者和受援者，尤其是受影响最严重地区的受援者之间的互动，包括应受援者的请求，制定包括打击暴力激进化和制止外国恐怖主义战斗人员流动在内的全面反恐战略；回顾全球反恐论坛等其他有关行为体的作用。

25. 强调指出，外国恐怖主义战斗人员日益增加的威胁是安全理事会在第 2129（2013）号决议第 5 段指示反恐执行局确定与第 1373（2001）号和第 1624（2005）号决议有关的正在出现的问题、趋势和动态的一部分，因此值得反恐怖主义委员会按照其任务规定密切加以注意。

26. 请第 1267（1999）号和第 1989（2011）号决议所设委员会和反恐怖主义委员会向安全理事会提供最新信息，说明它们各自依照本决议所作的努力。

27. 决定继续处理此案。

第 2195 (2014) 号决议

（安全理事会 2014 年 12 月 19 日第 7351 次会议通过）

安全理事会,

重申它负有维护国际和平与安全的首要责任,

重申,一切形式和表现的恐怖主义都是对国际和平与安全的最严重威胁之一,任何恐怖主义行为,不论其动机为何,在何地、何时发生,由何人所为,都是不可开脱的犯罪行为,

还重申不能也不应将恐怖主义与任何宗教、国籍或文明联系起来,

强调只有采取持久、全面的对策,促使所有国家及国际和区域组织积极参与和协作,遏止、削弱、孤立和恐怖主义威胁并使其失去能力,才能战胜恐怖主义,

严重关切有人资助恐怖分子,且恐怖分子获得金融和其他资源,特别指出这些资源将支持他们今后的恐怖活动,

重申需要防止和制止对恐怖主义行为的资助,

表示关切在一些地区,恐怖分子通过跨国有组织犯罪受益,包括通过贩运武器、人口、毒品和文物及通过非法买卖自然资源,其中包括黄金和其他贵金属和宝石、矿物、野生物、木炭和石油,以及通过进行绑架以索取赎金和其他犯罪行为,包括进行敲诈和抢劫银行,

强调建立和维持公正有效的刑事司法制度是制定反对恐怖主义和跨国有组织犯罪战略的基本基础,

注意到非洲联盟和平与安全理事会 2014 年 9 月 2 日在内罗毕举行的关于反对暴力极端主义和恐怖主义的首脑会议的公报,呼吁联合国各反恐实体根据其现有的任务规定并呼吁会员国,为非洲反对暴力极端主义和恐怖主义的努力提供援助和能力建设,

严重关切与"基地"组织有关联的个人、团体、企业和实体继续通过参与跨国有组织犯罪受益的情况,为此强调需要大力执行第 2161 (2014) 号决议第 1 段中的措施,因为这些措施是打击恐怖活动的重要工具,

为此敦促所有会员国积极参与维持和更新根据第 1267 (1999)、第 1333 (2000) 和第 1989 (2011) 号决议编制的名单（"'基地'组织制裁名单"）,提供关于现有列名的补充资料,酌情提出除名请求,查明其他应接受第 2161

（2014）号决议第 1 段所述措施制裁的个人、团体、企业和实体并提交名字供列入名单，

回顾安理会最近在第 2170（2014）号决议中谴责进行有伊拉克和黎凡特伊斯兰国、胜利阵线和其他所有与"基地"组织有关联的个人、团体、企业和实体参与的任何直接或间接交易，重申这种交易可以是为第 1267（1999）和第 1989（2011）号决议所设委员会（"委员会"）指认的实体提供财务支持，并可导致委员会对名单进行增列，

深为关切通过跨国有组织犯罪受益的恐怖团体可能损害有关国家，尤其损害其安全与稳定、治理、社会经济发展，

重申需要在开展安理会议程上的所有相关专题领域工作的过程中进一步注意妇女与和平与安全问题，包括恐怖主义行为对国际和平与安全造成的威胁，指出必须在制定反对恐怖主义和暴力极端主义战略的过程中考虑到妇女和青年的参与，

强调需要消除有利于恐怖主义蔓延的条件，

强调恐怖主义、暴力极端主义和跨国有组织犯罪的并存可能加剧有关区域、包括非洲的冲突，注意到通过跨国有组织犯罪受益的恐怖团体有时可在一些区域阻碍预防和解决冲突的工作，

严重关切恐怖团体，包括通过有组织犯罪受益的恐怖团体，最近对联合国人员进行袭击，

回顾第 2133（2014）号决议，强烈谴责恐怖团体为任何目的、包括为筹集资金或赢得政治让步而制造的绑架和劫持人质事件，表示决心根据适用的国际法，防止恐怖团体绑架和劫持人质，在不支付赎金或作出政治让步的情况下谋求人质安全获释，

注意到国际、区域和次区域各级防止和打击国际恐怖主义的近期情况和举措，注意到全球反恐论坛的工作，特别是它最近通过了一整套处理外国恐怖主义作战人员问题的最佳做法并印发了其他若干框架文件和最佳做法，包括在反对暴力极端主义、刑事司法、监狱、绑架以索取赎金、为恐怖主义的受害者提供支助、社区警务等领域，以协助有关各国切实执行联合国的反恐怖主义法律和政治纲要，配合联合国系统相关反恐实体在这些领域开展的工作，

重申需要根据《联合国宪章》和国际法，包括适用的国际人权法、难民法和人道主义法，采取一切手段抗击恐怖行为对国际和平与安全造成的威胁，并为此强调联合国在领导和协调这项努力方面的重大作用，

确认要采用包括国家、区域、次区域和多边行动在内的综合性方法来击败恐怖主义，

注意到公共—私营部门开展协作可对预防和打击跨国有组织犯罪、腐败和恐怖主义等犯罪活动的工作作出贡献，

重申安理会根据《宪章》，尊重所有国家的主权、领土完整和政治独立，

重申会员国有义务根据适用的国际法,通过有效进行边界巡逻,来防止恐怖分子或恐怖团体的流动:

1. 强调需要集体开展工作,防止和打击一切形式和表现的恐怖主义,包括防止和阻止恐怖主义通过跨国有组织犯罪受益;

2. 促请会员国加强边界管理,切实防止恐怖分子和恐怖团体、包括通过跨国有组织犯罪受益的恐怖分子和团体的流动;

3. 促请那些尚未批准、加入或执行相关国际公约,例如经 1972 年《议定书》修订的 1961 年《麻醉品单一公约》、1971 年《精神药物公约》、1988 年《联合国禁止非法贩运麻醉药品和精神药物公约》、2000 年《联合国打击跨国有组织犯罪公约》及其各项议定书、2003 年《联合国反腐败公约》和各项国际反恐公约和议定书的会员国,优先批准、加入或执行;

4. 请联合国相关实体协助在接获会员国请求时,在现有任务规定和资源范围内,协助它们执行相关国际反恐法律文书,并协助培养它们有效应对、防止、调查和起诉恐怖主义行为的能力;

5. 强调善治的重要性和打击腐败、洗钱和非法金融流通的必要性,特别是执行《联合国反腐败公约》和金融行动任务组关于打击洗钱、资助恐怖主义和扩散的四十项修订建议提出的综合性国际标准,包括通过和切实执行立法和管制措施,让国内有关当局能够冻结或扣押、没收和管理犯罪资产,以打击包括资助恐怖分子和洗钱在内的非法金融活动,并鼓励非洲区域各国进一步参加类似于金融行动任务组的区域机构,例如西非政府间反洗钱行动小组、东南非洲反洗钱工作组及中东和北非促进能力建设与合作金融行动任务组;

6. 回顾第 1373(2001)号决议执行部分第 2(e)段提及的义务,尤其就恐怖分子对联合国维和人员和设施发动的袭击回顾这些义务;

国际和区域合作

7. 还强调必须在共同分担责任的基础上加强跨区域合作和国际合作,以处理全球毒品问题和相关犯罪活动,着重指出必须采用兼顾各个方面的多学科综合方式来处理这一问题;

8. 鼓励会员国和相关组织酌情加强合作和战略,防止恐怖分子通过跨国有组织犯罪获益,培养不让这些恐怖分子和与之合作的跨国有组织犯罪分子跨越边界及调查和起诉他们的能力,包括加强各国、区域和全球的收集、分析和交流信息、包括执法和情报信息的体系;

9. 为此赞扬非洲的区域合作机制,特别是萨赫勒情报汇总与联络股、关于在萨赫勒和撒哈拉区域加强安全合作和启用非洲和平与安全构架的努瓦克肖特进程、非盟主导的消灭上帝抵抗军区域合作倡议、乍得湖盆地委员会多国联合工作队及其区域情报汇总股以及西非国家经济共同体；

10. 还赞扬北非和萨赫勒—撒哈拉地区采取举措加强安全和边界巡逻，2012 年 3 月在的黎波里举行的第一次区域部长级会议通过了边界安全行动计划，2013 年 11 月在拉巴特举行的第二次区域部长级会议成立了区域培训中心以加强边界安全，以及其他获得联合国支持的举措；

11. 敦促所有会员国，特别是萨赫勒和马格里布各国，协调它们的工作，防止在萨赫勒地区越界寻找藏身之处的恐怖团体严重威胁国际和区域安全，加强合作与协调，以制定包容各方的有效战略，全面统一打击恐怖团体的活动，防止它们的扩张，并限制各类武器和跨国有组织犯罪的扩散；

12. 欢迎并支持设立非洲警察合作组织，注意到已制定了用于逮捕被指控或被判定有恐怖行为的人的逮捕证；

13. 促请非洲的会员国支持执行非洲联盟 2013—2018 年毒品管制行动计划；

能力建设和与联合国的协调

14. 促请会员国酌情在必要时在接获要求后帮助其他会员国培养能力，以消除恐怖主义通过跨国有组织犯罪受益造成的威胁，欢迎并鼓励会员国提供双边援助，帮助培养这种国家、次区域或区域能力；

15. 认识到，许多会员国在反对恐怖主义和暴力极端主义、防止为恐怖组织筹集资金、招募和提供其他所有形式的支持、包括防止恐怖分子通过跨国有组织犯罪受益方面，面临重大能力和协调挑战，赞扬反恐怖主义委员会及其执行局目前开展工作，查明能力空白，协助提供技术援助以加强第 1373（2001）和第 1624（2005）号决议的执行工作，鼓励会员国继续同反恐怖主义委员会和执行局合作，制定全面和统一的国家、次区域和区域反恐战略，重点指出反恐怖主义执行工作队（反恐执行队）各实体，特别是联合国毒品和犯罪问题办公室，以及联合国反恐怖主义中心和其他提供能力建设援助者，应该在提供技术援助方面发挥重要作用，请联合国相关实体在适当时候在现有资源范围内，在它们提供的反恐技术援助中考虑到处理恐怖主义通过跨国有组织犯罪受益问题所需要的援助；

16. 促请联合国相关实体和其他相关国际和区域组织，支持培养和加强国家和区域机构，特别是执法部门和反恐机构，处理恐怖主义通过跨国有组织犯罪受益问题的能力，在这方面注意到建设和平委员会可根据其任务规定起咨询作用；

17. 鼓励联合国反恐执行工作队考虑在接获要求时，将其反恐综合援助倡议扩大到萨赫勒五国集团和中部非洲；

18. 重申，联合国维和行动和政治

特派团可在安理会有规定时,在接获东道国政府请求时,协助进行能力建设,以便它们履行根据现有全球和区域文书作出的承诺,处理非法贩运小武器和轻武器问题,包括收缴武器,实施解除武装、复员和重返社会方案,加强实物安全以及库存管理,建立记录和跟踪能力,建立国家进出口控制系统,加强边境安全,并加强司法机构、警务和其他执法机构的能力;

19. 鼓励秘书长特别代表、维持和平行动部、政治事务部、反恐怖主义执行局、联合国毒品和犯罪问题办公室、反恐执行工作队和联合国开发计划署在现有任务规定和资源范围内,酌情视需要,在审议如何综合和全面地处理跨国有组织犯罪、恐怖主义和助长恐怖主义的暴力极端主义问题时,相互交流信息;

提交报告

20. 请秘书长就安理会正在处理的事项向安理会报告联合国实体为在包括非洲在内的有关区域消除通过跨国有组织犯罪受益的恐怖分子的威胁而开展的工作,并报告联合国系统相关实体,包括毒品和犯罪问题办公室、反恐执行局、反恐执行队和分析支助

和制裁监测组和执行局其他相关实体提交的意见建议;

21. 还要求这一报告提出加强会员国能力的具体方案,包括利用联合国系统的现有资源和捐款为以下事项提供资金:拟议的联合国能力建设项目和活动,以及联合国为消除恐怖分子通过跨国有组织犯罪受益的不利影响开展的活动,包括相关的解决冲突工作,重点注意边界安全、阻止资助恐怖主义行为和反洗钱,并要求至迟在本决议通过 6 个月后提交这一报告;

22. 回顾在安理会第 2178(2014)号决议中分析支助和制裁监测组与联合国所有相关反恐机构密切合作,在 180 天内向第 1267(1999)和第 1989(2011)号决议所设委员会报告被伊黎伊斯兰国、胜利阵线和与"基地"组织有关联的所有团体、企业和实体招募入伍或加入它们的外国恐怖主义作战人员构成的威胁,重申这一报告还应重点阐述外国恐怖主义作战人员加入 1267"基地"组织制裁名单开列的所有恐怖主义团体和与之合作的趋势,包括口头向委员会通报在非洲活动的这些作战人员的情况,并由委员会在下一次反恐事项定期情况通报会上向安理会通报这一情况。

第 2199 (2015) 号决议

（安全理事会 2015 年 2 月 12 日第 7379 次会议通过）

安全理事会,

重申根据《联合国宪章》,它负有维护国际和平与安全的首要责任,

重申,一切形式和表现的恐怖主义都是对国际和平与安全的最严重威胁之一,任何恐怖主义行为,不论其动机为何,在何地、何时发生,由何人所为,都是不可开脱的犯罪行为,

重申需要根据《联合国宪章》和国际法,包括适用的国际人权法、难民法和人道主义法,采取一切手段消除恐怖行为对国际和平与安全造成的威胁,并为此强调联合国在领导和协调这一努力方面的重大作用,

强调制裁是《联合国宪章》规定的一个维护与恢复国际和平与安全、包括反对恐怖主义的重要工具,着重指出必须把各项有关决议,尤其是安全理事会第 1267 (1999) 和 1989 (2011) 号决议作为主要的反恐工具,迅速和有效地加以执行,

回顾第 1267 (1999)、第 1989 (2011)、第 2161 (2014)、第 2170 (2014) 和第 2178 (2014) 号决议和 2014 年 7 月 28 日和 2014 年 11 月 19 日安理会主席声明,包括安理会表示打算考虑另外采取措施,制止伊拉克和黎凡特伊斯兰国(伊黎伊斯兰国,又称为"达伊沙")、胜利阵线和其他所有与"基地"组织有关联的个人、团体、企业和实体买卖石油,为恐怖主义提供资金,

确认金融机构在制止伊黎伊斯兰国、胜利阵线和其他所有与"基地"组织有关联的个人、团体、企业和实体方面发挥重要作用,还强调需要采用把多层面战略与会员国采取的国家行动结合起来的综合性做法来全面遏制伊黎伊斯兰国和胜利阵线,

重申伊拉克共和国和阿拉伯叙利亚共和国的独立、主权、统一和领土完整,进一步重申《联合国宪章》的宗旨和原则,

还重申不能也不应将恐怖主义与任何宗教、国籍或文明联系起来,

强调只有所有国家、国际组织和区域组织积极参与和协作,持久采取全面对策来遏止、削弱、孤立恐怖主义威胁并使其丧失能力,才能战胜恐怖主义,

为此,深为赞赏阿拉伯联盟 7804

号决议(2014 年 9 月 7 日)、巴黎声明(2014 年 9 月 15 日)、金融行动任务组关于阻止资助伊黎伊斯兰国的声明(2014 年 10 月 24 日)和关于阻止资助恐怖主义的麦纳麦声明(2014 年 11 月 9 日),

重申第 1373(2001)号决议,特别重申安理会决定所有国家都应防止和打击资助恐怖行动的行为,不向参与恐怖行为的实体或人提供任何形式的支助,无论是积极还是消极的支助,包括制止招募恐怖主义团体成员和阻止为恐怖分子供应武器,

确认非常需要培养会员国的反恐能力和打击资助恐怖主义行为的能力,

再次深感关切的是,伊黎伊斯兰国、胜利阵线,可能还有与"基地"组织有关联的其他个人、团体、企业和实体控制的油田和相关基础设施以及水坝和发电厂等其他基础设施正为它们提供很大一部分收入,同时还有敲诈勒索获得的款项、国外私人捐款、绑架赎金和从其控制的领土上窃取的资金,这些资金协助它们的招募工作,加强它们组织和进行恐怖袭击的行动能力,

最强烈地谴责绑架妇女和儿童的行为,对伊黎伊斯兰国、胜利阵线和其他与"基地"组织有关联的个人、团体、企业和实体以包括强奸、性虐待、强迫婚姻在内的形式剥削和虐待妇女和儿童表示愤怒,鼓励所有掌握证据的国家和非国家行为体提请安理会注意这些证据,并提供实施侵害者通过贩运人口活动获取资金的信息,

重申会员国有义务立即冻结那些实施、试图实施、参与或协助恐怖行为的个人、这些人直接或间接拥有或控制的实体、代表这些人和实体或按其指示行事的个人或实体的资金、其他金融资产或经济资源,包括这些人以及相关个人和实体直接或间接拥有或控制的财产产生或赚取的资金,

表示关切有人向伊黎伊斯兰国、胜利阵线和与"基地"组织有关联的其他个人、团体、企业和实体提供石油、石油产品、模块化炼油厂和相关物资等经济资源以及其他自然资源,其中包括黄金、银和铜等贵金属、钻石和其他资产,指出直接或间接向伊黎伊斯兰国和胜利阵线买卖这些物资可违反第 2161(2014)号决议规定的义务,

提醒所有国家,它们有义务确保将资助、策划或筹备恐怖行为或支持恐怖行为的人绳之以法,

重申第 2133(2014)号决议,再次指出向恐怖团体支付赎金是一个收入来源,有助于这些团体进行招募,加强它们组织和进行恐怖袭击的行动能力并鼓励它们今后进行绑架以索取赎金,

表示关切在日益全球化的社会中,恐怖分子及其支持者越来越多地利用新的信息和通信技术,特别是互联网,来协助开展恐怖活动,并利用它们进行煽动、招募、筹资或筹划恐怖行动,

严重关切伊黎伊斯兰国越来越多

地绑架和杀害人质,谴责这些令人发指的卑鄙谋杀行为,因为它们表明恐怖主义是影响到全人类和影响到所有地区、所有宗教或信仰的人的一大祸害,

欢迎分析支助和制裁监测组 2014 年 11 月 14 日公布了关于伊黎伊斯兰国和胜利阵线的报告,注意到报告的建议,

关切地注意到伊黎伊斯兰国、胜利阵线和其他所有与"基地"组织有关联的个人、团体、企业和实体继续对国际和平与安全构成威胁,重申安理会决心在所有方面应对这一威胁,

根据《联合国宪章》第七章采取行动:

买卖石油

1. 谴责直接或间接同伊黎伊斯兰国、胜利阵线和委员会根据第 1267 (1999) 和第 1989 (2011) 号决议指认的与"基地"组织有关联的其他个人、团体、企业和实体进行交易,特别是买卖石油和石油产品、模块化炼油厂和相关物资,重申这种交易是为这些个人、团体、企业和实体提供支持,并可导致委员会对名单进行增列;

2. 重申第 2161 (2014) 号决议规定各国要确保本国国民或本国领土内的人不直接或间接向伊黎伊斯兰国、胜利阵线和其他所有与"基地"组织有关联的个人、团体、企业和实体提供资产或经济资源,指出这一义务适用于

石油、精炼石油产品、模块化炼油厂和相关物资;

3. 重申第 2161 (2014) 号决议要求各国毫不拖延地冻结伊黎伊斯兰国、胜利阵线和其他与"基地"组织有关联的个人、团体、企业和实体的资金和其他金融资产或经济资源,包括由它们或由代表它们或按它们的指示行事的人直接间接拥有或控制的财产衍生的资金;

4. 重申第 2161 (2014) 号决议要求各国确保本国国民或本国领土内的人不向伊黎伊斯兰国、胜利阵线和其他与"基地"组织有关联的个人、团体、企业和实体提供为它们所用的资金、其他金融资产或经济资源;

5. 回顾,向列入名单的个人或实体提供的或为其所用的资金和其他金融资产或经济资源不一定由其直接持有,还回顾各国在查找这些资金和财物时应注意列入名单者间接拥有或控制的财产可能不是清晰可见的;

6. 确认经济资源包括石油、石油产品、模块化炼油厂和相关物资,其他自然资源和其他不是资金形式但可用于获取资金、物品或服务的资产;

7. 因此强调安全理事会第 2161 (2014) 号决议规定各国要立即冻结本国领土上的伊黎伊斯兰国、胜利阵线和其他与"基地"组织有关联的个人、团体、企业和实体的资金、其他金融资产和经济资源,包括由它们或代表它们或按其指示行事的人拥有或控制的石油、石油产品、模块化炼油厂和相关

物资和其他自然资源,以及这些经济资源产生的资金或可转让财物;

8. 认识到需要采取措施防止和制止为恐怖主义、恐怖主义个人和恐怖组织提供资助,包括通过有组织犯罪、特别是非法生产和贩运毒品及其化学前体获得的收入,并认识到必须继续为此目的开展国际合作;

9. 强调各国要确保本国国民和本国领土内的人不直接或间接向伊黎伊斯兰国、胜利阵线和其他与"基地"组织有关联的个人、团体、企业和实体提供:经查是提供给它们、为它们收取或以其他方式为其所用的资金、其他金融资产和经济资源,包括石油、石油产品、模块化炼油厂和相关物资和其他自然资源,以及这些经济资源产生的资金或可转让财物;

10. 表示关切离开或进入有伊黎伊斯兰国、胜利阵线或其他与"基地"组织有关联的团体、企业和实体活动地区的车辆,包括飞机、轿车、卡车和油罐车可被这些实体或为这些实体用来运送石油和石油产品、模块化炼油厂和相关物资、现金和其他贵重物品,包括贵金属等自然资源和黄金、银、铜和钻石等矿物,以及粮食、牲畜、机械、电子产品和香烟,运到国际市场上出售,换取武器,或用于违反第 2161(2014)号决议第 1 段中的资产冻结或武器禁运的其他用途,鼓励会员国根据国际法采取适当步骤,防止和阻止那些违反第 2161(2014)号决议第 1 段中的资产冻结或武器禁运的活动;

11. 重申,所有国家应确保将任何参加资助、筹划、筹备或实施恐怖行为或支持恐怖行为的人绳之以法,确保国内法和法规将这些行为视为重大刑事罪,并确保按这些恐怖行为的严重性进行适当惩处,强调提供支助的形式可以是向伊黎伊斯兰国、胜利阵线和其他所有与"基地"组织有关联的个人、团体、企业和实体买卖石油和石油精炼产品、模块化炼油厂和相关物资;

12. 决定会员国应在从本国领土上截获要交给伊黎伊斯兰国或胜利阵线或从它们那里接手过来的石油、石油产品、模块化炼油厂和相关物资后30 天内通知 1267/1989 委员会,促请会员国向委员会报告因此类活动对个人和实体提出起诉的结果;

13. 鼓励本国有个人和实体同伊黎伊斯兰国、胜利阵线或其他所有与"基地"组织有关联的团体、企业和实体进行相关石油买卖活动的会员国向委员会提交列名申请,指示 1267/1989"基地"组织制裁委员会立即考虑指认那些同伊黎伊斯兰国、胜利阵线和其他所有与"基地"组织有关联的个人、团体、企业和实体进行买卖石油的相关活动的个人和实体;

14. 促请会员国加强国际、区域和次区域合作,包括进一步交流信息,查明伊黎伊斯兰国和胜利阵线使用的走私路线,并促请会员国考虑提供技术援助和能力建设,帮助其他会员国阻止伊黎伊斯兰国、胜利阵线和其他与"基地"组织有关联的个人、团体、企业和实体走私石油和石油产品、模块化炼油厂和相关物资；

文化遗产

15. 谴责毁坏伊拉克和叙利亚的文化遗产的行为，特别是伊黎伊斯兰国和胜利阵线的此种行为，无论这种毁坏是有意还是无意的，包括有针对性地毁坏宗教场所和物品的行为；

16. 关切地注意到伊黎伊斯兰国、胜利阵线或其他与"基地"组织有关联的个人、团体、企业和实体正通过直接或间接在伊拉克和叙利亚的考古场地、博物馆、图书馆、档案馆和其他地方抢劫和走私文化遗产物品获取收入，用以协助它们的招募工作，加强它们组织和进行恐怖袭击的行动能力；

17. 重申安理会第 1483（2003）号决议第 7 段中的决定，决定所有会员国都应采取适当步骤，防止买卖 1990 年 8 月 6 日后从伊拉克和 2011 年 3 月 15 日后从叙利亚非法流出的伊拉克和叙利亚文化财产和其他具有考古、历史、文化、珍稀、科学和宗教意义的物品，包括禁止越境买卖这些物品，以便把这些物品最终安全交还伊拉克和叙利亚人民，促请联合国教育、科学及文化组织、国际刑警组织和其他国际组织酌情协助执行本段；

绑架索赎和境外捐款

18. 再次谴责伊黎伊斯兰国、胜利阵线和其他所有与"基地"组织有关联的个人、团体、企业和实体为任何目的、包括为筹集资金或赢得政治让步而制造的绑架和劫持人质事件，表示决心根据适用的国际法，防止恐怖团体绑架和劫持人质，在不支付赎金或作出政治让步的情况下谋求人质安全获释；

19. 重申第 2161（2014）号决议第 1（a）段的规定适用于向制裁"基地"组织名单所列个人、团体、企业或实体支付的赎金，不论赎金是如何支付的，也无论支付人是谁，强调这一义务对伊黎伊斯兰国和胜利阵线适用，促请所有会员国鼓励私营伙伴通过或采用相关准则和良好做法，以防止和应对恐怖主义绑架而不支付赎金；

20. 再次促请所有会员国防止恐怖分子直接或间接得益于支付的赎金或作出的政治让步，并使人质安全获释，重申所有会员国都需要在恐怖团体绑架和劫持人质期间密切开展合作；

21. 严重关切有报道称境外捐款继续流入伊黎伊斯兰国、胜利阵线和其他与"基地"组织有关联的个人、团体、企业和实体手中，回顾所有会员国都必须履行自己的义务，确保本国国民和本国领土内的人不捐款给委员会指认的个人和实体或那些代表被指认实体或按其指示行事的人和实体；

22. 强调，个人和实体的捐款在伊黎伊斯兰国和胜利阵线的发展和维持过程中发挥了作用，会员国有义务确保本国国民和本国领土内的人不向这些恐怖团体和其他与"基地"组织有关联的个人、团体、企业和实体提供这种支持，敦促会员国直接通过提高国际金融系统的警觉性和与本国的非盈利组织和慈善组织进行合作来处理这一问题，确保慈善捐款不流入伊黎伊斯兰国、胜利阵线或其他与"基地"组织有关联的个人、团体、企业和实体手中；

银行业务

23. 敦促会员国采取步骤，确保本国领土内的金融机构防止伊黎伊斯兰国、胜利阵线或其他与"基地"组织有关联的个人、团体、企业和实体进入国际金融体系；

武器和相关物资

24. 重申安理会决定，各国应阻止从本国境内、或由境外本国国民、或使用悬挂本国国旗的船只或飞机向伊黎伊斯兰国、胜利阵线或其他所有与"基地"组织有关联的个人、团体、企业和实体直接或间接供应、销售或转让军火和各种相关物资，包括武器和弹药、军用车辆和装备、准军事装备及上述物资的备件，以及与军事活动有关的技术咨询、援助或培训，并重申安理会呼吁各国寻找途径，加强和加快军火贩运活动信息的交流，在国家、次区域、区域和国际各级加强工作的协调；

25. 表示关切所有各类武器和相关物资、尤其是便携式地对空导弹扩散，落入伊黎伊斯兰国、胜利阵线或其他所有与"基地"组织有关联的个人、团体、企业和实体手中，可能对区域和国际和平与安全产生影响，并在有些情况下阻碍反恐工作；

26. 提醒会员国，它们有义务根据第2161(2014)号决议第1(c)段，防止直接和间接地向列入名单的个人和实体，包括伊黎伊斯兰国和胜利阵线，供应、销售或转让武器和所有各类相关物资；

27. 促请所有国家考虑采取适当措施，防止转让所有武器和所有各类相关物资、特别是便携式地对空导弹，如果有合理理由怀疑伊黎伊斯兰国、胜利阵线或其他与"基地"组织有关联的个人、团体、企业和实体将会获得这些武器和相关物资；

资产冻结

28. 重申安全理事会第2161(2014)号决议第1段(a)的规定适用于每一类金融和经济资源，其中包括但不限于用来提供互联网托管服务或相关服务，以支持"基地"组织和"基地"组织制裁名单上的其他个人、团体、企业或实体的资源；

提交报告

29. 促请会员国在120天内向委员会报告它们为遵守本决议规定措施

而采取的措施;

30. 请分析支助和制裁监测组与其他联合国反恐机构密切合作,在 150 天内评估这些新措施产生的影响,向第 1267(1999)和第 1989(2011)号决议设立的委员会提交报告,并在此后在提交给委员会的报告中报告这些新措施的影响,以跟踪执行工作的进展,找出并非本意的后果和未预料到的挑战,以便于根据需要进一步进行调整,还请第 1267(1999)和第 1989(2011)号决议设立的委员会在定期向安理会口头通报委员会和监测组整个工作情况时,介绍本决议的执行情况;

31. 决定继续积极处理此案。

第 2214(2015) 号决议

（安全理事会 2015 年 3 月 27 日第 7420 次会议通过）

安全理事会，

回顾第 1267（1999）、第 1373（2001）、第 1624（2005）、第 1989（2011）、第 2161（2014）、第 2170（2014）、第 2174（2014）、第 2178（2014）、第 2195（2014）和第 2199（2015）号决议和各项相关主席声明，

重申根据《联合国宪章》，它负有维护国际和平与安全的首要责任，

重申一切形式和表现的恐怖主义是对国际和平与安全的最严重威胁之一，任何恐怖行为，不论其动机为何、在何时发生、何人所为，都是不可开脱的犯罪行为，并继续决心进一步推动提高全球消除这一祸害的总体努力的效力，

重申需要根据《联合国宪章》和国际法，采取一切手段消除恐怖行为对国际和平与安全的威胁，并为此强调联合国在领导和协调这项工作方面的重大作用，

确认发展、安全和人权相辅相成，对于有效和全面的反恐方法至关重要，强调应把确保可持续和平与安全作为反恐战略的一项具体目标，

重申不能也不应将恐怖主义与任何宗教、国籍或文明联系起来，

强调制裁是《联合国宪章》规定的一个维护与恢复国际和平与安全、包括反对恐怖主义的重要工具，着重指出必须把各项有关决议，尤其是安全理事会第 1267（1999）和 1989（2011）号决议作为主要的反恐工具，迅速和有效地加以执行，

重申第 1373（2001）号决议，特别重申安理会决定所有国家都应防止和打击为恐怖行动提供资助的行为，不向参与恐怖行为的实体或人提供任何形式的支助，不管是积极还是消极的支助，包括制止招募恐怖主义团体的成员，并制止向恐怖分子提供武器，

认识到非常需要建立会员国反恐和阻止资助恐怖分子的能力，

重申决心根据《联合国宪章》和国际法，采用一切手段在所有地方清除伊拉克和黎凡特伊斯兰国（伊黎伊斯兰国，亦称为"达伊沙"）的行动对国际和平与安全构成的威胁，敦促所有会员国积极为此开展合作，

严重关切利比亚境内宣布效忠伊

黎伊斯兰国的恐怖团体不断增加，

严重关切伊黎伊斯兰国、宣誓效忠伊黎伊斯兰国的团体、班加西安萨尔旅和德尔纳安萨尔旅（下文统称安萨尔旅）和在利比亚境内活动的其他所有与"基地"组织有关联的个人、团体、企业和实体，并严重关切它们的存在、暴力极端主义思想和行动对利比亚、邻近国家和该区域的稳定产生不利影响，包括给平民带来巨大人道主义后果，

斥责伊黎伊斯兰国、效忠伊黎伊斯兰国的团体、安萨尔旅和在利比亚境内活动的其他所有与"基地"组织有关联的个人、团体、企业和实体的恐怖行为，包括最近残暴和卑劣地在谢尔特绑架和杀害数十名埃及公民和在戈巴杀害利比亚平民的行为，

严重关切利比亚和该区域的外国恐怖主义参战人员形成的威胁极为严重和不断增加，致使利比亚的冲突更为激烈，时间更长和更难解决，严重威胁到他们的原籍国、过境国和前往国，并威胁到安全负担沉重的利比亚邻国，

认识到要应对外国恐怖主义参战人员带来的威胁，就要全面消除造成威胁的基本因素，包括防止从激进到皈依恐怖主义，制止招募活动，禁止外国恐怖主义参战人员旅行，切断对外国恐怖主义参战人员的资助，反对助长恐怖主义的暴力极端主义，反对出于极端主义或不容忍而煽动恐怖主义行为，促进政治和宗教容忍，促进经济发展和社会和谐与包容，停止和解决武装冲突，协助重返社会和恢复正常生活，

严重关切地注意到伊拉克和黎凡特伊斯兰国、安萨尔旅和在利比亚，包括利比亚南部活动的其他所有与"基地"组织有关联的个人、团体、企业和实体继续对国际和平与安全构成威胁，重申安理会决心在所有方面应对这一威胁，

关切在日益全球化的社会中，恐怖分子及其支持者越来越多地用新的信息和通信技术，特别是互联网来进行招募和煽动恐怖行为，

赞扬联合国秘书长特别代表作出努力，协助用政治途径解决利比亚的政治和安全危机，

重申对利比亚的主权、独立、领土完整和国家统一的坚定承诺：

1. 谴责伊黎伊斯兰国、效忠伊黎伊斯兰国的团体、安萨尔旅和在利比亚境内活动的其他所有与"基地"组织有关联的个人、团体、企业和实体的恐怖行为，为此强调需要采用综合方法来全面打击它们；

2. 强调必须全面执行安全理事会第 1267（1999）、第 1373（2001）、第 1624（2005）、第 1989（2011）、第 2161（2014）、第 2170（2014）、第 2174（2014）、第 2178（2014）、第 2195（2014）和第 2199（2015）号决议，包括关于伊黎伊斯兰国、效忠伊黎伊斯兰国的团体、安萨尔旅和在利比亚境内活动的其他所有与"基地"组织有关联

的个人、团体、企业和实体的决议；

3. 敦促会员国根据《联合国宪章》和国际法，采用一切手段消除恐怖行为，包括伊黎伊斯兰国、效忠伊黎伊斯兰国的团体、安萨尔旅和在利比亚境内活动的其他所有与"基地"组织有关联的个人、团体、企业和实体的恐怖行为，对国际和平与安全构成的威胁；

4. 鼓励会员国向第 1267（1999）和第 1989（2011）号决议所设委员会提交申请，以便把为伊黎伊斯兰国、安萨尔旅和在利比亚境内活动的其他所有与"基地"组织有关联的个人、团体、企业和实体提供支持的个人和实体列入名单，还鼓励委员会迅速考虑另外指认为伊黎伊斯兰国、安萨尔旅和利比亚境内其他被列入名单的实体提供支持的个人和实体；

5. 表示坚定决心考虑根据第 2161（2014）号决议，把与在利比亚境内活动的伊黎伊斯兰国、安萨尔旅和"基地"组织有关联的、为其提供资金、武器和为其谋划或招人，包括通过采用互联网、社交媒体在内的信息和通信技术或其他方式这样做的个人、团体、企业和实体，列入名单；

6. 重申，会员国必须确保任何打击恐怖主义的措施都符合国际法尤其是国际人权法、难民法和人道主义法为其规定的所有义务，特别指出有效的反恐措施与对人权、基本自由和法治的尊重，是互为补充和相辅相成的，是成功开展反恐工作的一个重要部分，并指出尊重法治以有效防止和打

击恐怖主义的重要性，指出不遵守这些义务和其他国际义务，包括《联合国宪章》规定的义务，是激进主义增加的一个助长因素，令人感到有罪可不受惩罚；

7. 促请第 1970（2011）号决议第 24 段所设委员会迅速审议根据第 2174（2014）号决议第 8 段提出的关于向利比亚政府移交或供应武器和相关物资、包括相关弹药和配件以供其正规军队使用的申请，以打击伊黎伊斯兰国、效忠伊黎伊斯兰国的团体、安萨尔旅和在利比亚境内活动的其他所有与"基地"组织有关联的个人、团体、企业和实体，敦促有关国家就这一申请提供相关信息；

8. 强调必须向利比亚政府提供支持和援助，包括为其提供必要的安全和能力建设援助；

9. 促请会员国在必要时，酌情在接到请求后适当帮助培养其他会员国的能力，以应对伊黎伊斯兰国、效忠伊黎伊斯兰国的团体、安萨尔旅和在利比亚境内活动的其他所有与"基地"组织有关联的个人、团体、企业和实体，欢迎并鼓励会员国提供双边援助，帮助培养国家、次区域或区域的这种能力；

10. 表示大力支持利比亚政府努力打击伊黎伊斯兰国、效忠伊黎伊斯兰国的团体、安萨尔旅和在利比亚境内活动的其他所有与"基地"组织有关联的个人、团体、企业和实体，支持在接获利比亚政府要求时为其提供援助的国际社会成员；

11. 确认非洲联盟、阿拉伯国家联盟和利比亚的邻国在寻找和平解决利比亚危机办法方面发挥重要作用,赞扬它们努力应对伊黎伊斯兰国、效忠伊黎伊斯兰国的团体、安萨尔旅和在利比亚境内活动的其他所有与"基地"组织有关联的个人、团体、企业和实体对国际和平与安全的威胁;

12. 表示支持联合国主导的利比亚政府与利比亚各方之间放弃暴力的政治对话,促请它们积极配合秘书长特别代表的举措,以组建一个民族团结政府,并赞扬它们继续参加这一对话;

13. 指示第 1267(1999)和 1989(2011)号决议所设委员会的分析支助和制裁监测组在 180 天内提交报告,并在 90 天内口头向第 1267(1999)号决议所设委员会初步通报情况,报告伊黎伊斯兰国、安萨尔旅和在利比亚境内活动的其他所有与"基地"组织有关联的个人、团体、企业和实体构成的恐怖威胁和它们的武器来源、资金、招募工作、人员情况和它们与该区域的恐怖主义网络的联系,并就另外采取哪些行动来消除这一威胁提出建议,请委员会主席在委员会对报告进行讨论后向安全理事会通报其主要结论;

14. 决定继续积极处理此案。

第 2249（2015）号决议

（安全理事会 2015 年 11 月 20 日第 7565 次会议通过）

安全理事会，

重申其第 1267（1999）、第 1368（2001）、第 1373（2001）、第 1618（2005）、第 1624（2005）、第 2083（2012）、第 2129（2013）、第 2133（2014）、第 2161（2014）、第 2170（2014）、第 2178（2014）、第 2195（2014）、第 2199（2015）和第 2214（2015）号决议和各项相关主席声明，

重申《联合国宪章》的宗旨和原则，

重申安理会根据《联合国宪章》的宗旨和原则，尊重所有国家的主权、领土完整、独立和统一，

重申，一切形式和表现的恐怖主义都是对国际和平与安全的最严重威胁之一，任何恐怖主义行为，不论其动机为何，在何地、何时发生，由何人所为，都是不可开脱的犯罪行为，

认定伊拉克和黎凡特伊斯兰国（伊黎伊斯兰国，亦称为"达伊沙"）是国际和平与安全面临的前所未有的全球性威胁，因为它奉行暴力极端主义思想，实施恐怖主义行为，继续系统广泛地肆意袭击平民，践踏人权和违反国际人道主义法（包括以宗教或族裔为由进行侵权违法），毁灭文化遗产和贩运文化财产，控制伊拉克和叙利亚相当一部分地域和自然资源，招募和训练外国恐怖主义作战人员，威胁到所有区域和会员国，甚至是远离冲突地区的区域和会员国，

重申胜利阵线和其他所有与"基地"组织有关联的个人、团体、企业和实体也对国际和平与安全构成威胁，

决心采取一切手段打击国际和平与安全面临的这一前所未有的威胁，

注意到伊拉克当局在 2014 年 6 月 25 日和 2014 年 9 月 20 日的信中表示，"达伊沙"在伊拉克境外建立了庇护所，直接威胁到伊拉克人民和领土安全，

回顾会员国必须确保为反恐采取的任何措施都符合国际法，尤其是国际人权法、难民法和人道主义法为其规定的所有义务，

重申如果叙利亚冲突得不到政治解决，局势会继续进一步恶化，强调必须执行其第 2118（2013）号决议附件二认可的 2012 年 6 月 30 日日内瓦公报、

2015年10月30日在维也纳发表的关于叙利亚问题多边谈判成果的联合声明和叙利亚国际支持小组（叙利亚小组）2015年11月14日的声明：

1. 最强烈地断然谴责亦称为"达伊沙"的伊黎伊斯兰国2015年6月26日在苏塞、2015年10月10日在安卡拉、2015年10月31日在西奈、2015年11月12日在贝鲁特和2015年11月13日在巴黎发动的可怕恐怖主义袭击和亦称为"达伊沙"的伊黎伊斯兰国发动的其他所有袭击，包括绑架人质和杀戮，注意到它有能力并打算再发动袭击，认为所有这些恐怖主义行为威胁国际和平与安全；

2. 向上述袭击的受害者及其家属，向突尼斯、土耳其、俄罗斯联邦、黎巴嫩和法国人民和政府，向本国公民在这些袭击中遭到攻击的其他所有国家的政府，并向其他所有恐怖主义的受害者，表示最深切的同情和慰问；

3. 还最强烈地谴责亦称为"达伊沙"的伊黎伊斯兰国继续系统和广泛地严重践踏人权，违反人道主义法，野蛮毁坏和抢掠文化遗产；

4. 重申，必须追究那些有恐怖主义、违反国际人道主义法或践踏人权行为的人或应对这些行为负责的人的责任；

5. 促请有能力的会员国根据国际法，特别是《联合国宪章》、国际人权法、难民法和人道主义法，在叙利亚和伊拉克境内受亦称为"达伊沙"的伊黎伊斯兰国控制的领土上，采取一切必要措施，加倍作出努力并进行协调，特别防止和打击亦称为"达伊沙"的伊黎伊斯兰国和胜利阵线的恐怖主义行为，防止和打击与"基地"组织有关联的其他所有个人、团体、企业和实体的恐怖主义行为，防止和打击根据叙利亚国际支持小组（叙利亚小组）11月14日的声明由联合国安全理事会指认的并由叙利亚国际支持小组（叙利亚小组）另外商定和得到联合国安全理事会认可的其他恐怖团体的恐怖主义行为，摧毁它们在伊拉克和叙利亚相当多的地方建立的庇护所；

6. 敦促会员国加紧努力，阻止外国恐怖主义作战人员前往伊拉克和叙利亚，防止和打击资助恐怖主义行为，敦促所有会员国继续全面执行上述各项决议；

7. 表示打算迅速更新1276委员会的制裁名单，以便更好地反映亦称为"达伊沙"的伊黎伊斯兰国构成的威胁；

8. 决定继续处理此案。

第 2253(2015)号决议

(安全理事会 2015 年 12 月 17 日第 7587 次会议通过)

安全理事会,

回顾其第 1267(1999)、第 1333(2000)、第 1363(2001)、第 1373(2001)、第 1390(2002)、第 1452(2002)、第 1455(2003)、第 1526(2004)、第 1566(2004)、第 1617(2005)、第 1624(2005)、第 1699(2006)、第 1730(2006)、第 1735(2006)、第 1822(2008)、第 1904(2009)、第 1988(2011)、第 1989(2011)、第 2083(2012)、第 2133(2014)、第 2170(2014)、第 2178(2014)、第 2195(2014)、第 2199(2015)、第 2214(2015)和第 2249(2015)号决议,

重申一切形式和表现的恐怖主义都是对和平与安全的最严重威胁之一,任何恐怖主义行为,不论其动机为何,在何时何地发生,何人所为,都是不可开脱的犯罪行为,再次断然谴责伊拉克和黎凡特伊斯兰国(伊黎伊斯兰国,又称"达伊沙")、"基地"组织以及相关个人、团体、企业和实体不断多次犯下恐怖主义罪行,其目的是造成无辜平民和其他受害者死亡,财产损毁,严重破坏稳定,

确认恐怖主义对国际和平与安全构成威胁,要消除这一威胁,就要在尊重国际法和《联合国宪章》的基础上,在国家、区域和国际各级集体作出努力,

重申不能也不应将恐怖主义与任何宗教、国籍或文明联系起来,

表示严重关注中东和北非和其他地区有伊黎伊斯兰国、"基地"组织以及它们的附属者的人员、暴力极端主义思想和行动,

重申安理会根据《联合国宪章》尊重所有国家的主权、领土完整和政治独立,

回顾 2013 年 1 月 15 日(S/PRST/2013/1)、2014 年 7 月 28 日(S/PRST/2014/14)、2014 年 11 月 19 日(S/PRST/2014/23)、2015 年 5 月 29 日(S/PRST/2015/11)和 2015 年 7 月 28 日(S/PRST/2015/14)关于恐怖行为对国际和平与安全造成的威胁的安全理事会主席声明,

重申需要根据《联合国宪章》和国际法,包括适用的国际人权法、国际难

民法和国际人道主义法,采取一切手段抗击恐怖行为对国际和平与安全造成的威胁,并为此强调联合国在领导和协调这项努力方面的重大作用,

确认发展、安全和人权相辅相成,对于采用全面有效的反恐方法至关重要,着重指出,实现可持续的和平与安全应是反恐战略的一个特定目标,

重申第 1373(2001)号决议,特别重申安理会决定所有国家都应防止和打击为恐怖行动提供资助的行为,不向参与恐怖行为的实体或个人提供任何形式的支助,不管是积极还是消极的支助,包括制止招募恐怖主义团体的成员,并制止向恐怖分子提供武器,

强调只有采取持久、全面的对策,并有所有国家、国际组织和区域组织的积极参与和协作,以遏止、削弱、孤立恐怖主义威胁并使其丧失能力,才能战胜恐怖主义,

强调制裁是《联合国宪章》规定的维护和恢复国际和平与安全的重要手段之一,在这方面强调,需要大力执行本决议第 2 段所述措施,将其作为打击恐怖活动的重要工具,

回顾伊黎伊斯兰国是"基地"组织的一个分化团体,还回顾任何支持伊黎伊斯兰国或"基地"组织的个人、团体、企业或实体都可以被列入名单,

谴责伊黎伊斯兰国最近在世界各地频繁实施恐怖袭击,造成大量伤亡,认识到有必要采取制裁措施以表明当前的威胁,回顾第 2249(2015)号决议第 7 段,

提醒所有国家注意,它们有义务对第 1267(1999)、第 1333(2000)、第 1989(2011)、第 2083(2012)和第 2161(2014)号决议编制的名单[此处和下文称"伊黎伊斯兰国('达伊沙')和'基地'组织制裁名单"]上的所有个人、团体、企业和实体采取第 2 段所述措施,而不论这些个人、团体、企业或实体的国籍或所在地为何,

敦促所有会员国积极参与维持和更新伊黎伊斯兰国("达伊沙")和"基地"组织制裁名单,提供关于现有列名的补充信息,酌情提出除名请求,查明应受本决议第 2 段所述措施制裁的其他个人、团体、企业和实体并提交名字供列入名单,

提醒第 1267(1999)和第 1989(2011)号决议所设委员会("委员会")迅速逐案将不再符合本决议所述列名标准的个人和实体除名,欢迎改进委员会的程序和伊黎伊斯兰国("达伊沙")和"基地"组织制裁名单的格式,表示打算继续努力确保这些程序是公平和明确无误的,认识到会员国根据本决议第 2 段采取措施时面临法律及其他挑战,

确认必须培养会员国打击恐怖主义和打击资助恐怖分子行为的能力,

欢迎根据第 1904(2009)号决议设立监察员办公室并在第 1989(2011)、第 2083(2012)和第 2161(2015)号决议中加强了监察员的任务规定,注意到监察员办公室在加强

公平性和透明度方面作出重大贡献，回顾安全理事会坚定承诺，将确保监察员办公室能够继续根据任务规定有效发挥作用，

欢迎监察员向安全理事会提交半年期报告，包括 2011 年 1 月 21 日、2011 年 7 月 22 日、2012 年 1 月 20 日、2012 年 7 月 30 日、2013 年 1 月 31 日、2013 年 7 月 31 日、2014 年 1 月 31 日、2014 年 7 月 31 日和 2015 年 2 月 2 日提交的报告，

欢迎委员会与国际刑警组织、联合国毒品和犯罪问题办公室（尤其是在技术援助和能力建设方面）以及所有其他联合国机构持续开展合作，大力鼓励进一步与联合国反恐怖主义执行工作队（反恐执行队）进行互动，以确保联合国系统反恐工作的整体协调一致，

回顾第 2199（2015）和第 2133 号（2014）号决议强烈谴责恐怖团体为任何目的、包括为筹集资金或赢得政治让步而实施的绑架和劫持人质，表示决心根据适用的国际法，防止恐怖团体绑架和劫持人质，在不支付赎金或作出政治让步的情况下谋求人质安全获释；再次促请所有会员国防止恐怖分子直接或间接得益于支付的赎金或作出的政治让步，并使人质安全获释，重申所有会员国都需要在恐怖团体绑架和劫持人质期间密切开展合作；欢迎全球反恐怖主义论坛在 2015 年 9 月通过了《关于防止和不让恐怖分子通过绑架索赎获益的良好做法的阿尔及尔备忘录增编》，

严重关切伊黎伊斯兰国、"基地"组织以及相关个人、团体、企业和实体继续通过参与跨国有组织犯罪获益，表示关切在一些地区中，恐怖分子通过跨国有组织犯罪受益，包括通过贩运武器、人口、毒品和文物和通过非法买卖自然资源，其中包括黄金和其他贵金属和宝石、矿物、野生物、木炭和石油，以及通过绑架以索取赎金和其他犯罪行为，包括进行敲诈和抢劫银行，

认识到需要采取措施防止和制止资助恐怖主义、恐怖主义组织和恐怖分子，即便它与某一具体恐怖行为无关，包括使用通过有组织犯罪、特别是非法生产和贩运毒品及其化学前体获得的收入，并回顾第 1452（2002）号决议第 5 段，

认识到会员国要防止非政府组织、非营利组织和慈善组织被恐怖分子利用或被用来帮助恐怖分子，促请非政府组织、非营利组织和慈善组织酌情防止和反对恐怖分子试图利用其地位，同时回顾必须充分尊重民间社会个人的表达自由和结社自由以及宗教或信仰自由的权利，并欢迎金融行动任务组发布了相关的最新《最佳做法文件》，以便用妥善、基于风险的方式执行有关防止恐怖分子利用非营利部门的国际标准，

回顾安理会决定会员国应切断恐怖分子的小武器和轻武器等各类武器的供应，而且促请各国想方设法加紧

和加速交换有关武器贩运活动的信息,加强国家、次区域、区域和国际各级的协调工作,

表示关切在日益全球化的社会中,恐怖分子及其支持者越来越多地利用新的信息和通信技术,特别是互联网,来协助开展恐怖活动,谴责用这些技术进行煽动、招募、筹资或筹划恐怖行动,

表示关切世界各地都有人应招加入伊黎伊斯兰国、"基地"组织和相关团体,且这一现象较普遍,回顾第2178号(2014)决议决定,会员国应根据国际人权法、国际难民法和国际人道主义法,防止和制止招募、组织、运送或装备外国恐怖主义战斗人员以及资助他们的旅行和活动,

重申会员国在掌握可靠情报有合理理由认为有人为参与第2178(2014)号决议第6段所述的、与外国恐怖主义战斗人员有关的活动试图在本国入境或过境时,有义务防止他或她在本国入境或过境,重申会员国有义务根据适用的国际法,阻止恐怖团体的出行,特别是有效地控制边界,并为此迅速交换情报,改进有关当局之间的合作以防止恐怖分子和恐怖团体进出其领土,防止向恐怖分子供应武器和提供支持恐怖分子的资助,

谴责直接或间接同伊黎伊斯兰国、胜利阵线和第1267(1999)和第1989(2011)号决议所设委员会指认的其他相关个人、团体、企业和实体进行交易,特别是买卖石油和石油产品、组合式炼油厂和相关物资,重申这种交易是为这些个人、团体、企业和实体提供支持,并可导致委员会对名单进行增列,

谴责毁坏伊拉克和叙利亚境内文化遗产的行为,尤其是伊黎伊斯兰国和胜利阵线的这种行为,包括有针对性地破坏宗教场所和物品;回顾安理会决定所有会员国都应采取适当步骤,防止买卖1990年8月6日后从伊拉克和2011年3月15日后从叙利亚非法流出的伊拉克和叙利亚文化财产和其他具有考古、历史、文化、具有科学和宗教意义的罕见物品,包括禁止越境买卖这些物品,以便最终能把这些物品安全交还给伊拉克和叙利亚人民,

回顾第2178(2014)号决议表示关注伊黎伊斯兰国、"基地"组织和相关个人、团体、企业和实体继续对国际和平与安全构成威胁,重申安理会决心在所有方面应对这一威胁,包括外国恐怖主义战斗人员实施的恐怖行为,

最强烈地谴责伊黎伊斯兰国、胜利阵线及其他相关个人、团体、企业和实体绑架妇女和儿童,并回顾第2242(2015)号决议,对他们遭受这些实体的剥削和虐待,包括强奸、性暴力、强迫婚姻和奴役,表示愤慨,鼓励所有有相关证据的国家和非国家行为者将证据以及此类贩运人口行为可能为犯罪人提供财政支持的信息,提交安理会注意,强调本决议要求各国确保本国

国民和本国境内的人不提供任何资金、金融资产或经济资源给伊黎伊斯兰国使用,并指出,任何直接或间接将通过这种剥削和虐待获得的资金转给伊黎伊斯兰国的人和实体都可以被委员会列入名单,

欢迎秘书处努力制订联合国所有制裁名单的标准格式,以协助各国当局的执行工作,还欢迎秘书处努力把所有名单条目和列名理由简述翻译成联合国所有正式语文,并鼓励秘书处在监测组的协助下酌情继续开展工作,以采用委员会核准的数据模式,

根据《联合国宪章》第七章采取行动:

措　施

1. 决定,自本决议通过之日起,1267/1989"基地"组织制裁委员会即称为"1267/1989/2253 伊黎伊斯兰国('达伊沙')和'基地'组织制裁委员会","基地"组织制裁名单即被称为"伊黎伊斯兰国('达伊沙')和'基地'组织制裁名单"。

2. 决定,所有国家均应对伊黎伊斯兰国(又称"达伊沙")、"基地"组织和相关个人、团体、企业和实体,采取第 1333(2000)号决议第 8(c)段、第 1390(2002)号决议第 1 和第 2 段和第 1989(2011)号决议第 1 和 4 段早先规定的下述措施:

资产冻结

(a)毫不拖延地冻结这些个人、团体、企业和实体的资金和其他金融资产或经济资源,包括他们、代表其行事的人或按照其指示行事的人直接或间接拥有或控制的财产所衍生的资金,并确保本国国民或本国境内的人不直接或间接为这些人的利益提供此种或任何其他资金、金融资产或经济资源;

旅行禁令

(b)阻止这些人入境或过境,但本段的规定绝不强制任何国家拒绝本国国民入境或要求本国国民离境,本段也不适用于为履行司法程序而必须入境或过境的情况,或委员会在逐一审查后认定有正当理由入境或过境的情况;

武器禁运

(c)阻止从本国国境、或由境外本国国民、或使用悬挂本国国旗的船只或飞机向这些个人、团体、企业和实体直接或间接供应、销售或转让军火和各种有关物资,包括武器和弹药、军用车辆和装备、准军事装备及上述物资的备件,以及与军事活动有关的技术咨询、援助或培训。

列名标准

3. 决定,表明个人、团体、企业或实体与伊黎伊斯兰国或"基地"组织有关联并因此可以列入伊黎伊斯兰国("达伊沙")和"基地"组织制裁名单的行为或活动包括:

(a)参与资助、筹划、协助、筹备或

实施伊黎伊斯兰国、"基地"组织所实施、伙同其实施、以其名义实施、代表其实施或为向其提供支持而实施的行动或活动;

(b)为其供应、销售或转让军火和有关物资;

(c)为其招募人员;或以其他方式支持"基地"组织、伊黎伊斯兰国、或其任何基层组织、下属机构、从中分裂或衍生出来的团体的行为或活动。

4. 指出,此种资助或支持手段包括但不限于使用包括非法种植、生产及贩运毒品及其前体在内的犯罪行为所得收入。

5. 确认,任何由与"基地"组织或伊黎伊斯兰国有关联的个人、团体、企业和实体,包括被列入伊黎伊斯兰国("达伊沙")和"基地"组织制裁名单者,直接或间接拥有或控制、或以其他方式向其提供支持的个人、团体、企业或实体,均可列入名单。

6. 确认上文第2(a)段的规定适用于所有类别的金融和经济资源,其中包括但不限于用来提供互联网托管服务或相关服务,以支持"基地"组织、伊黎伊斯兰国、或伊黎伊斯兰国("达伊沙")和"基地"组织制裁名单上的其他个人、团体、企业或实体的资源。

7. 确认上文第2(a)段的规定适用于直接或间接提供给名单所列个人或供其用于其旅行的资金、金融资产或经济资源,包括交通和住宿费用,且与旅行相关的这些资金、其他金融资产或经济资源只能根据第1735(2006)

号决议修订后的第1452(2002)号决议第1和2段和下文第10、74和75段规定的豁免程序来提供。

8. 还确认上文第2(a)段的规定还应适用于向伊黎伊斯兰国("达伊沙")和"基地"组织制裁名单所列个人、团体、企业或实体支付的赎金,而不论赎金的支付方式或支付人为何。

9. 重申会员国可允许在已依照上文第2段规定冻结的账户中存入任何以被列名个人、团体、企业或实体为受益人的付款,但任何此种付款仍须受上文第2段的规定制约并予以冻结。

10. 鼓励会员国利用第1452(2002)号决议第1和2段作出的并经第1735(2006)号决议修正的上文第2(a)段规定的措施可以有豁免的规定,确认必须酌情由会员国、个人或监察员提交旅行禁令豁免申请,包括列在名单上的人将何时为履行宗教义务进行旅行,指出第1730(2006)号决议设立的协调人机制可按下文第76段所述,接受伊黎伊斯兰国("达伊沙")和"基地"组织制裁名单上的个人、团体、企业或实体提交的或其法律代理人或财产代管人代表他们提交的豁免申请,以供委员会审议。

措施的执行

11. 重申所有国家都必须制订并在必要时采用适当程序,全面执行上文第1段所述措施的各个方面。

12. 重申必须追究恐怖主义行为

实施者、组织者或支持者的责任，回顾安理会第 1373（2001）号决议决定，会员国应在涉及资助或支持恐怖主义行为的刑事调查或刑事诉讼中互相给予最大程度的协助，包括协助取得本国掌握的、诉讼所必需的证据；着重指出，对伊黎伊斯兰国、"基地"组织和相关个人、团体、企业或实体进行的这种调查或诉讼必须履行这一义务，并敦促会员国依照本国根据国际法承担的义务，在这种调查或诉讼中充分开展协调，特别是与发生恐怖行为的国家、或本国公民遭受恐怖行为的国家开展协调，以便查出任何支持、协助、参与或企图参与为伊黎伊斯兰国、"基地"组织和相关个人、团体、企业和实体的活动提供直接或间接资助的人，将其绳之以法，进行引渡或起诉。

13. 重申会员国有义务确保本国国民和本国境内的人不向伊黎伊斯兰国、"基地"组织和相关个人、团体、企业和实体提供经济资源，还回顾这一义务适用于石油和经提炼石油产品、组合式炼油厂、包括化学品和润滑剂在内的相关物资和其他自然资源的直接和间接买卖，并回顾所有会员国必须履行其义务，确保本国国民和本国境内的人不捐款给委员会指认的个人和实体、或代表被指认个人和实体或按其指示行事的个人或实体。

14. 鼓励所有会员国更积极地向第 1267（1999）和第 1989（2011）号决议所设委员会提交将支持伊黎伊斯兰国、"基地"组织和相关个人、团体、企

业或实体的个人和实体列入名单的请求，并指示委员会按照第 2199（2015）号决议的规定，立即议指认从事资助、支持、协助行为或活动的个人和实体，包括与伊黎伊斯兰国、"基地"组织和相关个人、团体、企业和实体进行石油和文物交易者。

15. 表示日益关切第 1267（1999）、第 1989（2011）和第 2199（2015）号决议未获执行的问题，包括会员国没有向委员会充分报告为遵守委员会规定所采取的措施，促请会员国采取必要措施，履行第 2199（2015）号决议第 12 段为其规定的义务，向委员会报告在本国领土内拦截向伊黎伊斯兰国或胜利阵线移交或从其手中转出的石油、石油产品、组合式炼油厂和相关物资的情况，促请会员国还报告拦截文物行动，以及因此类活动起诉个人和实体的结果。

16. 大力敦促所有会员国：执行金融行动任务组关于打击洗钱、资助恐怖主义和扩散的四十项修订建议，特别是关于对恐怖主义和资助恐怖主义行为进行定向金融制裁的建议 6 中的综合国际标准，最终目的是按照金融行动任务组方法中即期成果 10 的有关目标，有效防止恐怖主义分子筹集、转移和使用资金；采用金融行动任务组关于建议 6 的解释性说明中的所有内容；除其他外，注意到相关最佳做法，以切实对恐怖主义和资助恐怖主义行为进行定向金融制裁，并注意到要有适当的法律依据和程序来采用和执行

不以刑事诉讼为前提的定向金融制裁;采用证明有"合理理由"或"合理依据"的证据标准,并要有从所有相关来源收集或获取尽可能多的信息的能力。

17. 欢迎金融行动任务组最近关于资助恐怖主义组织伊黎伊斯兰国问题的报告(2015年2月印发)和关于资助恐怖主义的新风险的报告(2015年10月印发),报告论述了伊黎伊斯兰国的威胁,还欢迎金融行动任务组对建议5的解释性说明作出澄清,因为建议5要求采纳安理会第2178号决议的相关内容,将资助恐怖主义行为定为刑事犯罪,特别是澄清资助恐怖主义包括资助个人前往或企图前往其居住国或国籍国之外的国家,以实施、策划、筹备或参与恐怖主义行为或提供或接受恐怖主义培训,并重点指出金融行动任务组建议5适用于为任何目的资助恐怖主义组织或恐怖分子,包括但不限于招募、培训、旅行,即便它与某一具体恐怖主义行为无关。

18. 鼓励金融行动任务组继续努力优先注意打击资助恐怖主义的行为,尤其是优先查明哪些会员国在打击洗钱和资助恐怖主义方面存在重大缺陷并与之展开合作,因为这些缺陷妨碍会员国有效打击资助恐怖主义、包括打击伊黎伊斯兰国、"基地"组织和相关个人、团体、实体、企业资助恐怖主义的行为,为此重申,向这些群体提供经济资源显然违反本决议和其他相关决议,是不能接受的。

19. 澄清第1373(2001)号决议第1(d)段规定的义务适用于直接或间接提供资金、金融资产或经济资源,或提供金融服务或其他有关服务,供恐怖主义组织或恐怖分子用于任何目的,包括但不限于招募、培训、旅行,即便它与某一具体恐怖主义行为无关。

20. 促请各国务必在国内法律和法规中将蓄意违反第1373(2001)号决议第1(d)段所载禁令的行为定为重大刑事罪。

21. 促请会员国积极果断地采取行动,按第2(a)段的要求,切断流向伊黎伊斯兰国("达伊沙")和"基地"组织制裁名单上的个人和实体的资金和其他金融资产和经济资源,考虑到金融行动任务组的建议以及有关防止不当利用非盈利组织、正规以及非正规/替代汇款系统和货币实际越境流动的国际标准,同时努力减轻对通过这些途径进行的合法活动的影响。

22. 敦促会员国合作采取行动,在尊重人权和基本自由并遵行根据国际法承担的义务同时,防止恐怖主义分子进行招募,阻止他们在互联网和社交媒体上的暴力极端主义宣传和煽动,包括编制有效的驳斥其宣传的材料,强调指出在此行动中与民间社会和私营部门合作的重要性。

23. 敦促会员国尽可能广泛地提高对伊黎伊斯兰国("达伊沙")和"基地"组织制裁名单的认识,包括有关国内机构、私营行业和一般公众的认识,确保有效地执行上文第2段中的措施,鼓励会员国敦促本国的公司、财产登记部门和其他相关公共和私人登记部门定期对照伊黎伊斯兰国("达伊沙")和"基地"组织制裁名单,对现有的数据库,包括但不限于有合法所有权和/或受益所有权信息的人,进行排查。

24. 重点指出必须在打击资助恐怖主义行为方面与私营部门建立强有力的关系,促请会员国与金融机构展开互动,分享资助恐怖主义风险的信息,为查明涉及伊黎伊斯兰国、"基地"组织和相关个人、团体、企业、实体的潜在资助恐怖主义活动提供更多依据,在打击资助恐怖主义行为方面加强政府与私营部门之间的关系。

25. 确认各国政府必须在政府内部和相互之间分享信息,以有效打击资助恐怖主义行为,促请会员国继续对相关金融交易保持警惕,增强各国政府内部及相互之间通过执法、情报、安保、金融情报单位等多种渠道和机构分享信息的能力和方法,并促请会员国进一步将金融情报列入提供给各国政府的其他类型信息和更好地使用金融情报,更有效地消除伊黎伊斯兰国、"基地"组织和相关个人、团体、企业、实体在资助恐怖主义方面的威胁。

26. 决定,为了防止伊黎伊斯兰国、"基地"组织和相关个人、团体、企业、实体获取、经手、储存、使用或谋取各类爆炸物,不论是军用、民用或简易的爆炸物以及可用于制造简易爆炸装置或非常规武器的原材料和部件,包括(但不限于)化学部件、雷管、导爆索

或毒药,会员国应采取适当措施,促使参与生产、销售、供应、采购、移交和储存这些材料的本国国民、受其管辖的人和在其境内组建或受其管辖的实体进一步提高警惕,包括分发良好做法,还鼓励会员国分享信息,建立伙伴关系,制定国家战略和建立本国能力以处理简易爆炸装置。

27. 鼓励会员国(包括其常驻代表团)和相关国际组织与委员会举行会议,以深入讨论任何相关问题。

28. 敦促所有会员国在执行上文第 2 段所述措施时,确保尽快根据本国法律和惯例注销假冒、伪造、失窃和遗失的护照和其他旅行证件,使其不再流通,并通过国际刑警组织数据库与其他会员国分享这些证件的信息。

29. 鼓励会员国根据本国法律和惯例,与私营部门分享其国家数据库中与假冒、伪造、失窃和遗失的归本国管辖的身份证件或旅行证件有关的信息,并在发现有被列名者使用虚假身份,包括为取得信贷或假造旅行证件这样做时,向委员会提供这方面的信息。

30. 鼓励向列入名单的人颁发旅行证件的会员国酌情进行加注,表明持证人被禁止旅行和有相应的豁免手续。

31. 鼓励会员国在考虑是否批准旅行签证申请时核对伊黎伊斯兰国("达伊沙")和"基地"组织制裁名单,以便有效执行旅行禁令。

32. 鼓励会员国发现伊黎伊斯兰

国（"达伊沙"）和"基地"组织制裁名单上的人正在旅行时,迅速同其他会员国,特别是旅行起始国、目的地国和过境国,分享信息。

33. 鼓励指认国通知监测组国内法院或其他司法主管部门是否已审查了列入名单者的案件,是否已经启动任何司法程序,并在提交其标准列名表格时附上任何其他相关信息。

34. 鼓励所有会员国指定国家协调人,负责就执行上文第 2 段所述措施的相关问题和评估伊黎伊斯兰国、"基地"组织和相关个人、团体、企业、实体的威胁等事项,同委员会和监测组进行联系。

35. 鼓励所有会员国向委员会报告执行上文第 2 段过程中的障碍,以便于提供技术援助。

36. 促请所有国家至迟在本决议通过之日起 120 天后,就执行本决议第 2 段所述措施的情况,包括酌情就相关强制执行行动,向委员会提交最新报告。

委员会

37. 指示委员会继续确保有公平和明确的程序,用于把个人、团体、企业和实体列入伊黎伊斯兰国（"达伊沙"）和"基地"组织制裁名单,将其除名以及根据第 1452（2002）号决议给予豁免,并指示委员会为支持这些目标不断积极审查其准则。

38. 指示委员会优先审查与本决

议的规定有关的准则,特别是与第 23、26、30、31、34、47、52、57、59、64、77、78、80 和 81 段有关的准则。

39. 请委员会向安理会报告它关于会员国执行工作的结论,确定并提出必要措施来改进执行情况。

40. 指示委员会查明可能未遵守上文第 2 段所述措施的情况,针对每一种情况提出适当的行动方针,指示主席在根据下文第 87 段向安理会提交的定期报告中汇报委员会在这个问题上开展工作的进展。

41. 确认委员会审理的事项最多应在六个月内审理完毕,除非委员会根据它的准则逐案认定因情况特殊而需要更多时间进行审议。

42. 请委员会在收到会员国请求时,通过监测组或联合国专门机构协助提供能力建设援助,以加强对各项措施的执行。

开列名单

43. 鼓励所有会员国向委员会提交以任何手段参与资助或支持伊黎伊斯兰国、"基地"组织和相关个人、团体、企业、实体的行为或活动的个人、团体、企业、实体的名字,供委员会列入伊黎伊斯兰国（"达伊沙"）和"基地"组织制裁名单。

44. 重申本决议第 2 段所述措施是预防性的,没有依循各国法律规定的刑事标准。

45. 重申会员国在向委员会提名

以供列入伊黎伊斯兰国("达伊沙")和"基地"组织制裁名单时,应使用标准列名表格,提供案情说明,应列出尽量详细、具体的理由,说明为何要将其列入名单,并尽可能多地就拟列入的名字提供相关信息,特别是提供足够的识别信息,以便准确和肯定地识别有关个人、团体、企业和实体,并尽可能提供国际刑警组织颁发特别通告所需要的信息,重申,案情说明除会员国向委员会指明应予保密的部分外,应可根据请求予以公开,并可用于编写下文第49段所述关于列名理由的简述。

46. 重申,提出新的列名的会员国以及在本决议通过之前提交名字以供列入伊黎伊斯兰国("达伊沙")和"基地"组织制裁名单的会员国应说明,委员会或监察员可否公开它们是指认国。

47. 鼓励会员国在获得供列入国际刑警组织—联合国安全理事会特别通告的人的照片和其他生物鉴别信息时,根据本国的立法进行提交。

48. 指示委员会继续视需要根据本决议的规定更新标准列名表格;还指示监测组向委员会报告还可以采取哪些步骤改进伊黎伊斯兰国("达伊沙")和"基地"组织制裁名单及综合制裁名单的质量,包括改进识别信息,并采取步骤确保为名单上的所有个人、团体、企业和实体颁发了国际刑警组织—联合国特别通告;还指示秘书处在监测组协助下,建立并维持委员会核准的数据模型,以期在 2017 年 6 月前完成该项工作,并请秘书长在这方面提供更多资源。

49. 指示委员会在伊黎伊斯兰国("达伊沙")和"基地"组织制裁名单中增列名字的同时,在监测组的协助下与相关指认国协调,在委员会网站上登载尽量详细、具体的列名理由简述以及其他相关信息。

50. 鼓励会员国及相关国际组织和机构将任何相关的法院裁定和诉讼程序通知委员会,以便委员会能够在审查相应列名或更新列名理由简述时将其考虑在内。

51. 促请委员会和监测组所有成员向委员会提供其可能掌握的任何关于会员国的列名请求的信息,以便这些信息有助于委员会就有关列名作出知情决定,并为第49段所述关于列名理由的叙述性简要说明提供更多材料。

52. 重申,秘书处应在进行公布后、但在把某个名字列入伊黎伊斯兰国("达伊沙")和"基地"组织制裁名单后三个工作日内,通知有关个人或实体据信所在国家的常驻代表团,如为个人,还应通知此人的国籍国(如已掌握此信息),要求秘书处在把某个名字列入伊黎伊斯兰国("达伊沙")和"基地"组织制裁名单后,立即在委员会网站上公布所有可公开发表的相关信息,包括列名理由简述。

53. 重申有关规定,即会员国应根据本国法律和惯例,采取一切可能措施,将列名一事及时通知或告知被列名的个人或实体,并在通知中附上列名理由简述、关于按相关决议列入名单的后果的说明、委员会审议除名申请的程序，包括可否根据第 2083（2012）号决议第 43 段和本决议附件二向监察员提出这一申请以及第 1452（2002）号决议关于可以豁免的规定，包括可否根据本决议第 10 和 76 段通过协调人机制提交这一申请。

审查除名申请——监察员/会员国

54. 决定，将本决议附件二所列程序规定的、第 1904（2009）号决议所设监察员办公室的任务自监察员办公室本任务期 2017 年 12 月到期之日起，延长 24 个月，申明监察员应继续独立、公正地收取个人、团体、企业或实体提出的伊黎伊斯兰国（"达伊沙"）和"基地"组织制裁名单除名申请，不得寻求或接受任何政府的指示，并申明监察员应继续就这些个人、团体、企业或实体通过监察员办公室提交的伊黎伊斯兰国（"达伊沙"）和"基地"组织制裁名单除名申请，向委员会提出意见和建议，要么建议保留列名，要么建议委员会考虑除名。

55. 回顾安理会决定，如监察员在为按附件二提交的除名申请编写的监察员综合报告中建议保留列名，则要求各国对有关个人、团体、企业或实体采取本决议第 2 段所述措施的规定继续有效。

56. 回顾安理会决定，如监察员建议委员会考虑除名，则在委员会完成对监察员根据本决议附件二、包括其中第 7 段（h）项所提交综合报告的审议 60 天后，要求各国对有关个人、团体、企业或实体采取本决议第 2 段所述措施的规定即告终止，除非委员会在 60 天期限结束前以协商一致方式决定，这一规定对有关个人、团体、企业或实体继续有效；并规定，如无法达成协商一致，主席应在委员会一名成员提出请求时，把是否将有关个人、团体、企业或实体除名的问题提交安全理事会，以便在 60 天内作出决定；又规定，如有成员提出这样的请求，则要求各国采取本决议第 2 段所述措施的规定在这一期间内仍对有关个人、团体、企业或实体有效，直至安全理事会就此问题做出决定。

57. 回顾安理会决定委员会可通过协商一致方式，逐一缩短第 56 段所述的 60 天期限。

58. 重申本决议第 2 段所述措施是预防性的，没有依循各国法律规定的刑事标准。

59. 特别指出监察员办公室的重要性，请秘书长继续加强监察员办公室的能力，酌情提供必要资源，包括用于翻译的资源，并作出必要安排，确保它能够继续独立、有效和及时地执行任务，并于 6 个月后就采取的行动向委员会提供最新报告。

60. 大力敦促会员国向监察员提供所有相关信息，包括酌情提供任何相关保密信息，鼓励会员国及时提供手头的相关信息，包括任何详细具体的信息,欢迎会员国同监察员办公室作出有助于分享保密信息的安排,大力鼓励会员国进一步在这方面取得进展,包括同监察员办公室作出分享这类信息的安排,确认监察员必须遵守提供信息的会员国为这种信息规定的保密限制。

61. 大力敦促会员国和相关国际组织及机构鼓励正考虑对其列名提出异议或已开始通过国家和区域法院对其列名提出异议的个人和实体先向监察员办公室提交除名申请,以寻求从伊黎伊斯兰国("达伊沙")和"基地"组织制裁名单上除名。

62. 注意到本决议第 21 段提到的金融行动任务组的国际标准,包括关于定向金融制裁的最佳做法。

63. 回顾安理会决定,如指认国提交除名申请,则要求各国对有关个人、团体、企业或实体采取本决议第 2 段所述措施的规定将在 60 天后告行终止,除非委员会在 60 天期限结束前以协商一致方式决定,这一规定对有关个人、团体、企业或实体继续有效;并规定,如无法达成协商一致,主席应在委员会一名成员提出请求时,把是否将有关个人、团体、企业或实体除名的问题提交安全理事会,以便在 60 天内作出决定;又规定,如有成员提出这样的请求,则要求各国采取本决议第 2 段所述措施的规定在这一期间内仍对有关个人、团体、企业或实体有效,直至安全理事会就此问题作出决定。

64. 又回顾安理会决定委员会可通过协商一致方式,逐案缩短第 63 段所述的 60 天期限。

65. 还回顾安理会决定,在有多个指认国时,为提出第 63 段所述除名申请,所有指认国之间须达成协商一致;还回顾安理会决定,为第 63 段之目的,列名申请的共同提交国不应视为指认国。

66. 大力敦促指认国允许监察员对已向监察员提交了除名申请的被列名个人和实体披露它们是指认国。

67. 指示委员会继续根据其准则开展工作,审议会员国提出的关于把据称不再符合相关决议以及本决议第 2 段所规定标准的个人、团体、企业和实体从伊黎伊斯兰国("达伊沙")和"基地"组织制裁名单上除名的申请,并大力敦促会员国提供提交除名申请的理由。

68. 鼓励各国为那些已被正式确认死亡的个人提交除名申请,并为那些据说或经证实已不复存在的实体提出除名申请,同时采取一切合理措施,确保曾属于这些个人或实体的资产不会被转移或分发给伊黎伊斯兰国("达伊沙")和"基地"组织制裁名单或其他任何安全理事会制裁名单上的其他个人、团体、企业和实体。

69. 鼓励会员国在因已经除名而解冻已死亡个人或据说或经证实已不复存在的实体的资产时,回顾第 1373 (2001) 号决议所规定的义务,特别要防止解冻资产被用于恐怖主义目的。

70. 重申,会员国在解冻因乌萨马·本·拉丹被列入名单而冻结的资产前,应向委员会提交解冻这些资产的申请,并应根据安全理事会第 1373(2001)号决议,向委员会保证有关资产不会被直接或间接移交给列入名单的个人、团体、企业或实体,或以其他方式用于恐怖主义目的,还决定,这些资产只有在委员会成员在收到有关申请 30 天内没有表示反对的情况下才能解冻,并强调本规定是一个例外,不应被视为创建先例。

71. 促请委员会在审议除名申请时适当考虑指认国、居住国、国籍国、所在国或公司注册国以及委员会确定的其他相关国家的意见,指示委员会成员在反对除名申请时提出反对的理由,并请委员会在接获要求时酌情向相关会员国、国家和区域法院及机构提供理由。

72. 鼓励包括指认国、居住国、国籍国、所在国或公司注册国在内的所有会员国向委员会提供与委员会审查除名申请有关的所有信息,并在收到请求时与委员会进行会晤,以表达对除名申请的意见,还鼓励委员会酌情会见掌握除名申请相关信息的国家或区域组织和机构的代表。

73. 确认秘书处应在把名字从伊黎伊斯兰国("达伊沙")和"基地"组织制裁名单上删除后 3 天内,通知居住国、国籍国、所在国或公司注册国(如它有这些国家的信息)的常驻代表团,并回顾安理会决定收到这种通知的国家应根据本国法律和惯例采取措施,及时将除名之事通知或告知有关个人、团体、企业或实体。

74. 重申,如果监察员无法在申请人居住国面见申请人,可在获得申请人同意后,请委员会仅为让申请人支付旅费和前往另一个国家面见监察员之目的,考虑在进行这一面见所需要的时间内,免除本决议第 2(a)和(b)段中关于资产和旅行的限制,但条件是过境国和目的地国都不反对这一旅行,还指示委员会将其决定通知监察员。

豁免/协调人

75. 回顾上文第 2 段概述的资产冻结措施不适用于被委员会认定为属以下情况的资金及其他金融资产或经济资源:

(a)为基本开支所必需,包括用于支付食品、房租或抵押贷款、药品和医疗、税款、保险费及公用事业费,或完全用于支付与提供法律服务有关的合理专业服务费和偿付由此引起的相关费用,或为惯常置存或保管冻结资金及其他金融资产或经济资源所应收取的规费或服务费,但前提是须就授权动用这类资金的意向发出通知,且委员会在接到此通知后 3 个工作日内未作出反对的决定;

(b)为非常开支,即基本开支之外的开支所必需,但前提是须就授权释放这类资金的意向发出通知且委员会在接到此通知后 5 个工作日内批准这一请求。

76. 重申，第 1730（2006）号决议建立的协调人机制可：

（a）接受列入名单的个人、团体、企业和实体提出的免除第 1452（2002）号决议规定的本决议第 2（a）段所述措施的申请，但有关申请须先提交居住国审议，还重申，协调人应把申请交给委员会做决定，指示委员会审议这些申请，包括与居住国和其他任何相关国家进行协商，还指示委员会通过协调人将其决定通知这些个人、团体、企业或实体；

（b）接受列入名单的个人提出的免除本决议第 2（b）段所述措施的申请并转交给委员会，以便逐案决定是否有合理的入境或过境理由，指示委员会与过境国、目的地国和其他任何相关国家协商，审议这些申请，还重申，委员会只应在过境和目的地国同意时，方可同意免除本决议第 2（b）段所述措施，还指示委员会通过协调人将其决定通知这些个人。

77. 重申协调人可接受并向委员会转递以下各方的来文，以供其审议：

（a）已从伊黎伊斯兰国（"达伊沙"）和"基地"组织制裁名单上除名的个人；

（b）声称因被误认或错认为伊黎伊斯兰国（"达伊沙"）和"基地"组织制裁名单上的人或与之混淆而受到上文第 2 段所列措施限制的人。

78. 指示委员会在监测组的协助下，在同相关国家协商后，认真审议这些来文，并酌情在 60 天内通过协调人答复第 77（b）段提及的来文，还指示委员会在酌情同国际刑警组织协商后，酌情与会员国沟通，以处理可能或已证实被误认或错认为是伊黎伊斯兰国（"达伊沙"）和"基地"组织制裁名单上的人或与之混淆的情况；

审查和维持伊黎伊斯兰国（"达伊沙"）和"基地"组织制裁名单。

79. 鼓励所有会员国，尤其是指认国和居住国、国籍国、所在国或公司注册国，向委员会提交它们所获得的关于被列名个人、团体、企业和实体的更多识别信息和其他信息，包括在可能时根据本国立法提供个人的照片和其他生物鉴别信息及证明文件，包括被列名实体、团体和企业的运作情况以及被列名个人的搬迁、入狱或死亡和其他重大动向的最新信息。

80. 请监测组每十二个月向委员会分发一份与各个指定国和已知的居住国、国籍国、所在国或公司注册国协商后编制的名单，内有：

（a）列在伊黎伊斯兰国（"达伊沙"）和"基地"组织制裁名单上的因缺乏必要识别信息而无法有效执行对其规定措施的个人和实体；

（b）伊黎伊斯兰国（"达伊沙"）和"基地"组织制裁名单上的据说已经死亡的个人，同时附上对死亡证书等相关信息的评估意见，并尽可能附上被冻结资产的状况和地点以及能够接收解冻的资产的个人或实体的名字；

（c）伊黎伊斯兰国（"达伊沙"）和

"基地"组织制裁名单上的据说或已证实不再存在的实体,同时附上对相关信息的评估意见;

(d)伊黎伊斯兰国("达伊沙")和"基地"组织制裁名单上的已有三年或三年以上未获审查("三年审查")的名字。

81. 指示委员会审查这些列名是否仍然得当,还指示委员会在它认定这些列名不当时将其去除。

82. 指示监测组将委员会提出提供信息请求三年后仍未获得相关国家书面答复的列名提交主席审查,并为此提醒委员会,委员会主席可以主席身份,酌情按委员会的正常决策程序,提出拟从伊黎伊斯兰国("达伊沙")和"基地"组织制裁名单上删除的名字。

协调和外联

83. 指示委员会继续与安全理事会其他有关制裁委员会、特别是第751(1992)、第1907(2009)、第1988(2011)、第1970(2011)和第2140(2014)号决议所设委员会合作。

84. 重申有必要加强委员会和联合国反恐机构、包括反恐怖主义委员会(反恐委员会)和安全理事会第1540(2004)号决议所设委员会及其各自专家组之间正在开展的合作,包括酌情加强信息共享和以下方面的协调:在各自任务范围内对各国的访问、促进和监测技术援助、与国际和区域组织及机构的关系以及涉及这些反恐机构

的其他问题。

85. 鼓励监测组和联合国毒品和犯罪问题办公室继续与反恐怖主义委员会执行局(反恐执行局)和1540委员会的专家合作开展联合活动,通过举办区域和次区域讲习班等方式,协助会员国努力履行相关决议规定的义务。

86. 请委员会考虑在适当的时候由主席和(或)委员会成员访问选定国家,以进一步全面和有效地执行上文第2段所述措施,从而鼓励各国全面遵守本决议和第1267(1999)、第1333(2000)、第1390(2002)、第1455(2003)、第1526(2004)、第1617(2005)、第1735(2006)、第1822(2008)、第1904(2009)、第1989(2011)、第2082(2012)、第2083(2012)、第2133(2014)、第2178(2014)、第2195(2014)、第2199(2015)和第2214(2015)号决议。

87. 请委员会至少每年一次由委员会主席酌情同其他委员会主席一起,向安理会口头通报委员会总体工作的情况,表示打算至少每年根据主席提交给安理会的报告,就委员会的工作举行一次非正式磋商,还请主席定期为所有感兴趣的会员国举行情况通报会。

88. 指示委员会审议目前就执行上文第2段措施一事走司法程序的国家和国际组织索取信息的请求,并酌情在回复时提供委员会和监测组掌握的其他信息。

监测组

89. 决定，为协助委员会执行其任务和支持监察员开展工作，把依照第1526（2004）号决议第 7 段设在纽约的本届监测组及其成员的任务期限自其现有任期 2017 年 12 月到期起，再延长24 个月，在委员会指导下履行附件一所述职责，并请秘书长为此作出必要安排，重点指出必须确保监测组获得必要的行政、安保和实务支助，以便在作为安全理事会附属机构的委员会的指导下，有效、安全和及时地完成任务，包括履行高风险情况下适当注意的责任。

90. 请求秘书长最多为监测组新增两名专家并配备所需额外行政和分析支助资源，增强它的人力和分析能力，以便分析伊黎伊斯兰国在融资、激进化和人员招募以及策划袭击方面的活动，以及秘书处因委员会活动增加而加强支助，指出在挑选这些专家时应优先任命资历最强的人来履行上述职责，同时在征聘过程中适当顾及地域和性别代表的重要性。

91. 指示监测组在向委员会提交的附件一（a）段提及的全面独立报告中，按照安全理事会或委员会在本决议通过后可能提出的要求，报告相关的专题和区域性议题以及发展趋势。

92. 鼓励联合国相关特派团在现有任务规定、资源和能力范围内，协助委员会和监测组开展工作，包括提供后勤支助，提供安全协助，以及在其工作中交流关于各自部署区内伊黎伊斯兰国、"基地"组织及相关团体和个人的威胁的情报。

93. 指示监测组查找、收集不遵守本决议规定措施的情事和及其共同模式的信息并随时向委员会进行通报，并在接获委员会请求时提供能力建设援助，请监测组与居住国、国籍国、所在国或公司注册国、指认国、其他相关国家和相关联合国特派团密切合作，还指示监测组就应对不遵守情事采取哪些行动，向委员会提出建议。

94. 指示委员会在监测组的协助下，酌情与反恐怖主义委员会和反恐执行局、反恐执行队以及金融行动任务组协商，召开特别会议讨论重大专题或区域议题以及会员国能力方面的不足，以查明并按轻重缓急列出提供技术援助的领域，让会员国更有效地加以执行。

95. 请分析支助和制裁监测组与反恐执行局密切协作，在 30 天内就以下事项向第 1267（1999）和第 1989（2011）号决议所设委员会提出建议：可以采取哪些措施进一步监测在全球执行第 2199（2015）和第 2178（2014）号决议的情况，以及委员会另外可以采取哪些步骤来改善全球遵守这些决议的情况。

96. 请分析支助和制裁监测组每个季度向第 1267（1999）和第 1989（2011）号决议所设委员会口头通报它对全球执行第 2199（2015）和第 2178

(2014) 号决议情况的分析, 包括收集到的信息以及关于会员国可能作出哪些制裁指认或委员会可以采取哪些行动的分析。

提交关于伊黎伊斯兰国的报告

97. 回顾伊黎伊斯兰国及相关个人、团体、企业和实体对国际和平与安全构成的威胁, 请秘书长在 45 天内提交一份战略层面的初次报告, 表明并反映上述威胁的严重性, 包括外国恐怖主义战斗人员参加伊黎伊斯兰国及相关团体和实体情况以及这些团体的资金来源 (包括通过非法买卖石油、古文物和其他自然资源获得的资金) 及

其策划和协助实施袭击的活动, 并表明联合国为支持会员国抵御这一威胁作出了哪些努力, 并在此后每四个月参考反恐执行局提供的信息, 与监测组和联合国其他相关行为体密切协调, 提交最新报告。

审 查

98. 决定在 18 个月内, 或必要时在更短时间内, 审查上文第 2 段所述措施, 以视可能进一步加强这些措施。

99. 决定继续积极处理此案。

附 件 (略)

第 2255(2015)号决议

（安全理事会 2015 年 12 月 21 日第 7590 次会议通过）

安全理事会，

回顾其以往关于国际恐怖主义及其对阿富汗所构成威胁的决议，特别是第 1267(1999)、第 1333(2000)、第 1363(2001)、第 1373(2001)、第 1390(2002)、第 1452(2002)、第 1455(2003)、第 1526(2004)、第 1566(2004)、第 1617(2005)、第 1624(2005)、第 1699(2006)、第 1730(2006)、第 1735(2006)、第 1822(2008)、第 1904(2009)、第 1888(2011)、第 1989(2011)、第 2082(2012)、第 2083(2012)、第 2133(2014)和第 2160(2014)号决议，以及相关的安理会主席声明，

回顾以往把第 2210(2015)号决议规定的联合国阿富汗援助团（联阿援助团）的任务延至 2016 年 3 月 17 日的各项决议，

回顾安理会关于招募和使用儿童与武装冲突问题的决议，表示强烈关注阿富汗的安全局势，尤其关注塔利班、"基地"组织和其他暴力和极端团体、非法武装团体、犯罪分子和从事毒品贸易者正在进行的暴力和恐怖活动，而且恐怖主义和反叛活动与非法毒品有重大关联，使包括儿童在内当地民众、国家安全部队以及国际军事人员和文职人员受到威胁，

表示关切阿富汗境内的伊黎伊斯兰国从属组织越来越多，并且未来可能会更多，

欢迎设立阿富汗国家联络员以加强同第 1988 号决议第 35 段所设委员会（"委员会"）的沟通与协调，特别指出阿富汗政府与委员会密切合作的重要性，鼓励进一步为此作出努力，

欢迎阿富汗及其区域和国际伙伴逐步结成长期战略伙伴关系并缔结其他协定，以建立一个和平、稳定和繁荣的阿富汗，

重申对阿富汗主权、独立、领土完整和国家统一的坚定承诺，

强调必须在阿富汗开展一个全面的政治进程来支持所有阿富汗人之间的和解，

确认阿富汗的安全形势已发生变化，一些塔利班成员已同阿富汗政府和解，拒绝了"基地"组织及其追随者的恐怖主义意识形态，支持和平解决

阿富汗国内的持续冲突,

确认尽管阿富汗局势发生变化及和解方面取得进展,该国局势仍然威胁国际和平与安全,并重申需要根据《联合国宪章》和国际法,包括适用的人权法、难民法和人道主义法,采取一切方式与这一威胁作斗争,并为此强调联合国在这项努力中的重要作用,

强调需要采用综合性做法来全面制止塔利班的活动,认识到本制裁制度可在这方面发挥重要作用,

重申安理会坚定致力支持阿富汗政府,包括通过高级和平委员会和执行阿富汗和平与和解方案,作出努力,根据《喀布尔公报》和《波恩会议结论》,在《阿富汗宪法》框架内,采用安全理事会第 1988(2011)、第 2082(2012)和第 2160(2014)号决议以及其他相关决议提出的程序,推进和平与和解进程,

欢迎塔利班一些成员决定与阿富汗政府和解,断绝与包括“基地”组织在内的国际恐怖组织保持联系,尊重宪法,包括宪法有关人权、特别是妇女权利的条款,支持以和平方式解决阿富汗境内持续发生的冲突,并敦促所有与塔利班有关联的威胁阿富汗和平、稳定与安全的个人、团体、企业和实体,接受阿富汗政府提出的和解,

强调对阿富汗安全局势的严重关切,尤其关切塔利班和包括哈卡尼网络在内的相关团体、“基地”组织、其他暴力和极端主义团体、非法武装团体、犯罪分子和参与恐怖主义、非法交易武器和相关材料和贩运武器、从事非法药物生产、贩运或贸易者,正在进行暴力和恐怖主义活动,以及恐怖和反叛活动与非法药物之间有密切联系,使包括妇女儿童在内的当地民众、国家安全部队以及国际军事人员和包括人道主义人员和发展工作人员在内的国际军事和文职人员受到威胁,

表示关切塔利班对平民和阿富汗国民军和安全部队使用简易爆炸装置,注意到会员国彼此和与私营部门之间需要加强协调和信息交流,以防止简易爆炸装置部件落入塔利班手中,

还表示关切小武器和轻武器非法流入阿富汗,强调需要在这方面进一步控制小武器和轻武器的转让,

特别指出人道主义援助行动的重要性,谴责塔利班和相关团体或个人危害联合国工作人员和人道主义行为体的行为或对其进行暴力威胁,并谴责它们致使人道主义援助政治化的行为,

重申需要确保目前的制裁制度有效协助目前打击叛乱的努力,支持阿富汗政府为推进和解以实现阿富汗和平、稳定与安全开展的工作,

注意到阿富汗政府请安全理事会支持全国和解,包括为此将那些达成和解并因此停止从事或支持威胁阿富汗的和平、稳定与安全的活动的阿富汗人从各项联合国制裁名单上除名,

表示打算适当考虑取消对达成和解者的制裁,

欢迎阿富汗国家安全顾问和高级和平委员会 2015 年 3 月向委员会通报情况,表明委员会与阿富汗政府正在进行的密切合作,并鼓励在这方面加强密切合作,

强调联合国继续在促进阿富汗的和平、稳定与安全方面发挥核心、公正的作用,赞赏和大力支持秘书长和秘书长阿富汗问题特别代表当前为协助高级和平委员会的和平与和解努力而进行的工作,

重申支持打击非法制毒活动以及在邻国、贩运沿途国家、毒品目的地国家和前体生产国家取缔从阿富汗非法贩运毒品以及向该国贩运化学前体的活动,确认贩运毒品的非法收入使塔利班及其相关组织的资金大幅度增加,

认识到塔利班、非法武装团体和犯罪分子参加毒品贸易,非法开采自然资源,继续威胁阿富汗的稳定,敦促阿富汗政府继续在国际社会的支持下消除这些威胁,

回顾第 2133(2014)号决议和已经公布的全球反恐怖主义论坛的"关于防止和不让恐怖分子通过绑架索赎获益的良好做法的阿尔及尔备忘录",强烈谴责恐怖团体为任何目的、包括为筹集资金或赢得政治让步而制造的绑架和劫持人质事件,表示决心根据适用的国际法,防止恐怖团体绑架和劫持人质,在不支付赎金或作出政治让步的情况下谋求人质安全获释,促请所有会员国不让恐怖分子直接或间接

得益于支付的赎金或政治让步,并使人质安全获释,重申所有会员国都需要在恐怖团体绑架和劫持人质期间密切开展合作,

再次关切在日益全球化的社会中,恐怖分子及其支持者越来越多地利用新的信息和通信技术,特别是互联网,来协助开展恐怖活动,并利用它们进行煽动、招募、筹资或筹划恐怖行动,

欢迎秘书处努力使所有制裁名单都有标准格式,以协助各国当局的执行工作,还欢迎秘书处努力把所有条目和列名理由简述翻译成联合国所有正式语文,包括用达利语和普什图语提供阿富汗/塔利班制裁名单,

根据《联合国宪章》第七章采取行动:

措　施

1. 决定,所有国家均应对在第 1988(2011)号决议通过之日前作为塔利班被指认的个人和实体以及第 1988 号决议第 35 段所设委员会("委员会")在 1988 制裁名单(下称"1988 制裁名单")中指认的其他威胁阿富汗的和平、稳定与安全的个人、团体、企业和实体,采取下列措施:

(a)毫不拖延地冻结这些个人、团体、企业和实体的资金和其他金融资产或经济资源,包括他们、代表其行事的人或按照其指示行事的人直接或间接拥有或控制的财产所衍生的资金,

并确保本国国民或本国境内的人不直接或间接为这些人的利益提供此种或任何其他资金、金融资产或经济资源；

(b)阻止这些个人入境或过境，但本段的规定绝不强制任何国家拒绝本国国民入境或要求本国国民离境，本段也不适用于为履行司法程序而必须入境或过境的情况，或委员会经逐案审查认定有正当理由入境或过境的情况，包括直接关系到支持阿富汗政府努力促进和解的情况；

(c)阻止从本国境内、或境外本国国民、或使用悬挂本国国旗的船只或飞机向这些个人、团体、企业和实体直接或间接供应、销售或转让军火和各种有关物资，包括武器和弹药、军用车辆和装备、准军事装备及上述物资的备件，以及与军事活动有关的技术咨询、援助或培训。

2. 决定，表明个人、团体、企业或实体符合根据第 1 段列名的条件的行为或活动包括：

(a)参与资助、策划、协助、筹备或实施被指认者或与塔利班有关联，对阿富汗的和平、稳定和安全构成威胁的其他个人、团体、企业和实体所实施、伙同其实施、以其名义实施、代表其实施或为向其提供支持而实施的行动或活动；

(b)为其供应、销售或转让武器和有关物资；

(c)为其招募人员；或

(d)以其他方式支持这些人的行为或活动。

3. 申明由名单上的这些个人、团体、企业或实体直接或间接拥有或控制、或以其他方式向其提供支持的任何个人或团体、企业或实体，均符合列名条件。

4. 指出此种资助或支持手段包括但不限于使用以下来源的收入：犯罪行为，包括非法种植、生产及贩运原产于阿富汗或从阿富汗过境的毒品和把前体运入阿富汗，特别指出需要防止那些与塔利班有关联的人通过从事本决议禁止的活动的实体以及通过非法开采阿富汗自然资源直接或间接地获益，对阿富汗的和平、稳定和安全构成威胁。

5. 确认上文第 1 段(a)的规定适用于所有拟提供给名单所列个人的用于旅行的资金或其他金融资产或经济资源，包括交通和住宿费用，且与旅行相关的这些资金、其他金融资产或经济资源只能根据第 1735(2006)号决议修订后的第 1452(2002)号决议第 1 和 2 段和下文第 17 段规定的豁免程序来提供。

6. 确认上文第 1 段(a)的规定适用于所有类别的金融和经济资源，其中包括但不限于用来提供互联网托管服务或相关服务，以支持列入名单者以及与塔利班有关联并威胁阿富汗和平、稳定与安全的其他个人、团体、企业或实体的资源。

7. 还确认上文第 1 段(a)的规定还应适用于直接或间接向单所列个人、团体、企业或实体支付或为其支付的赎金,而不论赎金的支付方式或支付人为何。

8. 决定会员国可允许在已依照上文第 1 段的规定予以冻结的账户中存入任何以被列名的个人、团体、企业或实体为受益人的付款,但任何此种付款仍受上文第 1 段的规定制约并应被冻结。

9. 鼓励所有会员国更积极地向委员会提交有关为塔利班提供支持的个人和实体以及相关个人、团体、企业和实体,包括提供财务支持者的列名请求。

10. 大力敦促所有会员国采用金融行动任务组关于洗钱、资助恐怖主义和扩散的四十项修订建议中的国际综合标准。

11. 促请会员国积极果断地采取行动,按第 1(a)段的要求,考虑到金融行动任务组的相关建议以及有关防止不当利用非盈利组织、正规和非正规/替代汇款系统和防止货币实际越境流动的国际标准,切断流向名单上的个人和实体的资金和其他金融资产和经济资源,同时努力减轻对通过这些途径进行的合法活动的影响。

12. 敦促会员国,包括有关国内机构、私营行业和一般公众,尽可能广泛地提高对名单的认识,确保有效地执行第 1 段中的措施;鼓励会员国敦促本国的公司、财产登记部门和其他相关公共和私人登记部门定期对照名单,对现有的数据库,包括但不限于有合法所有权和/或受益所有权信息的

人,进行排查。

13. 决定,为了防止那些与塔利班有关联的人和其他个人、团体、企业和实体获取、经手、储存、使用或谋取各类爆炸物,不论是军用、民用或简易的爆炸物以及可用于制造简易爆炸装置或非常规武器的原材料和部件,包括(但不限于)化学部件、雷管或导爆索,各国应采取适当措施,促使参与生产、销售、供应、采购、移交和储存这些材料的本国国民、受其管辖的人和在其境内组建或受其管辖的实体提高警惕,包括分发良好做法。

14. 强烈谴责各种武器,包括小武器和轻武器、军事装备和简易爆炸装置组件不断流向塔利班,并表示严重关切这些武器起破坏阿富汗的安全与稳定的作用,为此强调必须加强对非法转让小武器和轻武器的控制,还鼓励会员国分享信息,建立伙伴关系,制定国家战略和建立本国能力以处理简易爆炸装置。

15. 鼓励会员国在发现名单上的人进行旅行时,迅速同其他会员国、特别是同阿富汗政府、旅行起始国、目的地国和过境国以及委员会分享信息。

16. 鼓励会员国在考虑是否批准旅行签证申请时核对有关名单。

豁　免

17. 回顾安理会决定,所有会员国均可利用第 1452(2002)号决议第 1 和第 2 段所列、并经第 1735(2006)号决

议修正的关于可对上文第 1 段（a）所述措施的进行豁免的规定，鼓励会员国利用这些规定，指出第 1730（2006）号决议设立的协调人机制可按下文第 22 段所述，接受名单上的个人、团体、企业或实体提交的或其法律代理人或财产代管人代表他们提交的豁免申请，以供委员会审议。

18. 回顾安理会决定，第 1（a）段所述资产冻结措施不适用于有关国家确定为下列情况的资金、其他金融资产或经济资源：

（a）为基本开支所必需，包括用于支付食品、房租或抵押贷款、药品和医疗、税款、保险费及公用事业费，或完全用于支付与提供法律服务有关的合理专业服务费和偿付由此引起的相关费用，或为惯常置存或保管冻结资金或其他金融资产或经济资源所应收取的手续费或服务费，但须先把授权动用这类资金的意向通知委员会，且委员会在接到此通知后三个工作日内未作出反对的决定；

（b）为非常开支所必需的基本费用以外的其他费用，包括旅行禁令豁免请求经核准后进行的旅行的旅费资金，但须先把授权释放这类资金的意向通知委员会，且委员会在接到此通知后五个工作日内予以核准。

19. 着重指出，阿富汗必须开展全面的政治进程，支持和平和所有阿富汗人的和解，请阿富汗政府与高级和平委员会密切协调，向委员会提交经其证实的为参加旨在支持和平与和解

的会议而需要前往某地或某些地方的被列入名单的人的姓名，以供委员会审议，并要求提交的这些文件尽可能列入以下信息：

（a）名单所列个人的护照或旅行证件号码；

（b）名单所列个人预期前往的某一或某些具体地点和预期过境地点，如果有的话；

（c）名单所列个人预期进行旅行的时间，不超过 9 个月；

（d）名单所列个人的旅行预计需要的资金或其他金融资产或经济资源的详细清单，包括交通和住宿费用，作为非常开支豁免请求的依据。

20. 决定，第 1（b）段规定的旅行禁令不适用于根据上文第 19 段提出的由委员会逐一认定入境或过境有合理理由的个人，还决定，委员会批准的这种前往某一或某些具体地点的豁免的期限只应为所申请的时间，指示委员会在收到豁免申请、修改或延长以前批准的豁免申请或会员国关于取消以前批准的豁免的申请后，在 10 天内就其作出决定；并申明，虽然旅行禁令有豁免，但名单所列个人仍然受本决议第 1 段规定的其他措施的限制。

21. 请阿富汗政府在豁免到期后马上通过监测组就每个人获得豁免后进行旅行的情况向委员会提交一份报告，以供审议，鼓励相关会员国酌情向委员会提供任何不遵守情事的信息。

22. 决定，第 1730（2006）号决议建立的协调人机制可：

（a）接受列入名单的个人、团体、企业和实体提出的免除第1452（2002）号决议规定的本决议第1（a）段所述措施的申请，但有关申请须先提交居住国审议，还重申，协调人应把申请交给委员会作决定，指示委员会审议这些申请，包括与居住国和其他任何相关国家进行协商，还指示委员会通过协调人将其决定通知这些个人、团体、企业或实体；

（b）接受列入名单的个人提出的免除本决议第1（b）段所述措施的申请并转交给委员会，以便逐一决定是否有合理的入境或过境理由，指示委员会与过境国、目的地国和其他任何相关国家协商，审议这些申请，还重申，委员会只应在过境和目的地国同意时，方同意免除本决议第1（b）段所述措施，还指示委员会通过协调人将其决定通知这些个人。

列　名

23. 鼓励所有会员国，特别是阿富汗政府，向委员会提交以任何方式参与资助或支持上文第2段所述行为或活动的个人、团体、企业和实体的名字，以供列入名单。

24. 重申会员国在向委员会提名以供列入名单时，应使用标准列名表格，提供案情说明，其中应尽可能详细和具体地列出拟列入名单的理由并尽可能多地就拟列入的名字提供相关信息，特别是提供足够的识别信息，以便

准确和肯定地识别有关个人、团体、企业和实体，并尽量提供国际刑警组织为发出国际刑警组织—联合国安全理事会特别通告所需要的信息，还决定，案情说明除会员国向委员会指明应予保密的部分外，应可根据请求予以公开，并可用于编写下文第26段所述列名理由简述。

25. 鼓励会员国根据本国立法，在有要列入国际刑警组织—联合国安全理事会特别通告的人的照片和其他生物鉴别信息时，将其提交给国际刑警组织，指示监测组向委员会报告还可以采取哪些步骤改进1988“基地”组织制裁名单的质量，包括改进识别信息，并采取步骤确保为名单上的所有个人、团体、企业和实体颁发国际刑警组织—联合国安全理事会特别通告。

26. 指示委员会在名单中增列名字的同时，在监测组的协助下与相关指认国协调，在委员会网站上登载尽可能详细和具体的列名理由简述，以及其他相关信息。

27. 促请委员会和监测组所有成员向委员会提供其可能掌握的关于会员国的列名请求的任何适当信息，以便这些信息有助于委员会就有关列名作出知情决定，并为第26段所述列名理由简述提供更多材料。

28. 请秘书处在把某个名字列入名单后，立即在委员会网站发表所有可公开发表的有关信息，包括列名理由简述。

29. 大力敦促会员国在考虑提出

新的列名时,事先就此与阿富汗政府协商,然后再提交给委员会,以配合阿富汗政府的和平与和解工作,鼓励所有考虑提出新的列名的会员国酌情征求联阿援助团的意见。

30. 决定,委员会应在进行公布后,但在把名字列入名单后三个工作日内,通知以下各方:阿富汗政府;阿富汗常驻代表团;据信有关个人或实体所在国家的常驻代表团;如被列入的不是阿富汗个人或实体,有关人员据信为其国民的国家的常驻代表团;还决定,相关会员国应根据本国法律和惯例,采取一切可能措施,将列名一事及时通知或告知被列名的个人或实体,并在通知中附上列名理由简述、对相关决议规定的列名后果的说明、委员会审议除名申请的程序和经第1735(2006)号决议修订的第1452(2002)号决议关于现有各项豁免的规定。

除　名

31. 指示委员会迅速逐一将不再符合上文第2段所述列名标准的个人和实体除名,并请委员会适当考虑从名单上删除以下个人的申请:已经根据得到阿富汗政府和国际社会支持,并在2011年12月5日《波恩会议结论》的原则和成果中得到进一步阐述的关于与所有摈弃暴力、与"基地"组织等国际恐怖组织没有任何关联、尊重宪法(包括尊重《宪法》关于人权、特别是妇女权利的条款)和愿意参加创

建一个和平的阿富汗的人进行对话的2010年7月20日《喀布尔会议公报》,达成和解的人。

32. 大力敦促会员国在向委员会提交除名申请前就其与阿富汗政府协商,配合阿富汗政府的和平与和解工作。

33. 回顾安理会决定,寻求从名单上除名的个人如没有获得会员国的支持,可以向第1730(2006)号决议设立的协调人机制提交申请。

34. 鼓励联阿援助团支持和协助阿富汗政府与委员会开展合作,确保委员会有充足的信息来审议除名申请,指示委员会酌情根据以下原则审议除名申请:

(a)如果可能,关于已达成和解的人的除名申请应附上高级和平委员会通过阿富汗政府提交的函文,证实有关个人根据和解准则已达成和解,如是根据加强和平方案达成和解,则要附上表明已根据先前这一方案达成和解的文件;并应提供当前地址和联系方法;

(b)如有可能,就2002年前曾在塔利班政权任职、不再符合本决议第2段所述列名标准的个人提出的除名申请应附有阿富汗政府的函文,证实该人不再支持或参与威胁阿富汗的和平、稳定与安全的行为;并应提供当前地址和联系方法;

(c)关于据称已经死亡的个人的除名申请应附上国籍国、居住国或其他有关国家的正式死亡证明。

35. 敦促委员会在它搁置或拒绝阿富汗政府的申请时,酌情邀请阿富汗政府代表前来委员会讨论将某些个人、团体、企业和实体列入名单或除名的裨益。

36. 请所有会员国,特别是阿富汗政府,在得到任何表明应考虑根据本决议第 1 段将某个已经除名的个人、团体、企业或实体列入名单的信息时,将此通知委员会,还请阿富汗政府向委员会提交一份年度报告,说明前一年由委员会除名的据说已达成和解个人的现状。

37. 指示委员会迅速考虑任何表明已被除名个人重新开展本决议第 2 段所述活动,包括有不符合本决议第 31 段所述和解条件的行为的信息,请阿富汗政府或其他会员国酌情提交把该人重新列入名单的申请。

38. 确认秘书处应在委员会决定从名单上删除名字后,尽快将此决定转交阿富汗政府和阿富汗常驻代表团,以便发出通知,秘书处还应尽快通知据信有关个人或实体所在的国家的常驻代表团,如不是阿富汗的个人或实体,则通知其国籍国,回顾安理会决定,收到此种通知的国家应根据本国法律和惯例采取措施,及时将除名一事通知或告知有关个人或实体。

审查和维持名单

39. 确认,鉴于阿富汗境内的冲突持续不断,且阿富汗政府和国际社会认为迫切需要以和平方式政治解决这一冲突,因此需要及时和迅速修改名单,包括增列和删除个人和实体,敦促委员会及时对除名申请作出决定,请委员会定期审查名单中的每个条目,包括酌情审查政府认为已达成和解的个人、缺乏识别信息的个人、据说已经死亡的个人和据说或经证实已不复存在的实体,指示委员会审查和修订这类审查的准则,并请监测组每 12 个月向委员会分发一份与各个指认国和已知的居住国、特别是阿富汗政府以及国籍国、所在国或公司注册国协商后编制的名单,内有:

(a)名单上阿富汗政府认为已经达成和解的人,并同时提供第 34 段(a)所述相关文件;

(b)名单上因缺乏必要识别信息而无法有效执行对其规定措施的个人和实体;

(c)名单上据说已经死亡的人,同时附上对第 34(c)段所述相关信息的评估意见,并尽可能附上被冻结资产的状况和地点以及能够接收解冻的资产的个人或实体的名字。

40. 指示委员会审查这些列名是否仍然得当,还指示委员会在它认定这些列名不得当时将其去除。

41. 请监测组酌情定期全面审查国际刑警组织—联合国安全理事会特别通告中的有关信息的现况。

42. 回顾除了根据本决议第 20 段做出的决定外,任何事项都应在六个月内由委员会处理完毕,敦促委员会成员在三个月内作出回复。

43. 敦促委员会确保有公平、透明的程序来开展工作，指示委员会尽快制定相应的准则，特别是关于第17、21、32、33、34和35段的准则。

44. 鼓励会员国和相关国际组织派代表与委员会举行会议，交流信息并讨论任何相关问题。

45. 鼓励所有会员国，尤其是指认国和居住国、国籍国、所在国或公司注册国，向委员会提交它们所获得的关于被列名个人、团体、企业和实体的更多识别信息和其他信息，包括根据本国立法提供所掌握的个人照片和其他生物鉴别信息及证明文件，包括被列名实体、团体和企业的运作情况以及被列名个人的搬迁、入狱或死亡和其他重大动向的最新信息。

46. 指示委员会审议目前就执行上文第1段措施一事走司法程序的国家和国际组织索取信息的请求，并酌情在回复时提供委员会和监测组掌握的其他信息。

47. 指示监测组将三年后没有相关国家对委员会索取资料的请求做出书面回复的列名提交供主席审查，并为此提醒委员会，其主席可酌情以主席身份采取行动，按照委员会正常决策程序，提交从名单上删除的名字。

与阿富汗政府的合作

48. 欢迎阿富汗政府定期通报名单的内容，以及定向制裁对制止阿富汗和平、稳定与安全受到的威胁和支持由阿富汗主导的和解工作产生的影响，着重指出阿富汗政府与委员会继续开展密切合作有助于进一步提高这一制度的效率和实效。

49. 鼓励委员会、阿富汗政府和联阿援助团继续合作，包括查明参与资助或支持本决议第2段所述行为或活动的个人和实体，提供他们的详细信息，以及邀请联阿援助团代表在委员会会议上发言，还鼓励联阿援助团在现有任务、资源和能力范围内，继续为监测组在阿富汗的工作提供后勤支助和安保协助。

50. 欢迎阿富汗政府希望协助委员会协调列名和除名申请以及向委员会提交所有有关信息。

监测组

51. 决定，为协助委员会执行其任务，第1526（2004）号决议第7段设立的1267/1989监测组还应在现有任务期限于2017年12月到期后，继续支持委员会24个月，有关任务规定见本决议附件，还请秘书长为此作出必要安排，重点指出，必须确保监测组获得必要的行政和实务支助，以便在作为安全理事会附属机构的委员会的指导下，有效、安全和及时地完成任务。

52. 指示监测组收集关于不遵守本决议规定措施的情事的信息，将其通报委员会，并在接获会员国请求时，帮助提供能力建设援助，鼓励委员会成员处理不遵守措施的问题并提请监测组或委员会注意,还指示监测组就采取行动处理不遵守情事一事,向委员会提出建议。

协调和外联

53. 确认需要与联合国安全理事会相关委员会、国际组织和专家组保持联络,其中包括第 1267(1999)号决议所设委员会、反恐怖主义委员会(反恐委员会)、联合国毒品和犯罪问题办公室、反恐怖主义执行局(反恐执行局)、第 1540(2004)号决议所设委员会和金融行动任务组,特别是鉴于“基地”组织及其任何基层组织、下属机构、从中分裂或衍生出来的团体继续存在并对阿富汗冲突产生不利影响。

54. 鼓励联阿援助团应高级和平委员会的请求向其提供协助,以鼓励列入名单的人达成和解。

55. 请委员会考虑在适当的时候由主席和(或)委员会成员访问选定的国家,以进一步全面和有效地执行上文第 1 段所述措施,鼓励各国全面遵守本决议和各项决议。

56. 请委员会每年由主席向安理会进行一次口头情况通报,报告委员会和监测组的总体工作,还请主席每年向所有有关会员国进行一次情况通报。

审　查

57. 决定在 18 个月内审查本决议所述措施的实施情况,并进行必要的调整,以支持阿富汗的和平与稳定。

58. 决定继续积极处理此案。

附　件(略)

第四部分

区域性国际反恐条约

打击恐怖主义、分裂主义
和极端主义上海公约

（本公约 2001 年 6 月 15 日订于中国上海，2001 年 10 月 27 日全国人大常委会批准公约，公约于 2003 年 3 月 29 日生效）

哈萨克斯坦共和国、中华人民共和国、吉尔吉斯共和国、俄罗斯联邦、塔吉克斯坦共和国和乌兹别克斯坦共和国（以下简称"各方"），

遵循联合国宪章，特别是有关维护国际和平与安全和发展国家间友好关系与合作的宗旨和原则；

认识到恐怖主义、分裂主义和极端主义对国际和平与安全，发展国家间友好关系和实现人的基本权利和自由构成威胁；

认为上述现象对各方的领土完整和国家安全以及政治、经济和社会稳定构成严重威胁；

遵循一九九八年七月三日阿拉木图联合声明、一九九九年八月二十五日比什凯克声明和二〇〇〇年七月五日杜尚别声明及二〇〇一年六月十五日《上海合作组织成立宣言》的原则；

确信本公约确定的恐怖主义、分裂主义和极端主义，无论其动机如何，在任何情况下不得为其开脱罪责，从

事此类行为的人员应被绳之以法；

深信在本公约框架内进行共同努力是打击恐怖主义、分裂主义和极端主义的有效方式；

达成协议如下：

第一条

一、为本公约的目的，所使用的专门名词系指：

（一）恐怖主义是指：

1. 为本公约附件（以下简称"附件"）所列条约之一所认定并经其定义为犯罪的任何行为；

2. 致使平民或武装冲突情况下未积极参与军事行动的任何其他人员死亡或对其造成重大人身伤害、对物质目标造成重大损失的任何其他行为，以及组织、策划、共谋、教唆上述活动的行为，而此类行为因其性质或背景可认定为恐吓居民、破坏公共安全或强制政权机关或国际组织以实施或不实施某种行为，并且是依各方国内法应追究刑事责任的任何行为。

（二）分裂主义是指旨在破坏国家

领土完整,包括把国家领土的一部分分裂出去或分解国家而使用暴力,以及策划、准备、共谋和教唆从事上述活动的行为,并且是依据各方国内法应追究刑事责任的任何行为。

(三)极端主义是指旨在使用暴力夺取政权、执掌政权或改变国家宪法体制,通过暴力手段侵犯公共安全,包括为达到上述目的的组织或参加非法武装团伙,并且依各方国内法应追究刑事责任的任何行为。

二、本条不妨碍载有或可能载有比本条所使用专门名词适用范围更广规定的任何国际条约或各方的国内法。

第二条

一、各方根据本公约及其所承担的其他国际义务,以及考虑到各自国内法,在预防、查明和惩治本公约第一条第一款所指行为的方面进行合作。

二、各方应将本公约第一条第一款所指行为视为可相互引渡的犯罪行为。

三、在实施本公约时,对涉及与引渡和刑事司法协助有关的事项,各方根据其参加的国际条约并考虑到各方国内法开展合作。

第三条

各方应采取必要措施,包括适当时制定国内立法,以使本公约第一条第一款所指行为在任何情况下不得仅由于政治、思想、意识形态、人种、民族、宗教及其他相似性质的原因而被开脱罪责,并使其受到与其性质相符

的处罚。

第四条

一、一方在通知保存国完成为使本公约生效所必需的国内程序后六十天内,应将其负责执行本公约的中央主管机关名单通过外交途径书面提交保存国,保存国应周知其他各方。

二、各方中央主管机关就执行本公约规定的有关事项直接相互联系和协作。

三、如任何一方对其中央主管机关名单作出变更,应通知保存国,由保存国周知其他各方。

第五条

各方经协商一致,可就打击本公约第一条第一款所指行为的事项进行磋商、交换意见、协调立场,包括在国际组织和国际论坛从事上述活动。

第六条

各方中央主管机关根据本公约进行下列合作并相互提供协助:

(一)交流信息;

(二)执行关于进行快速侦查行动的请求;

(三)制定并采取协商一致的措施,以预防、查明和惩治本公约第一条第一款所指行为,并相互通报实施上述行动的结果;

(四)采取措施预防、查明和惩治在本国领土上针对其他各方实施的本公约第一条第一款所指行为;

(五)采取措施预防、查明和阻止向任何人员和组织提供用于实施本公约第一条第一款所指行为的资金、武

器、弹药和其他协助；

（六）采取措施预防、查明、阻止、禁止并取缔训练从事本公约第一条第一款所指行为人员的活动；

（七）交换法律法规及其实施情况的材料；

（八）就预防、查明和惩治本公约第一条第一款所指行为交流经验；

（九）通过各种形式，培训、再培训各自专家并提高其专业素质；

（十）经各方相互协商，就其他合作形式达成协议，包括必要时，在惩治本公约第一条第一款所指行为及消除其后果方面提供实际帮助。如就此达成协议，缔结相应的议定书，该议定书构成本公约不可分割的一部分。

第七条

各方中央主管机关交换共同关心的情报，包括：

（一）准备实施及已经实施本公约第一条第一款所指行为的情报，已经查明及破获的企图实施上述行为的情报；

（二）对国家元首及其他国家领导人，外交代表机构、领事机构和国际组织的工作人员，其他受国际保护人员以及国事访问，国际和国家政治、体育等其他活动的参加者准备实施本公约第一条第一款所指行为的情报；

（三）准备、实施及以其他方式参与本公约第一条第一款所指行为的组织、团体和个人的情报，包括其目的、任务、联络和其他信息；

（四）为实施本公约第一条第一款

所指行为，非法制造、获取、储存、转让、运输、贩卖和使用烈性有毒和爆炸物质、放射性材料、武器、引爆装置、枪支、弹药、核武器、化学武器、生物武器和其他大规模杀伤性武器，可用于制造上述武器的原料和设备的情报；

（五）已查明涉及或可能涉及本公约第一条第一款所指行为的资金来源的情报；

（六）实施本公约第一条第一款所指行为的形式、方法和手段的情报。

第八条

一、基于提供协助的请求，或经一方中央主管机关主动提供信息，各方中央主管机关在本公约范围内，在双边和多边基础上进行相互协作。

二、请求或信息以书面形式提出。在紧急情况下请求或信息可通过口头形式转达，但应在不晚于七十二小时内以书面形式确认，必要时，使用技术手段转交文本。如对请求或信息的真实性或内容产生疑问，可要求对其进一步确认或说明。

三、请求内容应包括：

（一）请求和被请求的中央主管机关的名称；

（二）对请求的目的和理由的说明；

（三）对请求协助的内容的说明；

（四）有利于及时和适当执行请求的其他信息；

（五）如有必要，标明密级。

四、以书面形式转交的请求或信息，应由提出请求的中央主管机关首长或其副职签字,或由该中央主管机关盖章确认。

五、请求和所附文件和信息由中央主管机关用本公约第十五条所规定的一种工作语言提出。

第九条

一、被请求的中央主管机关采取一切必要的措施以保障尽快和尽可能全面地执行请求,并在尽可能短的期限内通知结果。

二、如存在妨碍或严重延迟执行请求的情况,应立即将此通知提出请求的中央主管机关。

三、如执行请求超出被请求的中央主管机关的职权范围,它应将请求转给本国其他负责执行此请求的中央主管机关,并立即将此通知提出请求的中央主管机关。

四、为执行请求,被请求的中央主管机关可要求提供其认为必要的补充信息。

五、执行请求应适用被请求方法律。在不违背被请求方法律的基本原则或国际义务的情况下,根据提出请求的中央主管机关的请求,也可适用请求方法律。

六、如被请求的中央主管机关认为,执行请求可能有损其国家主权、安全、公共秩序或其他根本利益,或违背其国内法或国际义务,则可推迟或全部或部分拒绝执行请求。

七、如请求所涉行为按被请求方法律不构成犯罪,也可拒绝执行请求。

八、如根据本条第六款或第七款

全部或部分拒绝执行请求或推迟其执行,应将此书面通知提出请求的中央主管机关。

第十条

为有效打击本公约第一条第一款所指行为,各方将签订单独协定和通过其他必要的文件,在比什凯克市建立各方的地区性反恐怖机构并保障其运行。

第十一条

一、为执行本公约,各方中央主管机关可建立紧急联系渠道和举行例行或特别会晤。

二、为落实本公约规定,各方必要时可相互提供技术和物资援助。

三、一方根据本公约从另一方获取的材料、专用器材、设备和器械,如事先未得到提供方的书面同意,不得转交。

四、对于各方中央主管机关在本公约范围内提供援助时使用的快速侦查行动方式、专门人员、专用器材和后勤保障材料性能等信息不得向外公布。

第十二条

各方中央主管机关可就实施本公约的程序细则相互签署协议。

第十三条

一、各方应对其得到的非公开或提供方不愿公开的信息和文件保密。这些信息和文件的密级由提供方确定。

二、根据本公约获得的执行请求的信息和结果,未经提供方书面同意,不得用于请求或提供目的以外的其他目的。

三、一方根据本公约从另一方获得的信息和文件，如事先未得到提供方的书面同意，不得转交。

第十四条

除非另有约定，各方自行承担与其执行本公约有关的费用。

第十五条

各方中央主管机关在本公约范围内开展合作时的工作语言为中文和俄文。

第十六条

本公约不限制各方就本公约内容及与其宗旨和目标不相抵触的事项签订其他国际条约的权利，并且不涉及各方根据其参加的其他国际协定所享有的权利和承担的义务。

第十七条

本公约解释或适用中出现的有争议的问题，由有关各方通过协商和谈判解决。

第十八条

一、本公约保存国为中华人民共和国。本公约正式副本将在签署后十五天内由保存国分送其他各方。

二、本公约自保存国收到哈萨克斯坦共和国、中华人民共和国、吉尔吉斯共和国、俄罗斯联邦、塔吉克斯坦共和国和乌兹别克斯坦共和国最后一份关于其已完成为使本公约生效所需的国内程序的书面通知后第三十天起开始生效。

第十九条

一、本公约生效后，经所有各方同意，其他国家可以加入本公约。

二、本公约自申请加入国向本公约保存国递交其完成为使本公约生效所需的国内程序的通知书后第三十天起，对其生效。自该日起，申请加入国成为本公约一方。

第二十条

一、经所有各方同意，可对本公约文本进行修订和补充，并制定议定书，议定书构成本公约不可分割的一部分。

二、任何一方在向保存国发出书面的退出通知十二个月后，可以退出本公约。保存国应在收到一方退出通知的三十天内通知其他各方。

第二十一条

一、如果一方非附件所列某一条约的缔约国，则可在向保存国提交关于完成为使本公约生效所需国内程序的通知书时声明，在本公约适用于该方时，该条约被认为未列入该附件。此声明在通知保存国该条约对该方生效后失效。

二、当一方不再是附件所列的某一条约的缔约国时，应按照本条第一款的规定作出声明。

三、符合以下条件的条约可以补充到附件中：

（一）对所有国家开放的；

（二）已经生效的；

（三）至少三个本公约的缔约方已经批准、接受、核准或者加入的。

四、本公约生效后，任何一方可以建议对附件进行修订。上述建议应书面送交保存国。保存国应将所有符合本条第三款要求的建议周知其他各方,并征求它们关于是否接受所提修订建议的意见。

五、在保存国向各方分送修订建议的一百八十天后,除非三分之一的本公约缔约方书面通知保存国反对此项修订,否则所提修订建议即被认为获得通过,并从即日起对所有各方生效。

本公约于二○○一年六月十五日在上海签订,正本一份,用中文和俄文写成,两种文本同等作准。

上海合作组织反恐怖主义公约

（2009 年 6 月 16 日，我国时任国家主席胡锦涛和上海合作组织其他成员国元首分别代表本国在叶卡捷琳堡签署了该公约。公约已于 2012 年 1 月 14 日生效。2014 年 12 月 28 日，中国全国人大常委会批准该公约）

上海合作组织成员国，

深表关切恐怖主义日益猖獗，威胁世界和平与安全、国家领土完整、国与国之间友好关系发展以及人的基本权利和自由，

遵循《联合国宪章》及二〇〇二年六月七日签署的《上海合作组织宪章》的宗旨和原则，

完善二〇〇一年六月十五日签署的《打击恐怖主义、分裂主义和极端主义上海公约》和二〇〇五年七月五日签署的《上海合作组织成员国合作打击恐怖主义、分裂主义和极端主义构想》，

承认本公约所涵盖的犯罪，不论在任何情况下实施，均无正当性可言，对实施和（或）参与实施犯罪的自然人和法人应追究其责任，

考虑到恐怖主义内涵、行为规模和性质发生的变化及加强反对恐怖主义合作的重要性，

认为必须加大反对恐怖主义的力度，重申预防和打击恐怖主义的一切措施，遵守法律至上和民主价值、人的基本权利和自由原则以及国际法准则，认识到只有共同努力才能有效预防和打击恐怖主义，达成协议如下：

第一条

本公约旨在提高反恐怖主义合作的效率。

第二条

一、出于本公约之目的，下列术语和概念系指：

（一）"各方"指本公约缔约国。

（二）"恐怖主义"指通过实施或威胁实施暴力和（或）其他犯罪活动，危害国家、社会与个人利益，影响政权机关或国际组织决策，使人们产生恐惧的暴力意识形态和实践。

（三）"恐怖主义行为"指为影响政权机关或国际组织决策，实现政治、宗教、意识形态及其他目的而实施的恐吓居民、危害人员生命和健康，造成巨大财产损失或生态灾难及其他严重后果等行为，以及为上述目的而威胁实施上述活动的行为。

（四）"恐怖主义组织"指：

1. 为实施本公约所涵盖的犯罪而成立的和（或）实施本公约所涵盖的犯罪的犯罪团伙、非法武装、匪帮和黑社会组织；

2. 以其名义、按其指示或为其利益策划、组织、准备和实施本公约所涵盖的犯罪的法人。

（五）"法人"指依据各方国内法的规定建立并开展活动的组织。

二、本条不妨碍任何国际条约或任何一方的国内法规定或可能规定比本条应用范围更广的术语和概念。

第三条

查明、防范和侦查本公约所涵盖的犯罪涉及至少两方司法管辖权时，适用本公约。

第四条

根据本公约行使权利和履行义务时，各方应遵循国家主权平等、领土完整和互不干涉内政的原则。

第五条

一、下列情况下，有关方应采取必要的措施，确定对本公约所涵盖的犯罪的司法管辖权：

（一）犯罪发生在该方境内；

（二）犯罪发生在悬挂该方国旗的船舶上，或是发生在根据该方法律注册的航空器上；

（三）犯罪由该方公民实施。

二、各方可在下列情况下对本公约所涵盖的犯罪确定各自的司法管辖权：

（一）旨在或导致在该方境内或针对该方公民实施恐怖主义行为的犯罪；

（二）针对该方境外目标，包括外交和领事机构馆舍而发生的旨在或导致实施恐怖主义行为的犯罪；

（三）企图强迫该方实施或不实施某种行为而发生的旨在或导致实施恐怖主义行为的犯罪；

（四）在该方境内常住的无国籍人士实施的犯罪；

（五）犯罪行为发生在该方经营的船舶上。

三、如果犯罪嫌疑人在一方境内且该方不将其引渡给其他方，该方应采取必要措施确定其对本公约所涵盖犯罪的司法管辖权。

四、本公约不排除按照国内法行使的任何刑事管辖权。

五、如果至少两方提出对本公约所涵盖的犯罪拥有司法管辖权，必要时，有关方可协商解决。

第六条

一、本公约规定的合作由各方确定的主管机关执行。

二、在各方提供关于批准或加入公约的通知文件时，各方应向公约保存机构提供本国负责执行本公约的主管机关名单，由公约保存机构告知其他各方。如主管机关变化，应立即通知公约保存机构，再由公约保存机构通报其他各方。

三、各方主管机关可就本公约规定的问题在职权范围内直接开展相互协作。为执行本公约，各方主管机关的地方部门和其他部门可按主管机关规定的程序建立直接联络。

四、各方主管机关基于提供协助的请求，或通过一方主管机关主动通报信息的方式，开展双边和多边合作。

五、相互协作可以通过外交渠道、国际刑警组织或上海合作组织地区反恐怖机构执委会进行。

第七条

一、为防止出现紧张形势而引发本公约所涵盖的犯罪，各方鼓励不同宗教和不同文化之间开展对话，必要时吸收非政府组织和其他社会团体参与，但必须遵守本国法律。

二、各方按照本国法律体系的基本原则，制定和实施反对恐怖主义的国内措施。这些措施可以包括：

（一）定期评估反对恐怖主义的法律文件及实际措施的有效性；

（二）与有关国际和地区组织合作制定并实施反对恐怖主义的措施，包括举行打击恐怖主义行为的演习；

（三）设立机构，协调各方有关机关反对恐怖主义的行动；

（四）提高反对恐怖主义执法及其他机关人员的职业素质，并为其提供必要的财政、物资和其他保障；

（五）对协助国家机关反对本公约所涵盖的犯罪、查明预备或实施本公约所涵盖的犯罪的人员给予奖励；

（六）通过立法规定，实行防范恐怖主义行为的限制措施；

（七）完善对自然人及设施的保护，包括提高执法机关及相关法人的

合作效率，制定和推行旨在加强保护自然人和设施的标准；

（八）对受害者、证人等刑事诉讼参与人以及必要情况下的其他涉及反恐的人员进行保护；

（九）制定并采用认定自然人和法人参与实施本公约所涵盖犯罪的标准；

（十）保障法人有足够能力协助国家防范和查明在其设施内准备或实施本公约所涵盖的犯罪；

（十一）推动非政府组织、团体和个人参与反对恐怖主义，在全社会营造反对恐怖主义的氛围；

（十二）向公众宣传恐怖主义的危险、负面影响以及实施本公约所涵盖的犯罪应承担的责任；

（十三）为公民提供保障，使其可以通过匿名等方式向国家机关报告任何涉嫌本公约所涵盖犯罪的情况。

三、各方可采取比本公约更严厉的反对恐怖主义的措施。

第八条

各方应根据本国法律体系的基本原则，通过必要的立法及其他措施，防范和打击恐怖主义融资活动，包括：

（一）登记客户情况资料、金融交易数据并予以保存；

（二）向其各自授权的机关提供可疑的、经济上缺乏合理性的交易信息；

（三）根据执法机关或各方确定的其他机关的指令，暂时中止非法的、可疑的或经济上缺乏合理性的金融

交易；

（四）应法院、检察院、侦查机关和各方授权的其他机关的请求，提供有关情况和文件。

第九条

一、各方应采取必要的立法措施，将故意实施的下列行为认定为刑事犯罪：

（一）恐怖主义行为；

（二）各方均参加的国际反恐公约认定为犯罪的行为；

（三）成立并利用法人机构策划、组织、预备和实施本款第一、二项，第四至十项所指的犯罪，或为此成立犯罪团伙、非法武装、匪帮、黑社会组织等；

（四）公开煽动或公开怂恿恐怖主义，即为唆使实施本款第一至三项，第五至十项所指的犯罪而传播某些言论，或公开呼吁支持和效仿恐怖主义；

（五）招募他人或用其他方式使其参与预备或实施本款第一至四项，第六至十项所指的犯罪；

（六）训练人员，以便实施或协助实施本款第一至五项，第七至十项所指的犯罪；

（七）参加恐怖主义组织；

（八）资助恐怖主义，即募集资金或提供金融服务以资助组织、准备和实施本款第一至七项，第九至十项所指的犯罪，或向恐怖主义组织活动提供资金或金融服务；

（九）为他人提供用于实施本款第一至八项，第十项所指犯罪的武器、爆炸物品或者其他工具；

（十）为涉嫌或被指控实施本款第一至九项所指犯罪的嫌疑人提供掩护、资助，帮助其逃跑，以及为其提供伪证。

二、各方可根据本国法律认定以下行为应受刑事处罚：故意窝藏、转移、收购或代为销售本条第一款规定的犯罪的嫌疑人和被告人的财产。

三、无论恐怖主义行为是否已实际发生，或被招募和（或）被训练的个人是否意识到本人行为的恐怖主义性质，不影响本条第一款第三至十项所指犯罪的构成。

四、各方还应采取必要的立法措施，将同谋、预备实施本条第一款所认定的犯罪及犯罪未遂认定为应受刑事处罚的行为。

第十条

一、各方应根据本国法律原则采取必要的立法及其他措施，禁止本国境内的法人参与本公约所涵盖的任何犯罪。

二、各方应采取必要的措施，规定法人参与本公约所涵盖的犯罪应负的责任。

三、在遵守各方法律原则的条件下，可以追究法人的刑事责任、民事责任或行政责任。

四、确定法人的责任时，不应免除参与法人实施本公约所涵盖犯罪的自然人的刑事责任。

五、各方确保采取下列措施，追究参与实施本公约所涵盖犯罪的法人的责任：

（一）警告；

（二）罚款；

（三）没收法人财产；

（四）暂时中止法人的活动；

（五）禁止法人的某些活动；

（六）取缔法人。

六、如法人策划、组织、准备和实施本公约所涵盖的犯罪行为，各方应采取法律措施，认定法人组织为恐怖组织，并根据法院判决或各方国内法律授权的其他机关的决定对其予以取缔。如通过控制法人行使其权利和义务的人员策划、组织、准备和实施本公约所涵盖的犯罪，也可采取这样的措施。

七、本条规定适用于参与本公约所涵盖的犯罪的外国法人在各方境内的下设机构（代表处、分支机构）。

第十一条

一、各方将本公约所涵盖的犯罪视为可适用引渡、移管和司法协助的犯罪。

二、本公约所涵盖的犯罪，均应视为任何已签订的各方之间的引渡条约中可以引渡的犯罪。各方有义务在今后签署的条约中承认这些犯罪是可以引渡的犯罪。

三、如果某方以条约作为引渡条件，在收到与其未签订引渡条约的其他方的引渡请求后，被请求方应视本公约为引渡本公约所涵盖犯罪的法律依据。执行引渡时，应遵守被请求方国内法规定的条件。

四、不以条约为引渡条件的各方，应将本公约所涵盖犯罪视为可以引渡的犯罪，并遵守被请求方国内法规定的条件。

五、当涉及引渡和提供司法协助时，应当遵守双重犯罪的原则。无论被请求方法律是否将有关行为界定为请求方法律所规定的犯罪，或是否使用请求方法律所用的术语对其进行表述，只要被请求提供司法协助或引渡的行为，根据双方国内法均被认定应受到刑事处罚，这一原则即可认为已得到遵守。

六、本公约所涵盖的犯罪，无论在何地实际发生，只要根据本公约第五条规定属于某一方司法管辖范围，即视为在其境内实施的犯罪而适用引渡。

七、法人涉嫌实施的本公约所涵盖的犯罪及其应承担的法律责任，根据各方国内法确定。

八、按照现行条约或双方商定，根据判刑国或被判刑人国籍国的请求，对因犯有本公约所涵盖犯罪的被判刑人，经其本人同意，可移交其国籍国继续服刑。

九、如犯有本公约所涵盖犯罪的人在被请求方境内，而该方仅以此人是其公民不予引渡，则应根据该方掌握的证据和有关材料，包括请求方提供的刑事案件材料，依照被请求方法律进行刑事诉讼。

第十二条

一、为预防和打击恐怖主义，各方

主管机关可主动或根据请求相互提供涉及本公约有关问题的情报（文件、材料、其他信息）。

二、未经被请求方主管机关事先书面同意，请求方主管机关不得将本条第一款中的情报转交其他方。

三、除非请求方主管机关与相关方另有约定，各方主管机关不得泄露请求事宜及其内容，只能用于执行请求；各方主管机关应对被请求方转交的信息保密，只能在调查、法院审理或执行请求规定的程序范围内使用。

第十三条

一、请求的执行应遵循本公约和被请求方的法律。

二、如被请求方与请求方法律没有不同规定，在执行请求时可以适用请求方的法律。适用请求方的法律不应损害被请求方的主权和国家安全。

第十四条

一、请求以书面形式提交，应包括：

（一）请求方和被请求方的主管机关名称；

（二）请求的事项和理由；

（三）案件情况，包括开展立案审查、侦查或法院审理的案情说明（犯罪时间、地点和情节）；

（四）有关法律法规的文本，如不能提供，应阐明相关法律法规条款，或者说明可在请求方境内依法采取的被请求措施或与其效果相同的其他措施；

（五）如有必要，标明密级。

二、关于对法人采取处罚措施的请求，除本条第一款所列举的内容外，还应包括：

（一）关于法人名称、所在地及其注册地址的信息、该法人组织代表的资料；

（二）处罚措施；

（三）请求方希望被请求方遵循的具体程序；

（四）关于可能被查封和没收的财产的信息（其所在地、与犯罪的关系以及其他人对该财产拥有合法权益的任何信息）；

（五）请求方法院判决书或其他主管机关所作决定的核对无误的副本，以及判决和决定的理由；

（六）请求方依据的事实，供被请求方依照本国法律作出执行决定。

三、如请求审讯嫌疑人或被告人，则应当附上核对无误的刑事案件材料的副本。

四、如无其他约定，被请求方在收到请求之日起 30 日内通知请求方：

（一）关于针对请求所采取的行动及结果；

（二）关于阻碍执行或严重延迟执行的任何情况。

五、请求方应尽快通知被请求方：

（一）关于法院改判或关于对法人的制裁措施的判决和决定全部或部分失效的情况；

（二）关于造成根据本公约所采取的行动失去依据的情况变化。

六、一方根据同一判决，如向多方

申请对法人采取处罚措施,应通知与执行该判决有关的其他各方。

第十五条

各方主管机关可执行下列请求:

(一)为追究刑事责任或为执行法院判决的引渡。

(二)立案审查。

(三)采取如下诉讼行为:

1. 鉴定;

2. 审讯犯罪嫌疑人、被告,询问证人、被害人和其他人;

3. 搜查、扣押;

4. 移交物证;

5. 查封财产;

6. 送达文书;

7. 职责内的其他行动。

(四)保全证据。

(五)对法人采取处罚措施。

(六)确定涉嫌实施本公约涵盖犯罪的自然人的所在地。

(七)确定被没收财产的所在地。

(八)本公约适用范围内所包括的其他情形。

第十六条

一、请求书由请求方主管机关首长或代理其职责的负责人签署,并(或)加盖带国徽的印章。

二、在紧急情况下,请求可以口头形式提出。但请求及其附带文件应在72小时之内以书面形式确认,必要时可通过技术手段转交文本。

三、如被请求方怀疑请求或请求的附带文件及其内容的真实性,可要求请求方予以补充确认或说明。

四、如根据本公约提出的请求数量较多,且涉及的情况相同,被请求方可自行决定执行请求的先后顺序。

五、如果请求的执行不属于被请求方主管机关的权限,该主管机关应将请求尽快转送本国其他负责执行机关,并立即通知请求方的主管机关。

六、被请求方主管机关可要求提供执行请求所需的补充信息。

第十七条

一、被请求方主管机关可以推迟对请求采取措施,如这些措施可能妨碍被请求方主管机关实施的立案审查、侦查或法院审理。

二、如果执行请求有损主权和国家安全或者违背国内法律,被请求方主管机关可以拒绝执行请求。

三、在拒绝或推迟执行请求之前,被请求方主管机关视情与请求方主管机关进行协商。

四、如推迟或拒绝执行请求,被请求方主管机关应立即通知请求方,并说明原因。

第十八条

一、如对涉嫌或被指控实施本公约所涵盖犯罪的人员进行刑事调查的请求方确定犯罪嫌疑人已进入被请求方境内,经被请求方主管机关同意,可派人进入被请求方境内参与对涉嫌或被指控实施犯罪人立案审查和侦查。

二、派遣到被请求国的请求方主管机关人员应当根据被请求方法律和双方共同加入的国际条约的规定参与在被请求方境内进行的立案审查和侦查。

三、在请求方根据本公约第十四至十八条的规定提出请求的基础上，被请求方决定接受请求方人员参与立案审查和侦查行动的办法。

四、在派人参与立案审查和侦查的请求中还应注明：

（一）所派人员的资料；

（二）派遣目的、立案审查和侦查行动的清单及其实施办法和期限；

（三）在使用交通工具时，交通工具种类、数量和车牌号；

（四）其他必要信息。

五、被请求方收到请求后，在 5 日内作出决定，并立即通知请求方主管机关。此决定可以附带一定的条件。

六、如果请求方提出的请求未包括本条第四款所述内容或者信息不完整，被请求方主管机关有权要求提供补充材料。

七、按规定到被请求方境内的请求方主管机关人员，应根据被请求方法律及有关驻留和执行公务的约定，在被请求方境内履行职责。

八、在被请求方境内参与被请求方主管机关进行的立案审查和侦查的请求方主管机关人员有义务：

（一）遵守被请求方的法律及有关机关提出的合法要求；

（二）向被请求方提供获取的信息。

九、被请求方一旦提出要求，请求方应立即停止参与在被请求方境内进行的立案审查和侦查行动。

十、双方可就本条规定另行签署协议。

第十九条

被请求方主管机关根据本国法律执行请求过程中获取的证据，在请求方境内具有同样的证据效力。

第二十条

一、在执行没收参与实施本公约所涵盖犯罪的自然人或法人财产的决定时，被请求方承认请求方对第三方权利作出的司法判决。

二、如出现下列情形之一，可以拒绝承认：

（一）第三方没有足够的条件主张自己的权利；

（二）第三方有充分理由主张自己的权利；

（三）判决与被请求方的判决相抵触；

（四）判决与被请求方法律相抵触；

（五）判决有违被请求方国内法规定的排他性司法管辖条款。

第二十一条

一、根据本公约提交的文件免除各种形式的队证手续。

二、在一方境内按照规定格式出具的，或经主管机关或授权人员在其职责范围内确认，并盖有带国徽印章的文书，其他各方在本国境内应予接受，无须任何专门的证明文件。

三、在一方境内被视为正式的文件，在其他各方境内具有正式文件的公信证明力。

第二十二条

一、各方主管机关可就本公约所涉及的问题通过外交渠道或其他方式，也可通过另一方主管机关将正式文件送达该方境内的自然人和法人。

二、各方主管机关应相互协助，将正式文件送达自然人和法人。

第二十三条

各方应在本国境内采取必要措施，防止向参与实施本公约所涵盖犯罪而被一方通缉的人员提供证明难民地位的文件。

第二十四条

一、为追究参与实施本公约所涵盖犯罪的法人的责任，一方应根据另一方请求采取以下必要措施：

（一）查封可能被依法没收的财产；

（二）暂时中止（冻结）金融交易；

（三）暂时中止法人的部分活动（广播、电视，出版发行包括电子媒体在内的大众媒体）。

二、本条第一款措施应当根据请求方国内法和本公约实施。

三、被请求方终止本公约规定的措施之前，应保障请求方有权提出坚持执行该措施的理由。

第二十五条

一、在请求对参与本公约所涵盖犯罪的法人（包括其分支机构）采取处罚措施时，如该法人在被请求方境内，或者在被请求方境内拥有财产或从事

活动，被请求方应当：

（一）执行请求方关于要求采取处罚措施的法院判决或其他主管机关的决定；或者

（二）根据请求方判决书中提供的事实和结论，及请求采取的处罚措施，按照本国法律进行审理。

二、对法人的处罚措施应当根据被请求方法律执行。

第二十六条

为确保没收进行，各方应根据国内法采取以下措施：

（一）查封、扣押、冻结为了实施本公约所涵盖任何犯罪而企图使用（或已使用）的、或资助实施本公约所涵盖任何犯罪的钱款、有价证券、贵重物品、武器及其组成部分（配件）、弹药、爆炸物或其他财产；

（二）如无法查封、扣押、冻结本条所述财产，应确保收缴与之价值相当的钱款。

第二十七条

一、根据本公约提出的没收自然人或法人财产的请求，不影响被请求方执行本方关于没收同一自然人或法人财产的决定的权利。

二、根据请求没收的财产总值不能超出没收决定标明的数额。如果某一方断定可能超出，双方应进行协商，避免发生这样的结果。

三、满足债权人的要求后，根据本公约应予取缔的法人的剩余财产也应予没收。

四、被请求方应根据本国法律对

被没收财产进行管理,并确保其完整无缺。

五、经相关方商定,被没收的财产或其等值钱款,可以全部或部分移交给作出没收决定的一方。

第二十八条

如无另行商定,各方各自承担履行本公约所产生的费用。

第二十九条

一、如对根据本公约合作中因不合法行为或不作为造成的损失起诉要求赔偿,各有关方应当相互协商,确定分摊赔付上述损失的金额。

二、被提起赔偿损失诉讼的一方应通知其他有关各方。

第三十条

本公约不限制各方就本公约所涵盖的不违背其宗旨和目的的问题缔结其他国际条约,不影响各方参加其他国际条约所承担的权利和义务。

第三十一条

一、本公约无限期有效。

二、本公约须经各缔约国批准。批准书应交存公约保存机构。本公约自第4份批准书交存公约保存机构之日起第30日生效。

三、在第4份批准书交存后批准本公约的国家,本公约自该国向公约保存机构交存批准书后第30日起对其生效。

四、本公约保存机构为上海合作组织秘书处。

第三十二条

一、赞成本公约各项条款的其他国家,经上海合作组织成员国同意并向公约保存机构交存加入书,可加入本公约。

二、对于加入国,本公约自公约保存机构收到加入书之日起第30日生效。

第三十三条

根据《联合国宪章》第一百零二条规定,本公约应在联合国秘书处登记。

第三十四条

各方可以签订单独议定书,对本公约进行修改和补充,议定书构成本公约不可分割的组成部分。任何一方均可向公约保存机构提交进行修改和补充的书面建议,公约保存机构应立即将该建议提交其他各方审议。

第三十五条

任何一方可退出该公约,但需要在退出之日前至少6个月向公约保存机构发出书面退出通知。公约保存机构在收到退出通知后,30日内将此通知其他各方。

第三十六条

如对本公约条款的适用或解释出现争议,有关各方应通过协商和谈判解决。

第三十七条

一、各方在本公约框架下开展合作所使用的工作语言为汉语和俄语。

二、本公约正本交公约保存机构保存,公约保存机构应将核对无误的副本送交各方。

　　本公约于二〇〇九年六月十六日在叶卡捷琳堡签订,一式一份,用中文和俄文写成,两种文本同等作准。

哈萨克斯坦共和国代表　　　努尔苏丹·阿比舍维奇·纳扎尔巴耶夫(签字)
中华人民共和国代表　　　　胡锦涛(签字)
吉尔吉斯共和国代表　　　　库尔曼别克·巴基耶夫(签字)
俄罗斯联邦代表　　　　　　德米特里·阿纳托利耶维奇·梅德韦杰夫(签字)
塔吉克斯坦共和国代表　　　埃莫马利·拉赫蒙(签字)
乌兹别克斯坦共和国代表　　伊斯拉姆·阿卜杜加尼耶维奇·卡里莫夫(签字)

东南亚国家联盟反对恐怖主义公约

（本公约于 2007 年 1 月 13 日订立于菲律宾宿务市）

东南亚国家联盟（东盟）成员国——文莱达鲁萨兰国、柬埔寨王国、印度尼西亚共和国、老挝人民民主共和国、马来西亚、缅甸联邦、菲律宾共和国、新加坡共和国、泰王国、越南社会主义共和国，以下称"各缔约国"，

回顾《联合国宪章》、国际法有关原则、有关反对恐怖主义（以下称反恐——译者注）的国际公约和议定书，以及联合国采取措施打击国际恐怖主义的有关决议，并重申我们捍卫人权、公平待遇、法治和正当的诉讼程序，以及 1976 年 2 月 24 日于巴厘制定的《东南亚友好合作条约》规定的诸原则的承诺。

重申不能将恐怖主义与任何宗教、民族、文化或种族挂钩。

还回顾东盟分别于 2001 年和 2002 年东盟峰会期间通过的《反恐联合行动宣言》和《恐怖主义宣言》。

重申 2004 年 11 月 29 日在万象制订的《万象行动计划》中的承诺，尤其是其中"建立并共同遵守有关规则"的主旨，以及达成一项《东盟法律协助协定》和一项《东盟反恐公约》，及 1976

年《东盟国家和睦宣言》中规划的制定一项《东盟引渡条约》的需要。

深切关注恐怖主义对无辜生命、设施与环境、地区及国际和平与稳定，以及经济发展造成的严重威胁。

认识到认定并有效阐明恐怖主义的根源在形成任何反恐措施上的重要性。

重申恐怖主义，无论其形式和表现如何，也无论其何时何地由何人所为，均严重威胁国际和平与安全，也是对实现东盟和平、进步、繁荣和落实《2020 东盟愿景》的直接挑战。

重申我们关于反恐包括防止和打击所有形式恐怖行为方面增进合作的坚定承诺。

重申东盟国家需要通过加深执法机构和有关机构的反恐合作，推动反恐区域合作并采取有效措施。

鼓励各缔约国尽早成为有关反恐国际公约和议定书的缔约国。

兹协议如下：

第一条　目标

本公约将为反对、防止和打击所有形式和表现的恐怖主义，并为加深

各缔约国执法机构和有关机关在反恐方面的合作提供区域合作的框架。

第二条　恐怖主义犯罪行为

一、为本公约的目的,"犯罪"系指任何犯有在下列条约范围之内并被规定了的犯罪行为:

(一)1970 年 12 月 16 日海牙《关于制止非法劫持航空器的公约》;

(二)1971 年 9 月 23 日蒙特利尔《关于制止危害民用航空安全的非法行为的公约》;

(三)1973 年 12 月 14 日纽约《关于防止和惩处侵害应受国际保护人员包括外交代表的罪行的公约》;

(四)1979 年 12 月 17 日纽约《反对劫持人质国际公约》;

(五)1980 年 3 月 3 日维也纳《核材料实物保护公约》;

(六)1988 年 2 月 24 日蒙特利尔《补充〈关于制止危害民用航空安全的非法行为的公约〉的〈制止在为国际民用航空服务的机场发生的非法暴力行为〉的议定书》;

(七)1988 年 3 月 10 日罗马《制止危及海上航行安全非法行为公约》;

(八)1988 年 3 月 10 日罗马《制止危及大陆架固定平台安全非法行为议定书》;

(九)1997 年 12 月 15 日纽约《制止恐怖主义爆炸的国际公约》;

(十)1999 年 12 月 9 日纽约《制止向恐怖主义提供资助的国际公约》;

(十一)2005 年 4 月 13 日纽约《制止核恐怖主义行为国际公约》;

(十二)2005 年 7 月 8 日维也纳《〈核材料实物保护公约〉修订案》;

(十三)2005 年 10 月 14 日伦敦《〈制止危及海上航行安全非法行为公约〉2005 年议定书》;和

(十四)2005 年 10 月 14 日伦敦《〈制止危及大陆架固定平台安全非法行为议定书〉2005 年议定书》。

二、非本条第一款所列某一条约缔约国的国家,在交存其批准书或核准书时得声明,对该国适用本公约时,应视该条约不属本条第一款所列。一旦该条约对作出此声明的该国生效,该声明即告无效,而该国应按第二十条第二款所述就此生效事通知保存人。

三、如一国不再是本条第一款所列某一条约的缔约国,得按本条规定,就该条约发表一项声明。

第三条　主权平等、领土完整和不干涉

各缔约国应以符合国家主权平等、领土完整和不干涉其他缔约国内政诸原则的方式,履行其在本公约项下的义务。

第四条　主权的维护

本公约任何规定不授权一国在他国领土内,对根据该国国内法完全属于其职权的事项行使管辖或履行职责。

第五条　不适用

本公约不适用于罪行仅在一缔约国境内实施、犯罪嫌疑人和受害者均为该国国民、犯罪嫌疑人在该国被发现,而且其他缔约国并无根据本公约行使管辖的依据的情况。

第六条　合作领域

一、本公约规定的合作领域得与各缔约国国内法一致,采取包括但不限于以下适当措施:

(一)采取必要步骤防止恐怖行为的实施,包括规定通过交换情报先期警告其他缔约国;

(二)防止资助、计划、便利,或实施恐怖行为的人在其本国领土内,而针对其他缔约国和/或其他缔约国公民力图实现这些目的的活动;

(三)防止和制止资助恐怖行为;

(四)通过有效控制边境并控制签发身份证明和旅行证件的方式,以及通过防止仿造、伪造或欺诈使用身份证明和旅行证件的措施,防止恐怖分子或恐怖团伙的流动;

(五)促进能力建设包括培训和技术合作,以及召开区域性会议;

(六)促进公众反恐意识和参与度,并加强宗教信仰内部与外部的对话以及不同文明间的对话;

(七)加强跨边界合作;

(八)加强信息交换和情报共享;

(九)在东盟有关机构的主管下,加强发展区域数据库方面的现有合作;

(十)增强能力并做好预备以应对化学、生物、放射性和核(CBRN)恐怖主义,网络恐怖主义以及任何新形式的恐怖主义;

(十一)从事研究并发展反恐措施;

(十二)鼓励在适当时应用视频会议或远程电信会议设施以进行法院诉讼;和

(十三)确保任何参与资助、计划、准备或从事恐怖行为,或支持恐怖行为的人受到司法制裁。

二、基于有关缔约国的同意,缔约国应合作应对恐怖主义的根源和利于恐怖主义散播的条件,以防止恐怖行为的实施和恐怖团伙的繁衍。

第七条　国家管辖权

一、在下列情况下,每一缔约国应酌情采取措施,确立其对本公约第二条所列罪行的管辖权:

(一)罪行在该国境内实施;或者

(二)罪行在案发时悬挂该国国旗的船只上或根据该国法律登记的航空器上实施;或者

(三)罪行为该国国民所实施。

二、在下列情况下,缔约国也可以确立其对此种罪行的管辖权:

(一)罪行针对该国国民实施;或者

(二)罪行针对该国在国外的国家或政府设施,包括该国外交或领事房产实施;或者

(三)罪行目的是试图强迫该国从事或不从事任何一项行为;或者

(四)罪行是由惯常居所在该国境内的无国籍人实施。

三、如犯罪嫌疑人在一国境内,且该国不将该人引渡给按照本条第一款或第二款已确立管辖权的任何其他缔

约国,则该缔约国也应酌情确立对本公约第二条规定的罪行的管辖权。

四、本公约不排除缔约国根据其国内法所确定的任何刑事管辖权的行使。

第八条 公平待遇

一、应保证根据本公约被羁押、对其采取任何其他措施或提起诉讼的任何人,获得公平待遇,包括享有符合该人所在国法律和可适用的包括国际人权法在内的国际法规定的一切权利和保障。

二、有关缔约国收到情报,获悉实施或被指控实施本公约第二条所列罪行的人可能身在其境内时,应按照其国内法酌情采取措施,以调查情报所述的事实。

三、罪犯或犯罪嫌疑人身在其境内的缔约国,在确信情况有此需要时,应根据其国内法采取适当措施,确保该人留在境内,以进行起诉或引渡。

四、对任何人采取本条第三款所述措施时,该人应享有下列权利:

(一)不受延误地就近与其国籍国或有权保护其权利的国家的适当代表联系;

(二)由该国代表探视;

(三)获告知其根据本条第四款(一)和(二)项享有的权利。

五、本条第四款所述的权利,应按照罪犯或犯罪嫌疑人所在国的法规行使,但这些法规须能使本条第4款所给予的权利的目的得以充分实现。

六、当缔约国根据本条羁押某人时,应立即直接或通过东盟秘书长将

羁押该人一事和致使其被扣押的情况通知已依照第七条第一款或第二款确立管辖权的缔约国,并在该国认为适宜时,通知任何其他有关缔约国。进行本条第二款所述调查的国家应迅速将其调查发现通知上述缔约国,并应表明其是否打算对该人行使管辖权。

第九条 一般性规定

一、缔约国应酌情采取措施,包括适当时制定国内立法,以确保本公约第二条所列犯罪行为,尤其是当其意在恐吓人口或强迫政府或某一国际组织从事或不从事某一行为时,在任何情况下都不可引用政治、思想、意识形态、种族、族裔、宗教或其他类似性质的考虑因素为其辩解。

二、根据本公约第六条,缔约国应在可能的情况下在各自合适的机构之间建立交流渠道,以便于交换情报,以防止本公约第二条所列的罪行。

三、犯罪嫌疑人在其境内遭到起诉的缔约国,基于其他主张同样管辖权的国家的请求,应向这些其他缔约国通报案件在任何阶段的进展情况。

第十条 难民地位

对于承认和给予难民地位的缔约国,在给予寻求庇护者以难民地位之前,应在符合各自国内法和可适用的国际法相关规定,包括人权国际标准的基础上,采取适当措施确保寻求庇护者未曾计划、推动或参与实施恐怖行为。

第十一条 改造计划

缔约国应尽力促进关于改造计划

最佳实践的共享,包括适当情况下将涉及实施本公约第二条所列任何罪行的人重新融入社会,以防止恐怖行为的实施。

第十二条　相互刑事法律协助

一、在符合其各自国内法的情况下,缔约国之间应就涉及本公约第二条所列罪行进行的刑事调查或提起的刑事诉讼方面提供最广泛的协助。

二、如缔约国同为 2004 年 11 月 29 日于吉隆坡制定的《刑事法律协助条约》的缔约国,则在这些缔约国之间应履行本条第 1 款项下且与该条约一致的义务。

第十三条　引渡

一、在本公约第七条适用的情况下,犯罪嫌疑人在其境内的缔约国如不将该人引渡,则无论在任何情况下且无论罪行是否在其境内实施,均有义务不作无理拖延,将案件移送其主管当局,以按照该国国内法规定的程序进行起诉。主管当局应以处理该国国内法定为性质严重的任何其他罪行的相同方式作出决定。

二、本公约第二条所列罪行应被视为包括在任何缔约国之间在本公约生效前已有的任何引渡条约中的可引渡罪行。缔约国承诺将这些罪行作为可引渡罪行列入缔约国之间以后缔结的每一项引渡条约之中。

三、如果一个以订有条约为引渡条件的缔约国收到未与其订有引渡条约的另一缔约国提出的引渡请求,被请求国可以自行决定视本公约为就本公约第二条所列罪行进行引渡的法律依据。

第十四条　政治犯排除

为本公约第十三条规定的引渡或本公约第十二条规定法律互助的目的,不得视本公约第二条所列任何罪行为政治犯罪、同政治犯罪有关的罪行或出于政治动机的犯罪。因此,对于就此种罪行提出的引渡或法律互助请求,不得只以其涉及政治犯罪、同政治犯罪有关的罪行或出于政治动机的罪行为理由而加以拒绝。

第十五条　主管机关和协调机构的指定

每一缔约国应在适当情况下指定一主管机关或协调机构,以提高本公约框架内的合作。

第十六条　执行、监督和审查

涉及东盟合作反恐的东盟相关部门机构,应负责监督和审查本公约的执行。

第十七条　机密

一、每一缔约国应保守接受自其他任何缔约国的文件、记录和其他情报的机密性和保密性,包括其情报来源。

二、根据本公约获得的任何文件、记录或其他情报,均不应向任何其他缔约国、国家或个人透露或与其共享,除非提供这些文件、记录或情报的缔约国有先期书面同意。

第十八条　与其他国际文书的关系

本公约不应有损于缔约国依据其

他国际协议存在的义务,在缔约国同意的情况下,也不应妨碍缔约国之间根据其他国际协议或其各自国内法规定相互提供协助。

第十九条　争端解决

对于缔约国之间有关本公约规定的解释或适用的任何分歧和争端,应通过缔约国之间的外交渠道或缔约国同意的任何其他解决争端的和平方式,自始至终协商和谈判解决。

第二十条　批准、核准和保存

一、本公约应以符合缔约国国内程序的方式批准或核准。

二、批准书或核准书应由东盟秘书长保存,秘书长应就该保存行为迅即通知其他缔约国。

第二十一条　生效和修订

一、本公约应自已交存其批准书或核准书的缔约国的第六份批准书或核准书交存东盟秘书长之日后的第三十日开始生效。

二、对于在第六份批准书或核准书交存后,但在公约生效之前批准或核准公约的任何缔约国,本公约也应自生效之日对该缔约国生效。

三、对于在公约生效之后批准或核准公约的缔约国,公约应自该缔约国交存批准书或核准书之日对其生效。

四、本公约可在任何时候通过缔约国共同书面协议进行修改或修正。这种修改或修正应自缔约国共同同意之日生效,并应构成本公约组成部分。

五、任何修改或修正在其生效之前,不应影响缔约国依据本公约规定产生的权利和义务。

第二十二条　退出

一、在公约对其生效之后的任何时候,任何缔约国得退出本公约。

二、退出应以退出文书形式告知东盟秘书长。

三、退出应自东盟秘书长接到退出文书之日180日后生效。

四、东盟秘书长应就任何退出行为迅即通知其他缔约国。

第二十三条　登记

本公约应根据《联合国宪章》第一百零二条,由东盟秘书长向联合国秘书长进行登记。

本公约于二○○七年一月十三日订立于菲律宾宿务市,公约单一正文为英文文本。

南亚区域合作联盟(SAARC)
关于制止恐怖主义的区域性公约

(1987 年 11 月 4 日在加德满都签订,1988 年 8 月 22 日生效。保存人:南亚区域合作联盟秘书长)

南亚区域合作联盟(SAARC)各成员国,

铭记《南亚区域合作联盟宪章》所载合作原则;

回顾在 1985 年 12 月 7 日至 8 日召开的达卡峰会上,南亚区域合作联盟成员国的国家元首和政府首脑认识到恐怖主义问题的严重性,因为恐怖主义损害本区域的安全和稳定;

又回顾在 1986 年 11 月 17 日的《班加罗尔峰会宣言》中,南亚区域合作联盟的国家元首和政府首脑一致认为,要在本区域防止和消除恐怖主义,本联盟各成员国的合作至关重要;明确谴责恐怖主义的一切行为、方法和做法均为犯罪,并痛惜其给生命财产、经济社会发展、政治稳定、区域和国际和平与合作带来的消极影响;认识到联合国第 2625(15)号决议确立的原则的重要性,该决议除其他外还要求各国应避免组织、怂恿、协助或参与别国内乱或恐怖主义行为,或者默许其领土内旨在实施这类行为的有组织活动;

意识到恐怖主义的扩散所带来的危险及其给和平、合作、友谊和睦邻关系造成的损害,并可能危及各国的主权和领土完整;

决定采取有效措施,通过引渡或起诉,确保恐怖主义行为凶犯不至逃脱起诉和制裁,并为此目的,

兹协议如下:

第一条

根据引渡法的总体要求,构成任何下列犯罪的行为按照缔约国的法律应视为恐怖行为,而且为了引渡的目的不能视为政治犯罪,或者与政治犯罪有牵连的犯罪,或者出于政治动机的犯罪:

(一)1970 年 12 月 16 日在海牙签署的《关于制止非法劫持航空器的公约》适用范围内的犯罪行为;

(二)1971 年 9 月 23 日在蒙特利尔签署的《关于制止危害民用航空安全的非法行为的公约》适用范围内的犯罪行为;

(三)1973 年 12 月 14 日在纽约签署的《关于防止和惩处侵害应受国际

保护人员包括外交代表的罪行的公约》适用范围内的犯罪行为；

（四）任何南亚区域合作联盟成员国为缔约国、并且规定缔约国负有起诉或准予引渡义务的国际公约适用范围内的犯罪行为；

（五）谋杀、过失杀人、殴打致伤、绑架、劫持人质和其他有关枪炮、武器、爆炸物和危险物品的犯罪，用来施行不加区分的暴行，造成人员死亡或严重的人身伤害或财产损失；

（六）企图或共谋企图从事本条第（一）至（五）项提及的犯罪行为，帮助、教唆或谋划此类犯罪或作为共犯参与这些犯罪。

第二条

为在南亚区域合作联盟成员国之间引渡的目的，任何两个或两个以上的缔约国可协议决定将其他任何严重暴力罪行包括进来，而不能视之为政治犯罪，或者与政治犯罪有牵连的犯罪，或者出于政治动机的犯罪。

第三条

一、缔约国间订立的所有引渡条约和可适用的协议安排的规定，依据本公约在缔约国之间作相应修订，直至与本公约相符。

二、为了本公约的目的，对于任何缔约国间现存的引渡条约中尚未列为可引渡的罪行，只要属于本公约第一条提到的或按照第二条已协议确定的罪行，就应视为属于这些条约中可引渡的罪行。

三、缔约国承诺在它们之间将来

缔结的任何引渡条约中，将这些罪行作为可引渡罪行包括进来。

四、如果以存在条约作为引渡条件的一个缔约国，收到另一未与之缔结引渡条约的缔约国的引渡请求，则对于第一条规定的或根据第二条确定的罪行而言，该被请求国可酌情考虑将本公约视为引渡的根据。引渡需符合被请求国的法律。

五、在符合被请求国法律的情况下，不以存在条约作为引渡条件的缔约国，应在它们之间相互承认第一条规定的或依据第二条确定的罪行为可引渡罪行。

第四条

在某缔约国境内发现被怀疑犯有第一条所指的或按照第二条确定的罪行的人时，该国收到另一缔约国的引渡请求后，如果不引渡该人，应无一例外和毫不迟延地将该案移交主管当局，以考虑起诉。主管当局应依照本国法律按照与对待任何其他严重犯罪相同的方式作出其决定。

第五条

为了第四条的目的，对于第一条所指的或按照第二条确定的罪行的有关案件，每一个缔约国可采取其认为适当的措施，与其国内法一致且照顾到互惠原则，来行使管辖权。

第六条

如在某缔约国境内发现被指控的罪犯，在收到另一缔约国的引渡请求后，该国应采取符合其国内法的适当措施，以确保被指控者能够被引渡或起诉。此类措施应立即通知引渡请求国。

第七条

如果在被请求国看来，由于案件性质轻微，或由于请求交出或遣返逃犯非出于善意或无助于司法公正，或者由于其他任何原因，交出或遣返逃犯并不公正或并不妥当，则缔约国应不承担引渡的义务。

第八条

一、缔约国应在符合国内法的条件下，就与第一条所指的或按照第二条确定的罪行有关的诉讼，最大限度给予相互支持，包括提供其所掌握的诉讼所必需的所有证据。

二、缔约国应在其国内法律允许的范围内通过适当机构之间的磋商，信息、情报和专业知识的交流，以及其他适当的措施相互合作，目的在于通过预防性措施防止恐怖活动发生。

第九条

一、本公约应在加德满都的南亚区域合作联盟秘书处开放供联盟成员国签署。

二、本公约应得到批准。批准书应交存南亚区域合作联盟秘书长。

第十条

本公约应在第七份批准书交存南亚区域合作联盟秘书长后的第十五天生效。

第十一条

南亚区域合作联盟秘书长应为本公约的保存人，并应将本公约签署情况和所有交存的批准书通知各成员国。秘书长应将此类文书的正式副本分送各成员国。秘书长还应通知成员国本公约根据第十条生效的日期。

经各自政府正式授权的签署人已在本公约上签字，以昭信守。

1987 年 11 月 4 日订于加德满都，正本一式八份，均以英语书就，所有文本同等作准。

（译者注：2004 年 1 月 6 日，南亚区域合作联盟在巴基斯坦首都伊斯兰堡签署了本公约的附加议定书，进一步详细规定了打击包括资恐金融犯罪在内的恐怖活动）

南盟制止恐怖主义活动区域公约附加议定书

（2004 年 1 月 6 日订立于伊斯兰堡，2006 年 1 月 12 日生效。保存人：南亚区域合作联盟总秘书处）

南亚区域合作联盟（南盟）成员国，

铭记《南盟宪章》中载明的合作宗旨和原则以及其后联合国主张的各项宗旨和原则；

回顾 2002 年 1 月 6 日在加德满都通过的第十一届南盟首脑会议宣言；

进一步回顾在第十一届南盟首脑会议上，各国家元首和政府首脑重申他们支持联合国安全理事会 2001 年 9 月 28 日第 1373 号决议，申明他们决心集体以及个人加倍努力，采取措施预防和制止一切形式和表现的恐怖主义，包括加强合作和充分执行它们是其缔约方的有关打击恐怖主义的国际公约，并呼吁所有成员国特别通过将提供、获取和募集资金用于恐怖主义行为定为刑事犯罪，预防和制止对这类行为提供资助；

考虑到南盟部长理事会于 2002 年 8 月 22 日在加德满都举行的第二十三届会议上作出的决定，其中理事会认识到增订《南盟制止恐怖主义活动区域公约》的重要性，责成拟定一项该公

约附加议定书，以履行安全理事会第 1373（2001）号决议所赋予的各项义务；

兹协议如下：

第一条 目标和宗旨

本附加议定书的宗旨是特别通过将提供、募集或获取资金用于实施恐怖主义行为定为刑事犯罪并采取进一步措施预防和制止对这类行为提供资助，加强《南盟制止恐怖主义活动区域公约》。为此，各缔约国商定依据本附加议定书的条款，采取必要措施加强相互之间的合作。

第二条 与南盟公约的关系

本附加议定书是对 1987 年 11 月 4 日在加德满都订立的《南盟制止恐怖主义活动区域公约》（下称"1987 年南盟公约"）的补充。1987 年南盟公约和本附加议定书应作为一份单独的文书一并阅读和解释。

第三条 定义

1. "资金"系指所有各种资产，不论是有形或无形资产、是动产还是不动产，不论以何种方式取得和以任何

形式,包括电子或数字形式证明这种资产的产权或权益的法律文件或证书,包括但不限于银行贷记、旅行支票、银行支票、邮政汇票、股票、证券、债券、汇票和信用证。

2."收益"系指通过实施第四条所述罪行直接或间接取得或获得的任何资金。

第四条 犯罪

1. 本附加议定书所称的犯罪,是指任何人以任何手段,直接或间接地、非法和故意地提供或募集资金,其意图是将全部或部分资金用于,或者明知全部或部分资金将用于实施:

(a)属本议定书附件所列条约之一的范围并经其定义为犯罪的一项行为;或

(b)意图致使平民死亡或重伤的任何其他行为,如这些行为因其性质或相关情况旨在恐吓人口,或迫使一国政府或一个国际组织采取或不采取任何行动;或

(c)在南盟成员是其缔约国的任何公约范围内的、缔约国有义务对其进行起诉或予以引渡的一项犯罪。

2.(a)非附件所列条约缔约国的国家在交存其批准书、接受书、核准书或加入书时得声明,对该缔约国适用本公约时,应视该条约为不属第1款(a)项所述附件中列举的条约之一。一旦该条约对该缔约国生效,此一声明即告无效,而该缔约国应就此通知保存人;

(b)如一缔约国不再是附件所列某一条约之缔约国,得按本条的规定,就该条约发表一项声明。

3. 就一项行为构成第1款所述罪行而言,有关资金不需实际用于实施第1款(a)或(b)项所述的罪行。

4. 任何人如试图实施本条第1款所述罪行,也构成犯罪。

5. 任何人如有以下行为,也构成犯罪:

(a)以共犯身份参加本条第1或第4款所述罪行;

(b)组织或指使他人实施本条第1或第4款所述罪行;

(c)协助以共同目的行事的一伙人实施本条第1或第4款所述的一种或多种罪行;这种协助应当是故意的,或是:

一、为了促进该团伙犯罪活动或犯罪目的,而此种活动或目的涉及实施本条第1款所述的罪行;或

二、明知该团伙意图实施本条第1款所述的一项罪行。

第五条 国内措施

缔约国应根据其各自宪法之规定,努力成为附件中所列的、其尚未加入的国际文书的缔约国。

第六条 法律实体的责任

1. 每一缔约国应根据其本国法律原则采取必要措施,以致当一个负责管理或控制设在其领土内或根据其法律设立的法律实体的人在以该身份犯下第四条所述罪行时,得以追究该法律实体的责任,这些责任可以是刑事、

民事或行政责任。

2. 承担这些责任不影响实施罪行的个人的刑事责任。

3. 每一缔约国特别应确保对按照上文第1款负有责任的法律实体实行有效、相称和劝阻性的刑事、民事或行政制裁。这类制裁可包括罚款。

第七条　防止、遏制和根除资助恐怖主义的措施

1. 缔约国应考虑在国家一级采取一切切实可行的措施，特别通过修改其国内立法，防止、遏制和根除向恐怖主义提供资助，并就此开展有效的国际合作，包括：

（a）对银行、其他金融机构和据认为特别易于被利用为恐怖活动提供资助的其他实体建立全面的国内管理和监督制度。这种制度应当要求银行、其他金融机构和其他实体采取有效措施验证客户身份，特别注意不寻常或可疑的交易并向主管当局迅速报告所有并无任何明显的经济目的或显而易见的合法目的的复杂、不寻常的巨额交易以及不寻常的交易方式；

（b）采取措施查明和监测现金及无记名可转让票据的跨国界流动以及资金的其他适当流动情况。这些措施应能确保对信息的正当使用，并且不应妨碍合法的资本流动；

（c）采取措施就构成本附加议定书第四条所列国际文书范围内的犯罪提供资助或支持的任何行为协助进行刑事调查或提起刑事诉讼，包括协助

取得缔约国所掌握、为提起这些程序所需的证据；及

（d）在国内法规定的条件内，在各主管机构和厅处之间建立和监测联系渠道，以便就第四条所述罪行的所有方面安全、迅速交换资料。

2. 为便于上述规定的实施，每一缔约国应考虑采取措施建立和维持一个金融情报部门，作为收集、分析和传播有关洗钱和恐怖主义融资信息的国家中心。

第八条　扣押和没收资金或其他资产

1. 每一缔约国应根据其本国法律原则采取适当措施，以便识别、查明、冻结或扣押用于实施或调拨以实施第四条所述罪行的任何资金以及犯罪所得收益，以期加以没收。

2. 每一缔约国应根据其本国法律原则采取适当措施，以没收用于实施或调拨以实施第四条所述罪行的资金以及犯罪所得收益。

3. 每一有关缔约国得考虑同其他缔约国缔结协定，在经常性或逐案的基础上，分享执行本条所述没收而取得的资金。

4. 执行本条规定不得影响出于善意采取行动的第三方的权利。

5. 第1款中所述措施应适用于在缔约国刑事管辖权范围之内和之外实施的犯罪。

第九条　洗钱上游犯罪

1. 缔约国应采取必要措施，确保其本国反洗钱法律将本附加议定书第

四条所述罪行列为上游犯罪。

2. 第 1 款中提及的洗钱上游犯罪应包括在缔约国刑事管辖权范围之内和之外实施的罪行。

第十条　移民和海关管制方面的合作

1. 缔约国应根据其各自的本国法律和行政制度促进合作和交流信息，改进移民和海关管制措施以查明和预防恐怖分子及其共犯在贩运武器、麻醉品、精神药物或意在用于支持恐怖活动的其他材料方面的国际动向。

2. 为此，缔约国应促进合作和交流信息，加强对签发旅行和身份证件的控制，防止这类证件被假冒、伪造或被欺诈性使用。

3. 开展这种合作不应影响有关人员自由流动和促进商业的各项适用的国际承诺。

第十一条　执法当局之间的合作

缔约国应依照各自的本国法律和行政制度相互密切协作，加强执法行为的效力以便预防、制止和起诉第四条所述罪行。

第十二条　司法协助

1987 年南盟公约第八条关于司法协助的规定应比照适用于本附加议定书第四条所述罪行。

第十三条　引渡

1. 1987 年南盟公约第三条之规定应比照适用于本附加议定书第四条所述罪行。

2. 1987 年南盟公约第四条关于引渡或起诉义务的规定应比照适用于

本附加议定书第 4 条所述罪行。

第十四条　经济罪例外情形除外

为了引渡或司法协助的目的，第四条所述任何犯罪不得视为经济罪。因此，缔约国不可只以其涉及经济罪为理由而拒绝提出的引渡或司法协助请求。

第十五条　政治罪例外情形除外

为了引渡或司法协助的目的，第四条所述的国际文书中确定的任何犯罪不得视为政治罪、同政治罪有关的犯罪或由政治动机引起的犯罪。因此，缔约国不可只以其涉及政治罪、同政治罪有关的犯罪或由政治动机引起的犯罪为理由而拒绝提出的引渡或司法协助请求。

第十六条　拒绝难民身份

每一缔约国应根据其本国法律和国际法的有关规定，采取适当措施确保不对有重大理由认为其实施了本附加议定书第四条所述罪行的任何人给予难民身份。

第十七条　非歧视

如果被请求缔约国有充分理由认为，提出的引渡或司法协助请求是为了以某人的种族、宗教、国籍、族裔或者政治观点为理由对其进行起诉或者处罚，或者按请求执行将使该人的地位因上述任一原因而受到损害，则不得对本附加议定书的任何条款解释为规定被请求国有引渡或提供司法协助的义务。

第十八条　主权平等和领土完整原则

1. 缔约国应采取符合各国主权平

等和领土完整原则和不干涉别国内政原则的方式来履行其在本附加议定书项下的义务。

2. 本附加议定书的任何条款并未授权缔约国在另一缔约国境内行使管辖权或履行另一缔约国国内法规定该国当局专有的职能。

第十九条　国际法项下的权利和义务

对本附加议定书任何条款的解释，不得影响国家和个人在国际法项下的其他权利、义务和责任，特别是《联合国宪章》、国际人道主义法和国际人权法的宗旨和原则。

第二十条　技术合作

缔约国应酌情促进同其他开展与本附加议定书的目标和宗旨有关的活动的区域和国际组织的技术合作和培训方案。

第二十一条　协商

缔约国应酌情定期进行协商，以促进：

（a）有效执行本附加议定书；

（b）就采取有效的方式方法预防、侦查、调查和处罚本附加议定书范围内的罪行交流信息和经验。

第二十二条　签署和批准

本附加议定书在加德满都南盟秘书处向所有南盟成员国开放供签署。议定书应获得批准。批准书应交存于南盟秘书长。

第二十三条　生效

本附加议定书应自第七份批准书交存南盟秘书长之日后第三十天起生效。

第二十四条　保存人

南盟秘书长应为本附加议定书的保存人，并应将本附加议定书的签署和所有批准书的交存情况通知各成员国。秘书长应将该文书经核证的副本送交每个成员国。秘书长还应将本附加议定书依照第二十三条将生效的日期通知各成员国。

下列代表，经其各自政府授权已在本附加议定书上签字为证。

本附加议定书于二零零四年一月六日在巴基斯坦伊斯兰堡签订，原本一式九份，用英文写成，所有文本具有同等效力。

附　件

（a）1970 年 12 月 16 日在海牙签订的《关于制止非法劫持航空器的公约》。

（b）1971 年 9 月 23 日在蒙特利尔签订的《关于制止危害民用航空安全的非法行为的公约》。

（c）联合国大会于 1973 年 12 月 14 日通过的《关于防止和惩处侵害应受国际保护人员包括外交代表的罪行的公约》。

（d）联合国大会于 1979 年 12 月 17 日通过的《反对劫持人质国际公约》。

（e）1980 年 3 月 3 日在维也纳签订的《关于核材料的实物保护公约》。

（f）1988 年 2 月 24 日在蒙特利尔签订的《制止在作为国际民用航空之

用的机场发生非法暴力行为的议定书》。

（g）1988 年 3 月 10 日在罗马签订的《制止危及海上航行安全非法行为公约》。

（h）1988 年 3 月 10 日在罗马签订的《制止危及大陆架固定平台安全非法行为议定书》。

（i）联合国大会于 1997 年 12 月 15 日通过的《制止恐怖主义爆炸事件的国际公约》。

（j）联合国大会于 1999 年 12 月 9 日通过的《制止向恐怖主义提供资助的国际公约》。

独联体国家间关于合作打击恐怖主义的条约

(1999 年 6 月 4 日订于明斯克,根据第二十二条规定生效。保存人:独联体执行委员会)

本条约各缔约方,以下称缔约方,以其政府的身份,

注意到恐怖行为带来的危险,

铭记联合国和独联体通过的文书,以及有关打击各种恐怖行动的其他国际文书,

希望给予彼此尽可能广泛的帮助,以增强在该领域的有效合作,

协定如下:

第一条

为本条约的目的,条约中术语的含义如下:

(一)"恐怖主义":以破坏公共安全,影响当局决策或恐吓人民为目的,根据刑法可予以惩罚的违法行为,有以下形式:

1. 针对自然人或法人的暴力或暴力威胁;

2. 为了危害人类生命而破坏(损害)或威胁破坏(损害)财产和其他具体物体;

3. 导致对财产的实质损害或发生其他有害社会的后果;

4. 为终止政治家或公众人物的国家行为或其他公众行为或是对此类行为进行报复,而威胁政治家或公众人物的生命;

5. 攻击外国国家代表或受国际保护的国际组织工作人员,以及受国际保护人员的办公地点或交通工具;

6. 根据缔约国国内法或根据普遍承认的旨在打击恐怖主义的国际法律文书而确定为恐怖主义的其他行为。

(二)"技术恐怖主义":使用或威胁使用核、放射性、化学或细菌(生物)武器或其组件、病原微生物、放射性物质或其他对人类健康有害的物质,包括夺取、阻碍运行或破坏核、化学或其他具有较大技术和环境危害的设施以及城镇或其他居住地的公用系统,如果该些行为是为了破坏公共安全、恐吓民众或影响当局决策,以达到政治上、金钱上或其他目的,以及为相同目的而企图实施上述罪行的,以及带头、资助、煽动、协助或共同实施或企图实施上述罪行。

（三）"具有较大技术和环境危害的设施"：企业、设施、工厂以及其他设施，其终止运行会导致损失人类生命、破坏人类健康、污染环境或某一特定地区或国家的局势动荡。

（四）"特别反恐小组"：为了打击恐怖行为，由缔约国根据其国内法建立的专家小组。

（五）"特别物品和供给"：特别反恐小组成员的物资、器械、车辆以及个人装备，包括武器、弹药以及特殊物品和装备。

第二条

缔约国应根据本条约、国内法及其国际义务，在预防、发现、制止和调查恐怖主义行为方面进行合作。

第三条

一、各缔约国应在签署本条约或在履行使本条约生效的国内程序时，指明其负责条约实施的主管当局。

缔约国应将其主管当局的任何变动立即通知保存人。

二、在执行本条约规定时，各缔约国主管当局应相互保持直接联系。

第四条

一、在合作打击恐怖主义行为，包括涉及对实施恐怖行为的人引渡时，缔约国不应将所涉行为视为非犯罪行为。

二、被指控实施恐怖行为的人的国籍应为其实施该行为时的国籍。

第五条

一、缔约国主管当局应根据本条约、其他国际协定和国内法，通过以下方式进行合作和相互协助：

（一）交换信息。

（二）回应与调查行为相关的要求。

（三）制订和采取协商一致的措施来预防、发现、制止或调查恐怖行为，并相互通报这些措施。

（四）采取措施预防和制止在本国领土内为在另一缔约国领土内从事恐怖行为而进行的准备工作。

（五）协助对具有较大技术和环境危害的设施的实际保护系统情况进行评估，并制订和采取措施来改进该系统。

（六）交换法律文本和有关其应用实践的材料。

（七）根据有关缔约国之间的协议，派遣特别反恐小组，在制止恐怖行为和打击其后果方面提供切实可行的协助。

（八）交换在预防和打击恐怖行为方面的经验，包括举办培训班、研讨会、磋商和讨论会。

（九）人员的培训和进一步专业化培训。

（十）缔约国通过协议，联合资助、研究和发展对具有较大技术和环境危害的设施进行实际保护的系统和方法。

（十一）根据协议，运送用于反恐活动的特殊物品、技术和设备。

二、送出和执行引渡要求的程序、刑事案件中司法协助的规定程序以及刑事诉讼机构的程序，应由本条约缔约国参加的国际协定决定。

第六条

缔约国应通过相互协商,共同制定建议,以一致达成对预防和打击恐怖主义行为问题的法律规定。

第七条

一、本条约下的合作,应在寻求协助一方的要求下进行,或由认为该协助符合对方利益的一方发起。

二、应以书面形式提出寻求帮助的要求。在紧急情况下,可以口头提出要求,但必须在其后的 72 小时内以书面形式确认,包括使用技术文本传输设备。

若对要求的真实性或内容有怀疑,可以要求进一步的确认。

要求应包括:

(一)提出协助请求和要求提供协助的主管当局的名称;有关事项内容的声明;请求的目的和理由;以及对要求协助的性质的陈述。

(二)任何其他对于妥善完成该要求有用的信息。

三、书面传达或确认的寻求协助的要求,应由提出要求的主管当局领导或其代表签字,并盖以主管当局的印章以兹证明。

第八条

一、被请求国应采取一切必要措施来保证及时和尽可能全面地满足要求。

应立即告知请求国阻碍或将实质性拖延要求得到满足的情况。

二、被请求的主管当局如果不具

备满足该请求的能力,应将请求转交给有能力完成的该国当局,并且应立即将该情况通知请求国主管当局。

三、被请求国应有权要求它认为适当满足该请求所需的进一步信息。

四、在满足请求过程中,应适用被请求国的法律;但是,如果请求国要求,也可以在不违背被请求国的基本法律原则或其国际义务的情况下适用请求国法律。

五、如果被请求国认为立即执行请求将妨碍在该国领土内进行的刑事起诉或其他诉讼程序,被请求国可以推迟执行请求,或在与请求国协商后,根据所认定的必要的条件执行。如果请求国同意对方根据提议的条件提供协助,则必须遵守这些条件。

六、若请求国要求,被请求国应采取必要措施对收到请求的事实、请求的内容及所附文件、协助的提供进行保密。

如果不保密就无法完成请求,被请求国应将此通知请求国,由请求国决定是否应在这些条件下执行请求。

七、被请求国应尽快将执行请求的结果告知请求国。

第九条

一、如果被请求国认为完成该请求可能损害该国主权、安全、社会秩序或其他重要利益,或违背该国法律或国际义务,则应全部或部分拒绝提供协助。

二、如果根据被请求国法律,与请求相关的行为不构成犯罪,则可以拒绝提供协助。

三、有关全部或部分拒绝履行请求的情况应以书面形式告知请求国，并表明本条第一款所列的拒绝理由。

第十条

一、各缔约国从其他缔约国接收的信息和文件如果被归类为秘密性质，或发出国认为不应公布于众，则应予以保密。这些信息和文件的安全分类级别应由发出国决定。

二、未经提供协助国的同意，根据本条约履行请求的结果不得用于请求和提供协助时所指明的目的以外的目的。

三、根据本条约获取信息的缔约国，应经过提供信息国的事先同意，才能将该信息传送给第三国。

第十一条

缔约国主管当局应就相互关心的问题交换信息，包括：

（一）在成员国领土内散发的包含关于恐怖主义威胁、正在准备中或已实施的恐怖行为，以及实施恐怖行为的特定人物、集团或组织的明确企图的信息的材料。

（二）针对缔约国的国家元首、受国际保护人员、外交使团和领事机构、国际组织中的工作人员，以及国事访问、国际和全国的政治、体育和其他活动的参与者的正在准备中的恐怖行为。

（三）核材料、化学或细菌（生物）武器或其组件、剧毒化学品以及病原微生物的非法流通的案例。

（四）对缔约国的国家安全构成威胁的恐怖主义组织、集团和个人，以及恐怖主义组织、集团和个人之间的联络点。

（五）雇用恐怖行动的非法武装组织及其构成、成员、目的、目标。

（六）经确定的恐怖行为的方式、手段和方法。

（七）缔约国在其能力范围内，可以提供给另一缔约国的补给和设备。

（八）通过法律或其他规定来解决的与本条约内容相关问题的实践。

（九）经确认或假设的用于资助和非法向缔约国境内运送武器和其他实施恐怖行为手段的渠道。

（十）旨在损害缔约国主权和领土完整的恐怖主义侵犯活动。

第十二条

一、应相关缔约国请求或经其同意，缔约国可以派遣其主管当局代表，包括特别反恐小组，根据本条约提供程序性、建议性或实际的帮助。

在此情况下，接受帮助的缔约国应书面通知另一缔约国通过其国境的时间、地点、程序以及有待处理的问题的性质，并应促进和推动有效解决问题的条件，包括无阻碍地运送人员和特殊物品、提供补给以及免费的食宿和使用接受国的运输基础设施。

特别反恐小组或其小组成员在接受国领土内的任何活动，应经接受国主管当局负责人的特别许可并在其控制之下进行。

二、为提供帮助而使用航空中、公

路、铁路、河流以及海洋运输的程序，应由接受国主管部当局商其有关部门来决定。

第十三条

一、为有效和及时提供协助，在特别反恐小组过境时，缔约国应确保快速执行其国内法规定的手续。

二、在边境线上，特别反恐小组的指挥官应提交经派遣国主管当局证明的小组成员的任命职责、特殊物品和补给的清单，同时须表明该小组进入接受国领土内的目的。小组所有成员须出示本国护照以及证明他们属于反恐主管当局的文件。

三、特殊物品和补给应免征海关税费，并只能在提供协助期间使用或在协助结束后运离接受国领土。

如果因特殊情形而无法将特殊物品和补给运离，派遣国主管当局应将其转交接受国主管当局。

第十四条

根据本条约采取特殊措施的程序应由接受国主管当局决定，并考虑另一缔约国派来的反恐小组指挥官的意见。如果这些意见没有被采纳，该指挥官应有权拒绝参与特殊措施的执行。

第十五条

一、接受国应避免向提供协助的缔约国要求索赔，包括因对接受国领土内的自然人的生命、健康和财产造成死亡、身体损伤或其他任何伤害而带来的损害，以及对法人和接受国本身造成的损害，如果该损害是在执行

与本条约相关的活动中发生的。

二、如果派遣国的特别反恐小组成员在接受国领土内执行与本条约相关的行动时，对人员或组织造成损害，接受国应根据国内法有关本国反恐小组成员在相似情况下造成损害的规定，对相关损害进行赔偿。

三、由派遣国承担的费用的偿还程序，包括与进口的特殊物品或补给的损失、全部或部分损坏的相关费用，应由有关缔约国通过协商确定。

四、如果一个缔约国认为特别反恐小组造成的损害与行动目的不成比例，由此产生的分歧应由相关缔约国在双边层面解决。

第十六条

为执行本条约，缔约国主管当局可以在必要时举行磋商和工作会议。

第十七条

缔约国可以通过共同或单独协议，进行特别反恐小组的联合演习，以及在互惠基础上，组织另一缔约国的代表在其国家反恐特遣小组中进行训练。

第十八条

一、缔约国主管当局根据本条约接收到的材料、特殊物品、技术和设备，只有在提供这些材料、特殊物品、技术和设备的主管当局同意后，并按其确定的条件，转移给第三方。

二、不得泄露特别反恐小组的调查方式、特别部队的特征和根据本条约在提供协助时使用的物品和补给的特征的有关信息。

第十九条

相关缔约国应在必要时，商定根据本条约提供协助所需的资金、组织、技术和其他条件。

第二十条

一、本条约不应限制缔约国就与本条约内容相关的问题签订双边国际条约，并且不应影响缔约国因参加其他国际条约所产生的权利和义务。

二、缔约国主管当局之间可以相互签订协议，对执行本条约的程序作出更具体的规定。

第二十一条

由本条约的解释或适用引发的争议，应通过缔约国之间的磋商和谈判解决。

第二十二条

本条约应自签字之日起生效，对于其法律要求完成国内程序才能生效的缔约国，应自该国向保存人提交相关通知之日起生效。缔约国应在签署本条约后的三个月内通知保存人完成此类国内程序的必要性。

第二十三条

本条约自生效之日起五年内有效，并自动延期五年，除非缔约国采用其他程序。

任何缔约国均可通过书面通知退出本条约，书面通知应至少提前六个月提交给保存人，并在处理完条约生效期间所产生的财务和其他义务后提出。

在缔约国退出条约后的十年内，本条约第十八条规定仍适用，第十条规定则无期限适用。

第二十四条

本条约生效以后，经过缔约国同意，其他国家包括非独联体成员国可以通过向保存人递交加入书，加入本条约。加入应从保存人收到最后一个同意该加入的缔约国的通知书之日起三十天后生效。

第二十五条

保存人应将本条约的加入、使之生效的国内程序的完成、条约生效的时间、收到的其他通知和文件立即告知各缔约国。

1999 年 6 月 4 日在明斯克签订一份俄语正本。该正本应保存在独联体执行委员会，该委员会应发给各国一份经核准的副本。

（译者注：本条约由英文本译出，条约英文本系译自联合国秘书处提供的俄文正本，并经独联体执行委员会核准）

非洲统一组织预防和打击恐怖主义公约

（1999 年 7 月 14 日于阿尔及尔通过，根据第二十条的规定生效。保存人：非洲统一组织秘书长）

非洲统一组织成员国，

考虑到非洲统一组织宪章的宗旨和原则，尤其是有关安全、稳定、成员国之间发展友好关系与合作的条款；

回顾 1994 年 6 月 13 日至 15 日在突尼斯召开的非洲统一组织国家元首和政府首脑会议第 30 届常会通过的《非洲内部关系行为准则宣言》；

注意到建立在宽容和反对所有形式、出于任何动机的恐怖主义基础上的提升人的品质和道德观念的必要性；

深信国际法原则、非洲统一组织宪章和《联合国宪章》及联合国相关决议规定的有关旨在打击国际恐怖主义的措施，尤其是 1994 年 12 月 9 日大会第 49/60 号决议及其所附的《消除国际恐怖主义措施宣言》、1996 年 12 月 17 日大会第 51/210 号决议及其所附的《补充 1994 年〈消除国际恐怖主义措施宣言〉的宣言》；

深切关注恐怖主义现象的范围和严重程度及其对国际稳定和安全的威胁；

期望为防止和打击恐怖主义而加强成员国之间的合作；

再次确认各民族享有依国际法和非洲统一组织宪章、《联合国宪章》、非洲人权和民族权宪章有关条款规定的民族自决和独立的合法权利；

对无辜的妇女和儿童的生命成为恐怖主义的最大受害者感到关切；

确信恐怖主义严重违反人权，尤其是人的身体健全、生命、自由和安全权，并通过破坏国家稳定阻碍社会经济发展；

又深信恐怖主义在任何情况下都不能被正当化，应打击一切形式的恐怖主义，包括国家直接或间接卷入其中的恐怖主义，而不论其根源、理由和目的如何；

注意到恐怖主义与包括非法贩运武器、毒品和洗钱在内的有组织犯罪的联系日益紧密；

决心消除一切形式和表现的恐怖主义，

议定如下：

第一部分 适用范围

第一条 为本公约之目的

一、"公约"指非洲统一组织预防和打击恐怖主义公约。

二、"缔约国"指批准或加入本公约并将批准或加入文书交存非洲统一组织秘书长的非洲统一组织任何成员国。

三、"恐怖主义行为"是指：

（一）违反缔约国刑法并可能危及个人或群体的生命、身体健全或自由或可能对个人或群体造成严重损伤或死亡，或可能破坏公私财产、自然资源、环境或文化遗产，并意图：

1. 威胁、恐吓、强制、胁迫或诱使任何政府、团体、机构、大众或其可能的组成部门实施或不实施某行为，采取或放弃某特别立场，或以某种原则行事；

2. 破坏公共设施、阻止对公众提供必需的服务、制造公共危机；或者

3. 在一国境内制造大规模暴动。

（二）任何宣传、资助、捐助、命令、帮助、挑起、鼓励、企图、威胁、共谋、组织或促使任何人从事第 1 项所述行为的行为。

第二条 缔约国承诺

一、审议本国法律，确立本公约所定义的恐怖主义行为为刑事犯罪，并规定刑罚对此类行为依其严重性质予以适当惩处；

二、优先考虑签署、批准或加入附件中所列的各国还未签署、批准或加入的国际文书；

三、采取行动，包括制定立法，将缔约国已批准和加入的上述第二款所述国际文书中的某些行为确定为刑事犯罪，设定刑罚对此类行为依其性质进行适当惩处；

四、在批准或加入本公约一年内通知非洲统一组织秘书长对恐怖主义行为所采取的所有立法措施和规定的刑罚。

第三条

一、上述第一条的规定不影响各民族为追求民族解放或民族自决而依国际法发动的包括武装反抗殖民主义、占领、入侵和外国军队的控制的斗争，这些斗争不应被视为恐怖主义行为；

二、政治的、哲学的、思想的、民族的、种族的、宗教的或其他动机不能作为恐怖主义行为正当化的理由。

第二部分 合作领域

第四条

一、缔约国承诺，无论是以直接或间接方式，不参与任何旨在组织、支持、资助、实施或煽动实施恐怖主义或为恐怖主义分子提供避难所行为，包括不在其国内为恐怖主义分子提供或储存武器或发放签证和旅行文件；

二、缔约国应根据本公约的规定

和各自国内立法采取一切法律措施预防和打击恐怖主义行为,特别是以下措施:

(一)防止本国领土成为恐怖主义分子计划、组织、实施或以其他方式参与或合谋恐怖主义行为的"基地";

(二)发展和巩固监控、侦察以下计划或活动的方法,这些计划或活动旨在进行非法跨境运输、进口、出口、储存和使用武器、弹药、爆炸物和其他从事恐怖主义行为的材料和手段;

(三)为防止那些涉嫌计划、组织和实施恐怖主义行为的个人和组织的渗透,研制和增强对海陆空边界、海关、入境检查站进行监测和控制的方法;

(四)根据相关公约和国际法规则,加强对个人、外交和领事使团和委派到缔约国的地区性和国际性组织的馆舍的安全保护;

(五)促进有关恐怖主义行为的信息和专业知识的交换,建立收集和分析有关恐怖主义成员、集团、活动和组织的信息的数据库;

(六)采取一切必要措施阻止建立一切形式的恐怖主义支援网络;

(七)给予他人庇护时确认该寻求庇护者没参与任何恐怖主义行为;

(八)逮捕恐怖分子并依本国法审判之,或者依本公约或请求国与被请求国间的引渡条约引渡犯罪分子。当两国间无条约时,应考虑采取措施使引渡嫌犯便利化;

(九)通过提供保障和激励措施,鼓励民众提供有助于发现和逮捕恐怖分子的信息,在促使缔约国相关安全官员和机构与国民之间建立有效的合作,以增强公众对恐怖主义行为的灾难性和打击此行为必要性的认识。

第五条

缔约国应根据各自法律和程序在下列领域开展合作,预防和打击恐怖主义行为:

缔约国承诺在以下方面加强信息交换:

(一)恐怖主义组织实施的行动和罪行、他们的领导和成员、总部和培训"基地"、资金和武器的来源及取得手段、所用武器、弹药和爆炸物的型号,以及他们掌握的其他手段;

(二)恐怖主义组织所使用的通讯与宣传方法和手段,这些组织的行为、其领导及成员的活动情况和他们的旅行证件。

缔约国承诺交换任何可能导致下述情况发生的信息:

对被控实施、试图实施或作为共犯参与或煽动实施针对另一缔约国利益或国民的恐怖主义行为的任何人进行逮捕。

没收或收缴任何类型的武器、弹药、爆炸物、装置、资金或其他用来实施或试图实施恐怖主义行为的犯罪手段。

缔约国承诺尊重相互所交换信息的机密性,不将此信息提供给非缔约国;在未征得信息来源国同意时不将此信息提供给其他缔约国。

缔约国承诺深化彼此间的合作,根

据各自国内法在调查和逮捕涉嫌犯罪人员、被指控犯罪人员、被判实施恐怖主义行为人员的程序方面相互合作。

缔约国应彼此合作实施和交换有关打击恐怖主义行为的调查和研究，交换有关控制恐怖主义行为的专门知识。

为提高预防和打击恐怖主义行为的科学、技术和操作能力，如有可能，缔约国应相互合作，在控制恐怖主义行为领域草拟有关项目或在必要的情况下组织对其人员有益的联合培训课程方面提供可行的技术支持。

第三部分　国家管辖权

第六条

各缔约国在下列情况下拥有对本公约第一条所述恐怖主义行为的管辖权：

（一）行为发生在该国领土上且行为人在其境内被捕，或虽在境外被捕但该行为依其国内法是可罚行为；

（二）行为发生在悬挂该国国旗的船只上或依该国法律登记的航空器上；或

（三）行为人是该国公民。

下列情况下缔约国也可以确立对任何这些犯罪行为的管辖权：

（一）行为的对象是本国公民；或

（二）行为的对象是本国在国外的国家或政府设施，包括本国使馆或其他外交或领事馆舍，或本国的任何其他财产；或

（三）行为人是惯常居所在本国的无国籍人；或

（四）行为发生在本国人运营的航空器上；

（五）行为针对的是缔约国的安全。

每一缔约国在批准或加入本公约时，应通知非洲统一组织秘书长本国根据国内法依照本条第二款规定确立的管辖权。遇有修改，有关缔约国应立即通知秘书长。

若被指控罪犯在某一缔约国境内，而该缔约国不将该人引渡至根据本条一、二款确立了管辖权的缔约国，该缔约国也应酌情采取必要措施，确立其对第一条所述犯罪的管辖权。

第七条

一、在收到有关实施或被控实施本公约第一条所述恐怖主义犯罪的行为人可能在其境内的情报时，有关缔约国应根据其国内法酌情采取必要措施，调查情报所述情况。

二、罪犯或被控罪犯在其境内的缔约国，在确信情况需要时，应根据其国内法采取适当措施，确保该人在被起诉时能够出席。

三、对其采取本条第二款所述措施的人有权：

（一）毫不迟延地与其国籍国或有权保护其权利的国家之距离最近的适当代表联系，该人如果无国籍，则有权与其惯常居住地国的此种代表联系；

（二）接受该国代表的探视；

（三）受他/她选择的律师的协助；

（四）被告知其根据本款第（一）（二）（三）项享有的权利。

四、本条第三款所述权利应按照罪犯或被指控罪犯所在地的法律和法规行使，这些法律和法规必须能使第三款所给予的权利的目的得以充分实现。

第四部分　引　渡

第八条

一、除本条第二、三款外，缔约国承诺，当另一缔约国按照本公约的规定和条件或依缔约国之间达成的引渡协议并在其各自国内法范围内提出引渡请求时，引渡任何被指控或判定在该请求国实施恐怖主义行为的人。

二、任何缔约国应在交存其批准或加入文书时通知非洲统一组织秘书长引渡对其不予适用的情况，同时说明根据国内法或其加入的国际公约排除该引渡的法律基础。非洲统一组织秘书长应将上述情况周知各缔约国。

三、如果被请求引渡国的主管当局已对引起引渡请求的恐怖主义分子作出最终判决，该引渡请求不能被接受。如果被请求国的主管当局已决定对同一行为不提起诉讼或终止诉讼程序，引渡请求也会被拒绝。

四、如果被指控罪犯在某一缔约国内，那么无论罪行是否发生在其内，只要该缔约国不引渡该犯，它就有义务毫不迟延地将案件交送其主管当局提起诉讼。

第九条

缔约国承诺将本公约第一条所述恐怖主义行为作为可引渡罪行列入本公约生效前或生效后缔约国之间缔结的所有引渡条约中。

第十条

缔约国之间的引渡请求应通过外交渠道或相关国家其他的适当机构之间直接交换生效。

第十一条

引渡请求应以书面方式提出，尤其是应附上以下文件：

（一）依据请求国法律程序所作出的判决、逮捕令或其他命令、其他司法决定的原件或经正式核准的副本；

（二）一份声明，其中应描述被请求的引渡罪行，列明发生的时间和地点、所犯罪行、所作出的有罪判决，以及可适用的法律条款的副本；

（三）一份对所要引渡人员尽可能详细的描述和其他可能有助于确认行为人身份和国籍的信息。

第十二条

在紧急情况下，请求引渡国的主管当局可以书面要求被请求国临时逮捕涉嫌人员，这种临时逮捕应根据被请求国的法律有一个合理的期限。

第十三条

一、当一缔约国收到其他缔约国针对同一嫌犯就其同一或不同恐怖主义行为提起的引渡请求时，该国应综合考虑这些请求的具体情况，尤其是随后引渡的可能性、收到各请求的日期、犯罪程度的严重性,以作出决定。

二、一旦同意引渡,缔约国应查封并移交给请求国与实施恐怖主义有关的资金、归罪证据和相关材料。

三、一旦被请求国确认这些资金、归罪证据和相关材料确被用于恐怖主义行为,即使引渡因被起诉人死亡或逃跑而不能执行,这些材料也应移交给请求国。

四、本条一、二、三款的规定不影响任何缔约国或其他善意第三国对上述材料或收益的权利。

第五部分　领土外调查（委托司法程序行为）和司法协助

第十四条

在承认其他缔约国拥有对刑事调查享有主权的条件下,任何缔约国都可以请求其他缔约国协助与配合在后者领土上展开涉及恐怖主义行为司法程序的刑事调查,尤其是:

（一）询问目击者及检查作为证据的陈述的记录;

（二）司法认知的开展;

（三）调查程序的启动;

（四）收集文件和记录的原件或经核实的副本;

（五）为取证目的对财产状况展开调查和追踪;

（六）执行搜查和扣押;

（七）送达司法文书。

第十五条

委托司法程序行为在下列情况下可能被拒绝:

（一）当每一缔约国针对同一恐怖主义行为都需要实施委托司法程序时;

（二）如果该请求可能影响在请求国开展揭露犯罪的努力、妨碍调查或控告嫌犯;

（三）如果请求执行可能影响被请求国的主权、安全或公共秩序。

第十六条

境外调查（委托司法行为）的执行应遵守被请求国国内法。有关恐怖主义行为境外调查（委托司法行为）的请求不应因银行或金融机构运营的机密性而被拒绝。

第十七条

缔约国应在对涉及本公约规定的恐怖主义行为进行的侦察、刑事起诉或引渡程序中尽可能相互提供警务和司法协助。

第十八条

缔约国承诺,在必要的情况下,特别是通过缔结双边或多边协议和安排,建立司法协助程序,方便和加速调查与取证,促进执法机构的合作以侦察和预防恐怖主义行为。

第六部分　最后条款

第十九条

一、本公约应开放供非洲统一组

织成员国签署、批准或加入。

二、批准或加入文书应交存非洲统一组织秘书长。

三、非洲统一组织秘书长应将每一份加入或批准书的交存情况通知成员国。

四、缔约国不能作出与本公约目标和宗旨不相符的保留。

五、缔约国只能以书面申请并交非洲统一组织秘书长的方式退出本公约。退出应在非洲统一组织秘书长接到书面请求之日起 6 个月生效。

第二十条

一、本公约应当自第十五份批准书交存非洲统一组织秘书长之日起第 30 天生效。

二、对于每一个批准或加入本公约的国家,本公约应于该国批准或加入书交存后第 30 天生效。

第二十一条

一、在必要时可以缔结特别议定书或协议书补充本公约的规定。

二、如果一缔约国向非洲统一组织秘书长提出书面申请,可以对本公约作出修改。在至少提前三个月通知所有缔约国后,缔约国国家元首和政府首脑大会方能审议修正案。

三、修正案应以全体缔约国的简单多数通过。缔约国按照各自宪法程序接受修正案。秘书长在收到该缔约国接受通知三个月后,修正案对该缔约国生效。

第二十二条

一、本公约的任何条款不得解释为背离国际法的一般原则,尤其是国际人道主义法原则、非洲人权和民族权宪章。

二、缔约国就本公约的解释或适用所产生的争端应通过它们之间的直接协议友好解决。依此不能解决的,其中任何一方均可依《国际法院规约》将争端提交国际法院或通过本公约其他缔约国进行仲裁。

第二十三条

本公约正本交非洲统一组织秘书长保管,其阿拉伯文、英文、法文、葡萄牙文各文本同一作准。

附　件

国际文书清单：

《关于在航空器内的犯罪和犯有某些其他行为的公约》(1963 年)

《关于制止危害民用航空安全的非法行为的公约》(1971 年)及其 1984 年补充议定书

《关于防止和惩处侵害应受国际保护人员包括外交代表的罪行的公约》(1973 年)

《反对劫持人质国际公约》(1979 年)

《核材料实物保护公约》(1980 年)

《联合国海洋法公约》(1982 年)

《制止在为国际民用航空服务的机场发生的非法暴力行为以补充〈关于制止危害民用航空安全的非法行为的公约〉的议定书》(1988 年)

《制止危及大陆架固定平台安全非法行为议定书》(1988 年)

《制止危及海上航行安全非法行为公约》(1988 年)

《在可塑性炸药中添加识别标志以便侦测的公约》(1991 年)

《制止恐怖主义爆炸的国际公约》(1997 年)

《全面禁止杀伤人员地雷公约》(1997 年)

非盟组织预防和打击恐怖主义公约的议定书

(2004 年 7 月 8 日订立于亚的斯亚贝巴,按照议定书第十条生效。保存人:非洲联盟委员会主席)

我们,非洲联盟成员国国家元首和政府首脑,

严重关切包括非洲在内的世界各地恐怖主义行动有增无减,恐怖主义与雇佣军制度、大规模毁灭性武器、贩毒、腐败、跨国有组织犯罪、洗钱、小武器的非法泛滥等的联系可能日益密切;

决心打击一切形式和表现的恐怖主义及其在非洲的一切支持;

认识到恐怖主义行为实施人有能力使用先进技术和通信系统组织并实施其恐怖主义行为;

铭记恐怖主义的根源十分复杂,必须使用全面的方式加以解决;

深信恐怖主义行为在任何情况下都无其正当理由;

决心确保非洲积极参与国际社会打击和铲除恐怖主义的坚定不移的努力,并为此与国际社会展开积极的合作与协调;

依循国际公约及包括安全理事会 2001 年 9 月 28 日通过的第 1373 号决议等联合国预防和打击恐怖主义的相关决定和大会相关决议中所载的原则与条例;

重申我们致力于 1977 年 7 月在加蓬利伯维尔通过的《非统组织消除非洲雇佣军制度公约》;

重申我们致力于 1994 年 6 月 13 日至 15 日在突尼斯的突尼斯举行的非洲统一组织(非统组织)国家元首和政府首脑大会第三十届常会通过的《关于一项非洲国家间关系行为守则的宣言》;

重申我们致力于 1999 年 7 月在阿尔及利亚阿尔及尔的第三十五届非统组织最高级会议上通过的《非统组织预防和打击恐怖主义公约》;

回顾 2001 年 10 月在塞内加尔达喀尔举行的非洲最高级会议通过的《达喀尔打击恐怖主义宣言》;

进一步回顾 2002 年 9 月在阿尔及利亚阿尔及尔举行的非洲联盟成员国政府间高级别会议所通过的《预防和打击恐怖主义行动计划》;

考虑到 2002 年 7 月在南非德班举行的非洲联盟首次最高级会议通过的

非洲联盟组织法和《设立非洲联盟和平与安全理事会议定书》;

重申我们坚信恐怖主义是对人权的严重侵犯并威胁到和平、安全、发展与民主;

强调非洲联盟所有成员国必须采取一切必要措施,保护其民众免受恐怖主义行为的影响,并执行所有相关非洲大陆与国际人道主义和人权文书;及

希望确保有效执行《非统组织预防和打击恐怖主义公约》。

兹协议如下:

第一条　定义

1."大会"是指非洲联盟国家元首和政府首脑大会。

2."主席"是指非洲联盟的主席。

3."委员会"是指非洲联盟委员会。

4."专员"是指在非洲联盟委员会中负责和平与安全问题的专员。

5."公约"是指1999年7月在阿尔及尔第三十五届非统组织最高级会议上通过的非统组织《预防和打击恐怖主义公约》。

6."成员国"是指非洲联盟的任何成员国。

7."和平与安全理事会"是指非洲联盟和平与安全理事会。

8."行动计划"是指《非洲联盟预防和打击非洲恐怖主义行动计划》。

9."议定书"是指本公约议定书。

10."区域机制"是指由区域经济共同体设立的非洲冲突预防、处置和解决区域机制。

11."缔约国"是指非洲联盟中批准或加入本议定书的任何成员国。

12."恐怖主义行为"是指本公约第一和第三条所界定的任何行为。

13."联盟"是指非洲联盟。

14."大规模毁灭性武器"是指生物、化学与核设施和爆炸物及其运载工具。

第二条　目的

1.依照《公约》第二十一条通过本议定书,以此作为《公约》的补充。

2.其主要目的是加强有效执行《公约》,履行《设立非洲联盟和平与安全理事会议定书》的第3(d)条,该条述及协调统一非洲大陆预防和打击形形色色的恐怖主义工作的必要性以及其他有关国际文书的执行情况。

第三条　缔约国所作的保证

1.缔约国保证充分执行《公约》的各项规定。它们除其他以外还承诺:

(a)采取一切必要措施,保障民众免受一切恐怖主义行为影响的基本人权;

(b)防止恐怖主义集团进入其领土或在其领土上进行训练;

(c)鉴别、侦查、没收和冻结或扣押为实施恐怖主义行为而使用或分配的任何资金及任何其他资产,建立使用这类资金向恐怖主义行为被害人或其家人提供补偿的机制;

(d)建立国家联络中心,为在区域、非洲大陆和国际各级及时交流和

共享有关恐怖主义集团和活动的情报提供便利,包括各国开展合作制止为恐怖主义提供资助;

(e)采取适当行动,打击 1977 年在利伯维尔通过的《非统组织消除非洲雇佣军制度公约》及其他可适用的国际相关文书所界定的雇佣军制度实施人;

(f)按照非洲大陆和国际相关公约和条约加强国家和区域性措施,防止恐怖主义行为实施人获取大规模毁灭性武器;

(g)与国际社会合作执行与大规模毁灭性武器相关的非洲大陆和国际性文书;

(h)每年或由和平与安全理事会确定定期向和平与安全理事会提交为预防和打击《公约》、《非洲联盟行动计划》基本议定书所述恐怖主义而采取的措施;

(i)在出现恐怖主义活动之后尽快向和平与安全理事会报告;

(j)加入有关预防和打击恐怖主义非洲大陆和国际上的所有文书;及

(k)宣布酷刑和其他有辱人格及不人道对待做法为非法,其中包括在对待恐怖主义嫌疑人上与国际法不符的歧视性和种族主义做法。

2. 缔约国应当依照《公约》第二十二条根据非洲大陆与国际上的所有相关公约和条约执行上文第 1 款的规定。

第四条　执行机制

和平与安全理事会应当负责统一并协调非洲大陆预防和打击恐怖主义的工作。在从事这项工作时,和平与安全理事会应当:

(a)拟定情报收集、处理和传播作业程序;

(b)建立有关机制,便于缔约国交流有关恐怖主义行为特点和趋向、恐怖主义集团活动情况以及打击恐怖主义有效做法的情报;

(c)向大会提交非洲联盟有关非洲大陆恐怖主义情况的年度报告;

(d)监测和评价非洲联盟通过的行动计划和行动方案执行情况并就此提出建议;

(e)审查缔约国提交的有关本议定书各项规定执行情况的所有报告;及

(f)建立与恐怖主义问题国家、区域和国际联络中心之间的情报网。

第五条　委员会的职能

1. 在委员会主席的领导下并依照《设立非洲联盟和平与安全理事会议定书》第十条第 4 款,赋予和平与安全问题负责专员落实预防和打击恐怖主义相关事项的任务。

2. 委员会和平与安全司内部所设股和非洲防范恐怖主义调查研究中心应协助专员开展工作,除其他外,应当:

(a)就打击向恐怖主义提供资助与编拟示范法和准则等法律与执法相关事项提供技术援助,帮助成员国拟定预防和打击恐怖主义的法律和相关措施;

（b）协同成员国和区域机制落实和平安全理事会及非洲联盟其他机构有关恐怖主义事项的决定；

（c）审查非洲联盟有关预防和打击恐怖主义的方案以及非洲防范恐怖主义调查研究中心活动情况并就方案修订事项提出建议；

（d）开发并维持与恐怖主义有关的一系列问题的数据库，包括提供专家和技术援助；

（e）与处理恐怖主义问题的区域和国际组织及其他实体保持联系；及

（f）根据需要向成员国就在执行非洲大陆和国际反恐措施方面如何争取技术和财政援助问题向成员国提供咨询意见和建议。

第六条　区域机制的职能

区域机制应当在执行本议定书和《公约》方面发挥补充职能。除其他活动外，应开展以下方面的活动：

（a）在区域一级建立打击恐怖主义的联络中心；

（b）与委员会建立联系，拟定预防和打击恐怖主义的措施；

（c）促进在区域一级开展合作，根据《公约》全面执行本议定书和《公约》；

（d）统一和协调各国在各自区域预防和打击恐怖主义的措施；

（e）确定交流有关恐怖主义行为实施人活动情况及预防和打击恐怖主义最佳做法情报的方式；

（f）协同成员国执行预防打击恐怖主义的区域、非洲大陆和国际文书；及

（g）向委员会定期报告为预防和打击恐怖主义行为而在区域一级采取的措施。

第七条　争端的解决

1. 缔约国在解释或执行本议定书各项规定上出现的任何争端或分歧都应通过有关缔约国之间直接协商友好解决。

2. 未能根据上文第1项解决争端的，在非洲联盟法院正式启动以前，缔约国双方中任何一方均可通过主席将争端提交大会解决，后者对这类争端享有管辖权。

3. 缔约国一方或双方不是非洲联盟法院成员的，缔约国一方或双方均可根据国际法院规约将争端提交国际法院解决。

第八条　引渡

1. 《公约》可以为尚无引渡安排的缔约国之间的引渡提供充足的法律依据。

2. 缔约国之间在解释或适用任何现行双边引渡协议或安排上出现争端的，应当以《公约》有关引渡的规定为准。

第九条　签署、批准和加入

1. 本议定书应开放供非洲联盟成员国根据各自的组织程序签署、批准或加入。

2. 批准和加入本议定书应当需要有关成员国事先批准或加入《公约》。

第十条　生效

本议定书应当自第15份批准书或

加入书交存以后生效。

第十一条 修正

1. 任何缔约国均可通过向委员会提交书面请求而提议对本议定书作出修正,所提拟议修正应分发给议定书所有缔约国。

2. 修正应由缔约国简单多数核准。

3. 凡根据其组织程序接受修正的缔约国,在委员会主席受到接受通知后三个月,已核准的修正对缔约国生效。

第十二条 交存机构

本议定书及所有批准书或加入书应交存委员会主席,后者应将经核准无误的副本转交所有成员国,并向其通报成员国批准文书的交存日期,在联合国和非洲联盟所可决定的任何其他组织登记注册。

非洲联盟大会第三次常会通过
2004 年 7 月 8 日,亚的斯亚贝巴

经议定书修正的欧洲制止恐怖主义公约

（1977 年 1 月 27 日订于斯特拉斯堡，1978 年 8 月 4 日生效，议定书依照其第十八条生效。联合国条约文号第 1137 卷 17828 号，欧洲条约文号第 190 号。存约人：欧洲理事会秘书长）

在本公约签字的欧洲理事会成员国，

考虑到欧洲理事会的目标是在其成员国间达致更大程度的团结；

意识到对恐怖主义行为蔓延的日益关注；

希望采取有效措施确保此种行为的罪犯不致逃脱起诉和惩罚；

深信引渡是获得此成效的极为有效的措施，

兹议定如下：

第一条

一、为缔约国间引渡的目的，下列罪行不得视为政治罪行或与政治罪行有关的罪行或因政治动机引起的罪行：

（一）属于 1970 年 12 月 16 日在海牙签署的《关于制止非法劫持航空器的公约》规定范围的罪行；

（二）属于 1971 年 9 月 23 日在蒙特利尔达成的《关于制止危害民用航空器安全的非法行为的公约》规定范围的罪行；

（三）属于 1973 年 12 月 14 日在纽约通过的《关于防止和惩处侵害应受国际保护人员包括外交代表的罪行的公约》规定范围的罪行；

（四）属于 1979 年 12 月 17 日在纽约通过的《反对劫持人质国际公约》规定范围的罪行；

（五）属于 1980 年 3 月 3 日在维也纳通过的《核材料实物保护公约》规定范围的罪行；

（六）属于 1988 年 2 月 24 日订于蒙特利尔的《制止在为国际民用航空服务的机场发生的非法暴力行为的议定书》规定范围的罪行；

（七）属于 1988 年 3 月 10 日订于罗马的《制止危及海上航行安全非法行为公约》规定范围的罪行；

（八）属于 1988 年 3 月 10 日订于罗马的《制止危及大陆架固定平台安全非法行为议定书》规定范围的罪行；

（九）属于 1997 年 12 月 15 日在纽约通过的《制止恐怖主义爆炸的国际公约》规定范围的罪行；

（十）属于 1999 年 12 月 9 日在纽约通过的《制止向恐怖主义提供资助的国际公约》规定范围的罪行。

二、如果罪行在第一款列举的公约范围之外，为缔约国间引渡的目的，前款规定不仅适用于此种主要罪行，亦适用于以下情况：

（一）企图犯此种主要罪行；

（二）以共犯身份参与或企图犯有此种主要罪行；

（三）组织或直接指使他人犯有或企图犯有此种主要罪行。

第二条

一、为缔约国间引渡的目的，缔约国可以决定，对于第一条规定罪行之外的涉及侵害人的生命、人身或自由的暴力行为的严重罪行，不视为政治罪行或与政治罪行有关的罪或因政治动机引起的罪行。

二、前款规定亦适用于第一条规定罪行之外的涉及侵犯财产行为的严重罪行，只要该行为构成对人的共同危险。

三、第一款规定亦适用于以下情况：

（一）企图犯前述罪行；

（二）以共犯身份参与或企图犯有前述任何罪行；

（三）组织或直接指使他人犯有或企图犯有前述罪行。

第三条

缔约国间所适用的一切引渡条约和安排的规定，包括《欧洲引渡公约》，如果与本公约相抵触之内容，在缔约国间自动修正。

第四条

一、为本公约的目的，如果第一条或第二条所述任何罪行没有作为可引渡罪行列入缔约国间现行的引渡公约或条约，该项罪行应视为已被作为可引渡罪行列入其中。缔约国承诺将此类罪行在它们之后达成的每一引渡条约中应视为可引渡罪行。

二、以订有条约为引渡条件的缔约国，在收到未与其订有引渡条约的另一缔约国的引渡请求时，被请求国可自行判断，将本公约视为就第一条或第二条所述罪行进行引渡的法律根据。

第五条

一、如果被请求国有实质理由认为，请求为第一条或第二条所述罪行进行引渡的目的，是基于某人的种族、宗教、国籍或政治观点而对该人进行起诉或惩罚，或认为该人的情况可能因为上述任何理由而受到损害，则本公约的任何条款均不应解释为规定该国有引渡的义务。

二、如果被要求引渡者有遭受酷刑的危险，则本公约的任何条款均不应解释为规定了引渡的义务。

三、如果被要求引渡者有被判处死刑的危险，或被判处没有假释可能的无期徒刑的危险，而被请求国法律不准许判处无期徒刑，则本公约的任何条款均不应解释为规定了引渡的义务，除非请求国作出被请求国认为是充分的保证，表示不会判处死刑，或即使判处死刑，也不会予以执行，或该人不会被判处没有假释可能的无期徒刑,则被请求国可根据适用的引渡条约进行引渡。

第六条

一、每一缔约国应采取必要措施,以确定在下述情况中对第一条所述罪行行使管辖权,即如果嫌疑犯在其领土内,且该国在收到另一缔约国的引渡请求后,不将其引渡给请求国,而该请求国的管辖权是依据被请求国法律中现行同等有效的管辖权规则。

二、本公约不排除依照国内法行使的刑事管辖权。

第七条

缔约国发现犯有第一条所述罪行的嫌疑犯在其领土内,并已收到依照第六条第一款提出的引渡请求,如该国不予引渡,则应毫无例外并无不当迟延地将该案提交其主管当局进行起诉。该主管当局应以处理该国法律规定的任何严重罪行的方式作出决定。

第八条

一、缔约国应就第一条或第二条所述罪行提起的刑事诉讼,相互提供最大范围的协助。被请求国有关刑事相互协助的法律应适用于一切案件。但此项协助不得仅以涉及政治罪行或与政治罪行有关的罪行或因政治动机引起的罪行的理由而予拒绝。

二、如果被请求国有实质理由认为,请求为第一条或第二条所述罪行进行相互协助的目的,是基于某人的种族、宗教、国籍或政治观点而对该人进行起诉或惩罚,或认为该人的情况

可能因为上述任何理由而受到损害,则本公约的任何条款不应解释为该国有提供相互协助的义务。

三、缔约国间适用的一切有关刑事相互协助的条约和安排的规定,包括《欧洲刑事相互协助公约》的规定,如与本公约相抵触之内容,在缔约国间自动修正。

第九条

缔约国间可订立双边或多边协定,以补充本公约的规定或促进本公约所载原则的适用。

第十条

欧洲理事会刑事问题委员会负责跟踪了解有关本公约适用的情况。欧洲理事会刑事问题委员会:

(一)应不断被告知有关本公约适用的情况;

(二)应提出建议以促进或改善本公约的适用;

(三)应就本公约的修正案向部长委员会提出建议,并对缔约国依照第十二条和第十三条对本公约提出的修正建议发表意见;

(四)应根据缔约国请求,就本公约适用的任何问题发表意见;

(五)应采取一切必要措施促进任何由于执行本公约而引起的困难的友好解决;

(六)应依照第十四条第三款向部长委员会建议邀请非欧洲理事会成员国加入本公约;

(七)应依照本条规定每年向欧洲理事会部长委员会就本公约适用情况

提交后续报告。

第十一条

一、缔约国间关于本公约的解释或适用的争端，如果未能在第十条第五款框架内或通过谈判解决，经争端任何一方请求，应提交仲裁。每一方应任命一位仲裁员，任命的仲裁员应共同任命一位庭长。

二、如果欧洲理事会成员国间发生争端，任何一方在提出仲裁请求后三个月内尚未依照本条第一款任命其仲裁员，应另一方请求，即应由欧洲人权法院院长任命一位仲裁员。

三、如果争端一方非欧洲理事会成员国，任何一方在提出仲裁请求后三个月内尚未依照本条第一款任命其仲裁员，应另一方请求，即应由国际法院院长任命一位仲裁员。

四、适用本条第二款和第三款的案件，如果法院院长为争端一方的国民，此项职责应由副院长履行；如果副院长亦为争端一方的国民，则由不是争端任何一方国民的法院最资深法官履行。

五、如果仲裁员未能依照本条第一款就任命庭长达成一致，上述第二款，或第三款和第四款提及的程序适用时应加以必要变更。

六、仲裁庭应制订其程序规则。仲裁裁决由多数票作出。如果不能形成多数意见，庭长有决定性一票。仲裁裁决具有终局效力。

第十二条

一、有关本公约的修正建议可由任何缔约国或部长委员会提出。该修正建议应由欧洲理事会秘书长通知各缔约国。

二、部长委员会在同非缔约国并如有必要，同欧洲理事会刑事问题委员会协商后，可依照《欧洲理事会章程》第二十条第四款以多数票通过该修正案。欧洲理事会秘书长应将该修正案提交各缔约国以供接受。

三、依照前款通过的任何修正案，应在秘书长收到所有缔约国接受通知书后的第30天生效。

第十三条

一、任何缔约国或部长委员会可提出修正案以更新第一条第一款所列条约。该修正建议只能涉及联合国组织内达成的并且已经生效的专门处理国际恐怖主义问题条约。该修正建议应由欧洲理事会秘书长通知各缔约国。

二、部长委员会在同非缔约国并如有必要，同欧洲理事会刑事问题委员会协商后，可依照《欧洲理事会章程》第二十条第四款以多数票通过该修正案。该修正案在送达缔约国之日起一年期满后生效。在这期间，任何缔约国均可通知秘书长反对该修正案生效。

三、如果三分之一的缔约国通知秘书长反对修正案生效，则该修正案不发生效力。

四、如果少于三分之一的缔约国通知反对，则该修正案对未通知反对的缔约国发生效力。

五、如果修正案依照本条第二款生效后，缔约国原已通知反对，亦可再通知欧洲理事会秘书长表示接受，修正案将在该通知之日的下一个月的第一天对该国生效。

第十四条

一、本公约向欧洲理事会成员国和观察员国开放供签署。本公约须经批准、接受、核准或加入。批准书、接受书、核准书或加入书应交存于欧洲理事会秘书长。

二、本公约将于第三份批准书、接受书或核准书交存之日起三个月后生效。

三、欧洲理事会部长委员会可与欧洲理事会刑事问题委员会协商后，邀请除本条第一款所指国家外的非理事会成员国加入本公约。该决定应依照《欧洲理事会章程》第二十条第四款取得多数同意和有部长委员会成员资格的缔约国的一致同意。

四、对之后批准、接受、核准或加入的签字国，本公约将于其交存批准书、接受书、核准书或加入书之日起三个月后对其生效。

第十五条

一、任何国家可在签字或交存批准书、接受书、核准书或加入书时，指明本公约适用或不适用的领土。

二、任何国家可在交存批准书、接受书、核准书或加入书时或在其后的一个日期，致函欧洲理事会秘书长，声明将本公约扩大适用于声明中指明的由其负责国际关系的领土或被授权代

表作出承诺的领土。

三、依照前款作出的声明，就其中提及的领土，可以向欧洲理事会秘书长提交通知的方式被撤回。此种撤回立即生效或于通知中指定的稍后日期生效。

第十六条

一、2003 年 5 月 15 日本公约任何成员国在签署或交存其关于修正本公约的议定书的批准书、接受书或核准书时，可声明保留对第一款所述罪行拒绝引渡的权利，如果该国认为该罪行是一项政治罪行、与政治罪行有关的罪行或因政治动机引起的罪行。缔约国承诺在个案审理中适用该保留，并在评价该罪行的性质时，适当考虑该罪行的任何特别严重的方面，包括：

（一）构成了对人的生命、人身或自由的共同危险；或

（二）别有用心地影响到人；或

（三）在犯罪中使用残忍或恶毒的手段。

二、缔约国适用本条第一款时，应指明该保留适用的罪行。

三、任何缔约国可以通过向欧洲理事会秘书长提交声明的方式，全部或部分地撤回它依照第一款作出的保留，该撤回自秘书长收到声明之日起生效。

四、依照本条第一款提出保留的缔约国不得要求其他国家适用第一条；但如果仅部分或有条件地提出保留，该国可以要求在其接受的程度适用该条。

五、本条第一款提及的保留在本公约对有关缔约国生效之日起三年内没有效力。但该保留可以按三年期限予以更新延续。

六、保留期即将届满十二个月以前，欧洲理事会秘书处应通知有关缔约国期满事宜。期满前不迟于三个月，该缔约国应就其是维持、修正或撤回该保留通知欧洲理事会秘书长。当缔约国通知欧洲理事会秘书长维持其保留时，应对其继续保留提供解释。当缔约国未作出相应通知时，欧洲理事会秘书长应通知该缔约国其保留自动延续六个月。缔约国未能在期满前通知其维持或修正保留的意图时，将导致该保留失效。

七、缔约国收到另一缔约国引渡某人的请求后，依照本条第一款适用其保留不予引渡时，应毫无例外并无不当迟延地将该案提交其主管当局进行起诉，除非请求国与被请求国另外达成一致。为在被请求国起诉的目的，该主管当局应以处理该国法律规定的任何严重罪行的方式作出决定。被请求国应将最后结果无不当迟延地通知请求国和欧洲理事会秘书长，并由秘书长送交后续委员会。

八、依照本条第一款作出拒绝引渡请求的决定，应立即送交请求国。如果被请求国未能依照上述第七款在合理时间内根据案情作出司法决定，请求国可将该事实通知欧洲理事会秘书长，并由秘书长提交依照第十七条成立的大会。大会应考察事实，就该拒绝是否与本公约相一致发表意见，并提交部长委员会以便发表声明。部长委员会在履行本款职责时，应仅限于缔约国参加。

第十七条

一、在不妨碍第十条适用的情况下，应成立反恐缔约国大会负责确保：

（一）有效使用和实施本公约，包括鉴别其中各种问题，并与欧洲理事会刑事问题委员会保持密切联系。

（二）检查依照第十六条作出的保留，特别是检查第十六条第八款规定的程序。

（三）交流有关反恐的重大法律和政策发展的信息。

（四）应部长委员会要求，检查欧洲理事会在反恐领域通过的措施；适当时，详细建议采取额外必要措施以提高在国际反恐领域的国际合作；如果涉及刑事问题的合作，同欧洲理事会刑事问题委员会协商。

（五）就反恐斗争准备意见，并执行部长委员会授予的权责。

二、每一缔约国任命一名专家组成反恐缔约国大会。大会每年定期举行一次会议，亦可应欧洲理事会秘书长要求或至少三分之一缔约国要求召开特别会议。

三、反恐缔约国大会应制定其议事规则。属于欧洲理事会成员国的缔约国的参加费用由欧洲理事会承担。欧洲理事会秘书处帮助反恐缔约国大会依照本条行使职责。

四、欧洲理事会刑事问题委员会

应定期被告知反恐缔约国大会的工作情况。

第十八条

任何缔约国可通过向欧洲理事会秘书长提交书面通知的方式退出本公约。上述退约将立即或在通知中指定的稍后日期生效。

第十九条

欧洲理事会秘书长应将下列事项通知各缔约国：

（一）任何签署情况；

（二）任何批准书、接受书、核准书或加入书的交存；

（三）依照第十四条本公约生效的任何日期；

（四）依照第十五条规定收到的任何声明或通知；

（五）依照第十八条收到的通知及退约生效的日期。

下列经适当授权之人员，在本公约上签字，以昭信守。

1977 年 2 月 27 日订于斯特拉斯堡，正本一份用英文和法文写成，两种文本同等作准，保存于欧洲理事会档案处。欧洲理事会秘书长应将经核准之副本分送每一签字国。

欧洲委员会预防恐怖主义公约

（2005 年 5 月 16 日订立于华沙,2007 年 1 月 1 日生效,欧洲条约汇编 196 号。保存人:欧洲委员会秘书长）

欧洲委员会各成员国及其他签署方,

认为欧洲委员会的目标是在其成员之间实现更大程度的团结;

认识到加强与本公约其他缔约方的合作的重要性;

希望采取有效措施以预防恐怖主义和打击特别是煽动公众实施恐怖主义犯罪和为恐怖主义招募成员和提供训练的行为;

意识到由恐怖主义犯罪和恐怖主义威胁日益增加引起的严重关切;

意识到遭受恐怖主义之苦者面临的困难处境,因此重申坚决站在恐怖主义被害人及其家人一边;

认识到恐怖主义犯罪和本公约所列犯罪无论由何人所为在任何情况下均不得以政治、思想、意识形态、种族、民族、宗教或其他类似性质方面的考虑因素作为理由,并回顾到所有缔约方均有义务防止此种犯罪,如果未能防止,则予以起诉,并确保这些犯罪受到处罚措施的惩罚,其中顾及犯罪的严重性;

回顾到有必要加大打击恐怖主义的力度,并重申为预防或制止恐怖主义犯罪而采取的一切措施均应尊重法制和民主价值观、人权和基本自由以及将国际人道主义法酌情包括在内的国际法的其他规定;

认识到本公约无意影响与言论自由和结社自由有关的既定原则;

回顾到恐怖主义行为的目的就其性质或背景而言是要严重恐吓民众,或不适当地逼迫政府或国际组织作出或不作出任何行为,或严重动摇或摧毁一国或一国际组织的基本政治、宪法、经济或社会结构;

兹商定如下:

第一条 术语

1. 在本公约中,"恐怖主义犯罪"系指附录中所列条约之一在其范围内所指和在其中所定义的任何犯罪。

2. 并非系附录中所列某一条约的缔约方的一国或欧洲共同体在交存其批准书、接受书、核准书或加入书时可以声明,在对有关缔约方适用本公约时,该条约不应当被视为包括在附录中。该条约一经对作出这一声明的缔约方生效,该项声明即告失效,但应当将条约的生效通知欧洲委员会秘书长。

第二条 目的

本公约的目的是通过在国家一级采取措施和开展国际合作,加强各缔约方在预防恐怖主义及其对充分享有人权特别是生命权带来的消极影响方面所作的努力,适当考虑到各缔约方之间可使用的现行多边或双边条约或协定。

第三条 国家预防政策

1. 各缔约方均应当采取适当措施,尤其是在执法机关和其他机构的培训领域以及教育、文化、信息、传媒和提高公众认识等领域采取适当措施,以预防恐怖主义犯罪及其消极影响,同时遵守《保护人权与基本自由公约》和《公民权利和政治权利国际公约》中确定的适用于该缔约方的人权义务以及国际法规定的其他义务。

2. 各缔约方均应当采取必要措施除其他外通过下列途径改进和发展各国主管机关之间的合作以预防恐怖主义犯罪及其消极影响:

(a)交流信息。

(b)改进对人身和设施的实际保护。

(c)加强关于民事紧急应变的培训和协调。

3. 各缔约方均应当通过鼓励酌情有非政府组织和民间社会的其他组成部分参与的跨宗教和跨文化对话来提倡容忍,以防止出现可能导致实施恐怖主义犯罪的紧张状态。

4. 各缔约方均应当努力促进提高公众对恐怖主义犯罪和本公约所列犯罪构成的威胁的存在、原因和严重性的认识,并考虑鼓励公众向本国主管机关提供实际的具体帮助,以协助预防恐怖主义犯罪和本公约所列犯罪。

第四条 预防工作上的国际合作

各缔约方应当在适当考虑到各自的能力情况下酌情相互协助和支持,以通过交流信息和最佳做法以及通过培训和其他预防性联合努力等途径,加强其防止实施恐怖主义犯罪的能力。

第五条 煽动公众实施恐怖主义犯罪

1. 在本公约中,"煽动公众实施恐怖主义犯罪"系指向公众传播或以其他方式提供某种信息,意图煽动实施恐怖主义犯罪,此种行为无论是否直接宣扬恐怖主义犯罪,都会引起可能有一起或多起此种犯罪得到实施的危险。

2. 各缔约方均应当采取必要措施在其国内法下将故意非法实施的第1款所定义的煽动公众实施恐怖主义犯罪的行为规定为刑事犯罪。

第六条 为恐怖主义招募成员

1. 在本公约中,"为恐怖主义招募成员"系指寻求另一人实施或参与实施恐怖主义犯罪,或使其参加某一团体或团伙,目的是协助实施由该团体或团伙实施的一起或多起恐怖主义犯罪。

2. 各缔约方均应当采取必要措施在其国内法下将故意非法实施的第1款所定义的为恐怖主义招募成员的行为规定为刑事犯罪。

第七条 为恐怖主义提供训练

1. 在本公约中,"为恐怖主义提供训练"系指在制造或使用炸药、枪支或其他武器或者有害或危险物质方面,或在其他具体方法或技术方面提供教学,目的是实施或协助实施恐怖主义犯罪,并且知晓所提供的技能是要用于这一目的。

2. 各缔约方均应当采取必要措施在其国内法下将故意非法实施的第1款所定义的为恐怖主义提供训练的行为规定为刑事犯罪。

第八条 与恐怖主义犯罪的实施无关

就构成本公约第五至第七条所列犯罪的行为而言,不一定是实际实施了恐怖主义犯罪。

第九条 附属犯罪

1. 各缔约方均应当采取必要措施在其国内法下将下列行为规定为刑事犯罪:

(a)作为共犯罪参与本公约第五至第七条所列的犯罪。

(b)组织或指导本公约第五至第七条所列的犯罪。

(c)协助一群以共同目的行事的人实施本公约第五至第七条所列的一起或多起犯罪。此种协助应当是故意的并应当是在以下两种情况之一下作出的:

(一)旨在进一步推进该群人的犯罪活动或犯罪目的,而这种活动或目的涉及实施本公约第五至第七条所列的犯罪;或

(二)知晓该群人意图实施本公约第五至第七条所列的犯罪。

2. 各缔约方还应当采取必要措施在其国内法下并根据其国内法将本公约第六至第七条所列犯罪的实施未遂规定为刑事犯罪。

第十条 法律实体的责任

1. 各缔约方均应当根据本国的法律原则采取必要措施,确立法律实体因参与本公约第五至第七条和第九条所列犯罪而负有的责任。

2. 视缔约方的法律原则而定,法律实体的责任可以是刑事责任、民事责任或行政责任。

3. 此种责任不影响已实施该犯罪的自然人负有的刑事责任。

第十一条 处罚和措施

1. 各缔约方均应当采取必要措施,使公约第五至第七条和第九条所列犯罪得到有效、相称和有劝阻力的处罚措施的惩罚。

2. 在国内法允许的范围内,为根据国内法确定刑罚之目的,将外国以前宣布的对本公约确定的犯罪所作的最后定罪考虑在内。

3. 各缔约方均应当确保根据第十

条负有责任的法律实体受到有效、相称和有效阻力的刑事或非刑事处罚,包括金钱处罚。

第十二条　条件和保障措施

1. 各缔约方均应当确保本公约第五至第七条和第九条规定的刑事定罪得以确立、实施和适用,同时遵守《保护人权与基本自由公约》和《公民权利和政治权利国际公约》中确定的适用于该缔约方的人权义务,特别是言论自由、结社自由和宗教自由的权利,以及国际法规定的其他义务。

2. 本公约第五至第七条和第九条规定的刑事定罪的确立、实施和适用还应当在所追求的合理目标及其在民主社会中的必要性方面遵守相称原则,并应当排除任何形式的武断或者歧视性或种族主义对待。

第十三条　对恐怖主义活动被害人的保护、补偿和支助

各缔约方均应当采取必要措施,对在本国境内实施的恐怖主义活动的被害人给予保护和支助。这些措施可包括:通过适当的国家计划并依照本国立法,向恐怖主义活动被害人及其亲密家庭成员除其他外提供金钱帮助和补偿。

第十四条　管辖权

1. 各缔约方均应当采取必要措施确立本国对下列情况下实施的本公约所列犯罪的管辖权:

(a)犯罪系在该缔约方境内所实施;

(b)犯罪系在挂有该缔约方的旗帜的船舶上所实施,或在根据该缔约方的法律登记的航空器上所实施;

(c)犯罪系由该缔约方的国民所实施。

2. 各缔约方还可确立其对下列情况下实施的本公约所列犯罪的管辖权:

(a)所涉犯罪旨在或导致在该缔约方境内实施或针对该缔约方的国民实施本公约第一条所指的犯罪;

(b)所涉犯罪旨在或导致针对该缔约方在国外的国有或政府设施,包括该缔约方的外交或领事房地,实施本公约第一条所指的犯罪;

(c)所涉犯罪旨在或导致为企图逼迫该缔约方作出或不作出任何行为而实施本公约第一条所指的犯罪;

(d)所涉犯罪系由在该缔约方境内拥有惯常居所的无国籍人员所实施;

(e)所涉犯罪系在该缔约方的政府经营的航空器上所实施。

3. 各缔约方均应当采取必要措施,在被指控的犯罪人处于该缔约方境内而该缔约方并不将该人引渡至拥有以被请求缔约方的法律中同等存在的管辖权规则为基础的管辖权的另一缔约方的情况下,确立对本公约所列犯罪的管辖权。

4. 本公约并不排斥根据国内法行使的任何刑事管辖权。

5. 一个以上缔约方主张对被指控的本公约所述犯罪的管辖权的,各所涉缔约方应当酌情进行磋商,以确定最适当的起诉管辖权。

第十五条　进行调查的义务

1. 一缔约方在获悉已实施或被指控已实施本公约所列犯罪的人员可能处于该缔约方境内后,该缔约方应当根据其国内法采取必要措施,调查该信息所含有的事实。

2. 在确信情况属实的情况下,犯罪人或被指控的犯罪人所在的缔约方应当根据其国内法采取适当措施,以确保将该人的现身用于起诉或引渡目的。

3. 第2款所述措施所针对的任何人均应当有权:

(a)毫不延迟地联络本人所属国籍国或在其他方面有权保护本人权利的国家的最近处适当代表,或者,该人为无国籍人的,则联络本人惯常居住地所在国家的最近处适当代表;

(b)得到该国代表的探望;

(c)被告知本人在(a)和(b)项下享有的权利。

4. 第3款所述权利的行使应当遵循犯罪人或被指控的犯罪人所处于的缔约方的法律和规章,但需遵守一项规定,即所述法律和规章必须使第3款下规定的权利所要达到的目的充分有效。

5. 第3和第4款的规定概不影响根据第十四条第1(c)和2(d)款主张管辖权的任何缔约方邀请国际红十字委员会联络和探望被指控的犯罪人的权利。

第十六条　公约的不适用情况

本公约不适用于下列情况:根据第五至第七条和第九条确立的犯罪系仅在一个国家内所实施;被指控的犯罪人系该国的国民并处于该国境内;以及任何其他国家都没有本公约第十四条第1或第2款规定的依据来行使管辖权。据理解,本公约第十七条和第二十至二十二条的各项规定应当酌情适用于这些情形。

第十七条　刑事事项上的国际合作

1. 各缔约方应当就本公约第五至第七条和第九条所列犯罪方面的刑事侦查或者刑事程序或引渡程序相互提供最大程度的协助,包括协助获取这些程序所必要的证据。

2. 各缔约方在履行第1款规定的义务时应当遵守其相互之间可能存在的关于司法协助的任何条约或其他协定。没有此种条约或协定的,各缔约方应当根据各自的国内法相互提供协助。

3. 在对涉及一法律实体可能在请求缔约方内被认为根据本公约第十条为之负有责任的犯罪进行刑事侦查或刑事诉讼程序方面,各缔约方应当根据相关法律、条约、协定和安排相互开展尽可能充分的合作。

4. 各缔约方可考虑建立其他机制,以根据第十条与其他缔约方分享为确立刑事责任、民事责任或行政责任而需要的信息或证据。

第十八条　引渡或起诉

1. 被指控的犯罪人所处于的缔

约方根据第十四条拥有管辖权并且不将该人予以引渡的,无论所涉犯罪是否在该缔约方境内所实施的,该缔约方应当毫无例外地有义务根据本国法律通过诉讼程序毫无不当延迟地将该案件提交其主管机关以进行起诉。这些主管机关应当根据本国法律作出决定,如同对待任何其他严重犯罪那样。

2. 一缔约方根据其国内法允许引渡或以其他方式交出其某一国民的,其中唯一条件是该人将被送回该缔约方服刑,而该所判刑罚是寻求引渡或交出该人的审判或诉讼程序的结果,并且该缔约方和寻求引渡该人的缔约方一致同意这一选择和双方可能认为适当的其他条件,则这种有条件的引渡或交出应当是足以履行第 1 款规定的义务。

第十九条　引渡

1. 本公约第五至第七条和第九条所列罪行应当视为可引渡的罪行而予以列入本公约生效之前任何缔约方之间存在的任何引渡条约中。各缔约方应当将可引渡的罪行等罪行列入其相互之间随后拟订立的每一项引渡条约中。

2. 以一项条约的存在作为引渡条件的一缔约方从没有与其订立引渡条约的另一缔约方收到引渡请求的,被请求缔约方可在如此决定的情况下将本公约视为就本公约第五至第七条和第九条所列犯罪进行引渡的法律基础。引渡应当符合被请求缔约方的法

律规定的其他条件。

3. 不以一项条约的存在作为引渡条件的缔约方应当将本公约第五至第七条和第九条所列犯罪视为其相互之间可引渡的犯罪,但需满足被请求缔约方的法律规定的条件。

4. 必要时,为缔约方之间进行引渡之目的,应当将本公约第五至第七条和第九条所列犯罪视为不仅是在其发生地所实施的而且是在已根据第十四条确立了管辖权的缔约方境内所实施的。

5. 缔约方之间就本公约第五至第七条和第九条所列犯罪订立的所有引渡条约和协定的各项规定应当被视为如果这些规定与本公约不一致就需在缔约方之间加以修改。

第二十条　不包括政治除外条款

1. 为引渡或司法协助之目的,本公约第五至第七条和第九条所指的任何犯罪均不应当视为政治罪、与政治罪相关的犯罪或由政治动机引起的犯罪。因此,对于以此种犯罪为基础的关于引渡或司法协助的请求,不可仅以该请求涉及政治罪、与政治罪相关犯罪或由政治动机引起的犯罪为由加以拒绝。

2. 在不影响将 1969 年 5 月 23 日《维也纳条约法公约》第十九至第二十三条适用于本公约其他条款的情况下,任何国家或欧洲共同体均可在签署时或在交存其对本公约的批准书、接受书、核准书或加入书时声明其就涉及本公约所列的某一犯罪的引渡而

言保留不适用本条第 1 款的权利。该缔约方通过适当说明理由的决定逐案适用这一保留。

3. 任何缔约方均可通过向欧洲委员会秘书长提交一项声明全部或部分撤回其根据第 2 款作出的一项保留,这一撤回自声明收到之日起生效。

4. 根据本条第 2 款作出一项保留的缔约方不可主张任何其他缔约方适用本条第 1 款;但是该缔约方的保留为部分保留或有条件保留的,则该缔约方只要自己已接受该条即可主张适用该条。

5. 所作保留对有关缔约方的效力自本公约生效之日起为期三年。但这种保留可续延相同长度的期限。

6. 欧洲委员会秘书长应当在所作保留到期前提前十二个月将这一到期告知有关缔约方。有关缔约方应当在到期前不晚于三个月内通知欧洲委员会秘书长其维持、修改或撤回其保留。一缔约方若通知欧洲委员会秘书长其维持所作保留,则应当为这一延续的理由作出解释。有关缔约方未作出通知的,欧洲委员会秘书长应当通知该缔约方其所作保留被视为自动展延六个月。有关缔约方未能在该期限到期前通知其维持或修改其所作保留的意向将会引起所作保留失效。

7. 除非请求缔约方和被请求缔约方另有约定,一缔约方为适用该项保留而不将某人加以引渡的,该缔约方在收到另一缔约方的引渡请求后,应当为了起诉之目的毫无例外并且毫无不当延迟地将该案件提交其主管机关。主管机关为了在被请求缔约方进行起诉之目的,应当以对待该缔约方的法律规定的严重犯罪的同样方式作出决定。被请求缔约方应当毫无不当延迟地将诉讼程序的最后结果通知请求缔约方和欧洲委员会秘书长,后者应当将该最后结果转发给第三十条规定的缔约方协商会议。

8. 根据这一保留作出的拒绝引渡请求的决定应当尽快转发给请求缔约方。在合理时间内被请求缔约方未根据第 7 款就案情作出司法裁决的,请求缔约方可将这一事实告知欧洲委员会秘书长,后者应当将这一事项提交第三十条规定的缔约方协商会议。该协商会议应当审议这一事项并就这一拒绝是否符合公约的规定发表意见,并应当将该意见提交部长委员会供其就此发表一项声明。部长委员会在履行本款规定的职能时,应当在其限于缔约国的组成范围内举行会议。

第二十一条 歧视条款

1. 被请求缔约方有充分理由相信就第五至第七条和第九条所列的犯罪提出的引渡请求和就这些犯罪提出的司法协助请求是出于一个人因种族、宗教、国籍、民族血统或政治观点等原因而对该人进行起诉或惩处,或者相信满足所提请求将会引起对该人在其中任何原因上所持立场的偏见,则本公约中的任何内容均不应当被解释为强制规定有予以引渡或提供司法协助的义务。

2. 被请求引渡人有遭受酷刑或者非人道或有辱人格的对待或惩罚的风险的,则本公约中的任何内容均不应当被解释为强制规定负有引渡的义务。

3. 被请求引渡人若有遭受死刑的风险,或者被请求缔约方的法律不允许有无期徒刑的,有被判处无期徒刑而无假释可能性的风险,本公约中的任何内容均不应当被解释为强制规定负有引渡义务,除非根据可适用的引渡条约,被请求缔约方负有引渡义务,但条件是请求缔约方作出保证使被请求缔约方足以相信不会判处死刑,或者如果作出此种判决,也不会加以执行,或者有关的人员不至于被判处无期徒刑而无假释的可能性。

第二十二条　自发信息

1. 在不影响一缔约方主管机关自己的调查或诉讼程序的情况下,可以无须事先收到请求而将其自己的调查范围内取得的信息转发给另一缔约方的主管机关,前提是其认为披露此种信息有助于接收信息的缔约方启动或进行调查或诉讼程序,或者有助于后者根据本公约提出请求。

2. 提供信息的缔约方可根据本国法律规定接收信息的缔约方使用此种信息的条件。

3. 接收信息的缔约方应当受这些条件的约束。

4. 但是,任何缔约方均可在任何时候以致欧洲委员会秘书长的声明的方式,声明其保留不受提供信息的缔约方根据上文第2款规定的条件的约束的权利,除非其事先收到拟提供的信息的性质的通知并同意转发这种信息。

第二十三条　签署和生效

1. 本公约应当开放供欧洲委员会成员国、欧洲共同体和曾参与拟订公约的非成员国签署。

2. 本公约需经批准、接受或核准。批准书、接受书或核准书应当交由欧洲委员会秘书长保存。

3. 本公约应当于包括至少四个欧洲委员会成员国在内的六个签署方根据第2款的规定表示同意受本公约的约束之日后三个月期限期满之后的下一个月第一天生效。

4. 关于随后表示同意受本公约的约束的任何签署方,本公约应当于该签署方根据第2款的规定表示同意受本公约的约束之日后三个月期限期满之后的下一个月第一天生效。

第二十四条　加入公约

1. 在本公约生效之后,欧洲委员会部长委员会经与公约各缔约方协商并取得一致同意之后,可邀请非欧洲委员会成员和未曾参与拟订本公约的任何国家加入本公约。决定应当由《欧洲委员会章程》第二十(d)条所规定的多数和有权参加部长委员会的缔约方的代表的一致表决作出。

2. 对于根据上文第1款加入本公约的任何国家,本公约应当于向欧洲委员会秘书长交存加入书之日后三个月期限期满之后下一个月第一天生效。

第二十五条 所适用的领土

1. 各国或欧洲共同体可在签署时或交存其批准书、接受书、核准书或加入书时指明本公约应当适用的领土。

2. 各缔约方均可在以后任何日期通过致欧洲委员会秘书长的一项声明将本公约的适用范围扩展至包括声明中所指明的任何其他领土。对于这种领土,本公约应当于秘书长收到声明之日后三个月期限期满之后下一个月第一天生效。

3. 根据前两款就这种声明中指明的任何领土作出的任何声明均可通过致欧洲委员会秘书长的通知而予以撤回。该撤回应当于秘书长收到这种通知之日后三个月期限期满之后下一个月第一天生效。

第二十六条 公约的效力

1. 本公约是对缔约方之间可适用的多边或双边条约或协定的补充,其中包括欧洲委员会下列条约的规定:

——《欧洲引渡公约》,1957 年 12 月 13 日在巴黎开放供签署(《欧洲条约汇编》第 24 号);

——《欧洲刑事事项互助公约》,1959 年 4 月 20 日在斯特拉斯堡开放供签署(《欧洲条约汇编》第 30 号);

——《欧洲制止恐怖主义公约》,1977 年 1 月 27 日在斯特拉斯堡开放供签署(《欧洲条约汇编》第 90 号);

——《欧洲刑事事项互助公约附加议定书》,1978 年 3 月 17 日在斯特拉斯堡开放供签署(《欧洲条约汇编》

第 99 号);

——《欧洲刑事事项互助公约第二附加议定书》,2001 年 11 月 8 日在斯特拉斯堡开放供签署(《欧洲条约汇编》第 182 号);

——《欧洲制止恐怖主义公约修正议定书》,2003 年 5 月 15 日在斯特拉斯堡开放供签署(《欧洲条约汇编》第 190 号)。

2. 两个或两个以上缔约方已就本公约中论述的事项订立了协定或条约的,或在其他方面就此种事项建立了其关系的,或会在今后这么做的,这些缔约方还应当相应地有权适用该协定或条约或者规范所建立的关系。但是,缔约方就本公约中论述的而非加以规范的事项建立其关系的,这些缔约方这么做时应当无悖于本公约的目标和原则。

3. 欧洲共同体或欧洲联盟已有管辖有关特定主题和适用于具体情形的规则的,属于欧洲联盟成员的缔约方应当在其相互关系中适用欧洲共同体和欧洲联盟的这些规则,这概不影响本公约的目标和目的,也不影响与其他缔约方充分适用本公约。

4. 本公约中的任何内容均不应当影响缔约方和个人在包括国际人道主义法在内的国际法下的其他权利、义务和责任。

5. 武装力量在武装冲突期间的活动因其有关用语在国际人道主义法下为人所理解并且这些活动受该法律管辖而不受本公约管辖,因此缔约方的军事力量在履行其正式义务时进行的活动只要受国际法其他规则的管辖就不受本公约管辖。

第二十七条 对公约的修正

1. 任何缔约方、欧洲委员会部长委员会或缔约方协商会议均可提议对本公约进行修正。

2. 关于修正的任何提议均应当由欧洲委员会秘书长传递给各缔约方。

3. 此外,一缔约方或部长委员会提议的任何修正均应当传递给缔约方协商会议,缔约方协商会议应当将其关于所提议的修正的意见提交给部长委员会。

4. 部长委员会应当审议所提议的修正和缔约方协商会议提交的任何意见,并可核准该修正。

5. 部长委员会根据第4款核准的任何修正案的案文应当转发给各缔约方供予以接受。

6. 根据第4款核准的任何修正案均应当于所有缔约方将其接受之事告知秘书长之后第30天生效。

第二十八条 对附录的修订

1. 为了对附录中的条约一览表加以增补,任何缔约方或部长委员会均可提出修正建议。这些修正建议只应当涉及在联合国系统内订立的具体针对国际恐怖主义的并已生效的普遍性条约。这些修正建议应当由欧洲委员会秘书长传递给各缔约方。

2. 经与非成员缔约方协商后,部长委员会可通过由《欧洲委员会章程》第二十(d)条中规定的多数提出的拟

议修正案。该修正案应于其被转交给各缔约方之日后一年期期满时生效。在此期限内,任何缔约方均可将任何反对修正案对该缔约方生效的意见通知欧洲委员会秘书长。

3. 有三分之一的缔约方通知欧洲委员会秘书长其反对修正案生效的,该修正案则不得生效。

4. 少于三分之一的缔约方通知一项反对意见的,该修正应当对未通知一项反对意见的缔约方生效。

5. 一项修正案一旦根据第2款生效并且一缔约方已将反对该修正案的意见作了通知,该修正案应当于有关缔约方通知欧洲委员会秘书长其接受该修正案之日后的下一个月第一天对该缔约方生效。

第二十九条 争议的解决

缔约方之间对于本公约的解释或适用有争议的,这些缔约方应当通过谈判或各自选择的任何其他和平手段解决这种争议,其中包括将争议提交可作出对争议各方具有约束力的裁决的仲裁庭解决,或者经各有关缔约方商定,将争议提交国际法院解决。

第三十条 缔约方协商会议

1. 各缔约方应当定期举行协商,以便:

(a)提出建议以便利或改进对本公约的有效使用和实施,包括查明任何问题和根据本公约作出的任何声明的效力;

(b)就其收到的根据第二十条第8款向其提交的拒绝引渡一事是否合规

提出意见；

（c）根据第二十七条就本公约的修正提出建议；

（d）就其收到的根据第二十七条第3款向其提交的关于本公约的任何修正建议提出意见；

（e）就涉及本公约的实施和促进交流重大法律、政策或技术发展动态方面的信息的任何问题表示意见。

2. 欧洲委员会秘书长在任何时候只要其认为有必要以及在大多数缔约方或部长委员会请求召开的任何情形下，均可召开缔约方协商会议。

3. 欧洲委员会秘书处应当协助各缔约方根据本条的规定履行其职能。

第三十一条　退约

1. 任何缔约方均可在任何时候以向欧洲委员会秘书长作出通知的方式宣布退出本公约。

2. 这种退约应当于秘书长收到通知之日后三个月期限期满之后下一个月第一天生效。

第三十二条　通知

欧洲委员会秘书长应当向欧洲委员会各成员国、欧洲共同体、曾参与拟订本公约的非成员国以及任何已加入或已被邀请加入本公约的国家通知下列事项：

（a）任何签署；

（b）任何批准书、接受书、核准书或加入书的交存；

（c）本公约依照第二十三条生效的任何日期；

（d）根据第一条第2款、第二十二

条第4款和第二十五条作出的任何声明；

（e）与本公约有关的任何其他行为、通知或通信。

兹由经正式授权的下列署名代表签署本公约，以昭信守。

2005 年 5 月 16 日在华沙签署了英文本和法文本各一份，该两个文本具有同等权威，将交存于欧洲委员会档案馆。欧洲委员会秘书长将把经核准的副本转发给欧洲委员会每一成员国、欧洲共同体、曾参与拟订本公约的非成员国以及被邀请加入本公约的任何国家。

附　录

1.《制止非法劫持航空器公约》，1970 年 12 月 16 日在海牙签署；

2.《关于制止危害民用航空安全的非法行为的公约》，1971 年 9 月 23 日在蒙特利尔订立；

3.《关于防止和惩处侵害应受国际保护人员包括外交代表的罪行的公约》，1973 年 12 月 14 日在纽约通过；

4.《反对劫持人质国际公约》，1979 年 12 月 17 日在纽约通过；

5.《关于核材料的实质保护公约》，1980 年 3 月 3 日在维也纳通过；

6.《制止在为国际民用航空服务的机场发生的非法暴力行为的议定书》，1988 年 2 月 24 日在蒙特利尔订立；

7.《制止危及海上航行安全非法行为公约》,1988 年 3 月 10 日在罗马订立;

8.《制止危及大陆架固定平台安全非法行为议定书》,1988 年 3 月 10 日在罗马订立;

9.《制止恐怖主义爆炸事件的国际公约》,1997 年 12 月 15 日在纽约通过;

10.《制止向恐怖主义提供资助的国际公约》,1999 年 12 月 9 日在纽约通过。

欧洲委员会关于犯罪收益的清洗、搜查、扣押和没收以及关于资助恐怖主义问题的公约

（2005 年 5 月 16 日订立于华沙，按照公约第四十九条生效，欧洲条约汇编第 198 号。保存人：欧洲委员会秘书长）

序　言

欧洲委员会成员国及本公约其他签署方，

考虑到欧洲委员会的目标是增进成员国之间的团结；

相信需要采取共同刑事政策以便为社会提供保护；

考虑到打击已日益成为国际问题的严重犯罪要求在国际范围内使用有效的现代办法；

认为其中一个办法是剥夺犯罪分子的犯罪收益和手段；

考虑到要实现上述目标，还必须建立一个行之有效的国际合作体系；

牢记《欧洲委员会关于犯罪收益的清洗、搜查、扣押和没收问题的公约》（ETS No.141——下称"1990 年公约"）；

又回顾联合国安全理事会 2001 年 9 月 28 日通过的关于恐怖行为给国际和平与安全所造成威胁的第 1373（2001）号决议，特别是第 3（d）段；

回顾联合国大会 1999 年 12 月 9 日通过的《制止向恐怖主义提供资助的国际公约》，特别是第二条和第四条，其中规定各缔约国有义务将资助恐怖主义行为定为刑事犯罪；

相信有必要立即采取措施，批准和充分执行上述《制止向恐怖主义提供资助的国际公约》，

兹协定如下：

第一章　术语的使用

第一条　术语的使用

为了本公约的目的：

（a）"收益"系指刑事犯罪直接或间接产生或获得的任何经济利益。可以包括本条（b）中所定义的任何财产。

（b）"财产"包括任何形式的财产，不论其为物质的或非物质的、动产或非动产，以及证明对这种财产享有权

利或利益的法律文件或文书。

（c）"手段"系指通过任何方式，整体或部分地用于或企图用于实施某个或某些刑事犯罪活动的任何财产。

（d）"没收"系指一种由法庭根据诉讼程序作出的针对某一或某些刑事犯罪行为、导致财产最终被剥夺的一种处罚方式或措施。

（e）"上游犯罪"系指由其产生的所得可能成为本公约第九条所定义的犯罪的对象的任何犯罪。

（f）"金融情报机构"系指为打击洗钱行为和资助恐怖主义行为，负责接收（经允许，也可索取）、分析和向主管当局发送所披露的下述金融情报的国家中央机构：

（一）关于可疑收益和潜在的资助恐怖主义行为；或

（二）国家法律或条例所要求的。

（g）"冻结"或者"扣押"系指依照法院或者其他主管机关的命令暂时禁止财产转移、销毁、转换、处分或者移动或者对财产实行暂时性扣留或者控制。

（h）"资助恐怖主义"系指上述《制止向恐怖主义提供资助的国际公约》第二条中所述行为。

第二章　资助恐怖主义

第二条　关于资助恐怖主义问题的公约的适用

1. 各缔约方应当采取必要的立法和其他措施，使其能够对资助恐怖主义行为适用本公约第三、第四和第五章中所载的各项规定。

2. 特别是，各缔约方应确保其能够搜查、追踪、识别、冻结、扣押和没收合法或非法来源、以任何方式全部或部分用于或调拨用于资助恐怖主义的财产或犯罪所得，并为此提供尽可能广泛的合作。

第三章　国家一级应采取的措施

第一节　总　则

第三条　没收措施

1. 各缔约方应当采取必要的立法和其他措施，使其能够没收工具和收益或其价值相当于这种收益的财产和被清洗财产。

2. 在本条第1款适用于洗钱和本公约附录中所列举的犯罪类型的前提下，各缔约方可以在签署公约或交存其批准书、接受书、核准书或加入书时通过向欧洲委员会秘书长提交一项声明，宣布本条第1款：

（a）只适用于可处以剥夺自由或拘禁最多一年以上的犯罪。但各缔约方可只为能够根据国家和国际税债追缴方面的法律，在全国范围和通过国际合作没收这类收益的目的，就此项关于没收税务犯罪所得收益的规定发表一项声明；和/或

（b）只适用于所列明的犯罪。

3. 缔约方可规定强制没收受没收制度制约的犯罪所得。缔约方可特别

将洗钱、贩毒、贩运人口和任何其他严重犯罪列入此项规定。

4. 各缔约方应当采取必要的立法或其他措施,在符合其国内法各项原则的前提下,要求实施其本国法律所界定的严重犯罪的罪犯说明据称应予以没收的收益或其他财产的来源。

第四条 调查和临时措施

各缔约方应当采取必要的立法和其他措施,使其能够识别、追踪、冻结或扣押依照第三条应予没收的财产,特别为了便利以后进行没收。

第五条 冻结、扣押和没收

各缔约方应当采取必要的立法和其他措施,确保采取措施冻结、扣押和没收的财产还包括:

(a)收益已转化或变换成的财产;

(b)从合法来源获得的财产,如果收益已全部或部分与这种财产相混合,以不超过所混合的该项收益的估计价值为限;

(c)从收益、犯罪收益已转化或变换成的财产或者从已与犯罪收益相混合的财产获得的收入或其他利益,以不超过所混合的该项收益的估计价值为限,在方式和程度上如同对待收益一样。

第六条 冻结或扣押财产的管理

各缔约方应当采取必要的立法和其他措施,确保对根据本公约第四和第五条冻结或扣押的财产进行适当管理。

第七条 调查权力和技术

1. 各缔约方应当采取必要的立法

和其他措施,授权其法院或其他主管当局下令获取或查封银行、财务或商业记录以便采取第三、第四和第五条规定的行动。缔约方不能以银行保密为由拒绝依照本条规定采取行动。

2. 在不影响第 1 款规定的情况下,各缔约方应当采取必要的立法和其他措施以使其能够:

(a)确定某个自然人或法人是否是其境内任何银行一个或多个不论何种性质账户的持有人或实际受益人,如果是,获取所确定的账户的所有详细资料;

(b)获取关于特定银行账户和在特定时期通过一个或多个特定账户进行的银行业务的详细资料,包括任何发送或接收账户的详细资料;

(c)监测在特定时期通过一个或多个确定的账户进行的银行业务情况;

(d)确保银行不向银行有关客户或其他第三人透露依照(a)、(b)或(c)项寻求或获得的有关信息,或透露正在进行调查。缔约方应考虑将此项规定延伸到在非银行金融机构设立的账户。

3. 各缔约方应考虑采取必要的立法和其他措施,使其能够利用有助于识别和追踪收益以及收集相关证据的特殊侦查技术,如监视和拦截电信、进入计算机系统和命令生成特定文件等。

第八条 法律补救办法

各缔约方应当采取必要的立法和

其他措施,确保根据第三、四和五条以及本节其他相关条款所采取措施影响到的相关当事方有行之有效的法律补救办法,以保护其权利。

第九条　洗钱罪

1. 各缔约方应当采取必要的立法和其他措施,在其国内法中将下列故意实施的行为规定为犯罪:

(a)明知财产为犯罪所得,为隐瞒或者掩饰该财产的非法来源,或者为协助任何参与实施上游犯罪者逃避其行为的法律后果而转换或者转移该财产;

(b)明知财产为犯罪所得而隐瞒或者掩饰该财产的真实性质、来源、地点、处分、转移、有关的权利或者所有权;

而且,在符合本国宪法原则和法律制度基本概念的情况下;

(c)在得到财产时,明知其为犯罪所得而仍获取、占有或者使用;

(d)对本条所确立的任何犯罪的参与、协同或者共谋实施、实施未遂以及协助、教唆、便利和参谋实施。

2. 为了实施或适用本条第1款的目的:

(a)无论上游犯罪是否在缔约方的刑事管辖范围内;

(b)可以规定该款规定的犯罪不适用于犯有上游犯罪的人;

(c)该款规定的明知、故意或企图作为犯罪行为要素可以由客观和事实情况推定。

3. 各缔约方还可以采取必要的立法和其他措施,在其国内法中将本条第1款规定的全部或部分行为确立为犯罪,只要罪犯符合以下任何一种或全部情况:

(a)怀疑该财产是收益;

(b)应当已推测出该财产是收益。

4. 在本条第1款适用于本公约附录所列上游犯罪类型的前提下,各国和欧洲共同体可以在签署时或交存批准、接受、核准或加入文书时,通过向欧洲委员会秘书长提交声明,宣布本条第1款:

(a)仅适用于应受到剥夺自由或拘留最高一年以上惩罚的上游犯罪,或者对于其法律制度对犯罪规定了最低限值的那些缔约方,则适用于应受到剥夺自由或拘留最低六个月以上惩罚的上游犯罪;

(b)仅适用于一系列具体指明的上游犯罪;和/或

(c)适用于缔约方国内法中的严重犯罪类别。

5. 各缔约方应确保对上游犯罪的事先或同时定罪并非对洗钱定罪的前提条件。

6. 各缔约方应确保如果证明本条第1(a)或(b)款所指的财产源自一项上游犯罪,即可对洗钱定罪,而无须准确断定是哪种犯罪。

7. 各缔约方应确保,洗钱罪的上游犯罪应包括发生在另一国、在该国也构成犯罪且若发生在国内即构成上游犯罪的行为。各缔约方可以规定,唯一的前提是:如果该行为发生在国内,即构成上游犯罪。

第十条　法人责任

1. 各缔约方应当采取必要的立法和其他措施,确保能够由于法人内担任领导职位的任何自然人为了法人利益实施根据本公约确立的洗钱刑事犯罪而追究法人的责任,无论该人是单独行事还是作为该法人某一机构的一部分行事。领导职位基于以下情况之一:

（a）具有代表法人的权力;或

（b）具有代表法人作出决定的权力;或

（c）具有在法人内行使控制措施的权力,以及由于此等自然人作为从犯或教唆犯参与上述犯罪而追究法人的责任。

2. 除了第 1 款已经规定的情形外,各缔约方还应当采取必要措施,确保能够因第 1 款所述自然人没有进行监督或控制,致使法人管辖下的某个自然人为了该法人利益实施第 1 款所述刑事犯罪成为可能而追究法人的责任。

3. 本条规定的法人责任不应排除对作为第 1 款所述刑事犯罪的行为人、教唆犯或从犯的自然人的刑事诉讼。

4. 各缔约方应当确保根据本条规定被追究责任的法人被施以有效、适度和劝戒性的刑事或非刑事制裁,包括罚款。

第十一条　以前的裁决

各缔约国应采取必要的立法和其他措施,以便在确定刑罚时可以考虑到另一缔约方就本公约确立的罪行对自然人或法人作出的最后裁决。

第二节　金融情报机构和预防

第十二条　金融情报机构

1. 各缔约方应当采取必要的立法措施和其他措施,设立本公约所定义的金融情报机构。

2. 各缔约方应当采取必要的立法措施和其他措施,确保其金融情报机构能够及时地、直接或间接地获得其适当履行职能——包括分析可疑交易报告——所需要的金融、行政和执法信息。

第十三条　预防洗钱的措施

1. 各缔约方应采取必要的立法和其他措施,建立全面的国内管理和监督或监测制度以防止洗钱,并应充分考虑适用的国际标准,特别包括洗钱问题金融行动特别工作组(金融行动工作组)通过的建议。

2. 在这方面,每个缔约方应特别采取必要的立法和其他措施:

（a）要求从事特别有可能用于洗钱目的的活动的法人和自然人就这些活动:

（一）识别和核查客户并在适当情况下识别和检查最终实际受益人的身份,并考虑到基于风险的方法,经常性地审慎审查业务关系;

（二）在采取保障措施的前提下报告洗钱可疑情况;

（三）采取辅助措施,如保留客户身份识别和交易信息,训练人员和制定内部政策和程序,并酌情根据其规模和业务性质调整这些措施。

（b）酌情禁止（a）款所述人员披露已提交可疑交易报告或提供有关信息或者正在或可能进行洗钱调查的情况。

（c）确保（a）项所述人员酌情在风险敏感性基础上受到有效的监测制度以及适当情况下监督制度的制约,以确保他们遵守打击洗钱的要求。

3. 在这方面,各缔约方应当采取必要的立法和其他措施,侦查现金和有关无记名可转让票据的重大实物跨境运输情况。

第十四条　延缓国内可疑交易

各缔约方应当采取必要的立法和其他措施,使金融情报机构或（在适当情况下）任何其他主管当局或机构在怀疑某一交易与洗钱有关时,能采取紧急行动暂停或不允许进行该项交易,以便分析该交易和确认可疑之处。各缔约方可将此项措施限于已提交可疑交易报告的案件。暂停或不允许进行交易的最长期限应符合本国法律的有关规定。

第四章　国际合作

第一节　国际合作原则

第十五条　一般原则和国际合作措施

1. 缔约方应就旨在没收工具和收益而进行的调查和诉讼相互开展尽可能广泛的合作。

2. 各缔约方应当采取必要的立法和其他措施,使其能够根据本章规定的条件,执行有关以下方面的请求:

（a）没收代表收益或工具的特定财产项目,以及没收要求支付的相当于收益价值的钱款所含收益;

（b）协助调查和采取临时措施以便进行上文（a）项所述任一形式的没收。

3. 第2（b）款中寻求的调查协助和临时措施应得到被请求缔约方允许并依照被请求缔约方的国内法进行。如果涉及采取措施的请求具体说明根据请求缔约方的法律必须采取的手续或程序,则即使被请求缔约方不熟悉这些手续或程序,也应执行这类请求,只要所采取的行动不违反其本国法律的基本原则。

4. 各缔约方应当采取必要的立法和其他措施,确保其他缔约方为识别、追踪、冻结或扣押收益和工具而提出的请求得到与国内程序框架中所给予的同等程度的重视。

第二节　侦查协助

第十六条　协助义务

缔约方应根据请求,采取尽可能广泛的措施以协助识别和追踪工具、收益和其他应予没收的财产。这种协助应包括采取任何措施以提供和妥善保管关于上述财产的存在、地点或移动情况、性质、法律状况或价值等方面的证据。

第十七条 关于提供银行账户信息的请求

1. 各缔约方应根据本条规定的条件，为答复另一缔约方提出的请求，采取必要措施确定某一被刑事调查的自然人或法人是否是其境内任何银行一个或多个不论何种性质账户的持有人或控制人，如果是，则提供所确定的账户的详细资料。

2. 本条规定的义务应只适用于该账户的开户银行所掌握的资料。

3. 除了第三十七条的规定外，请求缔约方应在请求书中：

（a）说明它认为所请求提供的资料对某项犯罪进行刑事调查可能具有重大价值的理由；

（b）说明它认为被请求缔约方境内的银行为该账户开户银行的理由，并尽可能具体说明所涉及的银行和/或账户；及

（c）随附可能有助于执行请求的任何补充资料。

4. 被请求缔约方可按照它对搜查和扣押请求所适用的相同条件来执行这种请求。

5. 各国或欧洲共同体可以在签署公约或交存其批准书、接受书、核准书或加入书时，通过向欧洲委员会秘书长提交声明，宣布本条只适用于本公约附录中所列举的犯罪类型。

6. 缔约方可将此项规定延伸到在非银行金融机构开设的账户。这种延伸可遵循对等原则。

第十八条 关于提供银行交易信息的请求

1. 根据另一缔约方的请求，被请求缔约方应提供关于指明的银行账户和在特定时期通过请求中指明的一个或多个账户进行的银行业务的详细资料，包括任何发送或接收账户的详细资料。

2. 本条规定的义务应只适用于该账户的开户银行所掌握的资料。

3. 除了第三十七条的规定外，请求缔约方应在其请求书中说明它认为所请求提供的资料与某项犯罪的刑事调查有关的理由。

4. 被请求缔约方可按照它对搜查和扣押请求所适用的相同条件来执行这种请求。

5. 缔约方可将此项规定延伸到在非银行金融机构开设的账户。这种延伸可遵循对等原则。

第十九条 关于监测银行交易的请求

1. 各缔约方应确保根据另一缔约方的请求，能够监测在特定时期通过请求书中指明的一个或多个账户进行的银行业务，并将监测结果通知请求缔约方。

2. 除了第三十七条的规定外，请求缔约方应在其请求书中说明它认为所请求提供的资料与某项犯罪的刑事调查有关的理由。

3. 被请求缔约方的主管当局应在适当考虑其本国法律的情况下，就每个单独的案件作出监测决定。

4. 请求缔约方和被请求缔约方的主管当局之间应就有关监测的可行细节达成一致。

5. 缔约方可将此项规定延伸到在非银行金融机构开设的账户。

第二十条 自发信息

在不影响其自身的调查或诉讼的情况下,缔约方可以不经事先请求而向另一缔约方传递关于工具和收益的信息,如果它认为披露该信息可有助于接收缔约方发起或进行调查或诉讼或者可促使该缔约方根据本章的规定提出请求。

第三节 临时措施

第二十一条 采取临时措施的义务

1. 根据已经提起刑事诉讼或者为了没收目的的诉讼的另一个缔约方的请求,缔约方应采取必要的临时措施,如冻结或扣押,以防止对以后阶段可成为没收请求对象或可能成为没收请求对象的财产的任何交易、转移或处置。

2. 已经接到根据第二十三条规定提出的没收请求的缔约方,如果该请求中有此要求,则应对任何是请求对象或可能是请求对象的任何财产采取本条第 1 款所述措施。

第二十二条 临时措施的执行

1. 在依据第二十一条第 1 款请求执行的临时措施被执行后,请求方应自动或尽快向被请求方提供可能质疑或改变这些措施的范围的所有信息。

请求方还应当毫不迟延地提供被请求方所要求的所有补充信息,以及临时措施的执行和后续行动所必需的信息。

2. 在取消按照本条规定所采取的任何临时措施前,只要可能,被请求方应当为请求方提供机会,由其阐述继续采取此措施的理由。

第四节 没 收

第二十三条 没收的义务

1. 一缔约方在收到另一缔约方提出的没收有关在其领土内的工具或收益的请求后,应当:

(a)执行请求方法庭作出的有关这种工具或收益的没收令;或

(b)为取得没收令向其主管当局递交此种请求,如果该没收令被批准,则予以执行。

2. 为了适用本条第 1 款(b)项的目的,任何缔约方应当在必要时有权依照其国内法实行没收程序。

3. 如果可以执行没收的财产位于被请求方境内,本条第 1 款的规定也应当适用于要求支付一笔相当于收益价值的资金的没收。在这种情况下,当根据第 1 款规定执行没收时,如果得不到付款,被请求方应当为该目的而实现对现有任何财产的权利主张。

4. 如果没收请求涉及特定的财产,缔约方可以同意被请求方以要求支付一笔相当于该财产价值的资金的形式执行没收。

5. 各缔约方应当依据其国内法

律,与请求执行不属于刑事制裁而相当于导致剥夺财产的没收的措施的缔约方,进行尽可能广泛的合作,只要此类措施是由请求方的司法当局针对一刑事犯罪而下令采取的,条件是已经认定该资产属于本公约第五条意义上的收益或其他资产。

第二十四条　没收的执行

1. 按照第二十三条规定获得和执行没收的程序应适用被请求方的法律。

2. 只要请求方的判决结果或司法决定认定了犯罪事实,或者判决结果或司法决定是依据这些犯罪事实作出的,那么被请求方应受其约束。

3. 各缔约方在签署或交存批准、接受、核准或加入书时,可通过向欧洲委员会秘书长提出声明,宣布只有在符合本国宪法原则和其法律制度基本概念的条件下,才适用本条第2款。

4. 如果没收是要求支付一笔资金,被请求方的主管当局应按照作出执行没收的决定时的汇率把该笔资金兑换为请求方的货币。

5. 在第二十三条第1款(a)项的情况下,请求方有权单方对复核没收令的申请作出决定。

第二十五条　被没收的财产

1. 一缔约方依据本公约第二十三和第二十四条没收的财产,应当由该缔约方依据其国内法律和行政程序进行处分。

2. 在依据本公约第二十三和第二十四条执行另一缔约方提出的请求时,各缔约方应当在国内法律允许的范围内,请求优先考虑向请求方归还所没收的财产,使之能够补偿犯罪受害者或将此类财产归还其合法所有人。

3. 在依据第二十三和第二十四条执行另一缔约方提出的请求时,缔约方可特别考虑依据其国内法律或行政程序,与其他缔约方订立定期或在个案基础上分享此类资产的最终协议或安排。

第二十六条　执行的权利和最大没收数额

1. 根据第二十三和第二十四条规定提出的没收请求不影响请求方执行其本国没收令的权利。

2. 本公约中的任何内容不应被解释为允许没收的总价值超过没收令确定的金额。如果某缔约方发现可能发生此事,有关缔约方应就此进行磋商以避免该结果的发生。

第二十七条　因拖欠而监禁

被请求方不应因拖欠而实行监禁或因实行根据第二十三条提出的请求而采取其他任何限制人身自由的措施,即使请求方在请求中提出这种要求。

第五节　拒绝或延迟合作

第二十八条　拒绝的理由

1. 在下列情形之一时,可以拒绝本章规定的合作:

(a)所请求的行动违背被请求方的法律制度的基本原则;或

（b）请求的执行可能损害被请求方的主权、安全、公共秩序或其他基本利益；或

（c）被请求方认为请求所涉及的案件的重要性不足以采取所请求的行动；或

（d）请求所涉及的犯罪是经济罪，资助恐怖主义行为除外；或

（e）请求所涉及的犯罪是政治罪，资助恐怖主义行为除外；或

（f）被请求方认为执行所请求的行动将违背一罪不二审原则；或

（g）请求所涉及的犯罪如果发生在被请求方司法管辖范围内，按照其法律不会成为犯罪行为。但是，这个拒绝理由在适用于第二节的合作时，只限于所请求的协助是强制行动。如果要求属于两国共认罪行才能依据本章进行合作，只要这两个缔约方都将该犯罪的基本行为定为刑事犯罪，该要求即应当视为得到满足，无论这两个缔约方是否将该罪列为同一类型犯罪或用同一术语命名该犯罪。

2. 如果根据被请求方的国内法，在类似的国内案件的情况下，不能为调查或诉讼目的而采取所请求的措施，那么第二节规定的合作，在所请求的协助是强制行动的，以及本章第三节规定的合作，也可以拒绝执行。

3. 如果所请求的措施或者任何其他具有类似效果的措施按照请求方法律不被允许，或者在请求方的主管当局方面，如果该请求没有得到法官或者另一司法当局，包括公诉机关等与查处犯罪案件有关的当局的批准授权的，第二节规定的合作，在所请求的协助是强制行动的，以及本章第三节规定的合作，若被请求方法律有要求，也可以拒绝执行。

4. 在下列情形之一时，也可以拒绝本章第四节规定的合作：

（a）根据被请求方的法律，未规定对请求所涉及的犯罪类型适用没收的；或

（b）在不损害第二十三条第3款规定的义务的情况下，在一种犯罪与以下情形之一的关系方面限制没收数额将会违背被请求方国内法原则的：

（一）可能被证明为其收益的经济利益，或

（二）可能被证明为其工具的财产，或

（c）根据被请求方的国内法，由于超过时效期限不得再判处或者执行没收的；或

（d）在不损害第二十三条第5款的情况下，请求未涉及认定犯有一项或多项犯罪的以往判决、司法性质的裁定或这样的裁定中的指称，而没收令或者没收请求是以上述法律文件为基础的；或

（e）没收在请求方不可执行的，或者仍然可以提起普通上诉的；或

（f）请求涉及的没收令来自对被指控人的缺席裁定，并且被请求方认为请求方进行的导致该项缺席裁定的诉讼未能满足每一个被控犯罪的人公认享有的最低限度的辩护权的。

5. 为了本条第 4 款(f)项的目的,在下列情形之一时,不视为缺席裁定:

(a)在有关人员提出异议后,经过确认或者宣布的;或

(b)根据有关人员提出的上诉作出的。

6. 为了本条第 4 款(f)项的目的,如果认为最低辩护权已经得到满足,被请求方应当考虑有关人员有意回避司法的事实或者该人员虽有可能针对缺席裁定提起法律补救,却选择放弃的事实。上述规定也适用于有关人员已经适时收到出庭传票,但既不出庭也不申请延期的事实。

7. 缔约方不应当援引银行保密作为拒绝本章规定的任何合作的理由。如果其国内法作了上述规定,缔约方可以要求由法官或另一司法当局,包括公诉机关等与查处犯罪案件有关的当局,对涉及解除银行保密的合作请求进行授权。

8. 在不损害本条第 1 款(a)项规定的拒绝理由的情况下:

(a)请求方当局正在调查或作为没收令主体的人是法人的事实,不应成为被请求方提供本章规定的任何合作的障碍;

(b)没收收益令所针对的自然人在没收令发布后已经死亡的事实或没收收益令所针对的法人在没收令发布后已经被解散的事实,不应成为依照第二十三条第 1 款(a)项规定提供协助的障碍;

(c)请求方当局正在调查或作为

没收令主体的人在请求中既是所依据刑事犯罪的犯罪人又是本公约第 9.2 (b)条所规定洗钱罪的犯罪人的事实,不应成为被请求方根据本章提供任何合作的障碍。

第二十九条 延迟执行

被请求方可以推迟根据请求采取行动,如果这样的行动会损害其当局的调查或诉讼。

第三十条 部分或有条件准予请求

在拒绝或延迟本章规定的合作之前,被请求方在适当情况下经与请求方磋商后,应当考虑请求是否可以部分准予请求或附加它认为必要的条件。

第六节 通知和保护第三方权利

第三十一条 文件通报

1. 缔约方应在向受临时措施和没收影响的人员提供司法文件送达方面彼此提供最广泛的互助。

2. 本条的内容不得影响到:

(a)通过邮政渠道直接向海外人员寄送法律文件的可能性;

(b)文件发出地国的司法官员、政府官员或其他主管当局将司法文件通过该国领事部门或通过文件目的地国的司法官员、政府官员或其他主管当局直接送达文件的可能性,除非目的地方在签署或交存其批准、接受、核准或加入书时向欧洲委员会秘书长作出了异议声明。

3. 当文件发出地国向受临时措施

或没收令影响的国外人员送达司法文件时,该国应当告知这些人员根据其法律,他们可以获得哪些法律补救措施。

第三十二条　对外国裁定的承认

1. 在处理按照第三节和第四节提出的合作请求时,被请求方应当承认请求方针对第三方的主张权利作出的任何司法裁定。

2. 在下列情形之一时,可以拒绝承认:

(a)第三方没有适当的机会主张其权利;或

(b)裁定与被请求方已就同样事项作出的裁定相矛盾;或

(c)裁定与被请求方的公共秩序相矛盾;或

(d)作出的裁定与被请求方法律规定的有关专属司法管辖权的条款相左。

第七节　程序和其他一般规则

第三十三条　中央主管当局

1. 缔约方应指定一个中央主管当局,必要时指定多个主管当局,这类主管当局应负责根据本章规定发出请求和答复请求、执行这类请求或将请求转达负责执行的主管当局。

2. 各缔约方应在签署公约或交存其批准书、接受书、核准书或加入书时,将根据本条第1款指定的主管当局名称和地址通知欧洲委员会秘书长。

第三十四条　直接联络

1. 各中央主管当局应当相互直接联络。

2. 在紧急情况下,请求缔约方的司法当局,包括检察官,可根据本章规定向被请求缔约方的有关当局直接发出请求或信函。在这种情况下,应同时通过请求缔约方的中央主管当局向被请求缔约方的中央主管当局发送一份副本。

3. 本条第1款和第2款规定的任何请求或信函可通过国际刑事警察组织(刑警组织)发送。

4. 当根据本条第2款提出一项请求,而收到该请求的当局不负责处理此种请求时,它应将该请求转递国家主管当局并直接通知请求缔约方它已这样做。

5. 本章第二节所述的请求或信函在不涉及强制行动时可由请求缔约方主管当局直接传递给被请求缔约方主管当局。

6. 请求缔约方司法当局可事先向被请求缔约方司法当局直接发出一份本章所述请求或信函草案,随后发出一份正式请求以确保它一经收到便能得到有效处理,并包含充分的资料和支持性文件以使其符合被请求缔约方的法律要求。

第三十五条　请求的形式和语文

1. 本章所述的所有请求应以书面形式做成。它们可以电子方式或通过任何其他电信方式传递,只要请求缔约方准备一经请求,即在任何时间制成一份此类信函的书面记录和原件。但各缔约方可在任何时候通过向欧洲委员会秘书长提交一项声明,表明它愿意接受和执行以电子方式或通过任何其他电信方式收到的请求的条件。

2. 在不违反本条第 3 款规定的前提下,不应要求提供请求书或支持性文件的译文。

3. 任何国家或欧洲共同体可以在签署公约或交存其批准书、接受书、核准书或加入书时,通过向欧洲委员会秘书长提交一项声明,声明它保留要求向其提出的请求和支持性文件随附译成其本国语文或译成欧洲委员会的一种正式语文或译成它所指明的某种语文的译文的权利。还可借此机会声明它愿意接受译成它所指明的任何其他语文的译文。其他缔约方可适用对等规则。

第三十六条　公证证明

依照本章规定传递的文件应免于所有公证证明手续。

第三十七条　请求书的内容

1. 本章所述的任何合作请求书应载明:

(a)提出请求的当局和进行调查或诉讼的当局。

(b)请求的目的和原因。

(c)与调查或诉讼有关的事项,包括相关事实(例如犯罪日期、地点和情形),请求通知的情况除外。

(d)在合作涉及采取强制行动的情况下:

(一)提供法定条文的案文,如不可能提供,应说明有关适用的法律,及

(二)说明所要求采取的措施或根据请求缔约方的法律能够在其境内采取的具有类似效力的任何其他措施。

(e)在必要和可能的情况下:

(一)提供有关人员的详细情况,包括姓名、出生日期和地点、国籍和居住地,就法人而言,其所在地,及

(二)与寻求合作有关的财产、其地点、其与有关人员的关系、与任何犯罪的关系,以及关于其他人和该财产中的权益的任何现有资料,及

(f)请求缔约方希望予以采用的任何特定程序。

2. 关于就扣押根据支付钱款要求所附没收令可能被没收的财产而采取第 3 节所述临时措施的请求书还应载明寻求对该财产追回的最大数额。

3. 除了第 1 款规定的说明外,根据第四节提出的任何请求书还应包含:

(a)就第二十三条第 1(a)款的情形而言:

(一)请求缔约方法院发布的没收令经核证无误的副本和有关发布没收令所依据理由的说明(如果没收令本身未说明理由);

(二)请求缔约方主管当局的证明,证明没收令是可强制执行的并不受通常上诉手段的影响;

(三)关于请求在多大程度上执行没收令的资料,及

(四)关于采取任何临时措施的必要性的资料。

(b)就第二十三条第 1(b)款的情形而言,关于请求缔约方有充分理由

使被请求缔约方能够根据其国内法执行该命令所依据的事实的说明。

(c)当第三缔约方有机会主张权利时,请求书应包含证明该情况的文件。

第三十八条 有缺陷的请求

1. 如果一项请求不符合本章的规定或者所提供的资料不足以使被请求缔约方能够处理该请求,则被请求缔约方可要求请求缔约方修正请求或提供补充资料以完善请求。

2. 被请求缔约方可为收到这种修正或资料规定一个时限。

3. 在收到对根据本章第四节提出的请求所要求的修正或资料之前,被请求缔约方可采取本章第二或第三节所述的任何措施。

第三十九条 多项请求

1. 在被请求缔约方收到根据本章第三或第四节就相同的人或财产提出的不止一项请求时,收到多项请求不应妨碍该缔约方处理涉及采取临时措施的请求。

2. 在根据本章第四节提出多项请求的情况下,被请求缔约方应考虑与请求缔约方进行协商。

第四十条 说明理由的义务

被请求缔约方应对其作出的拒绝、推迟或有条件进行本章所述合作的任何决定说明理由。

第四十一条 通知

1. 被请求缔约方应迅速将下列情况通知请求缔约方:

(a)根据本章就一项请求采取的行动;

(b)根据该请求采取的行动的最后结果;

(c)作出的关于全部或部分拒绝、推迟或有条件进行本章所述任何合作的决定;

(d)使得无法采取所要求的行动或很可能大大拖延该行动的任何情形;及

(e)在根据本章第二或第三节的规定按照请求采取临时措施的情况下,其国内法将自动导致取消该临时措施的规定。

2. 请求缔约方应迅速将下列情况通知被请求缔约方:

(a)导致没收令全部或部分不可强制执行的任何审查、决定或任何其他事实;及

(b)导致根据本章采取的任何行动不再有正当理由的任何事实或法律方面的发展。

3. 如果一缔约方根据相同的没收令,请求在不止一个缔约境内进行没收,它应将该请求通知受执行没收令影响的所有缔约方。

第四十二条 使用限制

1. 被请求缔约方可对执行请求提出条件,要求未经其事先同意,请求缔约方有关当局不得将其提供的资料或证据转交或用于请求书中所列事项以外的调查或诉讼。

2. 各国或欧洲共同体可以在签署公约或交存其批准书、接受书、核准书或加入书时,通过向欧洲委员会秘书

长提交声明,宣布未经其事先同意,请
求缔约方有关当局不得将其根据本章
提供的资料或证据转交或用于请求书
中所列事项以外的调查或诉讼。

第四十三条　保密

1. 请求缔约方可要求被请求缔约
方对请求的事项和实质内容予以保密,
执行请求必须透露的内容除外。如果
被请求缔约方不能遵守保密要求,应迅
速通知请求缔约方。

2. 在不违反其本国法律基本原则
的前提下,请求缔约方应按照要求,对
被请求缔约方提供的任何证据和资料
予以保密,为进行请求书中所述的调
查或诉讼必须透露的内容除外。

3. 在不违反其本国法律规定的前
提下,收到第二十条所述自发信息的
缔约方应遵守提供信息的缔约方规定
的任何保密要求。如果该缔约方不能
遵守这项要求,应迅速通知传递该信
息的缔约方。

第四十四条　费用

执行请求的普通费用应由被请求
缔约方承担。在执行请求必须花费巨
额或者特殊性质费用的情况下,双方
缔约方应进行协商以便就执行请求的
条件和费用分摊方式达成一致。

第四十五条　损害赔偿

1. 在某人就本章所述合作方面的
作为或不作为引起的损害赔偿责任提
起诉讼时,有关缔约方应考虑相互进
行协商,并酌情确定如何分摊应付的
损害赔偿金数额。

2. 成为损害赔偿诉讼对象的缔约

方应尽力将诉讼情况通知在该案中可
能享有利益的其他缔约方。

第五章　金融情报机构之间的合作

**第四十六条　金融情报机构之间
的合作**

1. 缔约方应确保本公约所定义的
金融情报机构为打击洗钱行为而相互
合作,根据各自的国家权力,针对可能
是洗钱迹象的任何事实,收集、分析并
酌情在金融情报机构内调查有关
情报。

2. 为了第 1 款的目的,各缔约方
应确保金融情报机构根据本公约或根
据现有或以后与本公约相一致的谅解
备忘录,自发或应请求交换可能与情
报的处理或分析相关的任何现有情报
或酌情与金融情报机构对涉及洗钱的
金融交易和对有关自然人或法人的调
查相关的任何现有情报。

3. 各缔约方应确保本条规定的金
融情报机构的职能的执行,不因其内
部地位而受到影响,无论其为行政当
局、执法当局还是司法当局。

4. 根据本条提出的每项请求均应
附有一份简要陈述,说明提出请求的
金融情报机构已了解的有关事实。金
融情报机构应在请求中具体说明将如
何使用其索取的情报。

5. 在根据本条提出请求时,被请
求的金融情报机构应提供请求索取的
所有有关信息,包括现有金融情报和

请求提供的执法数据,而不必根据缔约方间的适用公约或协定提交正式请求书。

6. 金融情报机构可拒绝透露可能导致损害被请求方正在进行的刑事调查的信息。在例外情况下,如果透露信息明显不符合自然人或法人或有关缔约方的正当利益或在其他方面不符合被请求方国内法的基本原则,也可拒绝透露这种信息。如予以拒绝,则应向提出情报请求的金融情报机构作出适当说明。

7. 根据本条获取的情报或文件应仅用于第 1 款规定的目的。未经提供情报的对口金融情报机构事先同意,不应将提供情报的金融情报机构所提供的信息向第三方传播,接收情报的金融情况机构也不得将其用于分析以外的目的。

8. 在依照本条传递情报或文件时,传递情报或文件的金融情报机构可对情报用于第 7 款规定目的之外的目的施加限制和条件。接收情报或文件的金融情报机构应遵守所有此类限制和条件。

9. 如果缔约方希望将传递的情报或文件用于为第 7 款所规定目的进行的刑事调查或起诉,传递情报或文件的成员国不得拒绝同意此类用途,除非以其国内法规定的限制或第 6 款所述条件为由这样做。对于任何不同意的情况,都应作出适当说明。

10. 金融情报机构应采取所有必要措施,包括采取安全措施,确保根据本条递交的情报不被任何其他当局、机构或部门获取。

11. 对于递交的情报,要根据 1981 年 1 月 28 日欧洲委员会关于《在自动处理个人数据方面保护个人的公约》(ETS No. 108)以及 1987 年 9 月 15 日欧洲委员会部长委员会关于规范警察部门使用个人数据的 R(87)15 号建议予以保护,而且采用的个人数据保密和保护规则至少同适用于提出请求的金融情报机构的国家立法下适用的规则相同。

12. 传递情报的金融情报机构可对所提供情报的用途提出合理询问,接收情报的金融情报机构应尽可能给予反馈。

13. 各缔约方应指明哪个机构属于本条含义内的金融情报机构。

第四十七条 为延缓可疑交易进行的国际合作

1. 各缔约方均应采取必要的立法措施或其他措施,允许金融情报机构应外国金融机构的请求采取紧急行动,中止或拒绝同意某项交易的进行,期限和所依据的条件为其国内法中适用于延缓交易的期限和条件。

2. 被请求金融情报机构在请求方金融情报机构说明理由后,如认为满足以下条件,则应当采取第 1 款所提及的行动:

(a)交易与洗钱有关;而且

(b)若该项交易是其国内可疑交易报告的对象,会中止或拒绝同意该项交易的进行。

第六章　监测机制和争端的解决

第四十八条　监测机制和争端的解决

1. 缔约方会议负责关注本公约的执行情况。缔约方会议：

（a）应当监测各缔约方切实执行本公约的情况；

（b）应当根据某个缔约方的请求，就公约解释和适用相关问题发表意见。

2. 缔约方会议应利用反洗钱措施评价特设专家委员会已有公开评述（针对反洗钱措施评价特设专家委员会国家）和金融行动工作组已有公开评述（针对金融行动工作组国家），并酌情利用自我评估定期调查表作为辅助手段，履行上文第1（a）款所规定职能。监测程序仅处理本公约所涵盖但金融行动工作组和反洗钱措施评价特设专家委员会进行相互评价的其他相关国际标准所未涵盖的领域。

3. 缔约方会议若断定履行职能需要进一步的信息，则应同有关缔约方联系，该缔约方可在缔约方会议提出要求时，利用反洗钱措施评价特设专家委员会的程序和机制。然后有关缔约方应向缔约方会议报告。缔约方会议在此基础上决定是否对有关缔约方的状况进行更深入评估。这种情况可能需要由一个评价小组进行国别访问，但并非一定需要。

4. 缔约方若就本公约的解释或适用产生争端，应争取通过协商或其选择的任何其他和平方式解决争端，包括经有关缔约方商定，将争端提交缔约方会议、仲裁庭（其决定将对缔约方有约束力）或国际法院。

5. 缔约方应通过自身的议事规则。

6. 欧洲委员会秘书长应在不晚于本公约生效后一年的时间内召集缔约方会议。此后，缔约方会议应按照其通过的议事规则召开常会。

第七章　最后条款

第四十九条　签署和生效

1. 本公约应开放供欧洲委员会成员国、欧洲共同体和参与拟订工作的非成员国签署。欧洲共同体成员国可通过以下方式表示同意受本公约约束：

（a）签署并对批准、接受或核准无保留；

（b）签署而有待批准、接受或核准，随后予以批准、接受或核准。

2. 批准书、接受书或核准书应交存欧洲委员会秘书长。

3. 本公约应在6个签署方（其中至少4个签署方为欧洲委员会成员国）按照第1款规定表示受本公约约束之次日起三个月期满后生效。

4. 对于随后表示同意受本公约约束的任何签署方，本公约应在其按照第1款规定表示同意受本公约约束之次日起三个月期满后下个月的第一天生效。

5. 凡 1990 年公约的缔约方,若不考虑至少受与已对其有约束力的 1990 年公约条款相当的条款的约束,不得批准、接受或核准本公约。

6. 自本公约生效起,本公约缔约方若同时是 1990 年公约的缔约方:

(a)应在相互关系中适用本公约的条款;

(b)在与 1990 年公约但非本公约的其他缔约方的相互关系中应继续适用前一公约的条款。

第五十条　加入公约

1. 本公约生效后,欧洲委员会部长委员会经与公约缔约方协商,可经由《欧洲委员会规约》第 20(d)条所规定多数作出决定以及有权参加部长委员会的缔约方的代表一致同意,邀请非委员会成员且未参与本公约拟订工作的国家加入本公约。

2. 对任何加入国而言,本公约应在向欧洲委员会交存加入书之次日起三个月期满后下个月的第一天生效。

第五十一条　对领土的适用

1. 任何国家或欧洲共同体可在签署时或交存批准书、接受书、核准书或加入书时,具体指明本公约将适用的领土。

2. 任何缔约方可在随后任何日期经由向欧洲委员会秘书处提交声明,将本公约的适用扩至声明具体提到的任何其他领土。对于这类领土,本公约将在秘书长收到这类声明之次日起三个月期满后下个月的第一天生效。

3. 前两款所述任何声明,可经由向秘书长发出通知而针对这类声明具体指明的领土而撤回。撤回应在秘书长收到这类通知之次日起三个月期满后下个月的第一天生效。

第五十二条　与其他公约和协定的关系

1. 本公约不影响缔约方根据有关特定事项的国际多边文书而享有的权利和承担的义务。

2. 本公约缔约方可就本公约所处理事项相互缔结双边或多边协定,以补充或加强其条款或促进其所体现的原则的执行。

3. 若两个或多个缔约方已就本公约处理的一个事项缔结协定或条约或就该事项建立其他关系,且该协定或条约便利开展国际合作,它们有权不适用本公约而适用该协定或条约或据此调整这类关系。

4. 若共同体或欧洲联盟有管辖特定相关事项和适用于特定案件的规则,属于欧洲联盟成员的缔约方应在相互关系中适用共同体和欧洲联盟规则,但不得影响本公约的目标和宗旨,亦不得影响本公约对其他缔约方的充分适用。

第五十三条　声明和保留

1. 任何国家或欧洲共同体可在签署时或交存批准书、接受书、核准书或加入书时,作出第三条第 2 款、第九条第 4 款、第十七条第 5 款、第二十四条第 3 款、第三十一条第 2 款、第三十五条第 1 和第 3 款以及第四十二条第 2

款所规定的一项或多项声明。

2. 任何国家或欧洲共同体也可在签署时或交存批准书、接受书、核准书或加入书时，经由向秘书长发出声明，保留部分或全部不适用第七条第 2 款（c）项、第九条第 6 款、第四十六条第 5 款和第四十七条的规定的权利。

3. 任何国家或欧洲共同体可在签署时或交存批准书、接受书、核准书或加入书时，声明打算以何种方式适用本公约第十七条和第十九条，特别考虑到刑事事项国际合作领域适用的国际协定。这类信息若有变化，也应通知欧洲委员会秘书长。

4. 任何国家或欧洲共同体可在签署时或交存批准书、接受书、核准书或加入书时声明：

（a）将不适用本公约第三条第 4 款；

（b）仅部分适用本公约第三条第 4 款；或者

（c）打算以何种方式适用本公约第三条第 4 款。

这类信息若有变化，也应通知欧洲委员会秘书长。

5. 不得作出其他保留。

6. 根据本条作出保留的任何缔约方可经由向欧洲委员会秘书长发出通知而全部或部分撤回保留。该撤回应在秘书长收到此类通知之日生效。

7. 对本公约一项条款作出保留的缔约方不得要求任何其他缔约方适用该条款；不过，若其保留属于部分或有条件保留，可在其本身接受的程度内

要求适用该条款。

第五十四条 修正

1. 对本公约的修正可由任何缔约方提出，并应由欧洲委员会秘书长发给欧洲委员会成员国、欧洲共同体和按照第五十条规定已经加入或被邀请加入本公约的每个非成员国。

2. 缔约方提议的任何修正应发给欧洲犯罪问题委员会，该委员会应向部长委员会提出对所提议修正的意见。

3. 部长委员会应对所提议的修正和欧洲犯罪问题委员会提出的意见进行审议，并可由《欧洲委员会规约》第二十（d）条所规定的多数通过该修正。

4. 部长委员会按照本条第 3 款所通过的修正的案文应转发各缔约方供其接受。

5. 根据本条第 3 款通过的修正应在所有缔约方均将接受修正的意见通知秘书长之后第 30 天生效。

6. 为更新附录所载犯罪类别和修正第十三条的目的，任何缔约方或部长委员会可提议修正。此类修正应由欧洲委员会秘书长发给各缔约方。

7. 经与非欧洲委员会成员的缔约方协商并在必要时与欧洲犯罪问题委员会协商，部长委员会可由《欧洲委员会规约》第二十（d）条规定的多数通过根据第 6 款提议的修正。该修正将在其转发各缔约方之次日起一年期满后生效。在此期间，任何缔约方可通知秘书长说反对该修正对其生效。

8. 若三分之一缔约方通知秘书长

说反对该修正生效,该修正即不应生效。

9. 若少于三分之一缔约方通知说反对生效,该修正案将对没有通知反对生效的缔约方生效。

10. 一旦一项修正根据本条第6至第9款生效,并且一个缔约方曾通知说反对该修正,则该修正应在有关缔约国通知欧洲委员会秘书长接受该修正之日后下个月的第一天对其生效。提出反对的缔约方可随时经由通知欧洲委员会秘书长撤回该反对。

11. 若部长委员会通过一项修正,则一个国家或欧洲共同体不得表示同意受本公约约束,同时却不接受该修正。

第五十五条 退约

1. 任何缔约方可经由向欧洲委员会秘书长发出通知而退出本公约。

2. 这类退出应在秘书长收到通知之次日起三个月期满后下个月的第一天生效。

3. 但是,对于退约生效日之前按照本公约规定提出的没收请求,本公约应继续根据第二十三条适用于执行该没收。

第五十六条 通知

欧洲委员会秘书长应将下列事项通知欧洲委员会成员国、欧洲共同体、参与本公约拟订工作的非成员国、被邀请加入本公约的任何国家和本公约任何其他缔约方:

(a)任何签署事宜;

(b)任何批准书、接受书、核准书

或加入书的交存事宜;

(c)本公约按照第四十九条和第五十条生效的日期;

(d)根据第五十三条作出的任何声明或保留;

(e)与本公约有关的任何其他行动、通知或通信。

下列签名者经正式授权签署本公约,以昭信守。

2005年5月16日于华沙,以英文和法文写成,两种文本具有同等效力,正本一份,交欧洲委员会存档。欧洲委员会秘书长应将核证无误的副本转发欧洲委员会各成员国、欧洲共同体、参与公约拟订工作的非成员国和被邀请加入的任何国家。

附 录

(a)参加有组织犯罪集团和进行敲诈勒索;

(b)恐怖主义,包括资助恐怖主义的行为;

(c)贩卖人口和偷渡;

(d)性剥削,包括对儿童进行性剥削;

(c)非法贩运麻醉药物和精神药物;

(f)非法贩运武器;

(g)非法贩运盗窃物品和其他物品;

(h)腐败和贿赂;

(i)欺诈;

(j)伪造货币;

(k)伪造和非法复制产品；

(l)环境犯罪；

(m)暗杀、严重伤害人身；

(n)绑架、非法监禁和劫持人质；

(o)抢劫或盗窃；

(p)走私；

(q)勒索；

(r)伪造文件；

(s)盗版；

(t)内幕交易和操纵市场。

黑海经济合作组织参与国政府
关于合作打击犯罪,尤其是有组织犯罪的协定
关于打击恐怖主义的附加议定书

(2004 年 12 月 3 日订立于雅典,按照附加议定书第十五条生效。保存人:黑海经济合作组织常设国际秘书处)

序　言

黑海经济合作组织成员国阿尔巴尼亚共和国、亚美尼亚共和国、阿塞拜疆共和国、保加利亚共和国、格鲁吉亚、希腊共和国、摩尔多瓦共和国、罗马尼亚、俄罗斯联邦、土耳其共和国、乌克兰(下称"缔约方")等国政府;

作为 1998 年 10 月 2 日在克基拉岛签署的《黑海经济合作组织参与国政府关于合作打击犯罪,尤其是有组织犯罪的协定》(简称"黑海经济合作组织协定")的缔约方;

遵照《黑海经济合作组织宪章》的条款、《伊斯坦布尔十年一度首脑会议宣言》,以及 2001 年 10 月 26 日《黑海经济合作组织外交部长理事会第五次会议声明》,其中严厉谴责了在全球范围内威胁和平与安全的国际恐怖主义;

认识到所有形式和表现的恐怖主义都严重威胁着国际和平与安全、各缔约方的政治、经济与社会稳定、黑海经济合作组织成员国的领土完整与安全,还严重威胁到黑海区域各国之间发展睦邻友好关系及双边和多边合作;

考虑到关于打击恐怖主义的联合国文件中的条款,并完全支持安全理事会在该领域的各项决议,特别是第 1373 号决议;

强调反对恐怖主义的斗争必须在充分尊重法治和人权的条件下进行;

进一步确定旗帜鲜明地支持国际法的普遍原则;

一致议定如下:

第一条

本补充议定书中的恐怖主义系指关于打击恐怖主义的联合国各项公约和议定书中规定的犯罪行为。

第二条

各缔约方应当根据《黑海经济合作组织协定》和本补充议定书,并依照各国的法律和国际承诺,合作防止、侦查、遏制、揭露和调查恐怖主义行为。

第三条

1. 各缔约方应当确定各自的主管部门和(或)联络点,以确保通过其进行直接通信。

2. 各缔约方均应在本补充议定书生效后两个月内向保存方提交其主管部门和联络点的名称和地址的清单。如该清单有任何变动,缔约方应通知保存方。

第四条

1. 为了实施本补充议定书,各缔约方应按照《黑海经济合作组织协定》第五条和2002年3月15日在基辅订立的《黑海经济合作组织协定补充议定书》,在双边和多边的基础上相互配合。

2. 各缔约方可在必要时开设紧急通信线路,举行定期或特别的会议和磋商。

第五条

各缔约方应当在《黑海经济合作组织协定》和本补充议定书的框架内交流共同感兴趣的信息,特别是涉及:

(a)针对国家领导人、受国际保护的人、外交使团成员、国际政府间组织的领事和官员、参与国家访问的人员和参加其他国家/国际政治活动和体育活动的人员而策划的恐怖主义活动;

(b)对其国家安全造成威胁的恐怖主义组织、团伙和人员,以及这类恐怖主义组织、团伙和人员之间的联系;

(c)针对缔约方国家的主权和领土完整的恐怖主义企图和行动;

(d)在缔约国领土上针对至关重要的经济、技术和生态单位和设施的恐怖主义行动和威胁实施这类行动的行为;

(e)在缔约方国家领土上活动的恐怖主义组织和团伙,其手段和方法、首领、成员以及参与和(或)支助这类团伙或组织的活动的人员;

(f)支助恐怖主义的组织和机构,以及这类支助的机制、范围和方向;

(g)有组织犯罪团伙和人员实施的非法武器贩运,包括弹药、爆炸物和爆炸装置、核材料和原料、放射性材料和原料、化学武器和零件、生物武器和零件,以及经过缔约方国家领土的非法运输渠道;

(h)查明的和可疑的对恐怖主义组织和团伙的金融、后勤或其他物质支助的来源和渠道;

(i)反恐怖主义的做法和立法。

第六条

各缔约方应当策划并进行紧密的合作,特别是为了:

(a)制止恐怖主义行动的筹备和实施,并制止向恐怖主义分子提供包括金融支助在内的任何形式的支助;

（b）对于为恐怖主义行动筹资、策划、支助或实施恐怖主义行动的人，拒绝向其提供避难；

（c）在接到确凿证据时，暴露并封锁培训恐怖主义分子、策划和筹备恐怖主义行动的场所；

（d）防止恐怖主义分子和恐怖主义团伙转移并封锁其转移路线；

（e）侦查和探明恐怖主义团伙或组织用以掩盖其活动的机构；

（f）防止、侦破和制止金融支助、交付武器弹药、爆炸物和爆炸装置、核材料和原料、放射性材料和原料、化学武器和零件、生物武器和零件，以及向任何人员和组织提供援助以策划、筹备和实施恐怖主义行动。各缔约方应当相互通报合作行动的结果。

第七条

各缔约方应当采取所有必要措施，防止在其国家领土上筹备将在其他缔约方国家领土上实施的恐怖主义活动，对于曾经筹划、协助或参与实施恐怖主义活动的人，拒绝其避难。

第八条

各缔约方可以下列方式进行合作，以加强本补充议定书的实施：

（a）对人员进行教育、培训和技术强化；

（b）进行联合科学研究；

（c）交流经验；

（d）举办联合培训、研讨会和协商会议；

（e）交流立法文件、分析数据和统计数据；

（f）《黑海经济合作组织协定》所规定的其他形式。

第九条

1. 对于依据本补充议定书获得的信息和文件，请求方为其确定的保密级别应相当于被请求方对同类信息规定的保密级别。

2. 依据本补充议定书获得的信息和文件，以及关于调查方法和使用特别设备或（和）材料的信息，如事先未经提供方许可，不得转交第三方。

3. 根据本补充议定书从另一缔约方获得的信息或由另一缔约方应请求提供的材料，如事先未经提供方书面许可，不得用于索取或提交这些信息和材料的目的以外的目的。

4. 各缔约方应当按照其国内立法和（或）有关的国际协议递送和保护机密信息。

5. 在不损害黑海经济合作组织成员国——《黑海经济合作组织协定》和本补充议定书的缔约方——的有关国际承诺的条件下，应当对依据本补充议定书收到的个人资料予以保护，其程度至少相当于提供方的保护程度。

第十条

各缔约方均应独立承担本补充议定书的实施所产生的费用，除非在每个具体案件中彼此另有决定。

第十一条

为确保在本补充议定书的框架内进行合作，各缔约方在书面程序中应使用英文，在口头程序中使用英文和俄文，除非缔约方彼此之间另有约定。

第十二条

1. 本补充议定书的实施服从于各缔约方国家的立法。

2. 本补充议定书不应妨碍各缔约方的其他国际义务。

3. 在本补充议定书的解释或实施上产生的有争议的问题,应当由有关缔约方依据国际法的有关规则,通过协商和谈判加以解决。

第十三条

1. 黑海经济合作组织常设国际秘书处应为本补充议定书的保存方。

2. 本补充议定书的正本为英文一份,应交由黑海经济合作组织常设国际秘书处保存,常设国际秘书处应将经核证的副本送交每个缔约方。

3. 黑海经济合作组织常设国际秘书处应向黑海经济合作组织成员国通报:

（a）每一签署行为;

（b）递交的每一份批准或核准文件;

（c）本补充议定书按照本条第3款生效的每一个日期;

（d）其他任何与本补充议定书有关的行为或通知文件。

第十四条

1. 本补充议定书向黑海经济合作组织成员国开放供签署。

2. 已签署本补充议定书的一方若未成为《黑海经济合作组织协定》缔约方,不得成为本补充议定书缔约方。

3. 本补充议定书应取得批准、接受、核准或加入。

4. 批准、接受、核准或加入文件应交由常设国际秘书处保存。

第十五条

1. 本补充议定书应自第三份批准书、接受书、核准书或加入书交存至常设国际秘书处之日后的第三十天开始生效。

2. 对于在本补充议定书生效后批准、接受、核准或加入本补充议定书的缔约方,本补充议定书应在该缔约方交存其批准书、接受书、核准书或加入书后的第三十天对该国开始生效。

第十六条

1. 任何缔约方均可向本补充议定书提出修订建议。

2. 修订建议应由全体缔约方一致通过视为接受并依照本补充议定书第十四条第3、4款及第十五条生效。

第十七条

任何缔约方均可向黑海经济合作组织常设国际秘书处递交正式通知,退出本补充议定书。退出应为黑海经济合作组织常设国际秘书处收到退出通知之日起三个月后生效。

兹由经正式授权的下列署名代表签署本附加议定书,以昭信守。

2004 年 12 月 3 日于希腊雅典签署,正本一份,用英文写成。

伊斯兰会议组织关于打击
国际恐怖主义的公约

(1999 年 7 月 1 日于布基纳法索首都瓦加杜古通过,根据第 40 条的规定生效。保存人:伊斯兰会议组织秘书处)

伊斯兰会议组织的全体成员国,

依照宽容的伊斯兰教义关于反对任何形式尤其是基于极端主义的暴力和恐怖主义,以及要求保护人权的原则,该教义的条款与建立在人类为实现和平而相互合作基础上的国际法原则和规则相类似;

遵守崇高的、道德的和宗教的原则,尤其是伊斯兰教义的条款以及伊斯兰民族的人类传统。

遵守伊斯兰会议组织宪章,该宪章的宗旨和原则着眼于创造一个适当的环境以加强在伊斯兰国家间和在相关的伊斯兰会议组织决议上的合作与理解;

遵守国际法和《联合国宪章》的原则以及所有相关的旨在消除国际恐怖主义的程序的联合国决议,以及本公约缔约国参加的所有其他公约和国际文书,这些公约和国际文书除其他外,呼吁尊重主权、稳定、领土完整、政治独立和国家安全以及对其国际事务不干涉的原则;

从伊斯兰会议组织关于打击国际恐怖主义的行为规则出发;

期望促进全体成员国之间的合作以打击威胁伊斯兰国家安全和稳定以及损害其根本利益的恐怖主义犯罪;

致力于打击形形色色的恐怖主义和消除针对人们的生命和财产的恐怖主义目标和动机;

肯定各民族人民为解放领土和获得自决权及独立,通过符合《联合国宪章》的宗旨和原则以及联合国决议的各种方式包括武装斗争,与外国占领和殖民主义以及种族制度作斗争的权利的合法性;

认为恐怖主义严重侵犯人权,尤其是获得自由和安全的权利,并因为其旨在破坏国家的稳定而阻碍公共制度的自由运作和社会经济的发展;

深信恐怖主义在任何情况下都是不正当的,因此不管其根源、起因或目的如何,都应该对各种形式的恐怖主义,以及对其各种行为、方式以及实践,包括直接或间接的国家行为,予以明确的谴责；

认识到恐怖主义与有组织犯罪，包括非法贩运武器、毒品、人口以及洗钱等犯罪活动之间日益增长的联系；

兹制定本公约，并呼吁伊斯兰会议组织的全体成员国都加入本公约。

第一部分　定义和基本条款

第一条

为了本公约的目的：

（一）"缔约国"或"缔约方"是指伊斯兰会议组织中，批准或加入本公约并已将批准书或加入书交存该组织秘书处的各个成员国。

（二）"恐怖主义"是指任何一种暴力行为或威胁行为，不问其犯罪动机或目的而实施的个人或集体犯罪计划，其目的在于恐吓人们或者威胁伤害他们，或者危害他们的生命、荣誉、自由、安全或权利，或者使环境或任何一种设施或公私财产面临危险状态，或者占有或夺取它们，或者使国家资源或国际性设施处于危险状态，或者威胁独立国家的稳定、领土完整、政治团结或主权。

（三）"恐怖主义犯罪"是指根据缔约国国内法可受惩罚的其施行、开始或参与是为了缔约国内实现恐怖目的，或者针对其国民、财产或利益或外国设施及其境内居民的任何一种犯罪。

（四）下列公约所规定的犯罪也被认为是恐怖主义犯罪，但缔约国的立法机关所排除的犯罪或者公约未被批准的情况除外：

1.《关于在航空器内的犯罪和犯有其他行为的公约》（1963年9月14日，东京）；

2.《关于制止非法劫持航空器的公约》（1970年12月16日，海牙）；

3.《关于制止危害民用航空安全的非法行为的公约》（1971年9月23日，蒙特利尔）及其议定书（1984年12月10日，蒙特利尔）；

4.《关于防止和惩处侵害应受国际保护人员包括外交代表的罪行的公约》（1973年12月14日，纽约）；

5.《反对劫持人质国际公约》（1979年12月17日，纽约）；

6. 1988年《联合国海洋法公约》及其对海盗行为的相关规定；

7.《核材料实物保护公约》（1980年3月3日，维也纳）；

8. 补充1971年9月23日在蒙特利尔制定的《关于制止危害民用航空安全的非法行为的公约》的《制止在为国际民用航空服务的机场发生的非法暴力行为的议定书》（1988年2月24日，蒙特利尔）；

9.《制止危及大陆架固定平台安全非法行为议定书》（1988年3月10日，罗马）；

10.《制止危及海上航行安全非法行为公约》（1988年3月10日，罗马）；

11.《制止恐怖主义爆炸的国际公约》（1977年12月15日，纽约）；

12.《在可塑性炸药中添加识别标志以便侦测的公约》(1991 年 3 月 1日,蒙特利尔)。

第二条

一、人民根据国际法原则而进行的旨在获得解放和自决的,包括武装斗争在内的反对外国占领、侵略、殖民主义和霸权主义的斗争不应被视为恐怖主义犯罪。

二、前一条款所提到的任何一种恐怖主义犯罪都不应被视为政治犯罪。

三、在执行本公约条款的过程中,下列犯罪即使是出于政治原因也不应被视为政治犯罪:

(一)攻击缔约国的国王和元首或者他们的配偶、祖先或后代。

(二)攻击任何一个缔约国的王储或副总统或政府副首脑或部长。

(三)攻击在缔约国内或在其委派国内享有国际豁免权的人士,包括大使和外交官。

(四)使用武力针对个人或当局或运输与通讯工具的谋杀或抢劫。

(五)破坏和毁坏公共财产和公共服务所需的财产的行为,即使这些财产属于另一个缔约国。

(六)制造、走私或拥有武器、弹药或爆炸物或其他准备用来实施恐怖主义犯罪的物质的罪行。

四、各种形式的国际犯罪,包括旨在资助恐怖主义目的的非法走私毒品、人口和洗钱犯罪都应被视为恐怖主义犯罪。

第二部分　打击恐怖主义的伊斯兰合作的基础

第一章　安全领域

第一节　预防和打击恐怖主义犯罪的措施

第三条

一、缔约国承诺不以任何形式直接或间接地施行、发动或参与组织、资助、实施、煽动或支持恐怖主义行为。

二、缔约国承诺根据本公约条款和它们各自国内的规则与规章的规定预防和打击恐怖主义犯罪,为此应确保:

(一)预防措施:

1. 防止其领土被用作策划、组织、施行恐怖主义犯罪或以任何形式发动、参与这些犯罪的平台;包括防止恐怖主义分子单独或集体地潜入、避难、定居于其领土,或者接受、组织、训练、装备、资助他们或者向他们提供任何设施。

2. 与其他缔约国进行合作与协调,尤其是遭受相似或相同的恐怖主义犯罪之害的邻国。

3. 除了加强边境与海关控制外,建立和加强有关侦测运输、进出口、储存和使用武器、弹药和爆炸物以及其他用于侵略、杀伤和破坏手段的体制,以拦截这些危险品由一个缔约国流入另一个缔约国或其他国家,除非这些物品用于特定的合法目的。

4. 建立和加强与监管程序、边境安全和陆海空通道相关的体制以防止恐怖分子通过这些渠道进行渗透。

5. 加强确保人员、重要设施和公共运输方式的安全和保护的体制。

6. 根据相关公约和国际法规则,加强对外交、领事人员及使团以及在缔约国内的地区性组织和国际组织的保护和安全。

7. 加强安全情报活动,并使其与每个缔约国根据它们各自的情报政策而进行的情报活动进行协调,旨在揭露恐怖主义集团和组织的目的,挫败他们的计划和揭示他们对安全和稳定的危险程度。

8. 通过每一缔约国建立一个数据库以收集和分析有关恐怖主义分子、集团、活动和组织的数据,以及掌控恐怖主义现象的发展和打击恐怖主义的成功经验。此外,在每个国家的法律规章的范围内,缔约国应更新这些情报并与其他缔约国的主管当局进行交流。

9. 采取一切必要措施以消除和防止建立支持各种恐怖主义犯罪的网络。

(二)打击措施

1. 根据国内法逮捕和起诉恐怖主义犯罪人,或者根据本公约的条款或请求国与被请求国之间的现有条约将其引渡。

2. 确保有效地保护在刑事司法领域的工作人员和证人以及调查人员。

3. 确保有效地保护涉及恐怖主义犯罪的情报来源和证人。

4. 对恐怖主义的受害者提供必要的援助。

5. 在缔约国的相关机构与公民之间建立有效的合作以打击恐怖主义,包括提供适当的保障措施和恰当的激励措施,以鼓励告发恐怖主义行为,鼓励提供信息以帮助发现恐怖主义行为和协助逮捕犯罪人。

第二节　伊斯兰预防和打击恐怖主义犯罪的合作领域

第四条

缔约国应根据其各自的法律规章在下列领域进行相互合作以预防和打击恐怖主义犯罪:

(一)情报交流

缔约国应保证加强有关以下问题的情报交流:

1. 恐怖主义集团所从事的活动和犯罪,他们的头目、成员、大本营、训练,提供资金的手段和来源,所使用的武器、装备种类、弹药和爆炸物以及其他用来攻击、杀伤和破坏的方式和手段。

2. 恐怖主义集团所使用的通讯与宣传手段,他们是怎么活动的,他们的头目、成员和相关旅行文件的行动。

3. 在不妨碍调查和质询必要条件的情况下,缔约国应迅速告知其他任何缔约国其掌握的关于在其领土内所发生的旨在损害后者国家或公民利益的任何恐怖主义犯罪的情报,并说明围绕该犯罪的有关其详情、所涉及的罪犯、受害人、损失、实施犯罪所使用的装置和方法的事实。

4. 缔约国应同其他方交流情报以打击恐怖主义犯罪,并告知有关缔约国或其他国家能预防发生在其领土内或针对其国民或居民或损害其利益的恐怖主义犯罪的所有可获得的情报或数据。

5. 缔约国应向其他缔约国提供可获得的能有以下作用的情报或数据:

(1)有助于逮捕由于实施恐怖主义犯罪而侵犯该国利益或者由于涉嫌协助、勾结、煽动、资助恐怖主义的行为而受到指控的人。

(2)有助于收缴军械、武器、爆炸物、装置及用于或有意用于实施恐怖主义犯罪的资金。

6. 缔约国应承诺尊重它们之间交流的情报的机密性,并且应防止在未经来源国事先同意的情况下将情报泄露给任何其他非缔约国或其他团体。

(二)调查

每个缔约国应承诺促进同其他缔约国的合作和在涉及逮捕逃跑的嫌疑犯或者根据各个国家的法律规章因恐怖主义犯罪而被判罪的人的调查和程序方面提供协助。

(三)专业交流

1. 缔约国应相互合作以进行和交流在打击恐怖主义犯罪方面的调查和研究以及交流在该领域的专业知识。

2. 如果需要提高在打击恐怖主义

领域有关人员的科学与实践潜能并提升他们的工作水准,缔约国应当同一个或更多的缔约国在力所能及的范围内进行合作以为准备计划或共同举办培训班提供可用的技术支持。

(四)教育和情报领域

缔约国应在以下方面进行合作:

1. 通过维护伊斯兰教宽容的真实形象和揭露恐怖主义集团破坏伊斯兰国家的稳定与安全的阴谋和危险性,推进情报活动和支持大众媒体以应对针对伊斯兰世界的邪恶活动。

2. 在缔约国的教学课程中包括谴责恐怖主义行为的崇高的人类价值。

3. 支持旨在通过引进一种建立在伊斯兰得以扬名的"理性推断"原则基础上的先进的伊斯兰思想来保持与时代同步的努力。

第二章　司法领域

第一节　引渡罪犯

第五条

根据本公约的规则和条件所设定的国家提出引渡请求时,缔约国应保证引渡那些由于恐怖主义犯罪而被控告或判罪的人。

第六条

在下列情况下不得允许引渡:

(一)如果被请求的缔约国所施行的法律认为被要求引渡的罪行具有政治性,并且不影响适用于引渡的本公约第二条第二、三段的规定。

（二）如果被要求引渡的罪行只是与未履行军事义务有关。

（三）如果被请求引渡的犯罪发生在被请求的缔约国领土内，除非请求国尚未开始调查或审判，并且该罪行侵害了提出请求的缔约国利益以及它的法律规定应当对那些罪行的犯罪人进行起诉和惩罚。

（四）如果该犯罪成为在被请求的缔约国具有法律效力的最终判决的对象。

（五）如果在请求引渡的时候行动终止或者根据请求引渡的缔约国的法律该刑罚已失效。

（六）罪行发生在提出请求的缔约国的领土外而且由非其国民的人员所为，并且被请求的缔约国的法律对这类人员在其领土外所犯的罪行不加以起诉。

（七）如果提出请求的缔约国对这些罪行的犯罪人给予了赦免。

（八）如果被请求国的法律制度不允许引渡它的国民，则当该行为在请求国与被请求国都应该受到最短是一年或更多的限制自由的处罚时，请求国有义务对任何实施了恐怖主义犯罪的此类人进行起诉。被请求引渡人的国籍应当由请求国提出引渡请求时所要进行调查的犯罪的日期来决定。

第七条

如果被请求引渡人在被请求国内由于另一犯罪正在接受调查或审判，则应推迟对他的引渡，直到调查结束或审判完成并且对他的惩罚已经得到

执行。在这种情况下，则被请求国应该暂时地引渡他以供调查或审判，前提条件是被请求国的判决执行令发出之前将其送返被请求国。

第八条

为了根据本公约引渡罪犯，各缔约国国内立法的差异对罪行的轻重定性或为此所规定的刑罚不应有任何影响。

第二节　调查职责

第九条

每个缔约国在其他缔约国的请求下，应在其领土内开展对包含恐怖主义犯罪在内的行为的任何司法程序的调查行动，尤其应该做的是：

听取作为证据的证言证词。

交流法律文书。

执行调查和拘留程序。

进行现场勘察和分析证据。

获得必要的证据、文书、记录或它们的正式副本。

第十条

每个缔约国应当履行与恐怖主义犯罪相关的调查职责，在下列情况下则可以拒绝履行的请求：

如果被请求的罪行在被请求履行调查职责的国家里是一项指控、调查或审判的对象。

如果履行该请求会损害本国的主权、安全或公共秩序。

第十一条

有关调查职责的请求应根据被请求国法律规定尽快予以履行。被请求

国可推迟履行调查职责,直到对同一案件进行调查和起诉程序完成或迫使推迟履行职责的理由不复存在。在上述情况下,应将推迟决定告知请求国。

第十二条

不得以银行或金融机构业务的保密性为由拒绝与恐怖犯罪有关的调查请求。该请求实施过程应符合实施国的规定。

第十三条

根据本公约条款进行的调查程序,应视为如同提交给请求国主管当局同等的法律效力。执行结果只应适用于调查委托范围内。

第三节 司法协助

第十四条

每一缔约国应在其他缔约方对恐怖犯罪的调查或诉讼程序中尽可能提供协助。

第十五条

一、若某缔约国对恐怖犯罪嫌疑人起诉的司法管辖权发生,该国可要求嫌疑人所在国按后者同意罪名起诉嫌疑人,前提是该罪行在嫌疑人所在国可处至少一年有期徒刑或更严厉制裁。此种情况下,请求国应将所有与该罪行相关的调查文件和证据移交给被请求国。

二、对被告的调查和审判应基于请求国提出之罪名,依照审判国的法律规定和程序进行。

第十六条

基于第十五条第一款提出的审判请求,需要请求国中止其境内的起诉、调查和审判程序,除非是与被请求国提出的对该案给予合作、协助或调查取证相关的必要程序。

第十七条

一、请求国或被请求国所用程序都应符合诉讼执行国和法律规定具有司法优先权的国家的法律。

二、请求国不得审理或重新审理犯罪嫌疑人,除非被请求国拒绝审理。

三、被请求国在任何情况下,应向请求国通报其就审判要求所采取的行动、调查结果或审判进展。

第十八条

在收到请求之前或以后,被请求国可按其法律规定对犯罪嫌疑人采取任何手段和步骤。

第四节 被扣押犯罪所得

第十九条

一、一旦决定实施引渡,缔约国得将查明并扣押的被告或第三方用于或涉嫌用于恐怖犯罪的财产和收益移交请求国。

二、如确定上述物品涉及恐怖犯罪,则即使被告由于逃脱、死亡或其他原因无法引渡,上述物品也应移交。

三、上述两款有关财产与收益的规定不应损害任何缔约国或善意的第三方的权利。

第二十条

为履行义务,被请求国可采取一切必要的措施和手段保管应移交的财产和收益。若将提起刑事诉讼,被请求国可暂时对其予以保管,或在请求国同意返还的条件下移交给请求国。

第五节　证据交换

第二十一条

缔约国应负责由其主管当局核查在其领土内对另一缔约国进行的恐怖犯罪的证据和动产,并可就此向任何其他缔约国寻求协助。此外,缔约国应采取一切必要步骤保护证据并证明其法律相关性。缔约国可应要求向犯罪目标国通报结果。缔约国或参与该案件国不得向外界透露有关消息。

第三部分　合作机制

第一章　引渡程序

第二十二条

缔约国间的引渡要求应直接通过外交渠道或司法部或其代理机构进行。

第二十三条

引渡要求需以书面方式提出,并包含下列内容:

(一)起诉书、逮捕令或其他符合请求国法律规定的等价法律文件正本或经核准的副本。

(二)一份包含因何种行为被要求引渡的声明,列明行为发生的时间、地点、行为触犯的法律及其条文内容,以及相关法律条文副本。

(三)尽可能详细地描述引渡对象以及任何便于确定其身份和国籍的信息。

第二十四条

一、请求国司法机关可以通过任何渠道以书面形式与被请求国联络并寻求对被通缉对象实施预防性拘留,直至引渡请求书送达。

二、在此情况下被请求国可对被通缉对象实施预防性拘留,但如果引渡请求未能与第二十三条所述文件一并提交,则对引渡通缉对象的拘留自其拘留之日起不得超过三十天。

第二十五条

请求国应将本条约第二十三条规定的文件与引渡请求书一并提交被请求国。若后者接受请求,则其主管当局应按其法律规定实施引渡,并尽快将行动告知请求国。

第二十六条

一、无论何种情况下,上述两条规定的预防性拘留时间自被拘留之日起不得超过六十天。

二、在上述条款规定期限内可临时释放通缉对象,但被请求国需采取必要手段保证被通缉对象不会逃脱。

三、被通缉对象释放后,应不妨害其再次被拘留或被引渡。

第二十七条

若被请求国要求进一步的澄清以确定本章规定的条件,应通知请求国并确定提供该澄清的日期。

第二十八条

若被请求国从多个国家收到对同一或不同罪行的引渡请求,该国应在就引渡请求作决定时考虑相关罪行的情况,特别是连续引渡的可能性、收到请求的时间、罪行的严重程度和罪行发生地。

第二章 调查取证手段

第二十九条

对调查取证的要求应包含如下内容:

(一)提出请求的主管当局;

(二)请求对象及原因;

(三)调查取证对象的身份和国籍(如有可能);

(四)请求调查取证罪名的信息、司法定义和量刑,以及使调查取证有效进行的有关情况的尽可能全面的信息。

第三十条

一、调查取证的请求应通过请求国司法部送达被请求国司法部,返回亦然。

二、为加快进程,请求书应直接由请求国司法机关送达被请求国司法机关。同时应将请求书副本送达被请求国司法部。调查结果应与按上述第二十九条规定提供的执行文件一同返还。

请求书可以直接由司法机关送达被请求国主管当局。该主管当局可直接予以答复。

第三十一条

调查取证请求书及其附件应有主管当局或其授权部门签署或盖章。此类文件应免除被请求国法律规定的所有正式程序。

第三十二条

若收到调查取证请求书的机关不具备足够权限处理该请求书,应自动将其转交该国具备权限的主管当局。若请求为直接送达,回复也应以同样方式送达请求国。

第三十三条

对调查取证请求的任何拒绝都应予以解释。

第三章 保护证人和鉴定人

第三十四条

若请求国认为证人和鉴定人出庭十分必要,应在其请求书中予以说明。请求或传唤应包含有关补偿、旅费、食宿费的大致说明且应承诺支付这些费用。被请求国应对证人和鉴定人发出邀请并将其答复通知请求国。

第三十五条

一、不得因证人或鉴定人未按传唤要求出庭而对其采取强制措施或处罚,即使传票中已经注明此类处罚措施。

二、若证人或鉴定人自愿抵达请求国领土,应按该国国内法规定对其传唤。

第三十六条

一、在证人或鉴定人按请求国传

唤要求在该国出庭期间,不论其国籍如何,请求国不得因其离开被请求国国境前的行为或法庭裁决对其提起诉讼、拘禁或限制其人身自由。

二、无论应法庭传唤出庭的证人或鉴定人是何国籍,不得以任何形式因传票中未提及且发生在其离开被请求国之前的其他行为或法庭裁决而被起诉、拘禁或限制其人身自由。

三、如果法庭已不再要求证人和鉴定人出庭,尽管他们有能力返回被请求国,但仍在请求国领土连续居留超过三十天,或在离境后再次返回请求国领土,本条所列豁免即行实效。

第三十七条

一、请求国应采取一切必要手段保护证人或鉴定人免于引起公众注意,使证人或鉴定人及其家属、财产不因其证词受到威胁,特别是:

(一)对其抵达方式、时间、地点保密;

(二)对其住所、行动及其可能的去处保密;

(三)对其证词及向主管司法当局提供的信息保密。

二、请求国应按证人或鉴定人及其家属所处的条件、案件的具体情况以及可能的风险提供安全保护。

第三十八条

一、若请求国传唤的证人或鉴定人在被请求国监禁,应根据被请求国提出的条件和时间将其暂时转移至审判地点。

二、可以下列理由拒绝转移上述人员:

(一)证人或鉴定人拒绝;

(二)被请求国因审理案件需上述人员出席;

(三)转移将延长其关押期限;

(四)拒绝其转移的其他考虑。

三、在送返被请求国之前,被转移的证人或鉴定人应在请求国境内被监禁,除非被请求国要求将其释放。

第四章　最终条款

第三十九条

本公约需经签字国批准或加入,批准书或加入书应在批准或接受日三十天内交存伊斯兰会议组织秘书处,秘书处应将任何批准书的交存与交存日期通知所有成员国。

第四十条

一、本公约应自第七份批准书或加入书交存伊斯兰会议组织秘书处之日后第三十天生效。

二、本公约不适用于其他任何伊斯兰国家,除非该国向伊斯兰会议组织秘书处交存批准书或加入书。本公约在此类批准书或加入书交存之日起第三十天对该国适用。

第四十一条

缔约国不允许作出明确或暗示性与本条公约规定相冲突或背离本公约目标的任何保留。

第四十二条

一、缔约国不得退约,除非以书面

形式向伊斯兰会议组织秘书长提出退出请求。

二、退约应在请求书送达秘书长六个月后生效。

公约英文、阿拉伯文、法文文本同等作准,原件交存伊斯兰会议组织秘书处并根据《联合国宪章》第一百零二条交联合国备案。秘书处应将本公约核准文本副本送达伊斯兰会议组织成员国。

奉至仁至慈的真主之名

阿拉伯制止恐怖主义公约

（1998 年 4 月 22 日在开罗签署，1999 年 5 月 7 日生效。交存于阿拉伯国家联盟秘书处）

序　言

在此签字的阿拉伯国家，

希望就制止威胁阿拉伯民族安全和稳定并危及其根本利益的恐怖主义罪行加强相互合作；

遵守最高道德和宗教原则，特别是遵守伊斯兰教教法原则，以及拒绝一切形式的暴力和恐怖主义并提倡人权保护的阿拉伯民族的人道主义传统，并以此为基础与其他民族为促进和平开展合作；

遵守《阿拉伯国家联盟公约》、《联合国宪章》以及其他本公约所有缔约国均为成员国的国际公约和文书；

确认民众可采取包括武装斗争在内的任何方式来反抗外国占领和侵略以解放领土和确保自决及独立的权利，以此来维护每一个阿拉伯国家的领土完整，但前述行为须符合《联合国宪章》的宗旨和原则及联合国

决议；

兹一致决定缔结本公约，并邀请未参与缔结本公约的任何阿拉伯国家加入本公约。

第一部分　定义和一般条款

第一条

下列术语应按所给定义进行理解：

一、缔约国

已批准本公约并向阿拉伯联盟秘书处交存批准书的任何阿拉伯国家联盟成员国。

二、恐怖主义

任何暴力或暴力威胁，不论其出于何种动机或目的，它旨在实现个人或集体的犯罪计划，在民众中制造恐慌，通过伤害民众，或威胁其生命、自由或安全，造成恐惧，或试图破坏、占有或夺取环境、公共或私人设施或财产，或试图危害国家资源。

三、恐怖主义罪行

在任何缔约国中所犯的,为达到恐怖主义目标或针对其国民、财产或利益,根据其国内法可被惩处的任何罪行或企图所犯的罪行。下列公约中所规定的罪行,除未经缔约国批准的公约规定的或缔约国立法排除的罪行外,均应被认为是恐怖主义罪行:

(一)1963 年 9 月 14 日《关于在航空器内的犯罪和犯有某些其他行为的公约》;

(二)1970 年 12 月 16 日《关于制止非法劫持航空器的公约》;

(三)1971 年 9 月 23 日《关于制止危害民用航空安全的非法行为的公约》及其 1984 年 5 月 10 日议定书;

(四)1973 年 12 月 14 日《关于防止和惩处侵害应受国际保护人员包括外交代表的罪行的公约》;

(五)1979 年 12 月 17 日《反对劫持人质国际公约》;

(六)1982 年《联合国海洋法公约》有关公海海盗的规定。

第二条

一、为反抗外国占领和侵略争取解放和自决,并符合国际法原则的包括武装斗争在内的任何形式的斗争,不应被认为是一项罪行。本规定不适用于损害任何阿拉伯国家领土完整的任何行为。

二、上一条列明的恐怖主义罪行都不应被认为是政治罪行。在适用本公约时,下列罪行即使出于政治动机,也不应被认为是政治罪行:

(一)攻击缔约国的国王、国家元首或统治者,或其配偶和家庭;

(二)攻击任何缔约国的王储、副总统、首相或部长;

(三)攻击在缔约国中任职或其承认的享有外交豁免的人士,包括大使和外交官;

(四)使用武力针对个人、当局或交通和通讯方式的有预谋的谋杀或偷窃;

(五)破坏和毁坏公共财产和归公共机构使用的财产,即使此类财产归其他缔约国所有;

(六)制造、非法交易或持有武器、弹药或爆炸物或其他可用来从事恐怖主义罪行的物品。

第二部分　阿拉伯制止恐怖主义合作原则

第一章　安全领域

第一节　预防和制止恐怖主义罪行的措施

第三条

缔约国承诺不组织、资助或从事恐怖主义罪行,或以任何方式成为同谋。缔约国承诺依照其国内法和程序预防和制止恐怖主义罪行,为此它们应尽力采取:

一、预防措施

(一)防止利用各缔约国领土作为

基地以计划、组织、实施、试图或参与任何形式的恐怖主义罪行,这包括防止恐怖分子以个人或团体形式向其领土渗透或居住于其领土内,防止接受恐怖分子或向他们提供庇护,防止训练、武装、资助恐怖分子,或向他们提供任何便利;

(二)缔约国间,尤其是遭受类似或共同恐怖主义侵犯的邻国间,进行合作并协调行动;

(三)建立和加强对武器、军火和爆炸物的移转、进出口、存放和使用,以及对其他形式的攻击、谋杀和破坏活动的侦测体系,以及对他们通过海关和跨越边境的监管程序,以防止他们为非法目的从一个缔约国转移到另一缔约国或第三方国家;

(四)建立和加强与边境和陆、空入境点的监视程序和安全有关的制度以防止通过该等途径的非法入境;

(五)加强对知名人士、重要设施和公共交通工具的安全和保护机制;

(六)以规定该等事宜的相关国际协议为依据,加强对缔约国所承认的外交人员、领事人员、使团以及国际和区域性组织的保护、保安和安全;

(七)以揭露恐怖主义团伙和组织的目标,挫败其图谋,并表明他们对安全和稳定造成的危险为目标,加强与安全有关的情报活动,并根据各缔约国的情报政策,协调各国情报活动;

(八)在各缔约国国内建立数据库,收集关于恐怖主义因素、恐怖主义团伙、其活动和组织情况的情报并进

行分析,对恐怖主义现象的发展情况和反恐成功经验进行跟踪,并保持该等情报的更新和使其在各缔约国的国内法和程序允许范围内可被缔约国的有权机关所利用。

二、制止措施

(一)逮捕犯有恐怖主义罪行的犯罪分子,并根据国内法对他们提出起诉或根据本公约或请求国和被请求国之间所缔结的任何双边条约的条款将他们引渡;

(二)为刑事司法领域的工作人员提供有效的保护;

(三)为关涉恐怖主义罪行的情报来源和证人提供有效的保护;

(四)为恐怖主义受害者提供必要的援助;

(五)除其他外,通过建立适当的保证和激励机制鼓励报告恐怖主义行为、提供情报以协助调查以及配合逮捕犯罪分子,在相关机构和公众间建立打击恐怖分子的有效合作。

第二节　阿拉伯预防和制止恐怖主义罪行的合作

第四条

缔约国应根据各国国内法律和法规就预防和制止恐怖主义罪行进行下列合作:

一、情报交换

(一)缔约国应承诺在各国间增进关于下列情况的情报交换:

1. 恐怖主义团伙及其首领和成员的活动和罪行;他们的总部和训练;他

们所获资助和武装的方式和来源；他们所使用的武器、军火和爆炸物的型号以及其他攻击、谋杀和破坏手段。

2. 恐怖主义团伙使用的通讯和宣传手段，他们的手法；他们的首领和成员的动向；以及他们使用的旅行证件。

（二）各缔约国应承诺将其所掌握的关于在其境内发生的并意在侵害任何另一缔约国或其国民利益的任何恐怖主义罪行的情报迅速通知任何该缔约国，并在该等通知中说明恐怖主义罪行发生的周围情况，罪行实施者、受害者，所造成的损失以及犯罪活动采用的工具和手段，且该等说明的程度应符合调查和质询的要求。

（三）缔约国应承诺就交换制止恐怖主义罪行的情报互相合作，当其掌握任何情报和数据，可能防止在其他缔约国领土内针对该国国民或居民及他们的利益实施的恐怖主义罪行的发生，应立即将所有该等情报和数据通知该其他缔约国。

（四）各缔约国应承诺向任何其他缔约国提供其所掌握的任何情报和数据，只要该等情报和数据可能：

1. 协助逮捕被控犯有侵害该其他缔约国利益的恐怖主义罪行的人，或因协助和教唆、共谋或煽动而牵涉其中的人。

2. 导致查扣用于或企图用于实施恐怖主义罪行的任何武器、军火、爆炸物或者任何设备或资金。

（五）缔约国应承诺维护其相互间交换的情报的保密性，并且未得该情报提供国的事先同意不得将该等情报提供给任何非缔约国或任何其他方。

二、调查

缔约国应承诺以各国的法律和法规为依据，就调查和逮捕涉嫌或被判决犯有恐怖主义罪行的逃犯之措施，促进彼此间的合作并提供协助。

三、技术交换

（一）缔约国应在开展制止恐怖主义罪行的调查研究和相关交流方面进行合作，并进行反恐领域的技术交换。

（二）缔约国应在其资源允许的条件内进行合作，为以培养某一国或部分缔约国反恐领域工作人员的科学和实践能力并增强其效绩为目标的联合训练课程或训练课程的计划制订和开办提供所有可能的技术协助。

第二章　司法领域

第一节　引渡罪犯

第五条

缔约国应承诺，如任何缔约国依据本公约规定的规则和条件向其提出引渡被指称或被判决犯有恐怖主义罪行的人之请求，其应引渡该等罪犯。

第六条

有下列情形者不允许引渡：

（一）如被请求引渡的罪行按照被请求国的有效法律被视为政治罪行。

（二）如被请求引渡的罪行仅仅涉及军事职责之失职。

（三）如被请求引渡的罪行发生在

被请求国领土内,除非该罪行侵害了请求国的利益并且该国法律对该等罪行的诉讼和刑罚作出了规定,并且被请求国未对该罪行展开调查或诉讼。

(四)如在被请求国内或缔约之第三国内已对该罪行作出了具有终审效力的最终判决。

(五)如在递送引渡请求的过程中,按照请求国法律,由于时限届满导致法律程序已终止或刑罚已失效。

(六)如该罪行是由非请求国国民在请求国领土以外实施,而被请求国法律不允许起诉此类人在该国领土外实施的同类罪行。

(七)如请求国赦免的罪犯所犯之罪行包括请求引渡涉及之罪行。

(八)如被请求国的法律体系不允许引渡其国民。在此情况下,被请求国应起诉任何该等罪犯,只要其在任何其他缔约国内犯有恐怖主义罪行,且按照两国法律均应被判处至少一年以上的有期徒刑。被请求引渡的罪犯的国籍应以请求引渡所涉及罪行的实施之日为准,在此方面应以请求国进行的调查为依据。

第七条

如被请求引渡人正因其他罪行在被请求国内接受调查、审讯或因其他罪行已被定罪,该引渡应推迟至调查结束、审讯完成或服刑完毕。尽管如此,被请求国亦可临时引渡该人以便其接受质询或审讯,前提条件是将该人在请求国服刑前送返被请求国。

第八条

为依照本公约引渡犯人目的,缔约国国内立法对该罪行定为重罪或轻罪或相关刑罚的不同不应被考虑,前提条件是该罪行在两国均可被判处至少一年以上的有期徒刑。

第二节　司法委托

第九条

每一缔约国可请求任何其他缔约国承诺在其领土内就有关恐怖主义罪行代表该国采取任何司法程序,尤其是:

(一)听取证人证词,并将未到庭证人的作证书作为证据。

(二)完成司法文件的送达。

(三)执行搜查与查封。

(四)审查和检查证据。

(五)获取相关文书和审判记录或其经核证的副本。

第十条

每一缔约国应承诺就有关恐怖主义罪行执行司法委托,但该协助在下列任一种情形中可被拒绝:

(一)该请求所针对的罪行取决于被请求国的调查或起诉。

(二)同意该请求可能损害被请求国的主权、安全或公共秩序。

第十一条

司法委托请求应依据被请求国国内法律规定尽快被批准。被请求国可推迟执行该请求,并告知请求国,直至就相同事项进行的调查或起诉结束或任何导致推迟执行的强制性原因不再存在。

第十二条

一、依照本公约规定采取的司法委托措施应具有如同请求国主管当局亲自进行的相同的法律效果。

二、执行司法委托的结果只能服务于委托的目的。

第三节 司法合作

第十三条

每一缔约国应为其他国家有关恐怖主义罪行的调查或起诉提供一切可能和必要的协助。

第十四条

一、如果某一缔约国对恐怖主义罪行嫌疑犯有起诉权，可请求该嫌疑犯所在的国家就该罪行对其采取行动，前提是该国同意且该罪行在起诉国可被判处至少一年以上的有期徒刑。遇此情形，请求国应向被请求国提供所有与该罪行有关的调查文件和证据。

二、调查或起诉应依照起诉国法律规定和程序，并以请求国对嫌疑犯的控诉为基础。

第十五条

请求国依照第十四条第一款提出诉讼请求时，应接受中止追捕、调查和起诉正被请求起诉的嫌疑犯的措施，除非是被请求进行起诉的国家出于司法合作和协助，或司法委托的目的而需要采取的措施。

第十六条

一、在请求国或起诉国内采取的措施应符合采取该措施的国家的法律，且具有法律赋予它们的强制力。

二、如果被请求国拒绝起诉，请求国可审讯或再次审讯已被其提出起诉请求的人。

三、被请求采取行动的国家在任何情况下应承诺通知请求国其就该请求已采取的行动和调查或起诉的结果。

第十七条

被请求采取行动的国家在该请求向其提出之前或之后均可根据该国法律对被告采取一切措施和步骤。

第十八条

起诉权的转移不应损害罪行受害者的权利，该受害者有权向请求国或起诉国法院提出对该罪行所导致的民法权利的要求。

第四节 扣押源自罪行的 资产和收益

第十九条

一、任何缔约国如果决定引渡被请求引渡的人，应承诺扣押并向请求国移交源自或与恐怖主义罪行有关的财产和收益，不管其是由被引渡人或第三方占有。

二、一旦确定前款列明的项目与恐怖主义罪行有关，应予以移交，即使被引渡人由于潜逃或死亡或其他任何原因未被引渡。

三、上述两款规定不应损害任何缔约国或善意第三方有关涉案财产或收益的权利。

第二十条

被请求移交财产和收益的国家可

采取一切必要预防措施以履行其移交义务。该国可出于未决刑事诉讼需要临时保留该财产或收益，或基于相同原因，在确保它们能被返还的条件下，移交给请求国。

第五节　证据交换

第二十一条

缔约国应承诺其主管当局检查在其领土内发生的针对其他缔约国的恐怖主义罪行的证据，在此过程中可寻求任何其他缔约国的协助。缔约国应采取必要措施保存证据并确保其法律效力。缔约国被请求时，有权自行将检查结果告知其利益被该罪行侵犯的国家，该缔约国或被寻求协助的国家不应向任何第三方转达该信息。

第三部分　执行合作机制

第一章　引渡程序

第二十二条

引渡请求应直接在缔约国主管当局之间，通过司法部或同等机关或外交途径提出。

第二十三条

引渡请求应书面提出，并附有以下资料：

（一）依照请求国法律规定的程序签发的控告或拘留命令或具有同等效力的其他文件的原件或经核证的副本；

（二）关于引渡请求所针对的罪行的说明，列明犯罪时间、地点、法律定性、其适用的法律条款，并附有相关法规的副本；

（三）对被请求引渡人尽可能准确地描述，以及有助于确定该人身份和国籍的其他任何资料。

第二十四条

一、请求国司法当局可以在提交引渡请求之前，以任何书面形式向被请求国提出临时拘禁被请求引渡的人。

二、遇此情形，被请求引渡国可临时拘禁被请求引渡的人。如果该引渡请求未附有前条列明的必要文件，对被请求引渡人的拘禁期限自拘捕之日起不能超过三十天。

第二十五条

请求国提交的请求应附有本公约第二十三条列明的文件。如果被请求国认定该请求可行，其主管当局应依照本国法律同意该请求，该决定应立即告知请求国。

第二十六条

一、上述两条款规定的所有情形中，临时拘禁的期限自拘捕之日起不应超过六十天。

二、在上述第一段列明的期限内不排除临时释放的可能性，前提条件是被请求国采取任何其认为必要的措施防止该人逃跑。

三、该释放不应影响该人再次被逮捕或引渡，如果之后收到引渡请求。

第二十七条

如果被请求国认为需要补充材料

以确信本章规定的条件是否已满足，该国应就此通知请求国，并为提供这类材料规定一个时限。

第二十八条

如果被请求国收到不同国家的引渡请求，无论该请求是否针对同一犯罪，被请求国应在考虑各种因素之后作出决定，特别是将该人再引渡给另一国的可能性、每项请求提出的日期、相关罪行的严重性以及犯罪的地点。

第二章　司法委托程序

第二十九条

有关司法委托的请求应包含以下材料：

（一）提出请求的当局。

（二）请求事项和理由。

（三）尽可能准确地说明有关涉案人的身份和国籍。

（四）司法委托请求所针对的罪行的描述、其法律定性、根据罪行确定的处罚和有助于司法委托正常运作的尽可能多的材料。

第三十条

一、司法委托请求应由请求国司法部向被请求国司法部提出，返回亦应通过相同途径。

二、在紧急情况下，司法委托请求应由请求国司法当局直接向被请求国司法当局提出，该请求的副本应同时送交被请求国的司法部。该请求连同所附的有关其执行的文件，应通过前一段规定的途径返回。

三、司法委托请求可由司法当局直接送至被请求国主管当局，回复可直接通过该当局传递。

第三十一条

司法委托请求及其所附文件必须有签字，并由主管当局封印或核准。此类文件应免除被请求国法律可能要求的一切手续。

第三十二条

收到司法委托请求的当局如果没有权限处理，应自动将该请求转交给该国主管当局。如果该请求为直接寄出，该当局应以同样方式通知请求国。

第三十三条

对每一项司法委托请求的拒绝均应附有解释说明理由。

第三章　证人和专家的保护措施

第三十四条

如果请求国认为证人或专家出庭特别重要，应在请求中予以说明。请求或出庭传票应列明有关补贴和差旅费数额并承诺支付这些费用。被请求国应邀请证人或专家出庭并将其答复告知请求国。

第三十五条

一、未能按照传票要求出庭的证人或专家不应受到任何处罚或强制措施，即使传票上已列明此类处罚措施。

二、证人或专家如系自愿来到请求国领土，应依照该国国内法规定对其传唤出庭。

第三十六条

一、在证人或专家应请求国传唤在该国出庭期间，不论其国籍如何，请求国不得因其离开被请求国国境之前的任何行为或定罪对其提起诉讼、拘禁或限制其人身自由。

二、应请求国传唤出庭的证人或专家不论是何国籍，不得因传票中未列明的任何行为或定罪在请求国内被起诉、拘禁或限制人身自由。

三、如果被请求出庭的证人或专家自司法当局不再需要其出庭并可自由离境后，仍在请求国境内连续逗留超过三十天，或离境后又自愿返回，本条所规定的豁免将终止。

第三十七条

一、请求国应采取一切必要措施保护证人和专家免于引起公众注意，以防止其本人、家庭或财产因其提供证词或专家意见而遭受威胁，并应特别就下列有关事项保密：

（一）抵达请求国的时间、地点和方式。

（二）其住所、行动及经常去处。

（三）其证词及向主管司法当局提供的信息。

二、请求国应承诺根据证人和专家的处境、相关案件的情况及可预计的风险向其本人及家庭成员提供必要的保护。

第三十八条

一、如果请求国请求出庭的证人或专家在被请求国被监禁，可根据被请求国确定的条件及时间将其暂时转移至请求其作证的地点。该转移可因下列原因被拒绝：

（一）拘禁中的证人或专家拒绝。

（二）需要参加在被请求国境内进行的刑事诉讼。

（三）转移将延长其拘留时间。

（四）有影响其转移的考虑。

二、被转移证人或专家应在请求国内继续被拘禁直至返回被请求国或被请求国要求将其释放。

第四部分　最后条款

第三十九条

本公约须经签署国的批准、接受和核准，批准书、接受书或核准书应自批准、接受或核准之日起三十日内交存于阿拉伯国家联盟秘书处。秘书处应通知成员国有关交存的每一份文书及其日期。

第四十条

一、本公约应自七个阿拉伯国家交存批准书、接受书或核准书之日起的第三十日生效。

二、本公约对其他任何阿拉伯国家在其交存批准书、接受书或核准书之日三十日后生效。

第四十一条

任何缔约国不可以作出明确或暗含的违反本公约条款或与其目标相抵触的任何保留。

第四十二条

缔约国只能通过向阿拉伯国家联

盟秘书长提交书面请求退约。

退约应在阿拉伯国家联盟秘书长收到请求之日起六个月后生效。

本公约条款对于在此期限之前提交的请求应仍然有效。

1998 年 4 月 22 日订于开罗，正本一份，交存于阿拉伯国家联盟秘书处。阿拉伯内政部长理事会秘书处应保存一份经认证的副本，并向本公约每一签字国或加入国送交一份经认证的副本。

阿拉伯内政部长和司法部长代表各自国家在本公约上签字，以昭信守。

（译者注：本公约由英文本译出，英文本译自联合国秘书处提供的正本阿拉伯文本）

海湾阿拉伯国家合作委员会
打击恐怖主义公约

(2004 年 5 月 4 日订立于科威特城,按照公约第四十六条生效。保存人:海湾阿拉伯国家合作委员会总秘书处)

海湾阿拉伯国家合作委员会成员国,

考虑到委员会《章程》所规定的基本价值观和原则,并重申最高委员会关于打击恐怖主义的各项决议,

遵照宗教和道德原则,并遵照管辖国际社会和阿拉伯与伊斯兰人民的人类文化遗产的准则,遵照海湾社会的价值观和传统,这些都呼吁放弃所有形式和表现的暴力和恐怖主义,

重申其对各项国际条约的承诺,特别是对《阿拉伯国家联盟宪章》和《联合国宪章》的承诺,

认识到恐怖主义现象正在升级,其对国际社会和平民生活造成的威胁,以及在本区域的影响,

还认识到各自按照集体安全的原则对维护安全与稳定的共同责任,以及委员会各成员国事实上构成一个不可分割的整体,

希望保护其社会、人民、文化和历史遗产及利益免遭恐怖主义威胁,

重申人民有权以各种手段反抗外国占领和侵略,

还重申承诺处理并共同打击恐怖主义,以及希望扩大并加强协作并确保其各项行动既全面又互为补充,

进一步重申尊重人权,

忧虑恐怖主义问题,因其严重侵犯人权,威胁各国稳定,扰乱国际关系,阻碍社会、经济、文化和知识的发展,

深信无论任何动机或目标的恐怖主义,在任何情况下都是非正当的,因而应当打击恐怖主义的所有形式和表现,无论其起源、动机或目标如何,

决心消除所有形式的恐怖主义、有关的活动和用以支助恐怖主义的手段,并确保恐怖主义分子和恐怖主义组织得不到任何来源的资金或援助,

兹协议如下:

第一章　定义和总则

第一条

在本公约中,应适用下列定义:

1."缔约国"系指海湾阿拉伯国家

合作委员会中已经批准本公约并将其批准文书交存委员会秘书长的任何一个成员国。

2."恐怖主义行动"系指为了实施个人或集体的犯罪计划而实施的任何暴力行动或以暴力相威胁,无论动机或意图如何,其目的是恐吓或伤害人民或危及其生命、自由或安全,或危害环境、任何设施或任何公私财产,或占领或抢夺这些设施或公私财产,或袭击国家资源。

3."恐怖主义犯罪"系指为实现恐怖主义目标,在任何一个缔约国或针对其资产或利益,或针对该国国民或其资产,实施的犯罪或犯罪企图,按该国的国内法律应受惩罚的,或煽动实施恐怖主义行动,或宣传或维护此类行动,或推广、印刷、出版或拥有任何文件或任何性质的录制品,用于向他人散发或展示以宣传或维护此类犯罪行为。

为资助恐怖主义行动而提供或收取任何类型的资金,这种行为也应视为恐怖主义犯罪。

下列公约所规定的犯罪行为也被视为恐怖主义犯罪,但各缔约国或尚未批准这些公约的国家的法律排除在外的犯罪行为除外:

(a)《伊斯兰会议组织关于打击国际恐怖主义的公约》;

(b)《阿拉伯打击恐怖主义公约》;

(c)《东京公约》(《关于在航空器内的犯罪和犯有某些其他行为的公约》),1963年签署;

(d)《制止非法劫持航空器公约》,

1970年于海牙签署;

(e)《关于制止危害民用航空安全的非法行为的公约》,1971年在蒙特利尔订立,以及1988年签署的该公约的补充议定书(补充上述公约的《制止在为国际民用航空服务的机场发生的非法行为的议定书》(以及最后文件),1988年2月24日于蒙特利尔订立);

(f)《关于防止和惩处侵害应受国际保护人员包括外交代表的罪行的公约》,联合国大会于1973年12月14日在纽约通过;

(g)《反对劫持人质国际公约》,联合国大会于1979年12月17日通过;

(h)《核材料实物保护公约》,1979年10月26日在维也纳通过,并于1980年3月3日在维也纳和纽约开放供签署;

(i)《联合国海洋法公约》,1983年通过,以及其中有关海盗问题的条款;

(j)《制止危及大陆架固定平台安全非法行为议定书》,1988年在罗马签署;

(k)《制止危及海上航行安全非法行为公约》,1988年在罗马签署;

(l)《制止恐怖主义爆炸事件的国际公约》,1997年在纽约签署;

(m)《在可塑炸药中添加识别剂以便侦测的公约》,1991年在蒙特利尔签署;

(n)《制止向恐怖主义提供资助的国际公约》,1999年通过。

4."支持和资助恐怖主义的活动"

系指涉及收集、接收、交付、划拨、运输或转让资金或其收益的活动，目的是便利个人或团伙在一国领土内外实施恐怖主义行动，或为支持这类行动或实施这类行动的人而进行的银行交易或商业交易，或直接或间接取得资金以从这类行动中获益，在对目的完全知情的情况下，维护或宣传各种思想、开办训练营或提供武器或假证件，或提供任何其他类型的援助或资金。

5.“资金”系指每一种类型的资产，无论是有形资产还是无形资产、动产还是不动产，以及任何形式的法律文件或文书，包括电子或数字形式，银行存款、各种类型的支票、汇票、股票、证券、债券、汇款单和信用证。

第二条

（a）以各种手段反抗外国占领和入侵，包括武装反抗，目的是按照国际法的原则实现解放和自决的，不应被视为犯罪，侵犯任何一个缔约国领土完整的行动除外；

（b）上一条所规定的恐怖主义犯罪均不应被视为一种政治犯罪。

在本公约中，下列犯罪即使具有政治动机，也不应被视为政治犯罪：

1. 对缔约国国王或国家首脑进行的袭击，或对其配偶、先辈或后裔的袭击。

2. 对任何一个缔约国的王储、副总统、政府首脑或部长的袭击。

3. 对受国际保护的人员，包括缔约国的大使和外交人员或其属下的袭击。

4. 有预谋的谋杀或抢劫，其中涉及针对个人、当局或交通和通信工具的暴力。

5. 破坏和毁灭为公众所用的公私财产的行为，即使此类财产属于另一缔约国。

6. 生产、走私或拥有武器、弹药、爆炸物或用于实施恐怖主义犯罪的其他材料。

第二章　安全措施的合作和协调

第三条

各缔约国应当努力协调其各项旨在预防、打击和遏制恐怖主义的计划和措施。

第四条

各缔约国应当承诺进行合作，向受到恐怖主义罪行威胁或已经遭受恐怖主义犯罪侵害的或正在承受恐怖主义后果的缔约国提供安全方面的支助和援助，同时考虑到各个国家的需要和状况。

第五条

各缔约国应当努力加强监视措施、评估安保问题以及恐怖主义威胁和风险，进行必要的预测分析和研究以及前瞻性研究，并拟订安保计划，以便预防和遏制恐怖主义，挫败恐怖主义图谋。

第六条

各缔约国应当尽一切努力预防恐怖主义要素进入或渗入其领土，并预防其公民被引诱加入非法团伙或参与恐怖主义活动,无论其状况或动机如何。

第七条

各缔约国应当采取必要的预防(禁止)措施,以预防其领土被用作策划、组织或实施恐怖主义犯罪或行动的"基地",或成为主动或被动参与这类活动的"基地"。各缔约国应当承诺建立和加强边境监视、安保和管制系统,以预防渗透或绕过安保措施的行为。

第八条

各缔约国应当采取必要措施并作出必要安排,保护人员和公私财产,并加强各系统,以保护各种设施、交通工具、外交和领事使团以及与其合作的区域和国际组织和机构。

第九条

为本公约的目的,各缔约国应当承诺:

1. 毫不迟延地交流与恐怖主义威胁和危险以及发生恐怖主义犯罪的可能性有关的信息和资料。

2. 确定恐怖主义要素或涉嫌与这类要素有联络或有关联的人员。

3. 毫不迟延地交换有关针对任何缔约国的任何恐怖主义犯罪的信息和文件,无论其实施地点是在该国的境内还是境外,交流侦查或调查的结果,并查明所涉人员的身份。

4. 毫不迟延地继续定期就下列事项交流信息:实施恐怖主义犯罪所用的方法和手段,以及为查明、挫败或打击这类活动所采取的措施,并就打击恐怖主义的技术措施和安保措施交流

专门知识和经验。

5. 定期并在必要时组织反恐怖主义机构的负责人面对面举行谈话、会议和互访。

6. 将有关遏制恐怖主义的资料汇编成一个共享、综合、先进的数据库,并为主管的安保部门设置查阅数据库的链接。

7. 进行调查研究,并为负责打击恐怖主义的各类安保部门组织高级训练班和培训。

8. 采取必要而充分的措施保护在反恐怖领域工作的人员及其家属。

第十条

各缔约国应当承诺作出必要的安排并采取必要措施,保护其交流的有关恐怖主义的任何信息、数据或文件的机密。未事先征得提供国同意,不得将这类信息发送给任何一个非缔约国。

第十一条

各缔约国应当承诺立即采取必要措施,查明、追捕和拘留对在其领土上实施的恐怖主义犯罪负有责任的人员,依据国内法律对这类人员进行审判,充分保护刑事司法机关的工作人员,并全面保护主动提供与恐怖主义犯罪有关的信息的人、证人和专家。

第十二条

对于区域和国际会议的议程中与恐怖主义有关的问题,各缔约国应当努力协调其工作并寻求共同立场。

第十三条

各缔约国应当努力提高在安保和

法律方面的认识,举办有效的宣传活动,目的是加强个人和负责打击恐怖主义的机构之间的积极合作,并应当拟订保护措施,鼓励提供可能对侦破恐怖主义犯罪及查明和追捕犯罪人员有所帮助的消息。

第三章　预防对恐怖主义的支持和资助的特别合作

第十四条

各缔约国应当采取必要措施和作出必要安排,依据各自的法律和条例,监督个人和机构的金融活动,并侦查在其领土上进行的支持或资助恐怖主义的活动。

第十五条

各缔约国应当尽最大努力预防涉嫌用于资助或支持恐怖主义的资金流入、转移、转让或流出,并防止其国民和公私机构或个人或位于其国土上的此类机构参与这类活动。

第十六条

各缔约国应当承诺毫不延迟地交流关于支持或资助恐怖主义的活动以及在这方面采取的预防措施的任何信息或资料,并报告此类活动。

第十七条

各缔约国应当就下述事项交流经验和信息:支持和资助恐怖主义的活动所用的办法,侦查这些活动所用的科学办法和警务办法,包括利用电信、电子系统和国际信息网络,举行面对面的谈话和会议,以及建立联合数据库。

第十八条

各缔约国都应当依据其法律和条例,采取必要措施确定、侦查、冻结或没收用于或打算用于支持或资助恐怖主义的资金及其收益,目的是,如这类资金涉及针对其领土或损害其利益的恐怖主义活动,便没收或兑换该资金或收益,或与其他缔约国共享,条件是此类措施是侦查有关的恐怖主义活动所必需的。

第四章　合作和司法协助

第十九条

各缔约国应当承诺,对于被指控或判定在一缔约国犯有恐怖主义罪的人员,如该国根据本公约的规定要求引渡该人,将对其进行引渡。

第二十条

在以下情况下不得引渡:

(a)引渡要求所涉及的案件依据有关国家的法律被视为政治犯罪;

(b)引渡要求所涉及的案件仅与逃避军事义务有关;

(c)引渡要求所涉及的案件是在被请求的缔约国领土上实施的,除非该犯罪已经损害了请求国的利益,该国法律规定这类犯罪的实施者应当受到起诉和惩罚,而且被请求国尚未开始进行调查或审判;

(d)被请求国或第三缔约国的主管当局已经宣布了具有定案效力的最终裁决;

（e）请求是在起诉期满后收到的，或在请求国法律所规定的期限结束后刑罚不再适用；

（f）该犯罪是由另一国的国民在请求国的领土之外实施的，而且被请求国的法律规定这类犯罪若是外国人在其领土之外实施的则免于起诉；

（g）提出请求的缔约国已经颁布了对此类犯罪的实施者适用的大赦；

（h）被请求国的法律禁止引渡其国民。在这种情况下，如果两国均规定该犯罪应处以一年以上监禁，被请求国应当承诺对在其他任何缔约国实施了恐怖主义犯罪的国民进行判决。被引渡人的国籍成为其施行引渡所涉犯罪时的国籍，以请求国所进行的调查为准。

第二十一条

如被引渡人是与被请求国中另一项犯罪有关的调查、审判或判决的对象，则应将其引渡推迟到调查或审判完毕或刑罚执行完毕。被请求国可临时引渡一人以便进行调查或宣布判决，条件是请求国对被引渡人执行所宣布的判决后将该人送回引渡国。

第二十二条

为了依据本公约引渡犯罪分子，不应当考虑各缔约国的国内法在将行为划分为严重或普通犯罪或划分所施刑罚方面可能存在的刑法差异，只要两个国家的刑罚均包含一年以上监禁。

第二十三条

各缔约国应承诺为有关恐怖主义犯罪的司法调查、审查或程序提供必要的司法和法律支持。

第二十四条

各缔约国应当承诺在有关国家的请求下，提供必要的援助以取得证据，并为调查针对一缔约国的恐怖主义犯罪提供必要的援助。

第二十五条

各缔约国应当承诺依据海湾阿拉伯国家合作委员会成员国通过的关于执行判决、调查授权和通知的公约，尽可能按照与涉及恐怖主义犯罪的刑事程序有关的调查授权行事。

第二十六条

各缔约国应当合作缴获恐怖主义犯罪的工具和收益或在实施犯罪时使用的或与犯罪有关的物品，并将其移交请求国，无论这类物品和收益属于被引渡人还是其他人，无论该人是否已被引渡，同时无损于任何缔约国或第三方善意行事的权利。

第二十七条

被请求移交上一条所提及的工具或收益的国家应当采取所有必要措施和预防办法完成移交，为国内刑事程序之故，可暂时保留此类工具或收益，或请接收这些工具和收益的请求国交还。

第二十八条

各缔约国可审查在其领土上针对另一缔约国实施的任何恐怖主义犯罪的有关证据，并采取必要措施保存此类证据并确立其法律有效性。如因该犯罪而受到利益侵害的国家提出要求,可向其告知结果,但事先未征得有关两国同意,不得将结果透露给任何第三国。

第五章　权　　限

第二十九条

在下列情况下,各缔约国均应采取必要的立法措施,确立对本公约中提及的各项犯罪的管辖权:

(a)犯罪是在其领土上实施的;

(b)犯罪是在悬挂该国国旗的船上或当时按该国法律登记的航空器上实施的;

(c)犯罪为该国国民实施的。

第三十条

在下列情况下,缔约国还可确立对本公约所提及的任何一种恐怖主义犯罪的管辖权:

(a)犯罪是针对其国民实施的;

(b)犯罪是在其国土之外筹备和计划以便在其国土上实施的;

(c)犯罪是由惯常住所在其领土上的无国籍人员实施的;

(d)犯罪是针对其位于国外的国家设施或公共设施实施的。

第三十一条

如被指控的犯罪人员在一缔约国的领土上,该缔约国应采取必要措施确立其对本公约所提及的犯罪的管辖权,或应另一缔约国的请求将其引渡到该国。

第三十二条

对本公约中提及的犯罪具有管辖

权的缔约国,若被通知或以任何其他手段被告知,有一个或多个缔约国已经着手对此类犯罪进行调查或审判,则有关各国的主管当局应当采取措施以协调将要采取的行动。

第六章　实施机制

第三十三条

相互请求引渡或警务援助或法律援助或司法授权,交换文件、物品和收益,以及传唤证人和专家,均应当由缔约国的主管机关直接进行,通过内政部或司法部或其代表,或通过外交渠道。

请求和所附的文件或有关的文件应当符合请求国和被请求国的法律和条例以及其缔结的条约和公约所规定的法律程序。

第三十四条

引渡请求应当以书面形式提交,并以下列文件为证:

——判决书、传讯证或逮捕证的原件或经核证的真实副本,或按照请求国的国内法律所规定的程序宣布的任何其他法院裁决;

——列明案件情节并明确指出所犯罪行、犯罪日期和地点、法律类别的说明,其中提及适用法律并附上该法律副本;

——关于所要引渡的人员的尽可能详细的信息,以及可能有助于确定该人身份和国籍的任何其他信息。

第三十五条

1.请求国的司法机关可以书面形

式请被请求国在收到引渡请求之前对该人员进行审前拘留。

2. 在这种情况下,被请求国可对人员进行审前拘留。如果引渡请求没有上一条提及的文件为证明,拘留期限从逮捕之日起算不得超过 30 天。

第三十六条

请求国可随请求附上本公约第三十四条提及的文件。如被请求国承认请求有效,则应命其主管当局依据国内法律履行请求,并应毫不迟疑地将所遵循的程序通报请求国。

第三十七条

1. 在前两条所提及的情形下,审前拘留的期限从逮捕之日起算不得超过 60 天。

2. 在上一款所提及的期限内,有关人员可以保释,条件是被请求国采取其认为必要的措施防止该人逃跑。

3. 如在该人获释之后收到了请求,仍可对其进行重新逮捕或引渡。

第三十八条

如被请求国认为需要更多信息以确定本章所列要求均得到满足,则应通知请求国,并与该国共同确定收到所需信息的最后期限。

第三十九条

若一缔约国收到其他不同缔约国就同一行动或不同行动发出的若干引渡请求,该国有责任就这些请求作出决定,同时考虑到所有的情况,如再引渡的可能性、收到请求的日期、犯罪的轻重程度和实施犯罪的地点。

第四十条

各缔约国应当遵照现行的法律或条例,向请求国的主管当局提供证人和专家,对于拒绝前往请求国的证人或专家,不得采取任何对其不利的行动或施加任何刑罚或强迫措施。证人或专家若自愿前往请求国,则应当按照请求国的法律或条例出庭。

证人或专家无论国籍如何,均不得因其抵达之前的行为或判决而受到起诉或被剥夺自由。

证人或专家完成其任务后若在该国停留超过 30 天,或者离开该国领土后再返回该国,便不应享受前几款所规定的保护,但仍可选择离开请求国。

请求国应承诺采取必要措施,为证人提供法律保护和警务保护。

第四十一条

各国应分摊与执行本公约有关的费用。

请求国应支付移交通缉人员或与犯罪有关的物品和收益所涉及的费用,以及与证人和专家出庭有关的费用。

第四十二条

海湾阿拉伯国家合作委员会秘书长应当与各缔约国协商一致制订本公约的实施所需的机制、措施和操作安排。

第七章　最后条款

第四十三条

各缔约国应当承诺在本国的国内

法律中将本公约所提及的恐怖主义犯罪定为重罪,并规定与这类犯罪的轻重程度相符的刑罚。

第四十四条

本公约不应有损于各缔约国缔结的其他双边或多边公约或条约的条

第四十五条

各签署国均应当依据各自的国内法律批准本公约,并将批准文书交存海湾阿拉伯国家合作委员会秘书长,秘书长应将每一批准文书的交存情况通报委员会各成员国。

第四十六条

本公约应于委员会三分之二的成员国交存批准文书之后 30 天后生效,对于在本公约生效后批准的每个国家,本公约应在其交存批准文书之日起 30 天后生效。

第四十七条

各缔约国均不得提出不符合本公约目标的保留。

第四十八条

在不违反第四十五条规定的前提下,本公约生效后,事先未征得海湾阿拉伯国家合作委员会最高委员会同意,不得进行修订。

第四十九条

缔约国可向海湾阿拉伯国家合作委员会秘书长提交书面申请,退出本公约。退出应于收到申请之日起 6 个月后生效,本公约对于在该期限结束之前提交的请求仍然有效。

本公约正本为阿拉伯文,于回历 3 月 15 日(公元 2004 年 5 月 4 日)在科威特城订立,应交存海湾阿拉伯国家合作委员会秘书长。应向每个缔约国和加入本公约的国家提供一份真实副本。

兹由海湾阿拉伯国家合作委员会成员国内政部长阁下签署本公约,以昭信守。

美洲国家组织关于防止和惩处具有国际影响的针对人员的犯罪和相关敲诈勒索罪行的恐怖主义行为的公约

(1971 年 2 月 2 日订于华盛顿,1973 年 10 月 16 日生效。联合国条约集,1438 卷,24381 号。保存人:美洲国家组织秘书处)

鉴于:

《公民权利和义务美洲宣言》和《人权宣言》确认的捍卫自由和正义以及尊重个人的基本权利是国家的主要责任;

美洲国家组织大会在 1970 年 6 月 30 日第 4 号决议中强烈谴责恐怖主义行为,尤其是绑架人口及与此相关的敲诈勒索行为,并宣布这种行为是严重的共同犯罪;

针对受国际法特别保护的个人的犯罪行为屡屡发生,这些行为因其后果可能影响国家间的关系而具有国际影响;

采取能显著促进有关预防与惩处上述犯罪行为的合作的国际法一般标准是明智的;并且

适用这些标准时不应影响庇护机制,也不能损害不干涉原则,美洲国家组织成员国议定如下:

第一条

缔约国承诺相互合作,依各自国内法采取它们认为有效的一切措施,特别是本公约中列明的那些措施,以预防和惩处恐怖主义行为,尤其是那些对一国根据国际法有义务给予特别保护的人的生命或人身进行的绑架、谋杀或其他攻击行为,以及与这些犯罪行为有关的敲诈勒索行为。

第二条

为本公约目的,对一国根据国际法有义务给予特别保护的人进行的损害其生命或人身的绑架、谋杀和其他攻击行为以及与这些犯罪行为有关的敲诈勒索行为,不论其动机如何,应被视为具有国际影响的共同犯罪。

第三条

被指控或被认定犯有本公约第二条所述犯罪行为的人,应根据两缔约国之间达成的引渡条约,或者如缔约国不以订有条约为引渡条件,则应依据其国内法被引渡。

无论如何,当这些人处于一国管辖或保护下时,该国完全有责任自行确定其犯罪行为的性质以及本公约的标准是否适用。

第四条

任何因适用本公约而被剥夺自由的人都应享有应有的法律程序。

第五条

如向一国提出引渡要求,但被要求引渡的人是该国国民,或因为某些其他法律或宪法上的障碍而不适宜对第二条所述某项犯罪进行引渡时,该国有义务将案件送交其主管当局进行起诉,如同该行为发生在其领土内一样。主管当局应将判决决定通知提出引渡请求的国家。在案件诉讼中,应尊重本公约第四条规定。

第六条

本公约的任何条文都不得被解释为对庇护权的损害。

第七条

缔约国承诺将本公约第二条所述罪行作为可引渡的可罚行为纳入其以后缔结的每一项商定主题的条约中。不以与请求国订有条约为引渡条件的缔约国,在符合本国法律规定的条件下,应视本公约第二条所述罪行为可引渡的罪行。

第八条

为在预防和惩处本公约第二条所述罪行方面开展合作,缔约国接受下列义务:

(一)在其权力范围内,并在符合其本国法律的情况下,采取一切措施,在其本国领土内预防和阻止为在另一个缔约国领土内开展的本公约第二条所述罪行而从事的准备活动;

(二)交流信息并考虑采取有效的行政措施以保护本公约第二条所述的个人;

(三)确保所有因适用本公约而被剥夺自由的人有充分的权利为自己进行辩护;

(四)努力促使将本公约规定的罪行纳入本国刑法中,如果还没这么做;

(五)尽快处理对本公约所述罪行提出的引渡请求。

第九条

本公约开放供下列国家签署:

美洲国家组织成员国、联合国及其专门机构的任何成员国、国际法院规约的任何缔约国,以及其他任何可能被美洲国家组织大会邀请签署该公约的国家。

第十条

本公约由签署国根据各自宪法程序批准。

第十一条

本公约正本应送交美洲国家组织秘书处保存,其英文、法文、葡萄牙文、西班牙文各文本同等作准,美洲国家组织秘书处应将本公约正式副本送至签署国政府供批准。批准文书应送交美洲国家组织秘书处保存,秘书处应将批准书送并情况通知其他签署国政府。

第十二条

各批准国交存各自批准书后,本公约对其生效。

第十三条

本公约无限期有效,但任何缔约

国均可退约。退约文件应送交美洲国家组织秘书处,秘书处再通知其他缔约国。在退约文件提出一年后,本公约应不再对该国有效,但对其他缔约国仍然有效。

兹由经各自政府正式授权的下列署名全权代表于 1971 年 2 月 2 日在华盛顿代表各自政府签署本公约,以昭信守。

美洲国家间反恐公约

(2002年6月3日在布里奇顿通过,根据第二十二条生效。保存人:美洲国家组织秘书处)

本公约各缔约国,

铭记《美洲国家组织宪章》和《联合国宪章》的宗旨和原则;

考虑到恐怖主义对民主价值观和国际和平与安全构成严重威胁,并引起所有成员国的深切关注;

重申需要通过最广泛的合作,在美洲体制框架内采取有效步骤,以防范、惩治和消除恐怖主义;

认识到恐怖主义行为给成员国带来的严重经济损害,是强调需要合作和紧迫努力来根除恐怖主义的因素之一;

重申各成员国防范、打击、惩治和消除恐怖主义的承诺;并且

铭记第23次外长协商会议上通过的题为"加强西半球合作以防范、打击和消除恐怖主义"的第RC.23/RES.1/01号决议。

兹协议如下:

第一条 目标和宗旨

本公约的宗旨是防范、惩治和消除恐怖主义。为此目的,缔约国同意依据本公约条款采取必要措施和加强相互合作。

第二条 可适用的国际文书

一、为本公约的目的,"犯罪"是指下列国际文书中所确立的犯罪:

(一)1970年12月16日在海牙签署的《关于制止非法劫持航空器的公约》;

(二)1971年9月23日在蒙特利尔签署的《关于制止危害民用航空安全的非法行为的公约》;

(三)1973年12月14日联合国大会通过的《关于防止和惩处侵害应受国际保护人员包括外交代表的罪行的公约》;

(四)1979年12月17日联合国大会通过的《反对劫持人质国际公约》;

(五)1980年3月3日在维也纳签署的《核材料实物保护公约》;

(六)1988年2月24日在蒙特利尔签署的《补充〈关于制止危害民用航空安全的非法行为的公约〉的〈制止在为国际民用航空服务的机场发生的非法暴力行为的议定书〉》;

(七)1988年3月10日在罗马制

订的《制止危及海上航行安全非法行为公约》；

（八）1988 年 3 月 10 日在罗马制订的《制止危及大陆架固定平台安全非法行为议定书》；

（九）1997 年 12 月 15 日联合国大会通过的《制止恐怖主义爆炸的国际公约》；

（十）1999 年 12 月 9 日联合国大会通过的《制止向恐怖主义提供资助的国际公约》。

二、如果一缔约国并未参加本条第一款所列的一项或多项国际文书，它可在交存本公约加入书时声明，在对其适用本公约时，有关文书应被视为不包含在本条第一款中。当有关文书对该缔约国生效后，所作声明应停止有效，该缔约国并应将此事实通知保存人。

三、当一缔约国不再是本条第一款所列的某项国际文书的缔约方时，它应就该项文书按照本条第二款的规定作出声明。

第三条　国内措施

各个缔约国应根据其宪法的规定，致力于参加其尚未参加的第二条列出的国际文书，并采取必要措施以有效执行这些文书，包括在国内立法对列在这些文书中的犯罪设立处罚。

第四条　防范、打击和根除向恐怖主义提供资助的行为的措施

一、每一缔约国，只要其尚未做到，就应该建立法律和规管体制以防范、打击和根除向恐怖主义提供资助的行为，以及在此方面开展有效的国际合作，这应包括：

（一）针对银行、其他金融机构以及其他被认为特别易于用作资助恐怖活动的实体，建立全面的国内规管和监督体制。该体制应强调要求识别客户身份、保存记录和报告可疑的或不寻常的交易行为。

（二）采取措施侦查和监测现金、无记名可转让票据的跨境流动以及其他有价物的特定转移方式。但实施这些措施需要保障情报使用得当，也不能阻碍资本的合法流动。

（三）对于致力于打击第二条所列国际文书中确立的犯罪的主管当局，要采取措施确保其在国内和国际层面上，按照其国内法规定的条件，有能力合作和交换情报。为此目的，每一缔约国应设立和维持一个金融情报组，用以作为收集、分析和传播相关洗钱和资助恐怖活动的信息的国家中心。每一缔约国应通知美洲国家组织秘书长所指定的作为金融情报组的机关。

二、在执行本条第一款时，缔约国应以专业的国际和地区实体提出的建议作为指导，尤其是"打击洗钱金融行动特别工作组"，以及在适当的情况下，包括"美洲间药物滥用控制委员会"、"加勒比打击洗钱金融行动特别工作组"和"南美洲打击洗钱金融行动特别工作组"提出的建议。

第五条　扣押和没收资金或其他财产

一、每个缔约国应根据其国内法

确立的程序,采取必要措施以规定识别、冻结或扣押任何资金或其他资产以便没收,以及罚没或没收任何资金或其他资产,只要这些资金或财产构成施行本公约第二条所列国际文书确立的任何犯罪所得的收益,以及是有助于、或者用来或意图资助这类犯罪的资金或财产。

二、前款措施应适用于在缔约国管辖范围内和范围外所犯的罪行。

第六条　洗钱行为的上游犯罪

一、每个缔约国应采取必要措施,以确保其国内反洗钱刑事立法将本公约第二条所列国际文书中确立的那些犯罪,作为洗钱犯罪的上游犯罪包括进来。

二、前款所指洗钱上游犯罪应包括在缔约国管辖范围内和范围外所犯的罪行。

第七条　边境控制合作

一、缔约国应按照其各自国内法律和行政体制的要求,推动合作和情报交流,目的在于提高边境和海关控制措施,以期侦查和防止恐怖分子的国际流动以及武器或其他用以支持恐怖活动的材料的走私。

二、在此背景下,缔约国应推动合作和情报交流以加强其对签发旅行和身份证件的控制,防止假冒、伪造和诈用这些证件。

三、执行这类措施不应损害与人员自由流动和商业便利有关的可适用的国际承诺。

第八条　执法部门间的合作

缔约国应紧密合作,依据其各自国内的法律体系和行政制度,加强执法行动的有效性,以打击本公约第二条所列国际文书中确立的犯罪。在此过程中,缔约国应建立并根据需要加强主管当局之间的沟通渠道,以利于安全与迅速地交流与本公约第二条所列国际文书中确立的犯罪各方面有关的情报。

第九条　司法协助

缔约国应依据可适用的有效国际协议,在防范、调查和起诉本公约第二条所列国际文书中确立的犯罪以及有关诉讼程序方面,最大程度地相互给予及时的司法协助。如果没有这类协议,缔约国应根据其国内法相互给予及时协助。

第十条　移送在押人员

一、如果需要将在一缔约国领土内被拘留或正在服刑的人移送至另一缔约国,以便识别、作证或以其他方式提供协助,以期获得调查或起诉本公约第二条所列国际文书中确立的犯罪的证据,在满足下列条件时,可移送该人至该另一缔约国:

该人自愿同意;并且

在符合两国认为适当的条件下,两国达成一致。

二、为了本条的目的:

(一)接收国应有职权和义务羁押被移送人,除非移送国另有要求或另有授权。

(二)接收国应按照两国主管部门事先协议或其他协议一致的方式,毫不迟延地履行将被移送人交还移送国羁押的义务。

（三）接收国不应要求移送国启动引渡程序以遣返该人。

（四）被移送人在接收国被羁押的期间应该计入其在移送国所服刑期。

三、除非取得根据本条规定将要向外移送某人的缔约国的同意，否则不论该人是何国籍，其在接收国领土上，都不应就其离开移送国领土前的行为或定罪，受起诉或被拘留或受到任何其他人身自由限制。

第十一条　不适用政治犯罪例外

为了引渡或司法协助的目的，本公约第二条所列国际文书中确立的任何犯罪都不得被视为政治犯罪，或者与政治犯罪有牵连的犯罪，或者出于政治动机的犯罪。相应地，不能仅以关系到政治犯罪或者与政治犯罪有牵连的犯罪、或者出于政治动机的犯罪作为理由，拒绝引渡或司法协助的请求。

第十二条　拒绝赋予难民地位

每个缔约国应采取符合相关国内法和国际法规定的适当措施，以确保对那些有重大理由认为犯有本公约第二条所列国际文书中确立的罪行的任何人，不得赋予难民地位。

第十三条　拒绝给予庇护

每一缔约国应采取符合相关国内法和国际法规定的适当措施，以确保对那些有合理理由认为犯有本公约第二条所列国际文书中确立的罪行的任何人，不得给予庇护。

第十四条　不得歧视

本公约任何规定都不得被解释为被请求一方负有提供司法协助的义务，如果收到请求的缔约国有实质理由相信，该项请求的目的是基于某人的种族、宗教、国籍、民族或政治观点而起诉或惩处该人，或者满足了这项请求会因任何这些原因而导致损害该人的地位。

第十五条　人权

一、缔约国根据本公约所执行的措施应充分尊重法治、人权和基本自由。

二、本公约不得被解释为影响国家和个人依据国际法而享有的其他权利和承担的义务，这些国际法尤其是指《联合国宪章》、《美洲国家组织宪章》、国际人道法、国际人权法和国际难民法。

三、对于任何被羁押的人，或者根据本公约对其采取其他措施或进行诉讼的人，应保障其受到公平待遇，包括遵照该人所在领土的国家的法律和适用的国际法规定所享有的一切权利和保障。

第十六条　培训

一、缔约国应在国家、双边、次区域和区域层面上以及在美洲国家组织框架内，推动技术合作和培训项目，以增强本国负责履行本公约义务的机构的能力。

二、缔约国也应与其他进行与本公约宗旨有关活动的地区和国际组织一道，适当推动技术合作和培训项目。

第十七条　通过美洲国家组织进行合作

缔约国应通过美洲国家组织的有关机构,包括美洲间反恐委员会,就有关本公约目标和宗旨的事宜,鼓励开展最广泛的合作。

第十八条　缔约国之间的磋商

一、缔约国应适当地定期举行磋商会议,目的在于便利:

(一)本公约的充分执行,包括考虑缔约国认为感兴趣的与此相关的问题;

(二)就涉及防范、侦查、调查和惩治恐怖主义的有效的手段和方法交流情报与经验。

二、秘书长应在收到第十份批准书后召集缔约国磋商会议。在不影响该会议的情况下,缔约国可在其认为适当时举行磋商。

三、缔约国可向美洲国家组织的有关机构提出请求,包括美洲间反恐委员会,请其为举行前两款所指的磋商提供便利,以及提供与执行本公约有关的其他形式的协助。

第十九条　行使管辖权

本公约并不授权一缔约国在另一缔约国领土内行使管辖权或履行职能,如果这些权利根据该另一缔约国国内法是专门保留给其有关部门的权利。

第二十条　保存人

本公约正本由英文、法文、葡萄牙文和西班牙文写就,各文本同等作准,正本由美洲国家组织秘书处保存。

第二十一条　签署和批准

一、本公约开放供美洲国家组织所有成员国签署。

二、本公约需由签署国根据其各自宪法程序批准。批准书应交存美洲国家组织秘书处。

第二十二条　生效

一、本公约应在第六份公约批准书交存美洲国家组织秘书处后的第三十天生效。

二、对每个在第六份批准书交存之后批准本公约的成员国而言,本公约应在各该国交存其批准书后的第三十天生效。

第二十三条　退约

一、任何缔约国均可向美洲国家组织秘书长发出书面通知退出本公约。退约应在秘书长收到通知之日起一年后生效。

二、退约不应影响任何情报请求或协助请求,只要该请求是在公约对该退出国尚有效时作出的。

第五部分

其他相关条约、相关条文

改善战地武装部队伤者病者境遇之日内瓦公约（节选）

（本公约 1949 年 8 月 12 日签订于瑞士日内瓦，1950 年 10 月 21 日生效。1949 年 12 月 10 日台湾当局签署本公约，但未批准。1952 年 7 月 13 日周恩来外长发表声明予以承认。1956 年 12 月 28 日中华人民共和国政府向瑞士联邦政府交存批准书）

……

总　则

……

第三条

在一缔约国之领土内发生非国际性之武装冲突之场合，冲突之各方最低限度应遵守下列规定：

（一）不实际参加战事之人员，包括放下武器之武装部队人员及因病、伤、拘留、或其他原因而失去战斗力之人员在内，在一切情况下应予以人道待遇，不得基于种族、肤色、宗教或信仰、性别、出身或财力或其他类似标准而有所歧视。因此，对于上述人员，不论何时何地，不得有下列行为：

……

（乙）作为人质；

……

改善海上武装部队伤者、病者及遇船难者境遇之日内瓦公约（节选）

（本公约 1949 年 8 月 12 日签订于瑞士日内瓦，1950 年 10 月 21 日生效。1949 年 12 月 10 日台湾当局签署本公约，但未批准。1952 年 7 月 13 日周恩来外长发表声明予以承认。1956 年 12 月 28 日中华人民共和国政府向瑞士联邦政府交存批准书）

……

总　　则

……

第三条

在一缔约国之领土内发生非国际性的武装冲突之场合，冲突之各方最低限度应遵守下列规定：

（一）不实际参加战事之人员，包括放下武器之武装部队人员及因病、伤、拘留、或其他原因而失去战斗力之人员在内，在一切情况下，应予以人道待遇，不得基于种族、肤色、宗教或信仰、性别、出身或财力或其他类似标准而有所歧视。

因此，对于上述人员不论何时何地不得有下列行为：

……

（乙）作为人质；

……

关于战俘待遇之日内瓦公约（节选）

（本公约 1949 年 8 月 12 日签订于瑞士日内瓦，1950 年 10 月 21 日生效。1949 年 12 月 10 日台湾当局签署本公约，但未批准。1952 年 7 月 13 日周恩来外长发表声明予以承认。1956 年 12 月 28 日中华人民共和国政府向瑞士联邦政府交存批准书）

……

第一章 总 则

……

第三条

在一缔约国之领土内发生非国际性的武装冲突之场合，冲突之各方最低限度应遵守下列规定：

（一）不实际参加战事之人员，包括放下武器之武装部队人员及因病、伤、拘留、或其他原因而失去战斗力之人员在内，在一切情况下应予以人道待遇，不得基于种族、肤色、宗教或信仰、性别、出身或财力或其他类似标准而有所歧视。

因此，对于上述人员，不论何时何地，不得有下列行为：

……

（乙）作为人质；

……

关于战时保护平民之
日内瓦公约（节选）

（本公约 1949 年 8 月 12 日签订于瑞士日内瓦，1950 年 10 月 21 日生效。1949 年 12 月 10 日台湾当局签署本公约，但未批准。1952 年 7 月 13 日周恩来外长发表声明予以承认。1956 年 12 月 28 日中华人民共和国政府向瑞士联邦政府交存批准书）

......

第一部分　总　则

......

第三条

在一缔约国之领土内发生非国际性之武装冲突之场合，冲突之各方最低限度应遵守下列规定：

（一）不实际参加战事之人员，包括放下武器之武装部队人员及因病、伤、拘留、或其他原因而失去战斗力之人员在内，在一切情况下应予以人道待遇，不得基于种族、肤色、宗教或信仰、性别、出身或财力或其他类似标准而有所歧视。因此，对于上述人员，不论何时何地，不得有下列行为：

......

（乙）作为人质；

......

第三部分　被保护人之
地位与待遇

第一编　对于冲突各方之领土及
占领地之共同规定

......

第三十三条

被保护人无论男女不得因非本人所犯之行为而受惩罚。集体惩罚及一切恫吓恐怖手段，均所禁止。

禁止掠夺。禁止对被保护人及其财产采取报复行为。

第三十四条

禁止作为人质。

......

第四部分 本公约之执行

第一编 总 则

……

第一百四十六条

各缔约国担任制定必要之立法，俾对于本身犯有或令人犯有下条所列之严重破坏本公约之行为之人，予以有效的刑事制裁。各缔约国有义务搜捕被控为曾犯或曾令人犯此种严重破坏本公约行为之人，并应将此种人，不分国籍，送交各该国法庭。该国亦得于自愿时，并依其立法之规定，将此种人送交另一有关之缔约国审判，但以该缔约国能指出案情显然者为限。

各缔约国应采取必要措施，以制止下条所列严重破坏本公约行为以外之一切违反本公约规定之行为。

在一切情况下，被告人应享有适当的审判及辩护之保障。此种保障，不得次于一九四九年八月十二日关于战俘待遇之日内瓦公约第一百零五条及其以下各条所规定者。

第一百四十七条

上述所述之严重破坏公约行为，应系对于受本公约保护之人或财产所犯之任何下列行为：故意杀害，酷刑及不人道待遇，包括生物学实验，故意使身体及健康遭受重大痛苦或严重伤害；将被保护人非法驱逐出境或移送，或非法禁闭，强迫被保护人在敌国军队中服务，或故意剥夺被保护人依本公约规定应享之公允及合法的审讯之权利，以人为质，以及无军事上之必要而以非法与暴乱之方式对财产之大规模的破坏与征收。

日内瓦四公约关于保护国际性武装冲突受难者的附加议定书（节选）

（本议定书 1977 年 6 月 8 日订于日内瓦，1978 年 12 月 7 日生效。1983 年 9 月 14 日中华人民共和国政府向瑞士联邦政府交存加入书，同时声明，对议定书第 88 条第 2 款持有保留。1984 年 3 月 14 日议定书对我国生效）

......

第三部　作战方法和手段，战斗员和战俘的地位

......

第二编　战斗员和战俘的地位

第四十三条　武装部队

冲突一方的武装部队是由一个为其部下的行为向该方负责的司令部统率下的有组织的武装部队、团体和单位组成，即使该方是以敌方所未承认的政府或当局为代表。该武装部队应受内部纪律制度的约束，该制度除其他外应强制遵守适用于武装冲突的国际法规则。

......

第四十四条　战斗员和战俘

......

二、所有战斗员必须遵守适用于武装冲突的国际法规则，但除第三款和第四款所规定外，对这些规则的违反不应剥夺战斗员作为战斗员的权利，或者，如果落于敌方权力下，成为战俘的权利。

......

第四部　平民居民

第一编　防止敌对行动影响的一般保护

......

第二章　平民和平民居民

......

第五十一条　对平民居民的保护

......

平民居民本身以及平民个人，不应成为攻击的对象。禁止以在平民居民中散布恐怖为主要目的的暴力行为或暴力威胁。

第三编　对在冲突一方权力下的人的待遇

第一章　适用范围和对人和物体的保护

第七十五条　基本保证

……

二、下列行为，在任何时候和任何地方，也不论是平民或军人的行为，均应禁止：

……

（三）扣留人质；

第五部　各公约和本议定书的执行

……

第二编　破坏各公约和本议定书的行为的取缔

第八十五条　破坏本议定书的行为的取缔

……

二、各公约所述的作为严重破约行为的行为，如果是对本议定书第四十四条、第四十五条和第七十三条所保护的在敌方权力下的人，或对受本议定书保护的敌方伤者、病者和遇船难者，或对在敌方控制下并受本议定书保护的医务或宗教人员、医疗队或医务运输工具作出的行为，即是严重破坏本议定书的行为。

……

日内瓦四公约关于保护非国际性武装冲突受难者的附加议定书(节选)

（本议定书 1977 年 6 月 8 日订于日内瓦,1978 年 12 月 7 日生效。1983 年 9 月 14 日中华人民共和国政府向瑞士联邦政府交存加入书,1984 年 3 月 14 日议定书对我国生效）

……

第二部　人道待遇

第四条　基本保证

……

二、在不妨害上述规定的普遍性的条件下,对第一款所指的人的下列行为是禁止的,并在任何时候和在任何地方均应禁止:

……

（三）扣留人质;

（四）恐怖主义行为;

……

第四部　平民居民

第十三条　对平民居民的保护

……

平民居民本身以及平民个人,不应成为攻击的对象。禁止以在平民居民中散布恐怖为主要目的的暴力行为或暴力威胁。

……

国际刑事法院罗马规约(节选)

（本公约 1998 年 7 月 17 日由联合国设立国际刑事法院全权代表外交会议通过并签订于意大利罗马，2002 年 7 月 1 日生效。中国尚未批准或签署该规约）

第六条　灭绝种族罪

为了本规约的目的，"灭绝种族罪"是指蓄意全部或局部消灭某一民族、族裔、种族或宗教团体而实施的下列任何一种行为：

1. 杀害该团体的成员。

2. 致使该团体的成员在身体上或精神上遭受严重伤害。

3. 故意使该团体处于某种生活状况下，毁灭其全部或局部的生命。

……

第七条　危害人类罪

（一）为了本规约的目的，"危害人类罪"是指在广泛或有系统地针对任何平民人口进行的攻击中，在明知这一攻击的情况下，作为攻击的一部分而实施的下列任何一种行为：

1. 谋杀。

2. 灭绝。

3. 奴役。

4. 驱逐出境或强行迁移人口。

5. 违反国际法基本规则，监禁或以其他方式严重剥夺人身自由。

6. 酷刑。

7. 强奸、性奴役、强迫卖淫、强迫怀孕、强迫绝育或严重程度相当的任何其他形式的性暴力。

8. 基于政治、种族、民族、族裔、文化、宗教、第三款所界定的性别，或根据公认为国际法不容的其他理由，对任何可以识别的团体或集体进行迫害，而且与任何一种本款提及的行为或任何一种本法院管辖权内的犯罪结合发生。

9. 强迫人员失踪。

……

11. 故意造成重大痛苦，或对人体或身心健康造成严重伤害的其他性质相同的不人道行为。

（二）为了第一款的目的：

1. "针对任何平民人口进行的攻击"是指根据国家或组织攻击平民人口的政策，或为了推行这种政策，针对任何平民人口多次实施第一款所述行为的行为过程。

2. "灭绝"包括故意施加某种生活

状况,如断绝粮食和药品来源,目的是毁灭部分的人口。

3."奴役"是指对一人行使附属于所有权的任何或一切权力,包括在贩卖人口,特别是贩卖妇女和儿童的过程中行使这种权力。

4."驱逐出境或强行迁移人口"是指在缺乏国际法容许的理由的情况下,以驱逐或其他胁迫行为,强迫有关的人迁离其合法留在的地区。

5."酷刑"是指故意致使在被告人羁押或控制下的人的身体或精神遭受重大痛苦;但酷刑不应包括纯因合法制裁而引起的,或这种制裁所固有或附带的痛苦。

6."强迫怀孕"是指以影响任何人口的族裔构成的目的,或以进行其他严重违反国际法的行为的目的,非法禁闭被强迫怀孕的妇女。本定义不得以任何方式解释为影响国内关于妊娠的法律。

7."迫害"是指违反国际法规定,针对某一团体或集体的特性,故意和严重地剥夺基本权利。

……

9."强迫人员失踪"是指国家或政治组织直接地,或在其同意、支持或默许下,逮捕、羁押或绑架人员,继而拒绝承认这种剥夺自由的行为,或拒绝透露有关人员的命运或下落,目的是将其长期置于法律保护之外。

……

第八条　战争罪

(二)为了本规约的目的,"战争罪"是指:

1.严重破坏 1949 年 8 月 12 日《日内瓦公约》的行为,即对有关的《日内瓦公约》规定保护的人或财产实施下列任何一种行为:

故意杀害;

酷刑或不人道待遇,包括生物学实验;

故意使身体或健康遭受重大痛苦或严重伤害;

无军事上的必要,非法和恣意地广泛破坏和侵占财产;

强迫战俘或其他被保护人在敌国部队中服役;

故意剥夺战俘或其他被保护人应享的公允及合法审判的权利;

非法驱逐出境或迁移或非法禁闭;

劫持人质。

2.严重违反国际法既定范围内适用于国际武装冲突的法规和惯例的其他行为,即下列任何一种行为:

(1)故意指令攻击平民人口本身或未直接参加敌对行动的个别平民;

(2)故意指令攻击民用物体,即非军事目标的物体;

(3)故意指令攻击依照《联合国宪章》执行的人道主义援助或维持和平行动的所涉人员、设施、物资、单位或车辆,如果这些人员和物体有权得到武装冲突国际法规给予平民和民用物体的保护;

(4)故意发动攻击,明知这种攻击将附带造成平民伤亡或破坏民用物体或致使自然环境遭受广泛、长期和严重的破坏，其程度与预期得到的具体和直接的整体军事利益相比显然是过分的；

（5）以任何手段攻击或轰击非军事目标的不设防城镇、村庄、住所或建筑物；

（6）杀、伤已经放下武器或丧失自卫能力并已无条件投降的战斗员；

……

（8）占领国将部分本国平民人口间接或直接迁移到其占领的领土，或将被占领领土的全部或部分人口驱逐或迁移到被占领领土内或外的地方；

（9）故意指令攻击专用于宗教、教育、艺术、科学或慈善事业的建筑物、历史纪念物、医院和伤病人员收容所，除非这些地方是军事目标；

（10）致使在敌对方的人员肢体遭受伤残，或对其进行任何种类的医学或科学实验，而这些实验既不具有医学、牙医学或住院治疗有关人员的理由，也不是为了该人员的利益而进行的，并且导致这些人员死亡或严重危及其健康；

（11）以背信弃义的方式杀、伤属于敌国或敌军的人员；

（12）宣告决不纳降；

（13）摧毁或没收敌方财产，除非是基于战争的必要；

……

（15）强迫敌方国民参加反对他们本国的作战行动，即使这些人在战争开始前，已为该交战国服役；

（16）抢劫即使是突击攻下的城镇或地方；

（17）使用毒物或有毒武器；

（18）使用窒息性、有毒或其他气体，以及所有类似的液体、物质或器件；

（19）使用在人体内易于膨胀或变扁的子弹，如外壳坚硬而不完全包裹弹芯或外壳经切穿的子弹；

（20）违反武装冲突国际法规，使用具有造成过分伤害或不必要痛苦的性质，或基本上为滥杀滥伤的武器、射弹、装备和作战方法，但这些武器、射弹、装备和作战方法应当已被全面禁止，并已依照第一百二十一条和第一百二十三条的有关规定以一项修正案的形式列入本规约的一项附件内；

（21）损害个人尊严，特别是侮辱性和有辱人格的待遇；

（22）强奸、性奴役、强迫卖淫、第七条第二款第6项所界定的强迫怀孕、强迫绝育或构成严重破坏《日内瓦公约》的任何其他形式的性暴力；

（23）将平民或其他被保护人置于某些地点、地区或军事部队，利用其存在使该地点、地区或军事部队免受军事攻击；

（24）故意指令攻击依照国际法使用《日内瓦公约》所订特殊标志的建筑物、装备、医疗单位和运输工具及人员；

（25）故意以断绝平民粮食作为战争方法，使平民无法取得其生存所必需的物品，包括故意阻碍根据《日内瓦公约》规定提供救济物品；

（26）征募不满十五岁的儿童加入国家武装部队，或利用他们积极参与敌对行动。

……

3. 在非国际性武装冲突中，严重违反1949年8月12日四项《日内瓦公约》共同第三条的行为，即对不实际参加敌对行动的人，包括已经放下武器的武装部队人员，及因病、伤、拘留或任何其他原因而失去战斗力的人员，实施下列任何一种行为：

（1）对生命与人身施以暴力，特别是各种谋杀、残伤肢体、虐待及酷刑；

（2）损害个人尊严，特别是侮辱性和有辱人格的待遇；

（3）劫持人质；

（4）未经具有公认为必需的司法保障的正规组织的法庭宣判，径行判罪和处决。

5. 严重违反国际法既定范围内适用于非国际性武装冲突的法规和惯例的其他行为，即下列任何一种行为：

（1）故意指令攻击平民人口本身或未直接参加敌对行动的个别平民；

（2）故意指令攻击按照国际法使用《日内瓦公约》所订特殊标志的建筑物、装备、医疗单位和运输工具及人员；

（3）故意指令攻击依照《联合国宪章》执行的人道主义援助或维持和平行动的所涉人员、设施、物资、单位或车辆，如果这些人员和物体有权得到武装冲突法规给予平民和民用物体的保护；

（4）故意指令攻击专用于宗教、教育、艺术、科学或慈善事业的建筑物、历史纪念物、医院和伤病人员收容所，除非这些地方是军事目标；

（5）抢劫即使是突击攻下的城镇或地方；

（6）强奸、性奴役、强迫卖淫、第七条第二款第6项所界定的强迫怀孕、强迫绝育以及构成严重违反四项《日内瓦公约》共同第三条的任何其他形式的性暴力；

（7）征募不满十五岁的儿童加入武装部队或集团，或利用他们积极参加敌对行动；

（8）基于与冲突有关的理由下令平民人口迁移，但因所涉平民的安全或因迫切的军事理由而有需要的除外；

（9）以背信弃义的方式杀、伤属敌对方战斗员；

（10）宣告决不纳降；

（11）致使在冲突中对方的人员肢体遭受残伤，或对其进行任何种类的医学或科学实验，而这些实验既不具有医学、牙医学或住院治疗有关人员的理由，也不是为了该人员的利益而进行的，并且导致这些人员死亡或严重危及其健康；

（12）摧毁或没收敌对方的财产，除非是基于冲突的必要；

……

第二十五条 个人刑事责任

……

（三）有下列情形之一的人,应依照本规约的规定,对一项本法院管辖权内的犯罪负刑事责任,并受到处罚:

1. 单独、伙同他人、通过不论是否负刑事责任的另一人,实施这一犯罪。

2. 命令、唆使、引诱实施这一犯罪,而该犯罪事实上是既遂或未遂的。

3. 为了便利实施这一犯罪,帮助、教唆或以其他方式协助实施或企图实施这一犯罪,包括提供犯罪手段。

4. 以任何其他方式支助以共同目的行事的团伙实施或企图实施这一犯罪。这种支助应当是故意的,并且符合下列情况之一:

（1）是为了促进这一团伙的犯罪活动或犯罪目的,而这种活动或目的涉及实施本法院管辖权内的犯罪;

（2）明知这一团伙实施该犯罪的意图。

5. 就灭绝种族罪而言,直接公然煽动他人灭绝种族。

6. 已经以实际步骤着手采取行动,意图实施犯罪,但由于其意志以外的情况,犯罪没有发生。但放弃实施犯罪或防止犯罪完成的人,如果完全和自愿地放弃其犯罪目的,不按犯罪未遂根据本规约受处罚。

……

联合国人员和有关人员安全公约

（1994 年 12 月 9 日第 49 届联合国大会通过,1999 年 1 月 15 日生效。第十届全国人民代表大会常务委员会第十一次会议于 2004 年 8 月 28 日决定,我国加入《联合国人员和有关人员安全公约》,并声明对《公约》第二十二条第一款予以保留。2004 年 9 月 22 日我国向联合国秘书长递交了加入书）

本公约缔约国,

深为关切蓄意攻击联合国人员和有关人员而造成伤亡的数目日益增加,

认为无论何人攻击或以其他方法虐待以联合国名义行事的人员都是无理和不可容忍的行为,

认识到联合国行动是为了国际社会的共同利益并根据《联合国宪章》的目标与宗旨进行的,

认识到联合国人员及有关人员对联合国在预防性外交、建立和平、维持和平、缔造和平、人道主义和其他行动领域的努力作出重要贡献,

意识到为确保联合国人员和有关人员安全已有的现行安排,包括联合国主要机关在这方面所采取的步骤,

然而承认现行保护联合国人员和有关人员的措施尚不充分,

认识到如果在东道国的同意和合作下进行联合国行动,则其有效性和安全会得到加强,

呼吁境内部署联合国人员和有关人员的所有国家和这类人员所依赖的所有其他国家提供全面支持,以期协助进行联合国行动并完成其任务,

深信亟须采取适当而有效的措施,防止对联合国人员和有关人员的攻击行为,并惩罚犯下此种攻击行为者,

兹协议如下:

第一条　定义

为本公约的目的:

（一）"联合国人员"指:

1. 由联合国秘书长聘用或部署担任联合国行动的军事、警察或文职部门的成员的人;

2. 由联合国或其专门机构或国际原子能机构派遣、在进行联合国行动的地区具有正式身份的其他官员和专家。

（二）"有关人员"指进行活动以协助完成联合国行动的任务的下列人员:

1. 由一国政府或政府间组织根据联合国主管机关的协议派遣的人；

2. 由联合国秘书长或专门机构或国际原子能机构聘用的人；

3. 由人道主义非政府组织或机构根据同联合国秘书长或专门机构或国际原子能机构的协议所部署的人。

（三）"联合国行动"指联合国主管机关根据《联合国宪章》设立并在联合国的权力和控制之下进行的行动，但须：

1. 该行动是以维持或恢复国际和平与安全为目的；或

2. 为本公约目的、安全理事会或大会宣布参加行动人员的安全面临特殊危险。

（四）"东道国"指联合国行动进行地区的国家。

（五）"过境国"指联合国人员和有关人员或其装备为执行联合国行动而过境或暂时停留的非东道国的国家。

第二条　适用范围

一、本公约适用于第一条所确定的联合国人员和有关人员及联合国行动。

二、本公约不适用于经安全理事会根据《联合国宪章》第七章授权作为执行行动、有任何参与人员作为与有组织的武装部队作战的战斗人员、并适用国际武装冲突法的联合国行动。

第三条　识别标志

一、联合国行动的军事部门和警察部门及其车辆、船舶和航空器应有明显的识别标志。除非联合国秘书长另有决定，联合国行动所涉的其他人员、车辆、船舶和航空器应有适当的识别标志。

二、所有联合国人员和有关人员应携带适当的身份证件。

第四条　关于行动地位的协定

东道国与联合国应尽快缔结一项关于联合国行动和所有参与行动人员的地位协定，其中应特别包括行动的军事部门和警察部门的特权和豁免的规定。

第五条　过境

过境国应协助联合国人员和有关人员及其装备往返东道国时无阻碍地过境。

第六条　尊重法律和规章

一、在不妨碍其可能享有的特权和豁免或其职务规定的情况下，联合国人员和有关人员应：

（一）尊重东道国和过境国的法律和规章。

（二）避免从事与其职务的公正性和国际性不相容的任何行动或活动。

二、联合国秘书长应采取一切适当措施确保遵守这些义务。

第七条　确保联合国人员和有关人员的安全和保障的义务

一、联合国人员和有关人员、其装备和驻地不得成为攻击目标或阻止他们履行其任务的任何行动的目标。

二、缔约国应采取一切适当措施，确保联合国人员和有关人员的安全和保障。缔约国尤其应采取一切适当步骤，保护在其境内部署的联合国人员和有关人员,使其免受第九条所列罪行的危害。

三、在执行本公约中,缔约国应同联合国,并酌情同其他缔约国进行合作。当东道国本身无法采取所需措施时,尤其应当如此。

第八条 释放或交还被捕或被扣的联合国人员和有关人员的义务

除非在可适用的部队地位协定中另有规定,如果联合人员和有关人员在履行职务时被捕或被扣,而其身份已被证实,不应对其进行讯问,而应立即将其释放或交还给联合国或其他有关当局。在释放前,应遵照普遍公认的人权标准和1949年各项《日内瓦公约》的原则和精神对待这些人员。

第九条 危害联合国人员和有关人员的罪行

一、各缔约国应将蓄意犯下的下列行为定为其国内法上的犯罪行为:

(一)对任何联合国人员或有关人员进行谋杀、绑架或其他侵害其人身或自由的行为。

(二)对任何联合国人员或有关人员的公用驻地、私人寓所或交通工具进行暴力攻击因而可能危及其人身或自由的行为。

(三)威胁进行任何这类攻击,其目的是强迫某自然人或法人从事或不从事某种行为。

(四)企图进行任何这类攻击。

(五)构成同谋参与任何这类攻击、或企图进行这类攻击、或策划或指挥他人进行这类攻击的行为。

二、各缔约国应按照第一款所列举的罪行的严重性,对各罪行处以适当的惩罚。

第十条 管辖权的确定

一、各缔约国应采取必要措施,以在下列情况下,确定其对第九条所列举的罪行的管辖权:

(一)所犯罪行发生在本国境内或在本国登记的船舶或航空器上。

(二)嫌疑犯是本国国民。

二、一缔约国也可以确定其对任何此种罪行的管辖权,如果犯罪行为:

(一)是惯常居住该国境内的无国籍人所为;或

(二)是针对该国的国民;或

(三)企图迫使该国从事或不从事某种行为。

三、已确定第二款所述管辖权的任何缔约国,应通知联合国秘书长。如该缔约国后来撤销该管辖权,也应通知联合国秘书长。

四、当嫌疑犯在缔约国境内,而该国不按照第十五条的规定将该犯引渡给任何其他根据第一款或第二款确定管辖权的缔约国时,该缔约国应采取必要措施确定其对第九条所列举的罪行的管辖权。

五、本公约并不排除依照国内法行使的任何刑事管辖权。

第十一条 防止危害联合国人员和有关人员的罪行

缔约国应合作以防止第九条所列举的罪行,尤其应:

(一)采取一切实际可行的措施,

以防止在其各自境内策划在其境内或境外犯下此种罪行。

（二）按照国内法的规定交换情报，酌情协调采取行政的或其他方面的措施，以防止发生此种罪行。

第十二条　递送情报

一、第九条所列举的罪行发生地的缔约国，如有理由相信嫌疑犯已逃离其国境，应按照本国法律规定的条件，将所有关于犯罪的事实以及所获得的有关嫌疑犯身份的情报送交联合国秘书长，并直接或通过秘书长送交有关国家。

二、一旦发生第九条所列举的罪行时，持有关于受害人和犯罪情况的情报的缔约国应设法按照其本国法律规定的条件，充分和及时地将这些情报递送秘书长和有关国家。

第十三条　确保进行起诉或引渡的措施

一、如情况需要时，嫌疑犯所在地的缔约国应根据本国法律采取适当措施，确保该犯留在其境内，以便对其进行起诉或引渡。

二、根据第一款采取的措施应按照本国法立即通知联合国秘书长，并直接或通过秘书长通知：

（一）犯罪地国家。

（二）嫌疑犯的国籍国，如为无国籍人士，则其惯常居住国。

（三）受害人的国籍国。

（四）其他有关国家。

第十四条　对嫌疑犯的起诉

嫌疑犯所在地的缔约国如不将该犯引渡，应毫无例外地立即将案件提交本国主管当局，以便按照本国法律规定的程序提起诉讼。这些当局应按本国法律以处理情节严重的普通犯罪案件的方式作出判决。

第十五条　嫌疑犯的引渡

一、如果各缔约国之间的任何现行引渡条约未将第九条所列举的罪行列为可引渡的罪行，应将这些罪行视为包括在这些条约中的可引渡的罪行。各缔约国承诺在将来彼此间所签订的每一项引渡条约中都将这些罪行列为可引渡的罪行。

二、以订有引渡条约作为引渡条件的缔约国，如接到未与其订有引渡条约的另一缔约国的引渡请求，可以自行决定视本公约为对这些罪行进行引渡的法律根据。引渡应依照被请求国法律规定的条件办理。

三、不以订有引渡条约作为引渡条件的缔约国应承认这些罪行是彼此之间可引渡的罪行，但应依照被请求国法律规定的条件办理。

四、为了各缔约国彼此之间进行引渡，其中每一项罪行应视为不但发生于实际犯罪地点，而且发生于已根据第十条第一款或第二款确定管辖权的缔约国境内。

第十六条　在刑事方面的相互协助

一、为对第九条所列举的罪行提起刑事诉讼，各缔约国应互相提供最大程度的协助，包括协助获得其所持有而为诉讼所必需的证据。被请求国的法律应适用于所有情况。

二、第一款的规定不影响任何其他条约所规定关于相互协助的义务。

第十七条 公平待遇

一、任何人因第九条所列举的任何罪行而受到调查或被提起诉讼时，应在调查或诉讼的各个阶段中保障其受到公平待遇，受到公平审判，各项权利受到充分保护。

二、任何嫌疑犯均有权：

（一）立即与其国籍国或有权保护其权利的国家或如该嫌疑犯为无国籍人士则经其请求愿意保护其权利的国家的距离最近的适当代表取得联系。

（二）由该国或其他国家的代表前往探视。

第十八条 诉讼结果的通知

嫌疑犯起诉地的缔约国应将诉讼的最后结果通知联合国秘书长。秘书长应将该情报转达其他缔约国。

第十九条 传播

各缔约国承诺尽可能广泛传播本公约，特别是将本公约以及国际人道主义法的有关规定的学习纳入其军事教学课程之中。

第二十条 保留条款

本公约中的任何规定不得影响：

（一）国际人道主义法和国际文书所载普遍公认的人权标准对于保护联合国行动以及联合国人员和有关人员的适用性，或这些人员尊重有关法律和标准的责任。

（二）各国符合《联合国宪章》的关于同意人员进入本国国境的权利和义务。

（三）联合国人员和有关人员按照联合国行动的权限执行任务的义务。

（四）自愿派遣人员参加联合国行动的国家将其人员撤出该项行动的权利。

（五）各国自愿派遣参加联合国行动的人员因维持和平工作而死亡、残废、受伤或生病时应领取适当赔偿的权利。

第二十一条 自卫权利

本公约中的任何规定不得解释为减损实行自卫的权利。

第二十二条 解决争端

一、两个或多个缔约国之间关于本公约的解释或适用的任何争端，如不能通过谈判解决，经其中一方的要求，应提交仲裁。如当事各方在提出仲裁要求之日起6个月内无法就仲裁安排取得协议时，其中任何一方可以依照《国际法院规约》提出请求书，将争端提交国际法院。

二、各缔约国在签署、批准、接受、核准或加入本公约时，可声明该国不受第一款全部或部分约束。其他缔约国对于作出这项保留的任何缔约国，也不受第一款或其中有关部分的约束。

三、依照第二款的规定作出保留的任何缔约国可随时通知联合国秘书长撤回该项保留。

第二十三条 审查会议

应一个或多个缔约国的要求，而

且如果经过多数缔约国核准,联合国秘书长应召开缔约国会议,审查本公约的执行情况以及其适用方面遇到的任何问题。

第二十四条 签字

本公约应在纽约联合国总部向各国开放签字,至 1995 年 12 月 31 日止。

第二十五条 批准、接受或核准

本公约须经批准、接受或核准。批准书、接受书或核准书应交存于联合国秘书长。

第二十六条 加入

本公约应开放给任何国家加入。加入书应交存于联合国秘书长。

第二十七条 生效

一、本公约应自 22 份批准书、接受书、核准书或加入书交存于联合国秘书长后 30 天生效。

二、对于交存第 22 份批准书、接受书、核准书或加入书后批准、接受、核准或加入公约的各缔约国,公约应于该国交存其批准书、接受书、核准书或加入书后第 30 天生效。

第二十八条 退出

一、缔约国可以书面通知联合国秘书长退出本公约。

二、退出应在联合国秘书长收到通知之日后 1 年生效。

第二十九条 正式文本

本公约的原本应交存于联合国秘书长,公约的阿拉伯文本、中文本、英文本、法文本、俄文本和西班牙文本具有同等效力。秘书长应将经核证的公约副本送交所有国家。

《联合国人员和有关人员安全公约》任择议定书

(本议定书 2005 年 12 月 8 日由第 60 届联大第 60/42 号决议通过。截至 2007 年 11 月,共有 34 个国家签署了议定书,11 个国家参加。中国未加入)

本议定书缔约国,

回顾 1994 年 12 月 9 日订于纽约的《联合国人员和有关人员安全公约》的规定,

深为关切对联合国人员和有关人员的攻击持续不断,

确认对于为了在建设和平中提供人道主义、政治或发展援助,以及为了提供紧急人道主义援助而进行的联合国行动,如果给联合国人员和有关人员带来特殊危险,则有必要扩大《公约》对这些人员的法律保护范围,

深信有必要建立有效制度,确保将攻击执行联合国行动的联合国人员和有关人员的行为人绳之以法,

议定如下:

第一条 关系

本议定书补充 1994 年 12 月 9 日订于纽约的《联合国人员和有关人员安全公约》(以下称《公约》),在本议定书缔约国之间,《公约》和议定书应作为一个单一文书一并理解和解释。

第二条 《公约》对联合国行动的适用

一、除了《公约》第 1 条(c)款界定的行动外,本议定书缔约国还应将《公约》适用于联合国主管机关根据《联合国宪章》设立,并在联合国的权力和控制下,为以下目的而进行的一切其他联合国行动:

(一)在建设和平中提供人道主义、政治或发展援助;或

(二)提供紧急人道主义援助。

二、第一款不适用于任何联合国常设办事处,如根据同联合国签订的协定设立的联合国总部或联合国专门机构总部。

三、东道国可以向联合国秘书长作出声明,表示对于仅为应付自然灾害而进行的第二条第一款第二项所述行动,该国不适用本议定书的规定。这种声明应当在行动部署前作出。

第三条 缔约国对《公约》第八条的义务

本议定书缔约国对本议定书第二

条界定的联合国行动适用《公约》第八条的义务,不妨碍有关缔约国行使国家管辖权,对违反本国法律规章的任何联合国人员或有关人员采取行动的权利,条件是该行动不违反该缔约国的任何其他国际法义务。

第四条 签署

本议定书在 2006 年 1 月 16 日至 2007 年 1 月 16 日的 12 个月内在联合国总部开放供所有国家签署。

第五条 接受约束

一、本议定书须经签署国批准、接受或核准。批准书、接受书或核准书应交存联合国秘书长。

二、本议定书在 2007 年 1 月 16 日后,开放供任何非签署国加入。加入书应交存联合国秘书长。

三、如果一国不是《公约》缔约国,该国可以批准、接受、核准或加入本议定书,条件是该国依照《公约》第二十五条和二十六条的规定同时批准、接受、核准或加入《公约》。

第六条 生效

一、本议定书在第 22 份批准书、接受书、核准书或加入书交存联合国秘书长后第 30 天生效。

二、对于在第 22 份批准书、接受书、核准书或加入书交存后批准、接受、核准或加入议定书的每一个国家,本议定书在该国交存其批准书、接受书、核准书或加入书后第 30 天生效。

第七条 退出

一、缔约国可以书面通知联合国秘书长退出本议定书。

二、退出应在联合国秘书长接到通知之日起 1 年后生效。

第八条 作准文本

本议定书正本交存联合国秘书长,其阿拉伯文、中文、英文、法文、俄文和西班牙文文本同等作准。联合国秘书长应将本议定书核对无误的副本分送所有国家。

_____ 年 _____ 月 _____ 日订于纽约。